易行天下

蘇樹宗 編述

周馥貞 編審

從《易經》體悟性命真實義

　　《易經》被世人公認為「群經之首」，其體用玄妙精微，包羅萬象。子曰：「君子居則觀其象而玩其辭，動則觀其變而玩其占。是以自天佑之，吉無不利。」研究《易經》的人需用心闡揚每一爻的心法，理解聖人用心。卦有錯卦、綜卦、交互卦等，錯綜複雜的人生由心起，心變則爻變，爻變則卦變，故萬法由心，心轉則業轉。易之用為窮則變，變則通，通則久。

　　子曰：「不知命無以為君子。」命分為三種：

一、天命之謂性：修心養性以達內聖外王之功，明心見性，見性成佛。

二、落土時八字命：五行對應天上的五大行星，每人一出生即受三大行星磁場影響一生命運（年、月、時）。日主當家，十神為我所用，即知命、立命、運命。人的命運十年一轉（流年），所以千金難買早知道。知命，預知自己未來十年的命運，就能立命，立於不敗之地，運命即改變命運。有運衝則興旺，無運衝則衰敗。知命能趨吉避凶乃萬幸也，不知命則萬般無奈，悔不當初。

三、色身之命：透過禪修，觀自在，清楚觀照身體的緣起，以達四大調和，進而內觀心、外觀地、遠觀天，行深時，即能照見五蘊皆空，度一切苦厄。

　　《易經》應用於八字在於知己知彼，了解自己與六親的關係。善緣惡緣無緣不聚，要惜緣；討債還債無債不來，要甘願。不讀《易》，不足以為將相。小則修身齊家，大者治國平天下。

　　不知《易》，難以了解如來真實義。如《六祖壇經》云：「劫火燒海底，風鼓山相擊，真寂滅樂，涅槃相如是。」這是整部經的成就功法。我們講道，

一、道理：不明理焉修道。二、道法：八萬四千法門，法是藥，得藥要入門。

三、德培道高，苟無至德，至道不凝焉。

　　《易行天下》深入淺出地介紹《易經》精髓，使讀者更易理解和應用這部經典智慧於生活中。末學才疏學淺，敬請諸位大德多多指導賜教。

末學於周易八卦學院　周馥貞

盡人合天，回歸太極

《易經·繫辭傳》說：「易與天地準，故能彌綸天地之道！」由此可知，天地間的一切事物，都包含在易道當中。**易源於太極，有不易、簡易、變易三義**，不易說的是「體」，變易講的是「用」，而簡易便是闡明「體用」之道的「一」。「一」是天下的至簡，而由此卻可以生化出無窮無盡的萬事萬物，所以孔子說：「吾道，一以貫之！」

因此，據實的說，儒學並不複雜，只是「一理」的發揮而已！至於老子所說的陰陽、動靜，更是冥合「太極」原理；而佛家所說的中道——不生不滅、不垢不淨、不增不減，也是在闡釋太極。還有其他的各宗各教、各門各派，凡是言之成理，持之有故的，也都離不開太極這個原理，因此也就離不開「易」。

有人認為，在太極之上，還有一個「無極」。這是把太極定義在「二氣」的層面，才會有的想法，其實無極和太極是「體用不二」的關係。儒家務實，喜講太極；佛家和道家務虛，多說無極。因此，**從用來說太極是一，一是有；從體來講太極是中，中是無**。而如果就人道來論，中就是人的「本性」，一就是人的「本心」；整部《易經》是以「人」為主的論述，所以都在闡述「性、心」的道理。

《周易》的成書，前後經過了兩千多年，可以說是古今之最。而聖人如此殫精竭慮，歷經了伏羲以來至於孔子等諸聖，才完成的皇皇大作，到底是為什麼呢？無非是給世人指出一條「安身立命」的康莊大道。所以六十四卦的演繹，都是為「人」而發，也就是**引人由「人道」，最終回歸「天道」**。

由於《易經》成於古代，文字簡奧，這對現代的人來講，難免晦澀難懂。雖然迭經後儒注解，引申發揮，至於連篇累牘，然而，易道並沒有因此而大明，這是什麼原因呢？應該是氣數使然。幸好現今是三期末劫，大道普渡，所以才有孔子及諸聖哲降壇批訓，重新證義詮釋，而易的本義得以重見天日，這是末世眾生的大幸！

近來，又有木本先生發願，再將證釋本推演成白話，使廣大的眾生都能方便閱讀，其用意至深，令人感佩、讚嘆！

然而，**真正的「易」，不在文字，而在「心」中，讀易就是讀心**。願讀者深思之！

中華民國百十一年歲次壬寅仲秋

誠一謹識

苏树宗

目錄

01

卦旨 開宗明義談《易經》旨趣。

1. 宗主孚佑帝君說：「《易經》是古代聖人的集體創作，也是第一部道書。經過堯舜禹湯，傳到周文王、周武王、周公，文辭章句才完備，意義更完整更明白。又經過孔子的繼承闡述刪訂，然後成為六經之一，才成為儒家最古老的書。」《易經》這一部書講的是上古聖人通天的大學問。

   《易經》是講明天地法度的書，每一字每一句都有法度存在。歷代的聖人都謹慎擷取《易經》的文辭來作為行事的準則，來建立道德事功文章，來成就一生的道德事業。

   《易經》的道理可以用一句話來概括：「**窮理盡性以至於命**」意思是洞徹造化的原理，而能完善發揮天性，最終能夠承擔天命。這句話就是「無人、無我、無眾生、無壽者的究竟無上佛道」。

2. 這樣的德性就是至德就是天德，天人合一而天地定位，神形一如而神妙無方，這就是聖神仙佛的境界。可以承擔上帝的道，可以完全展現上帝的旨意。

   這個天人一貫的道理，向內可以誠意正心，做到安身立命；向外可以治國平天下，做到天下一家親。天道的真理可以作為教化與政治的最高準則。**因此《易經》的生命教育可以完成三大功德：「原始返終、正性立命、天下大同。」**

3. 商瞿子木先生說：**天道與人道的不同有六個層面**。第一、乾有四種德性，而人來合同卻各有不同，這是時機因緣的不同。第二、乾卦有六爻，而人來運用只有第二到第五，這四個位，這是人事的不同。第三、乾卦的德性完全、圓滿，而人會有過錯，會有後悔。

第四、乾卦有廣大的生成能力，而人有「沒有作用、沒有地位」的時候。第五、乾卦可以主持最偉大的開始，而人有「謹慎開始」的告誡。第六、乾卦包含最極致圓滿的德性，而人必須要先明白如何樹立德性。

總結來說，天道有定常而永恆不變，人事是無常也不安定。以無常不定的人事，要來合同天道的定常，不求道不修道如何能做得到？

4. 所以**乾卦講天道是最無為的、最圓滿的、最廣大的、最光明的**。講到人事，一定這麼叮嚀：「要勤勉做事修道，要謹慎自己所處的地位，要懂得把握天時，要反省自己，要修養心性，要成就道德人格，要完成道德事業。一輩子勤勞努力才能夠合同天道，否則過錯免不了，後悔也免不了。」

不能完成人生的意義價值，也就配合不了乾卦的卦象了。那麼講到人生的價值，一定不能離開人道；**想要合同天道，一定要在人道上立定根本才能合同天道，也才能成就生命的意義與價值。**

乾卦文言對於人生的道德事業、說話做事，反覆再三叮嚀。而更要求態度要忠信，要增加自己的學問，要實踐出仁義，要堅守禮節與信用，最後歸結在真誠。因此才說：「一個人的說話，是要表現生命的真誠。」又說：「關閉妄想邪念，存養本心的真誠。」這個誠字是貫徹始終的功夫涵養，包盡一輩子的說話做事，也就是《中庸》「至誠如神」的義理。誠也就是完成，君子、大人、聖人的生命都是在天性的真誠當中完成，所以聖人會再三懇切叮嚀。

5. **乾卦的正能量是天下最健動的力量，叫作「剛健中正」**。對人來說，就是這一點天性；對天來說，就是神明。人所以能夠合同天道，完全在有這一點天性。

生命最大的病痛在情欲，情欲會妨害天性，使元神的剛健失去作用，使良心的中正失去功德；失去良知的作用就沒辦法保全天性，失去道德就沒辦法保全生命。

性命都保不住了，哪裡看得見「自性天道」的元亨？所以君子在「安身立命」這個地方不是依靠剛健，而是期許自己能夠「保全天性」；不是拿中正的道德來驕慢別人，而是要求自己有保全天心的修養。要做到這個地步，一定要先利貞，也就是「調和性情」，然後才能成就

自性天道的元亨。

6. **元亨講的是天道，利貞講的是人道，**人道不完全，沒辦法合同天道。所以不能「節制情欲」回歸天性的人，永遠沒辦法到達天道的亨通。天道的造化是「無心又無為」的，所以天道的元亨利貞是「順著天時」來成就一切的功德。人道是靠有為來成就的，所以人道的元亨利貞是要靠條件來成就結果。這就是「天道與人事」不同的地方，關鍵就在「天性與情欲」。

   因此乾卦的「象辭」特別看重利貞，而乾卦的「文言」對於性情的調和特別要講清楚。如果忘記「性情」的中正，就會違背「中和」的德性。只要失去「中道」的精神，生命的根本就傾倒了；失去「調和」的功能，道德人生的作用就敗壞了。根本與作用都失落了，生命還能保全嗎？

7. 所以在天道變化當中，人應該知道怎麼樣才能中正自己的性命，才能保養合同太和正氣，才能做到用天性來調和情感。也才能像周文王具足「天命天德」，能夠出類拔萃，超出萬物，給天下萬國帶來安寧。

   聖人為何能夠安定萬國？因為天性的根本鞏固，而道德人格廣大高明；道德生命完善又完全，於是道德人生的作用廣大。這就是人道的最頂極，已經能夠合同天道了。

   而在文言當中進一步引申，拿**「道德的成就才是人生當來的實踐」。**這樣的道德行為**要表現在日用尋常，**隨順時機因緣而自然流露。

   什麼是道德人生？第一、站在最高的地位也沒有危險。第二、生活在安定的環境也不會放縱。第三、應當前進就前進，應當後退就後退。第四、可以處在最上位當領導，也可以處在最下位當百姓。這一種完善、完美的生命就是乾卦九二爻、九五爻的大人，也就是九三爻的君子了。

白 話 經 文

【象辭義理】

乾：元，亨，利，貞。

乾卦彖辭說：天道運行的準則，天理彰顯的變化，人道性命修養的規矩，世界大同的創建，就在元亨利貞這一句話。

演繹▶

1. **乾，元亨利貞**：元亨利貞四字，包含全易的爻辭，辭是為了明象而必出於象，因辭中有象。六十四卦的象，從乾坤出。乾坤的辭，包盡全易的辭，而以「元亨利貞」四字為綱領，無盡的義理都含藏在裡頭。

   天道運行不息，萬物生化因此看得見。「氣」自然在其中，「數」自然有節度。因此有十二月，有三十日，有二十四節氣，有朔望上下弦月，有一天的晝夜朝夕，名目再多，都不離「四象」。

   「象」是形容氣數而用的名字，辨別始終而度量萬理，不是指稱事物、東西，**不要「把象當物」來想**。不叫四物而叫「四象」，就好比不叫氣而叫「兩儀」一樣。「極啊、儀啊、象啊」，都是形容道理的名稱，可不是物的名稱。所以**「元亨利貞四字是四象」**，因為乾卦包納全易，而乾卦具足全德，因此用這四字來度量，講明乾的「性情德用」。

2. 天下的物不只一類，天地的氣也不一致。有寒就有暑，有生必有化。一天之中，朝夕晝夜具備四象；一年之中，春秋夏冬具備四象。明暗不同，冷暖不同，這是天道自然，生化定例。「天下有物就有數，有事就有度，度數不出四象。」

   所以有榮枯生死，沒有不是循環起伏，來往升降；推移而成用，變化而成德。故「乾象之」，而有「元亨利貞」四象來分別形容表態。講乾卦的「氣」包萬物而「德」全四象，是天下萬物的母親，叫作「乾為天，知大始」。

   從先天一氣來說：**元**是能量開始創生。**亨**是能量的大用暢達。**利**是能量最初的收斂含藏。**貞**是能量最終的潛伏歸元。能生成變化，還返閉藏以盡用而成德。四字包含太陽太陰，少陽少陰，就好像一年的四季，春生夏長秋收冬藏的德性。

3. 雖然是四象，實質上仍然只有一象：元示現乾的大生，如春天仁慈。亨示現乾的大長，如夏天隆盛。利示現乾的大成，如秋天收成。貞示現乾的大伏，如冬天伏藏。

   從道德人格來說：春生就是仁德，夏盛就是禮德，秋成就是義德，冬

伏就是信德。仁禮義信這四象是道德人格的顯現，而智慧含藏其中，表示**作用的潛藏**。仁德主要是**生成**萬物，禮德主要是**和諧**萬物，義德主要是**安定**萬物，信德主要是**保全**萬物，這一切都要靠智慧來成就。

從氣數吉凶來說：元主持升發，亨主持通達，利主持制禁，貞主持潛默。元主持事的最初，亨主持事的繁茂，利主持事的隱退，貞主持事的深靜。所以，**動宜元亨，靜宜利貞**，順從就吉祥，違背就凶禍。

四德功能作用不同，都是「氣」的行止，「數」的升降成就的；而「吉凶」自然顯現，「禍福」自己召感。這一層**「天人物我、應感自然」**的道理，只有君子知道，所以無往不宜。

4. **元亨利貞有進退存亡的契機，有動靜得失的道理。**君子不管處在任何情境都收放自如，沒有一定怎麼樣或一定不怎麼樣，也沒有絕對可以或絕對不可以，因為君子善於順從氣數。如果不懂順從氣數，吉凶就失去根據，禍福也就沒有法度。

這是聖人拿「辭」教人，拿「義」示人。元亨的辭美而義明，利貞的辭吝而義曲；直曲不同，美吝的味道也不同。

元是首出高位，顯示眾善的尊長。亨是嘉會和易，顯示禮儀的美盛。利是義利分明，顯示利中有害。貞是動靜明辨，顯示動中有咎。一般說來，人處顯達容易，處困窮很難；得時就有智慧，失勢就昏昧。境遇發揚時候，措應相宜；遭逢晦塞時機，進退失據。

因為只知有用之用，不知無用之用；只知有為之為，不知無為之為。這是只明白元亨，而不明白利貞。只有**君子應時行藏，順天進退**，所以沒有不是恰好。因為得到元亨利貞四字全義而明白天道的全用。

5. **「明白道，明白德，明白天命，明白天性，明白氣數」這五件事就是儒家的核心思想**，也是聖人善於教人的地方。用文辭來教人，用義理來啟發人。只用元、亨、利、貞四個字，就把天道、人道、盡人合天的道理講清楚了。

「盡人合天」的道理從乾卦最初的五個字：「乾、元亨利貞」，就可以看得見。人道的德性沒有離開仁禮義信四行，天道沒有離開春夏秋冬四時，地道沒有離開東西南北四方。

大道雖然很大，沒有離開四種德性，在天叫作「元亨利貞」，在人叫

作「仁禮義信」，或者也叫作仁義禮智，因為信就是智慧的意思。這四德是自性本有的德目，從內來說叫作仁，從外來說叫作智。

《中庸》說：「成己仁也，成物智也，性之德也，合外內之道也。」就是講自性天道具足元亨利貞四德，可以領導統御一切，到達「沒有內外」的分別，「沒有始終」的距離，內外始終完全兼備。元亨利貞四種德性可以說是天下最極致的德性，也是聖人最圓滿的行事。

6. 從天道下貫到人道，就要「從乾推及到貞」；從人道回返到天道，就要「從貞推及到乾」。這是天人一貫的消息，是先天變後天，後天返先天的道理，也是本能生末，末能反本，本末一貫的道理。學道的人在讀「乾、元亨利貞」這五個字的時候，要再三深思體會啊！

從理氣一貫來說：元是天下大始。萬物都在其後，能生一切，也叫「仁」。乾元是一太極，雖隨生化而不滅，是天下大本，也叫做「中」。「神道」就在裡頭，故名「太一」。凡一切生化分合，道器的分別，偏全形氣萬類，都從太一出。

亨是始而能通。生而能大，是氣的至盛至和。天下的大用叫和，因為是出於中而不失中，所以也叫「禮」。禮從仁出，而能成就仁，但要「和」才能達成。**聖人制禮，不是用來「制人」，是用來「和眾」。**只有和才能「安」，也只有禮才能「和」。所以說：「禮之用，和為貴。」因為「和」是禮的根本。禮從哪來？**出於誠，成於敬，齊於一，止於中。**德最盛，儀最美，用最大，道最通，義理最完全，可以「全生育性而正命，導人回復天道」。

7. 所以，**禮是人道的開始。**「人」由夫婦和而後人類生，「道」由陰陽和而後萬物生。天地人物的「秩序」在禮，和而後盛，盛而後亨；亨以繼元，和以返中。人生自天，一定要歸天，一定要「**抱和守中**」才能復命歸根。

「元以亨大，中以和成」六十四卦已屬後天，人道為重，必有交合，才現出生成變化。既有交合，就有善惡，所以「情」必中節，「用」必中度。這時「禮」最尊貴，「和」最根本。**和是從禮而來，亨是靠德才亨**，所以，仁德的施行必循禮。這就是元亨的義理。

利貞講自修的道功。萬物始生，必求亨達；盛大之後，必求保持。亨

通太和之時，天下共榮，萬物同豐，繼續保持很難，只有反求自身。「持盈保泰，必須潛德；守常應變，只在明時。」所以，要常保德性光明，必須止於至善；要常保中和圓滿，必須慎獨而成就至誠。**至誠不二，才能復回太極，還歸太初**，長保太和，永得長生。這是內修的道功，也是聖人立教的根本。

8. 　講到「利」，就有「害」在其中；講到「貞」，就有「淫」在裡頭。修行路上，如果樂而「忘憂」，驕而「任情」，那麼，利會變成害，貞會變成淫，因為「過度」就失和。失和就失中，失中就忘身。連身心都保不住，哪能久亨？所以，元亨以後，必明利貞的道。這是「性情學問」最貴重的地方。

　天道至尊貴，至安樂，萬善歸依，萬類欽服，只有聖君做得來。當「元亨」的時候，**「首出庶物，萬國咸寧」**，這是「德與道」的極致圓滿。這時要有保持「滿盈」的憂慮。要做到：高不忘危，尊不忘卑，得不忘失，和不忘亂。

　怎麼做到？乾乾不息，謙虛自下，放下尊貴，警戒情欲，而回歸性命的純正，省觀變化的門戶，才能不失中和。高而能下，貴而能賤，悠然在「禮義」門內，自然於「仁智」門中，所以能常保太和，成就利貞。

9. 　德到達高大，愈廣遠就愈反求本初；道到達極致，愈光明就愈處在隱微。故元亨以後必利貞，而明明德的時候，必定止至善。利貞就是止至善，能止才能利，能善才能貞；知止就會情感安定，明善就會天性中正。所以，利貞是性情的學問，誠明的功德。

　利就是宜，貞就是正；事恰好叫義，位中正叫信。以義為利，才能無不利。如果稍有私欲，則利此必害彼。所以，大利必從義來。信是至貞至誠，誠就無不成。如果稍有虛偽，連自己都成就不了，哪能成就別人？所以，至誠的根本在信。

　「義是時中之道，信是抱一之德」這就是天地「不息不二」的行事，聖人「唯精唯一」的訓誡。所以才說：「利貞，是性情的涵養。」要能順從天道變化，正性立命，保合太和，才能做到利貞。人道表現在「義信」，而始終一貫，本末不變，才可以成就天道天德。

【解釋彖辭】

象曰：大哉乾元！萬物資始，乃統天。雲行雨施，品物流行，大明
　　　終始。六位時成，時乘六龍以御天。乾道變化，各正性命，
　　　保合太和，乃利貞。首出庶物，萬國咸寧。

　　乾卦解釋彖辭，聖人讚嘆說：「太偉大啦！創生宇宙萬有的乾元。」
是一切生命的母親，統領天地萬物的主宰神。乾元的先天一氣，能夠行雲
布雨生成萬物，能量自然流行使萬物生生不息，創生與終成的能量是終始
循環，永遠廣大光明。

　　乾元包含宇宙六合，運轉天地人三才的陰陽六位，隨順天時的自然而
成就一切的變化，又能夠通達太一的真神。乾卦的六陽爻，具足精純的元
氣，像六條龍，運行在太虛玄妙的境地，統領先天與後天。

　　人的性從天道來，命從地道來，人承受天地能量的生成而具有性命。
在天道的變化中，容易失去常態。七情常常會掠奪天性，欲望常常會擾亂
天心。

　　堯舜文武這輩聖人，以身示道，給出修心的要領，讓人人**中正天性，
立定生命**。上下都能體察天意，常保天人同順的太和。於是全民「性情中
和」，能夠盡人道合同天道。

　　堯舜文武這輩聖人，在萬物當中是首出。禮樂天德的道化，讓全民做
到利貞的性情調和，於是人道的中和能夠合同天道的中和，天人交泰連結
天地交泰，萬國的安寧就實現了。

【大象辭義理】

象曰：天行健。君子以自強不息。

　　乾卦大象辭說：天的本體是凝聚而又虛靈，堅固而又光明，能夠健動
運行而永不止息。君子效法天道的健動而自強不息的調和性情、保全天性，
成就天德、完善人道，能夠合同天道的純粹自然無為，而成就天地人物。

【爻辭義理】

初九 潛龍勿用。

　　乾卦初九說：潛龍的陽氣在地下，生機潛藏還沒有發動。這時沒有人
事地位，不能對接人生時機，是沒有作用的沉潛作用。（《易經》講龍，

都是講陽氣。）

象曰：潛龍勿用，陽在下也。

　　乾卦初九小象辭說：陽氣在地下，還是潛龍。還沒有立足在人事地位上，對接不上人生的時機，不能表現作用。這時最適合涵養先天太和正氣，直養天性龍德。

九二 見龍在田，利見大人。

　　乾卦九二爻說：陽氣已經上升地面，表現在外，叫作現龍。這是龍的自我顯現，而不是被人看見。龍德光明在適當的時機展現，開顯大人厚德的氣象。德性累積很博厚的聖人，不必特別表現而自然就完成道化教化的功用。

象曰：見龍在田，德施普也。

　　乾卦九二爻小象辭說：大人行出龍的本質而出現在田野，德性大中至正，能夠向下施捨普及，帶來和諧樂利。具有普遍廣大的德性而不居功，能成就天下的事功又不居名，能夠當九二爻的主人。

九三 君子終日乾乾，夕惕若厲，無咎。

　　乾卦九三爻說：龍德到了第三爻，最有活力，地位時機都很恰當，靈明的作用不可限量，這樣的君子可以成就道德與事功。這時道德與事業的過失，也最容易表現出來，因此早上要精進，晚上要惕厲，恭敬謹慎做事就沒有過錯。

象曰：終日乾乾，反復道也。

　　乾卦九三爻小象辭說：處在局勢亨通順暢的地位，最容易開啟驕慢，驕慢產生，再盛大的事業都保不住。所以必須整天謹慎小心自處，才不會超過自性中和，才能夠回到大道上面來。

演繹 ▶ 如果存心態度不精進、不警惕、不敬重、不小心，一定會有過錯。不能早晚惕厲德性，就不是君子了。

　　　　九三爻的「厲」有八種意思：第一、危險。第二、勉勵。第三、傷害。第四、成就。第五、謹慎。第六、嚴謹。第七、恭敬。第八、畏懼。一個字包含八個層面的意思，要看上下文的情境，而能夠適

當取用恰好的義理。如果解釋不圓通，就會失去易道廣大的作用。聖人在九三爻很具體鮮明的設立文辭，把涵養內德的教育隱藏其中，寄託在裡頭，這就是修好人道來依循天道，明白人事來立定天命。象辭所說的「正性命、保太和」，前面所解釋的元亨以後接著利貞，都是從九三爻來看出這麼深邃的義理。那麼九三爻哪裡只是一個爻辭的作用？

大道的可貴在能夠回返，終始是一貫的。回到原始點沒有比乾卦更首出的，到了終點能夠回返，沒有比效法乾道更有力量的。

九四 或躍在淵，無咎。

乾卦九四爻說：當陽爻立在陰爻的地位，要行出陰柔的道理。在這個時候，龍的飛騰不適合上天，反而是向下跳入深淵。洞察氣數因緣，把握恰好的時機與地位，做到自我革命，就沒有過錯。

象曰：或躍在淵，進無咎也。

乾卦九四小象辭說：為什麼要離開高明而進入黑暗？九四爻處在和樂安逸的地步，最容易開啟欲得、不知足的心，容易造成障蔽阻塞。這時候最適合謙卑，自我退讓，才能避免過錯。

在時機不恰當而貪圖高飛，就會半空折翅。自我革命而謙讓往下行進，就沒有過錯。

九五 飛龍在天，利見大人。

乾卦九五爻說：處在上卦的中位，陽氣已經向上飛騰，好像太陽到了中天的地位，光明遍照天下。德澤流布無邊無量，外王事功展現，成就高明的氣象。既具足天德，又符合天位，是天下人共同仰望、親近、服從的大人。

象曰：飛龍在天，大人造也。

乾卦九五小象辭說：為什麼叫作大人？第一、順著天時而來。第二、居處在人間最尊貴的地位。第三、自性光明與道德的行為可以作為天下的主人。

大人是全人類當中最尊貴的人，第五爻就居處在這個地位，是外卦大用的中位，乘坐在中正的陽氣上面，能夠合同飛龍的德性，能夠承擔上帝

的道，做到天下一家親。君王圓滿的德性，有如在天翱翔的飛龍，足以作為聖明的君王。

上九 亢龍有悔。

乾卦上九爻說：處在外卦最上的地位，是最高的地位，陽氣走到這裡已經是頂極了，氣數走到這裡已經是終結了，所以叫作亢。亢就是太超過的意思。龍德失去中道，一動就有後悔的事情發生，叫作亢龍有悔。

象曰：亢龍有悔，盈不可久也。

乾卦上九小象辭說：一個人獨處高位而沒有賢人輔助，就像住在高山頂上，而下方沒有人接應，所以叫作亢龍有悔。再圓滿美好的光景都不會長久。

用九 現群龍無首，吉。

乾卦用九說：用出天道始生終成的純粹陽剛力量，天地光明充滿。人民已經是純陽無陰、純善無惡，都可以自己治理好自己。不必有人來當首領，不必等待君王來治理。不需要有領導而整體可以創造大吉祥。

象曰：用九，天德不可為首也。

乾卦用九小象辭說：用出乾卦元氣的作用，聖人完成大同世界，天下再大，不需要有首領來領導。人民完全是天性作主，所有的行為都是天德運行，這是天下大順的時候，人間淨土的來臨。所以沒有領導而天下吉祥。

結 語 《易經》生命教育三宗旨：「原始返終、正性立命、天下大同。」總會成「窮理盡性以至於命」。

1. 教化從哪裡開始？從堯舜開始。自從堯舜以後，道統文化的重心擺在建立教化。因為人道根本天道，人性是承受天命而來，如果想要不違背天道，而能合同上天的氣數，一定要先做到不違背人性又能成就人道。所以明白人道來建立生命的教育是易教的根本宗旨。

孔子刪訂六經是為了建立教化，《易經》就是講明天地法度的書。《易經》的生命教育包含這三層道理：「原始返終、正性立命、天下大同。」而總會成一句「窮理盡性以至於命」。

孔子考慮到周文王、周公的文辭有不詳盡的地方，學易的人不容易了解，於是作「文言」來加以申論，再作〈繫辭傳〉來輔助，這些意思也就是「祖述堯舜、憲章文武」的意思。

〈文言〉與〈繫辭傳〉的義理是參考結合六經，又能提點引領《大學》《中庸》，所以每一句話沒有不是為教化在講話。而且每句話都是拿「聖人、君子、大人」來樹立生命的模範，來建立修道的表率。這些文辭與《大學》《中庸》沒有不同，與《詩》《書》《禮》《樂》六經的文辭也沒有不同。

2. **孔子認為《易經》道理的重心在「變化」**，變化所指的對象是人世間的事情，也就是古往今來宇宙天地的變遷，這一件是大事，其他的事都是小事了。所以能夠明白《易經》也就能明白一個宇宙天地的氣數，從開始到終結，可以完全包納，而乾卦又是這一切的總綱領。**能夠明白貫徹乾卦的義理，無論過去未來還是現在，都可以經由推理而知道。**乾坤是整部《易經》的門戶，陰陽是各爻的根本，乾卦取陽爻，坤卦取陰爻，作為一切卦爻的基礎。

全易六十四卦概括宇宙一切的事物，包含古今往來的時間空間，包含天地人物，沒有不是在六十四卦當中。而六十四卦以乾卦為統領，因為乾卦是天下萬物最偉大的創生力量，是最偉大的開始，也是全天下萬物最偉大的根本。

3. **乾卦一個卦，簡直是貫通全部《易經》，貫通宇宙萬物而成為天地一切的準則。**如果明白這一層意思，那麼易道已經明白了，既然明白易道，那麼天地的氣數、性命的法度，無論大小、無論遠近，沒有不是了然在手掌當中。

所以孔子在講解乾卦的時候特別詳細，就是因為乾卦的涵義太廣大了，後世的人不了解已經太久了，不得不特別開示明白。就是為了要讓我們明白天道、地道、人道，所以不嫌囉嗦重複，希望讀經的人能夠深切體察玩味。

宏教柳真人說：《易經》的道理確實不容易講說清楚，雖然一個卦只有六個爻，所包含的義理是說也說不完的。現在孔子把握最精要的部分來開講，只不過講出一二而已，可是已經是長篇大論了。從這裡可

以知道《易經》的道理很精深，無論天道、地道、人道原本就不是容易貫徹的。

4. 乾卦是整部《易經》的首腦，義理更是廣大無邊，要講解乾卦必須要更詳細。本來**聖人設立《易經》的教化是為了讓全人類明白天道**，也就是明白卦象是從天地萬物來顯示天地的氣數。

大道始終沒有離開氣數，氣是能量，數是數目，從一紀推到兩紀，兩紀再推到萬紀，無窮的數目配合大小的循環，事實上就好像一年與一天一樣，當中都有一個定數。一天是一，一年是三百六十五，這就是定數。

天道的氣數到了窮盡就會重頭開始，今天雖然看不見氣數的變化，正是因為潛藏的氣的能量還沒有發動。所以光是乾卦這一個卦就包盡宇宙天地萬物，從上古到未來，始終都濃縮在六爻當中，只不過不能一一細數罷了。

5. 但是六十四卦從乾卦出來，乾道變化的時候，這個變化的現象要從革卦來看，革卦就是在講明乾道的變革，我們可以從歷史上過往的朝代變化來驗證天道氣數的變化，我們就會明白古往今來的循環又走到我們眼前這個時代了。

聚合無數興衰成敗的小循環，可以成就古往今來的大循環，這就好像累積一天可以成就三百六十五天的一年。明白這個例子，我們也就明白天地是最大的顯像，微生物是最小的顯像，不管大與小都同在一個像當中。

上古是一個天時道運，今天也是一個天時道運，不管是上古、現代或是未來，都同處在一個天時道運當中。這當中的定數與變數，關鍵就在人能不能善於推想推測。

6. 亞聖孟子說：《易經》的義理實在是很難說清楚，因為「《易經》的道理是完成在沒有文字記載以前，那麼易道的義理是超越文字以上的。」凡是一個卦，所有卦象、爻象的文辭，最古老的傳述叫作「元辭」，比如說「元亨利貞」四個字，是從「乾卦的乾」這一個字引申來的，爻辭也是根據乾加以演述的。

《周易》的由來是什麼？這些元辭是歷代古聖的「口耳相傳」，到了

文王、周公，等於是重新演述一遍。因為《周易》是文王作的，取用早就有的卦辭、象辭，再加以刪訂增減，與從前的「連山易、歸藏易」有相同也有不同。《周易》雖然不完全是文王、周公的創作，但一字一句沒有不是經過文王、周公的編輯、推敲、演繹，所以這一部書才定名叫作「周易」，就是在標示並記錄這一部經的成果。

7. **聖人設立文辭是為了真理教育的需要**。文辭有三種教育的功能：第一、使千古以後的人能夠知道千古以前的事情。第二、又可以從後天直探先天最精微的道理。第三、更能明白天地最究竟的源頭。這完全要依靠文辭的功能。《中庸》說：「率性是道，修道是教。」《易經》的文辭就是修道的教化。

因為乾卦的卦象包含天道、人道，通達天命、天性，既是天道又是人道，既是天下的大根本，又是天下的大德性，所以文辭特別顯出乾卦的大義，示現給後來的人，然後《易經》的教化可以成立。這是聖人設立文辭最深的用心，也是孔子解釋文辭最隱微的意思。

人道的建立有三方面：第一、完善人道來合同天道。第二、節制情感來回歸天性。第三、行出真善美聖的德性來成就天道。這就是儒宗唯一的教化宗旨，也是《易經》教化不二的義理。

8. 這樣的宗旨義理首先揭示在乾卦。乾卦的教化有四層義理：「第一、卦象有一定的範圍，而卦的作用無窮無盡。第二、天有一定的常道準則，而人的性情很難協和一致。第三、道永遠是大中至正，而人的德性有太過與不及。第四、天性永遠是定靜又清靜，而人的情感有太多的翻騰與變化。」

「昇華情感而成就天性」，就可以立足在乾卦而行出乾卦的健動不息。「天人性情調和」到這個地步，完全是乾卦的化身，然後才可以說不辜負聖人設立卦象建立教化的用心。

從此以後可以不會再違背上天「大生的仁德」，一開始就能建立「人道仁義」的功德，就能完全承受上天所交付的天命天性大道。所以「**天道**」是萬有的最高指導原則，「**人道**」是人要實踐完成的規模，「**卦象**」是法度，「**文辭**」是法度的指標。

9. 因為人是天地中和正氣所生育的，所以能夠成就天地的中和，所以能

夠回歸天地的大生與廣生。這一層回歸本位，回到原始點，也就是讓我們明白「終點就是起點」。**大道的可貴在能夠回返，終始是一貫的。**為什麼大道的可貴在返？由於天道的健動而生出的，一定會反求不動的最初，才能看見無生的源頭；因為氣數的變化而成就的，一定會反求不化的最初，才能到達不化的大化。

回返的道理很精微，要怎麼做到？第一、一定要反求天性天命的中正。第二、一定要懂得保持涵養先天太和正氣。才可以立定利貞性情調和的德性，才可以完成首出庶物的大用，才可以成就萬國安寧的功德，而看得見生命當中元亨的天道。

10. **人道的第一順位是先做到利貞，也就是先做到「性情的調和」**，這是氣象與氣數自然的道理，也是理生氣、氣生數、數生象自然的運行，沒有任何背反的理由，也不可能出現背反的現象。所以《易經》首先標記出來，用來建立易道「原始反終、用極用一」的教化。

天能夠創生萬物，能夠覆蓋萬物，能夠作為一切萬有的開始，那麼「天德」作用的廣大沒有其他的事物可以比得上。而人道如何能夠合同天道的運行？如何能夠實踐天德的大用？如何能夠完成「盡人道合天道」的終始一貫？實在有很不容易講述的地方。

由於天道的變化而警惕到人情的不容易中正，能省察四件事：「氣稟的偏差、物欲的障蔽、潮流的誘惑、境遇的逼迫。」這是誠意正心的修養。只有謹慎小心起心動念，生命才能「真誠」；只有恐懼害怕行事會背離中道，人生態度才會「禮敬」。禮敬是表現在外的正直行為，真誠是嚴謹內心的太和正氣。

11. 二六時中的把持，而沒有迷惑沒有動搖，能夠精勤不懈自我勉勵，能夠奮發精進超越危險，能夠隨時涵養道德學問，就會走出平坦的路。**心裡憂患德性不足，就要保持最高的警惕；擔心念頭的起伏變化，就要持守最高的戒律。**

只有效法天道才有健動不息的力量，只有健動不息的精進才有天道天德的圓滿。人道如何合同天道？這是天人之間的義理，有時中正有時偏差；中正就獲得大道的好處，偏差就帶來天人的災害。

所以想要明白儒家與道家的相同或不同，想要明白五帝與三王道統文

化的承接，一定要從《易經》來探求。《易經》本來是講道的書，而道包含本末內外，從一個道理可以推廣到眾多的道理，從眾多的道理又可以歸回到一個道理。

12. 純粹是拿宇宙當模範，拿天地作為始終的意象，所以六十四卦的開始是乾卦，指明天地人物都是從乾卦出來，而乾卦實在是道體的本象。凡是為大道講話，沒有比乾卦的象辭講得更精準的了。

《易經》是一本讓人「了解變化」道理的書，所以全書以變化為主軸。因此一個字有很多的義理，這是順從變化的意思。

人道要調和通變與經常，要做好三件事：「第一、能夠明白天時與人事的變化才能得到天道與人道的真常。第二、能夠成就一切的人事才能夠合同天道。第三、能夠完善一生的行事才能夠合同卦象。」

這就是九三爻、九四爻的文辭內涵，也是聖人在人事上的真誠訓勉。聖人反覆再三的給出規戒，委婉詳細的建立法度。我們在讀九三、九四爻文辭的時候，怎麼可以掉以輕心呢！

13. 什麼是「對越在天」四原素？「第一、因為有天的能量，才成就人的形體。第二、因為有天的創造，才成就人的生命。第三、因為有天的元精，才創造人的情感。第四、因為有天的元神，才創造人的天性。」而上天給人的禮物有兩種：一是會隨著造化而變化的身體，也就是人的形象與情感。二是不變的真靈，也就是人的元氣與天性。

所以人只要「有生命」一定可以完善自己的生命，也可以合同上天創造的原理。人只要「有變化」，一定能順從天道的變化，也能合同天道來造化一切。這是大道的本來行為，誰都不能違背。

宏教柳真人說：乾卦的象辭是周文王完成的，是周公傳述的，是孔子訂正的。這當中的一個字、一句話義理很深，這是周文王、周公抱持聖德聖智才能創作的。周文王當時被囚禁在羑里，有太多的忌諱考慮，有太多的義理不能明講，而《易經》天道的精微，也實在很難用文字來表述。

14. 在這些因緣之下，聖人才研究鍛煉出《易經》的文辭。《易經》的文辭很簡要，而宗旨很深廣；《易經》的道理很隱微，而文字很顯明。可以說是六經當中最精簡的文字，讀經的人不可以拿等閒的態度來看

《易經》。這是因為卦爻本來就有象的存在，苦就苦在一般的人不能通達象的意思，雖然有老師傳授，卻沒有筆記在書冊上面。

卦爻的象比較粗淺的道理，不需要等待文辭的說明就可以明白，但是天道最精微的道理、消息，就是有了聖人的文辭，還是很難述說明白。因此〈繫辭傳〉當中孔子說：「**書不盡言，言不盡意**」就是在講有文字記載的書，還是不能把天下的道理說得透徹。不管聖人的話怎麼說，還是不能窮盡大道的隱微。

雖然是這麼艱難，可是周文王、周公還是苦心來完成《易經》的著作，《易經》的宗旨很高明很玄妙，而《易經》的文辭好像很平淡很平常。這是因為天道、天理、天運、天時、天性、天心實在很不容易說得清楚，這個地方要靠讀經的人細心反求、探討。

01 乾卦文言

文言大義

1. 乾卦文言分三段，合同天地人三極的義理。初段解釋卦辭的直接義理，文章顯明而文意方正。中段解釋卦辭的通貫義理，文章簡短而文意深邃。末段解釋卦辭的圓滿義理，文章詳密而文意開闊。
    首段詳解人道，中段詳解天道，末段詳解天人的合同，以末段最詳細。
    每段都分兩節：或講論全卦而解釋彖辭，就沒有講到「用九」。或解釋乾元用九而申論彖辭，就沒有講到「全卦彖辭」。
2. 所以三段文意互見，理氣交明。或以象解釋辭，或以辭解釋象，或合辭象來解釋文意。向外可以指出事物的由來，向內可以指明性情的正趣。長言的是開釋一卦的彖辭，分言的是開釋各爻的爻象意思。補原辭未盡的義理，引申卦爻的本義。
    由人事來明白天道，由天道來證明人事。天理與人情，合同而暢達；顯教與密教，一體而完備。最終**歸結在「心性修養」的三步省察：克己復禮，誠正自修，忠信自持**。落實兩層實踐：用道作實踐，用德作操守。因此能夠不失去本位，不悖逆時機。
    乾卦文言完成四大功德：一、可以順天行事。二、可以合同天德。三、可以建立人道。四、可以闡明至教。所以叫做闡明易教的文言。

經文原文

【首段經文】

文言曰：元者，善之長也。亨者，嘉之會也。利者，義之和也。貞者，事之幹也。君子體仁足以長人，嘉會足以合禮，利物足以和義，貞固足以幹事。君子行此四德者。故曰：乾，元、亨、利、貞。

　　乾卦文言首段說元、亨、利、貞：元是講天道創始萬物，令萬物生生不息，能成長天地一切的美善。亨是講天道通暢萬物，令萬物嘉美會聚，

能眾善相繼。利是講天道利益萬物，令萬物各得其所，能和諧共存。貞是講天道成就萬物，令萬物相輔相成，能固守正道。

　　君子體察天道，實踐仁德，足以成長一切人。君子體行五禮，會通人情，足以完善禮教。君子輔相裁成，利益萬物，足以和諧道義。君子性情調和，固守中道，足以誠信幹事。君子效法天地元、亨、利、貞四德，實行人倫仁禮義信四德。這就是體現乾卦元亨利貞的生命。

初九曰：潛龍勿用。何謂也？子曰：龍德而隱者也。不易乎世，不成乎名，遯世無悶，不見是而無悶。樂則行之，憂則違之，確乎其不可拔，潛龍也。

　　文言首段說初九爻：初九要內斂含藏，不要急著表現作用。潛龍更深一層的義理是什麼？孔子說：龍德在潛藏隱退中涵養成全自己。

　　潛龍有七種德性：第一、能明白天時，能順從時運。第二、能守得住本位，能默默培養內德。第三、能潛藏自身而不求人知，能隱遁自己而不急著被世界所用。第四、心性安止在至善寶地，逍遙而自在。第五、以修心養性為樂，為道德人格與道德事業打下基礎。第六、面對得失憂患，淡然泰然。第七、立極在天地，不能搖撼，不可動搖。

　　這是君子自處的態度。能夠合同乾卦的開始，能夠運行在陽氣的最初，這種人的名字叫作潛龍。

九二曰：見龍在田。何謂也？子曰：龍德而正中者也。庸言之信，庸行之謹，閑邪存其誠，善世而不伐，德博而化。易曰：見龍在田，利見大人，君德也。

　　文言首段說九二爻：九二爻的見龍在田，深層義理是什麼？孔子說：龍德有中正的德性。**現龍有五種德性**：第一、日常應對的每句話，都真誠信用。第二、尋常做的每件事，都謹慎小心。第三、存養誠意正心，掃除邪念妄想。第四、默默行善而不自誇功勞。第五、天德廣大，施惠人民，普化萬物。

　　《易經》的聖人說：現龍出現在田野，大人利益天下的事功看得見，君王德性的成就在下民的身上顯現。九二爻是九四爻的謙和德性往下走，所以德性的成就在下民的身上顯現。

九三曰：君子終日乾乾，夕惕若厲，無咎。何謂也？子曰：君子進德修業。忠信，所以進德也；修辭立其誠，所以居業也。知至至之，可與幾也；知終終之，可與存義也。是故，居上位而不驕，在下位而不憂，故乾乾因其時而惕，雖危無咎矣。

　　文言首段說九三爻：君子早上能夠精進不息，晚上能夠警惕反省自己，所以沒有過錯。九三爻深層的義理是什麼？孔子說：君子能及時完成道德與事業。**人中龍在九三有六種德性**：第一、懷抱忠信的本質而沒有驕泰，就是隨時涵養道德人格。第二、說話真誠不欺，就能隨時成就道德事業。第三、知道氣數因緣變化，為什麼會來到，能給得出恰好的回應，能洞徹事情的機兆。第四、知道變化的結果，而能安然接受不抗命，能存養太和，能維護天地的道義。第五、能存養天德、明白氣數的君子，處在上位不會驕慢，處在下位不會憂慮。第六、所以，早晚能鼓暢天機，又能隨時謹慎省察自己的起心動念。因此不會傷害別人，處在危險情境，自己也不會受到傷害。

九四曰：或躍在淵，無咎。何謂也？子曰：上下無常，非為邪也；進退無恆，非離群也。君子進德修業，欲及時也。故無咎。

　　文言首段說九四爻：龍不向上飛，反而是向下跳入深淵。謙卑而自我退讓，才能避免過錯。九四爻深層的義理是什麼？孔子說：君子要把持中道態度。**人中龍在九四有三種德性**：第一、人生有向上走也有向下走，向上向下是沒有定常的，君子在上下當中，都不會掉入邪偏。第二、人生有前進也有後退，進退是沒有一定的，君子在進退當中，都不會脫離群體。第三、君子知道戒慎又能夠謙和，能及時完成道德與事業。所以沒有過錯。

九五曰：飛龍在天，利見大人。何謂也？子曰：同聲相應，同氣相求。水流濕，火就燥；雲從龍，風從虎。聖人作而萬物睹。本乎天者親上，本乎地者親下，則各從其類也。

　　文言首段說九五爻：九五爻能夠合同飛龍的德性，是天下人共同仰望、親近、服從的大人。九五爻深層的義理是什麼？孔子說：**大人能成就天地萬物。**

　　飛龍有三種德性：

第一、**凝聚力**。聲音頻率相同會互相應和，氣息相同會互相融合。志趣合同的人自然互相應和吸引。就像水往濕處流，火向乾處燒，同類的事物會聚集在一起。

　　第二、**鼓暢力**。龍起生雲，虎嘯生風，聖主與賢臣會相互遇合，展現風雲際會。這時有德行的聖人一出現，天下人都看得到。

　　第三、**親和力**。大人的生命本體與天相通，自然會親近上天；大人的生命本體與大地相合，自然會博愛萬民。上下都安頓在最美好的情境當中，沒有人流離失所。於是天地定位、萬民安樂，這就是君王圓滿的德性，足以作為聖明的君王。

上九曰：亢龍有悔。何謂也？子曰：貴而無位，高而無民，賢人在下位而無輔。是以動而有悔也。

　　文言首段說上九爻：上九爻龍德失去中道，一動就有後悔的事情發生。亢龍有悔，深層的義理是什麼？孔子說：上九失道失德，失落一切。

　　亢龍有三種後悔：第一、地位高貴卻沒有實際的權柄，自己會傾倒自己。第二、身分高貴卻沒有實際的尊望，得不到民心的支持。第三、賢人在鄉野民間，輔助的力量已經失聯。這時候任何行動都會帶來後悔。

【中段經文】

潛龍勿用，下也。見龍在田，時捨也。終日乾乾，行事也。或躍在淵，自試也。飛龍在天，上治也。亢龍有悔，窮之災也。乾元用九，天下治也。

　　文言中段說：初爻潛龍勿用是陽氣在下，而且潛藏。在人事上要內斂含藏，要隱藏，不要急著表現作用。九二爻，本質是龍而出現在田野，德性能夠向下，隨時施捨下民。時捨是該當捨棄的時候絕不戀棧，不會迷戀不捨。九三爻早晚惕厲德性，警戒驕慢，是修道的實踐力。九四爻或躍在淵，是自我革命。九五爻飛龍在天，是聖人治理世界。上九亢龍有悔，是窮途末路的災禍。乾元用九，是天下大同。

潛龍勿用，陽氣潛藏。見龍在田，天下文明。終日乾乾，與時偕行。或躍在淵，乾道乃革。飛龍在天，乃位乎天德。亢龍有悔，與時偕極。乾元用九，乃見天則。

文言中段說：**初爻發端天人相合一貫的道理**，講生命的開始，涵養正氣、培養德性比什麼都重要。

九二爻的龍出到地面，好像太陽出現，光明照到遠處，道德事業普遍開展，向下把恩澤普及萬民，能夠給天下帶來文采光明。

九三爻沒有終日乾乾，太強盛就會驕慢、自信太過，而發生危險，危險就不能安居。這時適合回到本心，一切以天性的中正作為依歸，以和平作為期許，這樣就可以隨時立定在至善寶地，安然前行。

九四是向上升騰的，反而要向下走。因為九四爻太安逸，安逸就不能進德修業，這個時候不可以放縱安逸享樂，必須要從高的地位反轉為向下，必須要自我謙卑退讓，革除舊有的習性，去除脾氣毛病，而追求奮勉精進，日新又新。自己有能力自我革新，才能完善自身，叫作「修道的革命」。這樣的自我革命可以不失去中道，雖然向下走也不會違背正道。

九五爻飛龍在天：第二爻與第五爻，向內可以成就聖德的修養而擁有美好的聲譽，向外有外王的事功，道德與事業都可以成就，時機與地位都恰好。為什麼可以這麼圓滿？這是要依靠第三爻的善於戒慎恐懼，依靠第四爻的謙卑謙和的作為。

所以一個成道的人，一定要先樹立德性；一個成功的人，一定要先努力修行。能夠回到自身的至善寶地，能夠修到真誠，不欺侮正氣，能夠做到行為態度不會對不起天理良心。那麼得時在位的時候，就可以完成治國平天下的事業；不得時不在位的時候，就可以成就真誠光明的內德。不管是內德與外功，都不是向外追求而獲得的。

所以九二爻、九五爻都有大人的氣象，不論在天或在田，都可以成就天德。

上九六龍有悔：上九爻處在最頂極的地位，看來很尊貴但是不得安寧，又得不到下民的心。雖然有九二爻的賢人，但沒辦法作為上九爻的輔助，孤高而不能安身。孤家寡人唯我獨尊，任何行動一定會帶來後悔。只有隨著氣數走到盡頭。與時偕極：如果能夠在一切的時機當中圓滿一切行事，哪來太過與後悔？

乾元用九，乃見天則：在上古時候，每個人都活在大道當中，不用等待教化。人人自性可以通天，發揮天性就可以保全生命，人從哪裡來一定

可以回到哪裡去。這一種「道化的人生」，展現乾元用九、用極、用中、用一的功能，天上人間，同步同行。

【末段經文】

乾元者，始而亨者也。利貞者，性情也。乾始能以美利利天下，不言所利，大矣哉！大哉乾乎！剛健中正，純粹精也。六爻發揮，旁通情也。時乘六龍，以御天也。雲行雨施，天下平也。君子以成德為行，日可見之行也。

文言末段說：乾元就是創始的力量，而且又能夠通向一切。利貞是天性與情感的中和。

乾元的先天元氣，最盛大最太和。能開天闢地，創始萬物，創始而能亨通，生成而能廣大。聖人順從天道變化，保全又合同先天太和元氣，做到止善而利貞的性情中和。而堯舜這輩聖王，得尊位得天時，抱持中正的性情，用天德行天道，成就天地的中和而大利天下，卻不標榜大同的事功。聖王效法天地的無私無為，實在太偉大啦！

讚美再讚嘆，更偉大的還是乾元的正能量！有四大功德：一、乾道的性質剛健，天位中正，天德純粹不雜，天情專精不二。二、乾卦六爻發揮而循環運作，可以旁通萬物的實情。三、聖王抱持乾元，運轉六龍的純陽能量，**行於天地六合，事事契機契理，「時中時出」，沒有不是恰好，所以能統御天上天下**。四、天上天下的聖神功化，好像雲雨能潤物，隨著「道的變化」而天下太平。

君子效法聖賢，全力用在完成道德人格的修行，以完成全人類的道德事業為目標。每天都看得見君子精進惕厲的「學修講辦行」。

潛之為言也，隱而未見，行而未成，是以君子弗用也。（初九爻）

文言末段初九爻說，潛龍的義理用在人事上：第一、能明白天時，能順從時運。第二、能守得住本位，能默默培養內德。第三、能潛藏自身而不求人知，能隱遁自己而不急著被世界所用。這是君子心性安止在至善寶地的最高修養。

心性定靜的人才能安處在寧靜，也才能以修心養性為樂，為自己能成就道德人格與道德事業打下基礎。這是君子自處的態度。

君子學以聚之，問以辯之，寬以居之，仁以行之。易曰：見龍在田，利見大人，君德也。（九二爻）

文言末段九二爻說：君子有四種行為態度。一、好學來蓄積學問，凝聚德性。二、詳問來探究真理，決斷疑惑。三、用寬大的心來處事，用厚道的情來處人。四、用仁德立身，用仁義行道。《易經》說：龍德顯現在田野，君子已經是人人喜愛親近的大人，具足君王的德性了。

九三：重剛而不中，上不在天，下不在田。故乾乾因其時而惕，雖危無咎矣。

文言末段九三爻說：九三陽剛居處陽爻地位，不是二五爻的中正地位。與五爻失聯就上不在天，與二爻失聯就下不在田。雖然地位危險，時機憂懼，如果能早上奮勵精進學問做事，到晚上還能警惕檢點身心，可以沒有過錯。

九四：重剛而不中，上不在天，下不在田，中不在人，故或之。或之者，疑之也，故無咎。

文言末段九四爻說：九四爻是陽剛居處在陰柔的地位，也是人爻的地位。九四是剛柔交通而很難合同，因為陰柔的力量偏向安逸不正。不是二五爻的中正地位。向上沒有五爻的天道高明，向下沒有二爻的地道博厚，又容易落入人道的安逸怠惰享樂。所以九三爻講若，九四爻講或，都是假設的語詞，可能這樣也可能那樣。這是說如果能夠做到慎獨，就是君子，如果做不到慎獨，就不是君子了。

夫大人者，與天地合其德，與日月合其明，與四時合其序，與鬼神合其吉凶。先天而天弗違，後天而奉天時。天且弗違，而況於人乎？況於鬼神乎？（九五爻）

文言末段九五爻說：聖明德備的大人生命，有四大合同力量。一、與天地覆載的無私德性合同。二、與日月照臨的無心功德合同。三、與春生夏長秋收冬藏的恆常秩序合同。四、與鬼神福善害惡的公正因果合同。

順從先天無生無不生的旨意，開發萬物而不違背天意，因此上帝不會違背大人。經營後天禮樂的人文世界，成就政治與教育的一切事務，而不違背天時，所以大人不會違背上帝。大人能自由揮灑上帝的能量，連天地

都來合一，何況是人和鬼神？

亢之為言也，知進而不知退，知存而不知亡，知得而不知喪。其唯聖人乎？知進退存亡而不失其正者，其唯聖人乎！（上九爻）

文言末段上九爻說：為什麼會出現超過自性中道的亢龍？心只知道前進，不知道後退。身只知道存活，不知道死亡。地位只知道要獲得，不知道會喪失。在天道的變化與氣數的流轉裡，知道進退存亡的天時因緣，又不失去大中至正的常道，只有聖人罷了！

結語

孔子說：

1. **四德兼備天道人道**：元是首出高位，顯示眾善的尊長。亨是嘉會和易，顯示禮儀的美盛。利是義利分明，顯示利中有害。貞是動靜明辨，顯示動中有咎。一般說來，人處顯達容易，處困窮很難；得時就顯智慧才華，失勢就茫然昏昧。境遇發揚時候，措應相宜；遭逢晦塞時機，進退失據。因為只知有用之用，不知無用之用；只知有為之為，不知無為之為。

   這是只明白元亨的天道，而不明白利貞的人道。只有聖人應時行藏，順天進退，所以沒有不是恰好。因為得到元亨利貞四字全義而明白天道的全用。

2. **論述元亨的義理**：元是天下大始，萬物都在元的後面才有。元能生一切，也叫「仁」。乾元是一個太極，雖然隨著生成變化而不滅，是天下大本，也叫做「中」，「神道」就在裡頭，所以叫作「太一」。凡是一切萬有的生化分合，形上的大道與形下的器物，偏全形氣萬類，都從太一出。

   亨是開始而能通達，創生而能廣大，是元氣的最盛大最太和。天下的大用叫和，因為是出於中而不失中，所以也叫「禮」。禮從仁出，而能成就仁，但要「和」才能達成。聖人制禮，不是用來「制人」，是用來「和眾」。只有和才能安，也只有禮才能和。所以說：「禮之用，和為貴。」就因為「和」是禮的根本。

禮從哪來？出於誠，成於敬，齊於一，止於中。德最盛，儀最美，用最大，道最通，義理最完全，可以「全生育性而正命，導人回復天道」。所以，禮是人道的開始。

「人」由夫婦和而後人類生，「道」由陰陽和而後萬物生。天地人物的「秩序」在禮，和而後盛，盛而後亨；亨以繼元，和以返中。人生自天，一定要歸天，一定要「履和蹈中」才能復命歸根。

「元以亨大，中以和成。」六十四卦已屬後天，人道為重，必有交合，才現出生成變化。既有交合，就有善惡，所以「情」必中節，「用」必中度。這時「禮」最尊貴，「和」最根本。和是從禮而來，亨是靠德才亨，所以，仁德的施行必循禮。這就是元亨的義理。

3. **論述利貞的義理**：利貞講自修的道功。萬物始生，必求亨達；盛大以後，必求保持。亨通太和的時候，天下共榮，萬物同豐，繼續保持很難，只有反求自身。**「持盈保泰，必須潛養天德；守常應變，只在明白天時。」**所以，要常保德性光明，必須止於至善；要常保中和圓滿，必須慎獨而成就至誠。至誠不二，才能復回太極，還歸太初，而長保太和，永得長生。這是內修的道功，也是聖人立教的根本。

講到「利」，就有「害」在其中；講到「貞」，就有「淫」在裡頭。修行路上，如果樂而「忘憂」，驕而「任情」，那麼，利會變成害，貞會變成淫，因為「過度」就失和。失和就失中，失中就忘身。連身心都保不住，哪能久亨？所以，元亨之後，必明利貞之道，這是「性情學問」最貴重的地方。

天道至尊貴，至安樂，萬善歸依，萬類欽服，只有聖君做得來。當「元亨」的時候，「首出庶物，萬國咸寧。」這是「德與道」的極致圓滿。這時要有保持「滿盈」的憂慮，要做到：**高不忘危，尊不忘卑，得不忘失，和不忘亂。**

怎麼做到？乾乾不息，謙虛自下，放下尊貴，警戒情欲，才能回歸性命的純正。省觀變化的樞機軸心，才能不失中和。於是可以做到「高而能下，貴而能賤。」悠然在「禮義」之內，自然於「仁智」之中，所以能常保太和，成就利貞的性情。

德大的人，愈廣遠就愈追求迴反；道大的人，愈高明就愈處於卑微。

所以元亨以後一定利貞，而明明德的時候，一定止至善。利貞就是止定在至善寶地，能知止才能利益，能明善才能貞定。知道止處，情感就安頓；明白最高善，天性就中正。所以，利貞是調和性情的大學問，是真誠光明的功德。

利是恰好，事情恰好叫義。以義為利，才能無所不利；如果稍有私欲，則利此必害彼。所以，大利必從義來。

貞是中正，地位中正叫信。信是至真至誠，真誠就無所不成；如果稍有虛偽，連自己都成就不了，哪能成就別人？所以，至誠的根本在信。

「義是時中之道，信是抱一之德。」利貞就是天地「不息不二」的行事，義信就是聖人「唯精唯一」的訓誡。所以才說：「利貞，是性情的涵養。」要能順從天道變化，正性立命，保合太和，才能做到利貞。人道表現在「義信」，而始終一貫，本末不渝，才可以成道達德。

要不是這樣，人有變化的色身，有容易衝動的情感，誰能保證不墮落，不與草木同朽？這就是聖人為什麼要諄諄教誨，再三耳提面命，哪裡只是解釋乾卦卦象的義理呢！

4. **明白氣數的人可以預知未來：**易道的用意，本來是為著「逆推未來」。因為人生息在天地中間，不可以違背天意來做事，對於上天的「氣數」不明白，那麼對自己所做的事也就不知道為什麼，更不清楚結果的變化。所以拿卦象來模擬上天的氣數，而能夠向上推本到源頭，向下推演到終結。

可是天道有個常經準則秩序，從上古到現在，從過往到未來，沒有不是有法度有規矩。因此從上古可以推測到今天，從幾千百年的過往可以推測到幾千萬年的未來，完全不會有毫髮的偏差。

能推測過往，這是「順」的道理；能預知未來，這是「逆」的道理。而《易經》重心在預知未來，所以叫作「逆數」，也就是預知未來的「推演智慧」，這個智慧叫作逆數。這是告訴我們，明白氣數的人可以預知未來。

坤卦

用六
上六
六五
六四
六三
六二
初六

卦旨 天地人三極一貫。

1. 孔子說：《易經》是聖人建立天道教化的一部書，一切的真理教育是為人道而設立。所以六十四卦的功能作用要靠人來彰明，只有人類可以實踐完成天道、地道、人道的義理，天經地義的道理才能顯明。

    如果人類不能實踐也不能完成天道、地道、人道，那麼天地縱然有無比的功能作用，人類也沒辦法清楚明白。因為萬物不會自我表白，而天地也不會說話。

    天地一切的功德與作用，以及萬物的創生與完成，完全要靠定人類來體現感通、來描述來形容，然後天地的道理才會彰顯，天命才會朗照而沒有遺漏。

    如果世界上沒有人類，天地的存在也就沒有意義，萬物的存在也就沒有價值；如果世界上沒有人道的倫理綱常，天德地德的偉大功用就會落空，萬物的創生與成長就會失去意義。因為天地萬物失去了人道核心精神的主軸，也就沒辦法成就天地的意義以及萬物的價值。

2. 乾卦的天德到了坤卦以後才完全彰顯，乾卦的大用到了坤卦以後才完全明朗。**從天地萬物與人類一貫的道理，我們才會明白乾卦的功德作用完成在坤卦，而天地萬物的和諧完全要依靠人類的連結合作。**坤卦象辭的義理完全是寄託在人道，而表現在人情。

    吉凶禍福的氣數是對應於人事來說，乾卦坤卦的功德作用，是從人類的思想說話行事來取得印證與見證。

    《易經》主要是講陰陽相結合相交通的道理，陰陽的往來一定有極限，到達極限一定產生變化。所以陰陽氣數的運行是循環往復的，這是沒有窮盡的往復循環，而乾坤兩卦是循環的總綱領。陽到達極限就變成

陰，於是乾就變成坤；陰到達極限就會變成陽，於是坤卦會返回到乾卦。**數窮必變，物極必反，盛極必衰，這是固定的理序。**

3. 商瞿子木先生說：從坤卦以後，與天道的直接關聯不大。所以在「人道」上頭講解說明就很詳細，「人事」的指點也很詳細。教化的宗旨把人道擺前面，天道擺後面了。

講「盡人道合同天道」，重心還是在人道。**看重人道是儒家的宗旨，也是最高的指導原則。人事必須以「道德」為先**，這也是教化當然的道理。

在乾卦指出要明白「天運天時、統天御天」，在坤卦指出要「順天承天、敬天配天」這就是《中庸》講的「時中」的義理。既然看重配合天時，就必須同時看重人道；既然把「中道精神」擺在最先，就必須要先看重人事。

4. **中道精神就是人道的核心點。**講到天時，就是人的時機因緣，講到「與時偕行」就是人在配合天。離開了「人類」就沒有中道，沒有「天時」，也就沒有配合的問題了。

天地人三極一貫的道理，最能彰顯修道人頂天立地的本分責任，天命承擔，聖賢襟懷！

天地萬物體現出乾卦的創生，坤卦的終成，完成「天地生化、始生終成」的功德。乾坤「相生相成」而後成就天下萬有的生成，乾坤「同變同化」而後主持天下萬物的變化。

所有物都樹立在地面，一切的行為都依止大地。所以大地是後天的樞紐，萬有的根本。

白話經文

【象辭義理】

坤：元、亨、利牝馬之貞。君子有攸往，先迷後得，主利。西南得朋，東北喪朋。安貞吉。

坤卦象辭說：聖人在坤卦的象辭，指示人道應該明白的消息，應該實

踐的準則，應該達成的目標。要我們根據乾坤的天德地德，來建立人道行為的典範與儀則。

守著牝馬良善的本性，就有足夠的力量行走四面八方，由此成就人道也就可以成就元亨的天道。君子有作有為，一定要無私無我，順從天理來做事。如果不順從天命、天道、天德，而專斷自以為是，就會迷失在半路；只有在謙退處後的時候，才會得到利益好處。

所以往西南的方向，就可以得道多助，可以得到朋友；往東北的方向，就會失道失去助力。這是因為地道不可以搶在天道的前面，要順天行事，才能合同安靜貞信的行持而獲得利益吉祥。

【解釋彖辭】

彖曰：至哉坤元！萬物資生，乃順承天。坤厚載物，德合無疆。含弘光大，品物咸亨。牝馬地類，行地無疆，柔順利貞。君子攸行，先迷失道，後順得常。西南得朋，乃與類行；東北喪朋，乃終有慶。安貞之吉，應地無疆。

坤卦解釋彖辭，聖人讚揚說：「坤元太完備完美完善了！順天合道，最終能成就一切！」萬物憑藉坤元來出生，坤元能順承上天，坤德廣厚能承載萬物，可以配合統領萬物的乾元，完成天覆地載的功德，而悠久無疆。

坤地能夠生成一切，能夠承載一切，能夠感通一切，因此坤德能夠到達極致而大顯光明，能夠和諧萬物使萬物亨通順暢。坤卦是牝馬而能配合上天的運行，無私無我，在大地上行走的力量沒有窮盡，又能夠運轉最柔順的能量來成就利貞的中和性情。

心性清靜的君子，明白氣數，不會掉入爭奪搶先而迷失常道，能夠順天處後而守著自己的本位，安止在自己的本分，固守永恆不變的常道常德。

往陽氣最盛的西南方，可以得到很多友好的夥伴，可以呼朋引類；往陰氣最盛的東北方，就會失去志同道合的夥伴。雖然坤德處在東北方位失去友伴，因為坤德柔順能夠順承一切的逆境因緣，能夠常保內心正氣的清靜滿盈，能夠淡然泰然、謙卑自處，最終能夠轉化氣數而獲得喜慶。

心性安止在自性靈山，就能獲得安樂歡慶的吉祥，於是利貞的柔順性情可以成就天道元亨剛健的永不止息。

【大象辭義理】

象曰：地勢坤，君子以厚德載物。

　　坤卦大象辭說：君子看到大地的廣厚，能承載萬物，就想要取法地道的無私無我，來完成道德人格的博厚，同時成就萬人萬物。

【爻辭義理】

初六 履霜，陰始凝也。（堅冰至）

　　坤卦初六爻說：腳踏在霜上面，就可以知道陰氣已經開始凝聚，寒冬愈來愈盛，冰天雪地很快會來到。

象曰：初六履霜，陰始凝也。馴致其道，至堅冰也。

　　坤卦初六爻小象辭說：初爻的顯像是冰霜，這是陰氣開始凝聚。順著愈來愈盛的寒氣，就可以看到冰天雪地的堅韌。

六二 直方大，不習無不利。

　　坤卦六二爻說：**君子的直心**，對內守得住方寸寶地，守得住自己的本分，立得穩自己的崗位。**君子的方正**，對外能有所作為，開得出事功，給人民給世界帶來福利。**君子的大義**，能成就道德人格，並且能把道德事功推行全天下。**君子發動先天的本性**，不必學習卻能無往不利。

象曰：六二之動，直以方也。不習無不利，地道光也。

　　坤卦六二爻小象辭說：君子處在六二爻地道的中和，順著天道的無為而動，順著天性的無私而動，能夠成就正直有德義的事功，讓天下的萬人萬物在清靜無為的運行當中完成自身。

　　先天至誠無息的內聖功德成熟了，不必學習也沒有虧欠。坤德不必等待學習而自然可以利益天下萬物，可以成就地道的光明盛大。

六三 含章可貞，或從王事，無成有終。

　　坤卦六三爻說：「含」是含藏一切、包容一切。「章」是事情有文理、有文采。「可」是一切事情，能恰好、能調和。「貞」是存心態度，能中正、能篤信。

　　做到含章可貞而立足在大道的真君子，能夠用柔順的態度、清明的智

慧來配合主事的人，完成道德事業的開創。坤德懷抱無私無我，能完全做到不追求自我的成就，而幫助萬人萬事萬物都有美好的結果。

象曰：含章可貞，以時發也。或從王事，智光大也。

坤卦六三爻小象辭說：君子有廣大博厚的內德修養，時機因緣成熟自然能夠發動光明盛大的智慧，及時成就一切的道德事功。

六四 括囊。無咎，無譽。

坤卦六四爻說：大地像大布袋，把萬物抱在懷中。君子取法地道，無私無我的包納萬物又成就萬物，沒有過錯也沒有美名。

象曰：括囊無咎。慎不害也。

坤卦六四爻小象辭說：六四爻對內能夠守本真心，對外能夠輔助成就道德事業。順承乾卦的朝乾夕惕，早上能夠精進不息，晚上能夠警惕反省自己，所以沒有過錯。因為謹慎省察自己的起心動念，因此不會傷害別人，自己也不會受到傷害。

六五 黃裳，元吉。

坤卦六五爻說：君子內在有坤德的貞正信守，外在有天德的亨通順暢，黃中通性理又通天理，**天地二元的交會在君子的身上顯現**，成就最高明圓通的人文化成，所以叫作大吉祥。再也沒有任何功德事業可以超越他了。

象曰：黃裳元吉，文在中也。

坤卦六五爻小象辭說：六五爻是道功成就而至德無漏了，表現為黃裳感應合同天地的大吉祥。君子立定在坤道坤德而可以合同天道天德，一切禮樂道德的光輝表現在天下，而自性中道的文采含蘊在心中，這叫頂天立地。雖然是立足在地面，而已經到達天德天位了。

上六 龍戰於野，其血玄黃。

坤卦上六爻說：陰的氣勢太過，逾越本分，侵犯陽的地位，雙方在野地打仗。造成天地流血，兩敗俱傷，最後是同歸於盡。

象曰：龍戰於野，其道窮也。

坤卦上六爻小象辭說：當陰的氣勢太盛，不再能信任並接受陽的引領，雙方在野地打仗，造成沒有路可以走。於是天經地義的常經準則失去，天

地會窮盡而萬物會滅絕。

用六 利永貞。

坤卦用六說：上六爻是坤卦消滅，而坤元不會消滅，才會有用六的現象。用六講坤元本來的大用，與乾元相同，都具有不生不滅的本質，因此可以成就地德的大用，叫作利永貞。永貞是長保大地的功德，而特別能具足安貞的吉祥。

象曰：用六永貞，以大終也。

坤卦用六小象辭說：用六永貞是講坤元具足永不止息的運行力量，能代替乾卦來完成「創造與生成」的功德，所以才叫作大終。

結語 怎麼觀聖人氣象？怎麼觀天地氣象？三才的位，頂天立地；性情生命，對接乾坤陰陽。繼善成性，可以始創終成。

1. 我們讀坤卦要體察坤卦的四項功能：第一、坤卦的文辭講明吉凶的氣數變化。第二、坤卦的卦象顯現人事的窮通、成敗。第三、坤卦的義理能夠通貫萬有的源頭。第四、坤卦的卦德能夠回歸無聲無息的天道自然。

    坤卦大用在安貞。守得住叫貞，貞也叫信；行得出叫利，利也叫義。道義在外而誠信在內，道義表現在行事，而誠信存養為內德。守應守的道，就叫本分。

    後天人道必先內後外，先守後行，所以，子道、臣道、悌道、友道、妻道，都要先固本守分。**禮教的最高價值在「本分」，大義在安貞的禮分。**

2. 河圖地數終於六，天數終於九；乾爻名稱是九，坤爻名稱是六，乾用九，坤用六。〈繫辭傳〉說：「大衍之數五十，其用四十又九。」講的是「用一」的道理，也就是「乾用九」、「坤用六」的玄妙道理，先天一氣的直養、直觀。

    沒有坤就看不出乾的德性，沒有坤就顯不出乾的功用；而坤是由乾變化而來，「坤的德用就是乾的德用」。所以觀坤的辭義必須與乾的辭義合觀，解釋坤的現象必須推本乾的現象。

乾坤「相生相成」而後成就天下**萬有的生成**，乾坤「同變同化」而後主持天下**萬物的變化**。乾如果是高懸的「理則」，坤就是具體的「實踐」；乾如果是張開的天幕，坤就是立地的四柱。

3. 《大學》講光明德性一定是自性光明，講立身行道一定要秉持忠恕的心，這一切都是在講順性的人才能順天做事，這就是聖人設立教化的用心所在。聖人在坤卦的象辭簡單幾句話的叮嚀，講得失、講來往、講先後、講迷昧，已經把坤卦的卦象大意講清楚了。

雖然包含了天道與地道，實際上重心歸結是在人道，就是「怎麼做到盡人道合同天道？」這才是整部《易經》的微言大義。也就是全天下人的道德意識、道德良心、道德能量的最極致最圓滿。

內卦的第二爻是體，指道德修養；**外卦第五爻是用**，指事功成就。有道可以權衡內外世界，可以變化生成一切。

4. 宗主孚佑帝君說：《易經》所有大象辭的文字都是出自周公的手，而**經過孔子的訂正。宗旨都是以人道為根本，用來建立人道的教化。**大象辭是用來指示聖人製作六十四卦的初心，通常都是拿君子作提點，就是要讓學道的人能夠興起嚮往效法的心。

比如說黃中通理，就是乾卦的正性立命，所以聖人才說：「窮理盡性以至於命」，意思是窮盡天理、完善天性，就可以承擔天命。這當中的理念、理路，理性的義理是一樣的。

這也就是《大學》格物的事，格物是掃除心物，格物是發揮物性而不傷害物命。所以做到了明白物性、端正物性、完善物性，也就是良知的流露，良知能夠作主，而用在一切處，就是通性理，通性理也就是通天理了。這叫窮理盡性，而能安身立命。

5. 這裡講的是「道功」徹始徹終的功夫，**道家《黃庭經》講自性黃庭的內景**，指的就是這一層道理。能夠得到正性盡性的道功，就可以完成黃中通理的大道；如果失去正性立命的功夫，失落盡性知天的行持，一定會遭遇其血玄黃的災難。黃中通理講的是盡性的功夫，其血玄黃講的是放縱欲望的結果，這也就是君子與小人的分判。

《易經》的文辭尤其重要，因為**當今的讀書人常常拿文辭來解釋卦象，往往只是拿一個義理來判定全局，往往執著一句話而遺漏了方方面面。**

這一種現象不是讓義理窒息就是讓天地昏暗；不是錯誤就是脫離天地的常經準則。當然就不足以窺測天地的奧祕，也就解不開氣數與命運的神奇了。

6. 復聖講述乾坤大旨說：《中庸》用中和來講性情，**中是天性的本體，和是情感的正用**。乾卦彖辭說：「乾道變化，各正性命，保合太和，乃利貞。」利貞講的就是性情的中和。

〈繫辭傳〉說：「一陰一陽之謂道，繼之者善也，成之者性也。」能繼承陰陽之道的，一定是明白至善寶地的人；能成就陰陽大道的，一定是天性調和的人。這些話足夠證明聖人拿乾坤來比喻性情的宗旨。

因此至誠不二是人生最極致圓滿的行為，也是人道最極致圓通的生命教育，性情中和的人可以顯現天地氣象。

地道是講後天，地道可以當萬物的主人，地道是大中至正的道，因為地道能代行天道。**坤道坤德的圓滿可以被一切萬有所仰望。為什麼？就是守中抱一的德性。**

02 坤卦文言

經文原文

【文言總論】

文言曰：坤至柔而動也剛，至靜而德方。後得主而有常，含萬物而化光。坤道其順乎？承天而時行。

積善之家，必有餘慶；積不善之家，必有餘殃。臣弒其君，子弒其父，非一朝一夕之故。其所由來者漸矣！由辨之不早辨也。

坤卦本體是陰柔，柔順的動力反而是剛強。坤卦有至靜的特性，運行反而遍及四方。善於處後，反而得到自主權，而運作能夠正常。坤德含藏萬物，讓萬物有圓滿的結果。**坤道善於承接天道**，隨順天時運行。

行善得到福報，一定是累積功德；做壞事得到災禍，一定是累積過錯。行善的人會獲得很多歡樂喜慶，做壞事的人會有接連不斷的災殃。這說明氣數因緣成熟了，吉凶禍福的人生現象就很具體而明顯。

舉例來說，一個臣子不忠心，在最初只是一件悖禮犯義的小事；一個孩子不孝順，看起來是微不足道的事。發展到最後，殺死父親、殺害國君，不是突然形成的，是喜怒好惡習性的累積，在漸進的過程當中必然要造成的結果。這是因為在人事上失去了預先分辨、提早預防的能力。

【經文】

易曰：履霜堅冰至，蓋言順也。（初六爻）

（坤卦文言初六爻）聖人說：從履霜的隱微到堅冰的猛厲。我們可以知道事物從隱微的機兆到局勢的顯明，這當中的連結與發展是很順暢的，一件事情的開始到結果就像水在順流而下這麼容易。

直其正也，方其義也。君子敬以直內，義以方外，敬義立而德不孤。直方大，不習無不利。則不疑其所行也。（六二爻）

坤卦文言六二爻說：**直**，可以中正自己的本位，正位，對內可以做到主敬存誠。**方**，可以配合天時，配合天時就是立定天經地義。君子內在主

敬存誠就是守中抱一，外在挺立道義就是護持世道人心。

　　有直的本位中正，有方的配合天時，這就是完全的天心天德。這一種天心天德可以合同乾道，所以叫作不孤立。

　　君子不失去恭儉莊敬的態度，能成就正直道義的美名，能成就利人利物的大事功。君子的德性超越群倫而大道遍行天下，雖然沒有多方的相互學習，不會狐疑不定，隨所到處可以無往不利。君子無私無我的行事也不會讓人懷疑。

陰雖有美，含之以從王事，弗敢成也。地道也，妻道也，臣道也。地道無成，而代有終也。（六三爻）

　　坤卦文言六三爻說：陰雖然有各種美好的才德，但是不會自我顯耀又強出頭，只是內斂含藏天德。無私無我的接納一切，又能把一切調理恰好。隨順君王做利人利物的王道事業，事功成就了，也不敢自我仗恃功勞而抓住權柄當老大。這就是坤道無我的道理，也就是凡事不敢搶先的地道。

　　從人事來說，一個臣子雖然功高德大，也不敢超越國君；一個妻子雖然才德盛大，也不敢凌駕丈夫。這都是抱持順從、服從作為正道，才可以完成臣道與妻道的偉大作用。地道雖然不追求自我的成就，而可以代替上天完成一切。

天地變化草木蕃，天地閉，賢人隱。易曰：括囊無咎無譽，蓋言謹也。（六四爻）

　　坤卦文言六四爻說：天地相交以後才有萬物的誕生，天地氣數變化以後才有萬物的生成化育，相交與變化是萬物生化循環不停的緣由。當天地的氣數不交通，而天地的道也阻塞，時機因緣都關閉隱藏的時候，這時君子應該隱遁不出。

　　六四爻小象辭講括囊的修養，不會招來誣謗或稱譽，因為能做到謹言慎行。

君子黃中通理，正位居體，美在其中。而暢於四肢，發於事業，美之至也。（六五爻）

　　坤卦文言六五爻說：一個君子黃中通性理，天性居正位，真人守護本體。君子內心有道，能承擔天命天性；外在有德，能行出五倫八德。

這一種禮樂道德仁義的美好是從自性中道的核心往外發用，由天心而通暢到四體，再發展為人文人本的道德事業。這就是道德生命的美好，是天道地道人道三美的極致。

陰疑於陽必戰，為其嫌於無陽也，故稱龍焉。猶未離其類也，故稱血焉。夫玄黃者，天地之雜也，天玄而地黃。（上六爻）

坤卦文言上六爻說：上六陰的能量太強勢太盛大，懷疑陽的能力不夠，陰陽相互猜忌懷疑，一定會引發戰爭。陰把自己看作是陽，牝馬把自己比作天龍，自以為是最好的領導，懷疑陽的領導不夠力，其實牝馬天龍還是同一類。兩龍交戰流血，天翻地覆，整個天地混亂毀壞，天地的元氣耗損，萬物都要滅絕了。

雲雷屯卦

卦旨

1.　**屯叫作生意。有六層消息：**第一、氣的能量蓄積了，可是還沒暢通。第二、形體已經建立了，可是還沒明確。第三、生機已經發動了，可是還沒有通透體用。第四、大用已經預備好了，可是還沒有徹底彰顯。第五、像倉庫堆滿寶物而還沒有開啟。第六、像江河的水儲蓄滿盈，可是還沒有洩洪。

　　所以屯卦象徵天地初誕生時，氣機充滿，生氣普潤大地。天地生化的能量充沛，滲透融入萬物當中。萬物碰上這股生機，馬上展現生意、充滿活力。

　　屯叫作滿盈。有四層消息：第一、天地間的能量充沛，萬物開始生長，充滿在天地當中。第二、天地因為能量滿盈而生成萬物。第三、萬物因為獲得能量而生成又充滿整個天地。第四、滿盈是一切生化的根本力量，沒有滿盈的力量，哪裡會有生成？沒有生成，又哪裡會有滿盈的萬物？

2.　所以屯卦雖然艱難，卻有容易的一面；雖然看得見容易的一面，卻仍然處在艱難的地步。

　　萬物的生息要靠能量與形體的互動，形成「**循環往復**」的道理，而屯卦與乾坤二卦，都具足「**盈虛消息**」的功能。盈滿看起來像空虛，永遠不會滿出來；生息看來像消減，永遠不會太顯露。**屯卦所以是滿盈的奧藏就在「盈虛消息」當中。**

　　讀屯卦，最要留意兩層消息：第一、屯卦是先天的乾坤最初的開化，屯卦接替乾坤示現生成化育的機轉。第二、屯卦是後天的天地初次交合，屯卦代行天地展現人與物的生育。

屯卦保有乾坤的正氣，循順著陰陽的交通運行，接續在乾坤兩卦的後面，由此引申延續人類萬物的生成。

3. **屯卦以前，天地無萬物；屯卦以後，萬物充滿天地。**屯卦以前還不需要講到生成化育，屯卦以後生成化育才無窮無盡。所以說，後天六十四卦從屯開始，而《周易》上下經的卦序，也從屯卦算起。

〈序卦傳〉說：「有太極然後有乾坤，有乾坤然後天地之位定焉，故受之以乾坤始焉。有天地然後萬物生焉，盈天地之間者唯萬物，故受之以屯。屯者，盈也；屯者，物之始生也。」屯卦是六十四卦的開始，講的是屬於六十二個子卦的開始。

因為乾坤是父母卦，而六十二卦是子卦，屯卦又是子卦的開始，在八宮卦屬於坎宮，**反復卦是解卦，反卦是蒙卦，比肩卦是鼎卦。**所以屯卦的圖像與文辭，都與這幾卦有關，不能只看作坎震相交，只看見雲雷相合而已。

屯卦的大用是什麼？有守有為。屯卦為什麼足以作為一切的典範？就是能夠體行乾坤而不失落。可以作為生化的開始，可以展現萬物的最初，所以足以作為一切的模範。

白 話 經 文

【象辭義理】

屯：元，亨，利，貞。勿用，有攸往。利建侯。

屯卦象辭說：屯卦具備四德，講明開天闢地與萬物創生的原理，說明最適合建立王道事業的時機。君子應當順時握機有一番大作為。

屯卦蘊藏乾坤的力量，有天道的元亨暢達，能延續人類與萬物的生成化育。有人道的利貞性情，德性完備，可是不能完全發揮作用。雖然時機局勢艱難，但是願力發動，這時有利於建立侯國，成就王道事業。

【解釋象辭】

象曰：屯。剛柔始交而難生，動乎險，中大亨貞。雷雨之動滿盈，
**　　　天造草昧，宜建侯而不寧。**

屯卦解釋彖辭說：屯卦的時機局勢是天地陰陽結合的開始，是萬物生成困難，人事行動有危險的時節。如果君子能立穩本位的中道，抱守始終如一的貞德，就能突破艱難而亨通明達，建造盛大的事業。

因為屯卦是混沌以後開天闢地的最初，雷雨發動，大水充滿整個大地，天地開始生化萬物，草木開始生根萌芽。這時節，正是最適合建立侯國而不自求安寧的時刻。

【大象辭義理】

象曰：雲雷，屯。君子以經綸。

屯卦大象辭說：君子把握天時滿盈的正能量，突破一切艱難險阻，自強不息的創建國家，完成萬物資源的開發。推行禮樂大道，成就萬民的長育、教育。

【爻辭義理】

初九 磐桓。利居貞，利建侯。

屯卦初九爻說：君子懷抱大志向，初爻行事能夠剛柔調和，進退有度不躁進。有守中抱一的行持，能順時用柔，完成建立國家的功業。

象曰：雖磐桓，志行正也。以貴下賤，大得民也。

屯卦初九爻小象辭說：雖然盤桓沒有作為，但是君子的德行中正光明，放下尊貴身分去關懷下民，能夠獲得民心的歸附。

六二 迍如邅如，乘馬班如。匪寇婚媾，女子貞不字，十年乃字。

屯卦六二爻說：處境艱險，前進困難，就是乘坐馬匹也很難有所行動。在最初是互相牴觸，就好像遭遇敵寇一樣；可是到達成功的日子，反而是締結美好婚姻。女子守貞不嫁，一定要等待十年的期限才嫁人。

象曰：六二之難，乘剛也。十年乃字，反常也。

屯卦六二爻小象辭說：處境的艱難，是遇到剛強的困局，自己應對不來。面對反常的局勢，要有非常的作為，才能扭轉乾坤。

六三 即鹿無虞，唯入於林中。君子機，不如捨，往吝。

屯卦六三爻說：獵人在草原上追逐野鹿，不必擔心危險。現在野鹿已

經逃入森林，君子必須要懂得割捨、停止、放下。如果不知時機因緣有危險，就會碰頭走不通，會掉入窮困的陷阱而進退失據。

象曰：即鹿無虞，以從禽也。君子捨之，往吝窮也。

屯卦六三爻小象辭說：把握局勢的許可追逐野鹿，可以手到擒來。當獵物逃入森林，就必須割捨，如果再冒險追逐，會陷入窮途末路。

六四 乘馬班如，求婚媾，往吉，無不利。

屯卦六四爻說：乘在馬上，雖然有一點進進退退，而往前追求吉祥卻無往不利。雙方可以相得相信，像婚姻的恰好相配。

象曰：求而往，明也。

屯卦六四爻小象辭說：賓客與主人之間的默契，隨著時機因緣升降的結合，情勢愈來愈明朗。

九五 屯其膏，小貞吉，大貞凶。

屯卦九五爻說：處在高位最可貴的是能關懷屬下，在上位的人最尊貴的行為是德澤能夠施惠人民。做到小貞的謹小慎微就吉祥，有大貞的好大喜功就凶禍。

象曰：屯其膏，施未光也。

屯卦九五爻小象辭說：居上位的人，膏澤要能夠施惠下民。如果領導階層囤積膏澤在自己身上，布施就不夠光大，德性反過來變成過錯了。

上六 乘馬班如，泣血漣如。

屯卦上六爻說：立馬躊躇而欲罷不能，貪享前功而欲行不得。因此滿懷的悲傷，滿心的悔恨，血隨著失望而流下，眼淚隨著憂傷而傾瀉。

象曰：泣血漣如，何可長也。

屯卦上六爻小象辭說：陽德被陰氣覆蓋，生機活力枯竭，連依靠的馬力都沒有了。走到窮途末路，血淚俱下，還有明天嗎？

結語 君子對越在天，經綸天道地道人道，開創經國濟世的道德事功。

1. 孔子說：周文王的六十四卦的卦序，都用義理來顯明卦象，也用卦象來證明義理。原本就不是後代人所推想的那樣：不是任意排列次序，也不是仿造舊有的卦序，再有心的加以錯綜組合排列而已。實際上是：根據後天的天時氣運，再依循萬物生成的原理，而定下精準不變的定則。**六十四卦的先後次序，都是依據天道自然法則而訂定。**

屯卦全卦是象徵乾坤初次的交合，獲得先天的陽氣，而運行在坤地。所以能夠健動而永不止息，能夠生化而無窮無盡。因為陰氣還是很旺盛，在草昧的時期，地氣很混雜，雖然行動而阻礙多，雖然生化而困難多，這樣的情勢必須要先蓄積能量，再加上勤奮努力堅持的行動，才能有所作為，所以叫作屯。

屯卦先天陽氣足，遇疑難不會自我後退害怕，逢險阻不會自我逃避，能靠居貞守中行正的力量，由人道而達到天道元亨的境地。所以，有道的君子在草創時機，能洞察利於建侯而不自求安寧，明白利於創國而澤施人民，就可以登上領導的地位，把恩德廣及下民。

2. 屯卦給我們什麼啟示？第一、遇上疑惑困難的情境而不會喪失勇氣，遭遇危險困阻而不會自我逃避。第二、用出人道居貞的定力，上達天道元亨的坦途。第三、君子在草創期最適合建立邦國，而不自求安寧。**做到創業垂統，能夠把恩澤惠施人民。立足在中正的地位而德性普現於天下。**

「盡人道合同天道」這樣的道理，可以用來作為借鏡。勉勵有志開創的人，處在多難的時機，仍然有成就道德與事功的方法。

但是不要忘記：成敗與興衰是必然的結果。只要是事情，就免不了成功與失敗；只要是時運氣數，就一定有興隆與衰微。大到天下的興衰，小到個人的成敗，都是避免不成敗與興衰的法則。

因此，**人要學會：前進或者停止，要依循常經；動攻或靜守，要抱持法度。**否則太過或不及，犧牲的成本將難以估計，所以**君子最可貴在「知機明斷」。**

3. **取捨分合，生化主宰在我；時位不失，禍福機兆必明。**是以，「天道隱微，必先盡人事；氣數變化，必自處有常。」《易經》的教化，就在這裡。

每一個卦的卦象都有天道與人道的內涵，每一個卦的文辭也都有「盡人道合同天道」的精神。人生離不開動與靜，前進與停止，一定會遇上凶禍與吉祥，一定會創造出利益或者是悔恨。這一切人生的情境必須要靠**真理**來決斷，然後才能用**氣數**來衡量。

那麼近在一身的道德修養也可以推行廣遠，顯現在家國天下的事功也可通透隱微的誠意正心。不必等待蓍草與龜甲的占卜，早就能夠了然於心了。

人生不離動靜進止，而**吉凶悔吝決定在理，衡量在數；天理是氣數的樞紐，人事是天道的關鍵**。只要盡其在己而後順天聽天，則由近可以推遠，由明顯變化可以體入細微，不必等待占卜，心中早已明了。

4. **文王作易，純取後天人事為主**，一切皆與伏羲先天體例不同。屯繼乾坤，居六十二卦首位，實在是啟示人「草創的道理」，所以屯蒙相交而卦爻互對。

由屯卦分合來說，有解卦與鼎卦是比對掛，而相互有離艮二卦，因為二至四爻，三至五爻，五至初爻，各成卦義，不止震坎坤三卦。而且卦分內外卦，四爻與上爻，是交接與極限的地位，關係較大，辭意較特殊，詳細玩味，自知古人設辭的由來。

《易經》的辭意，含蓄深廣，必須旁通發揮，才盡實情。一字一句，錯綜反覆，各有其義，因為卦爻不止為一方面而設定，所以卦辭也不可偏向一方面解釋。

5. 比如同一件事，有主賓的不同，有動靜的不同，有左右的不同，有反正的不同，合於怎麼**機勢情境**，就做怎麼的解釋。也許在此是大吉，在彼反而是大凶；也許前進是有利，靜止反而是有害；都要在一字一句中去推察得到。

《易經》的道理本來就不是恍惚，也不是不定。全在觀察者，善於會通而不拘泥罷了。

有人誤會聖人立言，不應當如是含混，應該是一字一義，哪裡可以包納這麼多解釋，這實在是不知古人原意。古時文字少，文辭簡要，**一字數義，一句數解**，本來就不是奇異的事。

6. 尤其《易經》用卦來啟示「現象」，用辭來說明「意涵」。象所要顯

示的是「**氣與形**」，也就是能量與物質，本來就不是單一的物質所能涵蓋。意涵要說明的是「**理與數**」，也就是天理與氣數，本來就不是單一的事件所能窮盡。

所以，用卦來形容象，而不是用物來形容；用辭來解釋意義，而不是用事來限制。這本是古人不得已的做法，也是《易經》的功用，不同於其他經典的地方，更是讀經人要懂的方法。

比如屯卦的文辭，講**功用**就有困難危險的情勢，卻同時包含滿盈囤積的義理。講**生物**就是生成造化的開始，卻寄託草昧生長的艱難。講**事情**就有建侯立國的功業，同時兼有締造開創的辛苦。像這樣，都不是一個意思就能說得圓通。「**作用層、萬物層、人事層**」，這三層義理就不是單一的義理所能包含。

7. 只是聖人立教，必先就主要義理來說。讀經時要將古人文辭熟讀，才能得到變化的功用。千萬不要執着一端而不能會通，或是拘泥偏見而忘了正義宗旨。

屯卦最後還是可以生育完成，不被艱難險阻所困住。因為屯卦有堅強的意志以及陽剛的動力，天地的純陽正氣通透全部的生命，藉著天地陰陽二氣的調和，獲得乾坤正反力量的長育。

所以處境雖然艱難，還是可以完成一切；雖然需要委曲求全，還是可以創發生成一切。雖然遭遇險阻而不被傷害，雖然遭遇挫折屈辱而不被侵害干擾。為什麼呢？因為能根本中正的天性，能抱守中和的自性天道。

山水蒙卦

04

上九
六五
六四
六三
九二
初六

卦旨

1. 蒙卦義理取的是「**蒙昧**」的現象，包含「**萌芽發育**」的情形。所以蒙字上方有草，下方是冒，中間藏著豕。明白指出外在是草昧，上方被障蔽，中心就像豬一樣的蠢蠢欲動。

   蒙昧是天道，天生自然這樣；**明白是人道**，人在道中能自明。不先反求自明性道，如何能夠發蒙？啟發並引導蒙昧。必須先自覺自明，這是人道可貴在**反求**的道理，也是先彎曲一尺，然後可伸長八尺的修養功夫。

   正蒙的教育，啟蒙的教育，重在「師教」。**聖人立教，首重「教學相長，學以致用」**，老師是教育的根本。五倫中，朋友相交，貴在道義相合同；君臣上下，貴在誠信相感應；失去道義誠信的倫理關係，不但沒利益而且有大害。「天生地養人成」，聖人是人道的導師，能引導人「自我反求」而明道力行，就是經師，人師，天人師。

   蒙卦有三種教化：決斷疑惑，去除蒙昧，打通困窮。三種警惕：不要自疑，自蒙，自困。否則人道不明白，天道就不亨通。

2. 天道深邃，不容易清楚，因此說「蒙」；人道有所規範，要靠實踐明白，因此談的是「明」。人不自己先自求光明，又怎麼能夠追求啟蒙發蒙？這是看到蒙卦卦象一定要先明白的道理。

   蒙卦的對卦是革卦，比卦是蹇卦，反卦是屯卦。屯蒙是循環往復的現象。屯是前進，蒙是停止；屯是上升，蒙是下降。蒙雖然是陽體而作用在陰，所以蒙卦的道是逆行，這是陽中有陰，氣從屯卦回復的緣故。

   屯卦代表正常，蒙卦代表變數，這是《周易》第一次的開合，也自成一種循環。世界再大，人物再多，順著「正常與變化」的循環就可以

到達無窮無盡。這個道理就是由屯卦與蒙卦來發端，這也是聖人建立卦象要顯示的體例。

整部《易經》的大原則在兩句話：「**天地陰陽相交通然後『生成變化』開始成就，奇數偶數相結合然後『功能作用』開始顯現。**」

3. 人的一生也是一樣的道理，人生的「常與變，順與逆」的生命卦象，錯綜複雜。怎麼自處？如何應變？到底是「順成」的機緣還是「逆取」的情勢？考驗一個人的大智慧。

   智慧不清明，如何審勢察變，掌握機用，而又不悖離天道的本體？一般人往往錯過、錯失、悖離、反常、失機失勢而後悔。能夠「見機、應機、握機、創機」的人，都是有來歷的人。

   一個人會受時代潮流牽連而不能通達開創，會受環境人事拖累而不能明白獨立，就是蒙昧神智。才會隨著昏暗的世界而昏暗，隨著殘缺的時代而殘缺，跟著鬥爭的人事而爭鬥。

   我們觀卦而知象，見象而知意，必先明擇得失順逆，而早作準備。蒙昧的人追求啟蒙的解脫，被障蔽的人想要除去障礙獲取光明，必需要得到助力。**最好的助力是「德行」**，天助從「自助」來，只是培德積德。

4. 追求啟蒙的行為可以合同天道的亨通，安定靜止的態度也能夠合同人道的利貞。所以蒙卦的彖辭具備亨利貞三種德性。

   君子中正的行為一定從利貞開始，利貞從性情來表現，性情能中正，就是利貞的德性；神人能感通，就是童蒙已經養正。

   這就是聖人感通天神而建立天道真理的教化，能夠幫助天時的窮困，正是真理教育的養成而能夠成就童蒙的人生。

   解釋彖辭講「**蒙以養正**」，只有養正，童蒙才能克家。大象辭講「**果行育德**」，只有育德，人道才能上達天道。所以蒙卦重心在人事，這是聖人《易經》教育最開始的義理。

白話經文

【彖辭義理】

蒙：亨。非我求童蒙，童蒙求我。初筮告，再三瀆，瀆則不告。利貞。

蒙卦彖辭說：天人蒙昧不明，這是天地的氣數。人如果能明白氣數的順逆，不失去人道的利貞，性情能調和，自性天道就可以明達亨通。

不是老師或神明，去求蒙昧的人；是蒙昧的弟子來求老師指點，是不知道的人向神明祈求指示。第一次卜筮的請求，童蒙的誠心與信心具足，神明能給人感通顯示，祈求的人一定可以得到消息。如果是輕慢不真誠，不相信神明的告訴，一而再、再而三的卜問，神明就不來通告了。

聖人感通天神而建立天道真理的教化，能夠成就童蒙的人生，一定從利貞開始。性情能中正，就可以養成君子中正的德性。童蒙能夠養正，才不會被蒙昧困住，而能夠長養中正光明的大道。

【解釋彖辭】

象曰：蒙，山下有險，險而止，蒙。蒙，亨，以亨行時中也。非我求童蒙，童蒙求我，志應也。初筮告，以剛中也。再三瀆，瀆則不告，瀆蒙也。蒙以養正，聖功也。

蒙卦解釋彖辭說：蒙卦的現象是山下有危險，面對危險的處境要懂得停止，不要看輕蒙昧的危險，也不要冒無知的危險。在蒙昧的氣數當中，有亨通的自性與天道；要把握自性，並發揮天道的亨通力量，行出守中抱一、隨順天時的仁義正道。

當蒙昧的人，真心來祈求老師或神明指示，蒙昧迷惑一定可以得到化解。童蒙容易被各種因緣障蔽，用初心來卜筮求神，神明會告知，因為是自性中道的陽剛正氣感應。當人心紛雜、自私、執著，輕慢不信而再三卜問，神明就不告訴了。這是天性的真誠與大信被障蔽了。

聖人用神道設教來作啟蒙教育，是喚醒真主人，能長養正大光明的德性，由人道來開啟天道。這是聖教最偉大的功德。

【大象辭義理】

象曰：山下出泉，蒙。君子以果行育德。

蒙卦大象辭說：山靜在上方，水動在下方，山下有泉水流動。表示迷昧不清明，行動有阻礙。立身行道的君子要果斷行事，追求光明；又要培育內德，發揮大用，完善生命。大象辭講明人道向上能感應天時而能有所作為。

【爻辭義理】

初六 發蒙。利用刑人，用脫桎梏，以往吝。

蒙卦初六爻說：初爻的行動是啟發蒙昧的開始。利用刑罰來導正蒙昧無知所犯的錯誤，是為了解脫蒙昧的限制。刑罰這個人的過錯，這個人的未來就不會再遭遇刑罰。刑罰是為了責求生命未來的完善，一直追究過往就會掉入吝阻不通。

象曰：利用刑人，以正法也。

蒙卦初六爻小象辭說：利用刑罰來教化人，把道德寄託在刑罰當中。法令中正，刑罰施行，教化就可以興盛，道德就可以成就。

九二 包蒙吉，納婦吉，子克家。

蒙卦九二爻說：夫婦和好，陰陽和諧，生命相從而一心不二，情義相合而相愛相生，這就是吉祥。雙方互相包容需求，丈夫有求於妻子，妻子也樂意接受丈夫，就能創造家道的吉祥。父母全力保護養育子女，子女就能夠繼承家業，光大家道。

象曰：子克家，剛柔節也。

蒙卦九二爻小象辭說：家庭教育成功，愛心十足，不遺棄蒙昧，不遠離蒙昧，能夠包容抱持，於是子女能夠繼承家道家業。這是身心性情的剛柔，能夠節制調和得恰好。

六三 勿用娶女，見金夫。不有躬，無攸利。

蒙卦六三爻說：不能娶不守貞節，追求富貴奢華美好享受的女子。這樣的女子羨慕有錢的丈夫，不能守身如玉，會導致夫婦失和，不能給家庭帶來利益。

象曰：勿用娶女，行不順也。

蒙卦六三爻小象辭說：不能娶不貞節的女子。一個人的行為不順從天道天理，生命的根本失落，再也回不來倫理的正道了。

六四 困蒙，吝。

蒙卦六四爻說：蒙昧而沒有師友的引領輔助，困在陰暗憂鬱當中。做

了見不得人的事而自苦自困，一輩子走不通。

象曰：困蒙之吝，獨遠實也。

　　蒙卦六四爻小象辭說：一個人自作孽而困死自己，認假為真就會遠離真實。

六五 童蒙，吉。

　　蒙卦六五爻說：童蒙能夠順從父母師長的教育，就可以回復光明而不再蒙昧。能保持天真美好的赤子本心，會給自己帶來吉祥。

象曰：童蒙之吉，順以巽也。

　　蒙卦六五爻小象辭說：童蒙能夠順從父母師長的教育，就能夠獲得吉祥。生命得到養正，童蒙可以繼承家業；德性得到長養，人道可以通達天道。

上九 擊蒙。不利為寇，利禦寇。

　　蒙卦上九爻說：當蒙昧到達極點，已經變成匪寇強大的黑暗勢力，這時居處上位的執政者，要果斷給出打擊的力量，全力一擊來停止傷害而保護人民。

　　悖反大道而順從蒙昧、縱容匪寇就有大害；順著大道來打擊、來防禦，就有利益好處。

象曰：利用禦寇，上下順也。

　　蒙卦上九爻小象辭說：上位的人用正義去除邪惡，用光明剷除蒙昧。大道能合同上下，讓一切的人事順暢和諧。

結 語 父師中正才能造就聖賢，童蒙養正才能承家安邦。

1.　一切的蒙昧，都要作童蒙來理解，用童子來講蒙昧，表示不是永久的蒙昧，獲得父母師長的教育，回復聰明，就不蒙昧了。
　　童蒙為何是吉祥？吉祥從四個條件來：
　　一是童心沒虛偽，行為沒欺詐。有赤子直心作本德，有天性篤厚為功用，天真的心不失，雖童蒙還是賢人之體。看來還沒什麼具體的作為與事功，只要能順天時，守本分，將來的成就一定良善，人生的行事

一定中正。

二是有良師的善緣，得到好的啟蒙教育。上天給他生命的全德，因緣給他栽培的時機，能順天應時，安居默行，雖然最初是蒙，結果一定大明，所以是吉祥。

三是天真之美，赤子之心。內行無虧欠，不被欲望誘惑，不被物質奴役。純然是先天混沌未鑿時候，沒有善惡心的分別，沒有惡就近於善。

四是童心淡泊沒作為，乾淨沒私念。一切行事說話不離本真，吃飯睡覺怡然自樂。心中既然沒有貪心妄求，也就沒有吉凶的分別，沒有吉凶就是吉。

所以說，順天就吉，能順天又不與時機因緣牴觸，不傷害一切的物，吉祥就更大了。

2. 童蒙的吉祥，從順巽來。順巽是順受相應而能信受契入。**童蒙依循父師的教導而能相應，契入真理，叫做順以巽。**

從上位者的立場來說，人類整體的吉祥，必定來自上位的人能自處卑下，處貴而能放下身段，以貴下賤。不因位高而驕，不因才高而傲，才能獲得眾人心悅誠服，而能接受他的教益。這也是父母老師能夠順以巽的功德。也就是**受教的人能虛心受教，教導的人有謙德能服人。**

蒙卦的大用，都是以順服為正理。縱然有悖逆、叛逆的，經過善導善引，也必然回復到順從；碰上環境遭遇的逼迫，而變化反常的，也必然在父師教導下回復正常。吉祥來自不違反「順正」的原則，一但違反順與正而在逆與變當中，就是凶禍。

所以蒙卦有天道，有人道，人道必定以利貞為根本，也就是以性情調和為基礎，是乾卦正性立命的功夫，也是佛法降伏身心的首要。六五的順巽是順於道又入於道，是象辭與大象辭的宗旨。

解釋象辭講「蒙以養正」，只有養正，童蒙才能繼承家業；大象辭講「果行育德」，只有育德，人道才能上達天道。易教重心在人事，這是聖人易教的始義。「童蒙吉」三字，足以概括全卦大用了。

上六
九五
六四
九三
九二
初九

05 水天需卦

卦旨

1. **需卦的第一層義理是「需求，需要」**。從人物「生存的需要」來說，就是生活所需用的飲食、衣服、居室、車輛，而最迫切的是飲食。屯蒙好比是初誕生，接著是生活的需求，所以需在蒙後，從卦序可以看出聖人保全生命的道理。

2. **需卦的第二層義理是「等待」**。需卦的卦象是水天一氣，雨在空中的現象，雨還在空中沒有下到地面，這時候就有所盼望，就像乾旱的時候盼望雲霓一樣。明白需道的聖人，審察人民的需要以後再給他，辨明人民的必需急需以後，還要等待時機因緣的成熟。

3. **需卦的第三層義理是「生養」**。需卦的卦象就是取義於日光與雨露的合成。從這裡看出上天生養萬物，與萬物等待上天的生成養育，完全要靠陽氣的中和。

4. **需卦的第四層義理是「調和」**。上天既然生養萬物，一定有所調節調和；如果天地陰陽不調節，那麼要生反而死了，養它反而害它。

    所以說：「中和是天下萬物的大根本。」只有大道才是中，只有調節才能和。需卦講的是「中和」的準則，而仁義是人道中和的實踐綱領。仁義的道理，沒有太過與不及，才是真正的需要。

    所以**需卦道理有三：「必需、需要、恰好。」**三合一才是中和的道理，也才是天下的大本。萬物生成變化的理序，順著陰陽二氣的交感，形成坎乾兩卦的結合，於是需卦的天道義理顯現。讀易要知道的是，不是只有明白吉凶得失的氣數，察覺利害進退的人事而已。從人道的卦理來說：「必要」才叫做需。

5. **需卦的第五層義理是「格物」**。需卦是格物的道理，訟卦是「致知」

的道理，這是《大學》之道、生命教育的開始。所以《大學》講格物致知是連著講，一定要關連「聽訟」，調停「物我天人」的和諧。

需卦取法乾卦大本，要人「朝乾夕惕，自強不息」知道戒懼「情欲的禍害」，做到保全「性命的中正」。以坎卦為法則，要人步步為營，警戒危險與陷阱，又能避得開。

6. **生命是可憂慮的。**不能正性立命，必被情欲所誤，「愛重造因果，欲重墮輪迴」這是君子的終身憂患。能做到節制情欲則性正，不迷物欲則命立，如此成己足以成人，成身足以成物。那麼需道的推廣，就是達人的功德，就是格物的功業。

天下萬物共生共成在需道中，沒有一物流離失所，比起「乾元大生」的功德，也不多讓。這就是需卦做為人物生養的正道，而天地萬物生成變化的根源所在！

白話經文

【象辭義理】

需：有孚，光亨，貞吉。利涉大川。

需卦象辭說：需卦是情義的互相盼望，志趣的互相投合，雙方共同努力，達到默契圓滿。有孚就是中，貞就是正，有中孚誠信的人道，能保全貞正廉潔的行為，才能合同亨通吉祥的光明，否則就是不通達不吉祥了。

人道性情中正，功德作用諧和，就能夠克服大困難，能夠發揮大川滋養萬物的利益。

【解釋象辭】

象曰：需，有孚，光亨，貞吉。需，須也，險在前也。剛健而不陷，其義不困窮矣。位乎天位，以正中也。利涉大川，往有功也。

需卦解釋象辭說：需卦有中孚誠信的人道，有貞正廉潔的行為，能創造亨通吉祥的光明。這一切必須等待機緣成熟，因為前面有危險。但是，需卦是天在水中，天道具有剛健而不會陷溺的能力。人如果涵養自性天道，具足正氣與道義，人生路就不會困窮了。

修養到天人一貫而天地定位，行事自然大中至正。正能暢通，能通達大道；中有大利，能感應天時。需卦的剛健不但不會被大川的危險阻擋，還能發揮大川滋養萬物的利益，往前建立偉大功業。

【大象辭義理】

象曰：雲上於天，需。君子以飲食宴樂。

需卦大象辭說：坎水在天上叫作雲彩，天與雲互相需要，是理數的自然。上天必須有雲雨的潤澤，才能變化長育萬物。君子必須有吃喝玩樂，才能成就道德人格。

【爻辭義理】

初九 需於郊。利用恆，無咎。

需卦初九爻說：需卦在等待機緣成熟後的行動，從空曠平坦的郊野開始。首先要發揮天道恆久不止息的力量，來完成一切的功用。在人道上，還沒有開始行動的君子，要抱持恆心，自強不息的涵養道德，這樣才能沒有過錯。

象曰：需於郊，不犯難行也。利用恆，無咎，未失常也。

需卦初九爻小象辭說：需卦的開始，存心要坦蕩，態度要安適。不能前進而陷入危險時，不要冒險犯難。要利用天道天心的恆常久定，守護自性中道，就不會懶散怠惰失去常道，造下罪過錯。

九二 需於沙，小有言，終吉。

需卦九二爻說：前進到沙洲，將要涉水了。能守護中正的本位，行動出於光明的本心，上下能夠真誠相應，動靜都不會超過中道，所以雖然有一些小小的爭訟誹謗，最後還是吉祥。

象曰：需於沙，衍在中也。雖小有言，以吉終也。

需卦九二爻小象辭說：行走在沙洲，漸進而不能急躁。當前的天地寬廣平和遠大，有進止自如的局勢。行事能廣大能包容，不會落入拘泥執著是非。待人處事，應對接物，一定要謹言慎行，才可以有最後的吉祥。

九三 需於泥，致寇至。

需卦九三爻說：需於泥就是追求不是本分的需要，將招來敵寇侵犯的災禍。

象曰：需於泥，災在外也。自我致寇，敬慎不敗也。

需卦九三爻小象辭說：是自己的道德修養不足，追求不是本分的需要，而感召外來的敵寇。要抵禦外患，必須先修明內政。

君子在這裡不責備人而責求自己，能堅守自性中道，能抱守恭敬謹慎的存心，就不會招來失敗。

六四 濡於血，出自穴。

需卦六四爻說：不合時機因緣的過度需求，把危險的追求當作必須，就會受殺傷會流血，還會掉入地洞。這時如果能順天心聽天命立天德，還是可以從地洞當中出來。

象曰：濡於血，順以聽也。

需卦六四爻小象辭說：過度的需要會有大災難，會受傷流血，會掉入陷阱。如果能順從天命正道，來導正以前的逆天背道；能聽從天理氣數來覺察以後應該要走的光明大路。順天心聽天命的人，在危急存亡的時候，還是可以大有作為。

九五 需於酒食。貞吉。

需卦九五爻說：生命的需要有本分有定數，飲食宴樂是人生本分的需要。吃喝合同中正的道理與中和的德性，可以得到吉祥。

象曰：酒食，貞吉，以中正也。

需卦九五爻小象辭說：每個人在日用家常的酒食當中，能夠調和性情，不放縱欲望，就可以做到貞正吉祥。這是性命中正，保養太和的功夫火候。

上六 入於穴，有不速之客三人來。敬之終吉。

需卦上六爻說：處境凶險到掉入地洞的困境，陷落在自己不能解脫的危境當中，還能堅守本位。這時有不請自來的陌生朋友三個人到來，主人能夠拿禮節接待人，拿真誠來感動人，最後可以獲得吉祥。

象曰：不速之客來，敬之終吉。雖不當位，未大失也。

需卦上六爻小象辭說：處境困阻艱苦危險，這時有不請自來的陌生朋

友，主人能夠拿禮敬真誠來相待，最後可以獲得吉祥。雖然地位不恰當，還沒有太大的失誤。因為能夠把持禮敬的態度，能夠用真情感動人。

結語

一、先天大道是人類的必須，天命接引是回天的必須。

1. 人所以能夠立定在大道上面，就建立在「必須」的義理上頭。如果把不需要的當作需要，把不必要的當作必要，就違背《易經》需要的道理。會造成人欲的放縱橫流，天理就會滅絕。

   如果活著的人都被殺死了，正在養育的人都被毒死了，生命縮短，快速走向死亡，表示天道已經敗壞，人道已經斷絕，哪裡還要種種需要的經營呢？這就是違反養生道理的最大災害，也就是君子最深的警惕所在。

   所以需卦的根本是根據乾卦，就是要人做到「朝乾夕惕」，能夠「戒慎恐懼」情欲的傷害，來保全天性與生命的中正。這時候就要取法坎卦，讓人踏在危險的情境與地步，而不會沉淪，不會墮落，讓我們習慣在潮流誘惑的陷阱當中而不會陷落。還能回復中和之道，可以完成道德人格、道德事業。

2. 需卦的氣數是很顯明的，因此，一個人所以能夠分別正邪善惡，不是生下來有什麼不同，而是後天教育與學習的差異。所以學習坎卦就知道危險，可以作為一生的警戒，人會犯錯並不是天生的差別，而是情感的迷失與錯誤。

   所以中正性情而明白乾卦的自我警惕，這是君子終生的憂患。因此乾卦的自強與警惕可以節制人的情感，而需卦中的坎險象徵欲望的部分可以中正人的情欲，於是在種種需要的追求與滿足當中，可以獲得需卦的中和，可以保全人的生命與生活。

   成就自己就可以成就眾人，成就自身就可以成就萬物，那麼需卦道理的推廣也就是立人達人的功德，也就是格物致知的道德事業了。

   萬物來到眼前，我們就知道如何與萬物相處，這是人道的開始，哪裡

只是養生而已？所以沒有一樣事物不是因為我而得到生存，也沒有一樣事物不是因為我而得到養育，萬物與我之間不會互相悖離，不會互相傷害。哪裡還會有其他的衝突矛盾暴力汙染？

3. 於是全天下共同生活在需卦當中，共同完成在需要的滿足當中，沒有一人一物流離失所，**比起乾卦乾元大生廣生的功德，一點都不遜色。這就是需卦生養人物的中正大道，也就是天地生化萬物的源頭。**

宗主孚佑帝君說：天道大公，可是生成變化有偏缺有完全，這是受到氣數影響的不同。在人情上面，常常是拿弱的來助長強的，拿失敗的來助長勝利的，把這些做法當作正常，還認為是上天厚待人，生萬物來養人。

所以嗜好欲望沒有節度，殺生害命沒有節制，來滿足自己的欲望，來放縱自己的私欲，這哪裡是天道當然的道理呢？

可是人既然有身體，不能沒有食物來長養，衣服來溫暖，居住來安定，不能沒有男女的情感來安慰，那麼有所等待外物來合同人情的需要，實在也是人生的常經準則。聖人就在這裡制定禮儀制度作為全人類的依循。

4. 用天生的萬物來長養天生的人，拿有形的物質來延續人生的後代，一定要做到不害物，也要做到對物的需求不要超過，讓人與萬物能夠各得其所，共同生活在天地之間，這就是格物的功夫，也就是需卦所建立的義理。

人拿物來養生，萬物也靠人來得到長養；人拿物來延續後代，萬物也靠著人來長育後代。這是雙方互相的需要與依靠，不只是人與物互相需要，物與物也時常互相需要。

凡是能夠生息變化長育讓生命延續不斷絕的，都有他的需要，而需要的名目必須要有一定的禮儀制度，這是不變的道理。

「仁德的人」對於物質的需求不會超過，「孝順父母的人」對於物質的滿足不會超過。不超過講的就是中道，需要到達恰好就停止，這是先明白萬物與人生的分際，也明白物與物相生的道理，得到了萬物並育而不互相傷害的正道，做到萬物並存而不互相仇害的情愛。

5. 這要向上觀察天道，向下俯察地道，明白春生秋殺的道理，通達調理

虛欠，調和滿盈的方法，然後才能明白什麼是中正，什麼是中和，而能制定防備的禮節，建立正常的功用，這就是「**格物致知**」的義理。

所以《大學》的生命教育首先是格物致知，**講明學道就是學做人，講明人生的開始就在需要的滿足與節制。**

《易經》的需卦也是這個道理，需卦前面是蒙卦。蒙講養正，這是小學的事情。進到需卦，講的是《大學》格物的道理。進到訟卦，講的《大學》致知的功夫。這是古人建立生命教育的一貫理則。

需卦的第一義理，在明白什麼是需要？什麼是不需要？這是《禮經》所說「需求的滿足不要超過」的宗旨。能夠明白「戒律、節制與中和」的道理，對於格物的人生教育就可以了然清楚明白了。

宏教柳真人說：需卦訟卦是反覆的卦，是儒家格物致知的大原則，也是古人克制欲望、節制情感的第一功夫。後代的人都疏忽了，這是不明白《易經》的生命教育，也就不明白《大學》的生命教育為什麼首先是格物致知，而格物致知為什麼有聽訟的這一句話。聖人的心法傳承萬古一貫，從《易經》到《大學》，可以看得出來。

二、文中子王通說：天地能生不能養，父母能養不能成。成就道德生命，靠聖道聖教。

1. 宗主孚佑帝君說：人生存在天地當中，有這個色身，與萬物是一樣的，一定要有養育有教育。舉例來說，小孩子沒有父母的保護養育，沒有衣服穿、沒有東西吃，很少不夭折的；孩子夭折太多，要如何延續祖宗的血脈？人類都滅絕了，又要如何幫助天地定位萬物長育，世界豈不是要變成混沌未開的洪荒時期嗎？

天地主宰生育也主宰養育，既然生了就要養，這就是天道。取用天地的物資來養育萬民萬物，這是人道的本分。所以天生萬物生育養育的條件具備，到底要怎麼生育怎麼養育，要等到人類的自我抉擇。

生命的保全要有十個條件：第一、吃的喝的合於口味。第二、有衣服可以遮蔽身體。第三、有家可以安住。第四、行事作為合於道理。第五、要有仁義道德的修養。第六、要有忠信美德的行為。第七、要有禮節，尊卑長幼的秩序。第八、要有音樂來調和性情。第九、要有智慧來明

辨天理與人情。第十、要有神明來護持靈性。

2. 《易經》在屯卦蒙卦講生命的開始，而在需卦重視養生的重要。從需卦的道理來長養人物，來保全生命，從最初的誕生到成長，這樣的存心用意固然太深切了，可是學道的人有時候容易忽略。

所以孔子再詳細講述，因此需卦的象辭大意都是拿保全生命，達到養生養氣養性為根本。總之，不論是養性養心或是養形養神，總是不可以沒有保養，不可以沒有修養，那麼名稱叫作需卦就足以證明所需要的內容，是很實際又很迫切的。

偉大啊需卦！天地生成化育的原始點，人物繁殖綿延的樞機，都在需卦當中了。

需是養育，包含一切的吃喝。凡有生命的，都必須要養育，至於人類的養育，除了在需卦看得見大概的消息以外，在其他的各卦也常常有分別的論述。

3. 比如說蒙卦講蒙以養正，小蓄卦講德性的培育，大蓄卦講培厚德、成大用。而專論生命的存養是在頤卦，頤也是拿養正作為功用，這與蒙卦是同樣的功德，而「自求口實」又與噬嗑卦同樣義理。這一切都與需卦的義理相通。

如果進一層講到道德的修養，性命的中正，情欲的節制，那就是履卦節卦，咸卦恆卦，損卦益卦，還有謙卦豫卦。這些卦都是根據乾卦的正性立命，保合太和的義理進一步推演論述，讓我們明白生命的養育與存養，最後歸結到既濟卦。既濟表示生命已經完成，也就是講一切的保養修養已經到達圓滿完成了。

如果只是口體的奉養，物欲需要的滿足，那麼在噬嗑卦以外，像井卦鼎卦賁卦旅卦，這些卦沒有不是根本需卦養育的義理，而彰明生養與教養最重要的道理。

4. 這就是《易經》的全體大用，沒有離開「生成變化」四個字的推演。

有誕生就有完成，有出生一定有養育，人本來也就是生物的一種，無時無刻不追求保全生命。凡是生活與生命所需要的，有哪一項不關連人道，又有哪一樣不歸屬《易經》的教育？

因此《易經》的各個卦再三講論而不認為講太多，實在是由於養生的

道理是一種無所不在的需要。現在講論需卦，雖然指出來大綱領，還希望讀經的人能夠仔細再推尋，才能充分又完全發揮養生的道理，達到聖人教育養育的宗旨。《易經》這一部書也就沒有白讀了。

天水訟卦

卦旨

1. 訟卦是聖人講明「致良知」教育的一個卦。人生下來就具有靈明，成為人的良知。這是自性的光明，也是乾天的作用，是創造宇宙萬物的開始。

   訟卦是需卦的反面現象。需卦的現象是相需相得，比喻人有所需求；訟卦是以不相合作為主旨，比喻人有所嫉妒。

   需卦的根本在中和，情感不離天性，欲望不追逐外物，人人守禮行敬，貞固操守，處世接物不超過本分，所以是人道的中正。訟卦正好相反，追逐物欲而觸犯刑法，忘失禮敬而失去操守。滿足物欲而與物結仇，放縱情欲而被情傷害。

   君子明白物欲的大害、情識的障蔽，必先做好格物致知，達到正性立命；養太和正氣，保中和功德。所以，**訟卦是聖人闡明「致良知」教育的示現。**

2. **良知是與生俱來，不增不減，情識會隨欲望而增長。**爭訟是由於良知晦暗，只憑「情欲」來論是非對錯；真理不在，只逞「意氣」表明得失功過。這是爭訟避免不了的根本原因。

   聖人根據什麼來制定禮教與法治？**中和的德性。**根本在七情發而中節，而情感欲望是人生不能免除的，能合於節度就是和諧，那麼爭訟不會發生，所以聖人要「制禮」來規定節度。**需卦靠禮節來安定，而訟卦必須藉法令來整齊。**一反一正，一變一常，交相作用而道德倫理成就。

   訟是**天水相違背，父子不相親，性情不中正，物我失德性，必然招來爭訟。**有爭訟必有刑罰，是天道的殺機。這是天道不下濟而水德泛濫成災，光明不下照而險阻梗塞中道。學易的人細思，就可以明白聖人

制象立辭的宗旨了。

3. **蒙卦是教育愚昧的人，訟卦是教育狂妄的人；蒙教可以養正性，訟卦可以致中和**。中正的德性，要靠教育與法令來完成。所以說，止訟能啟動良知，在物欲格除以後。**格物而後致知，是人道的開始**，所以需與訟是相反而相成。

天下所以有爭訟，一定是因為利害的不公平；人物所以有爭訟，一定是由於性情的偏激。失去了中正的道理就沒辦法達到公正又公平；違背了太和的德性就沒辦法調合虧欠與飽滿。因此爭訟一定是從失去中和開始。

需卦的需求是以中和為根本。中和三要素：一、情感不離開天性，欲望不追逐外物。二、人能守著禮節，以恭敬作為行為的指標。三、內心貞節，固守本心的清靜，利用萬物不會超過。所以需卦是人道的中正平和。

4. 訟卦相反，追逐物欲觸犯了刑罰，忘記禮敬讓自己失去操守。以追逐物欲為滿足，外物就反過來仇視他；以放縱情欲為行持，情欲就反過來傷害他。**於是形成兩種結果：**第一、天性失去主權，落入意氣的爭訟。第二、禮節不能作主，只能尋求法律的公平。這就是人道不能立定，人民的生活就更痛苦了。

最痛苦的現象是什麼？同生的兄弟姐妹不相親，共同生存的團隊互相仇恨。人人放縱私心欲望，天性愈來愈澆薄，人倫綱紀失落，太和正氣敗壞。這是被「情感與意識」給耽誤了，而失去了良知正見的裁奪。只有做好格物致知的君子，能把握性命的中正，保有中和的功德。因此訟卦是聖人講明「致良知」教育的一個卦。

白 話 經 文

【象辭義理】

訟，有孚，窒，惕，中，吉，終凶。利見大人，不利涉大川。

訟卦象辭說：雖然是天水相違背，而坎本來是乾所生，氣場能夠相應，

所以叫作有孚。因為人事上有不誠信、不通達，不順暢、合不來，外憂慮而內阻塞，所以困阻難行。這時候不自我警惕可以嗎？

雖然是有危險傷害的事，因為懂得畏懼警惕而得到中道的吉祥。又因為在安逸安全當中而懈怠、驕慢，失落憂患的心，於是過去的中吉就會轉變成為終凶。

爭訟的人必須向上方陳情，請求法官伸張正義，平反冤情，所以叫作利見大人。爭訟的人處在險地，內心難安，好像面臨深不可測的深淵，所以不利涉大川。比喻行走人間遇上很多險路，居處在家碰上很多艱難，這是人道的悲苦，也是彖辭所寄託的義理。

【解釋彖辭】

象曰：訟，上剛下險，險而健，訟。訟，有孚，窒。惕，中，吉，剛來而得中也。終凶，訟不可成也。利見大人，尚中正也。不利涉大川，入於淵也。

訟卦解釋彖辭說：為什麼爭訟不可避免？雙方氣勢太剛強又仗恃危險而走險路，情感互相嫉妒，力量互相抗衡。加上人事與情勢的逼迫，不想和諧禮讓，一定走上爭訟。

「有孚而窒」，講雙方本是同類同氣，相感相應，卻同室操戈，互相攻擊報復。表示天理人情的曲直真相是看得見的，隱伏的災禍是可以推想的，化解的道理就在「惕、中、吉」。就是面對剛強勢力而能把持中道，時常在大道上自我警覺，所以能夠吉祥。

鬥爭戰爭的氣勢到極點，一定是兩敗俱傷的凶禍。勝也是敗，得也是失，所以不可以讓爭訟成氣候。如何停止爭訟？要訴求公正的大人，給出中正明達的裁斷。

不要爭意氣，不要放縱情欲，玩危險的遊戲。輕心試險，就像玩水自認為安全，會陷入無底的深淵。

【大象辭義理】

象曰：天與水違行，訟。君子以作事謀始。

訟卦大象辭說：在天與水相背反的時運，終結於凶禍的世道裡，形成剛強好爭訟的世風潮流。君子會先用禮樂來教化人民，先啟發良知，讓人

人學會用良知來觀照萬事萬物的開始，於是每個人都能完善家國天下的中正事業。

【爻辭義理】

初六 不永所事，小有言。終吉。

訟卦初六爻說：初六的爭訟才剛剛發起。事情不嚴重，時機不緊迫。只要在小事上不堅持，雖然雙方小有不滿，還是容易化解。良知能夠自我反省而止息爭訟，最終的吉祥就如同需卦九二爻的情形一樣。

象曰：不永所事，訟不可長也。雖小有言，其辯明也。

訟卦初六爻小象辭說：存心寬厚，就不想要永遠爭訟，明白爭訟的事情不可以助長。雖然有一點點的誤會、不滿、摩擦，不會造成傷害，很容易就能夠明辨化解糾結，初爻最後可以得到吉祥。

九二 不克訟，歸而逋。其邑人三百戶，無眚。

訟卦九二爻說：九二爻是很大的禍患。下位的人控訴上位的人，爭訟不成也不能勝訴，情勢危急，趕緊逃走。於是親戚鄰居與全鄉的人，可以不受牽連而保全。

象曰：不克訟，歸逋竄也。自下訟上，患至掇也。

訟卦九二爻小象辭說：九二爻的爭訟一點勝算都沒有，還招來很大的禍患。如果主事的人不逃竄，同鄉的人三百戶都要被牽連波及。這是因為以下位的身分控訴上位的人，災禍必然會一級一級升高。

六三 食舊德，貞厲，終吉。或從王事，無成。

訟卦六三爻說：能食用先人的遺德，既能貞定自守，又能奮勵做事，最終可以得到吉祥。效法坤德，不追求自我的完成，而能順從天理做事。如果不順從天道天理做利益眾生的事，就會一無所成。

象曰：食舊德，從上吉也。

訟卦六三爻小象辭說：依循先人的德範，如果能加上貞正奮勵自我把持，又順從天道做利益眾生的事，吉祥就更大了。

九四 不克訟，復即命。渝。安貞吉。

訟卦九四爻說：九四爻是上位的人控告下位的人，雖然可以爭訟卻不能爭訟。這個時候只有自我反求而回復天性，來聽從天命。能轉變心念而改變爭訟的初發心，能堅守安祥貞正的修養，凶險就會變成吉祥。

象曰：復即命。渝。安貞不失也。

訟卦九四爻小象辭說：在爭訟當中，能夠轉變心念，能夠回復天心就能改變命運。這是能夠抱守安定貞正的天性，不失去安貞，也就不會失去吉祥了。

九五 訟，元吉。

訟卦九五爻說：九五是決斷雙方爭訟的裁判人。站在最中正的地位，做出最公平的審判。於是爭訟解除而民心民志民情和諧，為國家為人民創造大吉祥。

象曰：訟，元吉，以中正也。

訟卦九五爻小象辭說：爭訟為什麼會成為吉祥？因為有天命天德的大人，用出天道天理來調和爭訟，使眾人的人情與天性，都能擺在最中正的地位。

上九 或錫之鞶帶，終朝三褫之。

訟卦上九爻說：上九爻處在高亢的地位，德性太過剛強暴戾，喜歡從鬥爭當中獲取利益。雖然有才華、智慧、意志力，可以得到上位者的賞識而得到官位與賞賜。但是從爭訟當中奪來的功業，也會很快速失去，不需要一天的時間，就三次被奪走取消了。

象曰：以訟受服，亦不足敬也。

訟卦上九爻小象辭說：從鬥爭當中獲取的功業，從爭訟當中得到的官位，不值得讚揚與尊敬。

結語

一、訟卦是自性中和失落，導致情欲紛爭的禍害。

1. 天理存在人的身上是這一點天性。正知是與生俱來的，這一種良知不

會增加也不會減少；情感意識是隨著生命而成長的，這一種情識會一天一天加多。情感與意識瀰漫在內心，物欲與嗜好表現於外在的追求，人生的是非曲直都以各自的方便利益作為說詞。別人與自己的立場不同，觀點不一樣，是非利害的界線分得很清楚，爭訟就起來了。

君子知道爭訟的弊端，能夠明白造成爭訟的源頭，進一步想要探求良知的道理，這就是藉著爭訟而推及到格物致知。

自性的中德不完全，自性的太和失去，這是禮教不發生作用，於是聖人才開始假借刑罰來規範，這就是聽訟的不可免除而刑罰所以能夠輔助禮教的不足。**刑罰是聖人不得已才使用，爭訟是人道的反常現象，刑罰就因為人道的反常而生發了。**

2. **需卦是在禮節上面求得安定，而訟卦是在法律上面求得一致。**一個是反面一個是正面，一個是變道一個是常道，正反與常變交互作用，成就大道的完整。

天道如果不下濟調和，水的能量就會變成氾濫亂流；光明如果不向下照臨，危險與困阻就會出現在人情當中。學道的人讀到訟卦應當可以明白聖人制定卦象建立卦辭的宗旨了。

爭訟已經是道德人格的失落，正直的爭訟損害還不大，聖人不得已而允許人民爭訟。所以訟這個字從公從言，**拿「公正」作為止訟的根本，作為平息爭訟的方法。**上位的人拿公正示現給人民，人民也靠著公正來信賴長官，那麼法律就可以高懸而不必動用，刑罰就可以制定而不必施行。

3. **公正有四大功德：**一、道德禮義可以回復光明。二、天性人情可以調和中正。三、危險的世道人心可以擺平。四、人民可以和諧居處。這就是治道已經完成，也是禮教的輔助已經成就。訟卦隨著不同的時機而能夠彰顯人情正義，這樣的作用太偉大了！所以**訟卦的爭訟、聽訟、止訟、無訟是致良知的道理。**

爭訟的起因是什麼？人所以爭訟不停而不能決斷分明，有四個原因：第一、被知見障蔽。第二、被情識奴役。第三、追逐外物而忘記本心的中正。第四、放任情欲而失去自性的中和。

蒙卦是教導愚昧，訟卦是教化狂妄。蒙用來長養誠意正心，訟用來回

歸自性中和。中正的道德人格是教化所完成的，是法律所實行的。所以說訟卦是致良知的教育，擺在物格以後，也就是在「正物性、明物性、盡物性」以後。掃除心物而開啟良知，這是人道的開始。所以需卦與訟卦相反，結果還是相成。

4. 宗主孚佑帝君說：訟就是爭訟，不限於訴訟這件事，凡是人事爭持不停的都是訟。全人類最重要是和睦相處，不應該爭訟。所以聖王治民，必使萬邦協和；君子教人，必先孝悌友愛。

   聖人拿天道性命立定教化，拿天命的教化來制定禮儀、創作音樂，拿禮樂來訂定法律，是以天災人禍止息，人事紛爭離亂判明。這時人人都做到存心不逾越天性，行事不離開道德，處世不違背中和，進退不失中正。

   《易經》卦序，需卦以後有訟卦，就是講明情欲的過失，紛爭的禍害。而訂出教育、法令的準則，使人在順逆情境裡能選擇中和，在誘惑固執的當下還能回歸中和。

   訟與需，一正一變，有正常有反常；一來一往，道路指向不同，人物選擇的路也不一樣。只有靠內心關照而自覺明辨，用來端正自己的正知正見，於是能明白物情而盡物性，形成利人利物，不是害人害物，達到成人成物而沒有棄人廢物。這就是「物格知至」，良知良能做主的義理。請詳細品味思量。

二、訟卦是道德的背反，是人道的變態，是人性的沉淪。爭訟會導致國家的敗亂。

1. 在爭訟的路上，不要逞強爭輸贏。法官的力量不可靠，智謀手段不可靠，法律條文再熟不可靠，情識欲望不可靠，還是**天理良心最可靠**。所以，要見才德兼備的大人才有大利，因為爭訟是人情的變態逆行，最不適合堅持，不要固執太久，一定兩敗俱傷。

   聽訟必以「無訟」為可貴，而良知高明的人也沒有爭訟，是以君子必先格物以致知。是君子必先格物以清明良知，不失親親的情誼，不悖和睦的風俗，不反友助的情感，不逆恭讓的德性。

   現在是本來親近的人變成不親近，本來是同門共學的人變成不同道，

本來是一家共處的人變成不和諧。恩情變為怨仇，和諧變成背離，這樣的得失很顯著，利害很明顯，爭訟不停，吉凶的結果可想而知。

2. **有孚有四種德性**：第一、信用可靠。第二、通達萬物。第三、明白人情。第四、通透天道。這就是誠信的本德。如果爭訟的人出發點是情感，終點是天理，那麼爭訟雖然已經成形，還不會失去爭訟的公正；如果爭訟沒有成形，也不會違背無訟的道理。

可是爭訟的人容易趨向偏激，為了追求公平反而失去公平，想要革除不正直卻反而造成不正不直。這就不是爭訟的公平原則了，而是違背了爭訟的常道。

所以**爭訟的結果恆常是終凶**。本來不一定是凶，只要被情識所奴役，造成意志的放縱，就會反吉為凶。

我們要明白爭訟的正道有四件事：第一、法官的力量不可以假借。第二、心機詭詐的方法不可以玩弄。第三、法律不可以欺瞞。第四、情欲不可以放縱。這才是爭訟的正道。

3. 爭訟是不得已的事，如果喜好爭訟就是逆行倒施，這一種人沒有智慧到極點了。**需卦是人情的常態，訟卦是人情的變態；需卦是道德的中正，訟卦是道德的背反**。所以叫作相反。

君子明白天理與人情，在人情爭訟的地方能夠自我反省，那麼逆境可以轉為順境，相違背的可以成為和諧。於是訟卦會回歸需卦，凶事也會變成吉祥。

所以調停爭訟的人最寶貴的原則是讓雙方沒有爭訟，良知的啟發到達極致，自性能通達天理，爭訟也就沒有了。君子一定先掃除心物來啟發良知，這就是格致的生命教育。

所以爭訟的發生是因為失去「親親」的情誼，而背反了和睦的風俗；因為背離了「友助」的情誼，而失去了禮讓謙恭的美德。這就是人道的變態，人性的沉淪。

4. **爭訟為什麼會導致國家的敗亂**？第一、有力量的欺侮沒力量的，有智慧的侮辱沒智慧的。第二、事情只講究利害，人生只重視勝負。第三、人民的道德仁義愈來愈澆薄，善良的民風習俗愈來愈現實。第四、國家道德禮樂的習俗不見了，立國的根本動搖了。第五、團隊群體的每

個人都自私自利，不能合群。只重視自己的族群，不願意聚集而排斥異族，不能合作。

這就是社會離亂的原因，國家敗亡的徵兆。所以君子深惡痛絕。

君子厭惡人性沉淪，人道反常。建立真理教育的三大原則：一、以**禮讓**為根本，以**貪利**為告誡。二、以**容忍**為美德，以**暴力**為警惕。三、相愛是仁義，相爭是野蠻。「**依人情、順人性、合天道**」用道德仁義來建立人道，而制定禮節；警策人民的失禮，而建立國家的法律。

5. 禮教的開始是訓導，終結是懲罰，先用禮樂引導，最後才用法令禁止錯誤。禮節與法令嚴明，使強暴的人害怕而不犯法，良善的人得到保護。於是仇怨不會增長，遠近的人如同一家人。

到了這般地步，爭奪的人變化成為和睦，爭訟的人轉變成為退讓，民心民情安寧和平中正。國家根本鞏固，人民生活安定，物資豐盛，財富均平，民力強健。

沒有人會私飽自身，或只是私愛家人，**物力財力人力都是為公而不為己**。上下相親，恩怨拉平，**人情與天等高，天下歸於平平**。這就是**大同盛世**的景象。

訟卦啟示天道的信息：人情有利就有害，人事有得就有失，有爭奪就有損耗，有爭訟最終都是凶禍，這就是天道的消息。順天就吉祥，逆天就凶禍，凶禍是因為背反人情人道又逆反天道。**人情放縱欲望就會逆反，人道失去自性中道就會背反。**

6. **怎麼做到順天四要領？**一、情欲不可放縱，道德不可違背。二、物欲不可窮盡，物用不可沒有極限。三、人力不可耗盡，要有餘；智謀不可使盡，要厚藏。四、爭較不可長久，要知止；爭訟不可成氣候，要無訟。這才是順從天理來保全生命，也就是格物然後致良知的義理。

所以訟卦的文辭雖簡單，涵義卻深宏；文意雖明顯，寄託的情理與天理卻很隱微。凡是人道與天道要成就的和諧，真理教育要立定的準則，人物生命的保全，民治與國政的安定，都以**無訟**為基礎。而天理人情，也都在**禮讓**上獲得成就而圓滿。

地水師卦

上六
六五
六四
六三
九二
初六

卦旨

1. 師表示人數眾多，同類相聚，有很多人而不雜亂，同類聚集而沒有衝突。**師卦要具備四個條件：**第一、彼此的氣場能相感相應。第二、彼此的力量能結合成大力量。第三、人數會累積而愈來愈多。第四、彼此的信念一致而和諧。才能叫做師卦。

   師卦有六種要素：第一、有主帥有隨從的部隊。第二、有派任的幹部或有服役的人員。第三、有軍師來教育來率領。第四、有順應局勢的化導。第五、有才情一樣而彼此相交很投緣的將領。第六、有按類排比整理而互相討論研究的參謀團隊。這都是師卦的作為。

   師旅聚集眾人，**有四種功能作用：**可以集結武力，抵禦災害，消除暴亂，安定良善百姓。

2. **軍隊有六種特性本質：**第一、軍隊的宗旨是光明的，行事卻是險惡的。第二、軍隊的本意正大光明，戰略卻強暴凶狠。第三、軍隊靜處時穩如泰山，行動時像猛禽一般。第四、軍隊的德性寬容，心志卻猜疑不信任。第五、軍隊的內部重視恩惠，對外要表現威嚴。第六、在上位的人要仁慈，在下位的人要戰兢戒懼。

   軍隊的功用，從坤卦來，可以厚德載物；又從坎卦來，可以出入最危險的地方，而不害怕危險。所以軍隊的力量很剛強，而剛強背後隱藏了道，又是很柔順，這一種軍隊叫作王道的軍隊。能夠保護人民的身家財產，也就是古時候聖王所統帥的軍隊，可以安定生民安定天下，軍隊的作用實在太偉大了。

3. 最契合師卦的義理，重心還是在軍隊的功用，將用於繼承訟卦來決斷爭訟，並結合群眾來捍衛外敵的入侵。**什麼情況需要靠群眾的力量？**

一是正義真理被扭曲。二是善良百姓無法安定生活。三是保國護民的力量不夠。四是天經地義的公理難以論斷裁決時。當這些局勢出現，如果沒有軍隊，如何生存？不藉眾人的力量如何能自保？

所以兩方爭訟不決，最後一定有集結眾人的師卦出現；而已經爭執不休的，最終一定會有戰爭。師卦的軍隊是為戰爭做好準備，用最厚實的力量去做最危險的事情，轉化最柔順的力量來發揮最剛強的作用。不得不這麼做。那麼師卦的義理，也是因時制宜，收放隨時的。

師卦命名有五層義理：一、在行動上有軍紀秩序，在上下之間有尊卑法度。二、在升降之間有規矩，在動靜出入能剛好。三、一進一退有一定的時機，一聚一散有整齊的隊伍。四、進退有一定的步驟，連接有一定的方法。五、一人指揮眾人聽令，一人號令眾人回應。

也就是部隊的行伍不混亂，進退的秩序不混亂，遵行教令不懈怠，遵守政命不違背，然後才可以叫作軍隊。這也就是師卦命名的由來。

4. 古時候的老師有兩種：教導人民百姓的叫作國師，指揮三軍打仗的叫作軍師。一文一武特性不同，名稱一樣，就是因為國師軍師的根本功能相同。國師軍師要發揮四大功能：第一、安定人民生活。第二、為人民謀福利。第三、增進人民的道德修養。第四、開創國家與民族的福報。

老師嚴謹然後才能顯出大道的尊貴，真理教育推行然後才能教化廣大。嚴師可以保衛大道，真理教化可以去除邪惡。只有師道嚴謹才能讓民風淳厚、風俗美好，真理教育推廣才能國泰民安。

軍隊是用來保衛國家抵抗敵人的，而不是用來展示國威；軍隊是用來保衛善良的人民，抵制暴力的侵犯，而不是用來製造社會的動亂傷害。所以軍隊的主帥一定要是德高望重的人，也就是道德人格完善，具備仁義，在人道上圓滿的人才可以當軍師，就好像用道德禮樂教導人民才可以當國師一樣。

5. 師卦的卦象，一個陽爻在下卦的正位，又處在下卦的中爻，聖人設卦的意義很清楚明白，如果違背道德仁義的義理，這個「師道」也就不存在了。如何期望一個沒有道德仁義的國師軍師能夠成就師長的德性，發揮師卦的偉大作用！

所以國師與軍師就好像保衛國家的盾牌，又好像保護人民的城牆，又像是所有小孩子的母親一樣。所以國師與軍師能明白天道順著天道行事，就會給國家帶來吉祥，如果違背天道天命，只是喜歡打仗，就會給國家帶來凶禍。這就是師卦的卦象，與其他各卦不同，而師卦的名稱也與其他各卦的卦名不一樣的地方。

師卦的根據有三層：第一是立定天道。第二是彰顯人道仁義的德性。第三是發揮保衛國家、護持人民的作用。所以師這個字，是從天地有這個卦象開始，而師的精神也是從卦象而來。

白 話 經 文

【象辭義理】

師：貞，丈人，吉。無咎。

師卦象辭說：師卦的領導丈人，有中正的德性威儀，能夠守道不失，他所率領的群眾，可以把兵凶戰危轉為吉祥和平。得到了道德圓滿的軍師，用來領導三軍，不得已用戰爭來謀取和平，既然吉祥，自然就沒有過錯。

【解釋彖辭】

彖曰：師，眾也，貞正也，能以眾正，可以王矣。剛中而應，行險而順，
　　以此毒天下，而民從之，吉。又何咎矣。

師卦解釋彖辭說：軍隊是聚集眾人，軍師有中正的德性威儀，三軍有嚴明的軍紀。軍師能拿天地的正理來啟發眾人的良知本性，每個人都順從天理良心的引領，這就是王者的氣象，可以得到天下人心的歸服。

拿陽剛中正的天理正義做主人，百官將帥與臣民都能配合響應。那麼雖然做的是兵戰凶險不得已的事，卻能**順從天道**而應合人情，換取長久的和平。發揮軍隊的正義力量，來教化百姓強國強種；來抵抗敵人，殺敵滅敵，止息暴亂。人民都會聽從去做，那麼軍隊的吉祥也就可以知道了。

既然軍隊是國家必須的條件，既可以教化百姓又可以抵抗敵人，對國家來說就是吉祥的，既然吉祥又哪來的罪過錯？

【大象辭義理】

象曰：地中有水，師。君子以容民蓄眾。

師卦大象辭說：人民好像藏在地底下的水，領導的君子好像凝聚水的土地。有人民就有軍隊，而軍隊是要聚集眾人來發揮正義的力量，軍隊是要進入最凶險的地方，而能夠守住最嚴整的紀律。

一個才德兼備的領導能容得下眾民，又能養育教育眾人，自然就能擁有最堅強的軍隊、最雄厚的戰鬥力。

【爻辭義理】

初六 師出以律。否，臧，凶。

師卦初六爻說：**軍隊的出動一定要先有鋼鐵的紀律。**紀律嚴整就是美善，紀律混亂就是凶禍。這是聖人對戰爭最謹慎的提醒，要我們善體上天的好生之德。

象曰：師出以律，失律凶也。

師卦初六爻小象辭說：軍隊的出動要有紀律，不擾亂人民，不傷害社會的百行百業，才能夠保護善良的百姓。如果失去紀律，就失去抵抗邪惡的力量，就失去防衛與守護人民的力量，沒有凶禍是不可能的！

九二 在師中，吉，無咎。王三錫命。

師卦九二爻說：軍師有內德有威儀，處在大中至正的地位，指揮軍團，替天行道。用中正的德性來端正眾人，發揮正義的力量，解除過錯與凶禍，創造國家的吉祥。領導三軍建立功勳，得到國王再三的賞賜與授命。

象曰：在師中吉，承天寵也。王三錫命，懷萬邦也。

師卦九二爻小象辭說：軍師的功德發揮圓滿，天下萬國都來歸服，世界永遠太平。這樣的大吉祥不是一般事功的吉祥，一定是承受天命的賜福，這個三軍統帥可以得到國王再三的賞賜加封。因為他的德性與地位一致，事功與天命相配。不只是保護一個國家，而是讓天下萬國安寧。

六三 師或輿尸，凶。

師卦六三爻說：將帥很多的軍隊，指揮的命令很不一致，因為自我擾亂造成凶禍。那麼軍隊會打敗仗、要用車子裝載死人，就是因為主帥太多。

象曰：師或輿尸，大無功也。

　　師卦六三爻小象辭說：軍隊眾多而不能戰勝敵人，甚至打了敗仗，車子裝載很多死人，叫作勞師動眾而徒勞無功。

六四 師左次，無咎。

　　師卦六四爻說：六四爻講全軍後退，保全實力的做法。如果不明白局勢，一定要堅固防守，就是過錯。

象曰：左次無咎，未失常也。

　　師卦六四爻小象辭說：當前局勢，既然不能前進，固守又很艱難，就應該順著時機後退，在安全的地方尋求自我保護。**進退不失常，自然就沒有過錯了。**

六五 田有禽，利執言，無咎。長子帥師，弟子輿尸，貞凶。

　　師卦六五爻說：仁義的軍隊，發出正義的聲音，代替上天討伐違反仁義的國家，配合天時又順應人事，就像打獵得到獵物，這次作戰一定有所斬獲。所處的立場很中正，對內能夠保護人民生命財產的安全，對外能夠發動正義力量來打擊邪惡。這樣的戰爭才能夠免除罪過錯。

象曰：長子帥師，以中行也。弟子輿師，使不當也。

　　師卦六五爻小象辭說：治軍的道理，由才德兼備的主帥來發號施令，就是大中至正的行事。由子弟或是部將亂發號令，軍紀就會混亂。

上六 大君有命，開國承家，小人勿用。

　　師卦上六爻說：國君發布大中至正的天命，於是國師處理好齊家治國的政治事務，軍師治理好國家的國防武備。上下協力同心，開創整齊的家庭，安和樂利的國家，天下也就太平了。存心態度不中正的偽君子和生命不真誠的真小人，不可以任用，會敗壞家國天下。

象曰：大君有命，以正功也。小人勿用，必亂邦也。

　　師卦上六爻小象辭說：國君有大中至正的天命，國師軍師還有所有的軍隊都站在正義上頭，於是可以建立「政道與治道」最圓滿的偉大功業。不要用好大喜功，攬權霸勢，不仁義不道德，不敬畏天命的小人，一定給國家社會帶來黑暗混亂。

結語

一、師生倫理是人類最重要的制度，師道精神在中正。

1. **師卦的六個爻都是在講眾人聽從統一的號令，才能發揮正大的功用。**
    所以凡是人數眾多的集體行動，都要根據師卦的義理，用「統一的號令」來命令來指揮，這樣就可以讓國家安全，讓每個家庭保全，而永遠不會偏離道德仁義的中道。

    「中正」的道理是萬物共同要遵循的常道，更是一切行為要遵循的常理，也是治國、治軍、理家、處世所要遵守的理則。**把道擺在事情上，讓事情合於理則叫作中；把道擺在公用上面，讓每一件事有美好的結果叫作正。**

    做任何一件事不合於中道，就是沒有根據；任何一件事情沒有美好的結果，就是沒做好承上啟下。所以在各行各業能夠指揮很多人的領導，如果不以大中至正的紀律作為規範，而聚集這麼多人，結果一定是亂成一團。成事不足敗事有餘，就談不上正常運作，為國家社會帶來安定了。

2. 宗主孚佑帝君說：《易經》的師卦是在訟卦的後面，可見爭訟的結果一定會導致戰爭。訟卦的卦辭也告訴我們，爭訟不停的結果一定是凶險而不是吉祥。**訟卦講的是小的爭端，師卦講的是大的爭端；訟卦是凶禍的開始，師卦是凶禍的結果。**

    要怎麼樣才能免除戰爭的凶禍？古人的做法是在禍患來臨以前先有警戒，在小事情的爭端以前能謹慎應對；明白爭奪會造成可怕的結果，能事先做好預防的準備。

    能有這麼高明的防範措施，不只是可以補救爭訟的缺失，而且還可以保護人民生命財產的安全，這才是師卦最深刻的義理。

    把凶事轉為吉祥，把危險轉為安全。聖人明白指示設立軍隊的宗旨，讓世人知道立國之道的有備無患，這就是師卦緊接著訟卦卻能挽救訟卦的缺失。

3. **師卦的卦辭，根本義理還是在「守得住貞正就可以帶來吉祥」。**而且

師卦的特性是在有長者來領導，眾多的軍隊有一個才德兼備的長者來率領，不像群龍無首缺少軍紀與教化，所以才叫作師卦。

才德兼備的靈魂人物是軍隊不可缺少，也是教化上不可缺少。這就是一個人可以率領眾人，一個長者可以引領群眾，這是師卦卦象的意思，也是師卦的功用所在。

老師的名稱用在今天，分成**師旅與師長**兩類。講軍隊指的是人數眾多，講師長形容的是道德正義。人數眾多可以構成軍隊，發揮道德正義可以成就教化，師卦本來就包含這兩層義理。

卦象是五個陰爻圍繞一個陽爻，這就是形容人數眾多，一個陽爻處在內卦的正中央，這就代表正位正義。既然有眾人，人人都能夠立得正、行得正，這樣的力量用來抵抗敵人，就是軍隊的功能；這樣的力量用來正本清源，就是教化的老師。

4. 在顯出來的現象上面沒有不同，而功能作用卻有內外的不同，有教化與戰爭的不同。《易經》所有的卦都有「現象與功用」的不同，只是師卦更顯著而已。

老師能夠推行道德仁義的教化，就好像軍師能夠率領群眾共同護持正義一樣，都是讓眾人有所仰望依靠，能共同完成生命的意義與價值。

不論國師或是軍師，不只是當軍隊的領導，或是當百行百業的教授師而已。因為人民沒有不遵奉老師的教導來做人、來生活，來營造安和樂利，而全國的百行百業也沒有不是依靠老師來引領教導。

所以**師生這一倫實在是人類最重要的制度，必然不可缺少的角色。**不用再問這個職務是國師或軍師了。

二、儒家以正立教，師道是人道的主宰。

1. 師卦爻辭都是在推廣治平的道理，都是在弘揚安邦定國的德性，讓我們看見齊家治國的根本在「中正」；讓我們明白處理好眾人的事務，能治理好國家的基礎在「道德」。這樣的宗旨很深刻，能切合任何時代、任何國家的需要。

但是《易經》的文辭很簡要，這本來就是《易經》講述政治的開始，也就是《大學》所說「修身齊家」的大學問，與「治國平天下」的大

功用，沒有不是根本於大中至正的天理。

正是什麼意思？中正天心用來中正色身。端正自己然後可以端正別人，這就是《大學》「正心修身章」最重視的義理。

儒家「以正立教」，用中正來建立教化，這一層道理知道的人太少，明白道理與源頭出處的人更少。

2. 《大學》的格物義理是從「需卦」來的，《大學》講致知義理是從「訟卦」來的，《大學》講到「誠意正心」以下的篇章，義理都是從「師卦」來的。

《大學》講誠意章，講天心至誠不二，義理是從哪裡來的？從乾坤兩卦來的，乾卦坤卦的根本義理就是誠意。

師卦是坎卦加上坤卦，最重視貞正能帶來吉祥。用在「生命的態度」，講的就是內心真誠，於是外在的行為中正。用在「事功的開創」，講的是內心中正，而外在的任何行事作為真誠。生命真誠所開創的事業沒有不中正，生命中正一切的事業也沒有不真誠。

如果一個人的行為態度看起來是中正，事業看起來也中正，可是內心不真誠，這個人就是偽君子。

3. 如果一個人看起來像是真誠，可是任何說話、行事都不中正，這個人就是真小人。偽君子和真小人都與師道無關，與師道的道理一點都沾不上。

所以**師卦的文辭藉著「中正的存心」來表現真誠的事業，藉著「貞固的正信」來發揮道德的功用**。只有中正的能量才能發揮光明的政治，只有貞正的功德才能建立光明的事功，這就是開國承家、齊家治國的真功德，也就是《大學》誠意正心的效果。

卦象義理講的「貞固中正」是中一之道，爻辭講的「丈人大君」也是中一之道，因此全卦的義理前後一致，而中一之道卻包含萬有，可以作為人道的主宰。凡是家庭的成敗、國家的興亡，人民的安定或是危險，完全維繫在中一之道。這麼看來，師卦的功用也實在是太偉大了！

水地比卦

上六
九五
六四
六三
六二
初六

卦旨

1.　孔子說：**比卦是講聖人怎麼治理世界的要領。比卦是大有為的時機，要完成師卦上六爻「開國成家」的王道事業。**

比卦講如何發揮天人一貫的內外兩種成果：第一、對內順著自性中庸，能做到孝養父母，能做到禮敬鬼神與聖賢。第二、向外能推展道德禮樂，教化全國的人；讓每個人見到自家的本性而能守中，讓每個人禮敬上帝而能抱一。就像周文王與夫人太姒，用禮樂道德的教化來安定國家天下。

宗主孚佑帝君說：孔子所說的話是在講明治道，事實上就是古人治國平天下的心法。

當國為政處理眾民的事情，根本是在安頓民心民情，領導階層做到大公無私就可以給天下帶來太平。給出生命的誠信，才能感應人心天心。從來就沒有靠著陰謀手段、武力暴力，能讓人順服的。人心不順服，代表自己的誠信度不夠。這是自己的過錯，怎麼能夠責怪別人？

2.　比卦的初六爻，是根據坤卦利貞的精神，來成就乾卦元亨的大通，完全是從誠信開始。果真能把人情與天性調和，達到守中抱一；再把生命最和諧的大力量往外推展，連草木都會感通合同。何況是萬物？

根本誠信，就可以到達世界大同，這是「本末一貫」的功夫，也是「天人一貫」的功夫。有心當家當國的人，請在這裡用心留意。

比卦是一個陽爻處在五個陰爻當中，很容易受到陰爻的欺矇障蔽。**卦名叫作「比」，可貴就在於互相依靠、互相調和。**

這當中有兩層義理：第一是互相依靠而有**競爭**的心。第二是互相依靠而有**背叛**的心。所以陽爻雖然在九五領導的地位，卻會顯得孤單。

從「人事的結構」來說，這個領導者要善用「知人善任」的專長，才可以杜絕人事上面競爭背叛的禍患。否則的話，自己將會失去主觀客觀的局勢，也會失去自己的立場，而被群小所包圍。

3. 所以一個團隊、一個國家，到底是太平還是混亂，關鍵在「人事」。把道德仁義的君子，擺在正確的地位，整個政局就會很順暢；沒有道德仁義的君子，整個政事就會混亂。

   聖人說，如何把正人君子擺在最正確的地位？完全看領導者的調度。如果能夠凝聚眾人，讓大家同心同德，就可以創造財富；把財富讓天下人共同分享，用天道真理來推行教化，讓老百姓不犯法。這就是道德的世界，也就是《易經》立教的根本精神。

   我們憑什麼標準來判定天下混亂與太平的得失？這就是比卦的智慧。

   從互相依靠、互相比對當中，我們會明白得失的道理。明白比卦的智慧，就能夠掌握治國的根本。

   天下人民很多，人心想法觀念很複雜，用比卦的智慧來端正、來合同、來統一，那麼本來是家天下的就會回到大同世界。本來是混亂衝突的族群，就會回歸到中道中和。這就是比卦的功勞。

4. 所以一個國家的領導階層與被領導的百姓，如果能夠用出比卦的智慧，就可以到達長治久安，然後家國天下不會再混亂，這個道理是當家當國的人應該知道的事。

   要不是這個樣子，處在上位的人驕傲自滿，在下位的人放縱失控。驕傲自滿就失去民心，放縱失控就會違反法令，形成互相擾亂，形成上下互相傷害，結果就是混亂的局勢。當每個人各有不同的想法，當每件事各有不同的做法，那麼團隊的人數愈多就愈混亂，暴力就愈強。

   如果所有的人都放縱自己的行為，想做什麼就做什麼，領導者與被領導者都失去了大道的準則，如何保得住天地人三才的地位？這樣的過錯就是因為一個人不能與自性相依護，只想發揮才華能力的作用，自然就形成衝突矛盾混亂。

5. **比卦有五種大用：**第一、不離開人群。第二、不離開仁義。第三、不離開本位。第四、不離開錢財。第五、不離開政令政務。五個條件具足了，才不會失去眾人的同心同德，也才能夠把天下國家治理得很好，

最終才能創造大中至正的大同世界。

到達這個地步，比卦的道理就達成了，《易經》的教化就成就了，儒者治理天下的事功就看得見了。比卦本來就包含人性的善與惡，包含事情的禍與福。如何調理圓滿，就看人的抉擇力與實踐力了。

比卦就好像是一國的國王，也好像是天下的主人，已經擁有很多的人民，已經得到賢臣的輔助。從天時地利人和來說，條件都具足了，地位也很穩當了。

6. **運作比卦四條件：**一、看德性能不能相配。二、看有沒有政令來成就。三、看有沒有道德來安頓。四、看自己有沒有威儀美名來振作。四個條件具足就可以統領群眾，發揮團隊的大功用。

   比卦的團隊功能，有四不行：一、不是投機僥倖就可以做到。二、不是昏庸愚昧的人可以得到。三、不是暴力可以掠奪。四、不是因為陰謀詭詐可以獲得。一定要看「主事人」所創造的功業，看他所締造的道德事業，才能決斷是否真正永遠快樂安康。

   聖人闡述比卦的卦象，自然有它大中至正的道理，從這裡可以看出治國平天下的理則。比卦的相對卦是「大有卦」，大有也是上下相得，與道相合的意思；也就是天與火是同一個族類，而地與水也是同一個族類。

7. 大有的反卦是同人卦，也與師卦一樣，都有著共通的情懷生命，上下都能默契共識合作。只要應用恰當，就可以成就帝王的事業；應用不恰當，就會反過來敗壞自己的身家生命。

   這當中雖然有上天的「氣數」決定，但也要人事的「智慧」謀劃；所以學道的人要分判天理與人情的不同，而不要互相耽誤。所以在一卦的當中，氣數有吉有凶；在一爻裡頭，主位與客位不同。

   在人事上所應當做的本分，要從順境逆境來觀察；而上天氣數的顯現，就要看時空因緣的變化。如果「天時與人事」可以一體觀照，就可以得到卦象的宗旨與精神了。

白 話 經 文

【彖辭義理】

比：吉。原筮元永貞，無咎。不寧方來，後夫凶。

比卦彖辭講明「建立邦國的義理，吉凶禍福的氣數，利害因果的分辨。」彖辭說：具有大道剛強的態度而內心柔順，可以創造大吉祥。能永遠抱守先天生命的美善，用道德人格開創道德事功，可以充滿吉祥而沒有過錯。

彖辭指示，比卦包藏很凶險的情勢，眼前雖然吉祥，是短暫不可靠的。危險而不安寧的情勢正快速到來。如果一個人喪失貞節沒有道義，或一個團隊只有利害而沒有仁義，災禍會一轉身就來到。

【解釋彖辭】

彖曰：比，吉也。比，輔也。下順從也。原筮元永貞，無咎，以剛中也。
不寧方來，上下應也。後夫凶，其道窮也。

比卦解釋彖辭說：比卦是當國的人聚集眾人來創造吉祥。屬下都已經順從，輔助的力量已經很大，要結合族群的力量來建立邦國，就很容易。當國的人，自性陽剛居中，柔順就表現在外。於是用得出先天坤德的清靜，來節制坎水的衝動與陷落，就能合同天道的大生，能調和人物的性情，能彌補人事的過錯！

治國當家，要有憂患意識，要明白潛在的危險不安與黑暗毀滅的力量，隨時會來到。君民上下必須在禮樂道德仁義上面相感應，國家才能夠安定。如果放縱私欲，違背仁義道德，幸福馬上轉為凶禍；如果失天時、失人和，就走到窮途末路了！

【大象辭義理】

象曰：地上有水，比。先王以建萬國，親諸侯。

比卦大象辭說：大地博厚的生長力上面有水能潤澤一切，這是比卦無限的資源。古聖先王在這個基礎上，順應天時，用禮樂建立全人類的道德事業，使萬國諸侯都順服，形成天下一家親。

【爻辭義理】

初六 有孚，比之，無咎。有孚盈缶，終來有他，吉。

比卦初六爻說：族群聚合，上下彼此都能發揮先天清靜的本德，真誠互信、互相依靠，沒有隔閡芥蒂。有德性智慧的領導人，用得出仁德來包容相同的族群，用得出義德來調和不同的族群。於是上天賜福，全民得天福，共同創造大吉祥。安和樂利的福報滿滿，世界也是永久太平。

象曰：比之初六，有他吉也。

比卦初六小象辭說：比卦初六的吉祥是從他方來的，不是自己本有。是講堯舜與文王武王，不會在最高的權位上面自私自利，不會想要占有全天下的財富，又用禮樂教化天下，因此全民先天的福德智慧就會滿盈，所以天祿永遠的吉祥就會來到。

六二 比之自內，貞吉。

比卦六二爻說：族群或團隊成員的默契，建立在自性的凝聚專一清靜。人人真誠合天，誠信交往，能為團隊帶來貞一正義吉祥。

象曰：比之自內，不自失也。

比卦六二爻小象辭說：做為族群或團隊成員的一分子，想要給自己帶來吉祥，想要當眾生的貴人，一定要先守護本心的乾淨定靜、真誠寧靜，就不會自我失落。

六三 比之匪人。

比卦六三爻說：當天地的氣數否塞，陰陽不調和的時候，人會離開自性中道。於是內心的道德修養不足，浩然正氣不足，人心就會感應偏差邪惡的因緣，會結交不正當的人。就容易與盜匪做朋友，與魔鬼為伍。

象曰：比之匪人，不亦傷乎！

比卦六三爻小象辭說：當天地的氣數否塞，陰陽不調和的時候，領導階層會失落道德的綱紀，沒辦法拿道德仁義來校正萬民；而下民百姓也失去依循順從的人道準則，沒辦法拿忠誠恭敬的態度來事奉長輩長官。

當天下無道，上下會在不知不覺中靠向盜匪這一邊，「邪淫、凶暴、殺害」會層出不窮。失去了道德倫理，會給家國天下帶來天災人禍的劫難，傷害大到不可收拾！

六四 外比之，貞吉。

比卦六四爻說：參與任何族群或團隊，最重要的是，內心能做到貞一正直不二、守中抱一不失，才能隨順外在的人事因緣，與聖賢人物感應道交。能融入志同道合的夥伴隊伍，共同成就內聖外王的事功，才是貞一貞明貞觀的吉祥。

象曰：外比於賢，以從上也。

比卦六四爻小象辭說：族群或團隊，要有聖賢來領導，讓人人做到孝養父母、禮敬鬼神、禮敬聖賢、禮敬上帝。只有聖賢才能善用天時，用出「時中」的力量，來扭轉乾坤再造和平；用出禮樂道德仁義的教化，來安定國家天下。

九五 顯比，王用三驅，失前禽。邑人不誡，吉。

比卦九五爻說：上古時候堯舜二帝，以及夏商周三代的聖王，能夠承擔上帝的道，完成上帝的旨意，用禮樂道德把天下萬國治理得很好。國王在政治的空閒去打獵的時候，仁德慈愛照顧到萬物而網開三面，獵物能放生就放生。

聖明的君王能夠與民同樂，隊伍經過時，沿路上不必警戒，老百姓隨時可以看得到國王，而且很高興的唱歌跳舞。這是普天同慶的大吉祥。

象曰：顯比之吉，位正中也。捨逆取順，失前禽也。邑人不誡，上
**　　使中也。**

比卦九五爻小象辭說：上古堯舜二帝，以及夏商周三代的聖王，禮樂盛世的大吉祥，是從大中至正的地位來的。

在打獵的時候，看重道德仁義而不是獵物，對於迎面來的獵物不去捕殺，反而把牠放生，只捕捉那一些自己進入羅網來的。人民長久生活在溫柔寬厚的德政當中，不用擔驚受怕會觸犯法令，會無緣無故被處罰。

這種天下一家親的談笑氣氛，是上位的人能夠「用中和的德性」來使喚人民，人民也就感化在自性中和當中。永遠不用擔心天災人禍！

上六 比之無首，凶。

比卦上六爻說：比卦最可貴的是要得到一個賢明的主人。比卦到了上

六爻已經沒有核心領導，眾人的氣數到了窮途末路。眾人各執己見，意氣個性隨意發飆，禍亂沒完沒了，很凶險很危險。

象曰：比之無首，無所終也。

比卦上六小象辭說：比卦最可貴的是要得到一個賢明的主人。比卦到了上六爻，主人不見了，人事的禍亂開始發生，人與事到最後不得善終。凶險現前。

結語

一、修道人要有五明：明白天道、明白天德、明白天命、明白天性、明白氣數。

1. 宏教柳真人說：**要明白人事的氣數，必須明白天理的循環往復。**比卦是師卦的反卦，這也就是數窮必變的意思。講「氣數」，是對人來說的，而不是對天來說的。對人來說有好有不好，對天來說沒有好壞的分別；對人來說有利益有害處，對天來說沒有利害的分別。**因此講氣數的吉凶，完全離不開人事，離開人事就不需要再論禍福吉凶了。**

    人世間的人，執著自己的知見，不明白「天理與氣數」。常常在命運的吉凶上面爭論，在氣數的順境逆境上面爭論。而忽略了廣大的天道真理，也忽略了遠大的天命天心。

    團隊是互相依靠造福，還是互相利用謀私利？比卦卦象是水與地並類一起，他們的性質相近而情感相融合，所以叫作比。但是這當中隱含「競爭比較」的意思，雖然很親近，可是容易背離背叛；雖然前後相隨，可是容易對立衝突不通。這就是失去了自性中庸的調和，也離開了道德生命的共同體。

2. 君子團隊與小人團隊之間，**君子能事先警戒自己，守好五種禮分：**一、能夠做到「隨和」但是不苟同，「親切」但是不侮慢。二、彼此很親近但是不會不莊重，情感很好但是不會掉入邪淫。三、雖然長久住在一起但是就像初見面一樣的禮敬，就是長久相處可是交情不會改變。四、這一種「道義」生命沒有早上與晚上的不同，這一種「道情」生

活沒有冷熱的不同。五、這一種「仁義」天心沒有開始與結果的不同，更沒有「利害」的衝突矛盾。

君子團隊四要素：一、彼此的操守很廉潔很正直。二、彼此的信念很堅定很篤厚。三、對待別人很公正很有包容力。四、自我修養很貞正光明很乾淨。所以君子在一起就像水與土在一起，是同類輔相相成，不會互相傷害。

小人的行為態度：快樂的時候就放縱無度，怨恨的時候就仇恨一輩子；有好處大家就擁抱在一起，有害處就推給別人去承受。愛憎的心是被情欲操控的，是相聚還是離開，全看局勢與利益來選擇，所以比卦的災禍常常是一轉身就來到。

3. 剛剛還很親密，一轉身就變成怨恨；今天還很相親，明天就變成仇人。交情隨時可以毀壞，節操也隨時可以放棄。這正是天下混亂的原因，國家敗亡的因素。選擇團隊成員，能夠不謹慎嗎？

當家當國的人要怎麼做比卦的主人？第一、隨順人情而善加利用。第二、把人民的好惡心引導回到誠意正心。第三、能夠決斷人民大利與大害的事，而能引導回歸自性中和。第四、讓親近的人能夠長久親近，讓歡樂的生活能夠常保歡樂。這就是觀察比卦而得到治國平天下的義理，這就是體察比卦的卦辭而能夠弘揚比卦的宗旨精神了。

《易經》是為大同世界在講話。所以比卦的卦象，描述人事人情的相同與差異；比卦的卦辭內容，引導我們朝向治國平天下的宗旨。這才是人道所應該走的正路。

聖人是怎麼治理世界？第一、不離開人的天性與情感。第二、不違背眾人與自己的不同需要。第三、以自性中和作最高的依歸。第四、不被一個人或一個國家的利害觀點所拘限。

4. 比卦的宗旨精神，是要順從眾人、順從整體，而能夠達到歸一。一就是天道天命天性，一就是天人性情的調和。初六爻重點，在給外在世界帶來吉祥，就是這個意思。

因為既合同天道又合同人情，於是能照顧到全世界。不管是個人或國家，都能夠合同天理而沒有對立，於是我們自己的國家與世界所有的國家，都有天理人情的合同點。於是全世界的吉祥也就是我們的吉祥，

別人的好處也就是我們的好處，這樣的天下就是天下人的天下。

這一路**最高明的領導，有四要領：**一、不用假藉威權，人民自然會敬畏。二、不用靠嚴格的刑罰，人民自然會互相勸勉不要犯法。三、全天下都承受他最寬廣的愛。四、人民都感受得到他所賞賜的福氣。

5. 當天下人都活在安和樂利的時候，自己也活在心安理得當中。所以爻辭特別稱讚「有他吉」，也就是全民所帶來的大吉祥。這一種來自上天福報的大吉祥，就是象辭所說的「**天道的吉祥**」。

　　爻辭又講「有孚盈缶」，說太平世界每個人的福報是滿滿的，這就是象辭所講「**元永貞**」的意思。表示先天是清靜圓滿，後天的世界也是福德智慧圓滿，而且是永久的太平。

　　世間的人不明白易教。有四個因素：第一、有人讀熟了經文而沒有細察義理。第二、有人輕視聖人的教化而不相信天道。第三、有人很浮淺去猜測而沒有很深入探討。第四、有人很輕率理解而沒有通達整體。於是使得聖人製作比卦的宗旨不明白，使得易教的教義不明顯。這實在讓有見識的人發出很深的感慨。

二、宗主論：大同世界的規模、進程與行動綱領。

1. **比卦的功用，是在逆反裡成就事功。**比卦的爻辭，吉與凶相互突顯而差異性太大，這是因為比卦的功用包含吉與凶，不是其他的卦可以比較的。陽氣是順著走，陰氣是逆著走，**陽卦叫作「順成」，陰卦則叫作「逆取」。**

　　一個團隊有相互匹配的人但並不親和，有前後跟隨的人但是並不親近，順從的少而逆反的多，看到這裡就可以知道比卦的功能作用了。

　　比類相聚到比附歸類，是天地萬物的自然秩序：《易經》從屯卦蒙卦以後，到比卦是一個大段落。這六個卦對上感應乾卦坤卦，對下開啟泰卦與否卦，當中的道理可以從「屯卦與蒙卦、需卦與訟卦、師卦與比卦」看出來，都是兩卦合成一個卦。有往有來，有氣數的起伏，有能量的消長，有升降的次第，有動靜的秩序。

2. 這一切都在描述天與地造化的現象，在講述人物生死的道理，以及國家興盛衰敗的因由，事業開始與結果的氣數。這當中都有一段因果，

互相推展變化到達無窮無盡。這就好像一年有四季，春夏秋冬，一天有白天與晚上，各有不同的節令氣候，也各自有各自的秩序法度。

從整體來說是一，分開來講就是眾多。大道的功用是分開到最後又會復合，合同以後又會分開，這是用來對應天地生成萬物的一個情境，用來描述人與萬物交互感應成長的一個世界。

比是什麼意思？**比是互相依附**。同類的事物會在一個地方聚集在一起，而萬物會一群一群分開來居住，這就是比卦的義理，在告訴我們天地生成變化的大原則。比卦對人來說關係更密切，因為人類從古時候到今天，愈繁衍數目愈多，愈歸類也就愈分散。如果不依循一個道理，不歸向一個秩序，一定不能保全生存的美好。

3. 所以人間世界有種族、有鄉鎮、有城市、有國家，有部分也有派別，有物種有譜系，有不同的形色，有不同的形體，又有言語文字的不同，有宗教習俗的不同。

這一些不同自己都會歸成一類，而且會互相連結在一起，然後長久保有自己的土地，能夠享受自己的利益福報，能夠很安定生活，很快樂工作。人間世界的這一切都是比卦的作用，所以說比卦的作用太大了。〈禮運大同〉不離比卦的作用，世間人不明白。〈雜卦傳〉說比卦是**快樂的，象辭說比卦是吉祥的，都是極度讚嘆比卦的功效，講明比卦的功德，這實在是人類不可以不知道的道理。**比卦有比卦的道理，有比卦的情感，有比卦的意識，有比卦的規矩，這一切都在六爻當中，表現在文辭義理裡頭。

4. 比卦最重要的宗旨是講明《易經》「內外卦」的義理。〈序卦傳〉是用「家人卦」來主持內政，用「睽卦」來主持外王，而**比卦的六二爻叫作內比，六四爻叫作外比，這樣的道理可以用來包括所有的集團，不論大小，都有內與外的交通。**

小到一個家庭的夫婦，也有內外的分別。男人在外面的世界要站好自己的崗位，女人在家庭裡頭也要做好自己的本分。一個家庭中的男女都能定位，國家自然長治久安。

講到齊家然後治國，沒有不是先追求內外的安定，只要內外有一部分不安定，要講齊家治國就是講大話了。所以比卦一定要拿內與外的「比

類歸附」相順從，來作為齊家治國的根本。

講到「內比」是什麼意思？就是講親近之道，也就是愛敬父母親的道理。「外比」是什麼意思？就是禮敬聖賢的道理。從人道來說，就是在家裡講孝道悌道，出門講禮敬老人長者，親近有德性的人，事實講的也就是修身的道理。

5. 比卦六個爻，簡直是包含了修身齊家治國平天下的道理了。而《中庸》第八章講「治理天下有九經」，也沒有離開比卦的功用，所以比卦不只是建立邦國，分封諸侯而已。

凡是有家的人一定可以齊家，而齊家的根本就在修身；凡是有天下國家的人一定要追求治理太平，而治國平天下的根本就在修身齊家。這就是比卦「封侯建國」的功德，一定要從內外的比附親近開始。

向內「愛敬親人」這是仁德的作用，向外「尊敬聖賢」這是義德的作用，而「仁義」就是人道的核心精神。仁義完備，於是「禮教」開始生發，這就是大同世界的景象了。所以大同世界也沒有離開比卦的作用。

6. 封建制度不是專制，是禮教。堯舜的大同世界，是禮教德治道化。古時候的「封建制度」就是禮教的體現，帶來了平治天下的成果，於是我們看到禮教樹立而政治光明。家庭內部安定而社會國家也就安定，於是全天下歸服，萬民聽從。這就是堯舜的大同世界，也是二帝三王最高的政治成果。

從「禮教而德治而道化」，天下都大同了，哪裡還需要擔憂人民會擾亂國家？哪裡還需要去顧慮有違抗天命的敵人？所以天下太平國家安樂，這樣的功德太偉大了，這樣的天道太偉大了。

如果要追溯根本、探究源頭，那是因為善用師卦。師卦講的是「用兵」的道理，聖人有準備六軍，但沒有去用，因為先重視禮樂道德，不得已才用兵；聖人用道德仁義來懷柔萬邦，而不是靠國防軍事武功。聖人是用爵位「賞賜慰勞」來讓天下歸服，而不是用智謀勇力。

7. 這就是身心內外都能夠成就比卦最高的義理，人人都孝敬父母親，九族自然和諧而沒有怨言。人人都禮敬聖賢，萬邦自然會來歸附，而沒有不同的想法。這就是「真誠信實」的具體表現，也就是中和的極致，所以最後能成就家國天下的安樂，永遠保持吉祥。

實在是太偉大啦比卦！《大學》《中庸》的義理都在比卦當中，讀《易經》的人好好認識吧！遵從比卦的教化，天地就會全面太和；違背比卦的教化，家國天下就會一片混亂。到底是太和還是混亂，完全看道德教育的推廣。

所以比卦的六個爻包含了「**內外順逆**」的一切行為，包含了「**吉凶變化**」的一切氣數，就看人類怎麼去實踐了！而往後的大有卦、同人卦，就是比卦最好的成果驗收。

09 風天小蓄卦

卦旨

1. **人生應該蓄養累積的是什麼？**最可貴的是道德而不是物品，是布施而不是積蓄。這樣的德性才能普及萬物、潤澤萬物、長養萬物，這就是君子的事業了。

   《易經 · 繫辭傳》說：「日新之謂盛德，富有之謂大業。」意思是天命常新是最盛大的德性，道德富有是最偉大的事業。不是得到天命天德的聖人，不是遭逢天時天位的豪傑，是不可能完成三不朽的事功。

   小蓄卦所能依靠的力量還很小，作用也很小。關鍵就在自己能不能充實長養，自強不息，使道德事業能夠愈來愈明顯愈來愈壯大，而不要畫地自限。道德能量的蓄積要靠每天的點滴累積，德性與愛的故事要靠隨時的付出。

2. 不忘記乾卦健動不息的功德，不忘記巽卦隨順一切因緣的功用，就可以到達內在德性生命充實的美好境界，達到外在事業光耀的大有境界。這樣一天一天累積漸進，永不止息，過不了多久，哪裡不會變成大有、同人的氣象？哪裡不能到達大蓄、光明的格局？

   小蓄是寡少，就是在講道德人格培養得不夠雄厚，道德事業的發展還不夠盛大，也就表示布施還不夠多，表示萬物還沒有蒙受他的恩澤。

   小蓄的下卦是乾卦，乾卦的德性是剛正而健旺，巽卦的德性是溫柔而順從，雖然德性的布施還沒有顯現，內心早已有準備有蓄積了。如果能充實而適度發揮作用，能擴大而逐步推廣久遠，小蓄卦的功德不難達到大有的事業。這是講「天時天命天德」完全看人事的作為。

3. 小蓄是時機還沒有成熟，是地位還沒有穩當。如果處在安逸平順卻自我感覺美好，雖然有剛健勇毅的內在本質，卻沒有好好涵養充實，正

氣正能量不足，就在環境時機因緣當中坐失了成長的契機，而變成【睽卦革卦】的氣數變化。這就不是天數的不應許，而是人事的鬆懈怠惰。**什麼叫作不違背天數？**小蓄向內抱持陽剛正氣，要善於體察乾卦健動不息的義理，每天作自強不息的功夫。小蓄對外抱持陰柔的態度，應該要體察巽卦順從的規矩，常常反思覺察，能夠反求性情的調和，這樣才不會違背上天的氣數，才不會違背天時的義理。

蓄養的第一層意思是養育，第二層意思是追求愈養愈多。蓄養是生育成長最重要的事。它所遵循的是大道，捨棄了道就會失去正位正向正能量，如何能夠完成生育與成就的功用？

4. **小蓄先看重天道，所以拿「復自道」作為教訓，**人不能片刻離開道，這就是蓄卦的根本義理。再擴展到貫徹始終的道理，**開始講「生成養育」的功用，最終講「天地定位，萬物長育」的功德。**

這就是聖賢仙佛所存養的宗旨，也就是聖賢仙佛所蓄養的正氣，這個力量可以匹配天地而沒有缺漏，推展開來能夠生成萬物而沒有不足。**力量從哪裡來？就從一往一復而來。**

蓄養與大道的功能是同步的，人離天道不遠，而能**回復自身的天道**，於是能完成大道的功用。人與天地陰陽氣數的往來相通，而且道理一貫。真是偉大呀復卦！一念都沒有離開道，時時刻刻與大道同在。

5. 聖人在小蓄這裡有很深的意思，極高明極精微而妙用無窮；有天地有萬物，而積小以高大。聖人用這個道理來教化天下後世，就隱藏在小蓄卦命名裡頭。能夠做到**存天心養天性**，這是聖人中和的道德生命，**也是幫助天地定位、萬物長育的根本力量。這才是小蓄卦所追求最崇高的理想。**

宗主孚佑帝君說：**這一卦用蓄來命名，有四層義理，**一、雖然靠萬物來養育生命，並沒有傷害到物命。二、雖然每個人都照顧好自己，並沒有損害到別人。三、雖然食衣住行都是依靠外在世界的供應，可是內心清靜而沒有放縱。四、雖然生活生命的需求達到了充分的滿足，但是沒有違背道德，也沒有違背自然的法則。

這一種教育的高度帶來生命高度的昇華，我們應該努力學習，努力去做到。

6. 怎麼做？第一、用中道來衡量一切，用調和的力量來調理一切，不再為貪心而爭奪，不再為奢侈而滿足感官的享受。

第二、不是不想獲得什麼，而不是把心用在追求與獲得。也不是不重視保養，而是不偏重在物質的供養。

聖人告訴我們蓄養的道理一定要有德性，一定要有準則法度。道理法度遵守了，不管是對別人對自己，只會帶來共同的利益，而不會造成彼此的傷害。

蓄卦的道理要做到萬物與我都生活在大道當中，萬民與我都活得很安然快樂。這樣才是蓄卦的圓滿完成。蓄養的重點在良善美好，從善到達至善，至善才是真正的美好，於是天下大同康泰。哪裡還要擔心競爭鬥爭戰爭？哪裡還要擔心貧窮匱乏？

這是《易經》教育，是一切生命教育最極致美好的方法。怎麼做到？只是道德與大愛的流行罷了。

白 話 經 文

【象辭義理】

小蓄：亨。密雲不雨，自我西郊。

小蓄卦象辭說：小蓄懂得涵養內德，有亨通明達的作用；但是蓄積不夠雄厚，不能夠承載道德事業。雖然有才華能力，但體用不夠盛大，對家國社會沒有帶來實質的利益。

就好比雲層密集而不會下雨，有理想有目標卻走得不遠。所以君子會在小蓄卦反觀反省，會在道德與事業上精進。

【解釋象辭】

象曰：小蓄。柔得位，而上下應之，曰小蓄。健而巽，剛中而志行，乃亨。密雲不雨，尚往也。自我西郊，施未行也。

小蓄卦解釋象辭說：小蓄卦是六四陰爻處在領導的地位，陽剛能順從陰柔，上下能互相感應。一個陰爻五個陽爻，用少的來養育眾多，能成就生成長育的功德，所以叫作小蓄。

乾卦健動的力量在內部，巽卦隨順的力量在外部，內有陽剛中正的本體，又得到隨順運行的態勢，志在必行，決心要有作為。剛正的能量配合柔順的態度，不管往什麼地方都能夠亨通暢達。

　　修道君子看見雲層密集在天上，卻不下雨，就下定決心要用人的力量來彌補上天的不足。看見在教育、政治、經濟、文化各方面還沒有完善的措施，就決定要用出道德的力量來幫助萬民萬物。

【大象辭義理】

象曰：風行天上，小蓄。君子以懿文德。

　　小蓄卦大象辭說：風在天上行走，陰陽二氣交融，經由風吹日照而成為天上的文采，這是天地日月、風雷雲雨，所蓄積顯現的壯觀聲色。

　　君子看到天地的氣象以後，就啟動天道天德來完善中和的生命。並在政治教育上面推行禮樂道德仁義，來安定民情民心，完成教化萬民、成就萬物的功德。

【爻辭義理】

初九 復自道，何其咎。吉。

　　小蓄卦初九爻說：修道人能從情感回復到天性，從物化的生活回返道化的生命，能回復自身的天道而立定天命，發揮生命的道德與事業。這樣的人生會有什麼過錯？人生的一切際遇自然吉祥。

象曰：復自道，其義吉也。

　　小蓄卦初九爻小象辭說：修道人能夠做到戰勝自己的起心動念，能節制欲望，能調和性心身，從後天的人情回復到先天的本性，立定自性中道。哪裡還會有罪過錯？這樣的道義生命是吉祥的。

九二 牽復，吉。

　　小蓄卦九二爻說：修道人在氣數變化、氣運消長當中，要回復先天本性，守護自性中道，必須要靠外界力量的牽挽。不落入玩物喪志，能節制欲望，調和性情，做到存天心養天性立天命，自心抱持得定，就會吉祥。

象曰：牽復在中，亦不自失也。

　　小蓄卦九二爻小象辭說：修道人在天地氣數與人事物因緣變化裡，得

到復返自性中道的力量，做好守中抱一、克己復禮的功夫，就不會失道失德了。

九三 輿脫輹，夫妻反目。

小蓄卦九三爻說：行駛中的車子輪胎脫落，好像家庭裡人事爭訟，造成夫妻反目成仇。這是道德蓄養不夠，克己復禮不足。

象曰：夫妻反目，不能正室也。

小蓄卦九三爻小象辭說：夫妻都失去正道，不能把家道治理和諧。過錯的責任在丈夫而不是在妻子。

六四 有孚。血，去，惕，出。無咎。

小蓄卦六四爻說：團隊的上下前後能互相真誠信賴，不互相欺騙，就能感應道交，能相生相成而成就大用。受傷看見血還繼續前進，而沒有凶險，這是根本剛健的力量；心中知道警惕而後退，所以沒有損害，這是順著柔順的原則。

象曰：有孚。惕，出。上合志也。

小蓄卦六四爻小象辭說：**小蓄卦能發揮中和的四大功用。**一是善於後退又能夠自我警惕，二是善用柔順來領導眾人，三是善於順從領導者的意志來成就事功，四是善於自我反省來合同事物的要求。於是過錯不會降臨在自己身上，而道德事功足以影響全天下，成就幫助天地變化長育的功德。

九五 有孚攣如。富以其鄰。

小蓄卦九五爻說：君子推展忠恕仁義的德性，民胞物與的博愛，讓天人物我、親疏遠近都連結成一體。一切的物資能源與鄰人共享，幫助鄰居富有而沒有匱乏。最後把富有推及全天下，完成小蓄卦最高的志向理想。

象曰：有孚攣如，不獨富也。

小蓄卦九五爻小象辭說：君子忠恕仁義的美德，一體關照到萬民萬物，不會獨享物資的豐盛。把禮樂道德推行全天下，不忍心人民窮苦匱乏，流離失所。

上九 既雨既處，尚德。載婦，貞，厲。月幾望，君子征凶。

小蓄卦上九爻說：時機因緣氣數已經改變了，天空的雲已經變成雨下

下來了，一切的人事由勇往前進變成安靜自處。君子高尚道德，能端正家庭；妻子隨順丈夫，能守住貞節；夫婦家道也由反目而和順了。

象曰：既雨既處，德積載也。君子征凶，有所疑也。

小蓄卦上九爻小象辭說：因緣成熟，雲雨下了。君子厚積道德，成就家庭與事業，更要明氣數、知進退。這時要放下事功，守護本心，追求知止定靜，回復自性中和。如果再出征打仗，一定遭遇阻礙，前進無路。

結語 小蓄先養德養道，立定仁義天心，涵養性情中和。

1. 宏教柳真人說：孔子在這篇文章所講小蓄卦的道理，實在就是人生最重大的事。因為生命的生成養育一定要有道理，而這個生成的道理是要一陰一陽都能得到正位作為準則，如果失去中正的地位就不合道理了，不合道理就不能蓄養。
《易經》的教化有正反兩層義理：蓄養也就是毒害，生機也就是殺機。當一個人的「道德正氣」還沒有蓄養完成，當一個人的「名分責任」還沒有立定，而只是追逐外物，只是放縱欲望，這怎麼叫作成長發育而能成就涵養修養？
聖人說：「貧賤而能樂道，富貴而能喜好禮義。」這才是人道的中正光明。如果富有了而還想要擴充欲望，一定會觸犯戒律，會給自己帶來殺身的禍害。

2. 宗主說：蓄的第一層意思是積蓄、儲蓄，以及生育、養育、教育。蓄的第二層意思則是平常有儲備，等待急需的時候可以調度使用。因為要提供國家各類建設的需要，於是必須要懂得蓄積的道理，不管是人力物力財力的積蓄，一定要量力而為，才不會擾亂人民，傷害國家的根本。
一個人所蓄積的財物太多，就會引發貪心驕慢奢侈而損害自己的德性，這也是多不如少的意思。
從這裡可以明白聖人傳道立教的用心，可以大就大蓄，應該小就小蓄，聖人制禮作樂的原則，治理國家的根本，是根據天地自然的秩序。在小蓄卦就是因為少而成就作用，正好可以繼承比卦的功用，可以符合

需卦的理想，而不會感到不足，讓國家一切的用度沒有匱乏。

3. 當小蓄卦失去了常經正道的時候，就會變成睽卦與革卦的多災多難。
不但連小康的局面都保不住，而且馬上會變成疏離混亂的最危險方。

要怎麼預防危機變化的發生？第一、必須先要有自強的德性，有乾卦
早晚警惕不懈怠的情懷，用來固守內德，長養正氣。第二、要有巽卦
順從的德性，加上溫和容易接納一切的情懷，用來交通外在世界，然
後可以保持亨通的功用，到達真正的安康。

小蓄卦的根本大義是什麼？小蓄卦向上接應比卦，向下開啟履卦，德
性光明就是地天泰卦，失去天道人道就落入天地否卦。一條路是亨通
光明，一條路是阻塞黑暗，完全看人的作為而決定；是存活還是滅亡，
是安定還是危險，完全在一個存心念頭的啟動。

如果能做到剛柔調濟，能行出中道，而沒有太過或不及，能表現仁義
天心，讓一切合於規矩法度，那麼小蓄卦可以創造小康世界；既然道
德禮樂仁義的小康世界成就了，大同世界也就不遠了。

4. 聖人的話我們要相互勉勵去做，不要違背天地最高的理則。這才是小
蓄卦的生成作用，完全能切中時代的病痛，是挽化人心成為良善，挽
化世界為太平的一帖良藥。

天下的人很多，真正得到生活的長養、生命的教養的人很少。一旦物
質面的養育不足，精神面的教育不足，矛盾衝突就避免不了，競爭鬥
爭必然發生，這就是社會混亂、國家混亂的根本原因。根本原因是真
理教育不足，生命的修養不夠。

原因是失落了「禮樂道德仁義」的教育。領導階層不能拿道德禮樂來
「感應」人心，只是拿物質的利益來收買人心，把人的聰明都引導向
爭奪利益。機心、巧詐、不擇手段層出不窮，到最後不殺人來求利益
是不會停止的，就是殺了人、奪取了財富地位，也沒辦法讓他活得更
好更長。這樣的做法對家國天下又有什麼好處？

5. 這一種世道人心的沉淪墮落，都是從「只重視權利，不重視道德」而
來，從只看重物質文明而不看重精神文明而來。當人心欲望大到不能
挽回的時候災劫就來了。

講陰陽氣數的循環往復，就是講一個人「天人性情」的開始與結果，

都不離開復反的道理，回歸天命天性的道理，立定天命天性的道理，這也就是三教聖人守中抱一的教育核心。《易經》每一句話的精神主軸都有人道的內涵，有天道的消息。讀《易經》的人要細心玩味探索。宗主說：**小蓄卦的啟示最重要的是什麼？要懂得珍惜少少的擁有，而不要去競爭想要擁有多多。**

讀《易經》的人應該要知道：**凡是在財物上積蓄的人，在道德上就會窮困；凡是一心追求擁有外在事功的人，最後通常會走不通。**這是由於一個人性情的偏差，沒有調理到中和，於是所作所為天理不應許。**這是要我們警戒情感欲望，要我們謹慎私欲物欲；要我們重視天性，而能看輕情欲。**

6. 明白這一層道理也就是明白生活生命的主軸，也就能警惕要求自己的行為態度，**這與《中庸》第一章「立定天命、調和性情」的宗旨是相同的。**

這樣的修身道理完全是拿「天性天道」作根本，拿「戒慎恐懼」為功用，拿「中和」為理想目標，拿「幫助天地定位，萬物長育」為成就。因此我們明白《中庸》所講述的道理很純粹，都是根本《易經》的教化而來，而進一步在人道上頭推演得更詳細。

所以小蓄卦的大象辭講「懿文德」，就是完善禮樂道德，能夠到達中和的意思。

對全民有幫助的是道德而不是財物，對生命有幫助的是貞厲的節操而不是物資的充裕。**小蓄卦重視「均富」的社會，**而不是貧富懸殊的獨自擁有；**小蓄卦重視知止定靜，**而不是一直前進出征。

7. 這無非是要我們**從物質轉向精神，由節制欲望而轉向禮教，由物化而昇華到道化。**於是每個人都能反身修養德性，都能完善道德人生，最終接得上【天澤履卦】的功用。

靠著物資富庶豐盛的成就，進一步推行禮樂道德教養的功能，這本來就是全人類最重大的事。也是中國幾千年來的道統文化，道脈傳承的精髓所在，自然不是輕易能更動的。不可以輕易高談富貴榮華，而不看重道德修養；更不可重視富國強兵，而忽略禮樂道德的教化。

《大學》最後講「以義為利」，道義才是全人類最大的利益。儒家聖

人拿**仁義**兩字來概括元亨利貞四種德性，讓全人類的人道能夠立定。
仁德包含天道的元亨，義德包含坤道的利貞，只有貞定清靜才能成就
利益。所以【小蓄卦與履卦】，尤其重視貞利的德性，貞正、守信、
清靜、無我，才能帶來整體的利益，於是有**泰卦**的成果。這是不能不
知道的道理。

10　天澤履卦

卦旨

1. 孔子說：履卦是文明的象徵，是教化的完成。〈繫辭傳〉說：「履卦是道德的基礎」。**履卦的宗旨就是天理的節度，履卦的文辭就是禮儀的實踐，履卦的思想就是表現禮義的精神，履卦的作用就是要安定全人類的生命。**所以履卦是倫理生命的秩序，也是天地人物最大的防衛力量。

   有天地然後有人類的出生，有眾多的人民然後有生活作息的形態，有生活作息然後有人倫的秩序，有倫理的秩序然後才有生命的完成，才有家庭的安定與國家的和諧。於是綱常教化的道德倫理行為看得見，萬物的變化長育、繁衍生息不停，文明的傳遞進化使大道更彰顯。**履卦有成就天地定位，長育萬物的功用。**

   所以履卦的定義就是人倫秩序的安定，生活生命的安詳，道德仁義的發揚，達到全人類共同的和平。

2. 履卦上卦的乾是代表國君，國君處在高位而君臨天下，有著剛健的德性來生成萬物，就好像天地是一切生化的主宰，是人物所共同崇敬仰賴的對象。下卦的兌卦講好話來歌頌上位的人，表現順從柔和，能夠與國君和諧相處，這就好像少女的承歡膝下，臉色很柔和，說話很柔順，能夠得到父母親的歡心。

   這樣的卦象就表示一切的生命都得到了長育，一切的教化都得到中和，能夠栽培的都得到培養，能夠相聚的都得到教養。不論是近處的遠方的，都得到平等的照顧；不論是老人小孩，都領受愛的和諧。這就是天性當中慈愛孝順的美德，也是天德當中仁慈大愛的布施。所以履卦在人道上面是父慈子孝，把這個精神寄託在禮教裡頭。

禮教的開始在孝順，根本在尊敬，實踐在祭祀，成就在教化，最後的目標在治國平天下。這都是履卦所包含的義理，也就是從修身齊家到達治國平天下，沒有不是靠履卦來推展。禮儀有三百三千這麼多，首先要從孝悌做起，這是回返根本、復返天性的道理。

3. 禮教最重視祭祀，禮敬天地鬼神、侍奉父母親，都是感恩報本的行為。履卦從小蓄卦變化而來，表示生命得到安養，生活能夠安定，行為能夠得到安處，教化長育能夠得到最好的時機，一切物資的長養都很豐足。這一切都是上天所賜予的恩典，哪裡能夠不報答？

禮教的可貴在往來。與天地神明往來，與人物萬物互相往來。禮敬神明的功德，是向天地祖先報告子孫的功業。在行禮如儀當中沒有差錯，在追溯人生的源頭，厚實生命的根本上面，能夠做到不羞辱父母。這一切就是履卦的實踐。

履卦有四層功用：第一、實踐大道。第二、成就德性。第三、建立教化。第四、清明政治。從內在生命來講，是愛敬親人；從外在行事來講，是仁民愛物。這一切都納入生命的禮教當中。這也就是《中庸》所說：「愛敬親人有親疏遠近，尊敬賢人有尊卑貴賤，就是禮教的根據。」

4. 履卦講的是禮節的教育，禮教可以補德教的不足，德教可以補道化的不足，目標是道化家國天下。

禮教內容有四要素：一、以真誠作根本。二、以敬畏作基礎。三、以仁愛作骨幹。四、以孝悌作先鋒。這樣的禮教才可以成就生命的教化與道德的政治。

禮教可以驗收六大成果：一、人人都在道德當中感化。二、人人都能行出自身的性命天道。三、人人都能夠安處在自己的本分角色地位上頭。四、人人生命可以保全而不會矛盾衝突割裂。五、全人類可以共同安處在天道的秩序當中。六、全天下能夠安和樂利生成長育。

這就是履卦所以是天下人共同遵循的大路，沒有一個人不去實行，不去實實在在圓滿它。

5. 有履卦的精神與節度，生命就可以安處而不會造下罪過錯。有禮節的尊卑貴賤，長幼有序，正名定分，人人都可以安身立命，做到守中抱一，那麼小蓄卦的生命在履卦當中可以得到完善的蓄養。因此聖人的

政治要達到禮敬上帝而抱一，聖人的教化要達到天性立定而守中，就可以在履卦當中完成。

履卦的宗旨與精神有四層面：一、下階層的人民百姓，性情調和而心悅誠服；上階層的領導人物德性光明，生命尊貴，言行足以讓人效法。二、上下之間的每一個人，生命都是內在中和，沒有偏激極端；外在的行事作為都是剛健中正，正能量充沛而自強不息。三、這樣的真理教育、生命教育，推行到全人類全天下，自然會一道同風，都能順從上帝的理則。四、這樣的道統文化可以流傳千百代，讓後人完全信服而實現。

禮教的功用太偉大了太圓滿了，學道的人怎麼可以不重視不遵循？

白 話 經 文

【象辭義理】

履：履虎尾，不咥人。亨。

履卦象辭說：踏在老虎的尾巴，而老虎不傷人。表示這個人能化掉老虎的野性，能化掉一切的怨仇；能包容原諒傷害過自己的人，能做到冤親平等。於是生命能通達自在。

又表示領導者能謙卑不壓迫人，能做到以貴下賤來順從人。展現道德生命最寬廣的氣度、雅量。

【解釋彖辭】

彖曰：履，柔履剛也。悅而應乎乾，是以履虎尾，不咥人。亨。剛中正，履帝位而不疚，光明也。

履卦解釋彖辭說：履卦是陰柔立足在陽剛的地位。懷著柔順喜悅的心來感應乾卦的剛健中正，而又不失去天命的本分，不失去倫理的秩序。所以踏在老虎的尾巴，而老虎不傷人。

領導者的生命亨通，正氣剛強，存心守中，態度公正，就能用天道天德天理來調和天地萬物。處在帝王的尊位而內心沒有愧疚，這是天性光明的聖人。能引領人民從兌卦的和平喜悅，回到乾卦剛健中正的本體，能打

造出光明的世界。

【大象辭義理】

象曰：上天下澤，履。君子以辨上下，定民志。

　　履卦大象辭說：天在上方，澤在下面，這是天理尊卑的秩序。三皇五帝時候，依循天尊地卑的道理，來推行禮樂的教化，君民上下的秩序很和諧，相親相愛。

　　人民的心神心志心氣，如老僧入定，定靜清靜寧靜，快樂自然的生活在天地當中。天地人共同創造出光明的世界。

【爻辭義理】

初九 素履，往無咎。

　　履卦初九爻說：君子立足在自性潔白的本位上面，行走人間，有禮教的忠信作根本，有禮儀的恭敬作節度，待人處事接物都能合同道德禮義，一生的行為光明圓滿。無論往哪個方向去，都沒有走不通的；無論做什麼，也都沒有過錯。

象曰：素履之往，獨行願也。

　　履卦初九爻小象辭說：君子懷抱忠誠信實、坦蕩光明的心，獨自行走在人間世途，對於人事物，不攀緣、不冒犯、不牴觸。常安處於自性天道上，天人合一而神氣相抱。

九二 履道坦坦，幽人貞吉。

　　履卦九二爻說：君子立身處世大中至正，語默動靜都是天理流行。行走人間，道德厚、正氣足、智慧明，一輩子含藏不露而幽靜貞正，隨所到處能帶來吉祥。

象曰：幽人貞吉，中不自亂也。

　　履卦九二爻小象辭說：自性圓明，定靜安慮，無愧無憂的君子，隨時默容默化默成，給人間帶來吉祥。有道君子，動省靜存而光明坦蕩，守中抱一而直養浩然。一心不亂，不會自亂而亂人。

六三 眇能視，跛能履。履虎尾，咥人，凶。武人為於大君。

履卦六三爻說：當禮教功用顯現，可以扶圓補缺，使弱視的人能看得見，跛腳的人能走路。如果不能用禮樂來治國，就會出現武將違抗天命，威迫國君，這一種篡位奪權的禍害，比老虎咬傷人還可怕！

象曰：眇能視，不足以有明也。跛能履，不足以與行也。咥人之凶，位不當也。武人為於大君，志剛也。

履卦六三爻小象辭說：違反禮教、違抗天命，就好像有眼睛卻看不清楚，有腳卻沒力量走路。處在下位的武人，傲慢、好強，妄想當國王，就像老虎咬人，造成國家的混亂。

九四 履虎尾。愬愬，終吉。

履卦九四爻說：踏在險地而沒有危險，處在衝突矛盾的人事情境當中，內心寬大安定泰然，守好天命本分，行事作為光明坦蕩，經歷過了履虎尾的凶險情況，最後的結果還是吉祥。因為時時自我省察而沒有愧疚、不安，內心至誠不二，常保剛健而永不止息的行事態度。

象曰：愬愬，終吉。志行也。

履卦九四爻小象辭說：處在九四爻的君子，天性光明的行走在大道上，戒慎恐懼的態度感動天人。立志要完成政治制度的建立，禮樂教化的推行，最後會創造大吉祥。

九五 夬履，貞厲。

履卦九五爻說：聖人治理世界，天下太平已經成就。聖人的存心態度在貞厲，能夠克制盛氣又能夠奮發有為，站在尊貴的高位能夠自處謙卑，能夠向下親和民眾。因此可以得到民心而保有國家，保有天祿天爵。

象曰：夬履，貞厲，位正當也。

履卦九五爻小象辭說：有天位有天德的聖人，能夠承擔自己的天命，用禮樂道德大化天下，到達至善的境界。聖人抱持貞正的存心、奮勵的態度，立穩在尊嚴的地位，展現大中至正的行為。

上九 視履，考祥。其旋，元吉。

履卦上九爻說：道與器的兩重世界，包含上達與下達兩條路，要看全人類踏在什麼上面。從物化到道化，必須經由禮教來實踐來完成。

象曰：元吉在上，大有慶也。

履卦上九爻小象辭說：上天把福祿遍灑人間，上帝與民同在，隨時護庇上下左右。大同世界臨現，普天同慶。

結語 禮樂大道是政教的最高指導原則，可以建設大同世界。

1. 宏教柳真人說：履卦奇特在乾卦能服從兌卦。表示尊貴的上位者能夠做到謙卑，用謙卑的態度來自我涵養。因為中國文明完全在禮樂的治理，用禮教來治理國家是從天子開始，君民百姓完全包納在規矩方圓當中，尊卑貴賤都要尊崇禮儀的法度，而愈是尊貴的人更是要保持謙卑的態度來領導屬下。

   更進一步來說，**履卦的精神是全人類立身處世的根本，以及政治的治世理民、教育安頓人心的基礎。**一部《禮經》完全從天澤履卦出來，這也就是中國古代聖人的禮樂文化，《易經》的教育講治國平天下的修養功夫，沒有不是從履卦開始。

   所以在講解履卦的時候，應該在人道與天道上面詳細推敲，縝密演繹，用來探求古聖先王建立六十四卦，又演述卦辭的深刻用心，並且還要講明《易經》教育包含政教最高明又最隱微的義理。

2. 孔子說：批評的人說禮教是一種專制的體制，因為禮教把尊卑貴賤的階級分別得很清楚。批評的人就從這裡來嘲笑古人，來訾謗聖人的教化，**這一種人不是愚昧就是狂妄。**因為不明白生命的本源，也不清楚天道的真理與秩序。

   這一種人只會在自我的欲望上面肆無忌憚，只會在對自己有利的事物上面自私自利，最後在私欲情欲權力欲的追求當中，因為貪心太過而殺死自己。這樣的人哪有什麼資格條件來議論《易經》的道理？

   《易經》所建立的制度與精神，正是為了挽救人類的障礙弊病，而保存人心的美善；正是為了去除人間的戰爭，而謀求和平。所以禮教的最高精神是要每個人自我節制，而不是去制伏別人；需要每個人站好崗位守好本分，而不是去責備人要求人。

   後代的人只知道樹立法令、講明刑罰，這樣的法治是拿制伏人、責備

人為宗旨。立法的人忘了自己應該先守法，又要先做到自我節制。這一種法家的教育，立法的人正好違背了《易經》教化的真理，不是聖人「制作禮樂、正名定分」的本意了。

3. **所以禮治可以帶來大同，而法治會帶來混亂。禮治是尊重人性，厚待生命；法治是壓抑人性，輕視生命。**

宗主孚佑帝君說：履卦講解很詳細，所發揮的時間也很長，這是聖人為了復興禮教，把人民從水深火熱當中救出來。從亂世要回到太平，做法一定要先安定民心，安定民心一定要先分別人的「名分」。

名講的是角色的扮演，**分**講的是責任的承擔，**禮教的核心精神就是正名定分**。這也就是履卦的根本宗旨，**也就是政治的最高指導原則**。不論古今中外，是沒有不同的。

我們只要觀察人類歷史的治亂興衰，就可以考察清楚「民心有沒有安定」是最大的關鍵因素。怎麼來安定民心？第一、靠政令來推動。第二、靠法律來整齊。**最根本還是在禮教。**

因為政令與法律只能安定外在的人事，只有禮教才能安定內心，所以**履卦最重視的是貞利，貞利才能合同中和**。這才是仁政王道的最大原則，也才是聖人大同世界的楷模。

4. **如果禮教不興盛，政令法律是起不了作用的。**雖然可以安定一時，但不能長久；雖然可以安定一方，但是不能廣遠。因為政令法律只能整齊枝末，而忘記了根本的人心性情，就是用盡了全人類的智慧勇氣，也不足以成就世界大同。

這不需拿以前的歷史作證明，只要看當代的事情，也就可以明白聖人的道理是永恆的真理。物質文明只會傷害禮教，可是當禮教成就國家安定、天下太平的時候，又哪裡會沒照顧到物質的豐盛？

只不過是主人與客人的地位不能顛倒，根本與枝末的作用也不能顛倒罷了。政令法律是客是枝末，**天理良心、道德仁義是主人是根本**，這一層道理我們要知道。**履卦與小蓄卦可以相反相成，兩卦合起來可以開出泰卦的時運**，這樣的效果哪裡是一般人所能了解？所以大同的世界要在《禮經》上面才看得到，經由禮教來完成大同，正是最快速的道路。

5. 履卦在先天的卦位，在六十四卦方圖圓圖的地位，都是以乾卦兌卦相接應，就好像謙卦是坤與艮相應。履卦本來就是乾卦與兌卦合成，由乾卦到兌卦是自然的變化運行；由兌卦到乾卦，這是回到源頭，回到原始點。

    現在履卦是兌卦在乾卦下方，六爻從初爻到上爻，這一種開始到終結的次序，正好是**返本還源**的義理，也就是回到原始點的道理。**講萬物經由禮教而回歸最初，人道經由禮教而回返天性，這就是禮教設立的由來，也就是克己復禮的仁德表現。**

    仁講的是就是人的存心，禮節講的就是腳所踏的地位。從德性來說叫作仁，從修行來說叫作**道**，從變化來說叫作**生命**，從政治來說叫作**太平**，道理都是一貫的。我們只要看履卦上九爻的爻辭，就可以明白這個意思了。

    因為人生有開始就有終結，如果不想隨著氣數變化而輪迴，就只有靠修行來回歸本位。人生從上達與下達兩條路就可以完全包含了，履卦所取用的已經包含上達下達兩層義理。

6. 生活與生命有一定的秩序，不能亂套；修道成道有一定的階梯，不能自以為是。能夠守中抱一來圓通來共成，一定會萬事齊備、萬緣來到。修道成就的就會回歸上天，就可以活出天長地久。如果是隨著生命氣數轉化變化的，會與個性、命運、環境結下種種因緣，形成不斷旋轉循環。

    能夠行善積德，隨時都有吉祥，能夠守護天性根本，這一點乾元自然常在。這是人道天道都可以圓滿的消息，這是有形象的形體與沒有形象的元神都可以同享歡樂的途徑。

    所以爻辭說：「視履考祥，其旋元吉」，這是在講生命的無窮無盡，天命也就無窮無盡。當天下的萬人萬物的命都回歸到履卦，都回到天理本位的時候，這樣的天下不是很大嗎？

地天泰卦

上六
六五
六四
九三
九二
初九

卦旨

1. 泰卦的卦象，上卦是坤卦，下卦是乾卦，地在天的上面才構成天地相交通，乾坤互相往來的現象。卦爻是三個陰爻三個陽爻，上與下互相平衡，內與外互相輔助，升與降互相調和，剛與柔互相圓成。**陽剛的力量能用出柔和，柔和的力量能行出陽剛正氣，這就是大道的法則。**

陽剛力量的屬性是向上升發，卻反而從最卑下開始；陰柔力量的屬性，是向下降落，卻反而在最上層發動。這表示根本源頭永不枯竭，能夠順應天地萬物，也能夠適合一年四季。

所以在一年的當中，春天夏天的時候，天道的能量往下運行，地道的能量往上竄升，**天地的能量相互交通，萬物生成變化於是成就。這就是泰卦的第一種顯像。**

氣數的生成變化既然很繁多，大道的光明就更顯著，萬物的成長發育就更多了。**大道的功用愈廣大，天地的氣候更和諧，人民的生活就更安康和樂。這是泰卦的第二種顯像。**

2. 泰卦是安康和諧發育的時候，是平安美好祥和寧靜的日子。從「世運」來說，是太平盛世；從「一年」來說，是大有豐盛的年度；從「人民」來說，是長治久安的社會；從「國家」來說，是禮樂美好物質豐盛的國度。

這是上古堯舜的大同世界。就好像春天的太陽，像溫暖的和風，像平整的大地，像清澈的河水，天地萬物很悠然的生活在一起，很自由平等的成就一個和諧世界。

人與人之間也是和平快樂而相親相愛，彼此沒有猜忌，人間社會很安定，很穩定妥當，上下之間沒有侵犯壓迫，沒有鬥爭毀滅，這表示大

道已經成就。每個人的德行已經光明，天地之間一片安康寧靜。

乾坤陰陽的能量，充沛的運行，沒有任何物命不受到周全的照顧，哪有什麼事不圓滿？所以叫做泰。這是泰卦的第三種顯象。

3. 泰卦功用的成就，完全是根據乾卦的作用。乾坤合起來成為泰卦的亨利。**泰講通達天下，無處不泰、無物不泰。**在道來說是大道，在德來說是暢通，具有普世的功用價值，能夠包納一切而創造出大利益，所以**《周易》的上經以泰卦的格局最為盛大，比下經的既濟卦還要來的大氣。**

因為泰卦的正氣很平和，氣數很坦蕩，道的力量很完全而德行的力量很廣博。後天萬物的生成變化到泰卦已經完備了，乾坤的大用到泰卦已經圓滿了。

因此泰卦可以繼承履卦，**履卦是天下最大的定力，是萬物最平安的處所，天下萬物既平安又定靜，就是泰卦的泰然了。**所以有履卦在前面，然後才能泰和，萬物都安泰以後，也就是履道成就了，這時履的作用才能長久。

4. 泰卦為什麼是泰卦？第一、以仁慈大愛為目標。第二、以圓通智慧為本分。第三、以忠恕的態度面對天下。第四、以禮義廉恥作為教育的方針。

泰卦講的是政令的公平公正。仁政王道三種氣象：

一、當君子在位的時候，不會結成黨派謀求個人的私利，而是追求天下人共同的利益，這樣的仁政王道很公平很正直很博愛。

二、君子在政策的設定上面，不會偏離道德仁義，在利益的創造上面不會結黨自私，這樣的仁政王道很開明很廣厚很有正能量。

三、君子在位的時候，世道人心沒有反叛的，沒有受壓迫不安的，沒有委屈受傷害的，這樣的仁政王道很正大很正直很光明。這一些都是泰卦道德正能量的大用。

如果禮樂教化一天不推行，聖人的大道一時不接續，家庭國家就危險了，人民與萬物都會掉入煩惱憂愁，哪能期待泰卦的盛大繁榮？

5. **泰卦三要素：**一、以天道為基礎，以人道為成就。二、靠氣數來發動，從人事上來驗收。三、靠正能量來運轉，而感應在萬物。所以泰然的

世界不是容易能成就的。

聖人不自私，給天下帶來亨通，給萬物帶來利益，這正是天下最公正公平的道。就好像乾坤合同就成為泰，這不是自身的力量，而是天時氣運到了自然就合同，大道圓滿了自然就成就，所以**繼承履卦的一定是泰卦**。

卦名不用太而用泰，是因為**泰字有三層義理**：第一、很寬闊平和。第二、能夠通達無阻礙。第三、很公平而沒有界限。

泰卦是乾坤兩卦合起來，可見取象很廣大，包含的層面更寬廣。泰卦上有天字下有水字，上是天一、下是水，乾坤天地相生相成，於是可以成就萬物。泰字的上半部，是春字的上半部，春字也就是天大的意思，都是在講**上天所生成的萬物**，能夠成就上天高明博厚廣大的德行。

白 話 經 文

【彖辭義理】

泰：小往大來，吉亨。

泰卦的彖辭說：聖王治理的大同世界，過往的不善，逐漸消滅；迎來美善，愈來愈增長。陰陽能量和諧，物資豐盛美好，禮樂教化推展，政治太平安康。天地間全面吉祥亨通。

【解釋彖辭】

彖曰：泰，小往大來，吉亨。則是天地交，而萬物通也；上下交，
　　　而其志同也。內陽而外陰，內健而外順，內君子而外小人。
　　　君子道長，小人道消也。

泰卦解釋彖辭說：聖人治理的天下，小人去而君子來，人間世界吉祥亨通。這個時候，天地的能量合同，陰陽和諧交通，養育萬物而神明的功用無窮。君民上下互相接納，全民的心志理想相同，道德與事業相輔成功。

這時的天地正能量充沛，百業交通協和，乾陽健動的正氣含藏在心裡，坤陰柔順的能量表現在態度，每個人外在的道德行為與內在的中和精神一致。國家太平，從中央到地方所用的都是君子，小人不當道、不在位。

全天下都止定在安泰祥和，世道人心沒有奸貪邪惡、沒有心術不正、沒有顛倒黑白、沒有投機取巧的小人。君子的道德仁義增長，小人的現實功利權勢欲望解消，天道的公平普現人間，天下真正太和大同了

【大象辭義理】

象曰：天地交泰。后以財（裁）成天地之道，輔相天地之宜，以左右民。

泰卦大象辭說：當天地的氣數時運和諧交泰，聖明的國君可以藉著天地的太和正氣來剪裁、製作完成天地的大道，更可以順著天時的因緣，順著大地的利益，用來輔助天地生養萬物，並用這些富厚的條件來教育萬民。於是人民與萬物都活得安樂健康，天下也就太平和樂了。

【爻辭義理】

初九 拔茅茹，以其彙。征吉。

泰卦初九爻說：大道包納一切，天地的太和生機能量，覆蓋一切、成就整體。就像拔一棵茅草，其他的一大片也會連著拔起來一樣。

當天時氣運成熟，全天下的君子志向理想相同，同聲連氣出征，可以用出道德生命，完成道德事功，為天下帶來吉祥大同。

象曰：拔茅征吉，志在外也。

泰卦初九爻小象辭說：所有的生命像茅草一樣，整體連結。聖人用出天地整體的力量，拔高生命的茅草，率領整體出征，共同打造大吉祥。大道所到的地方，一切人事物都同時成就，道德生命與道德事功看得見。

九二 包荒。用馮河，不遐遺，朋亡。得尚於中行。

泰卦九二爻說：涵養天道天德的君子，生命心量廣大，能夠包含覆蓋一切。人生路上，抱持堅定意志，冒險犯難，跋山涉水。雖然處境艱難困阻，也不會氣餒；志向篤定，要交通遠方的善因緣。

雖然是孤獨前行，沒有友伴；還是堅守本分，篤行在中道上頭。於是可以達到目標，可以成就道德，可以完成高明又永不止息的事業，最終可以到達泰卦的大格局。

象曰：包荒。得尚於中行，以光大也。

泰卦九二爻小象辭說：涵養天道天德的君子，生命心量廣大，能夠包容一切，又能夠堅守中道。剛健的德性能用出坤元的柔順和諧，天地交泰，因此可以大利天下，可以生成萬物，可以創造光明正大的道德事業。

九三 無平不陂，無往不復。艱貞，無咎。勿恤，其孚。於食有福。

泰卦九三爻說：大地沒有永遠平坦，一定會有陡坡；人生不是一直往前，一定有停止、回頭的時候。泰卦九三爻，亨通到達極點了，一定要反求內德的中正、誠信，只有貞正的內德，善於彌補過錯，才能夠無憂於艱難險阻的過程，而上下能夠和諧，內外能夠感通。永遠保持大道的亨通，於是能享受大福祿。

象曰：無往不復，天地際也。

泰卦九三爻小象辭說：大地有平坦有陡坡，人生有往前有回頭。九三爻處在天地交接的地位，道德生命能通達物我，能作為天人的橋樑，能統整上下的分際，造成真誠和諧的感通。成就天地人的太和氣象，於是得到上天賞賜的福報。

六四 翩翩，不富，以其鄰。不戒以孚。

泰卦六四爻說：當天地交泰展現太和，就沒有窮國窮人了。國際間都看重道義而看輕財物，每個國家都表現禮樂道德豐足的翩翩風采，沒有一個國家會獨自享受物資的富有。

彼此間沒有爭雄稱霸的顧忌，不會互相猜忌懷疑。全天下誠信交通，合同大道，共同成就道德事業。

象曰：翩翩不富，皆失實也。不戒以孚，中心愿也。

泰卦六四爻小象辭說：禮樂道德仁義的美好世界，每個人都無私無我，都是為整體，不是為自己打算，沒有人會獨自享受物資與財富。

彼此間不需要互相防備，可以誠信交往。天人交泰而天地交泰，同心共渡難關，協力打造沒有貧窮的太和世界。讓天地光明永遠凝聚，這是人人自性的本心本願。

六五 帝乙歸妹，以祉元吉。

泰卦六五爻說：當天人合一、天地交泰的時候，全國的福祿就像皇帝

嫁妹妹一樣。不必祈求就可以獲得上方的布施，人民百姓共同享受大吉祥。

象曰：以祉元吉，中以行願也。

泰卦六五爻小象辭說：天道地道的陰陽二氣交通和合，人道上每個人立穩自己的地位與本分，天地人和諧，上天的天祿不求自得。人人立足在自性中道也能夠行出中道，本心與天道感通，造成天人交泰，天下大同的大吉祥。

上六 城復於隍。勿用師。自邑告命，貞吝。

泰卦上六爻說：當泰卦的氣數走到盡頭，變化發生，高牆變矮牆，君王要屈就於屬下，朝廷的政令綱紀傾倒衰竭了，軍隊的防衛力量沒有用了。這時小人進入朝廷，亂施號令而天下混亂，雖然還想堅貞的守護，已經做不到了。

象曰：城復於隍，其命亂也。

泰卦上六爻小象辭說：當太平的氣數盡了，天命混亂，政令綱紀敗壞，君王要聽命於屬下。國事想要不敗壞，可能嗎？

結語 宗主孚佑帝君論：天下太平的條件，在天地人合同，禮樂
道德仁義推行。

1. 宗主孚佑帝君說：《易經》六十四卦，從乾坤到泰卦否卦是一個大環節。是天地的氣數交互運行，成就一個大循環；乾坤的道理，在分化聚合當中，完成了一定的秩序。這就是履卦的禮樂推行，君民上下和諧，人民心志大定的快樂生活。這就是小蓄卦的生成養育，蓄積保全的功用完備了。

萬物都得到生養，各自安定在自己所住的地方。表示天地生成萬物的功德已經完備了，乾坤尊卑的名分已經清明而天下太平，人物都亨通吉祥，因此出現泰卦的現象。表示《易經》的卦序已經完成一個大循環，人間世界的治亂興衰也到達一個大階段，這就是一個世紀的樞紐轉軸。

所以乾卦坤卦到泰卦，是一個大交接大合同，到達否卦就分離了。就

像大門的一次關閉一次的開啟，在開合之間我們看見大門的功用；就在氣數的一次聚合一次分散當中，事物愈來愈繁多。這就是天道從無為自然變化的時機，漸漸進入人道有條有理的運作。

2. **聖人明白天地的氣數，因此能夠合同天理來治理好世界，讓人民過安定的生活；狂妄的人違背天理，而擾亂國家，給人民帶來災禍。**這一切都是從人間世界治亂興衰的不同，來看出泰卦與否卦的交互成就。

所以說天下安定，是人來治理它；天下混亂，是人來擾亂它。泰卦的和平是人類共同努力造成的，否卦的混亂也是全人類共同促成的。**天道恆常是無心自然的循環，就看人事集體意識怎麼投射，怎麼與天理合同。**

所以做到履卦就有泰卦，如果忘記履卦就會有否卦。乾坤交合的氣運，到泰卦而大放光明；天地生成萬物的功德，到泰卦而大顯圓滿。泰卦是天時道運當機的顯化，是上古禮運大同的世界，是天道元亨的成果，也是人道利貞的圓滿。乾坤元亨利貞的四種德行都表現在泰卦，這表示天下有道、人身有道，每個人對內都能守中抱一，對外都能實踐出道德仁義。

3. 所以講泰然就是亨通利益的意思，彖辭叫做吉祥亨通，指的就是外王的事功，已經包含履卦的元貞在裡頭。吉祥就是最大的利益，陰的能量柔順，陽的能量剛正，在天地生成以前就存在，所以天地也會順從大道的準則。

大道的運行力量有開始有結果，有創生有成就，於是道行天下無所不亨通，而萬物共同享用大同的利益，這就是泰卦的格局與規模。泰也就是大的意思，古時候，泰與大是通用的。

進一步再說，泰卦是正月的卦，也就是一年的第一個月，是三個陽爻三個陰爻平分的數目。從一陽的地雷復卦，進到二陽的地澤臨卦，到達三陽的地天泰卦，都是陰中生陽，陰的能量一天一天消退，陽的能量一天一天的增長。就像冬天去了春天來到，於是天地溫暖了，萬物生成長育了。

4. **春天的時令表現在泰卦，政治與教育成就在泰卦，所以泰卦是一年四季的春天。**春這個字與泰這個字頭部相同，下半部一個是日一個是水，

這正是**後天坎卦離卦代替先天乾卦坤卦**的作用,主持生成化育的源頭。因為水與日是一切生成造化的根本,缺少一個就沒辦法生成、沒辦法變化成就,沒有水就乾枯,沒有日就寒凍。冬天嚴寒萬物凋謝枯萎,就是水與日不足的因緣。能量不足是因為天地的氣不相交,陰陽的能量隔絕不通,日不能暖照,萬物就冷寒而生氣少;水不能潤澤,萬物就乾燥而生意消失。

一定要等到春天,天地的正能量又開始交合而陰陽和諧;水溫暖而能潤澤,太陽發熱而能蒸發,萬物開始抽芽,氣候很溫和。這就是泰卦小小的一種顯像。

5. 天地這麼廣大,生成化育的能量這麼博厚,尚且必須等待泰卦的到來,然後才看得見功效;必須等待春天的來到,然後才成就功用。實在是因為陰陽二氣的調和很不容易,必須要剛柔互相成就,必須要升降互相調和,**必須要最高的一元能夠隨機變化**,陰陽二氣與金木水火土五行能夠循環流通。然後才能孕育無窮無盡的生物,讓一切的創生與成就永不止息。

可見泰卦的時運,是有一定時期的。一年只有一次的春風,百代(三千年)才能遇到一次的泰運。**三陽開泰四條件:**第一、一定要天道和人事相合同。第二、禮樂教育很興盛。第三、聖人在朝廷領導。第四、用道德仁義推行政治。

這樣才能期望太平盛世的到來,成就泰卦的境界現前,合同乾卦坤卦元亨的德行,看得見陰陽造化的神奇。所以說泰卦的時運是很難期待的,而否卦混亂的時運是很容易來到的。不只是天道的氣數難調和,人事的和不和諧也有責任。

6. **當人間世界沒有堯舜領導的時候,誰來成就無為大同的時代?**所以《易經》告訴我們,泰卦與否卦的時運是相接續的,世間的人民終究是苦多樂少,而且多災多難啊!這是對有志修行的人或是志在立身行道的人,最好的一種指引。**要逆行回返根本很不容易,要順行隨波逐流太容易了!**

宗主孚佑帝君說:泰卦與否卦講的都是政治,與既濟卦、未既卦不同。所以**泰卦上六的命令講的是政令。**爻辭中講到帝王、講到皇后,明白

的指出**天下太平的條件有四個**：第一、要有賢君。第二、君王與臣民百姓能夠誠信感通。第三、君王的地位雖然尊貴，但用心要謙和、自處卑下。第四、人民的地位雖然卑下，可是民意民情能夠上達。

於是上下能夠交通，君王與臣民能夠和諧快樂。就好像男女的婚姻帶來兩個家族的和樂，人人都可以相親相愛。

這就是泰卦所要展現的天人交泰。可是國家太平到達極點，就會爭戰混亂；親人再怎麼親密，一樣會有疏離。為什麼？因為尊卑身分的不同，容易有隔閡、衝突；因為地位高下懸隔，很難公平、公正。所以**泰卦的可貴在於公平公正**。上六爻的爭戰混亂，表示已經失去公正公平了。

天地否卦

上九
九五
九四
六三
六二
初六

卦旨

1. 宗主孚佑帝君說：「泰卦否卦都是為政治講話。」君子善於用泰的時機，小人善於利用否卦的時勢；君子的存心取向是順是正，小人是貪圖在逆反中得到好處。**處在否卦的時勢能夠吉祥，是因為君子抱守貞德；處在否卦能夠一帆風順，是因為小人違背天理，貪得一切的利益。**這裡有時機因緣的不同，也有君子與小人的不同。否卦是天地不通，陰陽二氣阻塞，**是人道最危險的時候**；人道既然危險，人生就活得很痛苦，於是不合人道的小人就出現了。

   否卦的文辭義理也有很深的意思。否卦的上半是不字，下半是口字。「不」有幾層意思：不正、不然、不要、不做、不願，都表示不可以做，不應該做，不能做的意思。人的口喜歡興風作浪，惹事生非；話從嘴巴出來，**看言談就知道一個人的修養。**「不可為」這三個字不只是說話而已，包含了一切的行事作為；而否卦不離口，表示要看重「謹慎言語」。

2. **否卦把「慎言」擺在最前面**，就可以看見君子最重視「言語」這件事情。國家有道，高明中正的言論足以推動世道人心；國家政治混亂，謙卑小心說話，足以保護自己的身家。**否卦是危險的時代**，只有謹慎言語、善自隱藏，才能自保自救。

   看聖人設卦用辭，一個字就可以知道時代是安定還是危險，國家是太平還是混亂，不只是自己要懂守貞的修養而已，同時還要用來警戒其他的君子，讓大家明白在亂世怎麼做人。所以看到文辭就明白聖人意思，古時候的聖人為卦象命名，選擇要用什麼樣的字，不是隨興隨意的。讀《易經》的人在這裡要用心探討。

否卦有四層義理：一是不相交。二是隔絕。三是不通。四是窮途末路。這些現象都與泰卦截然不同，不只是一卦一爻的差異而已。

3. 宗主說：否卦講的是天時氣運的阻塞不通，包含一切的現象。這是因為天地不相交通，而陰陽二氣背道而馳。如果占卜得到否卦，君子一定會後退，小人一定會前進。為什麼？就好像月黑風高的晚上，是強盜小偷最有利的時機。對應在人事來說，**否卦的時運最適合陰謀詭詐的手段**，最忌諱光明正直坦蕩的行為；**最適合陰險謀略**，最忌諱坦白正直。這是客觀的時機情勢造成的。

否卦的結果必然是大亂，必然是天地人物不能相通，世界必然不能大同。這時候每個人都自私自利，每個黨派也都只是發展自己的利益。互相之間靠利益相結合，也在利益當中互相欺騙，這樣的情勢不可能長久。**在利益當中的團隊，久一點一定會起內鬨內鬥，進而撕裂整個團隊。**

4. **小人當國的時候，天災人禍一起來**，這是人事所感應的，天理氣數也就這麼回應。所以當否卦的時代，大道隱沒了，道德消滅了，仁義不通了。在社會人心的檯面上，最當今的最得時的是什麼？就是悲慘惡毒淫邪的行為，這也是陰氣濁氣、暴戾殺氣聚集的結果。所以象辭講「天下無邦」，這個邦也可以理解為幫助的幫，自私自利的行為是不會互相幫助的。

無邦也就是國家不像國家，人民不會愛護長官，共同把國家給遺棄了。哪裡是真的沒有國家？是有國家與沒有國家一樣。所以「否之匪人」這一句話，正是講明否卦對個人國家的最大傷害，只是對小人有短時間的大利益。

君子要怎麼做？暫時隱遁來保存天道，結交志同道合的朋友來蓄養天德正氣，等待時運到了，可以隨時振興仁義、啟動道德，來挽救世道人心。這就是象辭的宗旨。

白話經文

【象辭義理】

否：否之匪人。不利君子貞，大往小來。

否卦象辭說：在否卦的時運，上天給小人最好的機會。小人能自由揮灑黑暗的能量，肆無忌憚做盡傷天害理的事情，充分滿足自己的想法欲望。這時局，對君子不利，君子要抱守貞德，保全天性的光明。在否卦的社會，君子退場而小人進場。

【解釋彖辭】

彖曰：否之匪人，不利君子貞，大往小來。則是天地不交，而萬物不通也；上下不交，而天下無邦也。內陰而外陽，內柔而外剛，內小人而外君子。小人道長，君子道消也。

否卦解釋彖辭說：在小人得勢的天時氣運裡，道德仁義阻塞不通，君子不能有任何作為，只能默默固守貞德正道。於是君子隱退而小人進場。這時天地陰陽二氣背道而馳，萬物生育養育的能量斷絕。君臣上下不能互相和諧配合，人民不能互相信賴幫助，天下就會像一盤散沙，國家不成為國家。

天地接納陰氣陰濁陰謀，陽剛正氣正義被摒除在外；社會接納自私自利的小人，趕出道德仁義的君子。在否卦的時局，小人獲得天時大利，能安處在高位；君子反而逃亡在外頭，不被重用。

【大象辭義理】

象曰：天地不交，否。君子以儉德避難，不可榮以祿。

否卦大象辭說：面臨天時氣運阻塞不通的否卦時節，君子處世的態度是明哲保身，隱遁在鄉野而默化一方，在勤儉樸素、勤勞刻苦當中，過清靜淡泊的日子，就可以遠離一切的災難。縱然是身處貧賤也不能推辭，而妄想攀緣富貴。

【爻辭義理】

初六 拔茅茹，以其彙。貞吉，亨。

否卦初六爻說：天地的氣運能量，覆蓋一切。萬物是一個大整體，所以拔一棵茅草，其他的一大片也會連著拔起來。

當否卦的天時氣運成熟，小人得勢的時節，君子能夠守住貞正廉潔，

就不會遭受否卦天時人事的傷害，反過來還可以創造吉祥亨通。

象曰：拔茅貞吉，志在君也。

否卦初六爻小象辭說：在否卦的氣運初期，君子有君子的團隊，小人有小人的團隊，沒有互相混同干擾，各自謀求各的吉祥亨通。君子警覺到官場不是久留的地方，決定要貞正自守，謙退隱居，拿自身的光明貞正默默來勸諫國君。

君子整體退出政壇，把道德正義力量轉移到民間，保全挽救世道人心的團隊能量，等待天時的轉移。

六二　包承。小人吉，大人否。亨。

否卦六二爻說：小人包圍在國君身邊，能夠順承國君的意思得到國君的寵愛信任，而且宮廷內外的小人連成一氣，為所欲為，沒有任何顧忌。小人黑暗的力量包圍又逼迫在位的大人，這時節小人吉祥，而大人則阻塞不通！

在小人得勢的黑暗時節，君子為什麼還能保持大道的亨通？因為君子知機順勢隱退，抱持貞正潔白的操守，同心護持道德仁義。所以世道人心還是保持亨通。

象曰：大人否，亨。不亂群也。

否卦六二爻小象辭說：大人處身政治黑暗的狂飆逆流當中，不做無謂的衝突抗爭而犧牲耗損，能夠保持大道的亨通。因為能做到兩件事：第一、知機而果斷後退。第二、堅守自性中道的本位，守護團隊的力量。

六三　包羞。

否卦六三爻說：一個國家的政治面是正義退位而邪惡掛帥，社會面是看重利害而不看重道義，人心會失去廉恥而小人欲望抬頭。造成大道失落而政教滅亡，綱常倫理傾倒，禮樂法度敗壞。

於是人不像人，家不像家，國不像國。這是人間世界最可羞恥的事情，也是全人類的大不幸。天地間包納含藏的大多是羞辱汙染的事。

象曰：包羞，位不當也。

否卦六三爻小象辭說：小人當國，占據高位，地位不正當就會名分不

中正，說話不順天理，事情就不能成就。只會給全國全民帶來羞辱。而德性配不上地位所招來的災殃，哪裡只是羞愧而已？

九四 有命，無咎。疇離祉。

否卦九四爻說：大臣承接國君的命令，宣達朝廷的政令。君命是正命還是亂命，決定是過錯還是福報。如果君臣秉承上天的正命來端正眾人，雖然在黑暗混亂的時代，還是能免除過錯。

如果君臣能中正天性，立定天命，行出陽剛健動的德性，就不只是免除咎錯而已，還會獲得更大的福報。

象曰：有命，無咎。志行也。

否卦九四爻小象辭說：君道用天命來運轉政令，可以把過錯凶禍轉成吉祥。全心全力行出天命，天命所到的地方就是福報所到的地方。哪裡還需要擔心否卦的黑暗氣數？

九五 休否，大人吉。其亡其亡，繫於苞桑。

否卦九五爻說：處在九五爻中正的地位，有君臨天下氣象的大人，不會被小人的黑暗力量傷害，而且能讓混亂黑暗的傷害力量停止，給國家帶來吉祥。

大人有憂患意識，對於危險的局勢與毀滅性的災禍，存著戰兢戒懼的心，早晚都不敢鬆懈。用得出智仁勇來鞏固國家大樹的根本，能夠維繫新芽的成長。能打造出亂世的安定，並且帶來整體的吉祥。

象曰：大人之吉，位正當也。

否卦九五爻小象辭說：大人能終止否卦的黑暗，又能在黑暗與混亂當中創造美好與吉祥。有三個條件：第一、立穩中正的地位。第二、能夠做到朝乾夕惕、健動不止息。第三、能行出仁政王道。

上九 傾否。先否後喜。

否卦上九爻說：否卦的氣數到了盡頭，小人惡貫滿盈，被上天收回；小人全部退場，君子團隊入場。斷絕阻塞、恐懼傷害的混亂黑暗，一掃而光，社會國家的安定祥和恢復了。昨天的否卦今天轉為泰卦，絕地又能通天了，這是世道人心最歡喜高興的事。

象曰：否終則傾，何可長也。

　　否卦上九爻小象辭說：否卦的時運到了盡頭，小人的福報地位不會長久，小人必定會自我毀滅。但是要挽化世道人心，一定要靠人的道德力量才能挽回，喜慶不會從天上掉下來。這是君子的責任。

結語 宗主孚佑帝君論：同人的協力同心，可以挽救否卦黑暗傷
害毀滅的天地氣數。

1. 宗主孚佑帝君說：《易經》的卦象，**泰卦與否卦相反，但不是在講氣數的吉凶，而是要從人心的正邪來分辨**。君子帶來道德禮樂的吉祥，就是小人富貴榮華的凶禍；小人權勢利益的亨通，就是君子四維八德的阻塞。這裡講的是天時氣數。就好像夏天應該穿薄的衣服，冬天應該穿厚的衣服，不能配合時令就會生病；過錯不在衣服的厚薄，而在人能不能適應天時。
   當泰卦的時代，君子的禮樂大道成長，並不是君子的刻意經營，可是世道人心都用得上，這是天時利人和恰好。**當否卦的時代，小人的現實功利當道**，這不是小人的幸運，只是天時的氣運走到這個地步。
   所以《易經》的象辭拿「大小往來」這四個字來論斷，讓我們明白這是「天時氣數」的原因。在人事上面，人一定要配合天時氣數的挑戰而做出適當的回應，應該「振興鼓暢」也必須要看準天時，應該「含藏停止」也必須要明白天時。
   氣數吉凶的決定要從人的「存心態度」來看，而不是從《易經》卦爻的文辭來判斷。君子在任何時機因緣當中，都能夠保持貞德正義，都能夠亨通人道與天道。小人在任何時機因緣當中，都想要追求亨通享受，就會忘記貞德與正義。

2. **君子反求自性中道，在待人處事應對進退當中能夠寬厚有餘地**。小人追求外在的富貴榮華，擁有再多，本心本性還是匱乏不足，因為小人不以為本心本性是具足的。這就是君子與小人的不同，也就是泰卦與否卦類別的不同。一定要從「人心的正邪」來分判，與「氣數的吉凶」是不相干的。

宗主孚佑帝君說：《周易》是完成於周文王的手，正是他被商紂王囚禁的時候。各種譭謗積壓在身上，一有說話動作就是過錯，就會給自己帶來不可預測的災禍。所以周文王作《易經》時候的文辭很婉轉不能直接明說，文意有諷刺有勸諫，有彎曲有隱微，不敢直接斥責小人的過錯，也不想直接把一切的過錯加在君王的身上。

我們看初六爻的貞吉，君子的心志還是擺在國君身上；我們看九五爻的休否，是大人所帶來的吉祥。從這裡就可以看出對朝廷、對君王，忠誠不二的真心，可以看出微言大義，隱微勸諫的忠順天心，像太陽般的光明朗照而沒有遺漏。

3. 周文王一方面痛恨小人成群，耽誤國家大事，內心還是希望紂王最終能夠悔悟；一方面知道天時因緣進入黑暗的時刻，內心還是期望君王能夠改變心意奮發圖強。這就是忠臣不批判國君的過錯，烈士永遠不會背叛主人。縱然自己遭遇危險災禍，也不會埋怨仇恨領導的人；雖然遭遇艱難危險困阻，總是期望可以一步一步挽救。

   《易經》到否卦，是天道已經窮盡的時候，這不是未濟卦，講的是後天的人事。可是天道窮盡，人事的力量還是可以挽回，否卦的氣運雖然關閉阻塞，這是天地的氣不相交，陰陽的氣不和諧。

   人處在天地的中間，如果能發揮大道的力量來輔助，那麼否的阻塞可以回復暢通，窮盡的氣數可以再延續。所以《周易》六十四卦的卦序**在否卦以後接著是同人卦，就是講人的力量足以挽回天地的氣數**，不像未濟卦，是全部《易經》的結束。

4. **未濟有兩層意思：一是天地的氣數窮盡了。二是人事的能量也滅絕了。**氣數能量再也沒有任何庫存，天人的運數也到了結束的時候，這是後天的現象，表示人道完全失去主宰，全世界要進入混沌了。**《易經》的上經所講的都是天道，可是《周易》都是後天的卦，聖人所重視的還是人事。**

   時代雖然是否卦到了極點，君子並沒有消失，人道還是存有正能量。所以否卦的黑暗阻塞只不過是一段時間，當人道的正能量又振興開張的時候，天道就跟著運轉開來，所以同人接續否卦，進一步還可以開展大有卦。

可是人道不是一個人所能主持，世界的運勢也不是一個人所能挽救。在上位的人既然失去了政治的光明力量，那麼當家當國當道的人已經不是上天的委託人，這時天道所委託的一定把責任使命交給在鄉野的君子。

君子既然是在鄉野不是在朝廷，就沒有發布命令施行政事的權柄，所說的話很難推動群眾，發出來的力量也很難使喚群眾。想要挽化世道人心，一定要聯合志同道合的人，要結交積德行善的人，靠著多方力量的幫助，來成就推廣禮樂道德的願力。所以關鍵在有合同眾人的向心力。

5. **同人是什麼意思？善與人同，與眾人共同做善事。**這樣的同人團隊可以挽救天時，天時就可以免於黑暗混亂；同人團隊可以挽救國家，國家就可以免於滅亡。這是因為道德能夠救濟眾人，陽氣正能量能夠降服陰氣小人。所以天火同人卦恰好是否卦的接續，**「人定勝天」這句話就在同人卦的時候看得見。**

所以**泰卦否卦的責任是在執政者，而同人卦的責任是在大家，在老百姓的身上。**泰卦否卦的功勞與罪過要由朝廷的君王與文武官僚來負責，而同人卦的功勳與美名是由在朝野的君子所獲得。**泰否與同人講上下互相幫助，君民相互和諧，就可以避開天時的窮困，而保全人類的道德事業。這實在是《周易》卦序最隱微的義理。**

所以否卦並不是天時與人事的終結，如果人事的團結力道不足，向下滑落，就會轉變成未濟卦，天地的氣數與人事的福祿都會同歸於盡。哪裡只是否卦一時的黑暗混亂？

上九
九五
九四
九三
六二
初九

13 天火同人卦

卦旨

1. **同人卦有六層義理：**第一、從卦爻來說五個陽爻一個陰爻，陰爻是在第二爻，處在內卦的中位，這是得到正位，是全卦的主爻。跟從主爻，不會失去中正的理，**這就表示能夠拿中正的道來引領天下的現象。**第二、陰陽相合，共同歸返正道，**這是撥亂反正的現象。**第三、上卦是乾卦的陽剛，剛健運行不止息；下卦是離卦的光明亮麗，亮麗光明用來守護本心，於是內光明而外陽剛；既不會迷惑，也不受羞辱。**這是得道多助的義理。**

   第四、上卦有九五爻，這是成就外王事功的中正地位，與下卦的六二相呼應又相輔成，內外同心又上下一德。**這是團隊合群，共同度過難關的義理。**第五、同人卦是像一家人的親情，彼此互相親近親愛又能親厚，就不會被外物離間疏遠。彼此互相親愛，又能相信相得，就不會被他力所侵奪。這也就是《中庸》所說的「**親愛親人又能尊敬聖賢**」的義理。

   第六、同人是靠道義相結合，不會苟且隨順時勢潮流。同人是以道情相處，沒有人會背離自己的本分本位，二六時中，都能發揮正常功用。人人居處正位而能安定團隊，人人守本真心，早晚都能守著乾卦的精進不止息，不會違背剛健的道理，整個團隊就在光明當中合同。**這是善與人同的義理。**

2. 所以用同人卦來比擬君子，比喻正直光明，立定人道而能獲得人心，以同心同德為前導，最後能達到大同。**這就是古來聖人用人道來治理天下的開始。**

   當開天闢地，鴻蒙剛剛開啟，從未開化的原始狀態要進入人文化成。

這時人事的典章制度還沒建立，萬有都在「天道的自然無為」當中，所有人都是無為，所有事都是自然，不用等待人道的教化，而一切的生成造化很從容、無為、自然、淳樸，一直到達後世。這一段時期叫作「道生道化道成」，而不是教化、制度與人文。

等到人類愈來愈多，各種事業豐盛繁榮，天時氣數變化，土地的利用也很發達。為了追逐利益，開始有了爭訟，奸貪詭詐的事情也開始興起，草昧的時代變成文明的時代。

道德倫理開始要與權利欲望對話。於是時代有安定與危險的交替，人事有顯榮與困頓的摻雜，國運有治平與混亂的循環，氣數有天災與人禍的顯現。這就是世界的運勢有泰卦的安和也有否卦的黑暗，而天道的自然無為不長久。

3. 於是聖人才建立人道的教化：拿人道的仁義天心來治理人心，拿人道的禮樂道德來輔成天道的不足，拿成德的人來感化人，拿明道的人來挽救世界。「天道的無為自然與聖教的禮樂中和」，道化與教化並顯並行的大同世界，就是同人卦所要效法的義理。在堯舜二帝與夏商周三代聖王的時候，曾經發生過這樣的效驗了。

同人卦的極致圓滿叫作大同，就是從否卦回到泰卦。所以同人的最大功用在挽化敗亂，成就治平的社會。同人卦是用陽剛正氣來包含陰暗濁氣，於是小人被君子同化，這就是君子挽救時代、挽化苦難的現象。所以同人講的是人道。

人道有兩層義理：第一層、乾卦九三爻是朝乾夕惕，早上在道上精進，晚上也不要離開道心而懈怠。九四爻是在淵，講修行人要謙卑自牧，要遠離高明而進入隱晦含藏，才不會半空折翅。這兩爻正好是同人卦的現象，這是取坤德守著貞正而獲得利益，取乾德剛健不息而能渡越大川險阻。

第二層、乾卦九三與九四是上位的人能夠順從下位的人，自己能謙下而順從眾人，同人卦也是取「合同眾人」的義理。

4. 講到同人，最可貴的是在能夠同心同德。我們認同別人，別人也就與我們合同，所以叫作同人。世界上最難過的關卡是缺少幫助，如果能得到眾人的幫助，沒有過不了的關卡。同人所以能夠挽救時代，而挽

化否卦的阻塞黑暗，就是因為能結合眾人的力量。

眾人不一定要處在什麼地位，也不一定要有權有勢，**事實上同人最可貴的是既沒有地位又沒有權勢的人**。所以國家大事可以託付的就是尋常民眾，以及在鄉野當中的君子。**同人卦是以君子為主人，君子有「合同、聚眾、領眾」的能力，可以挽救國家的危險滅亡**。這就是同人卦所取用的義理。

從前虞舜「善與人同」，而能成就大同盛世。舜所以能治理好世界，靠的是同人的功德。舜開始是在歷山下耕種，在水邊製作陶器，沒有處在做官的地位。舜開始是與農人、打漁的人在一起，沒有什麼權勢力量，卻能夠輔佐堯平治天下，這就是尋常百姓同心同德的效驗。

5. 所以當一個有德性的君子不難，**困難在能不能「合同眾人的心」**。眾民想要求得國家的長治久安也不難，**困難是在能不能「合同君子的禮樂道德」**。這就是同人卦的宗旨法要。**有心要挽救時代，要挽化世道人心的人，請在這裡深思用心。**

同人卦是根據泰卦否卦的變化而來，在泰卦與否卦的氣運當中，天地反覆循環，運數雖然影響到人類，人並沒有參與在運數的主流當中，所以泰卦否卦是屬於「天地正常與變化」的現象，只有同人卦是人當家做主。

人一方面能夠自處中正，二方面能順應變化，三方面能把不整齊的調和整齊。於是危險可以轉化成為安全，混亂可以挽回成為治理，這麼一來，人與物都可以順利得到長養，影響到整個天地。

天地的氣數是無窮無盡的，人類的演化也就無窮無盡。所以說天地人三才都是世界運勢的主人，人又是這當中的關鍵樞紐核心。**同人的意思就是天地合德，剛柔調和同化，既能夠創造生成，又能夠長養成就，真是神奇啊！同人卦！真是極致圓滿啊！同人的大用！**

6. **同人卦的卦辭以「合同」作為功用，以「人事」為主導。**同這個字有「和諧認同」的意思，有「族群類別」的意思。因為陰陽並存，雖然大同一定有小異，就是因為不同而能取得共同點，所以才叫同人卦。所以在對方是差異不同，在我來說是和諧相同。

同樣是人，有人是君子有人是小人，有人是富貴有人是貧賤，都把他

們「納入禮樂道德仁義」當中而成為一家人，所以叫作同人。

以一個道理來合同眾人，眾人雖然還是眾人，已經是認同真理了。以同理心來聚集不同的族群，不同的族群也可以有共同的認同。同人是從自己開始來合同一切人，而別人也能夠來認同，所以這個「同」是動詞也是名詞，包含因果關係。

白話經文

【象辭義理】

同人：同人於野，亨。利涉大川，利君子貞。

同人卦象辭說：在否卦動盪又黑暗的年代，君子離開朝廷已經很久了。這樣的年代，要挽救黑暗的世道人心，要挽救潮流時勢的混亂，一定要集結在鄉野當中的君子。

天時到了應當亨通的時候，君子在民間號召，天下萬民共同興起道義力量。眾人協力同心，再多再艱難的關卡都可以突破。君子戒慎戰兢，固守氣節，培厚道德，上天給的利益與君子的貞德相合同。當時運亨通，天時與地利人和能夠合一，教育與政治的理想能夠推展，就會給全民帶來大利益。

【解釋象辭】

象曰：同人，柔得位，得中而應乎乾，曰同人。同人曰：同人於野，亨。利涉大川，乾行也。

文明以健，中正而應，君子正也。唯君子為能通天下之志。

同人卦解釋象辭說：六二爻得到內卦中正的地位，與外卦九五爻互相呼應，上與下，內與外，陰與陽，都能和諧又合同。人道中爻得到天時又立穩中正的地位，承著天時發揮功用，完成天道最偉大的志向理想。所以卦名叫作同人。

同人卦說：同人團隊運轉在鄉野民間，能夠渡越最艱困的環境，成就不可能的任務。就是因為能行出乾卦剛健的德性，用出禮樂道德的力量，因此能挽救否卦的混亂黑暗，又能解救國家的災難。這是君子的責任。

君子抱守禮樂道德的中正地位，用文明剛健的力量，展開撥亂反正的行動，所到的地方沒有不中正，沒有不安定。所以說：「只有君子的道德人格，能夠讓天下人的志向理想、心思情意，通達順暢。」禮樂道德從鄉野發動，而美好的結果可以影響全天下。

【大象辭義理】

象曰：天與火，同人。君子以類族辨物。

天與火各有各的同類，天得到天的清明，火發揮火的光明。乾卦剛健，運行健動不止息；離卦光明，常照光明不昏昧。這就是同人卦的大作用。

君子大道能運轉天與火的能量。用親親的仁德，同化族類族群，遠方的人也來歸順。用清明的智慧，對事物辨別完善，端正物命，達到天人物我神聖的平衡。

【爻辭義理】

初九 同人於門，無咎。

同人卦初九爻辭說：同人卦協力同心的行動，是從最親近的家人開始。這樣的團隊所建立的信賴合同點，不會有過錯。因為君子的行事態度光明正大，足以讓人信服。

象曰：出門同人，又誰咎也。

同人卦初九爻小象辭說：既然是同人團隊，從同一個門戶出來，純粹是道義的組合，自然就沒有利害糾結的過錯。君子靠著德性來引領眾人，所以能免除一切的過錯。

六二 同人於宗，吝。

同人卦六二爻說：宗族是同人卦的第二個團隊，君子會珍惜親族的團結，凝聚親愛族人、尊敬祖先的情義。但是要挽救國家天下，光是靠親人宗族的力量，會不能勝任而吝嗇不通。

象曰：同人於宗，吝道也。

同人卦六二爻小象辭說：君子會珍惜親族、宗族的團隊和諧，由親親推到仁民再推到愛物。但是要避免族人的各自為政，成群結黨，各立門戶，撕裂大同的格局。

所以一定要先找到最高的合同點，從天道天德天命天心來要求和諧認同。讓宗族與宗族能夠相合同，讓群體與群體能夠相親愛，這樣才能貫徹同人卦的義理。

九三 伏戎於莽，升其高陵。三歲不興。

同人卦九三爻說：君子處在團體內部變化的時候，要給出謹慎態度。第一、警惕自己太過剛強張揚，不合中道。第二、小心面對團隊潛在互相仇視疏離的對立。

當小人嫉妒而帶來傷害的時候，君子要離開隱蔽陰暗的地方，站立在光明的高處，升高自己德性智慧的高度。要有長久隱忍的打算，一方面長期蓄積同人團隊的安穩實力，真誠互信的向心力。二方面不要衝動觸犯敵對勢力的鋒芒，而挑起不必要的戰爭。

當同人團隊的功德力發揮，沒有貪功躁進的心。就可以避免潛伏在暗處的災禍，做到不被暗箭傷害。

象曰：伏戎於莽，敵剛也。三歲不興，安行也。

同人卦九三爻小象辭說：君子明白同人團隊會遭遇暗處埋伏的敵對力量，敵人還很剛強。因此三年沒有大作為，只是升高自己的光明地位；也不與對方抗爭，只是固結團隊實力，安穩前行。

九四 乘其墉，弗克攻。吉。

同人卦九四爻說：君子為了解救人民，率領團隊逼近城牆，敵人憑藉城牆的堅固來對抗。我雖然穩操勝券，在道義上不能攻打，要用柔軟的力量來戰勝，要避開多方面的耗損傷害，因為老百姓沒有過錯。

君子代天行道，必須隨時自我反求，自我貞定。不可以勇猛躁進，犯了驕傲好戰的過錯，違背乾卦「中一戒惕、好生愛物」的教訓。所以聖人說：「不要相互攻打，就是吉祥。」

象曰：乘其墉，義弗克也。其吉，則困而反側也。

同人卦九四爻小象辭說：君子處事的高度，超越好惡得失利害，用道義來衡量敵我之間共同的大利益。雖然兵臨城下，穩操勝算，還是用道義來懷柔敵人的民心，不靠軍隊強大的威勢來征服。

敵人全城的居民被圍困，生活在危險不安當中。君子發動「攻心為上」

的策略，用恩德來贏得敵人的歸順投降。為雙方創造共同的利益，因此可以獲得大吉祥。

九五 同人，先號咷而後笑。大師克相遇。

同人卦九五爻說：各方會合的人馬不是原來的一夥人，團隊在一起免不了互相猜疑。彼此互相畏懼，互相顧慮，不敢馬上親近，就會大呼小叫。彼此互相戒備，互相防衛，不敢馬上坦白，就會憂傷哭泣。

可是有君子來領導，眾人跟隨在後，彼此拿真誠相交往，憂傷懷疑很快冰釋。互相信賴溝通，破涕為笑，憂愁變為喜悅，一切的恩怨情仇都解消了。

群體組織這麼大，力量更增強，這個時候敵人的大部隊也來歸附，像一家人相遇相得相親，不但不號哭反而一起歡笑了。不論親疏遠近，一同歡笑歡聚，同人卦到達這個地步真的是大同的境界了。

象曰：同人之先，以中直也。大師相遇，言相克也。

同人卦九五爻小象辭說：同人的部隊先行，在與大部隊相遇以後，最初相猜疑，有號咷哭鬧的情境，後來能夠真誠中正交往，互相誠信接納，結合成為大同人，於是一笑泯除恩仇了。

上九 同人於郊，無悔。

同人卦上九爻說：開始從鄉野出發，達成九五爻的大同，可是還不能成為一國的政治領袖，最後還是停止在朝廷外。

雖然道德事業沒有完成，但同人團隊協力同心的大力量可以策勵將來，可以大有作為，又哪來的後悔！

象曰：同人於郊，志未得也。

同人卦上九爻小象辭說：天下大同的目標已經達成了，有德性的君子還是處在朝廷的權力核心以外。

雖然全國的人民都來歸附，可是君子還沒有得到領導者的地位，時機因緣不成熟，還不能把理想施展在國政上面。

結語 宗主孚佑帝君論：天地與人物共同創造新天地新世界。

1. 宗主說：同人卦的卦象拿同人來接續否卦，使天下從危險而回復安定，從混亂而轉為治平，這不是一般的事業可以比擬的。人類所以不會毀滅，國家所以不會滅亡，都在同人卦的義理當中，哪裡可以不重視？《易經》講到同人卦，實在是人類世紀的一次巨大的變化與革新，而天地萬物也會隨著回復生機回復生育，可以傳承無窮。

   《易經》雖然主張循環往復，可是新的並不是舊有的。好像否卦的回復，並不是泰卦，而是同人卦，同人與泰是不相同的，這叫作**進化**。愈變化愈前進，愈轉動愈變化，靠這個旋轉變化的力量成就無窮無盡的世界時運。

   這是天地不能作為的，是造化不能作主的，因此我們看到自然交替的跡象，**就在天地造化當中，能合同人物來共同進化，所以叫作同人。**這是講天地與人物共同創造的功德。

2. 同人這兩個字實在包含有「同聲相應、同氣相求」的意義，就好比同一個團體。既然叫作同人，就不是一般泛泛的稱呼，一定是能夠互相幫助、互相提攜，然後才能得到同心同德的力量。**一定要先盡到同人的情義，先能夠合同別人，然後別人才來認同我們。**

   所以同人卦的上卦是天、下卦是火，火能合同上天，天從火出來。就表示由內卦推展到外卦，由自己推展到一切人，這樣的隱微義理，絕對不是昏暗不明、糊里糊塗就能合同的。

   現代的人自己建立同人的團隊，經常是抱著「別人來擁護我」的存心，而不講求「別人來認同」的精神。六經當中的《詩經》與《書經》，只要講到「同」這個字，一定是講「**來同**」，也就是**我具有召集、感應別人來合同的道理。**現在不講求眾人來歸的合同點，而只期望別人來認同我，就好像是登高忘記階梯一樣。

3. 甚至因為是同人的團隊而反目成仇互相結怨，形成愈親近愈疏離，愈近的人隔閡愈深。最後是同處在一條船上，卻好像是敵對的兩個國家一樣，到達不可挽救的地步。同人的利益一點都看不到，而傷害已經很深很深，這哪裡是《易經》同人卦教育的宗旨呢？

   所以離卦有「附麗與分離」兩層義理：人心同善就互相附麗，人心險惡就互相分離。就與上面講的這個現象一樣，自命為同人，事實上是

敵對的團體。彼此恩情滿分就結成親家，彼此怨恨滿溢就變成寇仇。同樣是處在同人團隊的地位，為何會造成相反的結果，完全在人是怎麼自處了。

同人卦與大有卦是正反的卦，先有同人，然後有大有。這是直接表明人生不能沒有群體、沒有團隊，富有強盛不是一個人獨自能做得來的。一個人是這個樣子，家庭是這個樣子，國家也是這個樣子。

4. 沒有志同道合朋友的幫助，成就不了偉大的事業；沒有忠誠信實的規勸，成就不了光明的盛德。所以《易經》說：「**日新叫作盛德，富有叫作大業。**」美盛的德性與偉大的事業是君子最圓滿的成就了。

大有講的是創造偉大的事業，同人講的是盛德的完成。道德是根本，財物是枝末，所以君子最先要做的是培養德性。有了德性就有人群，有了眾人就有土地，有了土地就有財富；有德而有人、而有土、而有財、而有用。所以同人卦是大有卦的根本，一定是在大有的前面。

憑什麼可以合同眾人？完全靠德性。德性小，同人就少；德性大，同人就多。如果德性普及一個國家，一個國家的人民就會來認同；如果德性普及全天下，全天下的人都會來合同。如果德性不足，雖然想要別人來認同，可是沒有根本力量，縱然能夠聚集一群人，也是烏合之眾罷了，哪裡能夠發揮挽化大災難？又能夠建立大事功呢？

5. 所以同人卦以後接著是大有卦，是期望同人的團隊，每個人都能把德性涵養充沛。所以象辭說：「得中而應乾」，這是講已經站在中正的地位，又能發揮乾卦的力量。

乾是什麼意思？就是德性的充分完備。中是什麼意思？就是德性的忠誠不二。外在完備而內在忠誠，天下人沒有不來和、來同的了，所以叫作同人。是講一切的人都可以來和諧認同、來歸隊。

同人一定要從近處開始，所以首先要講「同人於野」。野人都是住在一起，彼此很容易親近，性情沒有虛假偽裝，言行沒有隔閡距離，所以最容易找到合同點了。從鄉野再往外推展，就是到達野蠻不開化的地方，也一樣可以找到和諧認同點。所以象辭說：「**只有君子的道德人格，能夠感通天下人的志向與情義。**」

14 火天大有卦

卦旨

1. 當聖人奉天承運治理世界的時候，禮樂道德的政治彰明，仁義忠恕的教化完備。上下都能明白道德，明白天命，明白天性，明白氣數，而天下大道光明。

   〈繫辭傳〉說：「**日新叫作盛德，富有叫作大業。**」盛德大業是功業的極致圓滿。天道大行、天下為公的世界，具足三條件：**有乾卦天德的高明，有大有卦道體的精神，有履卦禮樂教化的道用，才能保全大有卦的吉祥成就。**

   大吉大利是天道與人道兩方面共同的展現，吉祥是上天的保佑，利益是人道的共有共享。大有卦的吉利是從上天降下來的，而且是靠人來成就的。大有是極致圓滿、豐圓成就。這時候萬物的能量飽滿充沛，功能作用廣大無邊，所以叫作大有。這是天時地利人和的集大成。

   全人類的大吉大利一定來自上天的庇佑，我們的說話做事，一定要合同天道的無私無為，才能夠活得自在。

2. 大有卦的宗旨是全天下都沒有貧窮的人。**世界大同三要素：第一、以共生為基礎。第二、以共親為前提。第三、以共存為目標。**

   我們要明白兩件事：**第一、天功不可以貪求。第二、天祿要有天德來承接。**

   同人的結束就是大有的開始。一方面是循環、一方面是繼承，在同人講親人家族，在大有講眾人相聚。大有與同人是前後的卦，也是因果的卦。

   從卦象來說，上卦是離卦下卦是乾卦，是一陰五陽的卦，而陰爻處在上位，這是與同人相反的地方。這有兩層意思：**第一、是一切的事物**

都齊備了，只等待著發揮用途。第二、是一切人才都聚集了，只等待著指揮調度。這兩個條件具足，所以叫作大有。

大有卦特別講光明的能量，成就作用的能量，成熟萬物的能量。用大有的力量來養育天下，同時利益萬物，物盡其用也就表示創生的源頭能量很豐沛。

3. 其實物也就是氣，也是能量的聚集，所以拿乾金來比方，乾主持大生，金代表堅固與成就。這是世界上最神妙又最仁慈的，因此佛教稱西方是佛國光明淨土，是極樂的世界。

為什麼卦辭用「大有」來命名？這是講明天地萬物的創生與成長，是從無進入有。太極的變化，陰陽兩儀的生成，四象八卦的分別。從少到多，從部分到全體，這是開始有了。最後整體統合進入大有。哪裡是短時間的成績，哪裡是一個區域的功能？

這個過程一定要經過繁衍生息，博厚養殖，一定要經歷廣大覆蓋、深藏存在，然後萬物都能夠創生能夠變化，也都能夠生成能夠長育。到這般地步才能叫作大有。

同人卦的德性講人道的利貞，大有卦的德性講天道的元亨。合起來就是乾卦的完全德性，就是大同世界的圓滿。

白 話 經 文

【象辭義理】

大有：元亨。

大有是「禮運大同篇」的天下大同。天下的同人團隊（國家）都擁有富足的社會，全天下都沒有貧窮的人。全人類都與天道天理對接合同了，都在禮樂道德仁義裡飽足了。

【解釋彖辭】

彖曰：大有，柔得尊位，大中而上下應之，曰大有。其德剛健而文明，應乎天而時行，是以元亨。

大有卦解釋彖辭說：世界進入大同，天人物我達到神聖的平衡，所有

國家都歸屬聖人來領導。六五陰爻處在主位，用大中至正的中和柔順來引領剛強，上下能夠同心同德。有足以供養全世界國家的豐盛物資，有足以對越上帝的精神文明。

　　大有的內卦有天道的無限創造、健動不息，本體充滿陽氣生機。外卦有離火的文明作用，成熟萬物，人文世界顯榮茂盛。順應天道的自然無為，春夏花開，秋天果熟；晴雨暖寒風，很有秩序的運行。一切是這麼繁盛美麗，豐圓滿盈。

　　聖人說：「因應上天無私的道理，隨順太陽四季的運行，就能夠創造天道大同的世界。真偉大啊！天道元亨！」世界上能夠明白這個道理的太少了。

【大象辭義理】

象曰：火在天上，大有。君子以遏惡揚善，順天休命。

　　大有卦大象辭說：聖人根據上天「生機、殺機、給予、奪取」的道理，來立定人道的準則，建立公天下、真平等的大同世界。

　　怎麼做？在政治上面，順著禮樂天道推行，讓吉祥更廣大；使野心爭奪停止，讓天災人禍退場。在教化上面，摒除物欲私利的傷害，高舉道德仁義的利益。

　　於是文明大化而物資豐盛，成就正德利用厚生的太平世界。

【爻辭義理】

初九　無交害，匪咎，艱則無咎。

　　大有卦初九爻說：大有的時局物資豐盛，大家喜歡交接往來。太輕易交往容易形成貪妄、攀緣、討好、諂媚的過錯，不應該交往而交往，物欲情欲的傷害一定馬上到來。

　　如何免除過錯禍害？身處大有貪妄的情境，如果明白抗拒誘惑是很艱難的，降伏物欲情欲是很困難的，就可以免除罪過錯了。

　　困難在：第一、要特立獨行，不要與會傷害我們的人交往。第二、要自我克制放縱，再怎麼艱難困苦都要守著正義、守著貞節。這是修道君子最必須要謹慎的地方，也是唯一免除罪過錯的方法。

象曰：大有初九，無交害也。

大有卦初九小象辭說：在大有物資豐盛的年代，一切用度都很豐足滿盈，是人生最享樂的時候，禍害也就潛伏在其中了。聖人告訴我們：沒有智慧抉擇的交往是一種禍害。

因此不要與心術不正的人交往，不要交接不仁不義的團隊，也不要與情欲物欲交通。這是處在大有卦最可貴的態度，也是最艱難的修養。捨去物欲情欲，反而可以免除禍害。

九二 大車以載，有攸往。無咎。

大有卦九二爻說：有德性的君子運轉大有的政治，像駕駛天地的大車來承載天地萬物。能調和天人萬有，使人盡其才、地盡其力、物盡其用、貨暢其流，一切的利益功用能配合時機因緣，往哪裡去都有美好的結果。

九二爻在位的君子，會運作天下的財物來利益全天下的人民，來完成道德禮樂的教化，來成就全人類的道德事業，來成就不朽的美好名聲。

象曰：大車以載，積中不敗也。

大有卦九二爻小象辭說：聖人治理天下，物資豐盛，財富集中，藏在府庫當中。物資的功能與作用充分發揮，隨時供應人民的需要，公天下而不自私，真平等而不獨享。天下沒有腐朽的物、廢棄的人，也沒有道德敗壞的社會國家。

九三 公用亨於天子，小人弗克。

大有卦九三爻說：王公大臣與諸侯遵行先王禮樂，政治亨通，教化明達，百姓安和樂利。天子舉行宴饗的典禮，來封爵與犒賞。這般的公天下、慶豐年，調和百官、安定民情，自私自利的小人領導群是做不到的！

象曰：公用亨於天子，小人害也。

大有卦九三爻小象辭說：天子代天行賞，用爵位來賞賜給治民教民有功德的王公大臣與諸侯。並懲戒害人害物，失職擾民的小人。

九四 匪其彭。無咎。

大有卦九四爻說：領導者有道，善於節制調和。雖然物資豐盛，不會滿溢浪費。雖然財物滿盈，不會舖張顯揚。不落入貪心與奢侈的缺失，因

此能彌補滿盈的禍害，能解消張揚的盜害。

象曰：匪其彭，無咎。明辨晢也。

大有卦九四爻小象辭說：主事者德慧具足，能夠明辨物理、物情，能夠明辨萬物的功用，還能夠恰如其分掌握中道。物資再豐盛，財富再多，也不會帶來災害。

六五 厥孚，交如，威如。吉。

大有卦六五爻說：聖王治理天下，運轉出大道至真至善至美的太和能量，讓人人回復原始純淨赤子模樣。天賦本性尊貴而且高尚，和天地聖賢仙佛，感應交通並發光，譜出動人樂章。

美好的永恆大生命花園，忠孝節義，仁慈與知足，感恩的花一一生長。創造燦爛豐富的吉祥景象！

天地各居本位，四季有序不相違悖。日月散發暖和又美麗的光輝，星辰閃耀為黑夜作點綴。高山巍巍，綠水明媚，鳥也自在的飛，那萬物悠然生長好無為！人人心靈滿足喜悅，舒暢歡欣，從來不喊累！

象曰：厥孚交如，信以發志也。威如之吉，易而無備也。

大有卦六五爻小象辭說：天德承擔天道天命，天性交通天地聖賢仙佛與萬物，共同創造美好永恆的大生命花園，力量來自生命的大信心。

這種自然圓滿、天下大有的吉祥氣象，不是人心人為所能夠刻意打造。當人人的天心坦蕩、光明、單純、和諧，沒有猜忌、嫌疑、防備的心思。就在這個時候，**人人無私沒有貪戀占有，人人無為沒有陰謀掠奪。於是萬物並育而不會互相傷害，就創造出大有共享的太平世界了。**

上九 自天佑之，吉無不利。

大有卦上九爻說：大有的世界是天日合同，發揮文明富庶的大用。上天庇佑萬物，成就萬物，像太陽的遍照萬物，一點都沒有遺漏。一切福祿是上天給的，吉祥從上天來。

每個人都共享大吉大利，每一個地方都是大樂大有。大有的世界是天道大行、天下為公。

象曰：大有上吉，自天佑也。

大有卦上九爻小象辭說：天下為公世界大同的大利益、大吉祥、大幸福，都是來自上天。當全人類能夠合同天道，能夠真誠禮敬上帝的時候，上天的福佑會全面臨現，太和的世界會看得見。

結語

一、讀一個卦，要同時讀四個卦，義理才把握完整。

1. 宗主孚佑帝君說：讀一個卦，要同時讀四個卦。大有卦與同人卦是**往來卦**，二者的**對卦**分別是比卦與師卦，比卦與師卦是五陰一陽，同人卦與大有卦是五陽一陰，這四個卦都是歸魂卦，也就是**乾坤坎離四宮卦的歸魂卦**。「乾坤坎離」是先天四正的卦，後天是坎卦離卦代替乾坤的卦，因此這四個卦又叫作先後天同位的卦。所以四個卦都有合同、聚集、眾多、大有的現象。

    師卦的「師就是眾多」，比卦的「比就是聚集」，同人卦的「同就是合同」，大有卦的「大就是富有廣大」。這四層義理都很相近，因為四個卦的本體精神，在先天與後天有互相合同的現象。

    師卦與比卦是「**群陰聚集**」來跟從陽爻，同人卦與大有卦是「**眾陽合同**」來隨從陰爻。從卦來說，有陰陽的屬性，於是各自要順從這一卦的卦主，就可以得到上下互相的合同，而有相輔相成的功用。

    從後天來說：同人卦與比卦相對，大有卦與師卦相對。**從先天來說**：同人卦與師卦相對，大有卦與比卦相對。這就是第二爻與第五爻，這兩個爻有「正對與錯對」的不同。

    所以讀《易經》的每一個卦必須要同時讀通四個卦，也就是同時要了解「正對與錯對」的四個卦，才能真正懂得這一卦的意思。

2. 聖人說《易經》，凡是講到天道：「**最可貴的是有人事的回應**」。因為天道不是空虛什麼都沒有的運轉，一定要從人事作為當中取得多方的印證。

    《易經》講到吉凶禍福，一定是有理由有證據的，一定是藉著人事的行動、停止、前進、後退，來顯現明白。

如果沒有人事吉凶禍福的顯現，光講天道就沒有什麼憑信了。如果人事與天道相違背，天道真理也就不值得信賴了。**天道的本質是空是虛，人事的本質是有是實，天道隱微而人事顯著，想要顯現天道真理必須要先謀求人事常經。**

《易經》的卦辭爻辭都是因循**天道**，而《易經》的文辭字句都是指向**人事**。可以作為人事表率模範的一定都是君子與大人，也就是德性與地位一致的人。

3. 《易經》講到大有，應該是這一整年的穀物豐收、生活富足。怎麼造成的？這是治理國家的人有道有德，才能成就大有的豐足。如果到處天災人禍、人民流離失所，哪有什麼大有豐盛可以談論？

在天災人禍混亂的時代，還講到「有」的時候，只是私人「欲望手段的聚斂擁有」罷了，一定與廣大的人民群眾一點都不相干。所以聖人解釋《易經》一定先貴重人事，能夠明白人事「禮儀教化」的精神，也就能夠明白天道、明白鬼神。

《易經》文辭只要講到上天，講到天道，都表示人事上面的禮儀教化已經完成。《易經》只要講到吉凶利害都可以印證在人事的應對進退。聖人不會空談玄理妙理而一點都沒有驗證，或是沒辦法找到印證。

4. 所以在學習《易經》的時候，與學習其他經典不同。**整部《易經》的功能作用一定是扣緊「政治與教化」來說，這就是《易經》當中君子與大人的本分。**

要怎麼來體會大有卦最精微的義理？要從天道、天理來體會。上天為何這麼高明來覆蓋、長育萬物？就是為了讓萬民萬物都能大吉大利活著，這樣無私無為的天德到達無窮無盡。人類果真能夠明白天道天理，應該體察上天好生的德性以及成就萬物的無私情懷。

於是每個人**每天都活出四種態度：**第一、能夠很勤奮而不懈怠。第二、很謹慎而不放縱。第三、公心一片而不自私。第四、大中至正而不邪偏。能夠以這樣的存心態度來生活來做事，就可以經常保有人生的福報，能夠得到上天的護庇。這就是大有卦卦辭最精微的義理，讀《易經》的人必須要更詳細領會玩味。

二、大同世界是人人安樂富足，沒有廢人棄物，沒有人禍凶年。

1. 宏教柳真人說：《周易》每個卦都重視證釋。周文王透視了商朝政治的衰敗，想要堯舜政治的清明，於是把撥亂反正的天機寄託在《易經》，要讓天下後世能夠明白治國平天下的道理。周文王要講述大同的義理，要講明太平的政治，可是很多地方都難以講說明白，因為被關在監牢獄當中。

   於是就把這些隱微的義理分別寄託在各卦各爻的義理當中，並隱藏名稱在各卦裡頭。比方說**大有卦與同人卦，合起來就是大同**。讀經的人如果能夠一一仔細探求聖人所實踐的道理，能夠推展在人情物情上面，就能合同天道，在人事的「政治與教育」上面就沒有不完善不完備的。**在《易經》各卦所顯示的義理，沒有不是「天人合一」的宗旨，到了後代，只有孔子能夠繼承，能夠講述明白。**

2. **孔子把天道真理傳述在「禮經」當中，**縱然是孔子的門人弟子，也不一定能夠完全通達領會、實踐傳述。所以後代的學說思想，傳述聖人之道、聖人之教，沒有很詳細很完備，這也是時機因緣造成的。

   這一次在「救世新教」《易經證釋》的講壇當中，對於天道真理，對於天人合一的道理，特別詳細論述。我們可以拿來與「大學、中庸、禮運大同篇」各篇相互印證，於是雖然是在講說《易經》，實在就不只是讓人明白氣數、氣象而已。

   講說《易經》的制高點，是要能夠做到三層義理：第一、原始返終。第二、正性立命。第三、世界大同。而氣數、氣象、卜卦、算命的學問，不是當前最重要的事情。

3. 宗主孚佑帝君說：講到大有卦，拿一個「有」字來作為批判，而利益的「利」字又分成公與私，上與下。在公益，就是正的；在私利，就是不正的。在下民就叫作平均，如果是上位者單獨享受利益，那就是獨裁。

   所以《易經》的爻辭把這一層的道理分辨得很清楚詳細，人間世界想要成就大利益，一定要沒有廢物沒有棄物，沒有廢人沒有棄人，能夠做到財物沒有浪費奢侈，才夠資格稱為大有的世界。

大有卦緊接著同人卦而來。**同人是講人物眾多，大有卦是講財物豐盛。**
孔子在《論語》當中講到「庶富教」，庶講的是人民**眾多**，人民聚集
以後必須要讓人民**富有**，富有以後才能推展禮樂的**教化**。孔子所講「庶
富教」的義理可以從大有卦、同人卦兩卦來印證。

4. 世間人只追求人口眾多。人口眾多以後，財物不富有，徒然造成團隊
的混亂。所以「富庶」這兩個字不可以分開來說。聖人治理天下沒有
不是追求安定祥和，而要做到安定人民，必須要先讓人民能夠休養生
息，生活沒有匱乏。至於談到「**禮樂**」的教育，與「**政治刑罰**」的措施，
這一些都是在吃飽喝足以後的事情。

如果讓人民吃不飽，沒辦法養家活口，再怎麼用最好的禮樂來教導，
也都沒有用。所以**先王的王道政治一定先讓人民富足擁有，而且是讓
每一個人財物平均，沒有貧富的差距**。只有做到讓人民的財富相同，
當國君的才能安靜享受長治久安的成果。如果人民都落入貧困當中，
國君是不可能獨自享受快樂的。

5. 所以只要有任何的自私，就不是大有卦的大利益；只要有任何的廢人、
棄物，就不是大同世界的正常作用。**後代的世界如果有天災人禍的大
害，一定是「私與廢」這兩個字造成的。也就是自私獨占，與廢人、
棄物。**

一旦出現自私獨裁，出現不重視物命與生命，顯現廢人棄物或棄人廢
物。雖然人民眾多，可是上下離心離德；雖然物資豐盛、財富集中，
可是國計民生的利用卻供應不上。

於是天災人禍、混亂沒有一刻停止，而全人類就要全面活在痛苦當中
了。凡是掌理國家的人，不可以不深深體悟《易經》卦象的義理，不
可以不深深覺察古聖先王立教的宗旨。**既違背天道又違背聖教，而想
要國家能夠長治久安，這怎麼可能呢？**

6. 所以「禮運大同」的世界一定要講到財貨與物力的分別取用，能夠完
全發揮大地的利益。地利發揮了，天時恰好了，然後人民就可安居了，
世界也可以太平了。從古到今無論哪一個人來治理國家，一定要先掌
握大有的道理。

只有能夠同人同心同德，才能夠成就大有；也只有大有的豐盛，才能

夠養育同人的族群。

上天生養萬物是為了養育全人類，哪裡只是為了一兩個人的財富？所以**大有卦是根據乾德**，好像上天的沒有不覆蓋；**大有卦是推展離卦**的功用，好像**太陽**的沒有不普照。人類來學習來回應上天與太陽的道理，也應當無私無我的這麼去做。

解釋象辭說：「因應上天無私的道理，隨順太陽四季的運行，就能夠創造天道大同的世界。真偉大啊！天道元亨！」世界上能夠明白這個道理的太少了。

7. **大有的維繫在於上天，而大有的完成在於人事。**當人事產生變化不整齊的時候，天道就跟著變化，一旦發生荒年歉收的年代，必定是國家沒有賢明的君王，導致人民貧苦貧窮，過錯在政治失當，不能把過錯推給年歲。

萬物的富有是正常，沒有收成是變化是反常。在聖王治理的年代，沒有不豐收的年歲，也沒有不富有的人民。從古到今，從來沒有人民貧窮而國家長治久安的，所以治理國家一定要先安定人民的生活。

古書上面說國家以人民為根本，人民以飲食為天理。《易經》在這裡拿「同人大有」兩卦來比方太平盛世的準則，再推廣開來，就是大同世界的時運了。大同難道有其他更高明的說辭嗎？也只有人人安樂富足罷了。所以讀《易經》的人一定要先探求聖人為卦命名的宗旨。

15 地山謙卦

上六
六五
六四
九三
六二
初六

卦旨

1. 謙卦是《易經》最精純的道理，最高明的教育，是效法坤卦與艮卦的氣象。坤是地，艮是山，山本來是在地面上，現在反而處在地面之下。坤代表順從，艮代表止定，自性靈山止定在內，心土的坤德順從在外所以叫作謙。這是根據「**清靜止定加上謙卑順從**」的義理。

   謙講的是天性是天道，是大順的極致。**謙卦可以完成四功德**：一、謙卦的道通達天地。二、謙卦的德和諧鬼神。三、謙卦的道功可以到達中和。四、謙卦的德用可以完成天地的定位、萬物的長育。

   謙卦的德性有四種：第一、順從上天的道而能夠向下育養萬物。第二、根本大地的利益而當中潛藏乾卦的元氣。第三、向上感應天的高明而能夠向上輔承天道，向下成就大地的博厚而又能提升地道。第四、合同天道與地道，成為人道的悠久，完成至誠不息的人道。

   具足這四種功德，就是已經充分發揮天地人三才的道理，而能合同元神與形體一致的大用了。

2. 所以謙卦能夠**根本地道而能光明天道，由此而建立人道**。當人道建立的時候，謙道就可以大行於天下；當人道的德性光明的時候，天地博厚高明的德性也就更加顯著。

   在天來講叫作「**道**」，在人來講叫作「**性**」，在卦來講叫作「**謙**」，在人生的態度來說叫作「**誠**」，所以人能做到謙虛而又真誠，這就是人道的極致圓滿了。因此我們明白謙卦的作用表現在中爻，中爻也就是人道的爻，九三與六四一陰一陽，而人道完備了。

   宗主孚佑帝君說：謙卦文辭的宗旨最含蓄了，最隱微了，這是因為周文王正在被囚禁羑里的時候，遇上商紂王暴怒很難測度，做臣子的想

要保存節操很不容易。於是就探索《連山易》、《歸藏易》舊有的義理，就在天道與人道當中得到一條最好、最恰當的途徑，沒有比謙卦更好的了。

3. 謙卦是根據艮卦與坤卦的結合，而坤卦在艮卦的上方，就表示「止定的力量」是往下扎根，而不需求崇高；又表示最上方的天性是定靜寧靜，而又不失柔順。這樣一來，自身的道可以堅固，自身的德可以完全。那麼雖然遭遇混亂的邦國，一樣可以安居；就是碰上危險的邦國，也一樣可以進入。所以名稱叫作謙。

為什麼謙卦六爻都吉祥？一、謙卦的主人有恬淡謙退的志向。二、能夠發揮人道德性的力量來戰勝天道的氣數。三、能夠得到天神與眾人的祝福而獲得大吉利。於是不管處在什麼時間什麼地位，都不會遭遇災害，所以六爻的文辭都是吉祥。

表示可以這樣也可以不這樣，隨著一切的遭遇都能夠安定、安然、安全。既然是拿君子來比方，又叫作謙而又謙，能夠自處在最卑下的地方，這是重複加重的話，讓讀《易經》的人明白聖人所看重的地方。

4. 謙德對人道來說，是能順應上天，又能獲得人心。這不是從「時間」來說，所以不被時間限制；這不是從「空間」來論，所以也不被環境限制。而所到之處沒有不吉祥。就表示君子所抱持的「存心態度」已經到達最高明的能量場，而所表現的行為就只是一個謙下。

謙德的涵養，有三種態度：一、要先把自己放空放下。二、要把自己擺在最卑下的地位。三、能夠守著禮儀法度的誠敬。禮的精神是把自己看小而把別人看大，是把自己放低而把別人捧高，**禮的卑己尊人精神**就是取自謙卦的義理。

謙卦與履卦相對應，功用也相同，禮節的功用可以用來保衛自身，可以保衛國家，又可以安定天下。這沒有不是謙德的發揮，沒有不是謙卦的道理，以及履卦的實踐。

謙卦的道廣大又能變化，謙卦的德像虛空又能包容，能生成一切又不居功，能幫助天地定位、萬物長育而看起來無所作為。**為什麼能表現這般的氣象？**因為根本天道而能用出天道的原始生機，根本地道而能用出地道的圓滿結果。這是能夠完全展現天覆地載的功德，能夠運轉

始終如一的大道。

5. 地道可以代行天道，地道不追求自己的成就，而讓一切有圓滿的結果。山的道理也像大地一樣，表現的精神是知止有定，能返回根本，回到美好的最初，於是可以追溯天地沒有開始以前的元氣，能夠護持全體，能夠發動一切的功能，可以發揮全體最偉大的功用。這一切道理就是謙卦所成就的現象。

謙卦是艮卦的少男順從坤卦的母親，更好比是嬰孩，嬰孩的氣平和，而生機英明發動，是生命生成長育的開始。生命的本質純粹又天真，沒有物欲的侵犯汙染，能夠二六時中常保性情的中正軌道，所以能順從母親的意思。

謙卦是講處在下位而能大方大器，處在卑賤的地步，仍然保有自尊，保有尊貴。謙卦的人格很平和、很單純、很光明，謙卦的性情很篤厚、很良善、很柔順。謙卦的存心沒有任何的隔閡，沒有對待。

所以謙卦的人生有美好的開始更有美好的結果，這是人道最美好又最高貴的德性。不管走到哪裡，走得多遠，走入哪個城市，進入哪個團體，親近的人沒有不合同而跟著變化。

白話經文

【象辭義理】

謙：亨，君子有終。

　　謙卦象辭說：謙卦上卦的坤德，是虛靈無我，沒有阻塞不通；性情和諧柔順，不會執著人事物。下卦的艮山，是生命能夠止定在自性靈山，而心志不會動搖。所以謙卦的君子，既有天道的廣大亨通，又有人事的美善結果，這就是君子能兼善天下的道理。

【解釋彖辭】

彖曰：謙，亨，天道下濟而光明，地道卑而上行。天道虧盈而益謙，地道變盈而流謙，鬼神害盈而福謙，人道惡盈而好謙。謙尊而光，卑而不可踰。君子之終也。

謙卦解釋彖辭說：謙卦能夠根本地道而光明天道，由此而建立人道，當人道建立的時候，謙道就可以大行於天下。謙道能廣大亨通，人事能美善吉祥，這是由於天道的大能量像陽光一樣普照大地，每個人的天性真誠坦蕩，磊落光明。本來卑下的地道，現在往上提升了。

天道的正大能量，會虧損滿盈而彌補謙德的人。地道博厚的能量，會改變滿盈而給與謙德的人。鬼神厭惡滿盈而喜悅謙讓，會降福給善人，降禍給淫亂的人。人道也是厭惡滿盈而喜好謙讓的人。

謙德的君子，雖然尊貴而自處卑下，能夠隨時抱持光明的德性。雖然卑下而代行上位，也不會逾越本來。謙德君子能夠讓一切的事情有美好的結果，天下沒有任何力量可以超越他。

君子靠定謙德，最後能夠成就道德人格與道德事業，完成兼善天下的美善結果。

【大象辭義理】

象曰：地中有山，謙。君子以裒多益寡，稱物平施。

謙卦大象辭說：地中有山是講處在高位的人，能自我謙卑而屈就下位；處在下位的人，藉著謙德的局勢而升高。於是顯現謙卦公天下的宗旨，真平等的精神。

君子實踐謙卦要做好兩件事：第一、節制多餘的而彌補不足的。第二、度量一切物資能源，使萬民的需要均衡，讓天人物我到達中道的和諧。

【爻辭義理】

初六 謙謙君子，用涉大川。吉。

謙卦初六爻說：**謙德的君子，態度愈謙恭愈退讓**，而德澤愈是沒有窮盡。不只是能渡越一切的關卡，還會帶來大吉祥。

象曰：謙謙君子，卑以自牧也。

謙卦初六爻小象辭說：謙虛又謙虛的君子，能夠自處卑下。不必等待別人的責求，也不是因為外力的逼迫，二六時中能克制自己，又能夠節制自己來順從眾人。

六二 鳴謙，貞吉。

謙卦六二爻說：君子表現最謙虛的美德，接近九三爻的大人，又得到志同道合的朋友，志向理想可以完成。君子居處在中正地位，抱持定靜、寧靜、清靜德性，不失去貞正的操守，可以給天下帶來大吉祥。

象曰：鳴謙貞吉，中心得也。

謙卦六二爻小象辭說：謙卦的君子，全力發揮自己天性，能得到共鳴的夥伴。君子表現忠信，野蠻的邦國也行得通。道行天下，能夠為全天下帶來大吉祥。

九三 勞謙，君子有終，吉。

謙卦九三爻說：君子從早到晚能自強不息，自我警醒，彌補過錯。又能自我勤勞不停而得到上天的慰勞，因此獲得美好的結果與吉祥。

象曰：勞謙君子，萬民服也。

謙卦九三爻小象辭說：君子能夠勤勞謙下，因此得到上天的慰勞與全民的順服。九三爻靠著勞謙的功德，獲得萬民的歸服，表示天下已經大定，王道大業已經完成。

六四 無不利，撝謙。

謙卦六四爻說：能夠順承天道來成就一切而無往不利。能夠用仁義天心，謙和的發揮大體大用；用柔順的力量，來推廣外王事功。做到「盡人道合同天道」，不管在哪裡都能創造最大的利益。

象曰：無不利，撝謙，不違則也。

謙卦六四爻小象辭說：六四爻做到「盡人道合同天道」，不管做什麼都無往不利。在天下已經大定，王道大業已經完成以後，要推行禮樂道德的教化。守成只是依循規矩法度，不違背常經準則，繼承前人的光輝而已。

六五 不富，以其鄰。利用侵伐，無不利。

謙卦六五爻說：謙卦的君子與聖人，不獨自享受富有，一切的物資能源都能很平均分配到全民手上，並幫助近鄰的國家。這時候，對於剝削眾人的惡人要懲罰他，對於不仁不義的暴君亂民要用武力討伐他。雖然要用討伐的手段，能讓天下回復太平，還是無往不利。

象曰：利用侵伐，征不服也。

謙卦六五爻小象辭說：聖王用戰爭的手段，出兵討伐不服從王道、不遵行禮教的亂邦，為全天下帶來和平。

上六 鳴謙，利用行師，征邑國。

謙卦上六爻辭說：大聲宣布不服王道的暴君與亂民的罪狀，再發動軍隊征討，把王道仁義的力量，推行到最邊遠的國家。

象曰：鳴謙，志未得也。可用行師，征邑國也。

謙卦上六爻小象辭說：聲討不服從王道的亂國，這是禮樂天下的志向理想還沒達到。這時，要出兵討伐不服從王道的邊遠屬國。

結語

一、謙卦具足《連山》、《歸藏》、《乾坤》三易的大能量，可以治平天下。

1. 從古代的《易經》來考察，**艮卦是《連山易》的第一順位**，可以建立人道的極致，夏朝的天子治理天下就是依循艮卦。**坤卦是《歸藏易》的第一卦**，可以立定地道的極致，商朝的天子治理天下就是依循坤卦。現在謙卦兼有坤卦與艮卦的優點，是合同坤卦艮卦來成就作用，來完成人道的根本。

   人道的根本在艮卦是什麼意思？因為人生下來就有這一點天性，天性的本德是最清靜的，自性靈山也是止靜不動。**自性靈山有三合同：一、最能合同天性。二、最能合同乾卦的天道。三、最能合同坤卦的地道。**人道與天道地道並列為三才，**天地人三才的圓滿就叫作三極**，天地人極限的發揮可以完善天下的道，可以生成天地萬物，又可以建立天下的最高善，來變化一切並且成就一切。

2. 所以說大道的開始在虛空虛靈，大道功用的發動在定靜清靜。**要行走的人一定要先懂得知止，要動作的人一定要先懂得定靜，因為「止與定」是根本，「行與動」是枝末**，也就是一切行動以前要先懂得歸零。回到心性的原點再開始行動，這樣做事才能本末一貫。

   〈雜卦傳〉講謙卦是輕淡而豫卦是懈怠。**輕是什麼意思？**是簡易、平

和、單純。平和簡易讓人容易親近，這樣的道德人格很自然，沒有人為的造作，所以叫作輕，俗話說輕而易舉的意思。

輕不是不莊重、不穩重，因為輕表示內心沒有任何先入為主的想法，都是出於本來的天真；因為輕所以不需要用什麼力量，而能夠成就自然。所以謙卦並不是退讓，也不是畏畏縮縮的逃避，更不是追名求利。謙講的是天性是天道，是大順的極致。謙的特性與義理是聖人特別提點的生命教育，也是君子當來的行持，這是效法坤卦艮卦的合同所得到的修養法要。

3. 謙卦與豫卦是往復的卦，兩卦的道也就是往復了。謙卦的反卦是豫卦，這就是大人的事業了。但是謙卦有**謙卦最特殊的主軸精神**，不依賴地位來顯出高貴，不靠著時機因緣來取勝，不藉著外物來展現功用，也**不認為自己是人才。**

所以存心態度能夠超然悠然，能夠自在自得，因此能夠合同天地，這就是人道最極致最高明的所在。

所以謙卦能夠無往不利，因為要行動要靜止都沒有牽掛，取捨能夠自如。要積極用事或是隱居鄉野，也是自在自如。縱然處在富貴的地位，這一點天性沒有增加；處在貧賤的地位，這一點天性也沒有減少。

中心如如不動，不會被外在的人事物的情境所奴役。像這般的收放自如，沒有執著一種形態，所以謙卦的人生能夠有最美好的結果。

4. 宏教柳真人說：謙德是人道的根本，它的義理來自《易經》的謙卦。謙卦的卦象卦辭都是最精純最重要的義理，並不是只解釋卦象而已。聖人是要指示我們謙德的名稱與成就謙德作用的道理。這是根據《連山》《歸藏》兩部《易經》本來的義理，又經過周文王進一步的推演，成為謙卦的文辭。

謙卦是坤卦艮卦的合同，也就是《連山易》《歸藏易》的首卦，所以**謙卦實在是包含《連山易》、《歸藏易》與《周易》，具備三易的完整完全，用來立定人生道德的根本。**無論是修行道家、修行儒家，都不能離開謙卦謙德。

這是我們要自我修養，要安定世道人心，要自我完成的預備功課。所以我們稱揚謙卦是最吉祥的卦，是講謙卦能夠合同天地人三才的大德

大用，而又能和諧性情的大中至正。

5. 宗主孚佑帝君說：謙卦六個爻都很吉祥，天下人都知道。為什麼吉祥？天下人就未必能夠完全明白。吉祥不是只取謙讓這個態度，謙虛禮讓是謙卦的卦象自然的感召。謙卦是五個陰爻一個陽爻，陽爻處在第三爻的地位，這是人道的正位，而上下都是陰爻。但是從第三爻第四爻來說，九三與六四恰好合同一陰一陽的道理。

一陰一陽有什麼道理呢？ 第一、陽爻在內陰爻在外。第二、陽剛居中心而柔順在表面。第三、根本與枝末兼備而能夠一貫。第四、本體與作用具足，又能夠完全發揮。這就是人道的正常軌道，也是君子德性最光明的體現。

謙謙君子有三種美善的素養涵養： 第一、有操守又有作為，隨時能夠前進，隨時也能夠靜止。第二、該當表現高明的時候，陽剛的力量能夠調和陰柔的力量；該當表現沉潛的時候，柔順的力量能夠降伏陽剛的力量。可以伸張的時候就伸張，當要委屈的時候也可以內斂含藏。第三、行事作為能夠合同二六時中的聖人，而沒有一定要這麼做，或一定不要這麼做。

6. 我們再來看一般人的行事態度，以及說話與行為，不是太過就是不及，都沒辦法到達中和的功用。所以強者太剛強而失去中道，弱者太懦弱而到不了中道；智慧太顯的人常常超越中道，愚昧的人往往又不明白中道。處在謙卦的君子就沒有這些缺失毛病。

再從出處進退，也就是從「**一個人能不能為天下所用**」來評論德性、智慧與能力的長短高下。一個時代有時候是太平盛世，有時候是黑暗的亂世，面對治世與亂世，有人回應恰好，有人回應不當。

有些人在亂世表現高超的才能，當他處在太平世界的時候，卻變成攬權霸勢的亂臣賊子。有些人在國家太平的時候表現得很賢明，當國家昏暗混亂的時候，他就顯得昏庸無能。而謙卦的君子則兼備這些人的長處。

7. **謙謙君子待人接物有三種態度：** 一、把持自己的本心有方法，有節度，應對接物沒有牴觸、矛盾、衝突。二、侍奉長上有法度，有規矩，對待屬下有大愛，有包容，能夠成就美好的德性。三、不論擺在任何地

方，沒有不吉祥；不論處在任何時機因緣，沒有不吉祥。

這是因為謙卦的君子，他的道是從「**自性中和**」出來，他的德是從「**至誠的天心**」出來，而修心養性已經到達止於至善的境界了。所以聖人所用的一定是謙卦的德性，君子所效法的也是謙卦的美德，拿謙德來作為一切人一切物的行事準則，於是能夠**感通天地鬼神**。

夏商周三代的治理天下，是靠著《連山》、《歸藏》、《乾坤》三易來成就的，謙卦就具足又兼備三易的大能量。

天道的真理教育完全以天性天道為主，而謙卦最能表現天性天道的充沛飽滿。這就是謙卦所以尊貴寶貴的地方。我們仔細推求卦爻的現象消息自然就可以得到真理的正能量。

二、宗主孚佑帝君論：謙卦有解決今後大時代問題的方法與智慧。

1. 謙卦到了上六爻已經是謙道的終點了，要與豫卦相交接了，開啟豫卦的作用就在上六這個爻，謙卦豫卦是相反相成的，一個前往一個回來，一個逆向一個順向。**謙是前往，豫是回來，謙是用逆，豫是用順。**謙卦是陽氣正能量能夠向下幫助一切，所以是前往又是逆向的操作；豫卦是陽氣的回復上升，所以是回來，是順向的操作。

   前往而逆向的操作會很艱難，所以必須要用謙德做後盾；回來而順向操作的很方便又容易，所以名稱叫作豫。

   謙卦是卑下自己而隨從別人，能夠守著自身的道而不屈服於權勢或情欲，才能繼承大有的事業而不會變質。**豫卦是能做到讓別人來順從自己，而自處在寬裕的地步**，不會陷入危險，於是能夠保全謙卦的德性，又能夠交感合同於天下人。可是謙卦既是為了自己也是為眾人，不管成功失敗，是非利害，都包含在一個謙德當中，因此只有吉祥而沒有凶禍。

2. 豫卦是成就別人同時成就自己，有得有失，有光榮有枯槁，這樣的結果完全看德性來論斷，因此有憂傷有喜樂，吉凶也各占一半。這就是每一卦的作用有不同，而每一卦的存心態度也有不同的緣故。

   把陽爻擺在上位與擺在下位，事情的發生與成就就會不同，陽爻擺在下位，道功就會增長，德性就會謙虛；陽爻擺在上位，目標容易成就，

而人也就容易自滿。謙虛能夠用來自我警惕，就可以有備無患；自滿用來面對眾人，就顯出多情多欲而妨害德性。

豫卦所以叫豫卦，是聖人害怕太過安逸了而忘掉禍害，想要我們能夠時時自我警惕勉勵而能夠早作準備。「豫則立，不豫則害」，實在是偉大呀！豫卦的義理，哪裡只是在講說優游安然、從容快樂的生活態度呢！所以大智慧又有修養的君子，在豫卦當中一定知道自我警戒，能夠有一念的警戒，就會從安逸當中回復到謙卦來了。

3. 謙卦是艮卦與坤卦相合，兩卦都是以定靜為主。〈雜卦傳〉裡面說「謙卦很輕」，很多人都不了解「輕」是什麼意思？**第一、輕是輕視**，能夠輕視一切的外物。為什麼這麼說？因為天性以清靜為主，而先天的「正氣」也時常靜止。能夠清靜，欲望就少；能夠止定，就能克制情感欲望。所以就能夠「看輕」一切的利害，自己一個人也能夠獨來獨往，不會被外物所奴役。

第二、輕是淡薄。好比是輕車簡從。沒有牽絆拖累，要行動要靜止都很自如；**不要求別人敬重、尊重、看重，而能夠先自處卑下；不看重名位，能夠預先自我貶抑，把自己看得很小**。雖然行走在天地當中，就好像一根羽毛一樣輕飄飄的，不會往下沉落；雖然吐納在天地的鼎爐當中，精氣神也沒有一絲一毫的減損。這就是「輕淡」的義理。

能夠輕淡也就能夠清靜，能夠清靜就能夠上升。天空所以能夠往上而浮在高處，又能夠表現虛無空虛，就是因為一個字輕。大道能夠無往不入也是一個字輕。

4. 怎麼做到謙卦的輕如無物又能夠清靜清虛呢？第一、磨煉砥礪自己的德性，到達最單純又最精純。然後才能超然，才能超邁一切，不被流俗阻礙。第二、能夠懺悔再懺悔，洗刷一切的脾氣毛病到達最細微處，然後才能飄然悠然。直接到達一切處，不再受到形骸的侷限，所以叫作化。

《中庸》講至誠能化，《孟子》講聖人能夠大化，必須先要有謙卦的德性作用，道功必須修養到「極輕微而沒有任何重量」的玲瓏輕巧。像這樣的輕如無物，到達「本來無一物」，絕對不是一步可以到位的。**大道像虛空，大德沒有美名，這是謙卦的實質。**

謙卦就是從地道的單純清靜到達虛空，謙卦就是從山道的知止進入到太虛的大定。這與佛教的「止觀定慧」是相同的法門。謙卦又兼備《連山》、《歸藏》兩部《易經》的妙用，從這裡生發起動，成為道家、儒家兩家最極致的生命教育。

5. 謙這個字，一邊是言一邊是兼，表示兼容《連山》、《歸藏》兩層義理，兼通道家、儒家兩門教化。《連山易》原來的名字叫作兼山，講的是修養到達至誠不二，也就是孟子所說的知言，**真誠的生命一定要從言語開始。**

所以謙卦的德性不只是講退讓，而是人道的根本。第一、**合同天地**的大道，而能夠得到天地的中和。第二、**明白性命**的道理，而能夠通達先後天的妙竅。謙卦的謙德哪裡是容易說通的呢？我們嘗試著深入研讀孔子的講義，就知道謙卦的精神底蘊了。

孔子說：**謙卦能體察乾卦的光明，又能實踐坤卦的清靜柔順，才能做到艮山的不動搖不改變。**這就表示謙卦的主人自立自強很堅固，自知自得很明白。那麼謙卦的修身態度不會踰越道德，引領萬物不會違背性情，這就是真誠行為的樹立，也就是《大學》「止善、明德」的宗旨精神。

6. 所以謙這個字首先是一個言字，言語本來就是行為的表現，說話能夠信實，行事必定真誠，行事真誠的人一定謙虛。**謙的態度也就是虛**，虛空就能夠包容，虛空就能夠清靜，這才是大道所依靠的。虛空能包容一切，才顯出德性的偉大，所以聖人能夠到達虛空清靜來成就自己的謙德。

而一般人的行事作為開始很容易，堅持到最終很困難，只有具足謙德的人才能夠有終，就是有美好的結果。所以謙是德性的圓滿，是自性天道的凝聚。德性到達圓滿就沒辦法形容了，**自性天道凝聚就是本來無一物了。**

所以能夠成就人間的道德事業一定要超越萬物，能夠成就德性智慧的圓滿一定可以感通神明。所以謙卦的「有終」講一切都有美好的結果，哪裡只是在講人事？

7. 這是在講修行的極致圓滿，一定要從卦象上面仔細探求，才知道用力

的要領，並沒有離開一陰一陽的大道。那麼中爻的九三爻六四爻就已經包含人道，而天道在人道的上面，地道在人道的下方，天地人能夠合同，能夠交錯往來，而成就水火既濟的現象，就不只是成就一個人的德性而已了。

水火既濟卦的第三爻第四爻也是根據這樣圓通的現象，我們能夠會通各卦來熟讀，就能掌握《易經》教化的精神與方向了。

宏教附注：謙卦可以溝通天人的管道，可以包含內德與外功的行為，義理就來自第三爻與第四爻，更可貴的是在九三爻。九與三都在講陽爻，而處在群陰當中，得到最中正的地位而能守道，順著最恰當的時機而能行道。

所以可以前行也可以停止，可以成就大業也可以體入細微，沒有不是自在自得。又能夠吐納天地的正能量，能夠交接連結陰陽二氣，既有水火既濟的精神又有天地交泰的德性功用。

8. 所以從道來說，就是「成性存存」，既可以成就天性的光明，又可以存養生命的真誠不二，讓慧命長存。從德性來說，就是「位育無疆」，能夠幫助天地定位，幫助萬物長育，到達無窮無盡。這是講謙道精神的偉大，不只是講謙退是處事的要領而已。

後代的世人認為謙虛是個人私有的德性，是消極的行為，只是能夠避免一時的禍患，能夠暫時忘記國家天下的興衰成敗。這樣的人實在是不明白謙卦作用的博大精深。

孔子特別詳細講解，讓讀易的人明白聖人的存心，**早就已經可以預防因為經濟的不均衡而導致的戰爭，因為資本主義的不和諧而產生了共產主義的毒害。**進一步追求物資的豐盛與物流的公平，追求大眾利益的平均分享。

這些義理就在謙卦簡單的幾句話當中已經表達得很完整清楚。讀經的人如果能夠細心體悟，一定可以從這裡**獲得解決今後大時代問題的最正確方法與智慧。**

雷地豫卦

上六
六五
九四
六三
六二
初六

卦旨

1. 豫是有餘、充盈、寬裕。豫卦與謙卦的不同是謙卑與高昂的不同。謙卦退讓而自處卑下，豫卦高昂而能前進；謙是把自己擺在卑下，豫是自處寬大，這是德性作用的不同。豫卦能應接乾卦的陽剛，志向在有所作為而作用在大利天下；豫卦得到坤卦順承的力量，也有行地無疆的氣象。

   宗主孚佑帝君說：**謙是為人道講話，豫是為治道講話**；謙的主導是德性而重心在人事，豫卦的主導在法律而重心在政治。宏教柳真人說：**豫卦是講治理天下國家的道理而首重賞罰，足以看出政治的要領在賞罰的公正平等。**

   古時候的聖人建立邦國、設定制度沒有不是根據豫卦，這樣的政治可以傳承久遠，這樣的法度可以範圍天下，都是用出豫卦的義理。**有心從事政治的人一定要先注意豫卦的消息。**

2. **禮樂的完成要有四個條件**：第一、一定要有天德。第二、一定要有天位。第三、一定要有輝煌的功業。第四、一定要有恢弘光耀的制度。有這四個條件才可以完成禮樂的製作，而豫卦是已經很充分很裕如了。有了禮樂才可以講教化的推行，而教化的推行不可以勉強逼迫。

   禮樂教化要有四個條件：第一、一定要有眾多的人民。第二、一定要生活富足不匱乏。第三、要能利用物產來豐富民生。第四、要能吃得飽穿得暖，有精神生活的平安舒適。有這四個條件才可以推行禮樂的教化，而豫卦是已經很富有了。

   用出豫卦而天下治理、人類安定，表示禮樂已經完成而教化遍及全天下了。**當禮樂完備，天人共同沐浴在美好的情境；當教化推行，君民**

上下共同成就道德慧命。這就是豫卦的時用之道，也只有豫卦能夠達到天人和樂。

3. **豫卦的作用就是「從容中道」四個字。**從容中道是道的極致，是德的極致，哪裡還會有什麼事不恰當？聖人順著豫卦而行動，於是刑罰很清明而人民很順服。**豫道的偉大，天地尚且不會違背，何況是人？**

豫卦的豫這個字「從予從象」。豫卦有「上天賜予」的意涵，而「予」字是一個人稱呼自己。意思是豫卦的所得由上天賜予，而豫卦的完成是由自己做來。我得到上天的賜予，我自己本身應當具足天德，把天德推行在萬物身上，天人物我就會共同成就寬裕充盈快樂。

謙卦與豫卦重心都在人道。可見聖人為卦命名的意思，固然是側重在人道而不只是講明天時的作用。上天給出時機因緣，人做出本分的事來相輔相成。於是禮樂道德的世界沒有不充裕不和樂，而豫的和樂也就可以久長了。

錯用豫卦會有四種不好的結果：第一、身太安逸就會邪淫。第二、心太安逸就會放蕩。第三、志氣太安逸就會流連忘返。第四、事情太安逸就會鬆懈而沒有法度。這時候豫不但沒有利益反而有害，這是上天的過錯還是人的過錯？

4. 豫從「時機因緣」來說就是安逸和樂，從「事情」來說就是預備。事先能夠預備，在時機因緣來到的時候才能夠從容；事前沒做好準備，哪裡能夠期望有後來的寬裕從容？因此豫講的是天道也講人道，講的是成就萬物也講成就自己。

豫的時機因緣在上天，而成就豫卦的從容和樂在人事。豫的和樂在萬物身上，而怎麼「用豫」是在自己的修養。豫是表現在外的飽滿充沛，而怎麼完成豫卦的天人和樂，這樣的思維是在內心。

能夠體察豫卦的內涵，行出豫卦的道理，推廣豫卦的功德，推展豫卦的作用。那麼功業會更大，才不會辜負大有卦與謙卦在前面的開創與守成。實在偉大啊豫卦！讀經的人應當自我勉勵，不要拿「順承的行動」當作是容易，也不要在安逸快樂當中放情享樂，而忘記聖人「奮發與懈怠」的教訓。

上天所給予的太優厚了，人一定要有天德來承接；上天所垂象的太厚

道了，人一定要有天命來繼承。豫這個字的左邊是予，實在就包含**我要承擔天命、發揮天德**的意思。

白話經文

【象辭義理】

豫：利建侯行師。

豫卦象辭說：豫卦是順天時行動，聖人拿豫卦來完成人道「政治」的治理。治理國家天下最重要的是「賞罰」的道理。

一方面：建立邦國、分封諸侯，用來犒賞對國家有功勞的人，獎賞德行美好的人。二方面：如果諸侯國不能體行先王的德政，違背堯舜禮樂道德的王道，就出動軍隊討伐，用刑罰來審判罪責。建立侯國給天下帶來和樂，軍隊討伐給天下帶來安定。

「建立侯國、軍隊出征」是天下最大的行動，尚且很順利，一切的政治與教育就沒有不順利的了。於是可以完成豫卦懷德畏威、利人利物的治道根本了。

【解釋彖辭】

彖曰：豫，剛應而志行。順以動，豫。豫，順以動，故天地如之，而況建侯行師乎？天地以順動，故日月不過，而四時不忒。聖人以順動，則刑罰清而民服。豫之時義大矣哉！

豫卦解釋彖辭說：豫卦的政治格局，是上下相呼應，剛柔相順從，志向理想都可以完成。豫卦的時機因緣，天人順暢又健動，一切行動都很寬裕從容。

豫卦的道是順時而動。天道寒溫的節度，有秩序又寬裕從容；地道高低的節度有秩序又寬裕從容。天地尚且能從容中道來配合並發揮豫道的作用，何況是人道的建侯行師？

天地都是順時而健動，悠久而無疆，永遠不失中正的法度，所以日月的中和作用沒有窮盡，春夏秋冬四時的秩序沒有差錯。聖人順著豫卦的中道而賞罰公平，於是刑罰清明而人民順服。豫道合同天地人，展現從容中

道的時運，實在太偉大了！

【大象辭義理】

象曰：雷出地，奮豫。先王以作樂崇德，殷薦之上帝，以配祖考。

豫卦大象辭說：天地的陽氣振動，帶來天下同春的生機，天地萬物自然奮發興起。這就是豫卦飽滿充沛和樂的天地人氣象。

這時候孝親敬天的禮教已經推行天下，道德事功已建立，利人利物的功勳已完成。歷代的聖王在這時作樂歌舞，拿光明盛大的道德事功，來祭享上帝，同時讓祖先配饗（享）在上帝旁邊。

【爻辭義理】

初六 鳴豫，凶。

豫卦初六爻說：處在寬裕富厚的情境，反省不到自己時機地位的不恰當，卻自以為了不起而自滿驕慢，又驕縱奢侈沒有節度。自鳴得意太過，會給自己招來凶禍。

象曰：初六鳴豫，志窮凶也。

豫卦初六小象辭說：初六爻處在豫卦的富厚安樂，自鳴得意的貪享安逸，不能立定遠大的志向，志氣窮困又自滿驕慢，因此免除不了凶禍。

六二 介於石，不終日。貞吉。

豫卦六二爻說：縱然局勢上遭遇陰暗勢力像石頭這麼剛強，能夠委曲求全避開對方的鋒芒，能夠用柔順的力量來面對，不必一整天就可以化解。能夠用貞靜的德性來固守內在的節操，能夠堅貞站穩自己的中正地位，就可以創造吉祥。

象曰：不終日，貞吉。以中正也。

豫卦六二小象辭說：處在陰暗勢力像石頭梗阻的局面，不必一整天就可以化解。這是內心操守堅定貞潔，站得穩中正的地位，能順天道天時健動，才獲得吉祥。

六三 盱豫，悔。遲有悔。

豫卦六三爻說：不能把自己擺在豫卦的富泰謙卑從容，卻張揚自己，

傲慢別人。現出小人得志的態度，並且做了不應該做的事情，早晚一定會後悔。

象曰：盱豫有悔，位不當也。

豫卦六三爻小象辭說：在上位的人傲慢放縱，有地位沒有德性，作為背離了天道，後悔的事一定會來到。

九四 由豫，大有得。勿疑。朋盍簪。

豫卦九四爻說：全民整體共享豫卦的富厚安樂，這時候，大有卦的物資豐盛、禮樂人文美善，在豫卦裡完成了。上下守貞不二，不失中道，人人信受天命天德，沒有懷疑不信。志同道合的族群團隊聚集在一起，共同完成豫道的富足大有。

象曰：由豫，大有得。志大行也。

豫卦九四小象辭說：豫卦的志向在使全天下共同富足安樂。這是天子與臣民在禮樂道德仁義上面，長久持續的經營，從履卦到大有卦到謙卦，才獲得豫卦的富裕安和。

當天下人都懷抱飲水思源、感恩報本的心，來祭享上帝與祖先。在享受福祿的時候不會遺棄親友，豫卦的和樂安泰就長長久久，全天下人的志向理想都順利圓滿了。

六五 貞，疾。恆不死。

豫卦六五爻說：守護自性中道，不失去貞正誠信。雖然有疾病，總是不會死亡。

象曰：六五，貞，疾，乘剛也。恆不死，中未亡也。

豫卦六五小象辭說：在豫卦的時機與地位變化裡，很難自處。內心守得住貞德，就不會有後悔的事；如果在變化的時機因緣當中輕忽懈怠，性命不中正，太和沒保養，就會被疾病纏住。

有疾病而不會死，是能守護自性中道不失。

上六 冥豫，成。有渝。無咎。

豫卦上六爻說：豫卦的氣數到盡頭了，豫卦的作用已經竭盡了，豫道的昏暗阻塞已經完成，沒有富足安樂了。

君子審察「時中」的義理，在天時變化、人事錯亂裡，能夠潔淨自身，悄然引退，雖然窮途末路，還是可以免除罪過錯。善於運用豫卦的人，能夠自我革新行為態度，不會遭遇幽冥昏暗的痛苦。

象曰：冥豫在上，何可長也。

豫卦上六小象辭說：上六的豫道幽冥昏暗，在天時人事變化、昏暗看不見的地方，哪裡能夠勉強停留而招來罪過錯？

結語 宗主孚佑帝君論：豫卦的隨時，是自然健動的天道與地道，是人生行動的大綱領。

1. **豫卦包含天道與地道**：天道自然生發，是人性所抱持，一定要懂得潛藏涵養來鞏固根本；地道承載萬物，是人情所要學習，一定要有恢弘的氣度來完成人生的大用。如此一來，**豫卦便成為世道人心的行動大綱領。**

   如果稍不留意，總總弊端傷害馬上發生，功業不能成就，性情也會造成自我耽誤，這是人不善於用豫卦。

   能守得住才不會傾倒，能廣大才不會自困，立定要做到順利而沒有屈辱，亨通順行要做到健動而耐勞耐苦。**勞苦而不認為是勞苦，屈辱而不以為是屈辱**，此時豫卦完成，人道才完備完全。

   宗主孚佑帝君說：豫卦的作用是順著天道與地道自然的義理，而能夠施行不是人事人為的力量。《易經》象辭特別提出「時義」兩個字，就是明白指出豫道的廣大，教我們能夠知道豫卦的大用。

2. 這個「時」字與《中庸》的「時中」，《論語》的「時習，使民以時」，《孟子》講的「不如待時」，這些時字的義理相同，就是「自然而然」的意思。

   違背時機因緣就是違背上天大道，因此豫卦重視「順時健動」，而特別要拿「時」這個字來解釋說明。時的真實義理就恰如太陽的光照，大地有高有下，又像一年的冬天與春天。

   不合時機，萬物失去生成的力量，天道會背離，地道會敗壞；不合時機，人事不整齊，物力不完備。哪有豫卦的富足安樂可說？隨時的義理在

各卦同樣看重，但是在豫卦特別顯著。因為**豫卦的根本作用完全在時機因緣**。

天道尚且要靠時機來成就，地道尚且要靠時機來顯明，何況是人？何況是物？而彖辭拿「刑罰」作比喻，也是在講賞罰一定要配合時機。

3. **時機就是順動，順動就是時機，時機因緣成熟了豫卦就成就了，時運該進行了豫卦也就推行**。豫卦的作用只在「知時」兩個字。時機應該歡樂，歡於享樂就不是懈怠；時機應當憂慮，勤勞辛苦就不是勞碌。失去時機因緣不是懈怠超過，就是徒勞無功；不是勞碌太過，就是羞辱備至。

違背大道的行動，違逆上天的行事，想要避開「勞累羞辱」可能嗎？所以說豫卦「隨時」的義理太偉大了！用豫的人要懂得始終的戒慎恐懼，切不可以開始勤奮，結果鬆懈。因為**豫卦的心志本來就很容易鬆懈安逸**，仔細再思考聖人文義的講說自然就會明白。

澤雷隨卦

17

上六
九五
九四
六三
六二
初九

卦旨

1. 隨卦的本義有兩層：第一、隨順天時來樹立德性。第二、隨順地位來建立事功。這一切都回歸天道，道在哪裡，天下沒有不跟隨到那裡。**隨卦卦主一定要是大丈夫、英雄豪傑、奇人異士，才能夠乘著「時運」來推行大道，能夠順著「情勢」來完成天德。**才能夠隨和天時，隨從大道，隨順上天，隨順眾人，能夠掃平亂世而到達天下的治理。

   隨卦是道德事功恢弘廣大的時節，隨卦是要有所作為有所成就，要行道於天下，立德於人間，是為了完成道德事功。有得於天，全天下順從；有明於道，全天下服從。

   如果能隨著天時道運來達到天人交泰，就是仲康的中興夏朝與周宣王的中興周朝的功業了。

   〈雜卦傳〉說：「隨，無故也。」「故」講的是經歷，俗話說的人情世故；「故」講的是過往，已經過去的事都叫故事。故講的是故舊朋友。有變化就表示有更新，豫卦變成隨卦，這是講「世道人心」將要更新的現象。

2. 「無故」兩個字講的是豫卦舊有的制度不再存留，而隨卦的舉措都重新改變創作。豫卦是順時健動而能保持恆常，隨卦是隨機應變而能革除舊習。

   隨卦從豫卦變化而來，是世道人心與建國的制度跟以前大不相同，也有初創草創的意思。隨卦是從「變化」生出，而能夠刪除過往的事，**是根據陽剛健動的德性做到改弦更張的事功。隨卦的道理很適當，時機也剛好，所以叫作「天下隨時」。**

   時機到了就產生變化，時勢到了就更新創新，既然講隨時就不是守舊。

凡是講「時」這個字一定指「創新」來說。豫卦的時運既然窮盡了，隨卦「隨時」的現象也就開啟，隨卦講的就是「與眾俱新」的卦。

〈序卦傳〉說豫卦的富足一定會有隨從。因為豫卦的作用在順時健動，順是柔道，柔道容易得到喜悅；健動是前進，前進必須要靠陽剛。陽剛前進而遇到陰柔感到很喜悅，這是隨卦的由來。

3. 陽代表正氣，順從正氣就道大而作用光明，功業廣布而德性美好，因此隨卦具備元亨利貞四德與乾卦相同。**震當社稷的主人，是乾卦所看重；兌是幼弱的女兒，是乾卦所愛憐。**震兌都接近乾卦而卦爻相配合，恰好可以回歸乾卦，因此隨卦的作用是從乾卦出來。所以四德完全與乾卦相同。

隨卦是上下相順在正道，蠱卦是內外相依附在奸邪上面。隨卦是吉祥的卦。隨卦是下剛而上柔，柔能順從剛，雖然上下不相匹配可是內外能夠互相呼應，陰所喜悅的是陽，陽所親近的是陰，這就是隨卦。下卦健動而上卦和悅，**內剛而外柔，合於大道的作用，合同人情的融洽，四德完全，大道能夠行遍天下。**這是卦象所蘊藏的消息。

白話經文

【象辭義理】

隨：元亨利貞，無咎。

隨卦象辭說：隨卦具備元亨利貞四種德性，能夠隨和乾坤的創生與完成而成就萬物，能夠隨順天時與地利而隨時完成人道的本分。能夠把握隨時的義理，所以沒有過錯。

【解釋象辭】

象曰：隨，剛來而下柔，動而悅，隨。大亨貞，無咎，而天下隨時。
　　　隨之時義大矣哉！

隨卦解釋象辭說：隨卦是陽剛把自己擺在陰柔的下方，能夠謙卑自處。陽剛的德性能夠向下服務人，發揮柔道的作用。陰柔能隨順陽剛的健動，相得相合而互相愛悅。

內在陽剛而外在柔順，本體陽剛而作用柔順。隨卦的天道與人事能夠交濟，用「貞德」來守住正道，用「亨通」來發揮功用，用「大氣」來顯現成功。於是教化與治道完成而沒有過錯。

天下進入隨和、時中的禮樂道德大格局，人人大道成就而德性圓滿。隨時的義理太偉大了！

【大象辭義理】

象曰：澤中有雷，隨。君子以嚮晦入宴息。

隨卦大象辭說：雷從澤中上升，陽從陰出來。澤雷相隨，澤能溫潤萬物，雷能興布雲雨。

君子看見天道的功德作用，體察天人的一貫，明白人道不能違背天道，不能違背天時，才可以生息在天地當中。因此用天道來制定工作與休息的節度，完全隨順天時來生活作息。

【爻辭義理】

初九 官有渝，貞吉。出門交有功。

隨卦初九爻說：在位做官，面對前路的變化，能安靜自守而不失去正道就可以獲得吉祥。處於多變的時機，有操守又有作為，德性蓄積足夠，到哪裡都會有成就。

象曰：官有渝，從正吉也。出門交有功，不失也。

隨卦初九爻小象辭說：做官的路途遭遇變化，應當選擇順從中位正道才是吉祥，不可以貪戀俸祿與地位而失去節操。初九爻處在有作為的時機，如果不違背正道，功業馬上可以達到。

六二 係小子，失丈夫。

隨卦六二爻說：六二爻有中正的地位，可是陽剛的德性不充沛，志向不遠大，不願意接近傑出的大丈夫，不願意向勝過自己的人學習。

只喜歡接近小人不願意接近君子，喜歡與聽話而不會違背我的人相處，寧願連繫小子而失去丈夫。所以作用發揮沒力，道功不大。

象曰：係小子，弗兼與也。

隨卦六二爻小象辭說：道義的生命與欲望的生命，不能兼有。既然選

擇連接小人與功利，就不能同時擁有道義，接近君子大人。

六三 係丈夫，失小子。隨有求得，利居貞。

隨卦六三爻說：六三處於人道的中爻，樂意接近陽剛大人，志向道義，願意接近傑出的大丈夫，離開功利欲望小氣的人。在相隨相從、相合相得的時機因緣裡，獲得最多的利益。

這時，要篤厚情義，真誠中正的相信相處。懂得警戒貪戀奢侈放縱，抱守貞德，利益吉祥才不會失去。

象曰：係丈夫，志捨下也。

隨卦六三爻小象辭說：六三爻志向在連結大人與大道，捨離自私，放下名利。以中正貞信的操守，來創造利益。

九四 隨有獲，貞凶。有孚，在道，以明。何咎？

隨卦九四爻說：隨著遠大志向，把握時機進取，一定可以建功立業。這個時候，站在高位，如果靜默退處，只是優游安逸享受，放棄職責，荒廢職務，違背上天辜負人民，會有凶禍。

如果把握天時的隆盛，拓展盛大的德業，全天下都順服在道德禮樂的光明裡。哪有什麼過錯？

象曰：隨有獲，其義凶也。有孚，在道，明功也。

隨卦九四爻小象辭說：我們隨順天時，立穩本位，把握住成熟的機緣，一定可以獲得事功。在九四爻應該開創事功，卻守道守貞而違背天時，或一切作為違背道德仁義，就是凶禍。

能合同天道的亨通，人人能夠守中抱一，能夠盡人合天，就可以建立道德事功，完成治國平天下。

九五 孚於嘉，吉。

隨卦九五爻說：九五居處正位而君臨天下，乘著時運而領導四方，誠信合同萬民萬物，能重建禮樂文明的太平盛世，給天下帶來大吉祥。

象曰：孚於嘉，吉。位正中也。

隨卦九五爻小象辭說：九五君臨天下，地位中正，德性中正。英明的君王能順著天時變化來成就天德，能順著天運來建立禮樂盛世，為天下帶

來安泰光明吉祥。

上六 拘系之，乃從維之。王用享於西山。

　　隨卦上六爻說：君臣協力同心，隨順天時，中興禮樂教化已經成功。君王堅決挽留賢人，宴享百官，表揚功德，並慰勞全民。

象曰：拘系之，上窮也。

　　隨卦上六爻小象辭說：君臣誠信合同而政教圓滿以後，天人同慶而天下安定。於是全民永遠隨從禮樂大道，君王代天理民的本分責任完成了。

結語

一、論隨時是天道天時的節度，是人道禮樂的常經準則。

1. 隨卦的重要在身處變化而不違背時機，隨順時機而能守常應變。中心有主張能夠百折不回，大化而能細密，小大能夠一貫，可以做到無時不適合，無事不調理，所以叫作「**隨時**」。隨從大道又隨順天時，不會固執、不會拒絕，也不會盲目曲從的意思。

　　隨卦是剛柔交互的卦，**在內能夠自我固守本分，對外能夠自立自強，於是天下順從而萬民順服，隨卦的道就極致圓滿了。隨卦的正用在時中，能夠做到隨時而中、隨事而中就沒有弊端。**弊端都是知道有「隨順」的道理，卻不知道「時中」的義理。

　　只是靠著隨卦盲目結交附和以為是正常的作用，卻不懂得選擇正與邪，也不知道順從天地的常經大道。所以事情做了以後一定要蒙受災害，這就是過錯。

2. 隨卦能體察乾坤的大道，能融通常經與變化的德性，叫作「隨時」。時講的是從上天來成就，講天時都是包含地利，因此隨卦四德具備，又能夠順從天時，能夠感應地利。但是象辭只講「隨時」兩個字，重心特別擺在天道。

　　起居生活安定，行動靜止有節度，容易防止奸貪不正的行為；工作開明，勤勞與懶惰考核清楚，就很容易發展事業。聖王制定禮樂作為法度，人民守著禮樂就有常經準則，於是全國順從，生活不會失去時節；

天下聽從，生命不會遠離大道。

不論養生或養性都不可以不明白天時，這是「隨時的義理」為何偉大的所在。隨時的義理講到「精純」，向上可以推及天道而立定人道，可以幫助天地定位萬物長育而無窮無盡；講到粗略，就是生活起居吃喝玩樂的事而已。天道沒有變化而人事要順著常經準則，天道沒有窮盡而人要至誠不止息，天道往復循環而人的工作要有一定的時節。

因此《易經》包含有三層重要義理：**第一、不易。第二、變易。第三、簡易。**在隨卦都看得見。

二、宗主孚佑帝君論：聖人隨順天時，上下互相隨從，同心同德完成天下大同。

1. 隨卦的作用在「隨順天時」而能應對變化，與其他各卦講「守貞不變」的意思不同。君子一定會順著自己所處的角色與地位，而決定自己的所作所為。就好像夏禹、后稷、顏子、曾子，他們身上的道沒有不同，卻因為「處境、地位、角色的不同」，表現就不一樣。

   夏禹與后稷在當官的地位，就懷抱天下百姓的憂愁，天下百姓快樂他們也就快樂。顏子與曾子在鄉野民間就閉門自處，抱道自足，避開亂世的災禍而自我保全。他們的德性沒有不同而行事不一樣，這就是「隨時」的義理。

   時機應當居處在家就獨善其身，不必為他人籌謀考量；時機應當立足朝廷就兼善天下，不可以只為一己打算。這就是「用之則行，捨之則藏」的道理，也是聖人「存心與態度」最寶貴的地方。學道的人在這裡最應當注意體察。

2. 能夠乘著「時運」來推行大道，能夠順著「情勢」來完成天德。既不盲隨眾人也不違背眾人，能夠隨順君王的道義而不會逢迎君王個人的喜好，才能夠應對上天而隨順眾人，能夠掃平亂世而到達天下的治理。所以有「丈夫」的比方，丈夫講的就是英雄豪傑，奇人異士，不是一般的庸人俗人。

   隨卦是講沒有不隨從，上下互相隨從，沒有一個人獨斷自主。九四爻特別出類拔萃，還有向上隨從九五的道義態度，這就是上下能夠相隨，

而同心同德完成治國的大用。讀經的人在這裡一定要體認明白。

隨卦應當要具備八種修養：第一、用震卦作為本體。第二、用兌卦作為作用。第三、用陽剛來中正自己。第四、用溫柔來善待萬物。第五、用奮發勉勵作為鼓舞自己的意志。第六、用溫和喜悅作為處世的資糧。第七、用果敢果決作為決斷疑惑的老師。第八、用寬容舒坦作為預備的根本。

3. 能夠拿「**寬宏**」作為人生的作用，就不會拘泥小節；能夠拿「**節省**」節約作為人生態度，就不會奢侈鋪張。能夠以「**守貞**」為操守，處亂世不會有危險。能夠拿「**亨通**」作為目標，乘著時機一定會有功業。

   這樣的生命可以大可以小，可以伸可以縮，能夠緩和也能夠急切，有智慧的謀劃也會有立功的行為。這就是「隨時」的義理也就是「時中」的道理。為什麼可以做到這樣？因為隨卦所處的境地正當變化無常的時局，有時候應當固守，有時候應當行動；有時候應該做大事，有時候應該做小事。這是沒有定則的，要以**適應時機**為最寶貴。

   本體陽剛而作用能夠溫柔，根本很銳利而枝末能夠魯鈍，內能守貞而外能通達，意志堅定而行動順暢。雖然上下不同道，結果能夠互相契合一致；雖然先後不同功，而最終有同一的歸向。

   這是講我們所處的世界既然不是太平盛世，而所遭遇的人事又有多樣的分歧不同。所以**不能執著一個理則一個方法，而違背了天時與機運，給自己帶來過錯對立，矛盾與偏差。**

山風蠱卦

卦旨

1. 宗主孚佑帝君說：蠱講的是蠱惑，是人事，表示有紛亂迷惑，有摻雜詭詐的人情。〈序卦傳〉說：「**隨從別人的一定會有事，所以接著是蠱卦。**」講明蠱卦是由於隨卦的變化，隨從到了極點就失去正道，失去正道就成為蠱惑的現象。上位的人蠱惑下位的人，下位的人蠱惑上位的人，都是違背正道來追求苟合，蠱的禍害就看得見了。

   蠱卦從天道出來而蠱的禍害是由人事造成。聖人想要我們了解蠱的禍害而能夠挽救弊病，就建立蠱卦作為生命的教育。人事回應得當，還是可以回到天道的元亨，關鍵就在上下能夠洞察蠱惑的傷害，能夠覺悟挽回的方法，能夠用出**因勢利導**的要領。

   孔子說：蠱卦講的是失道敗亂的時候。天下的事情迫切需要等待整理，當位的人一定會有很繁重的事情，會有負重行遠的企圖打算。

   這一切與氣數有關，靠天命來維繫，最後都要歸結在**天人的融洽和諧**。天給人時機與日期，人希望得到上天的福佑，因此凡事一定要靠卜筮來決斷吉凶。

   蠱卦是拿事功作為教訓，一定是大有作為，一定是大有成就。

2. **蠱卦有四層義理**：第一、要知道天道的光明。第二、要明白人事的勤勞。第三、要審查時勢的艱辛。第四、要能夠惕勵乾卦朝乾夕惕的志向。全卦最特別的宗旨在「**先明白天道，然後推及人事。**」

   蠱字是蟲加上皿，也就是在器皿當中養毒蟲，具有毒害侵蝕的現象。而蟲會蛀蝕一切，蠱會毒害一切，事情的發生一定是由於人的不謹慎，由於事物失去檢點約束。所以〈雜卦傳〉以一個「**飭**」字來講明蠱卦的作用，用意太深切了。凡是人事進入蠱卦，通常以婦女最嚴重，關

鍵一定是由於婦女失去天時，交合不中正，婚姻延期，行止超越禮數所帶來的結果。

《易經》對於卦象的取用一定先從人事入手，而人事最重要的沒有超過男女的交接。**蠱卦的交錯已經背離情感人生的正道，想要挽救弊害，只有從自我警戒，整飭身心開始。**這個「飭」字的意義是蠱卦始終一貫的大用。讀經的人在這裡不能掉以輕心。

3. 如果做到**嚴謹約束身心**，**回歸正道，蠱卦不會造成傷害。**因為蠱卦是人事的紛繁，是很多人事物的摻雜糾結，面對蠱卦的人，情感的放縱已經很久，放縱欲望而不知道後悔。如果沒有嚴謹約束的行為，如何能夠撥亂反正？這就是處在蠱卦比處在隨卦艱難的所在。

   蠱講的是物也是事情。從人來說叫作物，從物來說叫作事，事與物本來就沒有分別。蠱卦的作用一定透過事情才看得見：比如說用法術來迷惑人一定是有原因的，用巧計來諂媚人一定是有憑藉的。沒有原因沒有憑藉，就不會有蠱惑與諂媚。原因與憑藉講的是事情，也是利害，**利害這兩個字就是蠱卦的開始與終結。**

   什麼叫作整飭？一是自我警戒。二是警戒人事。三是警戒內心。四是警戒外在的行為。這就是整飭的意思，如果不根據整飭的義理而還是像隨卦一樣的隨順，蠱卦所到的地方一定就像毒蟲腐蝕萬物，就像毒藥的殺人，沒有藥可以救了。

4. 能夠抱著整飭的心來應用蠱卦，蠱也會有功德，就好比看到前車的翻覆，而能夠免於後車的翻覆一樣。所以《易經》指示我們用蠱卦，重心在挽救以往的缺失，希望將來得到利益。

   所以爻辭講「幹蠱」，幹的意思就是講「挽回利導」，回返正道常經，也就是利貞的貞德。沒有做到貞德就不足以獲得利益，沒有做到人道的利貞就不足以通達天道的元亨。全卦的大用，就在「盡人道而合同天道」，也是《大學》格物致知的義理。

   人很難做到始終如一、持盈保泰，都是「嗜欲」兩個字的傷害。所以〈**雜卦傳**〉特別拿一個「飭」字，來警戒情欲的放縱。能整飭身心，就可以長久亨通。

白話經文

【彖辭義理】

蠱：元亨，利涉大川。先甲三日，後甲三日。

蠱卦彖辭說：蠱卦九三與六四的人道中爻，合同乾坤，得到乾元的正氣，能發展大始大生的功德，完成涉川的大利益。如果在七日來復的天運裡，能把握住甲日創始與終成的氣數時機，作出關鍵的決斷，大事業就能成功。

【解釋彖辭】

彖曰：蠱，剛上而柔下，巽而止，蠱。蠱，元亨，而天下治也。利
　　　涉大川，往有事也。先甲三日，後甲三日，終則有始，天行也。

蠱卦解釋彖辭說：蠱卦是陽剛在上，陰柔在下，巽德隨順，終止在艮山。陰陽交錯而陰德不能凝聚定靜，才會有蠱惑的現象。

蠱卦是迷惑敗亂的時節，為什麼可以治平天下？因為得到大賢人的輔助，用出光明大道，行出正大德行，重整國家的衰亂，完成中興的事業。提挈眾人，共同登上天道的順暢亨通，於是天下大治。

撥亂返治的國家大事，雖然艱困，在天時地利人和的天人交泰裡完成了。就在這一天，向神明占卜，得到上天應許，掌握氣數，決斷軍事、祭祀與政教，完成經國濟世的大利益。天道的運行，終點就是下一個始點，天行有常度而永不止息。人人合同天地的常經，就能把握時機，扭轉國運。

【大象辭義理】

象曰：山下有風，蠱。君子以振民育德。

蠱卦大象辭說：為什麼山下有風，是蠱的惑亂？如果人生離開光明清靜的自性靈山，進入顛倒染汙的潮流世風裡，陰柔得勢而追逐權勢名利恩愛的欲望，就會迷惑混亂不清明，造成蠱卦的惑亂。

在蠱惑混亂多事的時節，君子治理國家，想要振作民心士氣，培育人民的道德，要靠明德新民的風化教育，能夠推及全民全天下。讓人人能夠依止自性靈山，能夠明白天性而中正生命，最後止定在至善寶地而不動搖。

【爻辭義理】

初六 幹父之蠱，有子，考無咎。屬終吉。

蠱卦初六爻辭說：有賢明的孝子，足以當家繼承家業，彌補父親生前的過錯。孝子完成三大功德：一、保護家國，延續祖先的香火。二、推展孝道，成就全天下的福祿。三、厚積德業，成就萬民的恩澤。不只是沒有過錯，一定會有最終的吉祥。

孝子的奮發心願，不只彌補前人過錯，還可以造福後代兒孫。全天下會懷念他的德澤，這樣的懷念會延續到千秋後代。

象曰：幹父之蠱，意承考也。

蠱卦初六小象辭說：大舜與大禹的幹蠱，不是尋常的事，更是生前不能挽救的事。要在父親歸空以後，一方面彌補父親的過錯，一方面繼承父志建立事功。

九二 幹母之蠱，不可貞。

蠱卦九二爻辭說：子女有中正的德性，能夠彌縫母親的不足，讓母親得到美名。如果母親有過錯，當子女的，不可以強力去端正親人。只要守護自性中道，用貞德來端正自己，挽回母親的歡心。

推廣來說，解決前人的事情，解決親人的事情。主事的人要能守護自性靈山，用出剛柔和諧的中道。

象曰：幹母之蠱，得中也。

蠱卦九二爻小象辭說：子女能保全貞信中正的操守氣節，就能夠解決母親錯亂的問題。這是發揮自性中道的力量。

九三 幹父之蠱。小有悔，無大咎。

蠱卦九三爻說：解決親人的事情不是容易的事。既要強壯有力量，而太過剛強往往造成不和諧。如果能用出柔順謙卑的態度，得到多方的幫助，雖然過程艱難，小有後悔，不會有大過錯。

象曰：幹父之蠱，終無咎也。

蠱卦九三爻小象辭說：就像大禹治水、少康中興一樣，事情雖然很艱難，最終可以成就偉大的事功。

六四 裕父之蠱，往見吝。

蠱卦六四爻說：才德兼備的孝子或後代的人，能用出寬裕從容的氣度來解決親人或前人輩的事情，並推功給親人或前人輩。會等待時機成熟，不會急切想建立事功；會自我隱藏光芒，不會落入進退失據行不通。

象曰：裕父之蠱，往未得也。

蠱卦六四爻小象辭說：想解決親人或前人輩的問題，卻不能揮灑才德智慧，用出高明的柔道。再怎麼能力高強，也得不到美好的結果。

六五 幹父之蠱，用譽。

蠱卦六五爻說：孝子或賢明的後代，得到中正的地位，趁著好時機，用光明的德性，建立天下人仰望的道德事業。大孝的作為，既顯揚親人美名，自己也領受到光榮。

象曰：幹父用譽，承以德也。

蠱卦六五爻小象辭說：解決親人或前人輩事情的時候，要靠光明的德性，完成道德事業，讓天下歸向禮樂大同。如同大舜與夏禹盡大孝，彰顯親人的名譽，成就蠱卦最圓滿的功用。

上九 不事王侯，高尚其事。

蠱卦上九爻說：孝子或後代人，得到時位，道德與功業足以顯親揚名，完成明德止善的內聖外王，幹蠱的人沒有王侯可以事奉了！功成身退，默默做傳承天命天德的道統文化事業，如天道的永不止息！

象曰：不事王侯，志可則也。

蠱卦上九爻小象辭說：用蠱的人從事功上退身，做禮樂道德教化的高尚事業。這種讓萬年安和樂利的大志向，可以永遠為天下後世效法。

結語 宗主孚佑帝君論：聖人用蠱，撥亂反正，振興家邦，完成大同。

1. 人生不能離開事物而事物不能離開利害，賢明的人可以分判清楚，愚笨的人就迷昧執著了。君子能中正「存心與態度」，小人會失落「本

分與職責」。因此蠱卦的教育不可以停止，蠱是從外面來的災禍，而領受在身心，這是一般人不能避免的。

聖人明白這個緣故，用卦來顯示人生現象，用文辭來指示修道意義。把事物是非利害的道理剖析清楚，使人民有所依循順從，易教的功德太大了。可是世人讀《易經》而不了解蠱卦的意義，每天被人事物迷惑、拘綁、拖累，一輩子都擺脫不了。

蠱卦的命名有很深的意思。叫作蠱就表示有紛亂迷惑，有摻雜詭詐的人情。因為蠱卦在隨卦後面，隨順人事人情就很容易迷失在迷惘詭譎當中，這也是事理的正常，是人情所不能避免的。

2. 蠱卦在隨卦後面，而得到亨通的占卜，由天數來承接；有太過的現象，就是有人事的投入，於是形成繁忙的情節。如果處理失當，把持不定，一定會迷失在當前，自己的心也會迷惑，所以叫作蠱。這是拿毒蟲會毒害來作比方。

但是**蠱講的是天道**，雖然有過錯，而盈虛可以互相調濟，如果人事可以回應恰好，自然可以成就元亨的治理。但是**人情處在憂患容易，處在安樂很難**，因為物欲可以轉移人的情感，財貨足以喪失人的志氣。

人很難做到始終如一、持盈保泰，這都是「嗜欲」兩個字的傷害，所以〈雜卦傳〉特別拿一個「飭」字，來警戒情欲的放縱，能整飭身心，就可以長久亨通。

宗主孚佑帝君說：**蠱卦以上爻最重要**。這一爻與前五爻不同，因為數窮就變化，物極就反復。**蠱卦是以用世為志向，到了上爻反而以退隱為志向；蠱卦是以建立功業為高尚，到了上爻反而是以肥遯為高尚**。這就是上爻與前五爻最大的不同處。

3. 《易經》以人道為主，人道最重要的態度是**行藏進退**，能夠退藏的人才能夠前進。在前面五爻都是進取的時機，到了上爻不再能前進，就好像乾卦上九是亢龍，再前進一定有後悔。讀經的人要仔細尋思探索卦辭爻辭，自然會明白義理。

《周易》是根據後天的義理，以人道為最先，**人道沒有比孝悌更重大**。孝悌是天性當中最極致的德性，純粹是天理流行，無論處在任何艱困的時際，遭逢迷惑狂亂的時節，還是要以孝悌為重。

所以大舜不會因為父母頑固嘮叨而減低孝行，大禹不會因為父親鯀違背天命而喪失治水的志向理想。這就是最顯著的幹蠱義理。

能夠像舜禹一樣做到孝悌的滿分，才能夠實現幹蠱的道理；能夠像舜禹這麼樣幹蠱，才能完善發揮人道的滿分。這麼偉大的德性沒有離開順從而中正，靜止而前進，也就是巽與艮兩卦的根本德性罷了。**蠱卦是拿事功作為教訓，一定是大有作為，一定是大有成就。**

4. 大有作為講的是明德親親新民的事情，大有成就講的是盡仁盡智止於至善的事情。一言以蔽之，就是《大學》之道所包含的內聖與外王，所以**聖人不懼世道人心混亂，無畏國敗家亡，因為聖人一定會撥亂反正，振興家邦，直到完成。**

用蠱可以回應天道循環往復的氣數，可以合同易道乾元不息的教訓。這就是蠱卦的現象所給出的消息，蠱卦用三陰三陽來體察乾坤的二元，開出泰卦與同人卦的二運。蠱卦的涵義太偉大啦！

宏教柳真人說：蠱卦的文辭最簡略，意義多數沒有講明。因為**文王在作易的時候，有所顧忌避諱，周公也不方便講述明白。**我們推敲文辭當中的一字一句，就可稍微明白聖人隱微的心意。

地澤臨卦

卦旨

1.　臨是什麼意思？**臨就是到了**，既然已經到了，表示時機是不可挽回，情境是不可推托的地步。卻突然要應對，又突然必須對抗。

　　臨卦合同天德，得到乾元的正氣。臨卦有六層功德：第一、發揚上下能夠參贊天地的生成。第二、考核時機是冬天的最後，是春天的最初。第三、一切冬眠的物類都得到栽培蓄養，得到含潤萌芽，可以把寒氣化成溫和。第四、可以開發最深的水源成為最雄厚的潤澤力量。第五、可以融化冰霜來溫潤枯燥的土地。第六、可以轉化上天星宿的氣數來開出春天的元氣。這一切都是臨卦的功德。

　　臨卦包含陽而能變化陰，能夠振作幽暗潛存的生命能量，讓一切生命光輝顯露而情意充沛，讓所有的生命能夠潤澤天地六合。**臨卦兩條件：**有地道的博厚而能承載萬物，有水澤的流灌原野而能生成萬物。

2.　〈序卦傳〉說：「**蠱者事也。有事而後可大，故受之以臨。臨者大也。**」有事情一定就會強大。比如說一個人功業彪炳，美名與地位崇高，一定是非常人，就是人世間所稱許的大人。

　　《易經》講到大，一定是因為乾卦，而臨卦的大卻是出於坤卦而回返乾卦。能夠回應人事、體察萬物，培育德性發揮作用，來完成幫助生命長育的道理，來完成廣生大生的道義，所以叫作大人。

　　〈雜卦傳〉說：「**臨觀之義，或與或求。**」講臨卦是布施給予，而觀卦是需求追求。但是臨卦不是真正的富有，臨在給予的時候，有時候是從別人那邊取來，有時候是先給予然後需求，有時候是有所需求然後給予，與觀卦的一心需求不一定相同。所以用兩個「或」字講臨卦喜好給予而有時有需求，觀卦喜好需求而有給予的時候。

3. **臨卦有六種局勢**：第一、好像大軍擺列陣式而相對臨。第二、好像貴賓馬車相連而來臨。第三、好像匯聚眾水而面臨大海。第四、好像群峰相連而面對深谷。第五、好像日月附麗中天而俯臨大地。第六、好像狂風亂雲橫越太空而逼臨山河大地。

所以**臨卦有四種現象**：第一、局勢很逼迫。第二、狀態很嚴厲。第三、來勢很莊重。第四、力量愈來愈強勁。所以叫作臨。

一切物最相近的就是地與水，澤也是水，大地對於水澤既是同類相近，又可以作為堤防。大地靠土來發揮作用，土足以抵制水的漫流，想要阻塞水一定要用堤防，所以水澤的周圍一定是陸地，這是相互克制而且互相成就。**萃是類聚，臨是防堵**。因為萃卦是兌在上，好像水囤積聚集在地面；臨卦是兌在下，好像土的防堵在四周圍。

水如果沒有堤防就會氾濫奔流不停止，得到土地作為堤防，就會逼處在一個地方而不再氾濫成災。但是堤防不鞏固，一定會有潰決沖刷的災害。

4. 現在坤與兌相結合，最足夠顯現互相逼迫的情勢，最看得見互相抗拒的態度。但是水是柔性的物，只要堤防堅固就會自我困限；水又是流動性的，如果土地太薄弱，就會造成浸透滲透侵蝕。因此臨卦的作用有利也有害。

藉著堤防來防止規範水的亂流，可以為萬物帶來利益，就能完成大用；如果因為堵塞而激發水的威力，便會導致潰決奔流，反而造成大水的災害。

善用臨卦的人要藉著利益建功而不要造過，藉著時機的範圍發揮作用而不要貪得，雖然有逼迫威脅的憂患，最終還是可以免除衝突的災難。

臨講的是已經到達，事物的來到是不能預期的，叫作臨時，可見臨卦的義理與豫卦的事前作好準備是不同的。能夠明白臨卦與豫卦不同的消息與不同的取向，就可以明白臨卦的大用了。

白 話 經 文

【象辭義理】

臨：元、亨、利、貞。至於八月有凶。

臨卦彖辭說：臨卦是十二月的卦，具備天道天德的元氣，具足人道利貞的操守。當陽氣成長為春天，可以生成萬物，造成天下繁榮的景象。

到了八月，陽氣消減而陰氣成長，這是時機的生殺災禍。人如果明白氣數的消長，順時應變，謙退含藏，就可以免除凶禍。

【解釋彖辭】

象曰：臨，剛浸而長，悅而順。剛中而應，大亨以正，天之道也。至於八月有凶，消不久也。

臨卦解釋彖辭說：臨卦是陽氣升上地面，漸漸浸潤轉化陰氣，進入地天泰卦。坤地柔順，能承接乾卦而生成萬物；兌澤悅樂，能體察乾卦而惠澤萬物。九二居正位，與六五相呼應，得到時機而運行政教命令。乾坤合德，上下交通，內外和諧。柔道行出剛健，顯現天道正大亨通的氣象。

天時節令到了八月有凶險，正當秋殺的時令，陽氣消減的時機不久就會來到。人如果預先做好防備，人道能夠回應天道，凶禍也可以化成吉祥。

【大象辭義理】

象曰：澤上有地，臨。君子以教思無窮，容保民無疆。

臨卦大象辭說：臨卦具備四德，有澤水的潤澤萬物，有大地的厚德載物，具足天地生成的元氣。君子運化臨卦來振興教育，鼓舞人文思想。

用悅澤柔順的態度來推行仁政王道，展現禮樂道德教育，開發人類的精神文明。用來容納萬民、保護萬民、成就萬民。

【爻辭義理】

初九 咸臨，貞吉。

臨卦初九爻說：才德兼備的君子乘時奮起於草野，天下雲集而響應，天人順從而總動員。事在必行，志在必達，君子的言行被大眾深信，君子的風采被群眾仰望。貞德中正光明，帶來大吉祥。

象曰：咸臨，貞吉。志行正也。

臨卦初九爻小象辭說：才德兼備的君子，志向理想遠大，行事正大光

明。能感應人情而發動，順天理來行事，共同創造吉祥，一切回歸天性天德的中正。

九二 咸臨。吉，無不利。

臨卦九二爻說：才德兼備的君子，得位乘時，用禮樂道德臨現天下。展現明德止善的吉祥，圓滿成人成物的大利。

象曰：咸臨。吉，無不利。未順命也。

臨卦九二爻小象辭說：抱持民貴君輕，而為生民立命的君子，天命天德臨現的地方，天人共同完成大吉祥大利益。如果像商湯、周文王遇上無道君王，就不遵奉君命而對越在天，救民命擺第一。於是所到的地方，萬民沒有不順從天命天德。

六三 甘臨，無攸利。既憂之，無咎。

臨卦六三爻說：應該警惕惰氣，自強奮勵，卻沉醉在美好因緣，貪戀感官享受。一定會懈怠志向理想而辱身敗德，對身心沒有幫助，還會一事無成。如果接近師友善知識，在甘美喜悅中還能戒慎憂患，就可以免除過錯了。

象曰：甘臨，位不當也。既憂之，咎不長也。

臨卦六三爻小象辭說：耽溺在甘甜美好的因緣情境，是身心地位擺得不恰當。如果聽從師友善知識勸導，發心猛省，在戒慎憂患中振作道心，雖然有過錯也不會長久。改過自新，就能天命常新。

六四 至臨，無咎。

臨卦六四爻說：抱持坤德的柔順、清靜、堅貞，無私無我的內德，合同天地人三極人道的中位。德位既然相配，政教的功德也同步到位，一切過錯彌縫後，更顯人文精采。

象曰：至臨，無咎。位當也。

臨卦六四爻小象辭說：六四是人爻的關鍵地位。道德與時位同步到位，以往一切過錯不圓滿都圓滿了，這完全是立定在天命天德的人道正位，行出禮樂仁義的大道，才有人文化成的美好結果。

六五 知臨，大君之宜，吉。

臨卦六五爻說：君臨天下，要靠才德與智慧。領導人要得位乘時，天與人歸，才能運行禮樂道德仁義來治平天下，共同創造大吉祥。

象曰：大君之宜，行中之謂也。

臨卦六五爻小象辭說：君臨天下的領導人，用天德承擔天命，靠禮樂仁義的中道來推行政教，創造出大同的景象。

上六 敦臨。吉，無咎。

臨卦上六爻說：君臨天下的領導人，用天德的博厚來臨對萬民萬物，可以打造天人物我神聖平衡的吉祥世界。天下沒有棄人廢物，也沒有犯法的人了。

象曰：敦臨之吉，志在內也。

臨卦上六爻小象辭說：君臨天下的領導人，最可貴的是真誠博愛、公正無私，像山一樣的內德修養，能體行天地的中道，做到以尊貴服務卑賤。就可以完成博厚高明悠久，傳承永續的人文世界。

結語 臨卦是君臨天下的氣象。沒有賢智失中亂天下，只有誠明貞元安天下。

1. 孔子說：臨卦的爻象是四陰二陽，二陽在下而四陰在上，陰多陽少而以陽為貴。所以**臨卦合同天德，得到乾元的正氣。**
   臨卦正當蠱卦繁雜富庶長育以後，有獨當一面而直接奮起的氣勢。要完成六大功德：一、必須應對世道潮流的變化。二、必須面對人事的錯綜複雜。三、將要來整理天下而統帥一切。四、要使萬物能各自歸類。五、要使萬事能自成調理。六、要做到體察乾坤的大道而推廣泰卦的大用。
   因此完備的一定要用**簡單**來接續，繁雜的一定要用**單純**來承接。這是天道變化自然的道理，是事物交替轉換必然會來到的情況，才會使萬物循環往復到達永不止息。
   如果不循環就會滅絕，不往復就會消失。消失與滅絕，天地會一同毀滅，還有什麼事物好說？所以正當最強盛的時候，已經種下衰敗的契

機;正當前進的時候,已經埋伏後退的跡象。《周易》立定六十四卦的次序,就是根據這樣的體例而互相推移。

2. 宗主孚佑帝君說:臨卦因為陰消陽長,陰雖然一天一天消失,而氣勢還很強盛,所以有逼迫脅迫的現象。臨卦是十二月的卦,前進就是泰卦,泰就是陰陽平均,而地天交和了。這麼說在臨卦是還不和,是陰陽還有一方偏盛的時候,陰因為害怕陽而不甘心退讓,陽因為接近陰而有所逼迫,於是形成互相逼臨的現象。

陽既然一天一天成長,陰就一天一天消減,在消長當中,氣會很迫促。所以臨卦雖然是大,而局勢是雙方相持不下,都想爭大比大。

陽雖然得到地位足以迫使陰退讓,可是陰還有很多,不想立即退讓。從卦來說,雖然屬於陽卦而時機還是偏向陰卦。就好像十二月的氣候,春風還沒有啟動,寒氣還是很嚴烈。陽剛與陰柔相爭,少數能夠勝過眾人,這當中的變化太快了。

3. 只因為臨卦是以陽順陰,是順從上天的道,得到陽氣的最先,**而有根本有源頭,能中和又能強大**。從卦來說是坤與兌的結合,坤是順從,兌是喜悅,能夠順從喜悅前進,雖然相爭而不至於互相侵犯,雖然有嫌隙而不至於互相嫉妒,而且所有的陰會自然消退來促成陽的成長。這是時機所造成。

天地當中只有數的消長,氣的升降,是互相需要互相依賴。陽氣升到上方,陰氣就會往下降,陽剛成長在外,陰柔就會滋生在內。臨卦變化成為觀卦,觀卦會與臨卦相反,所以到了八月會有凶險,因為八月已經是觀卦了。

反過來陰氣的消減轉變為成長,陽轉變為陰,就好像八月的時候寒冬漸漸來臨,萬物面對的是殺機,而生機已經很隱微,所以叫作凶。這是講陰柔乘著時機而增長,陽氣不能與陰相爭抗了。

風地觀卦

上九
九五
六四
六三
六二
初六

卦旨

1. 觀卦是講人能明白神，用神道來建立教化，這是觀卦的第一義諦。《易經》的成就從觀來。賁卦的象辭講到「觀察天文以察時變，觀察人文以化成天下。」雖然是解釋賁卦的作用，實在是關連著觀卦，而觀卦的義理就包含在這兩句話當中。

   觀卦最重要的義理在觀察。在天是光明，在人是智慧，沒有不是觀察的成就。觀天知道天時，觀人知道民情風俗，而且透過善觀萬物來完成人文的可觀，這就叫作人己同觀，天人共見。我們觀察天時的運行，會明白人物生成的根本；觀察民情的不同，會明白風俗習尚的關連。就一定有「順循」的要領，會生出「導正」的方法。

   讓生活能夠順從道、依循理，這就是用**天道來建立人道**。用道理來導正行為，就是藉著人民的習俗來建立民情的教化。天道道化與人道教化合起來，就是象辭所講的「**神道設教**」。「神道設教」這一句話讓我們看見真理教育能夠化成人文，而天下能夠順服，不只是教育而已，一定先有道在當中。

2. 道是什麼？就是神道。神是什麼？就是天道。天道表現在四時，神道顯現在日月，而人能夠感應，就是性命。**性是承接天道來出生，命是能夠推動神功的運行**，不離開陰陽二氣的相結合，剛柔的相交通。天地間永遠是陰陽並行，萬物生化永不止息，因此神道也就是性道而已。**人性沒有不善，因為人的靈明與神相同**；神功沒有不周遍，因為虛無微妙的元神已經分別賦與在天性當中。講「成性存存，道義之門」，就是講神道設教的意思；乾卦講「各正性命，保合太和」也是講神道設教的意思。

讀到「神道設教而天下順服」，就是賁卦的化成天下。能觀照自己的天性就是在觀察神道，而神道設教就是「性道立教」的義理。

《中庸》首章三句話：「天命之謂性，率性之謂道，修道之謂教。」就是在講天命、天性、天道的教化。

所以觀卦的作用是拿天道與神道來設教，道化天下到達無窮無盡，實在是根據觀察所得到的源頭與宗旨而來，不是聖人故意講一些玄虛飄渺的話。「神天的道」用在上天就是神功，用在人事就是聖功，神聖與天人是一貫的。

3. **人道的仁義是模仿天道的陰陽，這不是人的力量所能設置的。**人要以天為法則，不是效法天，而是效法天道能生成一切的天性。上天生人而賦給人天性，**人就具備神天的元氣，人就具有天地自然的大用**。所以我們要明白天道與人道沒有不同，神功與聖功沒有差異。

觀卦最重要的義理就在光明。有光才可以去看，有明才能看見，夜晚不是看不見事物，是因為沒有光亮；盲人不是不知道物，而是因為眼中無明。沒有光亮就不能成就觀察，沒有明目就不能觀照萬物。上天靠著日月來完成天下的大觀，人靠著兩眼來觀照天地萬物，所以觀照觀察可以成就一切。

聖人講生命教育從蒙卦開始，蒙卦是比方人的愚昧無知，一定要靠聖人來傳授教化，接受教化然後才會明白道。**生命教育到了「觀卦」就不再蒙昧了**，就可以讓人自我觀照本心本性，化成天下的日子就近了。

所以到了「賁卦」就有盛大的人文精神可以觀察，不僅是天下服從而已。學習《易經》的人，應當順著卦的次第來參究來探討。

4. 功業成就就會退藏，萬物發展到極點就會變化，陽氣到了觀卦已經要窮盡了，時節正當八月，秋天的時令到了最旺盛，過了這個季節就要進入冬天了。萬物是秋天收斂而冬天潛藏，這是天道自然的秩序，在前面主持春生夏長的，到了這裡一定要後退而深藏於密，不可以再與時節競爭追逐而違背天道。

臨卦是「教思無窮，保民無疆」，這是當道與當家的人的責任。觀卦是「觀察天時沒有差錯而用神道設立教化」，這是聖人設教的功德。仔細探究兩卦的文辭就可以知道真理的教育雖然相同，但方法是有不

同的。

上天的教化在四時，人民的教化在禮義，所以臨卦與觀卦的生命教育作用，一定要由君子來實行，由聖人來完成，觀卦尤其更迫切。聖人尚且必須要有所觀察，觀察上天的旨意來作為道化，觀察神明的旨意來立定教化，**天道與神明的功德就是聖人的老師，就是教化的根本。**這就是觀卦所以叫作大觀的所在。

白 話 經 文

【象辭義理】

觀：盥而不薦，有孚顒若。

　　觀卦象辭說：聖人心性潔淨，心燈常明，不必等待祭祀才表現誠信光明。聖人元神與天神同體，能大化一切。神人合一而永保太和的無為、純粹、永不止息。

　　聖人元氣飽滿充沛，與上天神明的世界感通，清淨光明的德性，觀照萬物、成就萬物而沒有窮盡。

【解釋象辭】

象曰：觀，盥而不薦，有孚顒若，下觀而化也。大觀在上，順而巽，中正以觀天下。觀天之神道，而四時不忒。聖人以神道設教，而天下服矣。

　　觀卦解釋象辭說：用觀的聖人，一體同觀照又化成一切。雖然沒有祭祀儀典，而天心常保清淨光明，太和化育永不止息，變化眾人回到一，再也沒有不誠信、不合同。天地間展現人文精神的完善，看得見萬物成長的美好。

　　人文世界的美善，不是偶然出現。是主事的聖人，能夠順從天道天理，能夠合同天性人情，把禮樂大道推行全天下，看得見天下萬民中和的態度，中正的倫常。

　　我們觀察春夏秋冬四時的運行沒有偏差，就會明白天道的主宰，明白神道的大化。聖人就是拿天道神道來設立教化，讓我們明白，神道天道生

成化育的自然無為。於是，天下萬民都知天通神而臣服了。

【大象辭義理】

象曰：風行地上，觀。先王以省方、觀民、設教。

先王的禮樂道德教育，像風運行於大地。藉著省察各地方的風物來觀測民情，了解民心的需要，才設立教化。聖人觀察民情風俗，得到教育的方法；順著化民成俗，達到培德明道的效果。

【爻辭義理】

初六 童觀，小人無咎。君子吝。

觀卦初六爻辭說：人生學習的最初，志向不遠大，所觀察的知識學問有限，見識也不足。在童稚蒙昧的一般人來說，沒有過錯。

一個有見識有德性的君子，就不應該心胸眼界太小而自我限制。君子要展現生命學問的大觀，完成禮樂道德的教化。

象曰：初六童觀，小人道也。

觀卦初六爻小象辭說：觀卦是上觀天道，下觀人事；內觀天性，外觀人情物情。觀天道、天性是大觀，觀人事物情是童觀。性命的源頭不通達，人生的根本不立定，這般層次以下的觀察，是一般人的程度而已。

六二 闚觀，利女貞。

觀卦六二爻說：女子所處的地位，觀察的是家門以內家常瑣碎的事情，接觸的是親戚朋友往來的人情。女子抱持貞德，做治家的本分事，圓滿家道，最有利、最適合了。

象曰：窺觀，女貞。亦可醜也。

觀卦六二爻小象辭說：女子立穩治家本位，觀察的只是人事人情的家務瑣事。男子的觀察要正大光明，可以合同天神，可以完成天地定位、萬物長育。如果男子也像女子一樣窺觀，見識淺短，就是鄙陋可恥了。

六三 觀我生，進退。

觀卦六三爻說：觀察我生命的進退。當境遇、外物逼迫，覺察自己的陰暗閉塞，不得不反求自性真我。由不誠回到誠，由人道回返天道。

當我們做到反觀自性，就是能觀照天道，就能一體同觀照。這時候，上下本末、始終內外，都明亮通徹。一真一切真，萬境自如如了。

象曰：觀我生，進退。未失道也。

觀卦六三爻小象辭說：觀察我生命的進退，沒有失落生命的根據。我能反觀自性，就明白我與大道同體同步，與萬物的生成變化同體同步。只要反觀我的本體本心本性，就可以通達天地萬物。

人生的成敗得失，輪迴解脫，這一切的進退升降，都沒有離開道。誠明如神，中和位育，也都是自性天道的完成。

六四 觀國之光，利用賓於王。

觀卦六四爻說：君子承擔天命，成就天德，作為國王的貴賓。向上輔成君王，向下教化萬民，完成道德事功。讓人看得見國家人文化成，政通人和的光明景象。

象曰：觀國之光，尚賓也。

觀卦六四爻小象辭說：國家的禮樂教化成功，風俗淳厚，道德倫理的光明，隨處看得見。這是上位領導人懂得尊師重道，禮賢下士。

九五 觀其生，君子無咎。

觀卦九五爻說：當天地定位、萬民長育的功德完成，天人物我都光明可觀，就是德性光明的國君，已經成己成人成物了。

所以，一個君子內觀完成，家國天下也完成，再也沒有愧疚與過錯了。

象曰：觀我生，觀民也。

觀卦九五爻小象辭說：反觀自性的同時，可以觀照一個國家。觀察一個國家的政治、經濟、文化、教育好不好，看人民就知道。

一人安邦、一人定國。決定是內觀自性的這個人，足以完成大觀天下這件事。

上九 觀我生，君子無咎。

觀卦上九爻說：天下的大觀已經實現，眾人的內聖外王共同完成了。君子會功成身退，回歸本性，保全元神。君子效法天道，隨順天時，進退都可以免除過錯。

象曰：觀我生，志未平也。

　　觀卦上九爻小象辭說：當天下順服禮樂道德以後，君子體察天時與神道，退藏內觀，回歸自性淨土，長保太和。君子不平凡，有獨特的志向理想，與平常人不一樣的抱持，進退都可以自在自得。

結語

一、聖人上觀神道，下推禮樂教化，而人文化成。

1. 明有大明、小明的不同，有大觀、微觀的分別。**用天道去觀察所以叫作大觀**。只有大中至正才沒有自私，才開始能用天道去觀察萬物。人可以觀察天地、觀察日月、觀察山川、觀察草木鳥獸、觀察歲月寒暑，可以**觀察一切的象**，可以觀察一切的物，然後匯集成為巨觀。
   把巨觀用在身上，用來建設一切的事物，遺留給後世的人而流傳全天下。使天下的人各個都能順著人文精神的觀察而完成自身的道、暢達自身的德，來發揮生命的功用。這就是人生的大觀，而**真理的教育要擺在首位**。
   聖人建立卦象、設立文辭，一定都是有所依循效法，效法天道而建立人道，效法天時而完成教化的功用。所以大道的作用有節度，德性的施與不會遺漏。
   大觀四大功德：一、效法天日的光明而立定觀察的法度。二、效法天時能成就萬物而建立真理教育的秩序。三、向上觀察神道，取法上天考核成就的功德。四、向下推展禮樂教化於天下，驗收萬民順服的效果。這一切都沒有離開大觀的義理。

2. **用觀卦的五層智慧**：一、取法巽卦的順從。二、用出陽剛的高明。三、善用陰柔的真誠感化。四、有承擔力測量人生的好惡。五、有果斷力安排人道的緩急。然後設立真理教育能感通神明，推行禮樂教化能成就萬民。
   很寬裕很從容的道化天下，這就是「**不慮而中，不思而得**」：不用人心思慮，自然契合中道；不用多方的思維，自然可以獲得天道。如果

不是聖人的智慧與德性，誰能講得出這麼圓通的境界語言呢？**觀卦的大用一定要等待、要靠聖人，然後才能大成。**

真理教育立定而人類共同仰望，生命教育推行而人類共同遵循。捨離教育就會失去仰望而沒辦法遵循，又將如何創造道德生命的永生，完成道德人生的作用？臨卦已經建立生命教育，怎麼推展實行就在觀卦。觀察是由自己推及萬物，由內向外，能夠一以貫之。觀卦是拿風行地上作為現象。**風行大地，萬物沒有不承受；教化推行於四時，萬民沒有不變化不成就。**這就是觀卦的大義，讀經的人要詳細思考。

二、宗主孚佑帝君：論神道設教。

1. 聖人藉著觀照萬物來設立教化，藉著教化來推重神道，因此神道光明而教化成就，達到天下順服，這都是觀卦的成果。人要學會觀聖人的氣象，聖人懂得觀神道的光明，神功運行而天時就會順著一定的理序運轉。

   觀察的對象有四種：第一、觀天就知道日月的光明。第二、觀地就知道山川的利益。第三、觀人就知道生成的道理。第四、觀物就知道交際的禮儀。觀察這一邊就明白那一邊，觀察前面就明白後面。**有觀照才有光明**，所以**聖人重視觀察的智慧**，於是能夠一天一天上達光明。**在天是光明，在人是智慧**，沒有不是觀察的成就。所以觀卦是講人能明白神，用神道來建立教化，這是觀卦的第一義諦。

   聖人能夠拿道來統一民心民情，一的力量沒有超過神，所以生命的教育一定要向神道學習，這也是天理的必至而氣數的必然。神道的一致可以從四時的沒有差錯看見，這就是天道的至誠無息、悠久無疆。

2. 聖人的教化就是順著天道來建立準則，因此**我們理解「神道設教」並不是祭祀、禮拜、供奉的儀式，而是要效法神明的抱一**，來發揮真理教育的抱神最高效果。

   神道設教四大宗旨：一、神是無所不到，教化也沒有設限，沒有固定的方法。二、神是無所不通，教化也是有教無類。三、神是上下一體朗照，教化也是讓賢明與愚昧一體同化。四、神是體用兼賅，教化是本末全備。最重要的是要根據神的靈明，來發揮教化的效果，要效法

神的德性來完成教化的功德。

神道設教四層境界：第一、神是無為而無所不為，這一點真理的教化也是這個樣子。第二、神是本體精純而作用廣大，良心天理的教化也是這個樣子。第三、神是高明博厚能夠完成覆載的功德，綱常倫理的教化也是淵源廣大，能夠達到參贊化育的功效。第四、神是消長剛柔中和、達到永不止息，禮樂道德仁義的教化也是深思默契，能夠化人於無形。

3. 所以神道與教化作用相同而功德一致。講神道可以，講人道也可以，因為神不是其他東西，就是自性中道，是天性所固有，是元氣所感通。哪裡可以把神看成奇異怪誕而批判否定呢？

    我們不可以不知道：**上天是靠神道來完成天道**，所以萬物能夠生成；**聖人是靠神道來完成教化**，所以萬民能夠變化長育。

    這一種天道真理教育有三大功德：一、與天覆地載同功。二、幫助萬物生成化育。三、與天德地德齊平。如果沒有這樣的天道真理教化，人怎麼配得上三才的名分而保全性命的根本源頭呢？

21 火雷噬嗑卦

卦旨

1. 噬是張開牙齒來咬物，嗑是合起嘴唇來吃東西，是「開合」的意思。而一開一合是乾坤的道理，陰陽就是從開合當中出來，生化是從開合來成就。

   噬嗑有食物與合同兩層義理。「合」這個字是講人與物，眾人與自己，都能情同意合，就像水乳的交融；具足一切的利益，就像膠與漆的溶合。所憑藉的條件正大，所完成的作用光明，這就是噬嗑卦的取象。

   全卦用食物來取法，講明「民以食為最可貴」的義理，又引申「戒貪」的教訓。聖人治理世界，不得不先重視人民的飲食，而有食物一定要先謹慎需求的心。所以「食物充足」是治道最大的事，而「警戒貪心」也是治理人民最重要的德性。

   天下沒有不必吃飯的人民，天下也多的是貪求的人情；不給人民吃飽固然不是人道，如果不警戒貪心也是會違背治道。因此噬嗑卦就因為食物而想到要利用監獄。

2. 噬嗑卦以飲食為重心，讓我們明白人生的根本源頭。又因為食物而追求合同團結，因為訴求情感的公平而制定法律，這一些都是拿民心民情來考核，都要衡量時機的恰好才能推行禮樂教化。噬嗑卦的合同時機因緣正是由觀卦而來。所以〈序卦傳〉說：有可觀必有所合。

   噬嗑卦就由這些道理推想人情事理的源頭，才制訂為卦爻，才興發這些辭句，很深度的探索本末，更進一步追溯終始源由。於是拿「飲食」作為教化，拿「合同」作為立論，使人民知道食物的關連重大，而人情的和合，維繫力量更大。

   於是不會因為情欲而傷害天性，不會因為食物而傷害人道，不會把根

本當作枝末，不會把小事當作大事。生活與生命的道理可以很順暢，而天下可以共同安定治理了。所以叫作噬嗑。

3.　噬嗑是得到食物的現象。讓人憂慮的是：追求苟安而沒有遠大的志向，安享快樂而忘記更大的禍患。所以得到食物的人要知道「飲食溫飽」的不容易，而期許自己不要辜負人情義理；與人有結合的要知道「互信合同」的艱難，而一定要做到盡其在我。

噬嗑是陽卦在內，重心在充實內德；賁卦是陽卦在外，作用在輝耀才能。噬嗑接近本質，賁卦偏向文明，本質在先而文明在後，這是聖人治理世界的重要法則。因此**富有在教化前面，而禮儀要擺在溫飽後面。**後代讀《易經》的人不了解「禮樂治世」的義理，執著一端的看法來決斷全章，拘泥一種想法來概括大體，使得《易經》的真理教育長久隱晦，背反安邦治國的大用。這沒有其他的原因，是學習禮樂道德仁義的精神不足，不用心精思，只是知道而做不到，被表象給障蔽了。

噬嗑卦的象辭講「利用獄」的非常教育，這是推察人民犯法的原因，是為了食物而爭訟，因為爭訟而心氣難平，勢必要用法律來決斷，才能發揮大道的公平公正。但是重心不在刑罰與監獄，在監獄的前面還有最重要的食物，還有更重要的禮儀團結合作。

4.　**噬嗑卦有三層義理：**第一、全民都吃得飽。第二、大家都有得吃，必須要靠合作團結。第三、缺少食物而演變到搶奪，或是貪多而忘了合作，形成強大的欺凌弱小的，人多的壓榨人少的，然後貧人與富人好像仇人，這時候強盜小偷就會出來，善良的風俗就會失去，家庭社會國家就不安定。

於是不得不用法律與監獄來達到公正與平等，壓抑壞人來保護良善。講「用獄」已經是第三層義理了。

讀經的人常常忘記前面兩件事情：第一是讓人民富有的生產建設。第二是讓人民明理重義的禮儀教化。只是看重第三件事情，也就是如何讓人民不犯法？於是法治與刑罰的學說就會興起而人道更加悲苦，國家的治安更加衰弱，這難道不是大大違背《易經》的真理教育嗎？

5.　因此我們要明白，聖人的易教不能緩慢，而講求治道的人應當先追求：明白《易經》「天人一貫」的義理。

噬嗑為什麼叫作合？一要明白神道。二要明白時機的恰好。所以叫作合。向上要合同天時，中間要合同人事，向下要合同物情。**要怎麼做才可以結合？**就必須要順著觀卦的「大觀是上觀天道，藉著神道來設立教化。」這一層就與卜筮的道理相類同了。**用真誠來明白神、來接近神，明白氣數來上達天理**，這就是要順從卜筮的隱微義理了。

所以拿食物來形容，而拿合同的義理來告誡。因為食物可以維持生命，藉著食物來完成人生的作用，這是天下共通的法則，無論人物都是這個樣。有生命一定需要食物，有同類一定需要合同合作，這一種生活方式以人類最顯著。沒有食物就不能夠成就生命，沒有合作團結就不能成就事功，一切的事情也都是要合作團結，不論在什麼時空背景都一樣。

6. 食物能填飽肚子而生命可以延續，互相合作、互相幫助而事業可以成功。「**飲食與合作」這兩件事，是人情也是物欲，更是天經地義的事**，聖人也不會改變的，因此就拿噬嗑卦來講明當中的道理。

藉著卦爻的交錯可以知道「相得相合」的情境，透過噬嗑的命名就能知道「飲食與合作」的價值是什麼了。這一層道理，讀經的人不可以不深入探求。

所以《易經》的真理教育，**把「同人與大有」排為前後的次序，就是為了彰顯大同的義理。**同人卦顯現合群的道理，大有卦顯現飽足的情境，這是太平盛世的景象了。而**噬嗑兼備溫飽富足與合群團結的現象**，最能夠表現中道治國的例子，讓我們看見人生所必須的道是什麼！

人生不論是為自己或是為他人，為家或是為國，不論是賢智的人或是愚笨不賢明的人，不論是富貴的人或是貧賤的人，都不能離開生存的法則，一定是活得好才能完成其他。

7. 《周易》次序，賁卦在噬嗑卦後面。噬嗑得到食物而有黃金，得到遇合的時機而建立事功，靠著生養的恰當而獲得安居樂業的福報，這是已經富足了。既然富足了，接著就應該加以教化，**用禮儀來端正行為，禮教就是人類的文明。**

當人民安居樂業、生活安逸快樂，人的欲望不滿足，物好不滿足，而且人與人之間強弱不一致，貧富很懸殊，就會有爭訟，糾紛會很強烈，

因此噬嗑卦就有用獄的政治事務，可見「防微杜漸」的道理實在是不可以緩慢。

刑罰雖然可以鎮壓一時，而善良的風俗一定要追求可以影響千秋萬世的教化；利用監獄的道理勢必不能長久，因此禮教的興起是人事的必然。噬嗑卦需要的刑獄，到了賁卦已經變成禮教。

白話經文

【象辭義理】

噬嗑：亨。利用獄。

噬嗑卦象辭說：噬嗑包含飲食與合同的道理。在安定的生活裡要安守本分，不安逸怠惰；在互相合同裡要盡其在我，不巧取掠奪。才能觀照人我而明達內外，亨通天下。

人情難免多欲多貪而爭奪，傷害道德與倫理。這時，要靠刑罰與監獄，來維持公正與平等。

【解釋彖辭】

彖曰：頤中有物，曰噬嗑。噬嗑而亨。剛柔分，動而明。雷電合而章，柔得中而上行。雖不當位，利用獄也。

噬嗑卦解釋彖辭說：噬嗑卦好像人的口裡含著食物。民以食為天的飲食道理，通行全天下。離在上卦是陰柔又光明，震在下卦是陽剛又健動，上下是剛柔分明，內外是健動光明。

雷電同德，交感結合，天威的刑賞與天恩的潤澤作用看得見。離卦第五爻陰柔居處上卦的中位，陽隨著陰而上升。陰柔主持陽剛的中位，地位不恰當，而且陰柔主宰殺機，德性是陰險，作用適合「刑罰與監獄」。所以噬嗑卦是兼備「飲食、合同、監獄」三方面的道理。

【大象辭義理】

象曰：雷電噬嗑。先王以明罰，敕法。

噬嗑卦大象辭說：先王憑藉雷電的天威來制定刑賞與法律，向上可以

感念天恩而合同天道，向下可以節制物欲而安定人事。於是禮教推行，人人懷抱忠信而天下大同。

【爻辭義理】

初九 屨校，滅趾。無咎。

噬嗑卦初九爻說：損害腳趾來適應鞋子，就不能走路了。這件事只是傷害自己，沒有傷害到群體，還不是大過錯。這是「時機與地位」造成勉強的屈就，形成虛假的合作，發揮不了作用。

象曰：屨校，滅趾。不行也。

噬嗑卦初九爻小象辭說：損害腳趾來適應鞋子，造成不方便行動。好比是要合同別人而委屈自己，雖然沒有發揮作用，還不是大過錯。

六二 噬膚，滅鼻。無咎。

噬嗑卦六二爻說：飲食不正當，貪吃奇異怪味又腐敗的食物，掩住鼻子也要勉強吞嚥。既傷害鼻子的正常功能，也傷害身心靈性。貪戀的損害只是自己，還不是大過錯。

象曰：噬膚，滅鼻。乘剛也。

噬嗑卦六二爻小象辭說：貪戀放縱，怪癖太過，傷害性情的中正，保不住中和。這是乘坐在陽剛的地位，而不能自我保全柔順；被誘惑逼迫，卻不能守住貞德。不知不覺落入貪得的癖好。

六三 噬腊肉，遇毒。小吝，無咎。

噬嗑卦六三爻說：吃到不新鮮的肉而中毒了。因為不貪吃，就是遇到有毒食物，還可以沒有傷害。好比人能光明自身的德性，不放縱情欲，雖然開始沒有做到很謹慎，到最後卻能真心懺悔，一時的偏失，還是可以沒有大過。

象曰：遇毒，位不當也。

噬嗑卦六三爻小象辭說：吃不新鮮的食物而中毒，是飲食不恰當造成的。引申來說，存心態度不恰當，做不仁義的事，追求不合道德的財物事物，會遭遇禍害。

九四 噬乾胏，得金矢。利艱貞，吉。

噬嗑卦九四爻說：吃乾肉而得到金矢，是意外的收穫，容易生發僥倖獲得的貪念。要明白，一切不中正的食物、財物、事物，都不是福報。能夠自我惕勵而守護堅貞節操，就能創造大利益、大吉祥。

象曰：利艱貞，吉。未光也。

噬嗑卦九四爻小象辭說：在人生的得失際遇裡，要用道德仁義來衡量。艱難固守本分而不失節操，堅貞守護天理而正大光明，不論順逆得失，都是吉祥安樂。反過來，存心不光明，行事不正大，難免遭遇凶禍。

六五 噬乾肉，得黃金。貞厲，無咎。

噬嗑卦六五爻說：吃肉乾而得到黃金，表示俸祿高與財富多，是本分應當得到的。因為能做到坤德的靜順貞正，做到乾德的朝乾夕惕，所以沒有過錯，可以長保富貴福澤。

象曰：貞厲，無咎。得當也。

噬嗑卦六五爻小象辭說：才德兼備而當國的人，享有富貴福祿，是從貞德操守來的，是從奮勵不苟安來的。時機、地位一致又恰好，不只沒過錯，而且高位、福祿、美名、長壽的吉祥，都可以長保。

上九 何校滅耳，凶。

噬嗑卦上九爻說：處在時機、地位窮困的地步，還不知道反求根本。又泯滅良心本性，來負荷不恰當的欲望，一定遭遇凶禍。

象曰：何校滅耳，聰不明也。

噬嗑卦上九爻小象辭說：居處高位的領導人，貪享欲望而泯滅良心本性，招來凶禍，延燒全天下。是最笨的人了！

結 語 禮教、飲食、貨幣經濟、法律，是治平根本。

1. 宏教柳真人說：噬嗑卦重心在飲食，正好與「民以食為天」的義理相同，民生的重點在吃得飽。這當中禍福互相依靠，利害互相重疊，飲食的重要哪裡只是關連飢餓與吃飽？

食這個字就是民生的生計，不只是指飲食，凡是人生所需要的，都要與飲食同樣看待。**物質與精神的需要必須一視同仁，讀經的人要抱持這個觀點來理解。**

既然生而為人就不能不吃東西，這是至情至理。只能夠警戒「不要爭奪」，而不可以讓大家沒東西吃；只可以抑制「不要貪心」，也不可以讓大家吃不飽。**這是聖人看重人民的飲食，作為治平天下的根本。**

人的生養在食物，法律正所以讓我們得到食物；食物有不平均就會爭訟，法律正所以讓我們沒有爭訟。因此法律是為了民生而設立，如果人民沒有生活，哪裡需要談到法律？大家不追溯法律的根本，而只是追求整齊法律的枝末，正好反映出法律的不足。

2. **《大學》講道德是根本，財物是枝末。噬嗑卦講飲食是根本，法律是枝末。本末不能立定，怎麼講治國安邦？因此孔子再三講論說明。**

宗主孚佑帝君說：噬嗑是離震兩卦合成，有光明震動的義理，而拿飲食與合同、合作立為教訓。因為有食物才能行動，能合作必定光明。從自己來說，得到食物才能發揮力量；從別人來說，得到光明才能合同眾人。

簡單來講就是「**忠信**」兩個字，盡自己的天性，一心不二叫作忠；合同眾人的心，人無不從叫作信。忠信是處事接物最重要的道理。

「噬」從筮，有卜筮的義理，古人決斷疑惑用的是卜筮的方法，**讓我們明白人是從天出生，一切行動作為沒有不是順從天來決定。**噬拿飲食來作為教訓，飲食是養生最重要的事，飲食的利害關連到生命與後代的延續，取捨必須要謹慎。就好像其他的事情要等待卜筮來決斷一樣，就是**期望能夠做到不違背生命又不違背上天。**

3. **噬嗑卦的大用有兩層義理：一是飲食，二是合同。**象辭卻說「利用獄」，所以後來的人解釋爻辭，往往都牽涉到處罰人的刑具，認為爻象所指涉的多是有關「利用監獄」的事情。事實不是這個樣子，因為「用獄」這一句話，**是聖人藉著卦象來制定教化的用意。**

古人講明刑罰、整飭法律，是為了警醒眾生，不是喜好刑罰；是要用來防止奸邪，不是預設人民一定會犯法。飲食是用食物養生，刑罰是用法律保護眾人，義理有相通的地方。能不能結合恰當，就像一件事

情有正有邪，而道還是相同的。

解經的人不去探求《易經》教育的根本精神，一定要附會在刑罰與監獄，這是違背聖人設立文辭的原始宗旨。比如爻辭講「滅趾」，就一定要講到把腳砍斷嗎？爻辭講到「滅耳」，就一定要講到把耳朵割掉的刑罰嗎？這樣的猜測連想都是很勉強的，不能夠傳達爻辭真正的義理。所以**孔子不講，不是遺漏。**

4. 噬嗑卦講**飲食是人生的大事**，因為飲食就會有爭訟；噬嗑卦講合同是**人道的大原則**，因為合作就會有奸邪的事情。奸邪與爭訟如果發生就要用刑罰，「用獄」就是必然的情勢，固然的道理。**不是聖人故意這麼說。**

噬嗑卦當然也不能捨離道的根本而追求刑罰的枝末，這等同於放棄禮教大體卻嘉許細小的吃喝事情。因此對於刑罰這一層，從道義上來推展是可以的，如果認為刑罰是最核心的解釋，這是不可以的。

噬嗑講飲食，爻辭一再提到得到黃金，這一層義理很多人不通達。古人舉食物與貨物並重，這兩樣都是民生的根本，沒有食物就不能生活，沒有錢也是活不下去，所以**貨幣的重要不下於食物。**

上古的時候農耕還沒有興起，靠的是捕魚打獵維生，在當時沒有貨幣，靠的是以物交換物，這一種「日中為市」的風俗從黃帝的時候就有了。當時人民生活很簡單，獲得食物比較容易，還不用依靠貨幣。

但是「用物交換物」終究是不方便，久了會感覺到受限，大家就會想怎麼帶來便利，這便是貨幣的起源，實在是與人民生活的繁盛同步。

5. 人民眾多了，需要的食物也多，光是捕魚打獵不足以維生，耕農種桑就接著發達；田地開闢了，居住的方就有一定的範圍，不再是游牧的時候可以比擬。

當「以物易物」的交易愈來愈困難，**由貨幣來代替物資的交換，就是必然來到的趨勢。**於是貨幣與食物同樣重要，自從中古以來就是這個樣子。

堯舜與夏商周三代，文化愈興盛，貨幣制度逐漸穩定。**文王作《易經》，知道食物與貨幣是民生的必須**，而噬嗑的爻辭，肉乾與黃金並舉，從這裡可以看見當時民情所重視的情境。

聖人把人民擺在第一順位。人民都有得吃，然後叫作沒有飢餓；人民都富有而各得其所，然後叫作沒有貧窮。聖人在最初不是先想到自己，**六五爻講得到黃金是天下人共同的利益，得到以後能用在萬民才叫作利**，利益遍及全天下所以是全天下的大利。天下人都得到大利，自己哪有不利？

因此六五爻的占卜，實在是我與全天下都得到食物的現象，也就是我與全天下共同富有的現象。全天下已經共同享受富有了，還有不合作、不合同的嗎？**當食物與合作能同心同德，這兩件事就是一件事。**讀經的人必須推敲文意而深一層探求，聖人設立文辭的心就可以明白了。

22　山火賁卦

上九
六五
六四
九三
六二
初九

1. 《周易》的次序，賁卦是在噬嗑卦後面。噬嗑得到食物而有黃金，得到遇合的時機而建立事功，靠著生養的恰當而獲得安居樂業的福報，這是已經富足了。既然富足了，接著就應該加以教化，用禮儀來端正行為，**禮教就是人類文明的修飾**。

   當人民安居樂業、生活安逸快樂，如果沒有禮教，就好像穿著錦繡的衣服在晚上行走；又好像在草地上吃喝，雖然口體很快樂，但不是心志理想的追求。而且人的欲望不滿足，物好不滿足，人與人之間強弱不一致，貧富很懸殊，就會有爭訟，糾紛會很強烈，因此在噬嗑卦就有用獄的政治事務，可見「防微杜漸」的道理實在是不可以緩慢。

   刑罰雖然可以鎮壓一時，而善良的風俗一定要追求可以影響千秋萬世的教化；利用監獄的道理勢必不能長久，因此**禮教的興起是人事的必然**。也就是噬嗑卦需要的刑獄，到了賁卦已經變成禮教。於是全天下同化在至善當中，而人文與日月同樣光明燦爛，這就是賁卦的大用。

2. 賁卦是離卦在艮的下方，離光明而艮靜止，光明就光輝表現在外，靜止就定靜存養在內，這是上下內外能夠相應。**光明一定先真誠，就是「充實而有光輝之謂大」的意思；靜止一定先啟動良知，就是「知止而後有定」的義理**。誠明與止定這兩件事合起來，就是《大學》內聖外王全體的功夫，就是《中庸》全部的宗旨精神。

   《大學》先做到明明德，也就是自性光明；終於止至善，也就是知止定靜。《中庸》真誠光明的性道，中和的德性，就是從內心通達向外界。講到仁與智的行為，禮樂教化的功德，就是由外功回返到內德。

   賁卦因為內在能夠真誠光明，德性可以遍及全天下；對外能止定抱一，

大道可以回歸本始。內外與本末一以貫之，這是聖人成就道德、完成事功的表現。

聖人如何建立人道、開啟人文？第一、根本天性，發為人情。第二、證驗於鬼神，光明合同日月。第三、感通四時的秩序，能夠造化成就萬物。第四、用禮樂教化建立人道，能夠啟動人文的成就。

3. 聖人就是效法賁的卦象來推展作用，因此拿天文與人文來建樹政治規模，來推廣禮樂教化。**效果是：政治清明，天下安寧；禮教光明，天下和樂。**這一種賁卦的文明修飾就不只是炫耀外在的文采，一定要澄澈心思、讓思慮清淨，回返到自己的天心，能夠守護人道的貞德，能夠行得出天道的亨通，足以感應萬物。

   然後展現美好的儀態，展現讓人敬畏的威嚴，這樣的威儀並不是有所作為，努力追求就可以達到的。

   君子不會拿威儀來自我尊貴，所以禮樂的外觀雖然很盛大，而內在的本體並沒有增加；外貌雖然很有華采，而自性的本末沒有減少。因此雖然有文明的修飾就好像沒有修飾，有文采好像沒有文采，有顏色好像沒有顏色。

   因此賁卦的作用是自己不彰顯作用反而可以表現作用，自己不認為有德性反而可以有美好的名聲。**為什麼？中心真誠就不需依靠外在，內心充實就不會被外物轉移。**別人只看到這些威儀華采的修飾，不知道君子根本就沒有做過任何修飾；別人只覺得文采煥發，不知道君子從來沒有刻意展現文采。

4. **一切的作為出於無為，一切的行事出於無事，**就像日月的光明而不自以為光明，就像山川的高大而不自以為高大。這就是賁卦的本來面目，實在是靠內在的本質取勝。

   〈雜卦傳〉說：「賁無色也。」既然說有色，為什麼又講無色？這是讀《易經》的人最應當深深思考的地方。

   賁卦叫做無色，具備「體無用有而誠中形外，色是空空是色而色空不二」兩層義理：賁卦原來重色，但不是本來有顏色，因為無色然後追求各種顏色，這就是**「體無而用有」**。比如「繪事後素」這句話，是講繪畫的事情，一定是在素色的絹布上繪畫，就因為沒有顏色才能顯

現各種顏色。

修飾最寶貴的是因為有潔白純淨的本質。寶玉的雕琢，美麗絹布的刺繡，都是本質的純淨然後加上文采，就更能成就美好。**這是賁卦叫作無色的第一層義理。**

萬物的美好一定是在壯盛的時候，德性的美好一定是在充實的當下，這是**誠於中然後形於外**。有文采的一定先具有本質，有作用的一定先長養本體，這是本末互相成就，始終能夠相得益彰。

5.　賁卦因為無色卻拿顏色來稱揚，正是在講有根本有開始，與浮華爛美的不一樣。根本既然立定，中心既然充實，只要光明盛大、推廣發揚，大道就不可限量，天德就無窮無盡。然後再返回本始，歸回平淡，作用就沒有窮盡，而大化可以無窮。

這正是天地生育萬物的功德，沒有刻意作為而自然達到；這正是日月光明的力量，沒有思慮而自然完成。所以賁卦展現修飾，而賁卦的究竟還是要到達不必修飾。有色就是無色，文采就是無文。佛家說：「色即是空，空即是色。」**這是賁卦叫作無色的第二層義理。**

賁卦的取象是山下有火，山高大而火明亮，這是高明的象徵。山高出地面，可以被眾人瞻仰，生發百物，可以儲藏各種貨財寶物，這是富有的現象。萬物富有然後得到文明，就有天下文明的現象。

6.　**聖人考慮到人情喜好表面的浮華，愛慕聲色，喜歡追求華美，喜歡虛偽造假而忘了自己的本來，所以藉著賁卦來顯示生命的教育。**賁卦的作用在修飾，而重心不在修飾；人生要顯現文采，而不是重視文采的追求。

聖人更揭明「無色」的文辭，明白指出止定的義理，又拿**修飾的盡頭就是剝卦的道理**，來顯示天道興盛與衰敗，光榮與枯萎的因果道理。這樣的中心思想很微妙，聖人的用心很真誠篤切，不是只解釋一個卦的卦象而已。

一個人的莊嚴威儀是德性對外的表現，一個人的忠信樸實是德性存養在心裡。因此易卦拿無色作為最高指標，而作用要靠真誠來顯現，真誠就光明，無色就有一切的姿態風采。

天道不會滿盈，所以沒有枯竭的時候；聖人不會自認為飽滿充實，所

以沒有空虛的時候。

7. **以美名作為自己的身分，就會傷害自身；以文采作為自我的標榜，就會失去生命的本質。** 只有真誠光明自身，以真誠作為美名，不必追求名聲，而美名自然來到；修養生命的忠信本質，來美化生命的文采，不必追求文采的修飾而生命自然光華朗照。

這就是**真正體察到賁卦的彖辭：「柔來而文剛」的義理**，能夠做到以溫柔來保持剛正，以陰的能量來充實陽的能量。就能夠掌握賁卦最高的涵義。

眾人不了解存養忠信本質的義理。認為賁卦是文飾而沒有顧到實質，認為賁卦是為了追求亨利，卻沒有保持貞正的德性。於是柔不能勝剛，陰不能協同陽。用浮華誇張來自我娛樂，卻不檢點自己細小的行為；在才華聲色當中自我喜悅，卻不能修養到達生命的真誠光明。

8. 自認為名聲很大身價就更高，才華增加德性就更遠，這是把枝末當作根本，因為小成就而耽誤大德性。一定會招來身家隨著名聲而敗壞，物資福祿也隨著文采而消耗殆盡。道德既然失落，亨利哪裡會存在？這就是後代**「追求文明而障蔽忠信本質」**的大害，未嘗不是人事上的缺失。

文采與本質平均，而本質一定要先於文采；身體與名譽同等，而身家性命一定比美名來得重要。這是智慧的人所知道的事。賁卦當中有最寶貴的事物，就是真誠；賁卦的行為有最寶貴的根本，就是貞德。

真誠足了然後文明自然顯現，貞德固守然後亨利自然通達，這是天人不變的道理。明白這一層義理，就會知道**聖人傳述賁卦，以無色作為最高指標**，宗旨太深切太遠大了！

白 話 經 文

【彖辭義理】

賁：亨。小利，有攸往。

賁卦具備乾坤的美德，有亨利的開創。人文精神雖然可以亨通廣遠，

而利益不會很大，不可以大用。人文利益的創造，隨著個人志向的小大，道德修養的淺深來決定。

君子在「損益文質」這裡有反省力，能止定至善寶地，不妄求大目標大成就，因此能夠內求真誠光明，安居而沒有傷害。

【解釋彖辭】

象曰：賁，亨。柔來而文剛，故亨。分，剛上而文柔，故小利有攸往。二氣渾圓，天文也；文明以止，人文也。觀乎天文，以察時變；觀乎人文，以化成天下。

賁卦的人文化成，有亨通的道。艮卦往下俯就離卦，叫作陽來照明陰，成為天道下照的天文。離卦來仰照艮卦，叫作柔來文剛，成為人道上達的人文。

天人所以亨通，是由於：人不貪享外在文明的華美，能夠順應天道天時，來保全陽剛本質。對外行事溫和柔順，對內全力保有內在忠信的本質，小利也會創造大吉祥。

賁卦是三陰三陽平均分配，而陰陽分明。艮山止定的陽剛在上方，與離火明照的陰柔相感應，顯現文明的柔和；但是，陰陽互相限阻，只能打造小利益，不能大成就。

陰陽二氣渾圓交融，雲霞彩虹是天道的文采；人文精神依止在至善寶地，五倫八德是人道的文采。觀照四季天文，就能體察天時氣運的變化；觀照禮樂人文，就可以變化世道人心，成就天下的文明。

【大象辭義理】

象曰：山下有火，賁。君子以明庶政，無敢折獄。

有天德天位的君子，藉著天道天文的自然美好，推行禮樂中和的政治與教育，修明一切政教庶務，改變嚴刑峻法，創造人道人文的光明。不敢只用法律、刑罰治國，最後不必有監獄的存在。

【爻辭義理】

初九 賁其趾。捨車而徒。

人生的充實、美化，從腳趾開始，要避免用心偏差而拖累自身。在下

位的人，立志追求文采名聲，寧可捨離車子而徒步走路。

一心追求理想上達，在氣數、時機、因緣成熟時，能把握時機，寧願勤勞做事而捨棄安逸。更何況，賁飾的本質，不必假借外物。

象曰：捨車而徒，義弗乘也。

志在化成天下的君子，不坐不合道義的車。下位的人，勤勞努力走在基層，內心剛健，道義充實，不必假借外物，就能展現德性生命的光輝與美好。

六二 賁其須。

一個人的鬍鬚與眉毛美觀，眼睛明亮有神，是心腎相交，精氣凝聚的光華。要等待從年幼到年長，才有神態的美觀。同理，一個才德兼備的人，足以美化生命威儀，讓人看到就想親近。這也要等待義精仁熟，不是輕易靠外物可以美化得來。

象曰：賁其須，與上興也。

一個至誠無息、才德兼備的君子，從少到長，抱守貞德，立穩正位，凝聚天命。因此，能輔成上位的人，共同開啟天下的文明。

重心在貞德，貞德才能成就亨通。坤卦可以承接乾卦，這是離卦附麗的根本德性，而能夠隨著艮卦的止定來同行，所以柔能夠幫助剛，內能夠協同外。**上下一心一德，可以開啟天下的文明**，這樣的作用也太偉大了。

九三 賁如，濡如。永貞，吉。

處在眾多人情物情的包夾因緣，立身在最難自持的處境，失本分操守，就會全面落入奸邪錯亂。能夠懷抱危厲、奮勵的存心，常存愧疚不足、未盡道義的心，誠敬的固守貞德，才有永貞的清明與吉祥。

象曰：永貞之吉，終莫之陵也。

在賁卦文明化成的過程，有種種誘惑搖撼薰染的情境，進退失據的抉擇。君子有永貞的吉祥，因為能做到朝乾夕惕的清明，不會招感屈辱，彼此能同化在性命的中正。

六四 賁如皤如，白馬翰如，匪寇婚媾。

一切文明的修飾，是潔白還是染汙？一切文化的行為，是廣厚無盡的

展現，還是局部片面的拘限？有著不定的變數。

人道上的人文化成，最可貴的是素樸、真誠的相互交往。縱然開始是懷疑猜忌，最終會成為志同道合的親人。

象曰：六四，當位疑也。匪寇婚媾，終無尤也。

人文化成必須彼此互動交往，要靠貞德操守來克服情感的容易障蔽汙染，靠真誠來找到合同點。雙方能夠發於情止於禮，能夠抱持坤卦靜順的德性，創造離卦文明的幸福，共同回歸艮卦止定的境界。完成君子大道肇端於夫婦的人倫文明。

六五 賁於丘園，束帛戔戔。吝。終吉。

上位的人，展現國際外交，主賓禮儀往來，不是在朝廷廊廟，卻在山丘林園。禮物不是金銀珠寶，只是微薄的絹帛。禮儀禮物不完備，顯出文化的氣象小氣，文明的氣度不足，得不到天下人的諒解。

因為主事者明德守禮，以反觀自省的真誠，盡心完成嘉會的禮儀。沒有傷害賁飾的精神，最後還是得到吉祥。

象曰：六五之吉，有喜也。

主事的領導人，有道德操守。接待內外賢臣，雖然禮儀簡略，彼此能夠合同和諧，獲得喜悅。

上九 白賁，無咎。

人文化成的極致，從有色回歸無色，從後天太極回返先天無極。既然道功圓滿，還會有什麼過錯？

象曰：白賁無咎，上得志也。

上等的修道人，踐形壽、盡天性，保守先天一點真元。超越造化，不隨氣數窮盡，合同大道而永不止息。

結語

一、宗主孚佑帝君論：賁卦的教育宗旨，是忠信的本質，是無色的素樸。

1. 宗主孚佑帝君說：「賁卦是文飾文明的卦，講物資豐富然後文明，人生富足然後有文明的修飾。所以賁卦在噬嗑卦的後面，也就是衣食豐足以後，禮義教化推行的意思。人民要先吃得飽然後才可以實踐禮儀，先活得下去然後才可以安守秩序。這是治國平天下的大原則。」

   人常常忘記自身修養而追求名聲，常常放棄本質而追求外在的文采，這樣的人太多了。如果不是不聰明，哪裡會落到這般地步？因此**孔子很急切說明賁卦文明的傷害**。

   賁卦是吉祥的卦卻不是吉祥，就要看使用賁卦的人存心態度如何。知道賁卦有根本的精神就不會被作用給誤導，而能夠成就美好的名聲。**如果只是愛慕賁卦的誇示顯耀，只是放縱自己的才情，就會損耗天性的真實**。這是智慧的人所懷抱的修持，然而卻是愚笨的人專心在追求的成就。

   因為一切的文明修飾終究是外物，對我有什麼增加？**天性原本沒有顏色**。我們觀察雲霞的輝耀光采，就知道色澤從哪裡來；我們觀看花葉的繁華，就知道顏色最後的結果。我們就能了解聖人用賁的道理，而**不會在文明興盛的時候馬上掉入剝卦**。

2. 這時用賁的人一定要做到一件事：**藉著富有來成就禮教，藉著合作來成就共享的事功**。禮是文化修飾的工具，君子用禮文來修養整飾外貌，就是為了防止情欲的放縱、嗜好的過度，不要反而傷害自己。所以禮教是聖人用來文明美飾天下，使全民都能文質彬彬，都能享受禮樂的華美。

   所以賁卦的文飾是上天給的，是人自己願意的，但是還是要有重心，就是忠信的本質。「忠信的人可以學禮節」，**只有禮節而沒有忠信的心，是失去禮教的根本；失去根本，光榮沒有多久**。光重視外表的華美，有什麼意義？

   我們要明白文飾的根本是什麼？所以禮節不拿玉帛作根本，而賁卦不拿華美作根本。賁卦雖然取華美的義理，**實在是拿無色作為最後的歸宿**。這是聖人指示生命教育最隱微的宗旨，我們不可以不深思啊！

二、宗主孚佑帝君論人文化成：賁卦大用在歸真反樸，復歸嬰兒。
　　用柔用無，善虛善止。

1.　**賁卦是可觀的**，這就是聖人仰觀天文來作為人文教化的根本，就是不
　　變的道理。雖然崇尚文飾，一定更要重視素質，樸素本質不完備，光
　　是文飾有什麼用？所以先要培養內德，德性樹立然後名聲彰顯，德性
　　實踐然後美譽看得見。
　　**一個人的莊嚴威儀是德性對外的表現，一個人的忠信樸實是德性存養
　　在心裡。**因此易卦拿無色作為最高指標，而作用要靠真誠來顯現，真
　　誠就光明，無色就有一切的姿態風采。
　　生命文飾不是從外面來。如果說文飾是從內在生發，**內在本來無一物，
　　文飾加在我的身上是沒有輕重的。**能了解這一層宗旨精神，才能通達
　　貫徹賁卦的大用。

2.　宗主孚佑帝君說：賁卦是文明的修飾，有「柔來而文剛」的現象。這
　　是天地的至道，也是人物極致的德性。古人效法天地，調協陰陽，就
　　是拿賁卦作為法則的對象。就像老子《道德經》所說的道理沒有不是
　　賁卦的義理：「內剛而外柔，志向方正而行為圓通，用天下的至柔馳
　　騁天下的至剛。拿萬物的陰來幫助萬物的陽，拿人性的圓潤來化導人
　　事的固執剛強。」於是能夠保養自身，發揮人生作用，暢達生命的道，
　　立定生命的德。
　　所以人生不會被情感奴役，不會被欲望傷害，而能夠做到沒有瞋恨、
　　憤怒的心，沒有不平、暴力的意；而且萬物與我不會對抗，眾人與我
　　不會互相仇視。這就是生命的至柔足以成就生命的陽剛，文明到極點
　　足以歸真反樸的意思。
　　所以**老子拿「嬰兒」作比方：**嬰兒沒有什麼長項，可是人不會欺負他；
　　嬰兒沒有什麼技術，可是人不會勝過他。這就是嬰兒能夠用柔的緣故。
　　生命的道不會破損、障蔽，也是同樣用柔的道理。

3.　再推展到天地的道理：天地能夠悠久，所以日月可以永恆光明，而山
　　川能夠永恆長在，這就是因為用柔道運行，柔道的力量能夠通達向外，
　　又可以常保內在的本質。

所以風雲雖然有殺傷力，卻不能損傷日月的一個毫毛；龍虎雖然雄強，卻不能毀壞山川的一個邊角。這就是**存著不爭的心而能爭雄一切，存著不殺的心而能殺滅一切**。這正是天地最陽剛的所在，也就是柔道最直接的表現。

因此我們要明白：柔道才是大道的極致，無色才是眾色的極致。這才是賁卦最寶貴的地方，而終究可以完成無色的境界。沒有顏色的顏色與佛法的「色空一如」義理相同。

讀經的人能夠深入了解金剛經「無我相、無人相、無眾生相、無壽者相」能了解四無的義理，深契窮理盡性以至於命，就可以直探賁卦的大用了。賁卦哪裡只是文明的修飾？

4. **孔子當年占卜得到賁卦，就知道大道不能推行，志向難以到達。**就開始退居在家，從事講學；開始刪定六經，廣傳弟子。拿禮樂教化來救世，拿教育來代替政治治平的功業；拿學道來輔助天時因緣，展現「**在隱居當中追求志向理想**」的義理。

所以儒教雖然是萬古不滅，在當時卻看不到治平的功業；而且是到了子游、子夏的戰國時機，儒教才開始興盛；可是大同世界終究沒有建設完成。這一切都是**天數天定**，而藉著賁卦來示現「**天時與人事**」的消息。

賁卦的彖辭講：「**亨，小利，有攸往。**」就是**講明不可以大用**。既然是陰來當主導的地位，就不足以建設治國平天下的功業；既然是陽潛伏在下位，就不足以通達明德的極致。

所以拿「**柔來而文剛**」的義理，用來推行「**教化代替政治**」的道理；於是主客易位，國君與國師分途。這就是孔子有天德而沒有天位，在政治的功業上成就很小，而在教化的事功上成就很大。賁卦所以能完成人文化成，在孔子身上可以看得見。

23 山地剝卦

上九
六五
六四
六三
六二
初六

卦旨

1. 剝卦是困窮到極點的卦。與否卦的阻塞，損卦的傷害，未濟卦的隔絕，都是在顯示天道的變化，人道的危險，還有世道衰敗的時機。當這樣的時機就在我們面前，只有做到「**以人順天**」，卻又能勝過天時氣數的變化；只有做到「**以道隨時**」，卻又能明辨時機因緣的剝損，就不會被剝蝕。

   君子善觀天時、固守人道，不和群陰混在一起，還可以止定在自己的本分崗位上面。《詩經》說：「**於緝熙敬止**」就是精一執中的義理，這就是文王處剝的態度方法。

   天道在變化當中還是有常經準則，時運到了終點就會回到起點。如果能做到「明白變化又能守著常經，善保終點不洩漏又能回復原始起點。」這就是君子明哲保身的道理。

   君子能夠不違背天道，又能輔助氣數的變化；君子能夠不違背天時，又能彌補氣數的窮困。於是不被變化與窮困傷害，能夠引領世道人心回歸天道，就可以永保太和正能量又可以自我中正天性、完善生命。

2. 人有三等：第一等人超越造化、歸返無極。中等人順應天時、立定中極。下等人趨吉避凶、循環有極。**這就是人事的軌範，是《易經》真理教育建立的因由。**

   在賁卦是用陰柔美化文飾陽剛，已經是亨通窮盡的局勢。到了剝卦，小人剝君子，用陰柔來改變陽剛，於是掉入窮困滅絕的時機。所以**君子能夠見機於當下**，不必再等待，知道氣數必然來到，早就做好預防的準備。

   《易經》的道理重視陽，這是體察人的性善，體察天德的仁慈。仁與

善都是陽，不仁與惡都是陰；**陽的窮盡，就是天道的仁德受傷，就是人道的善良被傷害。**剝是仁德與善良最薄弱的時候，就是世道衰敗、人道危險的時候，所以不具有元亨利貞四德，而且君子道消。

這是天時運勢使然，固然是天道必至的局勢，也是人道不能早日清靜光明，預作準備的原因。

3. **夏桀與商紂的黑暗時代果真是天道嗎？**假使沒有夏桀與商紂，又哪裡會有商湯與周武王來取代黑暗而興起光明？雖然是天道也就是人事。所以**文王推演《易經》，就是要拿天道來警惕人，**使我們知道天命無常，而人不可以不鼓舞自己修道辦道行道。

乾坤拿四德建立整部《易經》的總綱，只要得到元亨利貞的一個德性就足以完成生命的作用，哪裡會給剝留下餘地？讀懂《易經》的文辭，我們就可以明白吉凶進退的要領了。

〈雜卦傳〉說：「剝，就是爛透了。」這是講破敗到不能自我完全，就像草木的殘落。〈序卦傳〉說：「修飾到了極點，然後亨通。亨通到極點，氣數就窮盡了，接著就是剝。」這是天時往來的氣數，萬物振興荒廢的常理。所以**聖人謹慎修飾來保持亨通，亨通的氣不洩盡，萬物不會被剝，人也是這個樣子。**

剝卦的生命教育有四層義理：第一、能夠把樸素看作是寶就不會喪失本真。第二、能夠戒除妄心妄念就不會失去亨通。第三、能夠行走在自性中道就不會踏入危險。第四、能夠立定中正的本位就沒有傾倒的危險。這是聖人拿剝卦來開示生命教育的隱微消息。

白話經文

【象辭義理】

剝：不利有攸往。

當天地的陽氣被剝蝕，陽氣輕薄，陰氣強盛而萬物受傷的時節。君子會隨順天時，安靜調息修養，謹慎自己的作為。

【解釋象辭】

象曰：剝，剝也，柔變剛也。不利有攸往，小人長也。順而止之，
　　　觀象也。君子尚消息盈虛。天行也。

　　剝卦解釋彖辭說：剝卦時節是元亨利貞四德完全失落，天運變天而萬物遭劫，陰柔徹底改變陽剛。這時，小人的道大行，君子不能有什麼作為。

　　在上位的君子能做的是：順應天時而抱一守中，隨時觀察天象滿盈、虛欠、消減、生息的隱微機勢，並促使剝的時局快速轉變。君子隨順天道的運行，潛養天德，等待天運。

【大象辭義理】

象曰：山附於地，剝。上以厚下安宅。

　　山依附在大地的剝卦時節，上下的禮樂人文精神都亡失了，世道人心艱難危險到一天都熬不下去了。這時，在上位的人要知其不可而為，振衰起弊，用出坤的德性，來培根固本。恩澤到達人民身上，讓人民安居樂業，就可以進到復卦。

【爻辭義理】

初六 剝床以足，蔑貞。凶。

　　剝卦初六爻說：居處安穩而自己不安定，說是床不適合我，而用自己的腳去損害床。自己的腳受傷了，床的腳也折斷了，本來有用的變成沒用了。好比一個人失去貞德操守，傷害承載身體的床，凶禍就沒完沒了。

象曰：剝床以足，以滅下也。

　　剝卦初六爻小象辭說：承載身體的床受到傷害，就是傷害生命的根本。就好像一個人失去貞節操守，就是消滅生命根本的靈性，會帶來大不吉祥。

六二 剝床以辨，蔑貞。凶。

　　剝卦六二爻說：當一個人不能嚴守本分，失去節操，剝落防衛的床辨，凶險馬上來到。修道人在防護身心的根本處要用天心明辨，在天道真理的源頭處要用天性對接。

象曰：剝床以辨，未有與也。

　　剝卦六二爻小象辭說：自己摧毀堤防，失去能幫助自己防守的人，就

會被陰暗的力量侵蝕而潰爛。

六三 剝之，無咎。

剝卦六三爻說：剝卦的時運，危險混亂擴及國家與天下的世道人心。一切都要被剝落毀壞，只有明天機、通氣數的君子，可以免除災禍。

象曰：剝之，無咎。失上下也。

剝卦六三爻小象辭說：在剝卦的時局，小人得勢，奸貪讒佞橫行。君子寧可失去上下的親近附和，不同流合汙，也不與別人爭競名利，因此足以自保，可以免除災禍。

六四 剝床以膚。凶。

剝卦六四爻說：剝蝕傷害毀壞的力量，已經突破一切保護，籠罩全身，凶險極了！

象曰：剝床以膚，切近災也。

剝卦六四爻小象辭說：全體被剝的凶禍，不能免除了。只有明天機、通氣數、養天德的君子，才會固守六三爻的潛德正氣，默契艮山，而趨吉避凶。

六五 貫魚，以宮人寵。無不利。

剝卦六五爻說：六五處在領導的正位，領導統帥宮人，就好像貫串成群的魚一樣，宮人會互相嫉妒爭寵。領導人能順從天道，止定在自性靈山，有堅固貞潔中正的操守。上下會互相利益，都不會受到剝蝕脫落的傷害了。

象曰：以宮人寵，終無尤也。

剝卦六五爻小象辭說：操守貞固中正的領導，統帥成群的宮人，讓宮人不會互相嫉妒爭寵。上下可以互相創造利益，去除剝蝕傷害的過錯。

上九 碩果不食。君子得輿，小人剝廬。

剝卦上九爻說：剝卦的氣數到了極限，就會變化，反過來變成復卦。天道保全生息不盡的仁德碩果，不會被群陰侵奪吞食，能延續道統文化的生機。

上九進入復卦，君子得到眾人的歸附，得到國家。小人就要被剝除乾淨了。

象曰：君子得輿，民所載也。小人剝廬，終不可用也。

剝卦上九爻小象辭說：天數轉變為復卦，君子的道大行，能夠伸張正道，化解氣數。君子用德性來承載萬民，萬民也用德性承載君子，上下同心同德而國家安定。小人失去依靠與庇蔭，不再有任何作用。

結 語 剝卦是天道無常，失禮樂中和。復卦是明德君子，立道德仁義。

1. 宗主孚佑帝君說：剝是陽被剝的現象，有輕薄有逼迫。陽氣已經很輕薄，時機已經很緊迫，所以叫作剝。這時候陰柔來改變陽剛，前途黯淡，好像日暮途窮的時刻，又要往哪裡去？所以不利有攸往。這個時節是小人道長而君子道消，**四德完全失落，上天已經變天。**這是最可怕的時機。

   孔子講的話可以大大深思，不必認為剝是小人得志，君子無所作為。**君子的志向是在促使剝快速變化。**從剝變成坤，就能夠順承乾道；從剝變成復卦，就能夠開創天運。混亂與治理，衰替與興隆，總是在當前「變化」當中。

   滿盈的必定會空虛，消減的必定會生息。何必這麼快認定沒有希望呢？可是在剝卦的時機因緣當中，「順與止」這兩個字，實在是創造福報、增加福祿的根本做法。解釋彖辭明白告訴我們，聖人難道沒有用意嗎？

2. **講《易經》到了剝卦，往往悲嘆人道的禮樂中和、道德仁義沒有建立，而會感慨天道的無常。**剝卦所以會剝蝕一切，道理只在「變化」的力量，人能夠做到順從變化而把握時中的道，就不會隨著萬物被剝蝕。這就是君子的志向與行持。所以處在剝卦的時代很不容易，君子尤其困難。

   天道既然到了剝的時機，陽氣將要潛藏，陰氣一定會彌滿，小人會得時運，與否卦相似。

   要做到不被氣數與小人剝蝕，有四步功夫：第一、謹慎自處。第二、用禮敬的心來安定一切的人。第三、不要誇耀，不要傲慢。第四、不要恐懼害怕，不要多思多慮。就能藉著地道的博厚凝重，藉著山道的

定止守中，就可以免除被剝蝕的命運。

一陽雖然微弱，還是有光明的現象，善於用一陽來下觀人情百態，或許可以得到借鑑覺察的方法。

3. 繁華與凋謝就像一個春天一個秋天，生育與殺傷就像一個新一個舊的交替，這是氣數自己來到，也是天理的必然。所以藉著剝卦的現象，我們可以明白大道不可能長久太平。怎麼應變？如何隨順時機？是智慧的人最重視的事。因此讀**《易經》可以看見天心**，一定要拿剝卦、復卦兩卦來作印證。

剝就是剝除物的能量，**生機剝掉了，生命如何維繫**？就像剝掉樹皮，樹木一定枯死；剝除果皮，果肉一定潰爛。草木尚且經不起剝蝕，何況生物？因此剝卦不可以長久也就可以明白了。

君子遇到剝卦的時機，只有快速回復源頭與根本，不爭一時的長短。君子能夠順天時，長養在隱晦當中的天心，不做讓父母羞愧的事，於是中心和平沒有慚愧不安。

4. **君子五行持**：第一、不在時機因緣裡耽誤天時。第二、有智慧，能體察上天的變化。第三、有信念，能鼓舞自己的志向。第四、有果斷力，能明白時局的非常。第五、有實踐力，能培厚自己的內德。那麼處在「消息盈虛」的變化當中，對道不會有傷害。

陰勝、陽自然會消退，柔勝、剛自然會潛伏，最可貴的是見機要早。可是迷昧的人沒有覺察的心。所以面臨剝卦現前，才知道事情的不可作為，是愚笨的人；自己已經被剝了，還想要強出頭，是狂妄的人。愚笨與狂妄會隨著剝卦同歸於盡，對己對人哪有什麼幫助？

剝就是爛透了。這一層義理是由於內在的陰太強盛，就好像物自己腐爛了一樣。陽是生命的根，內在無陽自然會潰爛。因為賁卦是心向外的修飾，內在的「真誠本根」沒有建立，所以容易腐爛。這就是修飾太過，也是亨通窮盡的由來。讀經的人從卦象仔細思維探索，就可以知道聖人立教的文辭義理了。

地雷復卦

上六
六五
六四
六三
六二
初九

卦旨

1. 〈繫辭傳〉說：「復是德性的根本。又說復以自知。」從這裡可以明白，復道關係國家治亂興亡很大，不是其他的卦可以比擬。復的卦象五個陰爻一個陽爻，陽爻在初爻，陽升而陰降，陽長而陰消。

   所以一陽雖然在下位，卻有勃發的氣勢，而能漸漸回復最初，**初講的是乾元**。一陽既然開始發動，五陰漸漸消退，就會返回到乾卦，所以叫作復。講氣機雖然還微小，而所造成的影響力卻很大。

   人道接近大地，要先效法坤德；陽氣應該蓄養含藏，要先效法復卦。所以**大道的本質在靜止，這是修養的基礎**。艮講的是止，坤講的是靜，不能定止、不能清靜，陽氣不能回復，生機不能長久，而性命就不能堅固。

   因此**聖人教人知止定靜，用來養育身心而復回性道**。德的精神在中和，是性命的根本。艮坤是中央戊己土，秉持中和的功用。

2. 修道人不中不和，生命根本不能立定，道德功用不能完全，而災害一定來到。因此**聖人教人修養中和**，來完善生命的德用，而能夠回復天心的仁德。

   因此復卦對內來說，有返回性命根本，回復至善原始點的道功。對外來說，有掃除心物，回復天理的仁德。復卦的作用也太大啦！所以講解《易經》到復卦，不是只有象數，實在是根源於天道。天道只是一陰一陽，道的落實推展，就是德性的作用，德性就是一個天性與一個生命。總會性命、陰陽，乾坤、剛柔，而人道兼備。

   人道有四種功能：一是接近坤地而展望乾天。二是本體陽剛而作用陰柔。三是返回性命的真誠而上達天德。四是到達自性中和而契合止定

清靜。然後能夠正性立命而保合先天太和元氣，又能夠合同天道元亨與人道的利貞，最終能夠到達創始的乾元。

3. 復卦關連著世運的興衰，而最迫切的就是人道的修養。《易經》講修養：是拿坎離與既濟做功夫，**拿地雷復作為妙竅要領**，拿乾元作為最後的歸宿。這是修養的大綱領。

　　芸芸眾生都是來往在剝復中間，就像春秋的秩序自然生成，自然變化而沒有去覺察，只有君子能夠覺知天道。所以**君子順著時運而不會貪心**，在繁華當中也不會造過錯；**君子敬畏天時而能夠自我勉勵**，在勞累病困當中也可以自我保全。

　　這就是君子處在剝卦也不會窮困，到了復卦也不會暗中高興自己的亨通。面向陰陽的變化，有德性就可以超越；對接氣數的來到，有道就可以輔助。那麼，天道在我的身上，而來復可以由自己給出。這就是克己復禮為仁的人，正表現在明白情感而能警惕氣數，保全天性而能安定生命。復道關連修養大事。希望讀經的人，認真詳細思考經文當中沒有詳盡的義理。

白話經文

【象辭義理】

復：亨。出入無疾，朋來無咎。反復其道，七日來復，利有攸往。

　　復卦象辭說：復卦是陽剛當家作主，有亨通的勢運。一切行事作為不急切躁進，上下的人際來往出入，不會互相猜忌嫉妒，獲得各方朋友的幫助。天地氣運與人事局盤，都可以返回到道上來，回歸乾卦本位。

　　天人物我都隨順七日來復的循環週期，有秩序、沒差錯的運轉不停。天人協力同心往前開創，氣機漸進通達，共同創造大利益。

【解釋象辭】

象曰：復，亨。剛反，動而以順行，是以出入無疾，朋來無咎。反復其道，七日來復，天行也。利有攸往，剛長也。復其見天地之心乎？

復卦解釋彖辭說：復道有亨通的大用。陽剛反動向下結合坤土，又健動而順從天道上行。所以人事人際的出入平和不急躁，也不會相互猜忌嫉妒，隨時得到各方友朋助化而能彌補過錯。

天地的道運與人事的氣運，都返回到道上來了，天地人都回歸本位了。萬物順著七日來復的週期循環，隨順天道運行的秩序而沒有亂套。天人同心往前開創，打造利益吉祥。陽剛正能量愈來愈飽滿充沛，復道的功用太偉大啦！

讓我們體察：每個人都是源頭，每個人都是天地的心，每個人都緊繫千萬眾生性命，每個人都可以參贊天地的化育！

【大象辭義理】

象曰：雷在地中，復。先王以至日閉關，商旅不行，后不省方。

復卦大象辭說：帝出於震。震雷的上帝能量含藏在坤地裡頭，養育先天真元，復回天心。先王在冬至這天，陰陽二氣交際時刻，下達閉關的政令。商人不遠行做生意，旅行人不出遠門，各級官員也不用去省察地方的事務。

在剝極而復的關鍵時刻，善護陰陽剛柔大調和，沉潛剛克，高明柔克。蓄足陽剛正能量，將來才能給得出溫柔敦厚的高明仁德。這是先王的政令，也是君子長泰的修養。

【爻辭義理】

初九 不遠復，無祗悔。元吉。

復卦初九爻說：初九爻開啟復道的全體大用，上帝的能量現出，啟動來復的健動。君子隨順天時氣運變化，而復返自身天道，這樣的對接不遠。君子反身而誠，永遠守住自性中道，沒有太過與不及的失誤。天君泰然而天地人協和，不只沒有後悔，還可得到大吉祥。

象曰：不遠之復。以修身也。

復卦初九小象辭說：處在天時道運的剝卦以後，君子最重視回復心性原點，抱守乾元，潛修天德正氣，蓄養自性天道的光明。反身守貞、真誠中正，就沒有後悔。這是君子以道修身的要領，成就內聖外王的基礎。

六二 休復，吉。

復卦六二爻說：君子在知止定靜中回復乾元，天人交泰長養太和，和樂寬容親近下位的人。引領人人回歸自性原點，隨所到處都是吉祥快樂。

象曰：休復之吉，以下仁也。

復卦六二爻小象辭說：居處六二正位的君子，隨順天命天德而開顯仁德，做到禮賢下士，照顧全民。共同創造吉祥和樂的家國天下。

六三 頻復，厲。無咎。

復卦六三爻說：要做到復反生命原點的道功，必須突破反反覆覆的憂慮疑惑，戰勝忽做忽輟的進進退退。這時要靠定奮勵的意志堅持，才能免除掉以輕心，明知故犯，悖禮犯分的罪過錯。

象曰：頻復之厲，義無咎也。

復卦六三爻小象辭說：修行路上，能夠免除罪過錯的累積，做到天命合天，天德合道，完全在人道的自我奮勵精進。能夠警惕惰氣，鼓暢天機。

六四 中行，獨復。

復卦六四爻說：修行要效法聖人，從容行走在中道上，獨往獨來而抱守本來的具足。守貞無求而獨超眾類，兼善天下而引領群倫。

象曰：中行獨復，以從道也。

復卦六四爻小象辭說：君子道行天下，引領群倫回歸大道。君子精一執中，至德凝道，復返太一。不只順從太極，也完成自性無極。

六五 敦復，無悔。

復卦六五爻說：君子盡人道的中行而合同天道，天人合一而展現載物的厚德。只有無私無我的奉獻付出，沒有專斷自恃居功，哪來的後悔？

象曰：敦復，無悔。中以自考也。

復卦六五爻小象辭說：君子用天地博厚的情意，來為上天所用，為眾生服務，一輩子沒有遺憾後悔。完成掀天揭地的事功，完全是通過天道天德、天命天性的自我考核。

上六 迷復，凶，有災眚。用行師，終有大敗，以其國君，凶。至於

十年，不克征。

　　復卦上六爻說：用復道的人，自我迷昧在權勢名利，引發爭戰掠奪的災禍。還發動軍隊攻擊，結果還是大敗，危害到領導的君位。這完全是國君的德性不足，造成天地流血的凶禍。耗損國力、民力，十年都長養回復不來。

　　象曰：迷復之凶，反君道也。

　　復卦上六爻小象辭說：領導的國君不仁義、失道德，違背天道天命天德，又發動戰爭的攻擊，對國家與全民的傷害太大了。

結 語 致虛守靜，復反太極。

1. 在純陰當中一陽來復，這個意思很深長，值得深思。迷昧的人不知道，**陰到極點會回復純陽**，反而想要在陽當中去追求，所得到的不是陽而是陰，結果不是復而是姤。姤就是順流而下，哪有可能回到乾元？學道的人必須**從伏羲的卦位與左右升降的氣數**當中細細體會，才能夠知道順與逆、反與復的義理。
   這樣的動是在靜到極點的時候發生，坤卦是靜而震卦是動，靜中的動外面看不見，動卻已經發生，發生就產生變化，這是「變易」的由來。我們在靜到極點當中，會覺察到元氣的衝動，而生機忽然來到，這**正是復的現象，一定要在「能靜」以後才出現。**
   所以復卦是從坤卦出來，並不是靜會有所動作，而是靜到極點的時候，內在的生機自然啟動。外面是靜而內在是動，這一種動是靜中之動，如果光有動而不靜，陰氣又生出來，性命就不能中正了。

2. 天地的生機漸漸前進，而萬物的生機漸漸明顯，因為十一月的復卦，生機陽氣已經運行，一定要等待春風然後繁殖養育，這是內在已經啟動而漸漸強大的緣故。
   梅花固然開得早，究竟與其他的花不同，不能看到梅花就當作元氣已經外洩，而忘記了復卦的一陽還在地下。陽氣是生命的源頭，保育得不充實，生機就不順暢。因此天地經歷冬天到春天，需要很久的時間，就因為遲遲不發動，正是在蓄養元氣來等待發動的時機，而生機活力

並沒有一天停止。

所以**從剝卦到復卦，要依靠坤卦的長育**，坤卦雖然是重陰，陽氣自然隱藏在當中，到復卦而後顯現罷了。六十四重卦都包含陰陽。乾當中自然有陰，坤當中自然有陽，這是觀察卦象的人應當明白的道理。

3. 復卦繼接剝卦，這是《周易》的卦序。因為萬物不可以**窮盡**，窮困到極點反而通達，所以接著就是復卦。剝極而復，天道是這樣，人道也是這樣，這是**窮通往復的氣數**，而人情也是隨順變化。勞動太過就會想要安逸，憂傷太過就會想要快樂，一反一復，情感狀態才會平衡，這就是剝到了盡頭自然回復的道理。

    剝是剝落，復是培植；剝是殘傷，復是長養生息。天地這麼大都不會違背這個消息，何況是天下的萬物？剝雖然傷害物，物還是不可以滅絕，所以有復來接續，這是氣數也是萬象的實情。

    就好像一年的四季，冬天與春天相接續，萬物才生息不盡。天道既然顯現，人生也就暢通，如果冬天長久而春天不來到，世界上還會有人類嗎？在冰雪的地區整年沒有太陽的溫暖，生物很少、人類也很少，這就是證明。從這裡看出復道的偉大。

4. **植物能從枯萎再榮茂興盛，動物能從骨頭再長出肉來**，這是復卦的仁慈。讓生病的能夠振作，衰敗的能夠繁榮，這是復卦的正義。

    復卦的四道功：時機對接就來到，先於天時而光明，逆反從前的規矩，開啟後來的法度。這就是復卦對於大道的功德。

    天地的道是一生一殺、一敗一成，這是不可避免的。人講天地不仁，只是看見剝能夠殺物，卻不知道當中的義理；到了冬寒的時候，又因為復而見到天地生物的仁德。因此沒有剝就看不見復，**復對於剝來說，就是一個道而有兩種作用罷了**。

    生殺也是仁義，天地生殺是因時制宜，天心是沒有愛憎的，沒有功過，也沒有反正。只是藉著事情來顯現作用，易道沒有給予、也沒有剝奪。所以有剝就有復，復是幫助剝的困窮而已；有秋天必有春天，春天是接續秋的時令而已。這不是天道有心作為，是氣數的自然來到，是時間的自然變化。

5. 宗主孚佑帝君說：復卦象辭講**復見天地心**這一句話關係著內功修養，

可以拿來與既濟、未濟兩卦相互印證。因為剝卦是從未濟來，到了復卦就可以完成既濟。復的功夫達到了可以成為泰卦、成為乾卦，相反的就會成為否卦、成為坤卦。所以稱為見天地心。

如果剝極不回復，天地會同歸於盡，生化會完全滅絕。就因為有復卦，天地悠久，生化無疆，人生的長短也是這個道理。所以要**師法復卦，隨時回返到真元**，壽命可以無量，可以與天地同壽。讀經的人應當仔細體悟。

復卦前面五爻都是吉祥，只有上六是凶禍，因為道走窮了，可是**上六的凶禍不是復卦的過錯**。復卦始終是以達到乾卦的理想為志向，以成就泰卦為功德，那麼從復卦而臨卦而泰卦，陽氣一天一天增長，道一天一天亨通。哪裡會走到上六的凶禍？爻辭的占卜得到凶禍，不是講復卦是講用復的人。

6. **吉凶發生在事情上面，表現在人的行為**。人事不能順承上天，所作所為違背大道，吉凶就會相反。這是從地位的上下來分辨。復卦的亨通對下位有利，對上位有凶；對內是安全，對外是危險。

陽雖然成長而不出離地上，才能成就作用，一旦失去含藏，一定會遭遇毀傷敗壞。這是因為陽氣早已經洩漏，德性不完備，凶禍危險的來到，不必等待卜筮就看得見了。

所以**處在上六的地位，是最容易迷惘的時候**。沒有厚載的力量可以保護，卻有野戰的凶禍讓人憂愁。自我保全的道理不再像前五爻堅固，而當事人自我奮發的意氣就好像處在剝卦的情境，不服氣又不甘心降低自己身分、承擔羞辱，於是掉入茫茫然而無所依歸。因此迷復的凶禍，實在是由於時機與地位所帶來的。學道的人應該要詳細體察。

25 天雷無妄卦

卦旨

1. 〈序卦傳〉說：「復就不妄」，可見無妄是從復卦得來。天地這麼大、萬物這麼多，追溯源頭而直探根本沒有離開一，復卦的一陽能推展成為天下人的無妄。在道理上說叫作天道，在人事上說叫作人心，天道本來虛靈，人心有形質。萬物在眼前而情欲不生，氣數變化在外而性命不變，這是講無妄卦自身有本真。

   無妄卦是雷行天下，順運天時而興起，陽剛加上陰柔的作用適合萬物的生長，不必假借作為而功德自然成就，不必存著貪心嫉妒而德性自然光明。因此可以媲美乾卦而具有元亨利貞四德。

   元亨利貞四德的考核驗收：第一、根本復卦的充實而有光輝，能到達大化的境界又通達聖神的光明。第二、從作用來推行足以通達無盡，從本體來反求可以回歸大中至正。第三、政令中正不偏差就沒有傷害，天下可以共同享受利益；真理教育不劃地自限，就可以無量發展，萬物共同交感亨通。第四、人人內在有天德可以作為貞守，外在有性道可以完成天元。這就是四德俱全而卦名叫作「無妄」的原因。

2. 無妄就是無為，沒有虛妄的作為，純粹是自然。就像天不自以為高大，地不自以為博厚，萬物都與天地同生，萬人都與天地同載。這就是天地的德性沒有極限、可大可久的所在。

   復卦的可貴在反，**無妄的可貴在誠**，反身而誠，是行為的極致圓滿，所以說無妄是從復卦而到達，因為能夠先做到克己復禮。《大學》講誠意先要做到不欺侮自己的正氣，就是無妄的義理，也是明德止善的根本。一真一切真，一切都是真實，哪裡還有虛妄？

   無妄卦也是反求自己，以返回天性為可貴，無妄是在心中立定真誠，

向內可以做到止定在至善寶地。無妄是天道也是人道，無妄就是真誠，**真誠才可以成就萬人萬物。**

白話經文

【象辭義理】

無妄：元，亨，利，貞。其匪正有眚，不利有攸往。

無妄卦象辭說：存心光明正大，行事自然無為的人，真誠無妄，具備天道元亨、人道利貞的四德，能開創體用完善，天人相和的道德事業。如果存心態度不正，傲慢躁進，私心自用，輕浮太過、暴力太過，違背中和，違反順從止定的理則，災禍馬上就到。什麼利益都成就不了！

【解釋象辭】

象曰：無妄。剛自外來，而為主於內。動而健，剛中而應。大亨以正，天之命也。其匪正有眚，不利有攸往。無妄之往，何之矣？天命不佑，行矣哉？

無妄卦解釋象辭說：人心容易有妄念，要修養到真誠抱一，必須天光從外來，融入內在的本性，天人性命合同來主持內部。這樣的生命元氣有雷的震動，天的剛健，陽剛浩然在中，能通應上下。

在自身當中的天地合德，陰陽合道，展現大中至正的亨通氣象。直下承擔上天的明命，天人順從而天神護持，道德與事業大化天下！

如果存心不真、不中正，態度不誠、不光明，妄念妄作，天祿福利會變成災禍。這般的虛偽狂妄又衝勁十足，能衝到哪裡去？不正而妄動的行事，逆反天命，上天不保佑，再偉大的行動又能如何？結果只是自招災禍而已。

【大象辭義理】

象曰：天下雷行，物與無妄。先王以茂對時，育萬物。

無妄卦大象辭說：天道無心無為的生成萬物，上天的恩澤無私無我的分享給與萬物，萬物也在相互分享的自然中，共生共成，達成大道無妄的

大用。

　　先王代天治世理民，推行政教，對接天時來榮茂養育萬物；又開創文運，用禮樂刑政來教化萬民。完成長治久安的光明世界。

【爻辭義理】

初九 無妄，往吉。

　　無妄卦初九爻說：存養內在陽剛天性，沒有妄念私欲干擾，能夠對越在天，對越上帝。能夠剛正又柔和的待人處世，到哪裡都吉祥。

象曰：無妄之往，得志也。

　　無妄卦初九爻小象辭說：主事者做到慎獨克己，不欺侮正氣的真誠光明修養，所往的地方都吉祥，做什麼就完成什麼！從心所欲不逾矩的人，可以得到上天的授命！讓天人物我都有美好的終成。

六二 不耕穫，不菑畬。則利有攸往。

　　無妄卦六二爻說：沒有耕田種植就有收穫，這是氣數天福，也是天命的賜與，是累世行善積德的福祿。有福祿的人，可以務實當農民，也可以從事生意，經商遠方。

象曰：不耕穫，未富也。

　　無妄卦六二爻小象辭說：靠著福報的不勞而獲，在安逸享受中，起妄念貪心不滿足的人，不只是不知足、不快樂，還會因為妄念妄作而招感天災人禍！

六三 無妄之災。或繫之牛，行人之得，邑人之災。

　　無妄卦六三爻說：不是災禍的災禍，是累世因果的牽連。比如：物主把一頭牛綁在屋前樹下，過路的行人，順手把牛牽走了。失主怪罪地主偷牛，在地邑人的地主要蒙受不白的冤屈，承受莫名的過錯。

象曰：行人得牛，邑人災也。

　　無妄卦六三爻小象辭說：過路行人得到一頭牛，物主認定是地主偷牛，地主要承受沒來由的災禍。

九四 可貞，無咎。

無妄卦九四爻說：人的情感容易衝動而追逐外物，妄動造下過錯。因為能夠克制自己，反求自性中道，固守貞德節操，才能免除過錯。

象曰：可貞，無咎。固有之也。

　　無妄卦九四爻小象辭說：人道最可貴的修養，在向內克己而固守貞德，免除過錯、遺憾、後悔。保固自性中道而不失，成就真誠無妄念，就可以上達天德，順承天命，永遠不違背性命天道。

九五　無妄之疾，勿藥，有喜。

　　無妄卦九五爻說：處在中正的地位，正當時運順盛時候，遭遇天命與氣數變化，感染病苦。依靠自我覺察，復返至誠不二的性命天道。不用吃藥，病痛就好了。

象曰：無妄之藥。不可試也。

　　無妄卦九五爻小象辭說：修養到達至誠不二的天命天德境界的人，在病苦時候，也不會輕易嘗試藥物。而是守中抱一，固守本心。

上九　無妄，行有眚。無攸利。

　　無妄卦上九爻說：身處極限窮困的地位，又妄念妄作妄行。不行出中正性情，節制欲望，立定中和人道，一定落入病苦與後悔。

象曰：無妄之行，窮之災也。

　　無妄卦上九爻小象辭說：處在時機地位窮困的局勢裡，中正本德立不定，又妄動妄行，災禍會連著來。

結語

一、宗主孚佑帝君論：天人一貫的道功，可以自求多福。

1. 宗主孚佑帝君說：《周易》的上經三十卦，多數講明天道，這當中以剝卦、復卦、無妄卦、大蓄卦，這四卦最重要。**剝復兩卦是講「天道經常與變化」的天機，無妄與大蓄兩卦是講「天人順逆情境」的道理。**從復卦到無妄卦，天道既然光明，人心可以印證，上下可以交感中正而人神可以會通。這當中的道功極致精要，這當中的作用極致靈明，

這就是「通神而明天」的大道。

人只知道「來復」可以看見天地的心,而不知道「無妄」可以看見人心。三教聖人都是拿天心人心對接的義理,來立定最極致圓滿的教化,聖教的德性叫作誠,聖教的道功叫作一,聖教的作用叫作定,聖教的本體叫作中,都沒有離開復卦與無妄卦的卦象。

人道核心在仁德,天道精神在生化,天人義理相同,**天人合一是震卦在主導**。震反過來是艮卦,是人物終始的道理;艮反過來是震卦,是萬物生化的道理。一個是靜止、一個是健動,沒有離開乾坤;一個是陽剛、一個是陰柔,沒有悖離陰陽。〈說卦傳〉講:「帝出乎震,成言乎艮。」講萬物的始生終成,又講人道徹始徹終的道功!

2. 復卦、無妄卦這兩卦是由震卦合同乾坤,震合同坤卦就是定靜而順從,震合同乾卦就是高大而光明。無妄卦當中有互卦的艮,也就是自性靈山,深藏而不顯露。**依止艮山,就是內功的奧藏**,與外在的行事是本末一貫的連結。

誠於中就可以形於外,有本體就有光明的作用,所以從復卦到無妄卦,這當中的道功說不完,內德的修養也沒有極限的時候。孔子所說:「**外明明德而內止至善,能夠一以貫之。**」就是道德中和的義理。讀經的人可以不審慎思維探究嗎?

無妄卦立定「沒有妄作」的宗旨,所以有災禍的占卜,但是這一層義理太精微了,很多人不能省察。因為無妄是上乾下震,中間的互卦是艮卦,自性靈山的艮是人道的依靠,震卦是地道的生發,合起來講:**無妄卦具備了天地人三極的道**,而能對接合同「乾坤艮震」這幾卦的作用,可以權衡出道體德用的輕重。

3. 所以無妄有可以作為也有不可作為,有適合前進也有適合後退,有吉有凶,有災禍有福祥。用一句話來概括,就是「止定在誠」罷了。真誠就沒有造作虛偽,真誠就沒有虛妄;虛偽造作就是妄想,妄想就有災禍,這麼看來,**禍害雖然是天道,卻是人自我感應得來**,因為人心多妄想而不能止定在真誠。

真誠可以感通神明,神聖光明可以制止災禍。災禍吉祥的來到是神明主持的,而無妄的人能夠先知道,這就是《中庸》「**至誠可以前知**」

的義理。所以〈雜卦傳〉叫作災禍，就是因為無妄的人能預先測知災禍的來到。

災禍與時機相對應，違反時機就是災禍，要求沒有災禍，最要緊的功課在**識透天時**。時機就是天，能夠洞察時機就是能夠知天；天就是人的本性，能夠知天就能夠明白人的本性。這是天人一貫的道理。古聖心傳，義理完全在這裡。祈願讀經的人能夠深深玩味體會。

4. 宏教柳真人說：這一篇文章很委婉解釋無妄之災的義理，還沒有很完全。因為無妄講的就是本來有妄，妄念妄作就容易招來災禍，而無妄之災是真正的災禍。如果不是無妄，就好像種瓜得瓜的比方，不應當拿災禍來命名，因為一個屬於天、一個屬於人。**因果報應不是天意，是人自己招來的，只有主權在天的，才叫作天災。**

既然有天災就有人事，因為天災還是加在人的身上；落在人的身上，人一定會想要避免，還是應當要在人事上面講求。這就是修道的重心在自返的道理。**無妄這一卦關連天人的因果，是性命吉凶的根本**，不僅是為了占卜。讀經的人應當仔細審查思量。

二、宗主孚佑帝君論：天人物我神聖的平衡，天下大同歸結在政治與教化。

1. 宗主孚佑帝君說：大象辭講到「物與」又講到「萬物」，重心都在物，因為天地間都是物。天地的德性從萬物的生成來看，人是萬物的靈首能配合天地稱作三才，**三才是講人能夠幫助天地定位來長育萬物。**萬物是自然生成的，上天的道不會自私，人的德也不會自私，而且人不能離開物來生活，「萬物皆備於我」是講我能夠生物，「物來養人」是講物能生我。

沒有人，萬物的生命就不完全；沒有物，人的生活就不具足。這是人與物互相幫助而共同生成，物與我合一。上天也是拿生成萬人萬物來成就功德，**上天對於萬物很厚道，對於全人類更厚道**，要看人類怎麼自我抉擇，所對接顯現的「**栽者培之，傾者覆之**」的結果，是有分別的。所以「生成」萬物用來生成萬民是天道，「生殺」萬物用來生成萬民是人道。上天無所不容，沒有私心私欲而萬物自然生成；人有恩怨好

惡，萬物有時候活蹦亂跳，有時候被殺，因此萬物對於人是有不同觀感的。只有**聖人能夠做到一視同仁**，不會拿生成的道理來殺害萬物，不會拿人的欲望來毒害萬物。於是萬物與我都能成就，**生機與殺機都是善德**。

2.　這是聖人能夠體察上天的心，天時是生機就生發萬物，天時是殺機才會有刑罰殺戮，這樣的殺機還是生機。所以春生、秋殺互相完成作用，沒有秋殺哪有春生？因此上天的大公中正對於萬物是沒有恩怨的，而**藉著天雷來施布命令**。春天生發而秋天含藏，不違背天時，**違背天時就看得見災禍**。

所以打雷的鳴聲足以提振天威，最終是雨露的普遍可以成就上天的潤澤，天威也就是上天的恩典。殺生也就是生生，威嚴就是恩典，天道是一貫而沒有分別的。只有**聖人能夠效法天道**，**做得到天德**，消融了**生成的恩典**，解消了殺害的怨怒。

給予萬民，不認為是自己的德性；成就萬物，不認為是自己的功勞。萬物也不會奴役聖人的心，聖人對萬物的情感也不會背離天性。這是**聖人生命的中正**，**也是性命的恰當**，這樣的人道天道合同沒有其他的方法，只是合同無妄罷了。

所以真誠無妄講的是達標、是完成，無作為、無思慮講的是推展道德的作用，而本體與作用都是無窮無盡的。愈是減損私我欲望，德性愈光明；本體愈隱藏內斂，作用就愈大。

3.　這就是《大學》為何開始是格物，結果是治平天下，因為本末內外是一貫的。想要彰顯道德的作用，就要做到大象辭所說：「茂對時，育萬物。」完全歸結在政治與教化而已。讀經的人要善於體會聖人深奧的意思。

宗主孚佑帝君在大壯卦說：雷與天交換位置就是天雷無妄卦，無妄講的是無物，因為乾在震的上方，震來出生而乾來完成，生在地面的會完成在天上，所以叫作無妄，也就是無物的意思。這是講純粹性情的精華，返回最虛靈的真實，哪裡還有物呢？「**物與無妄**」講本來無一物，一切同歸於上天而已。

所以無妄古時候叫作毋忘，或叫作毋亡，就是講不要忘記生我的造物

主，也不要亡失生命的歸處罷了。像大壯卦就與無妄卦相反，本來存在上天的，會生養在大地；蓄養精純的，就會施行在萬物身上。由大道的真境而化生世界，從本來沒有而造成人文的繁榮，才叫作大壯。

上九
六五
六四
九三
九二
初九

26 山天大蓄卦

卦旨

1. 大蓄與無妄是往來卦。**無妄卦是「反求自己」，大蓄卦是「推己及物」；無妄是「在心中立定真誠」，大蓄是「布施恩德於天下。」**兩卦雖然不同，合起來就是「完全的天德」。

   什麼是全德？第一、向內可以做到止定在至善寶地，向外可以明明德於天下。第二、先完善自身德慧然後完善天下禮樂。這實在是本末與體用一貫的道功，天性與人情、仁慈與智慧圓滿的功德。這兩者不可缺一。

   所以無妄是本體，大蓄是作用；無妄是根本，大蓄是枝末。先有自己然後推及別人，先完善自身然後推及萬物。這是天道自然也是聖人的行持。

   從卦來說：無妄是二陰在內卦而陽剛主持，震動不違背乾健的道理，於是性命可以中正而中和看得見；大蓄是兩個陰爻在外卦而陽剛往上升，艮卦的止定來協同乾卦大始的義理，於是化育的事功可以加大而成就仁慈與智慧。兩卦合起來可以完備乾坤的大用，而且合同中孚卦的事功。

2. **從無妄來說，大蓄是明德的表現；從大蓄來說，無妄是性道的存養。**所以〈雜卦傳〉稱「無妄是災禍，大蓄是時機」。不合時機就是災禍，時機恰當就不是災禍，兩者沒有太大的不同。從這裡可以看見，無妄的災禍是在不可以作為的時機想要作為，大蓄的時機是在當作為的時候而作為。

   也就是無妄要先立定道德的根本，不要分心向外；大蓄是道德已經樹立，必須推展事業的作用。這一切都不離道德的行為，人己的分別，

而有先後因果的區分；有行動與止定，行道與退藏的不同罷了。

在人事來說，不離生成變化、進退消息的氣機；在道功來說，就寄託「形與神」的有無，精氣聚散的軌跡。**易卦原本包含一切的內功與外功，就是《大學》所說「止善與明德」，《中庸》所說「中和與誠明」，**都是從卦象推演就可以知道，而人生的修養實在要以性命作根本。有內德才可以推廣外功，本體充實才可以發揮大用，不必問是天是人，是政治是教育，沒有不是一理貫徹。

3. **什麼是一貫大道？就是《易經》經文說：「乾知大始，坤有代終。」**乾是創造、是開始，坤是結果、是完成，始生終成的德性可以完善元亨利貞。大道可以完善地道的剛柔，成就天地的覆載，而人道感應配合就可以建立「仁義的人道」，來達到天地定位、萬物長育的功德。這實在是根據大蓄卦的卦象，詳細推演而得到的。

所以從無妄與大蓄兩卦反復的作用，就足以明白人道「內聖與外王」的功業，也就是繼承前面小蓄與履卦的作用，進一步推展光大。在前面是講從小蓄卦與履卦來完成泰卦的大用，現在更從無妄與大蓄卦來進入頤卦養育萬物萬民的大功。

大蓄是從無妄而來，蓄是從物來說，無妄就是真誠，不誠無物。**萬物皆備於我，是因為能夠真誠。**

4. 無妄能夠真誠才能蓄養萬物，叫作「為物不二就生物不測。」**不二就是無妄，不測就是大蓄，這就是天道。**天道能夠大生就是因為不二，人道能夠至誠就是因為能合同天道的不止息。大蓄在天是生生的大道，在人是位育的功德，人事的功德與天道齊同，這就是三才的由來。

〈序卦傳〉說：「有無妄然後可以蓄養，所以受之以大蓄。」可見**大蓄完成作用實在從貞德來。**只有守貞才能有利益，只有守貞才可以蓄養。如果不貞，利益會反成傷害，蓄養反而會成為妄作。所以有無妄才有大蓄，如果是妄念而追求蓄養，正好是增加過錯罷了，哪能蓄養什麼？我們看到愚昧的人蓄養太多成為罪過錯，賢明的人蓄養太多反而敗壞德性，都是由於不能守住貞德，都是妄念造成。

貞就無妄，利才能蓄養，這麼看來大蓄卦利貞的德性，實在是結合無妄卦而成就。卦雖然以乾卦為主而作用從坤卦來，因此利貞足以通達

元亨，也就是由於坤卦能繼承乾卦，能代替乾卦來終成萬物的原因。

白話經文

【彖辭義理】

大蓄：利貞。不家食吉，利涉大川。

大蓄卦彖辭說：蓄養德行大體的大蓄卦，首重人道利貞的涵養。有大中至正的道，有光明美好的德性，有行道天下的遠大志向，隨所到處都能創造吉祥。主事者能順著天時來兼善天下，讓天下都回歸明德止善的生活。

【解釋彖辭】

彖曰：大蓄。剛健，篤實，輝光，日新其德。剛上而尚賢能，止健，
　　　大正也。不家食，吉，養賢也。利涉大川，應乎天也。

大蓄卦解釋彖辭說：在根本上，蓄積廣大，功用布施眾多的大蓄卦。在上位的國君，身心止定在至善寶地，內在剛健篤厚充實，外在定靜而光明，天命天德日新又新。能親親仁民愛物，又能禮敬賢人。

於是賢者在位，能者在職。賢人君子都現身朝廷，沒有人隱遁在家，君臣上下協力同心，展現天性天道的剛健本德，隨順天時，完成救人救世、參贊化育的功業。

【大象辭義理】

象曰：天在山中，大蓄。君子以多識前言往行，以蓄其德。

大蓄卦大象辭說：天道創造生成的力量，含藏在自性靈山當中，人人在這裡可以涵養天德的富厚。君子藉著外物來啟發良知，學習前人的禮樂準則，來蓄養生命的學問。準備好為上天所用，為萬民服務，完成家國天下的大業。

【爻辭義理】

初九 有厲，利已。

大蓄卦初九爻說：養德的君子，早上奮發進德修業，晚上反觀內省心性。鼓暢天機，不欺侮正氣。既可以利益自己，又可以利人利物。

象曰：有厲，利已。不犯災也。

　　大蓄卦初九爻小象辭說：君子明白，自私自利會給自己帶來災禍病苦的傷害。能夠自我節制欲望，砥礪德行，做到利人利物，於是能免除災禍。

九二 輿脫輹。

　　大蓄卦九二爻說：陽剛行走在陰柔的地位，心志容易躁動，眾人的情感不相協調，人事上很難和諧長久。就像行走的車子，車輪脫離了，承載運行的有利作用敗壞了。

　　君子只有自我反求，把道德仁義蓄養富厚，把握地位時機的恰當，拿蓄養萬物的利益，來成就天下的大用。

象曰：輿脫輹，中無尤也。

　　大蓄卦九二爻小象辭說：九二爻立足中正的地位，心中做到明善誠身而沒有愧疚，不必在意追問眾人團隊是聚合或離散。君子能夠中正性命，完成利益萬物，仁育天下的事功。

九三 良馬逐，利艱貞。曰閑輿衛，利有攸往。

　　大蓄卦九三爻說：君子能用出乾坤合同的力量，發揮艱貞的操守，展現千里馬負重行遠的奔馳，驅逐不善而建立功業。

　　君子學道，每日精進不止息，對於禍患能預先做好防衛。才德物資蓄養豐厚而充裕，可以完成全人類的道德事業。

象曰：利有攸往，上合志也。

　　大蓄卦九三爻小象辭說：九三得時又得位，乘著良馬勇往直前，順暢無阻。得到上位的支持，得到志同道合的幫助，能夠開創化育天下的事功。

六四 童牛之牿，元吉。

　　大蓄卦六四爻說：用柵欄圈住幼稚的童牛，容易把牛養壯大，發揮載運耕田的作用。就好像領導人有道有德，可以統御賢士豪傑，共同達成治國安邦的大事業，為天下帶來大吉祥。

象曰：六四元吉，有喜也。

　　大蓄卦六四爻小象辭說：君子養民養賢，先審明天時，把握天行順逆盈虛的消息。在九三艱難的時機裡，蓄養大中至正的貞德，不敢剛愎自用。

到了六四爻，獲得豪傑賢士的輔成，共同創造道德事業的大吉祥。到處都有成人成物的喜事。

六五 豶豕之牙，吉。

　　大蓄卦六五爻說：在豬圈裡養出大豬，讓全民吃得溫飽，是治國安民的吉祥事。君子就在物富民康裡，成就自己的明德，拓展廣大的道德事業。

象曰：六五之吉，有慶也。

　　大蓄卦六五爻小象辭說：君子順天時、居正位，養賢人又養萬民，國泰民安的吉祥推廣到全天下，帶來普天同慶。

上九 何天之衢，亨。

　　大蓄卦上九爻說：人道的禮樂政教大行以後，人人回歸自性天道，向天的路大通。天地萬物蓄養圓滿，天人亨通無窮，天路順暢無阻。

象曰：何天之衢，道大行也。

　　大蓄卦上九爻小象辭說：天下大同，天路大通，大道遍行天下。人道圓滿，天道圓滿，再也沒有什麼可以成就的了。

結語

一、大蓄是養德養道，才能利人利物。

1.　大蓄雖然從賓來說是屬於物，從主人來說就是德性，德性是根本，物是枝末，有根本才有枝末。蓄是要先蓄養德性，而**蓄包含養育與毒害兩層義理**，這個道理小蓄卦已經講過了。因為蓄的作用在物而本體在德，德性長育到極致才能長育無盡的萬物。如果德性不圓滿，萬物如何長育？**不培育德性，只是追求蓄養萬物，反而是毒害萬物。**

　　大蓄與小蓄的義理沒有不同，而大蓄需要養德就更迫切了，因為蓄養萬物愈多，如果德性不足，就毒害更強烈。**什麼是德？**簡單來說，就**是本心的真誠**，因此無妄是大蓄的根本。

　　泰講世界的太平，一定要經由每年收成的豐富以及萬物的富庶。履卦講人民生活安定，一定要先衣食完備充足。大壯講事業的雄壯偉大，

一定是財用很充足。這一些都必須要有大蓄。

2. 人生不可不追求生計的安樂、事業的恢弘，不能不追求物力的充盈，收藏的富裕，從這裡看來大蓄是人類所必須的道理。從道來說叫作養，從事來說叫作業，從天來說叫作生成，從人來說叫作性情。這實在是與性命同樣寶貴，與身體同時共存的事物，無論賢愚不肖都必須要有。所以有蓄養然後才有生命，有蓄養然後才有成就，有蓄養然後才有一切。從精微來講，是性命修養的道理；從粗糙來說，是日用衣食的需要。沒有不是要憑藉積蓄，只有積蓄才能存在，只有積蓄才能長久，存在而且長久是天性與天道的極致圓滿。只有積蓄才能大，只有積蓄才能富，廣大而且富足，這是道德事業的極致圓滿。

所以君子不得不積蓄，積蓄講的是時機，君子藉著時機來達到蓄養，藉著蓄養來隨順天時，於是天人同功。所以大蓄卦的作用從利貞開始，乾卦文言說：「利貞者性情也」，大蓄卦的利貞義理與乾卦正好相同。

3. 大蓄卦也有快樂愉悅的情懷，有恩澤充沛的志向，因為是根據「行健不息」的乾卦，又能合同艮卦、震卦、兌卦，可行可止的德性，這般的體用可以知道，功業可以看得見。

從卦辭來說，大蓄是厚積、是多方的養育，是富有的現象，是壯盛的行為，是應當合同元亨來通達到天下。而象辭只講到利貞，因為是根本無妄的道理，從內推向外，從近推向遠，不忘記本身的真誠，一定要先作好利貞的修養。**利講的是推及萬物，貞講的是守身如玉**。有利就可以無往不利，所以能夠大；守貞就沒有不真誠，所以能夠完成。這是大蓄卦從利貞而能夠推展到元亨的原因。

在無妄卦是元亨利貞四德具備，大蓄卦只講到利貞，而小蓄卦只講到亨，從這裡可以看見外在事功行為的不容易。**無妄的重心是在返回自己的天性**，先完成自修的力量，一切的成就容易通達；因為不用等待外來的力量，所以德性作用容易發揮。

4. 大蓄卦與小蓄卦都是以成就德性為志向，以成物為功德，要達到實在不容易。推己及人而等待外物的感應，做好格物功夫來成就自己的良知，既然有外在的需要，德性作用就很難完備。小蓄卦因為志向比較小，行事不遠大，只有亨的作用而德性不光大。

大蓄卦蓄養眾多，事業推展很廣。多就不整齊，推展就不是暫時，這是志向遠大，行事很寬宏，一定要有厚重的實力才能到達，要有堅定的誠心才能完成。這一切不是只有外在條件的完備，而必須先有內心德性的充實，所以不重視亨而重視利貞的修養。因為元亨是天道，小蓄藉著時機完成作用所以叫作亨，讓我們看見天時所給予的。

5. **利貞講的是人道**，大蓄因為人可以順從天時所以講利貞，讓我們看見人力應當奮勉的所在。大蓄本來大過小蓄，德性有過之而無不及，而**易教看重人事**，就算天時恰好也要靠人的力量來順應。如果天時還沒有到，更必須要靠人力的謀劃來彌縫。這是**大蓄卦以人道為優先**，而從這裡足以期待天道的合同。

   在小蓄卦先看重天道，到了大蓄就要看到人事了。人事既然建立，天道自然看得見，利貞的德性就足以達到元亨的作用。

   沒有先做到利貞的修養，元亨不只是看不見，而且因為蓄養偏離了中道，反而遭到無妄的災禍。就像無妄卦六三爻的占卜一樣，難道不是因為外物而生發疾病痛苦嗎？因此大蓄卦只講利貞，既可以讓我們明白卦用的最先，也可見《易經》真理教育所重視的，不要認為大蓄卦的作用不如小蓄。

二、進入大蓄，每個人都可以參贊天地化育。

1. 宗主孚佑帝君說：**大蓄卦是富有的現象。**四陽二陰，陰可以養育陽，陽可以養育陰，陰陽交相長養，不像小蓄卦的陰陽相積蓄卻不能互相成就，所以叫作大蓄。人只知道陰可以長養陽，卻不知道陽也可以長養陰，這是忘記陰陽有互助的作用，於是就失落了大蓄的道理。

   孟子說：「沒有君子不能治理小人，沒有小人不能供養君子。」君子與小人互相需要完成作用，然後天下平安國家富庶，有一方面不明達，混亂就會發生；有一方面不完備，災禍每天都會報到。這就是大蓄卦的可貴，而重心就在上下都能夠互相蓄養。

   君子與小人不是從善惡來講，是從「上下」來分辨。**上位的人尊貴而下位的人卑賤**，尊貴指國君與文武百官，還有父兄老師與長輩；卑賤的身分指人民、臣僕還有兒女、徒弟與隨從。因為身分有區別，等級

有不同，就形成「上下與尊卑」的秩序。

從卦象來說，乾是天是父親，艮是山是少男，大小自然不一樣，而乾卦反而在下位，艮卦反而在上位，這是上下互相長養的親切，互相需要的殷勤，這樣的感情心志已經可以想像得到。

2. 地位高的人放下身段，地位低的人抬高位置，不平等就平等了。平等然後安心，安心然後安定，安定然後一心一德，一心一德然後強大。有國家天下的人，**沒有人能夠違背互相長養的道理而可以得到長治久安的。**

所以大蓄卦是大同的基礎。是同人卦與大有卦的結合，而包含泰卦與履卦禮樂太和的氣象。大蓄講天能夠蓄養萬物，萬物也能承順天道；講山能夠儲備財寶，財寶也能聚集儲藏在山中。不積蓄怎麼能夠成就作用？不儲備怎麼能夠顯明道德事功？因此山與天結合成為大蓄，實在是根據山與天善於蓄養罷了。

3. 大蓄卦的蓄這個字，在小蓄卦已經解釋清楚了。最重要有兩層義理：
第一、從小地方來說，是講生長養育。比如農家養的家畜，牛羊豬俗話叫做六畜也叫作家畜，可以留在家中養育，與野鳥野獸是不同的。可是雖然與野生動物不同，最初還是從野地來，從野地的動物轉化成為家畜，正是因為人能夠蓄養牠，而動物也能安心被蓄養罷了。

所以蓄是養育，重心在人能夠養育，沒有養育就沒有家畜。養育不到位，家畜也不會肥壯；養育不適當，家畜也不會繁殖。因此家畜完全依靠養育而來，而且一定有相得的情感、相安的情勢。

像老虎、野狼、貓頭鷹、老鷹這一類，除了有特別的人來養育以外，沒有人能把牠們當作家畜來養。因為野性不容易馴服，情感不容易與人互動，與人很難相處而被養的動物也很難適應。這麼看來，**蓄養雖然關連著生活也聯繫著感情**，因為動物也有知覺能力，往往靠著知覺能力供人來使用，幫助人來養殖。

比較大的動物像狗馬牛羊，更能效忠主人勇敢做事，而人也往往重視牠們，更能靠養育來完成蓄養的效果。所以大蓄卦各爻都拿牛馬這些家畜動物，來比喻形容，實在是因為「**生長養育」的利益是民生的根本**，利用家畜的功勞來作為事業的資本。雖然古今的時代不同，家畜

作用的發揮沒有不一樣。

第二、從大地方來說，有四個層面：一、從養小推展到養大。二、從養家畜動物推展到養人。三、從養萬物推展到養道。四、從養形體推展到養精神。也就是說，凡是身體每日的需要，事業的輔助，能夠對生活生計有利益的，能夠對現在發揮功用的，都可以推廣而充實，發揚而光大。

蓄養的功德就不限制在物也不限定在人，不限制在器具也不限定在道。

蓄養功德的義理有三個層面：一是對心身性命有幫助的。二是能深造道德與契入神明。三是能幫助一切有形與無形。這一切都應當看作是養育的需要，也是積蓄所應當做的事，因此大蓄卦的**大象辭就拿「蓄德」這句話來說明要領**。

人生是看重道德還是看重財物？這是君子與小人「存心態度」的不同。君子志向遠大所以看重道德，小人志向細小所以看重財物。可是《易經》完全概括包納這兩項，因為德性沒有萬物不能彰顯存在，萬物沒有德性不能生發作用，這兩者是本末的事。

一定要有財物、事物、食物、人物、萬物，才能彰明德性，有德性也才能成就萬物。大蓄卦的各爻分別敘述，讓我們看見作用是沒有高下分別的。我們要明白天下萬物都有生存成長的需要，而**聖人完成天性樹立真誠，都有成人成物的道理**。

4. 大蓄卦拿積蓄與生育養育作為義理，所以重心在培養、蓄積與聚集，而目標在廣厚眾多，如果不這麼做就不能叫作大蓄。

大蓄卦有三個階段的時機：第一、已經蓄養。第二、將來要蓄養。第三、正在蓄養。也就是過去未來與現在，這是從**時機與地位**來區別的。在前面的是已經在蓄養的，靠著本來有的來積蓄養育。在後面的是將來要蓄養的，這是講有所等待，來依賴養育。在現在是正在蓄養的，是講正從事各種蓄養。

卦爻把「時機與地位」分配得很好，用來合同過去、未來與現在的蓄養。因為蓄養既然是拿「眾多」作為目標，就不會嫌積聚太多；既然是拿「廣厚」作為作用，就不會嫌財物滿盈。

已經積蓄的就追求增加，將要積蓄的就追求集結，正在蓄養的就藉著

現有而推向廣大，藉著富有而擴充來達到長久。廣大又長久，道德可以一天天旺盛，事業可以一天天興隆。這就是講大蓄卦藉著「時機」而興盛，藉著「地位」而擴張，隨時隨地都能生發作用。

5. 在下位的人就在安和樂利以後，勉勵他們能繼承前人的精神；在上位的人就乘著時機來建立事功的當前，做好啟迪後人的準備。因此不必追問時機地位如何，對於**養育與教育的目標是相同的**。大象辭說「蓄德」，拿「多識前言往行」為首要工作，由此可以知道「積蓄與教育」沒有限定在一時一地，一人一事的集結。

一定要考核會通古今，驗證追求遠大，才足夠成為蓄養的根本，然後可以推展大蓄的作用。因為「**前言往行」是古人的積蓄**，「**多識前言往行」是我的積蓄**，蓄積在我身上的既然很多，作用給天下的也就很富厚。這是用我的積蓄來成就天下的積蓄，積蓄沒有窮盡，作用也就沒有窮盡。

所以有蓄養一定追求每天的累積，一定全力增加擴充。而準備充分在前面，就可以補救充實在後面。從上下來擷取，從遠近來取用，就可以共同來完成對生命的蓄養，這才是大蓄卦的大用，也是各爻辭所取用的義理。

6. 大蓄卦六四六五兩爻，意義包含淺與深，精與粗。從粗淺來說，蓄養指的是家畜，六四的牛、六五的豬，與九三的馬，都是家畜。而九三只講馬不講牛豬，因為是陽爻被陰所蓄養，陽剛難以馴服，良馬很難駕馭，所以不容易蓄養，而且千里馬不是一般人可以養育的。

千里馬不常見，千里馬不容易蓄養，因此九三爻辭用「蓄養良馬」作比方。對於千里馬的駕馭，也不是像牛豬的「梏牙」柵欄可以禁止的，可以馴服的。一定要有駕車保衛的勇士，滿足千里馬追逐的雄心，然後可以發揮利於遠行的作用，所以叫作「利艱貞」。讓我們明白**駕馭千里馬不容易，而要利用千里馬必須事先有準備**。

「艱」講的是任務的艱難，「貞」講的是守護的謹慎，這都是講九三的蓄養。就像是不受拘束的野馬，能夠飛奔千里的良馬，乘著陽剛正氣飛越險地，不怕艱難險阻。

7. **千里馬兩種特性**：一、因為力量足以勝任，所成就的事功也會很多。

二、因為千里馬得來不易，駕御也必須謹慎。拿這個道理來比方「得賢養賢」的不容易。

君子的志向是從養德進入體道，從美善身心到行道全世界。君子的成就是很困難的，所以開創的格局也一定很大；君子的行動奮發，該停止也一定果斷。這樣的君子就不只是為一個時局、一個地方所用而已。自身道德人格一天天光明，道德事業一天天廣大，這是靠乾卦健動的運行，就像天馬的行空；自性天道的大生廣生，就像雲中的龍在興雲布雨。這種恩澤威儀很顯赫迅速，聲音光彩很響亮，這一切都是乾卦的根本功用，都是上天最極致的德性。

而九三形容是「良馬的追逐」，講「利有攸往」最足以合同「不家食」的吉祥，最能充實大蓄卦「隨時作用」的大因緣。

8. 到了六四六五爻，就稍微差了一些，因為兩爻都是陰柔，被陽剛所蓄養，得到固然容易，養育也不困難，所以拿「牛與豬」來形容。讓我們看見**蓄養得愈多，作用就愈細小；行為愈平庸，成功的格局也就愈細小。**這是平民百姓的目標，與大人君子不同的地方。讀經的人仔細思考九三爻的文辭，應當可以分辨大蓄卦本末精粗的作用了。

蓄是生長養育，是養育累積。蓄的道理在累積眾多，小蓄卦就是累積不夠豐厚；蓄的道理在廣大生長養育，小蓄卦的生長養育就是不夠廣大。大小蓄的不同，完全在陰爻的多與少。

天下拿生育長養來形容的，沒有先於夫妻配偶了，推展到萬物雌雄牝牡都是夫妻。一定先有夫妻然後才有生育，從來沒有孤陽獨陰自己生育的，因此大小蓄以生育為作用，都是取夫婦配偶為形容，而大蓄卦更推及到萬物，引用「童牛、大豬、良馬」作印證，來講明白生育的功德，一定先要有良好的配偶。

9. 就好像人類，**一定先要有和順的夫婦，才有賢孝的子孫。**夫婦是人道的首要，是君子之道的造端，可見一切生育，原本就在陰陽相得的和諧之中。

萬物沒有不是從天地出生，沒有不是被陰陽養育，而且一定要在已經交往結合以後，這是一般人知道的事。但是明白長養生育的道理，一定要從陰陽二氣恰好，互相成為配偶，並不在一陰一陽多少的分別，

而在陰與陽的情投意合與志同道合。這就是大蓄與小蓄的作用，以陰少而得到陽的蓄養作為根本，陰能順從陽，陽會親近陰，才是極致的道理，才看得見真正的生育。

陽講的是天性，陰講的是情感。只有性情互相協同才能達到中和，然後天地可以定位、萬物可以長育。因此《中庸》首章講的道理，實在**是根據大小蓄卦的作用。**讀經的人必須善於體會、善於會通。

山雷頤卦

上九
六五
六四
六三
六二
初九

卦旨

1. 《易經》的卦象最完善的沒有超過中孚，中孚就是中和。外在陽剛而成就中體，內在陰柔而到達太和。就像人的天性與情感都很中正，體用兼備而完善。對自己來說，能止於至善而完成天性；對外物來說，能明明德而推展天道。這就是聖人的功德也是仁政王道，是仁德與智慧完備滿分，所以叫作「中孚」。頤卦與中孚現象類同。

   頤卦雖然陰比陽多而以陽為貴，取萬物來養性而天性不會被外物奴役，藉著情感來表現天道而天道不會被情感障蔽。這是能合同中孚的義理而成就頤養的道理。

   卦辭明白指示說：「觀頤，自求口實」。就表示重心在「觀」，不在飲食。**人生最重要兩件事**：一、能夠分辨性情的清濁，能夠分別善惡是非，這件事一定要審慎。二、選擇食物來達到養生，這件事情一定要恰好。雖然頤卦拿「求口實」作為養生，重心是在養生有沒有獲得正道？是不是恰好？所以〈雜卦傳〉說：「頤，養正也。」

2. 蒙卦的象辭說：「蒙以養正，聖功也。」現在頤卦也講養正，可見頤的養生道理是貫徹始終。最初是生命的需要，口腹的養育；最終是天性天道的學問，是要養出聖賢。這個道理一以貫之，本來不是兩件事。

   「養正」是從卦象來說，始終都是陽剛，內在包含陰柔，陰柔本來就是情愛物欲這一類，而陽剛通向天性天命的真實。所以全卦六爻講「天性人情與天理人事」從本到末、從終到始，都沒有互相違背而能夠互相完成作用。

   用剛來養柔，情感不會背離天性；用陰來養陽，天道不會遠離人事。這就是「中和」的功德，內德外功都極致圓滿，萬物上下都各得其所，

都是恰到好處而適當的發揮作用，於是生命能夠順遂成就。就是大人能養大體，小人能養小體。

萬物與我都可以得到長養，都可以得到生存，都可以壯大而變化。這就是天地長養萬物，萬物也能自我養育，就是養生的極致，也就是養正的道理。

3. 天地對於萬物，沒有一物不生育，沒有一物不長養，而且沒有一物不養正。只有「中正」才能順遂生命，才能完成養育。**什麼叫作正道？一是性情。二是中和。**

所以蒙卦拿「正」來養童蒙，因為小孩子有天真。就是老子講「**太和的極致**」。當喜怒哀樂情感的發動能節制調和，飲食玩樂、一切嗜好都合於法度，這就是中正。從中正進一步保育又充實，就可以常保太和正氣；能夠保全天真，又能夠成就規矩，來合同天性，就是養正的道理。

因此養正必須從童蒙開始，萬物都有蒙昧，不只是人，只是人最明顯。所以對於蒙昧的，是取法於養小孩，而且從吃東西來取得印證，就是因為容易講解也容易明白。因此頤卦與蒙卦都是拿「養正」作為功用。**頤又包含一切的養生。**萬物都有生命，都要追求養生，都要取法頤卦來追求口實，吃得實在，來達到保全生命、順暢生命的保養。最初雖然是口腹的欲望，最終實在是天性天命的中正。因為是根據乾卦的大生，而天道的變化重心「**在天性天命的中正，在保有太和的正氣，來完成利貞的德性**」。

4. 所以頤卦擺在大蓄卦的後面，讓我們明白萬物與我都要得到養正，依靠互相的蓄養，更能充實互相成就的道理，（不溺物、不奪物、不害物、不傷物）還是能夠合同一陰一陽的大道。讀經的人從卦爻的現象仔細玩味體會，就可以看見《易經》真理教育的完善，明白周文王與周公的聖德了。

因此我們要體察天道的正常，我們要學習事物的用中，陽剛可以順從天性，陰柔會造成迷昧。頤卦好像是有德性的君子，大過是沒有德性的頑童，這是兩卦不同的方向，而時機作用也就很難一樣。

人生每天要休養生息，元氣循環運行周而復始，就像**夜半子時陽氣初**

升、生機啟動，修道的人特別重視子時的時機，所以叫作「活子時」，也就是講元氣的啟動。

頤卦是震卦的一陽在下，就好像復卦的下卦，陽氣最初奮發振作而生機初發動，這股生息的力量可以到達無限，這是最可貴的所在。更因為頤卦的上卦是艮，艮是靜止，上爻的一陽好像太陽在中天而光明下照，又像人的靈明向上發動，天性的光輝乾淨清澈，一點雜質都沒有，這是道功將要成就的火候，也是天性靈光上達的時候。

5. 在**最初的入手功夫**：第一、是知止而後有定。第二、要止息妄念思慮。第三、要清淨一心。第四、回歸極致的太一。第五、保存又合同太和正氣。

而在**最終的了手究竟有五層境界**：第一、自性真誠而光明。第二、天命廣大而能變化。第三、天德中和而同步到位。第四、天地的定位與萬物長育同步完成。第五、可以合同乾元而共同回歸太極。

所以艮與震兩卦的結合，實在是內修玄妙的聖功，從人道回返天道，從情感回歸天性。可以生生不息而達到至誠無息，可以契入「為物不二而通透無聲無臭的先天大道」。這固然是始終一貫的功夫，不是只有像蒙卦的「養正」而已。

所以頤養關鍵四層面：一、從小來說，就是日常生活飲食，延續生命的事。二、從大來說，就是完成天性、存養真誠不二的道功。三、從近處來說，就是獲取食物供養身體的行為。四、從遠處來說，就是通達天道，立定性命的境界。講到「頤養」哪裡只是口腹飽實的追求？

6. 從口腹飽實來說，正好也有深層的義理，因為我們的生命需要飲食，而精神元氣可以通達天地；我們的口腹關連著嗜好欲望，而吐故納新可以連接性天的靈明。從生活到生命，都是口體實在的追求，不必專為喝水吃飯來說，還包含說話、呼吸。

講到修辭立其誠，「**說話立定真誠**」，那麼知言就是養氣；明白無息，沒有呼吸的呼吸，能夠通達悠久，那麼呼吸比精美食物更可貴。什麼味道都要品出精華，那麼品茶品人品物都是學問；知音的人可以明通天籟，那麼呼嘯唱歌直接可以感動神天。

這一切都是養氣與養神最先要做好的事，也就是修性與修心最重要的

事。因此「口實」這兩個字雖然淺近的說是飲食，推遠一點，凡是能夠讓身心飽足，能夠讓性情充沛飽滿，都可以出入在頤卦當中，而互相成就生命的涵養。

白話經文

【彖辭義理】

頤：貞吉。觀頤，自求口實。

頤卦彖辭說：頤卦養生，先要做好貞德的養正功夫，保持天性良知，才能發揮正己成人，利人利物的吉祥。頤養重心在良知觀察，不因養生而造成殺生。能追求口腹飽食來長養色身，能造道自得來中正性命。

【解釋彖辭】

彖曰：頤，貞吉，養正則吉。觀頤，觀其所養也。自求口實，觀其自養也。天地養萬物，聖人養賢以及萬民。頤之時大矣哉！

頤卦解釋彖辭說：頤養的吉祥從正義誠信的貞德來，養生能對接正性立命就是吉祥。養生先要良知省察，智慧觀照，所養的內涵是什麼？所成就的目標如何？真正的養生是自養，觀察自己而不必等待外物，可以飽足口體，又能飽足天德。

天地無私無為的長養萬物，聖人養足性命道德的充沛，就可以養成賢人，養育萬民。頤養的天時作用太偉大啦！發揮生成栽培的道，展現生生不息的功德。

【大象辭義理】

象曰：山下有雷，頤。君子以慎言語，節飲食。

頤卦大象辭說：雷動的陽氣從靈山下方發動，就是頤養的中正道理。君子的養生在日常家常當中，從謹慎說話來養氣養德，從節制飲食來養生愛物。一方面體察天時代謝的秩序，一方面推展性情善惡的明辨，達到天人物我的共同成就。

【爻辭義理】

初九 捨爾靈龜，觀我朵頤。凶。

頤卦初九爻說：讓別人捨離天性天心的靈明，看到我大快朵頤的吃喝，於是共同追求口腹欲望的滿足。這是違反養正的道理，必定招來凶禍。

象曰：觀我朵頤，亦不足貴也。

頤卦初九爻小象辭說：人人不懂追求養生養性，來成就天命天德，只是貪圖感官欲望的飽足。縱然富貴榮華一生，也是一無可取，毫無價值。

六二 顛頤，拂經，於丘頤。征凶。

頤卦六二爻說：用特別非常，違反尋常的方法養生，掃除禮樂道德仁義的所有規矩來經營。把自己養得腦滿腸肥，財物堆積如山，如此獨善自養，不值得稱道。六二不利於出征，因為遭逢好時機，沒有行動力，處在正位也給不出大作為。

象曰：六二征凶，行失類也。

六二爻小象辭說：六二出征會有凶禍，因為重物化而自私自利，自恃自負自養，顛倒逆行，得不到同類的幫助。雖然處在正位與好時機，卻不知道涵養志氣與理想。

六三 拂頤，貞凶。十年勿用，無攸利。

頤卦六三爻說：遠離自身的道，就是守住貞德也是凶。甚至十年不能發揮作用，完成不了道德仁義的蓄養，再怎麼做也沒有利益。

象曰：十年勿用，道大悖也。

頤卦六三爻小象辭說：違背天時，倒行逆施的涵養，會造成長久的生命功能作用失效。違背了大道，阻擋了陽氣上升，大不吉祥。

六四 顛頤吉，虎視眈眈，其欲逐逐。無咎。

頤卦六四爻說：六四不能自養，必須向上逆行，靠上九的下施恩澤，獲得吉祥。上九的向下照臨，好像老虎凶猛的注視，又像奔馬的競逐，對卑微的六四形成脅迫的威勢。

因為六四具備陰柔靜順的道，能忍辱而逆來順受，外力的衝撞大，也不會造成傷害。就好像一個國家的主事者，能固守靜順的內德，外患再嚴重，也可以化解，不會形成禍害。

象曰：顛頤之吉，上施光也。

　　頤卦六四爻小象辭說：六四向上追求的情感迫切，仰賴上九的布施，才獲得顛頤的吉祥。上九的布施像猛虎臨現，有逼迫威脅的情勢，藉著盛氣威儀發揮慈愛的恩典。

六五 拂經，居貞吉。不可涉大川。

　　頤卦六五爻是中爻正位，卻要聽命於外方。六五能知止而自守貞德，陰柔能順從陽剛，能自我保全而得到居貞的吉祥。六五適合守成，不利遠行也不宜冒險，就沒有進退失據的過錯。

象曰：居貞之吉，順以從上也。

　　頤卦六五爻小象辭說：六五爻處在中正的地位，能捨己從人，順從上九的陽爻，才獲得居貞的吉祥。藉著順從來保全貞德，藉著服從來中正自己的立身，內心不失真誠正義，才有吉祥。

上九 由頤，厲吉。利涉大川。

　　頤卦上九爻說：一切人都是經由自性靈山而成就天長地久。依止艮山是成始成終的大路，關鍵在修行人要奮勵的走在大道上，才能得到養正的吉祥。在自性天道上蓄養博厚高明的人，反而可以健動遠行，開創大利益。

象曰：由頤，厲吉。大有慶也。

　　頤卦上九爻小象辭說：生命始生終成靠養育，養育必須走在先天大道上面，才可以順從天性來完成生命的修養。關鍵在行道的人能夠自我奮勵，自我抉擇，能夠知止又能自我反省。

　　用奮勵的行為走在大道上，就不會背離正當的行事，也不會違背天地的常道。能夠從外面回歸內在，從高明進入深淵，從虛冥的太空來覆蓋觀照無邊無際的天地。人人完成養正的功德，可以創造整體的吉祥，成就全人類高明廣大的大歡樂大喜慶！

結語 宗主孚佑帝君論：頤養以善止善虛為寶貴，保全性命中和。

1. 頤卦講的是頤養，養生一定要靠外物，所以〈序卦傳〉在大蓄卦以後就講「**物蓄然後有養育**」。雖然養生不止於口腹的需要，而生命的養

育從口腹開始，而且**養育必須要以恰好為優先**。肚子空虛，吃東西才甘甜，這是頤卦取「中虛」的義理。

「中心空虛」就善於接受而能消化。凡是對身心有幫助，能夠長養精氣，能夠養育性情的，都應當以**「虛心接受」為可貴，以能「消化」為重點**。俗話說食古不化，這是不善於吃東西；多吃成病，這是不善於接受。都違背了養生的道理。

頤卦講養生一定先中虛，一定追求容易消化，「中虛而消化」，這是大道的極致，也是德行的極致。哪裡只是口腹形體的養生？

〈雜卦傳〉說：「頤是養正」，還是取口中吃東西的義理。推廣這個作用，凡是能夠養育身心，對天性天命有幫助的，都是頤卦所包含，都屬於養育。

2. 大蓄卦以養育為作用，與頤卦沒有多大的差別。大蓄卦敘述養育的「根源」，頤卦講明養育的「流派」；大蓄卦重心在養育的「預備」，頤卦重心在養育的「實踐」。大蓄卦目標在物，要得到萬物才完成養育；頤卦目標在自己，要修好自己來達到養育萬民與萬物。

〈序卦傳〉說：「物蓄然後可以養育」。從這裡足以證明養育一定由蓄卦來，雖然有頤養的需求，如果沒有物蓄的準備，需求還是沒有外物可以補給。雖然有蓄養的志向目標，如果沒有頤養的方法，養育還是不充分。

因此本末是互相需要，體用要依賴協調，一定要結合兩個卦才可以達成「培育德性」的作用，才可以滿足口腹飽實的需求。因此**頤卦是繼承大蓄卦的道理，而更擴充到達「生命養育」的完成**。

3. 陰與陽平常居處就互相需要，行動就互相依靠；動的時候是互相幫助，靜的時候是互相愛慕。合理的交錯就成為配偶，不合理的雜處就成為淫亂。只有靠「禮儀」來調節，靠「真誠」來合同，才可以做到相敬而沒有怨恨，相愛而沒有戲弄，這是天道與人情的常經法度。

大蓄與頤卦陰陽雖然不平均而秩序排列整齊，配合雖然不穩定妥當而意志能調和。就好像男女能夠守著禮儀而不敢放蕩，能夠溝通情愫不會互相背離，於是可以相安相成，可以相育相養，造成性情協同而物我同春。這就是《易經》稱許的**「養正」**。

因為人情容易偏差，養正的道理實在很艱難；物欲實在很難測度，占卜要得到貞吉很不容易。這是聖人隱微指示的真理教育，讀經的人不可以不仔細審查。

頤卦的大用在養，而分成「養正與不正」來決定吉凶。彖辭講「貞吉」是講養正就吉祥；初九講大快朵頤是凶，是講不能養正就凶。因此全卦的文辭「吉凶並出」，而大象辭把重心擺在「慎言語、節飲食」，用來建立人道的大原則。

4. 頤卦的養育是在**「說話與飲食」：言語關連著養氣，是道德與事業的本源；飲食關連著養生，是天性與生命的樞紐。**古人講修養，一定先做好言語與飲食。

孟子說：「我知言，我善養浩然正氣。」與《中庸》講「至誠無息」的道理，沒有不是關連言語的修養。因為氣息的出納能感通天地，能通達神明，做到「止息邪念而存養真誠」。聽一個人說話就可以知道他的修養。

這都是告訴我們口舌是鑰匙，要我們明白**「呼吸吐納導引」**的要領而達到養氣的功夫。孔子的飲食一一都有節度，《論語》第十章鄉黨篇所記錄，都是關連修養的道理。《大學》講「心不在焉，食而不知其味。」與顏回的簞食瓢飲，孔子的飯疏食飲水，沒有不是飲食的修養。俗話說吃得太甘甜肥膩會傷害身體，撐得太飽會損害精氣，這些話都沒有離開口腹的需要，而讓我們能夠清楚分辨性情的調和，期望能夠合同養生的要訣。

5. 所以頤卦先舉例說明，讓我們明白人道的養育必須要拿「中正」作為目標，中正就合道，不中正就違背生命。「說話與飲食」各有中正的道，各有生命的恰好，一旦前面的做法背離了道，後面就會有災害。因此君子一定會謹慎家常話，一定會節制飲食。

頤卦卦辭的義理都是根據卦象，上艮下震，這是講**最初是行動，最終是靜止，內空虛而外實在**，陰柔很喜悅而陽剛能順從。互相需要來完成作用，實在可以分出善惡兩路，可以分別邪正兩路。順著天性就良善而中正，被外物奴役就行惡而偏邪。

關鍵就在一吃一喝的隱微，在一個字一句話的瞬間，就可以分別吉凶

的氣數，就可以開啟「後悔與貞正」的兩扇門。從道來說，做到謙退廉潔、謹慎樸實簡約的人，自然合同貞吉的道理，而得到養正的功效，這是頤卦的根本宗旨。

養正三要領：中虛而消化，則物欲能捨。中正而太和，則人情不偏。真誠而禮敬，則心神不迷。

如果貪心放縱、虛浮誇耀，又驕傲奢侈、輕忽玩弄，就免不了後悔吝阻不通的過錯，而違背頤養的功用，頤卦會變成大過卦。

6. 頤卦的爻辭與其他卦不同，後來的人多數不能清楚理解。因為**頤卦的卦象原本是「復卦與剝卦」兩卦合成**，從第二爻到第四爻，從第三爻到第五爻，這當中的互卦是坤卦。對接下卦就成為復卦，對接上卦就成為剝卦，因為初爻與上爻都是陽爻。

而頤卦原來是上艮下震，如果地位互換就變成「小過卦」，而爻位的變化會成為「大過卦」，這一些義理都互相通用，因此爻辭吉凶並出，利害不同。

大概說來，能夠轉變成為復卦就吉祥，轉變成為剝卦就凶禍；成為頤卦就有利益，成為大小過卦就有傷害。

說到成全生命的德性一定在生命出生以後，如果沒有出生又何必成全？如果人物沒有出生，哪裡需要養育？**講到養育一定是先有生命**，因此震卦的作用是在艮卦前面。不過**頤卦的作用是在養育不在生育，在艮卦不在震卦**。因為乾道大生，自從有了乾卦以後萬物早已生育了，雖然後天的萬物是從震卦出來，**震卦是生成的首要，但並不是生命的根源**。

7. 從初爻到第三爻，下卦都是凶；從四爻到上爻，上卦都吉祥。因為**艮卦的靜止能夠維持良善的作用，艮卦的定靜能夠反求自己而合同大道**。

一定要合同天地的道，能夠幫助天覆地載的功德，然後才能明白生生不息的作用，才可以用來**保全天性與生命，可以保持自性的中和**。因此卦的作用一定要兼備上爻與初爻來作為占卜，因為後天不能違背陰陽的結合，不能離開往復的途徑。

一剝一復是天道的自然，人事來回應天道，自然分出趨吉避凶的方向，而吉凶利害也就從這裡來區別。所以**頤卦的作用多取「逆行」，就是**

為了挽化天數的窮困而合同「來復」的時運。從六二爻以上就應當清楚明白「順逆」的作用，來看見人天的結合。因此頤養的宗旨不像其他各卦，而六爻的文辭也與彖辭大象辭有不同。讀經的人如果細心體悟，自然可以瞭若指掌了。

8. 上卦因為陽明在頂顛，群陰能聚集服從，所以養育的格局就大，而德性是吉祥；下卦因為陽氣潛存在底下，群陰從外面包圍，所以養育的格局就小，而德性多凶。就好像**君子能養小人而不能接受小人的供養，小人能服從君子而不可使君子屈服**。這是上下兩卦的作用不同。

陰講的是人的「情欲」，很容易親近外物；陽是人的天性，獨自通達天道。陰氣太盛就不正，陽氣光明就中正，而吉凶利害也就隨著分辨得很清楚。所以頤卦用「養正」來形容，這是聖人真理教育的隱微意思，讓我們明白不中正，雖然是養生也是殺生。

就看情欲是不是太過，性命是不是中正，來分辨是頤養或不是頤養。讀經的人審查爻辭，參考卦象，就可知道當中最深的義理了。

9. 頤卦上下都是逆行，四個陰爻都是取「顛拂」的義理來發揮作用，我們要知道「**順從陽爻就是正**」，頤卦本來是以「養正」為貴，四爻的逆行正是為了追求合同正道，並不是爻辭故意貶低壓抑。

如果陰不自我逆行，將會與陽背道而馳而失去中正。要如何來談養育的道理？如何發揮頤卦的作用？

這一層「**以逆為正**」，以逆行來成就正道的義理，一直以來解經的人都不能明確清楚解釋，實在是不知道頤卦的作用，沒有通透〈雜卦傳〉所說養正的義理。雖然每天讀《易經》終究沒辦法得到聖人立辭的宗旨，豈不讓人大大感慨？

《易經》的道理最深刻，《易經》的文辭最精要，不可拘泥一端而不消化，不可執著部分而忘記通達。**其他各卦都重視中位，而且初爻與上爻沒有作用，只有頤卦不是這個樣子**。因為初上是陽爻，順從陽爻就是順從中正的大道。讀《易經》的人應當要先知道這一層義理。

28 澤風大過卦

卦旨

1.　「失中就是過」，過與不及都是偏差。**凡是不能順著中道行事都是過錯，卻有大小過的分別。小過就是不及中道，大過就是太超過。**

從人道來說：陽是天性、陰是情感，天性具足原本沒有虧欠，卻受到情感的拖累，陷溺在嗜好欲望當中，不能剛強果斷來保持中和，這就是過錯，而且是很大的過錯。

如果是一般的人民百姓知識少，很懵懂生活，一輩子奔營追求，只是求口腹的飽足，求嗜好玩樂的滿足，貪戀眼前的享受，忘記本來生成的天性。這叫作「蒙昧」，**蒙昧不是過錯。**

君子大人明白生命的源頭，守住自身的真道，知道格物致知的道理，熟習存心養性的修持，固然已經充實天性，常保天君靈明。卻忽然想要圖謀不應當得到的事業，企圖獲得偏頗不正當的事功，自己甘願被折損羞辱，因此被他人輕賤。這叫作自我蒙蔽，**自性蒙蔽就是過錯了。**

2.　**君子免過七法：**第一、明白天地的道無時不是中道。第二、明白聖人智慧的行為沒有一件事不通達。第三、隨時可以行道也可以守道，能容受染汙，也能振興道德事業。第四、只要抱守自性中道的所在，就可以善養我的生命得到安定繁榮。第五、培厚我的德性來成人成物，就可以擴充道德事業的崇高。第六、不因為自己的進退得失，而迷昧天性與生命的中正。第七、不貪戀外物的好惡而背離道德的公正。

這七種存心態度，是君子能免除過錯的方法，而且可以永遠執守自性中庸。所以《易經》拿「大過」來接續頤卦，實在是要勉勵我們能夠早些善養我們自身的道。**能夠善養而得自性天道，天地生成的化育，我們都可以主宰！**更何況是天地以下的人事物？

3. 如果養育不完善，天性與生命，道德與事業，都完成不了，就是真我的自暴自棄。更何況是比道德事業更細小的事？所以〈序卦傳〉說：「**頤卦不善養育，就不能有作為。就會進入大過。**」因此頤卦以後接著是大過，就是講失去正養，一定是動輒得咎，說什麼、做什麼都是錯，自然不能免除大過了。

而人生的常情很容易做邪惡的事，偶然的不謹慎，罪過錯就聚集了。聖人要我們先追求沒有過錯，如果不幸已經犯了過錯，就追求改過的方法，於是拿大過卦來啟示我們。這就是卦名的隱微意思。

〈雜卦傳〉說：「**大過顛也。**」顛有兩層義理：**一是顛覆。**因為本末都很弱，中段獨強，沒有憑藉依靠也沒辦法施展擴充，勢必有傾覆的顧慮。**二是顛倒。**因為大過與中孚相反，陽在內而陰在外，倒行逆施，如同頤卦的「顛拂」，逆反常經正道。

4. **自我逆反自己的志向與目標才會稱為「顛」。**可是《易經》的體例以陽為貴，大過的顛倒實在是由於陽的過錯，陽雖然多卻沒有根本，陽雖然聚集卻沒有實際作用。「根本與作用」這兩者都與理數相違背，所以被稱為「顛」。

就像人犯了癲狂的疾病，雖然有精力也不能成就任何事情，雖然有才智也不能運用思考。相貌固然偉岸像勇義大丈夫，行為反而徬徨像個懦夫。所以叫作「顛」。

所以「大過」的卦名是聖人用來顯示天道，而「顛倒」的義理是聖人用來勉勵人道。「顛倒」就是逆行，《易經》的道理講究「逆數」，逆反氣數就能夠順從大道，逆反上天就能夠順從人道。我們應該要重視「顛」字的這一層義理。

5. 顛倒雖然違反經常，如果使用恰當，可以把災禍反轉為吉祥，也可以變化人道而成就天道。修持的訣竅首重「逆行」，就是這個意思。因為順著氣數而達到是由於天數的中正，**逆反氣數而能達本還源就是天數的特殊。**

人生下來就有情感，因為欲望而有很多嗜好，這就是順著情欲而達到種種人生的樣態。人修道而能夠明白天性，順著天性而能夠回歸真常，這就是逆反情欲而能夠達本還源。

天道說是無常卻有定常，因為窮盡就產生變化，變化就回到原點。人也就效法「回復」的道理，在中孚的時候就取「順成」來達到目標，面臨大過的時候就「逆取」來達本還源。

這是人道與天道的作用有差異，君子明白這當中的變故，能夠與天時同步運行而不被天時所遺棄，能夠承接天道來共同造就而不被天道所妨害。所以能夠獨行在中道，永遠保持太和，來充分發揮情感與天性的中和，而建立道德與事業。

白 話 經 文

【象辭義理】

大過：棟橈。利有攸往。亨。

大過卦的象辭說：天性的陽剛，被陰柔的情感拖累，不能剛強果斷的立定中和，就是大過錯。就好像一棵可以當棟樑的樹，根本與枝末細弱彎曲，拖累中段的堅強。

如果中段四個陽爻，能發揮乾卦行健的力量，就可以大有作為的往前開創而獲得利益，並把利益普遍分享一切處。

【解釋象辭】

象曰：大過，大者，過也。棟橈，本末弱也。剛過而中，巽而悅行，
　　利有攸往，乃亨。大過之時義，大矣哉！

大過卦的解釋象辭說：陽剛被陰柔屈辱太過的大過卦，是批判中段四個陽爻，不能自立自強，違背中道的過失。好比生命樹的本末柔弱、正氣不足，不能伸張道義。陽剛過多而在中位，君子就靠著陽剛的力量，返回到中孚。

君子把握巽卦的順天變化，說喜悅的話如澤水流布，隨所到處利益一切，把大道推行十方。中道君子根本乾卦行健的正能量，配合天時來行出天道，能充實天德來完成人道。逆轉大過的天數回返中和，建立道德與事業。大過的時機氣運太偉大啦！

【大象辭義理】

象曰：澤滅木，大過。君子以獨立不懼，遯世無悶。

　　大過卦的大象辭說：由於天時氣數，形成水淹沒樹木的大過失。這時節，出入不自由，行止不自在，收放不自如。一切都受到蒙蔽、束縛、壓抑。

　　通達天運氣數的君子，能體察天時氣運的太過。知道不可勉強迎合時勢潮流，寧願獨立自強而沒有畏懼；明白不能被天下所用，寧願遯離世間而沒有憂悶怨尤。

演繹 ▶

1. 大象辭是解釋大過的卦象，並指明人道最恰當的做法。大過的作用是藉著太過而還是能回歸正道，**重心不在過錯，而在能藉著過錯來成就德性**。大象辭明白指出這個宗旨，讓我們看見人道可以因時制宜，藉著變化回返正道，藉著過錯而回復中和，這當中實在是有方法的。

   大過是上兌下巽，水在木的上方，而陰包含陽，就好像澤水淹沒木頭，滅就是淹沒的意思。前面噬嗑卦的卦辭已經解釋過了，也講明結合的困難。

   講到結合必須要先和諧，和諧必須要先得中，不中不和哪裡能夠結合？「噬嗑卦」因為剛與柔失去中位而上下兩陽不相協調，所以初爻與上爻的爻辭都有「損傷身體」的比方。大過卦也是陰包覆陽，上下兩陰不能相呼應，就形成「澤水淹沒木頭」的現象。

2. 講到「滅」這個字是相同的，「為什麼會淹滅」的原因有不同。滅講的是「淹沒」，不要解釋作「覆滅」。**淹沒也就是蒙蔽，就是束縛，就是拘限，就是囚禁，就是壓抑**。一切都不能出入自由，不能行止自在，不能收放自如，所以叫作滅。

   就好像水淹沒物，水面看不見形體。雖然不一定立刻腐朽敗壞，或導致變化死亡，而木的作用已經不能彰顯，材料形同廢置，所以叫作滅。就比如消滅別人的國家，雖然不全然是殺害所有人民，而人民已經困頓沒有生氣。又好像消滅別人的家庭，雖然不一定殺光所有的僕人，而僕人已經茫然沒有歸宿。這是講「**滅的災禍**」有描述不完的地方。

   大過是兌卦在巽的上方，水澤淹沒樹木。本來是互相生成的情感，反而成為互相消滅的結果，實在是陰陽二氣失去平均而不能結合，所以叫作大過，是講過失不小。而且陽不能戰勝陰，生機不能戰勝殺機，

這樣的過錯是出自「天數」，不是人力所能免除。

3. 只有君子知道先機，體察天時的恰好，能夠藉著天道的太過而自我反求回到中和，所以能做到「**獨立而沒有恐懼，遯世而沒有憂悶**」。

   因為君子知道不可勉強苟合時勢潮流，寧願獨立自強而沒有畏懼；君子知道不能被天下所用，寧願遯離世間而沒有憂悶憤怒。這是講君子能夠藉著天時而成就德性，能夠順天行道的大原則。

   大過是陽被陰包圍，中間被外力強迫，陽雖然多而沒有用武的地方，君子雖然聚集而沒有地方伸手伸腳。被一群小人拘限包圍，時間與環境都困阨不通。

   既不能表現自強來去除外在的欺侮勢力，又不能表現懦弱來聽從上天的氣數、命令，只有守貞不二，潛養形體來自我保全。所以說「**獨立沒有恐懼**」，因為有中道可以固守；「**遯世而沒有憂悶**」，因為天時不適合作為。

4. 君子入世一定合同正道，行事一定配合天時。志向在中和，德性先做到誠意正心，修道首先做好格物致知，這一切一以貫之，不違背天性情感而已。所以藉著大過而能夠自我返回「中孚」，自我在「頤卦」當中安養。

   君子四不懼：不害怕澤水淹沒木頭，最後還可以栽培木頭成材。不憂慮陰柔屈侮陽剛，最終還可以保持陽剛不受損害。不擔心世界來逼迫我，而能夠遠遁來避開爭鬥。不操心別人來威脅我，而能夠獨立來保全性命根本。

5. 因此君子的行事固然沒有不恰好。**象辭說：「大過之時，大矣哉！」** 用君子的行事來證明，就可以看見「大過的時機」作用太大了，有其他各卦比不上的地方。

【爻辭義理】

初六 藉用白茅。無咎。

　　大過卦初六爻說：處在物欲障蔽，潮流誘惑，境遇逼迫的大過卦，行事容易有過失。君子要借取白茅的潔淨柔順，不汙染不硬碰。在待人處世，應對接物時，給得出坦白、平和、親切的態度，就可以沒有過錯。

象曰：藉用白茅，柔在下也。

大過卦初六爻小象辭說：大過卦的本末柔弱，中段的陽爻不能堅強獨立，造成棟樑彎曲的過錯。君子反省柔弱不足，涵養陽剛中和來彌補柔弱的過錯。

九二 枯楊生稊，老夫得其女妻。無不利。

大過卦九二爻說：老楊樹枯萎的本根，生出新的枝幹，又回復榮茂生機。就像老人得到少女作妻子，雖然不是中正平等的匹配，藉著勉強結合的過錯，還是可以獲得生機不息、子孫繁衍的利益。

象曰：老夫女妻，過以相與也。

大過卦九二爻小象辭說：老夫與少妻是一種過錯的結合，因為有剛健中正的德性，有真情相互的幫助。隨順時機地位而通權達變，還是可以無往不利。

九三 棟橈，凶。

大過卦九三爻說：棟樑彎曲，失去中和的調節。一切的作為不合時機，又偏離雜亂，不能反省過錯，凶禍就會來到。

象曰：棟橈之凶，不可以有輔也。

大過卦九三爻小象辭說：因為初爻柔弱，造成棟樑彎曲。因為陽剛太過，拒人千里，不善於得人心，有輔助變成沒有輔助。凶禍就從放縱自身的過錯，得不到輔助而來。

九四 棟隆，吉。有它吝。

大過卦九四爻說：君子能勇於改過而回歸中和，彎曲就變成強壯。如果掩飾過錯，被情欲物好障蔽，隨波逐流不能回歸本心。雖然有棟樑強壯的吉祥占卜，也沒有辦法解除棟樑彎曲的凶禍。

象曰：棟隆之吉，不橈乎下也。

大過卦九四爻小象辭說：棟樑強壯的吉祥，來自上位的人肯做損己利人的事，把大過卦變成中孚卦。上位的人不讓下位的人彎曲受苦，不勞民傷財，能夠體恤下民，就可以逆轉不平不正，成為公平公正，完成最和諧的治理。

九五 枯楊生華，老婦得士夫。無咎無譽。

大過卦九五爻說：衰老的楊樹又開花，花期也不長久。就好像老婦與年輕男子結合，不平等也不相配，是可恥羞辱的事。又好比上位的人態度不正，行為苟且，不安本分。哪有可能沒有過錯？哪有可能不損壞名譽？

象曰：枯楊生華，何可久也！老婦士夫，亦可醜也！

大過卦九五爻小象辭說：枯老的楊樹開花，很快會凋零敗壞，不能長久享有榮華。老婦與少男的結合，這是違背人情常道，是很羞恥的事。違背天道，傷害人倫，是生命最大的過錯，是聖人最深的告誡。

上六 過涉滅頂，凶。無咎。

大過卦上六爻說：大過太過聲揚張顯，到了上六還想求高求厚，沒有覺察時機已經困窮，氣數已經變化。就好像不覺察水的深淺，親身涉水就被淹沒了。這是自取的凶禍，過錯自己承擔，不能歸咎上天或人事。

象曰：過涉之凶，不可咎也。

大過卦上六爻小象辭說：上下雙方互相摩擦爭訟，最後是共同沉沒。好像不適合涉水卻又勉強渡河，陷入滅頂的凶禍。雙方都有過錯，互相推卸責任也沒用。君子知機，守護本性做好格物功夫，能逆反大過變成中孚，可以常保誠明中和。

結 語 禮樂綱常不正，人道風俗敗壞。

1. 君子的大道從夫婦發端，仁政王道開始在人倫。現在先背離人道的規矩法度，毀壞了舊有的綱紀，將要如何善後？所以大過在這裡拿來作比方，不只是講說陰陽不平均的現象，實在是關連「**倫理綱常不平和、不整齊**」的時代。
   潮流風俗既然偏差，禮樂教化就廢除，世運就衰敗，這不只是一個人的喜樂與憂慮而已。因此聖人拿「大過」來命名，寄託有諷刺世道人心的意味。
   我曾經推敲「大過與小過」的名稱，沒有不是因為卦當中陰陽的失當。用陽包陰就是正常，用陰來約束陽就是反常，大小過都是陽屈服在陰

之下，而陰反而放肆流蕩在外頭。天地的秩序因此大亂，剛柔的作用因此混淆，所以叫作過錯。

2. 如果能夠糾正缺失，悔悟並改正行為，一轉瞬之間就可以合同正道。所以**小過反過來就是頤卦**，這就是得到養正的義理。**大過反過來就是中孚**，就得到中和的功德。

君子順應天時來砥礪人事，一定要體察「順逆」的道理，仔細審查「順從與違背」的道路，才可以輔助上天的困窮，把握時機因緣的變化。不可以一直因循苟且，當作是尊重天時而順從天道。

聖人不會追究過去但會追求未來，名稱叫作大過，正是希望每個人都能善於改過，能夠改正就沒有過錯。改過沒有後悔，哪裡會有後悔？九四爻說「有它吝」就是在責求自己能夠立即改過。

大過後面接著是坎卦，坎卦拿危險來形容，這是因為過錯然後遇到危險；危險由於不公平，這是因為太過然後失去平均。所以大過以後接著是坎卦，從這裡可以看見天道的好還。

3. 太過就不能公平，自然會踏入險地，坎卦就因為往下陷落，正好是遭逢過錯。物升得愈高就愈會往下降落，**人所踏的地位愈高就愈有傾倒的危險**。這是氣的盈虛也是數的進退，因為不平等的最終要達到平等，不整齊的最後要達到整齊而已。

大過的過失在於過分，接續的過失一定是不足。太過分就像堆土成山超越了平地，形勢非常高大所以有「棟樑強壯」的比方。坎卦就好像挖土成為陷阱，深深陷入地下，形勢很危險，所以有「危險困阻」的形容。實際上只是一高一下、一起一伏而已，天道就在這裡表現最公正平等的理數。

沒有高地就看不見低窪，沒有潛伏就看不見突起，這固然是氣數所形成，也是天理所導致。而人面對這些情境，就有窮困與顯達、順境與逆境的感受，其實上天的氣數根本沒有任何的存心。

4. 因為高處是這一些土，低處也是這一些土；堆起來是這一些物，伏藏的也是這一些物。**君子厭惡不公平就先追求公平，不把自我抬高也就不需要放下，不突顯自己也就不需要潛伏**。自己不先造過，哪裡會踏入坎險？

可是人情往往不考慮後來的事情，當造過的時候，往往感到很痛快，卻不知道危險陷落跟著就來。《易經》拿「天道的氣數」來啟示人，一定要引申「天理」來立定教化。

所以大象辭說：「君子以獨立不懼，遯世不悶。」就是要我們能夠自保平安而不要掉入危險的陷阱。大過反過來就是中孚卦，抱持中和的行事，哪裡會有坎險的顧慮？這是周文王排定卦序的隱微義理，可惜後來的人都沒有用心省察罷了。

坎卦

上六
九五
六四
六三
九二
初六

卦旨

1. 從先天五行來說，首先是講「水火」，因為能夠代替陰陽的功用。而水又在火的前面，因為先天本來是純陽，一動就成為陰，這時陽存在陰當中，這就表示**陰是從陽出來**，而陽能夠與陰結合，水的現象就生成了。

   所以大地都是水而萬物才能滋生，因此生機的寄託就是水中的陽能量，也就是坎卦當中的一陽。就像大海汪洋萬頃，水氣升騰變成雲雨，充沛潤澤十方，這就是水的大用。可以無窮無盡奔流，可以灌溉田野，可以行走舟船，這就是水的大利益。

   在五行具備以後，萬物已經繁榮的時機，這個現象還是沒有改變。到了已經**進入後天，水還是主持生成化育的樞紐**，也就是已經代替坤卦的地位，而結合離火共同成就萬物生成的源頭。

   因此後天的萬物不能再離開水火，也就是講《周易》所有卦的作用不能違背坎離的道理，並且可以在人的身上得到驗證。

   推廣到極致來說，就是一切生成變化的德性；講最細小的事，就是滋潤長養萬物的功德。如果**結合離火，就成為天下造化的主宰**。這麼看來，坎的神通大用實在不能窮盡。

2. 從卦來說，上下兩卦都是坎，這是危險的重疊。從爻來說，四個陰爻包含兩個陽爻，陽雖然陷落卻得到正位，能夠固守本位；陰雖然包圍在外，好像是圍罩保護，有防衛的力量。

   上下能夠互相呼應，因為剛在中位；內外能夠互相交接，因為健動中正。具備「剛健中正」的德性，這就是有道。陰環繞在四方，初爻上爻都是柔順。柔順在外表，能夠順著道來運行，這是有德的作用。

因此**坎卦有六大功能**：第一、能夠流暢萬物而通達大道。第二、能夠固守內在真陽而回應四方。第三、能夠拿「智慧」作根本而行出仁德。第四、能夠拿「道義」作為準則而施行和平。第五、雖然侷促在中央，卻有推展宏大的志向。第六、雖然沉潛在下方卻有升騰的理想。

3. 人的德性只有仁慈的作用最完全，而必須有智慧來輔助。〈繫辭傳〉說：「**顯諸仁，藏諸用。**」這是講仁德表現在外而智慧藏在心中，五德以智慧居中，而仁義禮信配置四方，智雖然潛藏，而智慧的作用就靠四德來運行。所以仁德的人一定有智慧，禮義信的人也一定有智慧，沒有智慧，德性不能樹立，只是不可以單獨把智慧顯現在外而已。

拿水來形容智慧正因為善於隱藏，隱藏能不枯竭，才能成就作用而具備四德。四德以仁為首，所以智慧與仁並稱，**外面是柔順的仁德，心中是剛強的智慧，智慧也就是仁德了。**隱藏叫作智慧，表現叫作仁德，禮義信也是這個道理。

隱藏從智慧來說，表現從禮義信來說，德性雖然有很多名目，而源頭不離開兩個要素，就是「仁與智」。仁與智就是這一點元陽，能夠善藏善用就兼備仁德與智慧了。

4. 能夠善用水的德性就可以稱得「上上智」，因為能夠包含仁德。**老子說：「上善若水。」**這是講仁德與智慧滿分又到位，叫作上善，《大學》講至善也是指這個境界。這個境界的德性沒有名稱沒有形象，來去沒有邊界，雖然是止境也好像沒有停留，是純粹而永不止息的。

比如《中庸》至誠的境界就是拿「神」來形容，這是君子最重視，也是大道的成就。可以與太極並列，可以拿太一來形容，這是至中的範疇，而通徹天地的精華。於是清濁自然分流，流動與靜止自然清平，可以潤澤萬物，可以灌溉生成萬物。像這般生命天河水的善德，如何形容呢？

5. 在人的身中，坎是五臟的腎，與心相對。心就是離卦，就像離的卦象，陽包含陰，因為「氣血就是陰陽」兩種東西。血是陰而統領在心，氣是陽而從腎出來，這就是講坎離的相對應，共同完成生化的現象。

坎是水，**腎是水的府庫**，而水中有陽，所以水可以蒸發成為氣，向上行就是津液。心的陽氣向下交接腎臟，腎能夠接承就可以成為生化的

源頭。

坎卦沒有離卦不能完成功用，**腎臟沒有心臟也看不見功用**，因為陰的作用必須要靠陽來顯現，柔的作用必須要靠剛來完成。**腎臟當中藏著精氣就是陽**，有動作就會發熱，有行動就成為力量，變化就是呼吸的氣，蓄積就成為腦骨的精髓。

存在身上就可以保命強身，增加智慧；洩漏在外，就會帶來損傷敗壞的傷害。**存養在竅當中，就可以成就內丹而表現光彩。人能夠成佛成仙都是坎中一陽的功德**，是生命的根源，更是生死的樞紐。

6. 腎陽必須靠心血來養育發達，靠心神來調和增益，才能夠充實飽滿，廣大造化。然後人生可以窮盡天年，可以成道登天。

生命的元神與靈魂得到維繫，身體與氣魄得到依託。於是，幼弱可以成長強壯，愚昧可以轉化為賢明，柔弱可以變堅強，偏失的可以回復完全。這都是因為有生成生命的根本，有造化養育的源頭，力量都要歸屬在**後天的坎卦，也就是先天的乾卦**。

人生下來就有身體，身體一定要養育；人心有元神，元神一定要保育。智慧的充實在內，精力的表現在外，向上接通大腦而運行全體。

腎臟有六大功能：第一、是思慮的主人。第二、是運動的主宰。第三、是含藏儲蓄的府庫。第四、是供養全身的倉庫。第五、是因應一切的總裁。第六、是推動傳播的樞紐。這一切作用都是腎臟的職掌，都是根據坎卦的功用。

7. 以前的人認為身體的主人只有心臟，實際上是心腎共同主持。心臟好像是花朵，腎臟才是根本；心是表面，腎才是中央立極的境界。就好像這個世界，天雖然在上面，人物必須要憑靠大地；日月在空中，光明必須要照臨地面。

因為虛空的事物一定要憑藉真實，就好像賓客一定要依靠主人一樣。**心臟與大腦是虛靈**的地方，而追溯源頭，腎臟才是本祖。

人身中的腎屬於水，智慧從這裡出來，神光從這裡發生。人的眼珠像水，就是腎的精氣，**腎衰眼睛就不明亮，思考就不敏捷**。從體質來說，腎不好，就會有痰有濕氣。大一點來說就是腫瘤，氣喘，或盜汗虛脫，都是腎病造成，也是水的傷害。

從這裡可以看出坎卦在人身中的表現，利害各有不同，禍福也各有不同。關鍵在善於發揮作用，然後可以達到養生的功德。

《易經》的卦辭講「維心亨」，就是要我們發揮坎卦的利益，關鍵在保持本心的亨通，本心能亨通就沒有罣礙窒息。因為水的作用在流動，而傷害就在停滯而不流動；水的功用在潤澤，而病痛就在氾濫而沒有節制。這都是不能亨通，不能亨通不是水的罪過，是心的過錯。所以講「維心亨」告訴我們用坎的關鍵就在本心。

白話經文

【象辭義理】

坎：習坎，有孚。維心亨，行有尚。

坎卦象辭義理說：坎卦的本體已經協同陰陽，作用已經結合柔剛，後天最可貴就在反覆學習。坎卦的真理學習，貴在一心誠敬，正氣剛大，本心能夠光明亨通。坎卦能合同陰陽，像母鳥孵育小鳥，具足生成的力量。

在天是坎離相交通，在人是心腎相合同，才顯現生成化育的功用。坎卦有行動，一定向上結合離卦。水火既濟，地天交泰；心腎相交，神氣相抱。是天地自然的調和作用。

【解釋象辭】

象曰：習坎，重險也。水流而不盈，行險而不失其信。維心亨，乃以剛中也。行有尚，往有功也。天險不可升也，地險山川丘陵也。王公設險以守其國。坎之時用大矣哉！

坎卦解釋象辭說：坎卦必須重複學習，重視險陷的作用。水流走在河川，不氾濫在陸地，可以造成利益而不成為災害，這就是水運行在險地而沒有危險的信德。

因為坎卦的一陽居中得正位，一陽是乾卦的心，具足陽剛力量，有志向，有作為，有事功。水的危險不會淹沒上天，大地的危險是在山川丘陵，所以治理國家的王公，會利用山川的危險來守護國家的安全。坎卦憑藉時機與地勢的危險，來發揮轉化災禍為福利的大功用。

【大象辭義理】

象曰：水洊至，習坎。君子以常德行，習教事。

坎卦大象辭說：水有永久浸潤滲透的力量，能完成天地生成化育的作用。利益萬物而沒有傷害的水德，最需要反覆學習。

君子就取法永不止息的水德來教導全民，很容易學好真理教育與道德行為。在日常家常裡，能發揮轉禍為福，轉危為安的能力。

【爻辭義理】

初六 習坎，入於坎窞。凶。

坎卦初六爻說：在危險的情境中學習，德性還沒培養，不能節制情欲；真理還沒深入，沒智慧分辨輕重利害。行事莽撞衝動，掉入陷阱出不來。是自己招來的兇禍。

象曰：習坎入坎，失道凶也。

坎卦初六小象辭說：在挫折危險當中學習，最後竟然掉入危險。這是學習的人違背天道，迷失天性，自我感召的災禍。

九二 坎有險，求小得。

坎卦九二爻說：在處境艱難危險的因緣中，如果天心亨通，能把握時位，不要想追求大收穫，還是可以有小成就。

象曰：求小得，未出中也。

坎卦九二爻小象辭：用柔陰的力量，在危險裡追求成功，如果德行中正，行事中和，不出離自性中道。還是可以求得小小的成就。

六三 來之坎坎，險且枕，入於坎窞。勿用。

坎卦九三爻說：三爻是多凶的地位，來的人會陷入危險而一直跌落，不能振拔。把危險當作枕頭來支撐鋪墊，上下會共同陷落，跌入最深的黑洞。這是失落陽剛中道的結果。

當前的局勢沒有出險的方法。最保險的做法就是不要以身試險，不要想藉著危險圖謀成功。

象曰：來之坎坎，終無功也。

坎卦六三爻小象辭說：六三的險局險境，不容易有作用，更不容易出險，只要不貪功冒險，不會有禍害。如果能抱持正大光明的存心與態度，等待天時氣運回轉，還是可以免除危險、禍害。

六四 樽酒，簋貳，用缶，納約自牖。終無咎。

坎卦六四爻說：君子處在困境，要隨和謙卑，來免除過錯與災害。從窗戶接送酒食，不從大門入：一不講求禮儀的尊貴排場，有往來就好。二不要求飲食的豐盛，不挨餓就好。

能坦然接受屈辱與不合禮的待遇，最後可以沒有過錯。

象曰：樽酒，簋貳，剛柔際也。

坎卦六四爻小象辭說：六四處在困險情境，卻得到賓主和平的交會。雖然得不到完善的禮敬，已得到酒食的真情。主賓雙方共同飲食、喝酒，各方面都溝通和諧，不會再有互相傷害。

九五 坎不盈，祗既平。無咎。

坎卦九五爻說：得到九五時機地位的中正，只求免除陷落，追求平平，而不追求滿盈與高大。一切達到平平，就沒有過錯。

象曰：坎不盈，中未大也。

坎卦九五爻小象辭說：九五雖得到中位，不會追求滿盈與高大，只追求平平。去除高大與滿盈，這是不違背天道與氣數，因此沒有凶禍。

上六 係用徽纆，置於叢棘，三歲不得。凶。

坎卦上六爻說：已經出離坎陷困境，又遭逢被軟禁的災禍，好像被擺在荊棘叢中，行動不自由。這是由於違反道德，好用智謀巧計，給自己帶來更大的災難。經過三年也很難出離。

象曰：上六失道，凶三歲也。

坎卦上六爻小象辭說：依靠位高權重，好用智謀心機，違反天地的常經中道，必遭凶禍。三年也難有轉機。

如果能像文王，天德高明，與道相通。就是被關在羑里，危險也不是危險，災禍也可以出離。

結語

一、宗主孚佑帝君論：修道的根本，在心腎相交，神氣相抱，反本復始。

1. **心合同離卦**是陽的首腦，**腎合同坎卦**是陰的主帥。可是心不是純陽，所以血由心來統領；腎不是純陰，所以氣由腎生發。氣是陽物、血是陰物，陰陽相對運行而自然分出主客。所以腎當中的精，心能夠發動；心當中的神，腎能夠長育。

   發動長育的生機不是一個臟腑所能夠主宰，實在是**心腎共同主導**，這是講究養生的人最重視的道理，也是修道人必須先知道的事。道書講**「取坎填離，煉精化氣」**沒有不是以心腎作為根本。心有離卦的光明，腎有坎卦的潤澤，**心腎結合就可以長生久視，坎離分流就會病衰老死**。這就是天地生成造化的生機，也是全部《易經》消長的氣數。

   今天講坎卦，關連修道的要領，以及人生長壽與短命，健康與老病的關鍵，實在最重要又最迫切。希望讀經的人能夠仔細玩味體會。

2. 在人的身上，心與腎是生命的源頭，不知道的人以為只是一個臟腑的作用。實際是腎在身體當中，向上連通大腦，中間感應心臟，向外聯合脾胃，來共同完成「節制與承轉的功用」；向內合同肝臟與肺臟，來共同主持生成化育。

   人有所作為，**「思量謀慮」**是心在主導，**「意志與力量」**是腎在決斷。上方是心的安定力量，下方是腎的行動力量。下方能迎合上方，腎的精氣就會上行；上方能潤澤下方，心的元神與氣息就會向下含納。這是告訴我們人生全體的生活，完全在心腎息息相關的雙向運作。

   心火不浮躁，那麼腎中的精氣可以永遠保固；腎水不沉陷，那麼心中的血可以永保太和。這是告訴我們「腎的本體是清靜」而主持一切的行動，「心的本體是運動」而能主持行為的定靜。

   一個運行一個靜止，一個動一個靜，兩者結合然後又都能恰如其分。如果有一方面不合同，心火會自我焚燒，就會造成陽氣過亢變成災害；腎水會獨自潛藏，就會造成陰氣太盛，人就會生病。

3. 我們一定要明白養生的道理。腎水沒有心火不能自我昇華變化，心火沒有腎水不能獨自覺照聰明。這是陰陽交互成用的道理。因此心與腎在平常就不可以偏廢，而在懂得修養的修道人更是要兼顧恰好。

要發揮腎臟的功用，必須要推本到心臟；要做好養腎的方法，必須要兼顧到心臟。**心強壯、腎也就強壯，心舒暢、腎也就舒暢**。這是天理與氣數的一致，實在是根據天地生成萬物的「秩序」，根本日月光照天地的「規則」。我們從這裡看見易卦當中坎離互相調和的現象。

聖人恐怕後世的人不能通達，對於坎卦象辭特別指明義理，叫作「有孚，維心亨。」這句話講明坎卦的作用，也就是指出身中的腎臟，一定要合同心臟的亨通。這個心字指出坎的作用，要知道這一句話不只是關連生活的源頭，而且已經指明「修道的根本」。

4. 因為修道必須依靠離坎的現象，才能推演追溯坤乾的大門，尤其必須要先學習「坎卦」的功夫，進一步到達「離卦」的修養。我們能夠明白坎卦與離卦互相交替完成作用的秩序，才能夠明白坤卦與乾卦的共同造化，而可以達本還源，回到太極圓通的功德。

坎卦與離卦是卦象，我們得不到什麼。如果要探求，必須要從自己身中的「心腎」來探求，腎與心交互作用可以成就生命；再從生命推溯陰陽同出的源頭，更進一步才可以推求「共同造化」的天道。於是後天的坎離就能夠回返先天的乾坤，並且可以深造太極。

這個道理用在修身，就是藉後天的心腎，來變化運行氣血，來合同陰陽，可以回復先天的太一，而回到有生最初的無生。從後天回返先天的功夫是始終一貫的，就是根據《易經》「坎離代替坤乾」而來。乾坤本來就是從太極出來，而坎離又是從乾坤分化。

現在逆溯而向上，變化的可以返回到沒有變化的源頭，被演化出現的就可以回歸「不出不現」的根本，這就是**萬殊回歸一本，一本回歸太虛**。這叫作「反本復始」的大功夫，也就是從復卦的「一陽來復」所推展的道理。

5. 復卦從坤卦出來而作用在震，坎卦也是從坤卦出來而又代替坤卦，這都是一陽的上升推進，所發出來的力量。坎卦的一陽在中位，已經從震更進一步，所以說**復卦是修道的「開始」功夫，而坎卦是修道的「根**

本」原則。

修道與學習必須要假借形體，必須要依靠身心，所以坎離是結合人身的心腎而成為修道人的根本。而且坎卦在離卦前面，就是說「腎比心重要」，把腎治理好了，心就包含在當中。因此象辭講「維心亨」這句話，讓我們看見**心的亨通是從腎臟而來**。

我們在少壯的年歲，心神最旺盛，精力最充沛，智謀最足夠，就是因為腎臟正在成長發育。到了老年衰弱了，腎臟已經先敗壞，心力也就隨著衰弱。所以心能夠亨通是靠腎的力量，也就是靠坎卦的作用。

明白這個道理不只是「養生」的要領，也是「修煉成道」的階梯。讀經的人務必要從卦爻的現象，文辭的宗旨，來仔細玩味體會。

二、宗主孚佑帝君論：入險出險，根本自性中庸。

1. 坎卦雖然不只是因為水而導致危險，可是水的危險實在是首屈一指，所以講坎卦的作用常常藉水來比喻。凡是與水有關的事物，因為具有**「傾倒與陷溺」**的作用，就像俗話所說的「禍水」這一類，或是「流言謗語」這一類，這樣的危險不會輸給江海的危險。

   從坎卦來說，根據危險來發揮作用，那麼沒有一個地方不危險；因此坎卦的危險是沒有限量的，而困卦的危險是有限止的。坎卦六爻本來都是危險，因為二五爻得中道才可以自我免除，三四爻得到二五的協助才可以自保。只有初上兩爻既違背二五，從始到終又都是陰爻，所以都是凶禍。讀經的人應該要知道這一層消息。

   坎靠危險來發揮作用，而危險的道路是不容易行走的。全卦各爻凶禍很多，吉祥很少，就是這一層義理。**如果知道危險而行止能夠安定，就吉祥；知道危險偏偏要冒險，就凶禍。**

2. 「坎窞」講的就是挖土很深而下陷，進入就不容易出來，進入坎窞就是墮入了深坑當中，因為不知道而下墜。這就是說明**「設計的人不仁德，而墜落的人沒智慧。」**因此坎卦的作用有點近於殘忍，而用坎的人就是利用殘忍。

   所以使用坎卦叫作智慧，就是說靠著智慧來欺侮沒有智慧的人。**智慧的本質在深藏，如果顯露在外就不是真智慧。**就好像用力量抓著人投

入井中，這是暴力，也就是說用武力來脅迫別人，不是智慧的人會做的事。

因為**用智慧的人會以暴力為羞恥**。坎卦利用危險就是用智慧來代替力量，雖然明白的顯示布局，卻讓人不知防備，甘願往陷阱跳。這不是智慧過人是什麼？因此坎卦雖然危險，而坎的作用可以拿智慧來形容。《中庸》說：「人皆曰余智，驅而納之罟擭陷阱之中，而莫之知避也。」可見**掉入陷阱是智慧不足**，不是力量不夠。可是智慧有大小，智慧太小好像沒有智慧，而講到**大智若愚就是因為善於隱藏**，看起來像呆笨的人。

3. 雖然用危險來引導人掉入陷阱，但是一定先讓對方不知不覺才可以成功，這就是善於隱藏的意思。如果危險沒有隱藏，人懂得避開，哪裡還會以身試險？

這個道理告訴我們：大智慧的人一定是笨笨的，最陽剛的人一定是溫柔的，最勇敢的人一定善於處在下位。坎卦靠著陰柔來成就陽剛，靠著處下來成就高大，而能夠達到**靠著愚笨來發揮大智慧**的功用。

所以講坎就是坑，坑就是土與亢兩個字，亢講的是太過高明、太過陽剛，而實質的表現是最溫柔而且最卑下。這就是坎卦的大用與其他各卦不同的地方。一般人只知道坎卦的險陷而不明白坎卦的高明，這是沒有得到聖人制定卦象的義理。這樣的人哪裡能夠發揮易卦的大用而通達天地的大道呢？

君子的行動一定合同中道，拿中道作為準則，所以看到危險還是要追求安定，雖然置身險陷，還是要追求平安。雖然處身險陷的下位，志向還是要追求上升，最後要到達大中至正。這樣才可以真正發揮危險的作用，而自身的道不會被困陷。

4. 坎卦的作用分成主客兩方面，因為坎卦的重心是在危險，那麼主人的用途是在設計危險來陷害人，而客人的用途是在處理危險而避開災禍，這兩者的目標不同。卦象是四陰二陽，志向不一樣。陽陷入陰，志向是在追求解脫；陰包圍陽，目標是在俘虜擒獲。

這是主客互相勾心鬥角的現象，所以重心在「智慧」，而最可貴是在「善於隱藏」。設計危險，用險的人不會拿圈套顯示給人看，而踏入

險地的人，不會被危險所困，總是要依靠智慧。

比方說設計陷阱捕捉野獸是人的智慧，野獸要超越陷阱而不會被捕獲，是進入陷阱又能逃出，這是野獸的智慧。講到沒有智慧，就是《中庸》所說：「掉入網羅陷阱，而不知道逃避」的意思。

我們要知道智慧有三個層次：第一、設計危險圈套的智慧容易。第二、脫出危險的智慧困難。第三、踏在險地如同踏在平地的智慧更難。

5. 君子知道智慧不可使用太過，危險不可輕易嘗試，只有及早知道陷阱而能夠預先避免，早先測出是陷阱而能夠遠離。因此重心在明哲保身而能夠不違背常道，所以《中庸》拿「知道避免危險」叫作智慧，《中庸》所稱道的重心在能行出自性中庸。舉這個道理來說明**選擇中庸卻不能守住一個月的人，實在是太沒有智慧了。**

坎卦的智慧與《中庸》所說的正好相同。君子藉著坎卦來抱守常德品性，就是選擇中庸而能堅守的最高意境，抱守常德品性，就是包含「實踐中庸的人，能夠長久守護不失」的意思。

因為天下不可能沒有危險，所以要設立危險來作為防衛；因為人情不可輕易嘗試危險，所以要指出危險來作為告誡。人的行為不要太過也不要不及，才可以到達中和，這是用坎的最根本要領，關鍵就在能夠結合離卦。

離是光明，代表上升與平等，就是高尚就是寬大，都是與坎卦相反而又相對應。能夠結合就可以發揮大道的作用，這就是一陰一陽叫作道的意思。

6. 老子說：「知雄守雌，知黑守白。」講大道的微妙不離開中字，如果只是偏向一端，沒有不違背大道而傷害生命的。所以聖人排列六十四卦的次序，用離卦來接續坎卦，讓我們明白**坎離兩卦是不可分離的，**分離就會造成最大的不吉祥。

時局有太平有亂世，國運有興盛有衰敗；君子立身處世既不違背天道，也不背離人道。因為天時有天命，人事有天德，德性能夠恆常持久，就不會有突然而來的禍患。天性與生命的操守不變，就寧可懷抱終生的憂患。

在乾卦九三爻說：「君子終日乾乾。夕惕，若厲，無咎。」而《中庸》

繼承《易經》的生命教育，告訴我們在眾人看不見又聽不到的時候，要守好「**戒慎恐懼**」**的慎獨功夫**，行事就可以不遭遇危險，在危險當中一定可以建立事功。所以坎卦繼承乾卦，卻拿危險來啟示人。

7. 坎卦代替坤卦卻反其道而行，因為陷阱已經替代安厚的德性，拿坎坷來代替安靜和平的作用，這當中固然有它的義理在。坤卦講「厚德載物，承順上天而隨順天時運行。」坎卦違反這樣的道理，拿「多憂患，多危險」來啟示人。要我們明白人生很容易陷落、很容易沉淪，沒有不是告訴我們，要明白後天的道理，已經不是先天的純粹而一貫，明白就真誠通達了。

但是君子能夠知機，一定有自我保護的方法，雖然危險在前面也不會被傷害，雖然有時候會落入陷阱也能夠自我出離。於是能夠充分完成坎卦的作用，與離卦互相輔成而回歸坤乾。這當中的行動與靜止，用一句話來說，根本自性中庸而已。

8. 「中」就不偏差而沒有傾倒陷落，「庸」就不改變而永遠和平安定。這是君子用坎卦，一定時常自我學習，所以象辭特別點出「習坎」這兩個字。

在坤卦講德性厚實而能安行在道上頭，所以說「不必學習，無往不利。」這是講先天的本性。在坎卦講「坎陷而多危險」，所以叫作習坎，在危險當中要多方歷練，這是後天的實際情況。

天性最乾淨就沒有邪惡，後天的情感多欲望就很容易陷落，因此**危險是從自己的心發出來**，然後表現在事物上面。所以聖人要說「維心亨」，本心能夠光明亨通，行事作為就沒有不通。本心既然公平和諧，人事物也就沒有坎坷不平，行動與靜止也就沒有危險與陷阱了。所以坎卦的學習一定**先反求本心的光明亨通**。

30 離卦

卦旨

1. 孔子說：離坎一上一下，如同人的心與腎，主持後天的生成造化。離就是仁德，坎就是義德，互為根本。仁表現在外而根本於天性，義發自內心而能分辨外在人事。這是一上一下，互相成就而發揮妙用。

   離卦光明而照臨下方，坎卦潤澤而變化飛騰上方。就好像太陽的溫和、雲雨的灌溉，讓萬物可以誕生、可以發育、可以成長、可以成就，這是天地生成造化的功德，藉著離坎來顯現。在人道上的生育道理，也靠離坎來完成。

   乾坤處在全易的首腦，既濟與未濟處在全易的終結，而離坎就在中段，等於是全體的鎖鑰，整部《易經》的樞機。所以有天地就有日月水火，有乾坤就有坎離，坎離在後天是代替乾坤，作用也等同於乾坤。

2. 宗主孚佑帝君說：離卦是文明的現象。〈雜卦傳〉說：「離上而坎下」，這是講明上下能夠相互關連、相互照應。像太陽照射水面而蒸發成為雲氣，雲氣遇冷而下降成為雨水，這是上下最顯明的例子。能夠明白這一層道理，就會明白離卦與坎卦的大用，以及後天陰陽生成造化的大原則了。

   離卦是兩陽對應照射，光明最顯著，如同上天的太陽。太陽的光明是天下最大的光明，**只有乾卦稱得上大明終始，在後天只有離卦能夠代替乾卦**，成為生成造化的主宰。

   離卦與坎卦是一個水、一個火，是後天生成造化的主宰，是萬物的源頭。從人生來論，離坎是生命全體的根器。雖然是拿心腎來比方，實際是包括五臟六腑、四肢百體而沒有遺漏。

   我們要明白，修道人不能離開形體來追求元神，不能遺棄物質來期望

成道。後天的身體是以心腎為主，一定是結合心腎的作用，才可以保全生命，進一步才可以推擴精神的涵養，最後可以上達天道。**道從太極開始，分化在乾坤，在後天是靠離與坎來統領。**

3. 從離坎往上就會返回到太極，這是成道的人要達到的目標；從離坎往下就進入既濟未濟，這是隨順造化生成的人，所要進入的中和情境。

《周易》拿離坎作為上經的終結，而開啟下經。讓我們明白離坎兩卦，實在是後天易的終始，沒有離坎就沒有萬物，也就會沒有整部的《易經》了。

所以要論述八卦，**先天以乾坤為宗本，後天以坎離為重心。**這是聖人的言外意旨。

宏教柳真人說：坎離是後天的主卦。一切生化都不能離開坎離，而且是從後天通往先天的門戶。道功修養的神用，必須經由坎離。

坎離有八大功能：第一、是陰陽的主人。第二、是氣血的主導。第三、是心腎的府庫。第四、是精神的門戶。第五、向外包納萬物。第六、向內統括玄微。第七、直接通達乾元坤元。第八、可以回歸太極。這一切由於坎離的神用發揮而達到。

白 話 經 文

【象辭義理】

離：利貞，亨。蓄牝牛，吉。

離卦象辭說：離卦從坤卦出來，代替乾卦，主持後天萬物的生成造化，展現人道利貞的道德事功。大人中正光明、利益群生的事業，順應天道而亨通。如同蓄養母牛，可以生成化育無窮。因此具備亨利貞三德，有吉祥美好的結果。

【解釋象辭】

象曰：離，麗也。日月麗乎天，百穀草木麗乎土，重明以麗乎正，乃化成天下。柔麗乎中正，故亨。是以蓄牝牛吉也。

離卦解釋象辭說：離卦一定要有互相依附的對象物，才能顯現亮麗光

彩。離卦是太陽朗照萬物而附麗在天空，互相依附而亮麗。

離卦有三種現象：一是太陽、月亮依附上天而亮麗在天上。二是百穀草木依附大地，為大地增添光彩。三是日月有重疊的光明，又得到天地的正位，有足夠力量來化成天下。

太陽的光明，附麗在天上，展現無物不照的大亨通。當陰柔的力量，附麗在中正的地位，就好像養母牛，生機無窮，完全發揮坤德的大利益、大吉祥。

【大象辭義理】

象曰：明兩作離。大人以繼明，照於四方。

離卦大象辭說：太陽與月亮，互相推移，而有重疊的光明，顯現天道大體大用的無限。治理國家天下的大人，效法天道來推行禮樂道德仁義的教育，繼承日月的光明，來照亮四方群生。

演繹 ▶

1. 這是離卦的大象辭。離是陽光的主人，根本乾卦大明終始的德性，而成為天下的光明。光明以日月為最大，〈繫辭傳〉說：「懸象著明，莫大乎日月。」又說：「日月相推而明生焉，日月之道，貞明者也。」這些都是說光明從日月來，而太陽尤其是主宰，月亮的光明也是取自太陽。

   離卦象徵太陽，所以拿光明來形容，「明兩」的意思是講離卦的重疊，就好像坎卦拿「重險」來形容。危險的重疊叫作坎，光明的重疊叫作離，這都是從六爻卦來說，如果是三畫的卦，就沒有「重與兩」的形容了。

   離卦是兩陽包含一陰，像人的眼睛，天有日月而人以雙眼，都是離明的現象。六畫卦是後天的卦，實在是根據後天奇偶相生的體例，根據一陰一陽的道所成就的。因此離卦的光明是重疊，就像坎卦的危險是重疊一樣。

2. 日月互相推移是上天的光明，也是離卦的作用，可以拿人的雙眼來比方，因此可以稱作大明。太陽明亮在白天，月亮明亮在夜晚，合起來叫作大明，所以明這個字是日月的結合。**日月合明然後離卦的體用具**

備，所以叫作「明兩作離」。

天道是人道的根本。**日月明照天下這是天道**，而大人就靠道德教育，繼承日月的光明來照亮四方，那麼道德教育的光明就是人道。拿大人來形容，這一層義理前面已經講清楚了，大人講的就是在位的君子，有德性有地位而且才德兼備。

如果德性與地位有一項沒到達，就不足以推行道德教育，不足以顯現光華，也就不能夠繼承日月的明照。「**繼**」這個字意義很大。人與天的結合，原本是**效法大地能夠承接上天，坤能夠承接乾**。離卦本來出於坤卦，而德用完成在乾卦，就是體察坤卦順承的義理。

3. 離靠著太陽光照天下，月亮繼承陽光可以明照夜晚，那麼月亮也是體察坤卦順承的功德。這一些功用都叫作繼。〈繫辭傳〉說：「日往則月來」，太陽下山、月亮接著出現，一往一來叫作繼。如果是在同一個時間、同一個地點、同時出現，就不叫作繼了。

坤卦繼承乾卦，月亮繼承太陽，而人效法這個道理來繼承天道。離卦是上天的光明，大人的德教是繼承上天的光明，來完成人的光明，德性明照四方，實在就與日月有同樣的功德。大人的光明與日月的光明能夠合同。

實在偉大啊！光明的德性！如果不是大人的德教，哪裡能夠稱得上呢？所以日月有光明而天地不昏暗，大人有德教而眾人不愚昧，這本來就是根據天道生成造化的道理，也是效法離卦代替乾卦「**大明終始**」的道理。

日月悠久長照，大人的德教也永傳不絕。然後人世間的文明與天地的光明，都可以傳承萬古而永不止息了。

【爻辭義理】

初九 履錯然。敬之，無咎。

離卦初九爻說：大人善於教化，有凝聚力、親和力、鼓暢力的大度量，接納四方賓客。很多人聚集，容易有是非、有摩擦、有過錯。大人抱持仁德包容，行出禮儀法度，讓眾人相敬相愛而沒有過錯。

象曰：履錯之敬，以避咎也。

離卦初九小象辭說：人際交錯，容易有太過親密的缺失，有是是非非的衝突。君子常保自性光明，抱持主敬存誠的態度來引領群眾，才能免除過錯。

六二 黃離，元吉。

離卦六二爻說：離卦具有乾坤同道、天地合德的功能，能夠生成化育萬物，給整體帶來大吉祥。

象曰：黃離元吉，得中道也。

離卦六二爻小象辭說：離卦六二爻立在中正的地位，陰陽能合同。離卦代行乾卦的功用，太陽向下照明大地，成就萬物，這是天下最為中正的道理。

九三 日昃之離，不鼓缶而歌，則大耋之嗟。凶。

離卦九三爻說：九三爻陽剛太過，失去中道。就像太陽已經西斜，美好的情勢不長久。如果不能握機精進，及時樂道，培德立功。只是安逸享樂，老年的茫然悲傷會很快來到，形成失機悔憾的凶事。

象曰：日昃之離，何可久也。

離卦九三爻小象辭說：九三有一時的光榮，卻不能長久保持。但是人道能補天數的窮困，推行禮樂道德仁義的教育，讓世道人心發光，可以繼承天地的光明，讓世界永遠太平安樂。

九四 突如其來如，焚如，死如，棄如。

離卦九四爻說：九四陽剛太過，主客相猜忌，形成上下內外不協調的衝突。沒來由的發生火災、死亡、被遺棄的凶禍。如果雙方能謀求互相包容，所有災難都可以被免除。

象曰：突如其來如，無所容也。

離卦九四小象辭說：陽剛太過，失去中道，雙方互不相容，招來烈火焚燒，無處容身的死亡凶禍。君子的化解方法是，隨順柔道，立定中道，就能轉禍為福。

六五 出涕沱若，戚嗟若。吉。

離卦六五爻說：前王駕崩，上下淚下如雨，憂傷嘆息。王后出來輔助

繼位的國君，去除敗亂而回歸治平。最終可以得到吉祥。

象曰：六五之吉，離王公也。

離卦六五爻小象辭說：六五能夠轉禍為福，一方面離開遭遇凶禍的前王，一方面依附繼位的國王，幫助後王成就政教，於是創造吉祥。

上九 王用出征，有嘉折首，獲匪其醜。無咎。

離卦上九爻說：英明的國王，政令刑罰並重，恩威並施，文治與武功兼備，創造國家的富強安樂。順應天時，征討亂國，殺死罪魁禍首，安撫戰亂後的百姓。在征戰殺伐中，同時展現仁德恩惠，所以沒有殘暴的過錯。

象曰：王用出征，以正邦也。

離卦上九爻小象辭說：英明的國王，伸張上天的正義，利用武力征討亂國，誅殺暴君，安撫人民。用禮樂、刑罰、政令，讓天下國家回復中正安定。

結語

一、離卦坎卦的道功修養，在中和太和。

1. 宗主孚佑帝君說：離雖然是光明、是附麗，卻有和平的現象，然而氣的能量太過急切，行道也太過偏激，像烈火又像烈日，熱力逼迫萬物，盛氣凌人，所以**雖然可以發揮作用，卻不能夠到達安貞吉祥。**
天下最安定的景況，一定要先到達最和平；天下最吉祥的境界，一定要先到達最中正。
而離卦與坎卦都不是和平、不是中正。離卦是處在高位而自我傲慢，坎卦是處在下位而自我深沉。離卦是驕矜剛愎自用，有一點不近人情；坎卦是陰險詭詐，有一些不順從天性。
坎卦因為陷落而最後是自己綑綁自己，離卦因為顯揚而最後是自身造成離散。這都是失去中道而形成吉凶的不同，只有合同兩卦才可到達中和，才可回歸平等。

2. **聖人對於坎卦與離卦不會單獨使用，一定要追求協同而能夠互相幫**

助，因此聖人重視既濟卦。

〈雜卦傳〉說：「既濟是安定」，這是講離坎既然結合，德性能夠安定，情感能夠平正，作用能夠中和，萬物才可以安定。

我們觀察人的本身，同時具備天性與生命，可是靈性不能單獨生存。人的靈性與身體同時存在，可是不能偏重任何一方面的養育。**養性一定要同時兼顧生命的通達，充實靈性一定要兼顧身體的健康**。這也就是離坎結合以後既濟的義理，也就是心腎水火協調的道理。

離卦在上位，得到形勢很容易，要行道很方便，才有光明的現象。就好像人的心是全身的主宰，比其他的臟器尊貴。可是**心雖然靈明，沒有得到腎臟的長養，心神心氣很容易飛揚，會縮短自己的壽命**。

一切的情感欲望都是靠心思來發動，所以**修心一定要效法坎卦的沉潛，要行出坎卦的柔伏**，才有定力克制情欲的火焰，能夠調柔意識的鋒芒，因此佛經的教化首先重視「降伏其心」。

3. 心火適合向下沉潛而不適合向上升揚，適合柔順潛伏而不適合飛騰炫耀。一定要得到腎水的滋潤灌溉，然後好像一盞燈得到燈油以後就可以長明了。因此離卦的光明一定要依靠坎卦的滋潤，而離卦當中兩個柔爻得到正位，這正好是離卦光明的取象。讀經的人應當深深思考。

離卦與坎卦處在上經的終點，是後天的主人，而六十四卦以離坎為樞紐。向上可以承接乾坤，讓我們明白天地造化的次第；向下可以開啟咸卦恆卦，讓我們明白人道可以繼承天道的德用。

整部《易經》終結在既濟與未濟，就是離坎兩卦交錯的現象，從這裡可以證明**先天是乾坤主持一切，後天是離坎代理一切，離坎就好比乾坤一般**。

中男中女可以代替父母，可以分別主持家政；重離重坎可以代替乾坤，可以分別承擔天道。因此後天的離坎就好像上天的日月，就好像人的心腎，缺一不能完成作用，少一就不能完成生存。

二、乾坤交錯，坎離分合，在合德合道，成就既濟。

1. 宗主孚佑帝君說：對於離坎兩卦最重要的義理，還有不詳細的地方，我在這裡再作補充說明。

坎離兩卦「合同而分別」，就是一乾一坤；「交接而錯綜」，就形成
一個既濟一個未濟，這是從卦象來展現作用。坎是陽在中位，所以
九五爻等於乾卦，離是陰居處正位，所以六二爻等同坤卦。合起來就
是乾坤正位，分開來就是坎離的中位，這是從二五兩爻就可以看見功
能作用了。

離卦是陽包含陰而不會屈辱陰，坎卦是陰包含陽而不會輕視陽，因為
陰陽都能得位而又乘時。離是陰卦向上升而又向下降，拿火與太陽來
比方；坎是陽卦向下降而又向上升，拿水與月亮來比方。

就在上下升降交替當中結合，而完成生化的功德，這是因為陰陽互相
配合而能互相結合。在先天八卦，離坎是東西方位；而後天八卦，坎
離是上下方位。從這裡可以看見生化的次第，與河圖洛書互相呼應的
所在。

2. **天一生水，坎以陽卦而居下；地二生火，離以陰卦而處上。**在上的親
近上天，在下的依附大地，這是乾坤體用的分別，也就是**根本天的要
親近上天，根本地的要親近大地**的體例。

再講到不同的層次，離卦是陽氣盛而向上行，到了極點就回返，所以
陽光一定向下照明。坎卦是陰氣多而向下沉落，到了盡頭產生變化，
所以水蒸發成為氣體，一定向上飛騰變成雲。

一方面關連著變化的氣數，而基礎實在是大道體用的原理。本體是陽
剛，作用就陰柔；本體是陰柔，作用就陽剛。這就是天道。萬物就是
靠著這個中道來生成來變化，後天的陰陽既然結合，作用就是如此。

《周易》以後天為主，把大道的體用、最大的體例，寄託在離坎兩卦。
要不是這樣，向上的一直上升，向下的一直下降，將造成天地互相背
反奔馳，生機化育就會斷絕消滅。哪有後天的事物可以說呢？所以坎
在離的前面，離在坎的後面，是依循天一生水、地二生火的秩序。

3. 我們足以明白陰與陽、體與用，交互變化的原理，而向上與向下的道
理不同，陽剛與陰柔的德性作用各有不同，因此升降的途徑不一致。
總括來說，各卦雖然是從乾坤出來，而實際上是靠離坎兩卦的變化來
完成。

從上下經來說：在離坎以前都是乾坤交替錯綜的卦，在離坎以後都是

離坎分開與結合的卦。咸卦與恆卦首先揭明這個體例，就變成「**艮兌震巽**」四卦的交錯。一般人就會認為只是艮兌震巽而已，而不知道是從坎離分合而來。

後天一切的主人只是坎離，雖然有艮兌震巽還是不能違背離坎上下的體例。所以〈雜卦傳〉說：「**離上而坎下**」。這**上與下兩個字，簡直包含整部《易經》，並概括天下萬事萬物**。凡是有名稱有現象的事物都不能離開「上下」的道理，而自己生存變化。因此坎離的道理就是天地生成的道理，坎離的作用就是萬物變化的作用。

4. 從卦象來說：坎卦的內在互卦是震與艮，離卦的內在互卦是巽與兌。因為坎卦二至四爻是震，三至五爻是艮，這麼看來，坎卦的中男，實在包含長男與少男。離卦的二至四爻是巽，三至五爻是兌，這麼看來離卦的中女，實在包含長女與少女。

我們要明白「艮震巽兌」四卦是離坎分合而來，而咸恆兩卦也是從離坎的交錯變化而來。總的來說，**除了乾坤父母以外，其他六子都不能離開離坎**，就是拿乾父與坤母來說，也不能放棄坎離來發揮作用。

因此坎卦九五足以通透乾卦，離卦六二足以協同坤卦。而離與坎又靠著上下卦的中位，足以匹配乾坤，發揮代替乾坤生成的功德，因此在後天都是根本離坎作為主人，就是因為離坎能包含其他六卦。

從修養來說：取象離坎，可以達到乾坤的天地合德。從生死來說：取象離坎，可以到達既濟未濟的陰陽合道。

逆轉向上就是成道的功德，順流向下就是隨順造化的作用。所以離坎在天下，恰好是一切萬物的中軸樞紐。

5. 從人生來說：離坎是生命全體的根器。雖然是拿心腎來比方，實際是包括五臟六腑、四肢百體而沒有遺漏。就好像是樹木的根本、水的源頭，是一切生成造化的依靠。

我們要明白，修道人不能離開形體來追求元神，不能遺棄物質來期望成道。後天的身體是以心腎為主，一定是結合心腎的作用，才可以保全生命，進一步才可以推擴精神的涵養，最後可以上達天道。**道從太極開始，分化在乾坤，而在後天只是靠離與坎來統帥而已**。

從離坎往上就會返回到太極，這是成道的人要達到的目標；從離坎往

下就進入既濟未濟，這是隨順造化生成的人，所要進入的中和情境。講到高處就是先天的乾坤，講到近處就是當前的離坎。

天下萬物沒有不是順著離坎的道理來生成變化，何況是有生命的物類？何況是人？因此離坎在六十四卦當中稱為人道的卦。

《易經》拿離坎來象徵萬物，所以取離坎作為中樞，**而《周易》更是拿離坎作為上經的終結，而開啟下經**。讓我們明白離坎兩卦，實在是後天易的終始，沒有離坎就沒有萬物，也就沒有整部《易經》了。

6. 要論述八卦，**先天以乾坤為宗本，後天以坎離為重心**。這是聖人的言外意旨，希望學道的人能夠留意探討。

今天所講的是拿離坎來包括各卦，作為全易的主人。不只是說明天地生化的源頭，而且**更推廣闡明道家修養的奧竅**，使我們明白以前的人拿離坎來比喻心腎的由來，並能夠作為今後科學理論的根據。

水火的力量實在是一切生化最主要的根源，從這裡可以證明《易經》道理的博大，萬事萬物沒有不可以會通的。

宏教柳真人說：坎離兩卦是後天的主卦，凡是一切的生化都不能離開坎離，而且是從**後天通往先天的門戶**。講到道功修養的方法，也必須假借坎離來比方，因為坎離本來就是陰陽的主人，是氣血的主導，是心腎的府庫，是精神的門戶。

不只是向外包納萬物，向內可以統括玄微。而說到**最極限，可以直接通達乾坤的乾元坤元，還可以回歸太極**。這一切實在是由於坎離的神用發揮而達到。所以講述坎離二卦，比其他各卦要精深要詳細。希望讀經的人能夠留意思考。

上六
九五
九四
九三
六二
初六

卦旨

1.　天地是一個陰陽的大道場，陰陽兩氣的調和一定是靠春天。就好像男
　　女也是陰陽的現象，男女的交往結合一定要順著情感因緣。春天是萬
　　物生化的時機，情感是人類生殖的源頭。有生命就有行動，有行動就
　　有情感的展現。
　　情感的發展一定是順著雙方的遭遇，憂樂的人生一定是來自身心的感
　　受，這就是男女雙方的交感。交感是善緣，雙方和諧就成為美好的配
　　偶；交感不是善緣，雙方就成為仇敵而成為怨偶。因此咸卦的作用在
　　感應，讓我們明白這是情感的發動、互動。
　　情感人生合同四條件：一是和諧而不自私。二是交通而不駁雜。三是
　　從天性發動而能端正生命。四是行為合於禮教而能達到樂教的調和。
　　天下共同變化就像春天的好生一樣。所以天下能共同在禮樂當中生成
　　變化，而不會因為兩情交感而造成傷害。

2.　咸卦拿少男少女的互相愛悅，來延續生生不息的作用，**更要靠雙方情
　　感能夠定靜，生命能夠止善，來完成夫婦的功德，來建立家道與家教。**
　　所以說：咸卦是人道的開始。
　　夫婦的道理，尤其要靠恆久作根本。父子是天性，沒有長久與短暫的
　　分別。可是男女交往，要靠情愛感通，要靠道義結合。如果不能長久，
　　就是違背人道，背反天性，又將如何維持人類生命的延續而不滅絕呢？
　　所以恆卦接續在咸卦後面，實在是天地生成化育的大經大法，也是人
　　道的大根本。
　　聖人根本生命的至情，而能夠調和融洽天下後世的人情。所以咸卦的
　　開始在情感，終結在人道，用人道來節制引領情感，那麼情感沒有不

通達，這也就是聖人的真理教育很快速的原因。

3. **人生最重要的事沒有大過夫婦，人情第一順位的事沒有大過生育。**所以說：「**飲食男女，人之大欲存焉。**」從有生以來，首先需要的是飲食，其次就是男女情愛。

   飲食是生命的根本，所以噬嗑卦講志求食物，這是人生的大義。至於男女是生殖的根本，繁衍一個族姓還是小事，人類整體的延續，才是一生最重大的職責。

   人類不可滅絕，尤其不可以從我滅絕；宗社不可以斬斷，尤其不可以從我這裡斬斷。所以從家庭來說，講不孝有三，無後為大；從國家來說，講生聚最優先，人民眾多又富有最重要。這都是看重繁榮後代，以生殖不斷作為主旨。並不是只講養生送死，是生育子女的大原則。

4. 養生送死是報恩的一種行為，而繁衍後代、延續宗族，更是報恩最重大又最廣遠的事。所以**人倫首先重視夫婦，人情首先重視男女**。

   人世間有一些苟且結合的因緣，早上相聚，晚上分手；昨天恩愛，今天厭離。說快是很快但是不能長久，正因為不能止定在禮節。

   用天性來節制情感，這是人道的大根本；被情感來奴役天性，這是世道的變化反常。因此咸卦啟示**生命教育與倫理教育**，這是聖人講明《易經》的隱微宗旨。

   後世講說《易經》的人，只知道咸卦的感通快速，只講到男女情感欲望的感動，而不能高明探討天道的深奧隱微，來完成天地定位，萬物長育的大用，來完成天人合一的道功。《易經》真理教育不能大明已經很久了。

5. 周文王排定卦序，特別拿咸卦作為下經的首位，這難道只是講情感欲望嗎？大象辭深怕一般人不覺察，只看見情意的細小，而忘記天道的廣大；只認取事功的粗糙，而遺漏道功的精深。特別拿「以虛受人」這句話，揭明咸卦的妙諦，與人道最極致的法則。《易經》的文辭隱微而宗旨太廣遠了。

   宏教柳真人說：天地造化的道理，陰陽配合的基礎，都不能離開感情。因此咸卦是人物的肇端。夫婦是人倫的開始，男女是生息的源頭。所以**下經取咸卦為第一卦**，也就是詩經〈周南〉，用來昭顯王道的教化，

用〈關雎〉來追溯男女好合的意思。

沒有刻意的作為而自然會去做，沒有設定目標而自然會達到目標，這就是感應力量的偉大。

天地萬物都是由交感來生育、來完成、來壯大、來變化，因此而生生不息，才成就這個世界。這就是《易經》的下經，以咸卦為開始的隱微宗旨，讀經的人請不要輕忽讀過。

白話經文

【象辭義理】

咸：亨，利貞。娶女吉。

咸卦象辭說：從男女情感的光明交往，到夫婦道義的長久，是人生的嘉年華會。女子的貞節與男子的操守，構成咸卦三德：雙方心志通達，行為暢達，道德堅固。人道立定，展現人倫的開始。

在婚禮的運作裡，男女結合成為夫婦，家道的和樂可以通達天下，帶來吉祥。

【解釋象辭】

象曰：咸，感也。柔上而剛下，二氣感應以相與。止而悅，男下女，是以亨利貞，娶女吉也。天地感，而萬物化生，聖人感人心，而天下和平。觀其所感，而天地萬物之情可見矣！

咸卦解釋象辭說：咸是男女情志相感通。陰柔在上位而陽剛能自處卑下，陰陽二氣能交相感應又互相協同。生命能依止艮山，有自在的清靜；發揮兌澤的喜悅，有暢談的開懷。男子能安處在女子的下方，雙方情投意合，行為中正合禮。

性情中正，能合同天道，光明天德，男女結婚成家，可以創造家道的吉祥。

天的能量向下交感地氣，於是萬物可以變化成就；聖人用禮樂中和感化人心，於是天下和平。我們如果能夠運轉出大道合同交感的力量，就可以共鳴天地萬物的實情。

【大象辭義理】

象曰：山上有澤，咸。君子以虛受人。

　　咸卦大象辭說：天道調和盈虛，澤水到了山上，更能發揮源遠流長的功德。君子效法天道，依止自性靈山，用虛空的天性來感應萬物，容受一切，也完成一切。

【爻辭義理】

初六 咸其拇。

　　咸卦初六爻說：男女互相愛慕，情投意合而感通，就會有豎起大拇指的讚賞接納。同理，人生一切的遇合進展，也都是順著由外而內，由疏遠而親近的秩序。

象曰：咸其拇，志在外也。

　　咸卦初六爻小象辭說：情感人生的互相賞識交通，一定依循由淺而深的理則，首先只是豎起大拇指，表現出愛悅的情意。

六二 咸其腓，凶。居貞吉。

　　情感的發動，要有禮儀的節制。撫摸小腿肚，是悖禮犯分的行為，會造成傷害別人身體，又傷害自己品格的兇禍。

　　君子淑女，能守住天性天心，固守本分貞德。人生際遇因緣都會是善緣，隨時吉祥，隨處安康，又善緣廣結。

象曰：雖凶，居貞吉。順，不害也。

　　咸卦六二爻小象辭說：雖然一輩子因緣交會的情境裡，有誘惑、有傷害、有挫折、有危險凶禍的考驗。君子淑女能夠固守本分節操，為人生創造吉祥。怎麼做到不害人又不害己？順天性合天道，居仁、立禮、行義就是了！

九三 咸其股，執其隨。往吝。

　　咸卦九三爻說：人生情意的感通，是從外向內，從下向上，發展到大腿與胳膊的接觸。雖然兩情親近，還是要聽從良心主人的指揮，才不會有越矩失禮的行為。

如同股肱臣子，要聽國王的指令。如果行為失控，如同臣子不聽命令，往後的人生路，就會走不通，走不遠。

象曰：咸其股，亦不處也。志在隨人，所執下也。

咸卦九三爻小象辭說：情意感通在手腳四肢，還沒入心。就像身分卑下的人，要跟隨主人行動。不是自己不想動，就可以停留不動。

九四　貞吉，悔亡。憧憧往來，朋從爾思。

咸卦九四爻說：處在人道主人的地位，前後左右的人都要聽命行事。主人守得住正義誠信的貞德，就不會做出後悔的事。

象曰：貞吉，悔亡。未感害也。憧憧往來，未光大也。

咸卦九四爻小象辭說：情意感通入心，自己可以做主。雖然兩心已經相許，交往還是要守禮分，不逾越禮義而傷害倫理道德。不做後悔的事，人生就有吉祥。

雖然相思的情意像風雲翻騰，行為態度還不是光明正大的夫妻。雙方都能遵守思無邪，不自欺，無不敬的教訓。

九五　咸其脢，無悔。

咸卦九五爻說：雙方情意從內心感通到後背，表示內德修養已達到誠意正心的地步，從交友到婚姻的行為，都是正大光明。因此，人生沒有後悔，沒有遺憾。

象曰：咸其脢，志末也。

咸卦九五爻小象辭說：雙方情意從前心感通到背部，表裡通透沒隔閡，共同期待婚禮儀節的完成。

上六　咸其輔頰舌。

咸卦上六爻說：咸卦的作用到了盡頭。聖教啟示我們，人生的善惡吉凶，完全建立在說話的真誠信實。

象曰：咸其輔頰舌，滕口說也。

咸卦上六小象辭說：人道五倫，都要靠說話來溝通情意。說話要有真誠的德性作根本，才能讓人信服。如果只是很會說話，縱然求得富貴榮華，最後下場，不是羞辱就是殺身。

結語

一、宗主孚佑帝君論：天神主宰天人感應，消災除禍靠行善積德。

1. 咸卦卦名叫作咸，有了心就變成感。《尚書》說：「作善降之百祥，作不善降之百殃。」這句話講明人天感應的快速。當今災劫並至，各種病毒的氣到處流行，感應最明顯又最快速。所以咸卦拿「感應」來講明義理，讓我們明白感應的道理，而祈求免災降福的做法。

   人與人互相感應就像男女相愛，物與物互相感應就像磁鐵吸引。**只有上天與人民的互相感應，必須靠元氣的互相結合，靠元神的互相感通。**這就是善氣與不善氣的互相感應，形成吉祥與災殃的不同結果。

   吉祥與災殃是氣，是天神在主導；善與惡是行為，有天神在明察。感應的道理周遍而無所不在，這是講全天下都是靠氣場在互相感應。

   我們想要追求消災免劫：第一、一定要先知道感應的道理。第二、要得到與上天相通的大道。那麼只有趕快行善積德而已。因為瘟疫、疾病、災殃是陰氣，而行善積德是陽氣。陽可以戰勝陰，福氣可以消除災禍。

2. 所以咸卦拿三陰三陽，讓我們明白互相感應的快速，同時看見陽能夠守道，處在陰的下方也不會被陰所困，最後可以超越群陰而上升到山頂。我們明白陽氣能上升，陰氣就會降伏，這就足以證明，行善積德能戰勝一切的邪惡，也就是災殃能夠轉為吉祥，凶禍也能轉成福報。

   因此咸卦在一切的時機因緣當中，都可以發揮**感應轉化**的作用。咸卦實在太偉大了！

   讀經的人不要執著男女情感的喜悅愛慕，而忘記善惡因果的氣數感應，使得聖人救世界、救民命的宗旨不明顯。**不能感應聖教，就是每天讀《易經》也沒有幫助。**

3. 咸卦是感應的卦，凡所有感應都是咸卦的道理。比如人天的感召，神鬼的感通，沒有不是關連著精神，從心志心意發動，然後展現在一切人事物的融洽，變化成為最後的調適協同。就好像銅山與洛陽敲鐘的相感應，好像雲氣上騰而又下雨的相互因果。

這一切都是咸卦的現象，就是一陰一陽的互相感通然後看見功用。所以聖人說：「清明在躬，志氣如神。嗜欲將至，有開必先。」最足以證明感應的道理，一定從陰陽二氣共同發動，又共同協調；一定是男女兩情同步發動，而達到共通的和諧。

「共同發動」就沒有先後的參差不齊，「共同協調」就看得見主客匹配的剛好。一起發動，那麼內外表裡可以一致；雙方合同，那麼始終如一可以平均。這就是天地造化而萬物生成的道理，也是男女好合而人類繁殖生育的效驗，再也沒有任何功用超過它了。

4. 人的情感與天性隨時感應，對於事物的用心關懷處處感通。不只是在男女雌雄交感而已，**佛所說的因果塵緣也是由感應構成**，不論是三世或是一世，不論是陰陽兩地或是大千世界，都可以感通。因為**十方世界的作用，都與咸卦相同，而能夠互相感應**。

如果不是有情的物類，就算交感也沒有回應，有相互的行動也不能協同，彼此有動作也不能和諧，因為是無情無心的事物。所以凡是能夠善惡禍福相互交感的，一定都是同類；凡是招來利害得失的，一定有共同的因緣。

只有共同才能相通，失去共通交集就會阻塞。因此咸卦的卦德叫作感通，而把感應叫作咸，**咸就是講沒有不合同的意思**。

二、宗主孚佑帝君論：情感交往要發於情止於禮，要仁至義盡，人道才會完全。

1. **在〈序卦傳〉當中拿咸卦來主導夫婦的道理**，而咸卦的爻辭只講到感通，沒有講到配偶。這是要我們明白，咸卦雖然發展出男女互相愛慕的情感，卻還沒有完備夫婦匹配成婚的禮儀。

男女不可苟合，情欲不可踰越禮數。雖然情感發動卻有道範的節制，雖然心中愛慕卻有德性作準則，既然有前面的喜悅愛慕，自然一定成為後面的匹配成為夫妻。

夫婦原本要靠「道義」相結合，情感得中才叫作義，天性得和叫作仁。

仁義是人道的大根本，所以情感發動而能調適在中道，行為表現而能合同禮節，才成為咸卦的正用。

因此咸卦根本男女的相感通，而成為夫婦之道的根據。有內在的真情必然表現出外在的行為，**有貞德的存養必然表現為禮儀的行事。**

2. 所以九四「憧憧」的思慕，「朋從」的情意，都是真情的流動，都是真心的存養。雖然最初還沒有光明正大的行為，而最後一定會有顯明的配偶的行事。

   這是要等待父母的命令，媒人的介紹，還有六禮的準備，以及祭品的完備。這一些是咸卦九四爻以後的事情，也就是《禮經》所說的婚嫁的儀節，都將會一一表現成為光明正大的行為。

   所以孔子把道理講到這裡，說夫婦是咸卦九四爻以後的事情，不是在九四爻就有夫婦的名分，這是「未光大」這句話的由來。**聖人要我們做到情感交往的「仁至義盡」，人道才會完全。**

   如果光是有感情還是會有違背仁義的行為，所以九四雖然感通到達內心，只不過是憧憧思念而已。讀經的人不要拿〈序卦傳〉的話，而懷疑孔子在咸卦九四爻這裡所說的話。

3. **人生後悔的事有四個層面：**第一、事情的開始不謹慎，結果一定後悔。第二、行事不遵循正道，行動一定有後悔。第三、情感不順著天性，七情發動一定有後悔。第四、對於善惡的分辨，對於邪正的把握，審查有不精當，認識有不透徹，都容易導致後悔。這一切君子都免除了，所以沒有後悔。

   聖人告訴我們：一個人內德充實，推展到天下沒有不感應；中心真誠，作用到一切處沒有不恰好。因此得到無悔的占卜，正是咸卦大用告成的日子。人倫的根本，人道的基礎，固然不能有後悔的事；尤其夫婦的和好，家庭的歡樂，更是一輩子也不能有後悔的事。因此九五爻無悔的義理，實在是咸卦最重要、最偉大的宗旨。

   老師說：「生命最寶貴的禮物是心安理得，人生最大的懲罰是遺憾與後悔。應該做的事沒做，遺憾。不應該做的事做了，後悔。」

三、宗主孚佑帝君論：人道配天地，中和贊位育。

1. **情感回復天性，天性回復天道。天人合德，然後人道可以繼承天道，人道可以匹配「天覆地載」的功德，可以達到中和位育的效果。**這也

是下經以咸卦為首，來講明人道的隱微宗旨。孔子拿同人卦來形容咸卦，因為咸卦有同人的義理。實際上要拿中和來說，咸卦是附屬中孚卦，中孚就是中和的意思。

天地中孚而萬物生成，陰陽中孚而萬物長育。好像夫婦交感愛慕，好像雌雄一起飛翔，可以共同工作休息，可以共同生育，於是生生的道理看得見。同心就沒有違背，相和就沒有埋怨，中正就沒有超過，交感就沒有離異。「**離異與太過**」是生命的賊害，「**中正與和平**」才是生命的生機。所以情感依靠天性而行為止定在禮節。

情感有四種態度：一是雖然悅樂而不雜亂。二是追求而不勉強。三是雖然結合而不邪淫。四是雖然愛悅而不會輕侮戲弄。男女的愛悅是發自真心而互相感通，是順著自然而互相匹配。

2. 相互交感就表示不是突然，相互匹配就沒有孤單，所以沒有暴力暴行，沒有自私自利，沒有詭詐欺騙，沒有玩弄輕慢。因此可以合同天地的造化，使得萬物交感變化達到和諧。聖人講：「男女媾精而萬物化生」，講的是咸卦的義理。

《詩經》說：「摽有梅，傾筐塈之，求我庶士，迨其謂之。」這是講情感已經發動，意念已經生發，只怕情感的發展不夠快速而耽誤了青春。像這般的瘋狂相思卻不被聖人刪除，正因為不是越禮的行為，也不是私下的行為，而是順著正道來發展情感欲望。所以詩人不認為是邪淫，而認為是情感生命的信實。

《中庸》說：「**唯至誠能盡其性，以及人物之性。故能贊天地之化育，而與天地叁。**」這一小節的義理，正好可以與象辭講：「聖人感人心，而天下和平」互相印證。讓我們看見聖人所用來感通的媒介，不在外面事功而在人心，不在於發揮情感，而在於發揮天性。

3. 天性完善，真情就來到；天心感通，萬物就會回應。這是從上往下，從內往外，本末一貫的道理。所以「感人心」三個字實在包含極致圓滿的義理。

古文很簡約，現在嘗試將「感人心」三個字分三層來解釋。**第一、感通在人心**，那麼眾人都可以響應。**第二、感動發自我心**，也可以感應、通向別人的心。**第三、感動在天性**，而感應表現在人心。有這三層義

理，所以「感應」沒有不通達，「施與」沒有不得到報答，因為人心與我心合同的緣故。

我所感通的，眾人也沒有不同；我所想要的，眾人也不會抗拒。所以孔子拿「忠恕」兩個字，來解釋感通的作用。忠就是盡自己的天性，就是**中庸盡性**的意思；恕就是推展自己的天性，就是《中庸》「盡人之性與盡物之性」的意思。

雖然人己有分別，人物有分別，天性卻是相同的。只要完善自己的天性，天下萬物的天性也沒有不完善；只要完善在人心，天地萬類的真情沒有不感通的。

4. **聖人用咸卦只在一心，所以孟子形容「萬物皆備於我，天下盡於一心。」**這哪裡是一身所能容得下呢？卻又是一心所能包納而已，也就是佛法講的萬法唯心。

心的思維，智愚賢不肖都不一樣，可是人心所想要、所厭惡的，卻沒有不同。「飲食男女」，人之大欲存焉；「死亡貧疾」，人之大惡存焉。人心的大欲與大惡，聖人能夠在未發的時候分辨。

拿咸卦所感通的同理心，就能達到天下的和平；從感通所得到的回應，就能看見天地萬物的實情。這裡沒有其他的道理，只是講好惡的情感從本心發動，而使它回歸天性而已。

天下的事事物物，人心沒有不感通，人情沒有不合同。能夠把握眼前，把近的細的看清楚，就足以體察遠的大的；能夠把握簡單的、容易的事，就足以明辨繁複的、困難的事。**這是《易經》真理教育的大原則，而聖人藉著咸卦來發揮功用。**

5. 天地的情感是純粹天性的「靜」，萬物的情感是純粹情愛的「動」，人就處在天地與萬物當中，可以靜可以動，可以是情感也可以是天性。向上來說，可以返回天性，可以回歸無生；向下來說，可以隨順人情，可以隨緣化生。

生活在這當中的人，如果**用天性來主導情感，就是修道的事情**；如果拿情感來奴役天性，就是開啟邪惡的門。這一切都是聖人所憂慮的事，也是建立教化最迫切要做的事。人物既然已經出生，就不可以勉強壓制讓他沒有情感；既然有情感，就不可以放縱情感來奴役天性。所以

取咸卦的作用，發揮「止而悅」的效果。

咸卦偉大的七要素：第一、靜與動有常度，行與止有法度。第二、不會違背生命，不會敗亂行為。第三、生命可以延續，事物永遠安康。第四、世運可以沒有傷害。第五、和平可以帶來普世祥和。第六、參贊天地化育沒有極限。第七、人文精神可以悠久無疆。實在偉大啊！咸卦！

6. 這是人道的綱常。這是聖人能感通每個人的心，讓人人情感可以暢達天地萬物的管道。所以聖人觀察咸卦的感通，用來溝通人的情感，用感通來維繫人心，來發揮人生的大用。

    同樣的感應用在男女身上，只不過是家庭的和好，夫婦的歡樂。用在天下，人人都可以安定生命，抒發情感。用在萬物，萬物都可以隨順天性，達到和樂。這也就是天下和平的效驗。何況**家庭是國家的根本，夫婦是人類的基礎**。基礎與根本先培育，本體的作用就更堅固。

    太平盛世有五個條件：第一、家庭裡面沒有怨女。第二、家庭外面沒有曠夫。第三、男女情感各得其所。第四、婚姻都可以得到匹配。第五、陰陽都得到調和。太平就是關連到人天感應的和諧。

    所以《詩經》三百篇，不會刪除男女歡悅思慕的話，而「輶軒采風」一定要省察婚姻的風俗；建立家庭教化，一定要謀求夫婦的和諧。這一切都是推廣咸卦的道理，希望達到天下的和平。

7. **性情相配相得，有四個好的結果**：第一、結合一定快速。第二、情感一定真實。第三、成就一定很大。第四、推展一定很廣。就是因為性情很純粹。

    順從天性就沒有自私，是真情就沒有虛偽。「**自私與虛偽**」是人道的**盜賊，是敗亂的階梯**。所以聖人用道來感通人心，一定可以達到天下和平，就是因為能夠斷絕自私與虛偽，能夠充分發揮咸卦的大用，能夠完善人人的天性而調適人人的真情。

    自私與和諧相反，虛偽與公平悖逆。和諧就沒有自私，因為不會圖利自己而傷害別人；公平就沒有虛偽，因為心中坦然而不會偽裝造假。兩人真情相見，哪來的虛偽？生命回歸天性，哪來的自私？所以彖辭占卜得到「**利貞**」，**乾卦說：「利貞是性情。」**

「乾道變化，各正性命；保合太和，乃利貞。」這是講聖人藉著天道來闡發人道，只是性情而已。性情既然中正光明，天地萬物的實情還有看不見的嗎？咸卦所以是人道的開始，就在天性光明，情感中正。

四、宗主孚佑帝君論：周代的禮樂政教，以《易經》為法則。

1. 《周易》的上下經是周文王來畫分的，以前沒有這個體制。**伏義的《易經》很簡單而一貫**，《連山易》、《歸藏易》，就有變化而紛繁。

   到了周文王重新整理，改變舊有的秩序，分別成為上下兩篇，這就是《周易》的完成，實在與前面的各易有不同了。《周易》上下經完全根本「天與人」的界限，畫分為「天地人物」四個層面。

   上經講述天地的生成變化，下經講明人物的開始與終成。所以〈序卦傳〉首先揭出要領：上經講天地萬物開始創生，下經講男女人倫配合的秩序。

   這就是《周易》拿天道來立定人道的根本，基礎就在天地造化的自然，用來開啟人倫禮教的規模。讓我們看見**周代的「禮樂政教」，沒有不是以《易經》為法則**。

2. 上經從乾坤開始，終結在坎離，天道完全而具備。下經從咸恆開始，終結在既濟未濟，讓我們看見人事的整齊與天人的合同。於是世道人心的和諧看得見。

   咸卦講「感通」，講陰陽二氣的「感應」，作為男女互相愛悅的大原則。恆卦講「長久」，講「生息的不間斷」，作為人物生生不絕的法度。這就是完成世界大同的大根源。氣機推演到「既濟卦」，就是講明人生有窮盡。再推展到「未濟卦」，就是告訴我們物極必反，氣數到了終點，一定會回到起點。

   因此天地的氣數看來有窮盡卻沒有窮盡，人事看來有盡頭卻沒有盡頭，最終可以回復太極，回歸乾坤二元的最原始。

   於是上下經合成一個大圓環，周而復始，困塞還是會通達。元亨利貞的作用循環不停，仁義禮信有體制、有作用，而不受拘限。所以五常五倫結合就成為全德，分開來也是完美的半片璧玉。

3. 「乾坤坎離」好像四根柱子，「震巽艮兌」好像四個邊角，共同組成

一棟房子，而人物住在當中。上經只講到四根柱子，有方正的規矩而沒有圓通；下經開始講明四個邊角，既展現法度又有規矩。因此下經的作用實在是繼承上經，而推展到無窮無盡。

沒有人物哪有天地？就好像一棟房子，只有四面牆壁如何能住人？又好像一顆果實，只有外殼如何能延續生殖？所以人物的生成化育，就是天地生存的根源。

天地不會自我圖謀生存，要靠人物的生成造化，來展現天地的德性；人物不會自我複製造化，只有靠不斷生息綿延來彰顯生命的功德。

因此我們要明白天地沒有窮盡，人物也沒有窮盡，世界也沒有窮盡，然後天道可以光明，人道可以長久。我們觀察《易經》下經的卦用，就可以明白天地造化的宗旨了。

雷風恆卦

上六
六五
九四
九三
九二
初六

卦旨

1. 從卦的先後來說，**咸卦是人道的開始，恆卦是人倫的完成**。夫婦能夠和諧，家庭才能鞏固，人類才能生息不斷。聖人拿恆卦來接續咸卦，而開展家道的基礎，奠定人類的根本。

   恆卦是長男居外卦，長女處內卦，一內一外分別治理人事，就好像夫婦治理家庭，分別內外的職責一樣。人道三綱五常千古不變，恆道講的就是常經準則，就像既濟卦的安定，永遠不會改變。

   「夫唱婦隨」是家道的中正，男主外女主內，是人生長久保固的防波堤岸。這固然是以人情為基準，以禮節為斟酌，來作為治理世界的大原則。

   恆卦的作用，就好像日月長明而晝夜不止息，可以成就悠久的德性，因為能代替日月的光明。日月不是同時明亮，如果是同時爭著明亮就反而不明亮了，只有能夠互相接續的交錯明亮，才能順承天道而能夠永久長明。

   恆卦所以恆久，因為巽卦能夠順從震卦，柔順能夠輔助陽剛，雙方不會互相猜疑，而能夠各自完成作用，所以能夠長久。

2. 宗主孚佑帝君說：恆卦的義理是常久。恆這個字從亙從心，亙有延長不斷絕的意思。比如「連亙、恆亙、亙亙」都是指長遠連接的現象。亙古講的就是永古，亙天好比是連接上天。恆卦又明白指出，人有常心可以永久不會斷滅，比如恆心與恆產，都有長久保持固守，而不失去、不斷滅的意思。

   從卦來說，震卦與巽卦結合，雷震動而巽柔順，陽高舉而陰順從，能夠永久相隨，不會中途停止。所以《易經》的真理教育，拿夫婦的相

處來作比方，從男女兩情的互相協同，來成就百年偕老的因緣；從兩人的志同道合，而開啟族姓繁衍生殖的家業。就是因為當中有長久的道理，然後才能成就長久的行事，所以卦名叫作恆。

3. 恆是講人心經常而行為動靜如一，雖然經歷人事的變化而此心不會改變。所以恆這個字從心，就是講明一定先要有恆心。恆卦與益卦一正一反，恆是向上親近，益是向下親近，恆是幫助陽，益是幫助陰，因為兩方能夠協同，而能共同成就道德事業。

從恆卦來說，夫唱婦隨而家道中正；從益卦來說，上安下樂而世道和平。這兩卦都是取「相得益彰」來發揮作用，而所完成的事業都是可以長久又廣大。恆卦是講可以長久，益卦是講可以廣大，可以長久又可以廣大，人生的道德事業還有超過這般境界的嗎？

因此聖人拿恆卦來接續咸卦，用來建立家道的基礎，來接續人道的根本。而咸卦作為下經的第一卦，實在是有他的緣故。

白話經文

【象辭義理】

恆：亨，無咎。利貞，利有攸往。

恆卦的象辭說：天地的道體長久不變，天地的德用亨通不窮。人能效法天地的不止息、不困窮，一生動定的行為，就可以順天合道而沒有過錯。

一個人的性情調和，性命中正，就能建立堅固的家道。一輩子有為有守，修齊治平的事功，就可以廣大長久，傳承無窮！

【解釋象辭】

象曰：恆，久也。剛上而柔下，雷風相與，巽而動，剛柔皆應，恆。
　　　恆亨，無咎，利貞，久於其道也。天地之道，恆久而不已也。
　　　利有攸往，終則有始也。

日月得天，而能久照。四時變化，而能久成。聖人久於其道，而天下化成。觀其所恆，而天地萬物之情可見矣！

恆卦解釋象辭說：恆就是長久。上卦是陽剛，下卦是陰柔，雷風協同

相助，柔順能輔成陽剛，陰陽平等匹配，上下內外協同，始終一如連貫，而成就恆久的功德。

恆卦的人道亨通，性情中和，篤定長久的行走在大道上面。能夠合同天道的高明，地道的博厚，萬古常新，恆久而永不止息的傳承。

天地人合一的能量，恆常、悠久、廣遠、博大，隨所到處恆安樂。到了終點又回到起點，又是新的開始。就好像天運不息的流行而日月常明，四時變化有序而成就萬物。

聖人效天法地，至誠無息的推行禮樂教化，於是世道人心變化而成就太和。**有道統祖師恆久的禮樂道德教化，讓天地萬物都生活在大同的光明世界裡。我們觀察到了嗎？**

【大象辭義理】

象曰：雷風，恆。君子以立不易方。

恆卦大象辭說：雷風結合，剛柔和諧，展現天地的恆常不二，長久如一。君子的性命中正，道德完全，立定在不二不變的大道上。

一輩子有操守、有作為，做到慎終如始。處在變化的情境因緣，能常保天心中和。人道能守恆，才能發揮變化的創造力與紛雜的協同力，完成參贊化育。

【爻辭義理】

初六 浚恆，貞凶。無攸利。

恆卦初六爻說：恆卦有追求長久廣大的心願。如果一開始，只追求向內挖深而沉潛閉藏，抗拒向外發展，又失去中道的調和。這樣的堅貞固守，反而是凶禍，沒有利益。

象曰：浚恆之凶，始求深也。

恆卦初六小象辭說：處在還沒有作用的初爻地位，理當自我振拔，對接外在的變化。在初爻的時機，只是追求深藏，閉關自守，反而是凶禍。背離中和的道，不吉祥。

九二 悔亡。

恆卦九二爻說：把握恰當的時機與地位，能成就廣大的道德與事業。

既能守住中正本位，又能行出貞明德性，自然沒有後悔的事。

象曰：九二悔亡，能久中也。

恆卦九二爻小象辭說：一個人的道德生命，能合同天道的健動，實踐人道的貞德，不只是沒有後悔的事，還可以活出天大地大，天長地久。

九三 不恆其德，或承之羞。貞吝。

恆卦九三爻說：想要有所作為，卻違背恆久的義理，沒有至誠不息的德性。內在沒有光明的操守，外在沒有道德事功，只有承受眾人的笑罵羞辱而已！

人一旦剛愎自用，一意孤行，我執太重太過，又不知悔改，就會失去友助，路愈走愈窄。

象曰：不恆其德，無所容也。

恆卦九三爻小象辭說：沒有恆久的中和德性與度量，太剛強傲慢就沒有伴侶，太孤僻就沒有親人。就會造成牴觸衝突而互不相容的情境。

如果能夠自我悔改，放下我執，用出柔順，就是和樂融融了！

九四 田，無禽。

恆卦九四爻說：古時候打獵，目的不在獲得獵物。目的在聚集大眾，溝通上下的情志，練習武事，培養人才。更重要在培養四德：和諧德性，充實愛心，鼓暢情感，止定天性。完成三大目標：夫婦家道的長久與推愛萬物，並合同天道的好生。

象曰：久非其位，安得禽也。

恆卦九四爻小象辭說：長久處在時機與地位的不恰當，就不能有作為。如果剛愎失中，造成上下沒有輔助，內外沒有友助，只是自我孤立。時間再久，也發揮不了生機作用。

六五 恆其德，貞。婦人吉，夫子凶。

恆卦六五爻說：婦人恆久貞靜的德性，順從丈夫來完成家道的長久，是吉祥的事。如果是婦女取代丈夫，當家作主，背反「夫唱婦隨」的倫理綱常。而丈夫也立不穩本分本德本位，就是凶禍。

象曰：婦人貞吉，從一而終也。夫子制義，從婦凶也。

恆卦六五爻小象辭說：婦人效法坤德，有安貞清靜的柔美，以順從丈夫作為終生的行為，會給家道帶來吉祥。丈夫效法乾卦的健行，要制定仁禮義信的中正家道，當家作主，以德慧作為妻子的表率。

男子必須創造道德事業，敦睦親族，並傳承祖德。如果違背天經地義的綱常倫理，違反夫唱婦隨的秩序，只是聽從婦女的話，失去本分與操守。家道不正，就是凶禍。

上六 振恆，凶。

恆卦上六爻說：當時機與地位走到盡頭，還想要振動揚升，就會招來凶禍。

象曰：振恆在上，大無功也。

恆卦上六小象辭說：處高位的人，如果不能謙卑隨順眾人，得到群眾的支持，權勢再大也是徒勞無功。

結語

一、宏教柳真人論：用不易來主導變易。

1. 宏教柳真人說：恆卦的大象辭最簡要而義理最深宏，因為合同全易的宗旨，能直探大道的根本而推廣大道的功用。因為《易經》就是「**拿不易來主導變易**」，不易講的是常經，變易講的是變化，「常與變」的道理是一貫的。

   「立不易方」講的就是不易的道理，才能推廣恆卦的德性，來完成君子的行事，就是因為君子能夠拿不易的道理來主導變易。

   「天」不變，所以能夠統御萬變而不窮困；「道」不變，所以能夠應對萬變而安排妥當。**這就是天道恆久的由來，也是聖人至誠無息的根本。** 就是因為不變不二，才能永不止息。

   如果時常改變，就是追逐變化而隨著變化，在瞬息當中就消失主宰，哪裡能夠用不變來觀照事物的變化，能夠作為氣數紛雜的主宰呢？

2. 所以我們一定要明白一個道理：**不變才能應變，守中抱一做到不易，**

才能隨所到的地方而成就本心天德。因此講到「立不易方」，並不是沒有作為，正是表現「無為而無不為」。

就好像站立在最中正的高位，四面八方都可以一覽無遺。如果自己的立足點沒有一個定所，要如何來體察身外的事物？如何洞察時地因緣的環境是否恰好？所以我們立身處世，都應當拿恆卦大象辭的「立不易方」作為法則。

尤其要隨順時機的變化，處在非常的世局環境，面對人事的轉移不定，錯綜紛雜，更應當要謹記「立不易方」這句話。不要只是置身在紛亂複雜的人事因緣當中，而不能自我振拔。

人生最重要的是，建立自己行為態度的準則，有所樹立才可以推廣到行動。人生的態度如果沒有立定，還能做什麼事呢？恆卦就是拿「不易」作為義理，所以〈繫辭傳〉叫作「德性堅固」。就是稱讚德性的樹立，堅固與恆久。

3. 宗主孚佑帝君說：恆卦的彖辭稱讚恆卦具備三德，有亨通利益的占卜，而爻辭卻多凶多吝，而且不適合守貞。

為何有這些相反的道理？因為是上震而下巽。雷以震動為作用，風以善變為德性，震動與變化不一定，德用也就不是恆常不變。所以卦名叫作恆，正是因為天道無常，人情不一，天人的道理是不容易恆久的。天地因為恆常而永久，所以能先運轉變化而節制變動。

〈繫辭傳〉說：「恆以一德」，又說「恆，雜而不厭」。這兩句話就可以看見恆卦的道理，包括變化與不變，包含動與不動兩層義理。

人道順著變化來追求不變，順著變動來追求不動，所以才有「立不易方」的大象辭。也就是處在變化當中而不隨著變化，順從天地人事的變動而不亂動。

4. **這個道理是根據天道無常與人情的不一致，而在當中追求天地的常經與天性一貫的道理，最後可以達到道德人格的堅固，而發揮守恆以專一道德的效驗。**那麼雖然處在紛雜的人事，而我的心不會紛亂；雖然一切好像不足，而我的心滿足沒有匱乏。

就好像雷的震動有一定的時機，風的變化有一定的方向。「方向與時機」是震動與變化的軌跡，最終都可以達到恆久的道理。所以爻辭講

不吉祥，是因為處在震動變化的情境，而不能自我堅守本位。彖辭講吉祥，是因為能夠洞察方位與時機，能夠把持原則到最後。

這兩者相同與不同的地方，沒有離開天性與人情，內與外的分別。如果能夠根據天性來統一內在情感，就是恆常而吉祥；如果是順著情感，讓自己外在的行事紛雜，就會落入雜亂而不吉祥。**關鍵就在人的自我抉擇罷了。**

二、宗主孚佑帝君論：守貞抱一，通達天下，由恆卦來達成。

1. 宗主孚佑帝君說：恆講一德卻又駁雜，就是不專一而追求專一的意思。只有專一才能長久，只有長久才能永恆。如果雜亂就會變化而偏向兩極，愈變化，存在的時間就愈短暫。「永久與短暫」這兩件事是背道而馳，也就是形而上的道與形而下的器物的分別。

   天地能夠恆久是因為德性不二，不二才永不止息，不止息才悠久無疆。《道德經》說：「天得一可以清明，地得一可以安寧。而**聖人效天法地，抱一來配合天覆地載的功德，成就位育萬物的功勞。**」

   所以叫作：「天地的道，安定在一上面。」這是講貞定就是一。因此女子「從一而終」就叫作貞德，而在《易經》的咸卦與恆卦，就寄託貞德的情感教育。

2. **咸卦是人道的開始，恆卦是人倫的完成。**夫婦能夠和諧，家庭才能鞏固，人類才能生息不斷。聖人拿恆卦來接續咸卦，而開展家道的基礎，奠定人類的根本。

   〈序卦傳〉說：「夫婦之道不可以不長久，所以接著交付恆卦。」可見恆卦是在講專一的德性。就因為家道是由夫婦開始，而要推溯根本是在女子的貞德。**守貞而抱一**，那麼生命可以通達天下，這是人情相同的理念，也是人性中正的態度，**一定要由恆卦來達成。**

   人的天性本來是專一，可是情感卻很紛雜。如果情感不約束節制，愈紛雜愈變化，不但不能長久，反而離道愈遠。聖人觀察人情容易紛雜，就拿「恆一的德性」來教化，而先勉勵人能夠守護貞德。

   人道能做到貞德，然後就有利益，能夠利人利物然後就能亨通。這就是天下每一家每一姓的長久德性，沒有不是靠女子的貞德來發動的。

人道三綱五常千古不變，恆道講的就是常經準則。

3. 女子能夠守貞來和諧丈夫，孝養父母敦睦親族，然後成就大利益。利益是道義的具體表現，夫婦和諧而家族和睦，這就是道義的滿分，就是利益的展現。我們要明白，由一個姓氏的和好，可以推行到鄉鎮；由一家的整齊，可以推行到國家天下。這才是家道真正的亨通。

   《詩經》說：「家人相處和諧，然後可以教化國人。」《大學》講：「**治國平天下，一定要根據家道的整齊。」**孟子說：「**天下的根本在國家，國家的根本在家庭。」**這都是講家道完成，然後國家可以治理，而天下可以和平，沒有不是經由人道的利貞，而到達天道的亨通。天道能夠亨通，就可以永恆長久而不止息。

   所以恆卦的大用首先在貞德，完成在亨通。貞德又從女子發動，完成在夫婦。因此恆卦是人道的開始，是家道的基礎。

4. 恆卦拿上震下巽，剛在外而柔在中，這是講已經成就大道的本體，超越有形器物以上。所以與《易經》本來的體例，剛在中而柔在外不同。因為《易經》主要講後天，後天以人道為根本，人道要先修養性情的利貞，然後才能有天道的元亨。

   這是取法坤卦的德性：「**敬以直內，義以方外。直方大，不習無不利。」**講人道修養必須含藏陽，必須合同陰，向內能守著陽剛的本性，向外能行出陰柔的態度，才是道功的表現。可是道功是從修持的過程來說，而不是講修成道果以後。

   從人世間來說，不是離開卦象以外的境界，當然就有守道的方法來固守精氣神，有行道的態度來和諧人事物。物我都得到利益才可以合同大道。像恆卦就不是這麼恰好。震從坤出來而在上位，巽從乾變化而在下位，這是陰柔守護內在而陽剛行出外在，這就表示不適合人間世，所以不能和諧萬物，也不合同後天的道。

5. 從爻來說，初爻是「浚恆」而上爻是「振恆」，在下位的追求更深，在上位的更加上升，兩者不相協調，所以占卜是凶禍，這就是講對人道不利。

   面對恆卦我們要這麼做才可以：「**下卦是柔順，要能夠自我降伏情欲，如果道功不深就會形成自困；上卦是震動，要用陽剛自我揚升，如果**

不能振拔天心將會自取滅亡。」

這是恆卦具有的德性，能夠發揮通達，就能夠展現明察上下的大用。

這也就是魚躍鳶飛，各盡其道，一點都沒有停滯罣礙的天地氣象。

可是在人世間是行不通的，因為下位一定追求上升，上位的一定要求下降，升降協同以後，物我才能和諧。所以恆卦初爻與上爻雖然都是凶禍，還是拿恆來形容。**我們因此明白，浚的挖深與振的高拔，不是恆卦會帶來凶禍，實在是人事的回應不恰當而已。**

6. 高明謹慎的人會取法天地，依循日月的運行，效法山川的德性，都是超越後天生化的萬物，到達先天無為無思的境界，才是永恆，才是永久不變，才是萬古常新。

從人道來說，**必須是聖人，成就了至誠無息，達到悠久無疆，才能到達這般境界。**這個時候與吉凶的氣數不相干，不會被氣數命運拘限，因為已經到達永恆不退轉的先天大道。

如果尚未到達永不退轉，還是會被氣數命運拘限，被吉凶束縛。這個時候不可以假借恆卦而做出違反恆卦的行為，也不可以順著初爻的挖深與上爻的振拔去做，導致遭遇陰陽背道而馳的過錯，還要面對升降不協調的憂慮。這個分際是學習《易經》的人，最應當要細細體味的所在。

白陽開路先鋒哪吒三太子　慈訓

調寄：古老的大鐘　　　　　　　語寄：轉迷入悟搶救三曹靈

古人的慈訓　勸人為善的道理　如今已　漸漸的　被遺棄
盡忠孝　行節義　遵道德　重倫理　這本是　生為人　的行誼
因果律　無差矣　點點滴滴記詳細　每個人善與惡的曾經
任憑誰　也難以逃過去　天地的公律
如果你　相信因果律　莫要遲疑　改變起　造惡的你　諸善奉行
奉行真理　革面兼洗心　修養身心靈

白陽的現今　天開赦的末秋期　人人皆有機緣　建功系勳
行三施　了愿力　消業力　恆積極　無心為　轉命運　沒問題
災與劫　無警訊　無時無刻在降臨　天地間　時已盡　該清醒
轉迷入悟　奉獻出生命　搶救三曹靈

嗚……懺悔罪過滌　滴答　滴答
嗚……認真的修行　滴答　滴答

災與劫　無警訊　無時無刻在降臨　天地間　時已盡　該清醒
轉迷入悟　奉獻出生命　搶救三曹靈
古人的慈訓　勸人為善的道理　如今已　漸漸的　被遺棄

盡忠孝　行節義　遵道德　重倫理　這本是生為人的行誼
因果律　無差矣　點點滴滴記詳細　每個人　善與惡的曾經
任憑誰　也難以逃過去　天地的公律

如果你　相信因果律　莫要遲疑　改變起　造惡的你　諸善奉行
奉行真理　革面兼洗心　修養身心靈
奉行真理　誠心永不熄……　就能得奇蹟……

33 天山遯卦

卦旨

1. 〈序卦傳〉說：恆卦講長久，萬物不可以長久居處在一個地方，所以**接著是遯卦**。因為恆卦的長久，不是有形體的事物能夠永遠持守的，一定會因為到了極點而產生變化，因為窮盡而復回原點。那麼前面的恆卦，到了現在就會成為遯卦了。

   從卦爻來說，恆上卦的震變成乾卦，下卦的巽變為艮卦。一個陰爻的前進與一個陽爻的上升，恆就變成了遯。震是長男，回復就回到乾父；巽是長女，變化成艮就是少男。

   這是氣數消長所產生的推移現象，而陰陽有升降的變化。天地不能離開大道「變化的原則」，人物也逃不開陰陽「氣數的運行」。所以遯卦接在恆卦後面，是時機的因素。

2. **從人世間來比方，恆卦講的是無為的治理，而遯卦講的是將要混亂的時候。**因為靜到極點就會動起來，動得太過就會形成紛爭而很難一致。陽極就生陰，陰太盛就會推倒陽剛而自我謀求成長。

   遯卦是陰爻的力量得到時機，陽爻的力量失勢。就好像小人漸漸前進，君子將會有被推倒，被排擠的憂慮，想要不隱遯是不可能的。

   隱遯的時機開始在政治局勢旺盛的時期，發生在最初要混亂的時候。陽不能長久與陰對抗，剛不能再與柔和諧。於是自我後退來保全自身，歸隱來完善自身的道。

   所以遯卦講的是隱居、是退後、是逃離，只有明白天時氣數，知機的智者用得出來。這就是〈繫辭傳〉所說：「君子見機而作，不俟終日。」就是根據坤卦安靜的德性，而順勢成就遯卦隱退的道理而已。

3. 君子會順著天時來推展「善讓」的德性，來顯明高超「無為」的心志，

提早作出退休的規劃。不使自己將來掉入欲走不能走，欲留不可留的地步。因此遯卦使用的時機，是在人生大用發揮了以後，正當最盛的局面展現以後。一般人在這個時候會留戀地位權勢而流連忘返，我則見機而提早另作打算。

艮是靜止，乾卦是大生大始，可以乘著飛龍來統領天下。現在效法艮卦的善止善藏，寂然不動，我們就可以看見卦名叫作遯，而講明遯卦作用的由來了。

白話經文

【彖辭義理】

遯：亨小，小利。貞。

遯卦彖辭說：善止退藏的遯卦，內在貞德已經飽滿。因為天道的作用衰老了，所以人道上只是小亨通，達不到乾卦的大亨通。因為艮卦的作用有止限，所以只是小利益，做不到隨順天時、利益萬物的大利益。

【解釋彖辭】

象曰：遯，亨，遯而亨也。剛當位而應，與時行也。小利貞，柔浸而長也。遯之時義大矣哉！

遯卦解釋彖辭說：遯卦的亨通，從艮卦的善於靜止來。乾卦九五爻的陽剛得到正位，向下順從艮卦六二爻的陰柔，做到沉潛、守中、退藏。

隨順天時陽氣的消退，君子見機做好用陰養陽，用柔養剛，及早蓄養元氣元神。做到小亨小利的明哲保身，並守護貞德的完全。

【大象辭義理】

象曰：天下有山，遯。君子以遠小人，不惡而嚴。

遯卦大象辭說：從天道來說，天在山上，陽在陰的上方，陰得時而陽失勢，陽不能與陰抗爭，形成退避、隱遯的現象。

從人事來說，小人得時乘勢得位，排擠君子。君子只有遠離小人來保全自己。

君子的兩種態度：一是不掉入相互的爭奪、打擊、誹謗。二是嚴守本位、劃清界線，獨行中道。默默護持天道天德，安定善良的世道人心。

【爻辭義理】

初六 遯，尾，厲。勿用，有攸往。

遯卦初六爻說：遯卦的初爻在下位，根本柔弱像尾巴，不能有作用。處在艱難、危險的境地，必須自我奮勵精進，才可以免除災難、危險。

象曰：遯尾之厲，不往何災也。

遯卦初六小象辭說：抱持安靜順承，後退止定的態度，用柔道來自保，順天時而潛藏。做到潔身自好，沒有妄念妄做妄行，危害自然化解，獲得安貞的吉祥。

六二 執之，用黃牛之革。莫之勝說。（脫）

遯卦六二爻說：六二的領導人，千方百計，用勢力挽留。君子被形勢脅迫，被現實禁制，沒辦法脫身。等到時機因緣成熟，再自我隱退。

象曰：執用黃牛，固志也。

六二爻小象辭說：在位的領導，挽留君子的手腕很牢固。君子明時順變，明哲保身。雖暫時委屈求全，可是隱遯後退的心志很堅定。

九三 係遯，有疾厲。蓄臣妾，吉。

遯卦九三爻說：九三面臨上下各走極端，雙方不肯自我妥協，有下墜深谷的危急憂患。面對隨時來到的疾病、危害與局勢的逼迫，只有自我砥礪心志，做到朝乾夕惕，才能免除禍害。

九三的局勢不可久留，雖然上下有一時的結合，也很難同心同德。只不過像得到臣僕一時的差遣，得到婢妾一時的侍奉而已！

象曰：係遯之厲，有疾憊也。蓄臣妾吉，不可大事也。

遯卦九三爻小象辭說：九三掉入去留兩難的處境，造成疾病與疲累。只有態度嚴正，才能保護自身；只有口氣和緩，才能平息傷害。君子雖然與小人周旋和好，得到臣妾般的侍奉，還是不能有大作為，更是不可久留！

九四 好遯。君子吉，小人否。

遯卦九四爻說：想隱遁的君子，遭遇牽絆的阻力而不能隱遁。到了九四，抱持乾卦的陽剛，不被外物拖累動搖，最好的隱遁時機來臨，君子可以進退自如，獲得明哲保身的吉祥。

一心只想追求名位權勢的小人，正在慶幸自己的擁有與享受。哪裡會想到及時隱退，急流勇退，明哲保身呢？

象曰：君子好遯，小人否也。

遯卦九四爻小象辭說：君子識透天時氣數的變化，明白生殺的天機，把握住關鍵的時機隱遁，獲得順天合道的吉祥。

小人也得到時運，正在乘時得勢，為所欲為，在欲望權勢中，志得意滿的翻滾。做不到君子的識時達務，明哲保身。

九五 嘉遯，貞吉。

遯卦九五爻說：君子善於把握天時，能用陰柔涵養陽剛，能守中用中而協同上下人事，於是從容中道的完成隱遁。

為什麼在外卦還可以得到貞德吉祥？因為君子識時達務，能把外卦作用的力量，轉化成內修止靜的本體貞德，安守抱一的本分。

象曰：嘉遯，貞吉，以正志也。

遯卦九五爻小象辭說：君子順從天地，合同陰陽，不用亨而用貞，不用動而用靜。藉著乾艮合德，轉化出坤德貞靜的大用；放棄升騰進取，合同退止潛藏。完成九五的本心本德，也成就君子的志向與理想。

上九 肥遯，無不利。

遯卦上九爻說：身心到達天與道的最高層，就能收放自如，神遊太虛，無往不利。有安富尊榮的氣象，有輕清舒適的氣度。思量什麼就利益什麼，想要什麼就完成什麼！

象曰：肥遯，無不利。無所疑也。

遯卦上九小象辭說：心寬體胖，自在安然，一切成就，是遯卦的圓滿實現。得之淡然，失之泰然，順其自然。道行天下，再也沒有憂患疑慮！隨所到處恆安樂！

結 語

一、孔子論八卦的先後天對位。

◎ **孔子說：遯卦的現象，最重要的層面一般人多數不知道。**也就是乾與
艮兩卦，原本先後天是在同樣的地位，後天的乾卦居處在先天的艮位。
先天純陽變成稚幼的少陽，於是老父立足在少男的上方，這當中就有
自我變化而隱退的消息。與地風升卦相類似。

因為坤後天的地位，就是巽先天的地位，所以坤卦可以代表巽卦，也
就是母親可以代替女兒。這也是陰自身變化，於是坤母立足在少女的
上方，卦名就叫作升。

現在遯卦是乾代替艮，又與艮結合，而且居處在艮的上方，這樣的體
例法則與升卦相同。於是老陽會自我休止退藏，把自己當作是艮卦的
少男。這是陽氣變化而自我隱退。一升一遯當中，有著陰陽的交替變
換，與先後天德用的不同。

所以升卦與遯卦，關連著天道的時令，維繫著人物的生成變化，行動
與靜止，前進與後退，都與其他各卦不同。

二、宗主孚佑帝君：論天地陰陽，盈虛消長。

1. 恆卦以後接著遯卦。〈序卦傳〉說：「萬物不可以長久居處在一個階段，
所以接著拿遯卦來接續作用。」這是講天地的道能長久，萬物卻不能
長久。萬物隨著形體有生有滅，有一定的期限；隨著時機有消減有生
息，有一定變化的氣數。

就好像花草到了春天茂盛，到了秋天凋謝；又像人與動物從出生到成
長，從衰老到衰朽。都不能違背生成造化的原則，不能違背興盛衰敗
的時運，這就是萬物不可能長久停留在一個階段的道理。

比如人的年歲高了，活到百歲不能再留在人世間，只有真修道人可以
延長年歲不老，做到長生久視。可是只有真人這一輩做得到，實在是
已經超越萬物，與大道同步作用，與上天同德，這不是萬物所能比得
上的。

這麼看來，能夠悠久無疆輔助天地萬物，而與大道永遠共存，講的是先天的本體。**只有至誠無息的聖人可以達到。**

2. 遯卦是乾與艮結合，是天加在山的上方，是高出凌空的現象。在人事的比方，就是一個人可以超然物表，獨往獨來；可以悠然世俗以外，無牽無卦。這就是遯世的高人。足夠媲美**蠱卦上九爻辭所說：「不事王侯，高尚其事。」**

   一般人與萬物一樣，**齊物論有三種樣態：**第一、有生老病死，有盛衰成敗。第二、人與物，都隨著氣數在運行，被氣數決定。第三、隨著時機在變化，不能長保不變的本初。不能像聖人利用恆卦，進入永恆。必須隨著時運來變化，就免不了要從天道的恆卦進入人道的遯卦了。

   從恆卦到遯卦，就好像花草從春天到秋天，從繁茂到凋謝，這中間沒有一分鐘不變化，沒有一個呼吸不隨化。生死的變化是無形的，等到變化完成，才看得見跡象。這就是遯卦代替恆卦的意思。

3. 又好像人的出生，一呼一吸，氣息不停。吐故納新，舊的會被新的取代；來往相繼，來到的也會變成過去。雖然看不見變化的軌跡，卻漸漸從壯年而衰弱而老朽，這難道不是恆卦以後，成為遯卦的現象嗎？

   遯的下卦是艮，一陽二陰。陰先竊取陽的根氣，剝奪陽的本位，陽的根本能量與根本地位被陰奪取，陽雖然想不消減也不可能。

   所以凡是下爻是陽爻，不必再問上面陰爻多少，都會是陰的消減；如果下爻是陰爻，不必再問上面陽爻多少，都會是陽的消減。因為已經失去根本了。陽氣一天天消減，到了極點就是「**剝**」；陰氣一天天消減，到了極點就是「**夬**」。而陽氣的生息開始在「復卦」，陰氣的生息開始在「姤卦」。

   復與姤這兩卦是消減與生息的氣機，人道有所因應。君子用陽而小人用陰。當陽氣成長，就是君子道長的時候；當陽氣消退，就是君子道消的日子。這一層義理，剝復兩卦已經說清楚了。而在姤卦與遯卦，也是由於陽氣的消減，看出君子應該要退隱了。

4. **所以遯卦是君子退隱而回歸山林，自處卑下來藏身草野。**這也就是「天下有山」的現象，所感應出來的道理。天很高而靠山作基礎，就算想不自我隱藏，也沒有地方可以側身容身。因此遯卦的大用，是要「隨

順天時」來行事。

天地的道理就是順著消退與生息，成長與衰敗，來分別「生機與殺機，繁榮與枯萎」的氣數。因此**學習《易經》的人，不可以不知道天地陰陽消長的道理**。

君子見機而作，觀察陽氣衰微而知道正氣不長久；明白生機將要歇息，能及早蓄養元氣，預先保養真神。來等待春天的回復，再圖謀進一步的發展。遯卦亨通的利益，一定是根據貞德，而象辭就拿「柔浸而長」來解釋。用柔來養育剛，用陰來儲蓄陽。這是君子全力要做到的事，正是明哲保身的道理。

三、小人結黨，傾倒君子。

1. 宗主孚佑帝君說：遯卦以「肥遯」為志向，所以人道要以「潛退自保」為優先。在大過卦的大象辭講：「君子以獨立不懼，遯世無悶」的話，與遯卦的作用相似。大過卦是陽被陰包圍，不能夠自我伸展，就像遯卦陽剛被陰柔逼迫，不能自我留止的意思一樣。

   大過是本末都是陰爻，四陽被拘守在內；遯卦是初二都是柔爻，四剛被摒除在外。雖然上卦不同，初爻都是柔爻，**初爻是卦的根本，根本失去穩固就很難固守**。只有見機自我隱退，離世而獨立，不與時局抗爭，不與眾人牴觸。這就是大過與遯卦兩卦，人道的宗旨，都是拿「**獨立與遯世**」為優先。

   遯卦因為初二兩爻聯手，根本與內卦的正位都被陰掌握，就像**一國的政權，操縱在女人與宦官的手裡**，積聚成為朋黨的局勢，造成相傾倒、擠壓的陰謀，君子雖想勉強留下也不可能。

2. 於是我們看見**遯的現象比大過更嚴重**，所以卦名叫作遯，比起大過卦的大象辭，只是拿「遯世」來形容，這當中的緩急大小自然不一樣。讀經的人應當互相參考。

   《周易》講遯卦取象豚，豚是小豬，行走迅速，往來奔衝，這是小豬的天性。用來形容世局要敗亂的時候，人間的事情會很多，內外交相鬥爭，上下互相陷害，很多人會急切奔逃，情勢會很迫切。就好像豬在奔走一樣。這就是從字形來取象的意思。

遯講的是後退而不前進，艮講的是停止而不行動，而又說取小豬奔衝的義理，就好像與卦的作用不相合。這是不知道卦雖然以艮止為作用，而上卦的乾卦是健動快速運行。遯雖然是以遯退為根本，而外在有大壯的互卦在呼應，這就表示靜止也有行動，後退還是有前進。

3. 就好像人在逃避戰亂，沒辦法獨自求得安閒；時局已經危險，必須要先做好逃避的準備。從這裡來看，停止還是不離行動，後退還是需要前進。只不過行動不違背靜止，前進終於還是要完成後退而已。

這就好像從朝廷走向鄉野，從都城走到山林，雖然覺得漸漸遠離了煩雜塵囂，結果還是難免要長途跋涉。這就是所以有小豬奔衝的現象，而爻辭更有「拘執維繫」的情境。

從這裡可以看見，君子雖然想要停止卻不能立刻停止，雖然追求隱退卻不能立刻隱退。這是人事與情勢的逼迫，而不是一下子前進，一下子後退的行為。可是終始當中來來回回，免不了會有走走停停的現象，這麼看來《易經》的遯卦，與否卦剝卦是有不同的。

34 雷天**大壯**卦

卦旨

1. **聖人取名「大壯」有五層義理：**

第一、**陽氣盛大**。陽氣好像臨卦的來臨，所以叫作大，這是講陽氣成長，所以卦名叫作大壯，這是四陽戰勝兩陰，得到地位乘著時機。

第二、**陽與陰，消息往來**。遯卦是陰成長，大壯是陽壯大，陽壯靠的是時機，時機的作用表現在春天的二月。雷鳴天上而萬物生成，陽氣興盛就是萬物繁榮富庶的根本源頭，所以卦名叫大壯，因為雷震動的時機恰好，完成乾卦大生的德性。

第三、陽剛盛大而陰柔衰弱，進行能夠配合天時；陽上升而陰下降，發育萬物有道。震卦可以生發陽氣來協助乾卦的剛健，可以迅速行動來回應陽剛。可是太剛容易折斷，陽氣太盛容易衰歇，**陽剛的飛騰發達超越，這種傷害超過利益，所以前進不如靜止。**

因此卦名大壯，就是要我們知道：壯到極點一定會衰敗，要懂得預先涵養元氣，不要發洩太過。

第四、**物有盛有衰，人有壯有老**。陽帶來生機，就有陰帶來傷害。在天覆地載當中，有春秋的交替，有生機與殺機的交錯。以前衰弱的現在強健，現在繁榮的以後會衰蔽，這種現象循迴不停，純粹是造化的力量。

所以卦名叫作大壯，是要我們知道：有壯就有衰老，有來就有往，想要常保如嬰兒不老，必須要追求不強壯。**如果已經強壯了，一定要思考怎麼保守高明堅強。**就好像太陽的光明，不被烏雲障蔽而形成黑暗；就好像黃金的堅固，不因為被石頭包圍而腐爛。

這麼看來，強壯是陽氣的本來，是心志的最高指標，有其中然後表現

在外。陽剛在內一定要有柔順在外，根本很強就要有柔弱的枝末。這就是**大道展現以柔克剛的理則，才可以藉著強壯的氣來涵養身心的堅韌，這當中是有方法的。**

第五、進退沒有一定的準則，要抱持天道來行事；顯現或隱藏沒有一定的道理，要順著氣數的變化作根本。陽氣能夠立定根本，陰氣能夠與陽氣平均和諧，沒有太過與不及，最終可以到達太和正氣的太平。這才真的是大壯。

所以**大壯卦要我們知道四件事：君子的前進一定有方法，後退一定有準則，離開一定有道理，留下一定有必要。**遯卦指明君子的隱退，大壯表現君子的作為；遯卦講退休，大壯講行事的利益；遯卦的志向在草野，大壯的志向是留在朝廷。

這是志向在「被天下所用」的人，應當效法的。而人道可以依靠君子達到安康，因為一個君子的行止有法度，家國天下的福利可以無窮無疆。這一切沒有離開時機與地位的恰當，充分展現君子進退出處的正大堂皇。

在遯卦就抱道而自我退藏，在大壯就善與人同而德性充沛無邊無量。天地都看得見生成化育的跡象，感受得到春天的太陽光，溫煦又溫和善良。這就是大壯卦的大用，因為震與乾的結合而煥發出無限的光芒。

2. 所以大壯是顧名思義，藉著地位來完善利益，順著天道來完成事功，可以安定和諧萬類。二月的春光沒有一個地方不溫潤，物類繁衍滋長，天下共同強壯。**從天道來說，是自然的元亨；從人道來說，是先做到利貞的涵養。**

知道陽氣成長，善加保養使用；知道陰氣衰弱，善加保育存養。那麼陽剛在中而不會超過，可以剛健身心而不會使用太過。所以做人要先明白遯卦隱退的情境，才可推展大壯卦留止的義理。止講的就是讓陽剛正氣停留，停留是講有所作為。

保留陽氣不要太過發散，陽剛的德性可以永遠安康；保留僅存的陰氣，柔道可以協和一切。而**人事可以輔助天時，萬物都可以合同氣數命運的自然。這難道不是大壯最大的目標理想？讀經的人不要只是用出強壯的一面，而忘記依止自性靈山的存養。**

大壯講天道，而利貞講人道。**根本天道的擴展太過，大壯會變成大過；如果在人事當中能夠達到中和，就可以藉大壯來成就中孚。**這是用大壯的人，應當先知道的事。

3. 震卦主持快速的行動，得到乾健作為基礎，勢力會很快，力量會很充沛，這是天道自然來到的力量。有太過一定會有不及，天道不公平的地方，時機到了自然會回復，回復就公平了。人道是無時無刻不追求公平，千萬不要自己掉入太過。

所以修道人應當明白，當我們在「用壯」的時日裡，自己要存有自我柔弱的心，**靠著柔弱來成就強壯，就可以永保真正的強壯。**如果只是靠強壯來行出強壯，最終會變成衰弱。這就是春秋交替而寒暑循環，是天道往復的自然道理。

我們能夠永遠達到中和，能夠返回根本，守護心性的柔弱，就是人道的止於至善。所以大壯分別天人，而《易經》的生命教育要我們先反求自己。讀經的人要明白〈雜卦傳〉說：「大壯則止。」要明白煞車、止定，依止艮山的義理，才不會違背聖人立教的深情厚意。

白話經文

【象辭義理】

大壯：利貞。

大壯卦象辭義理：莊嚴廣大、強盛氣象的大壯卦，是展現震卦的奮勇迅振，結合乾卦的陽剛健動。想要保有天人物我的中和，不使剛強太超過，必須先做到人道利貞的修養。以義為利就亨通天道，守貞不二可達本還元。

【解釋象辭】

象曰：大壯，大者壯也。剛以動，故壯。大壯利貞，大者正也。正大而天地之情可見矣！

大壯卦解釋象辭說：陽剛又健動的大壯，有外在雄偉的體態，又有內在強盛的精神。內有乾卦的剛健，外有震卦的振動，所以威儀盛壯。

大壯已經具足天道元亨的能量，最先要做到人道利貞的內斂含藏。涵

養性情的柔順與靜止，用柔道來運轉陽剛，才能發揮大中至正的力量。當天人物我交泰中和，壯大又正大，就可以看見天地萬物欣欣向榮的成長！

【大象辭義理】

象曰：雷在天上，大壯。君子以非禮弗履。

大壯卦大象辭說：雷鳴天上，顯現上天的神威與恩澤，於是天地萬物盛大又壯觀。君子敬畏天命，禮敬神明，不做不合禮的事。推廣禮樂，完成大壯的行事；實踐道德，完善大正的威儀。

【爻辭義理】

初九 壯於趾，征凶。有孚。

大壯卦初九爻說：大壯的開始是培固根本，立定腳跟。時機與地位還沒發展到全面，不適合出征遠行。如果剛愎躁進，會有凶禍。雖然有感應，還不是完全協同上下。如果違反戒懼的潛藏存養，會變成大過錯！

象曰：壯於趾，其孚窮也。

大壯卦初九爻小象辭說：大壯初九，陽剛力量還不足，又處在下位，時機不恰當，只能自立自守，才不會掉入困窮不通。

這時最明智的做法是：能順時應變，化剛為柔，化動為靜。既可涵養剛大正氣，又可等待時機因緣的成熟。

九二 貞吉。

大壯卦九二爻說：大壯的吉祥，靠貞德與靜止。陽剛能行出陰柔，健動而能止靜，九二靠中正成就盛大。因此，能合同陰陽而長保太和。既能中正性命，又能幫助萬物長育成就。

象曰：九二貞吉，以中也。

大壯卦九二小象辭說：九二得中位、行中道，大中至正，有守有為，而獲得大吉祥。這是以陽爻立足在坤的地位，與六五感應交通，乾坤能合德。發揮天道地道的大用，成就正大的生成化育。

九三 小人用壯，君子用罔，貞厲。羝羊觸藩，羸其角。

大壯九三爻說：人道九三爻氣盛勢壯的處境最艱難。小人會靠著盛壯

局勢，貪功激進，大壯變成大過，造成衰敗危害的後果。君子洞察盛衰氣數的變化，用貞德來固守慧命，用危厲來警惕本心。

小人只知用壯前進，像公羊用角衝撞藩籬，羊角受傷折斷，身體還是受困。君子應時順變，用柔弱來涵養強壯，用大壯來順從中正，在動靜進退中，能夠長保道德事業的盛大。

象曰：小人用壯，君子罔也。

大壯九三爻小象辭說：小人得意時，乘時握勢而呼風喚雨，經常演出公羊衝撞籬笆，銳不可擋的勇猛。一旦失意失時失勢，就灰心喪志而進退失據。

君子追求不用之用，用無不用有，用柔不用剛，用弱不用強。不拼血氣，逞意氣，不會陷入太過與耗損的困境。所以能長保中庸四強：和而不流，中立不倚，達不變塞，窮不改操。

九四 貞吉悔亡。藩決不羸，壯於大輿之輹。

大壯九四爻說：真正的強壯現前，對接恰當的時機地位，得到天時地利人和。內德中正，行健的德性能合同安貞吉祥，不會再有後悔的事。

這時所有的障礙已經消除，衰弱的已經強壯。生命的大車壯盛到極點，可以負重行遠，一切理想事業都可以成功。

象曰：藩決不羸，尚往也。

大壯九四爻小象辭說：剛柔相濟，主客交融，障礙清除，轉弱為強。內在充實而外在有光輝，近處能相親，遠方得相助，九四爻完成人道栽培，事業開創的大格局、大氣象了。大中至正的力量，隨時可以向十方發展！

六五 喪羊於易，無悔。

大壯卦六五爻說：當國的人是牧羊人，因為放任而失禮，因為苛求而失人，造成民心離散，如同羊群在牧野走失。這是罪有應得，沒有什麼好後悔；做了後悔的事，後悔也沒有用。

象曰：喪羊於易，位不當也。

大壯卦六五爻小象辭說：沒有好的牧羊人，羊群在平野，還是容易走失。如同古來的女人竊位當政，德性不足，導致失國一樣。這是有位無德

的過錯。

上六 羝羊觸藩，不能退，不能遂。無攸利，艱則吉。

大壯上六爻說：公羊衝撞柵欄，是沒有智慧的過錯，造成不能後退也不能前進的艱難處境。只要能善用柔道來克服艱難，能抱守貞潔正義的操守，最後還是可以獲得吉祥。

象曰：不能退，不能遂，不詳也。艱則吉，咎不長也。

大壯上六小象辭說：最初的計畫不審慎，算計不周詳，就會陷入進退兩難的困境。能善用智慧洞察局勢與處境，能在艱難中堅貞固守，一切的過錯與災害，不久就會解除，獲得晉卦安康富庶的福報。

結語 大壯卦有止定的境界

1. 宗主孚佑帝君說：大壯從前也作太壯，古時候「太與大」兩個字通用。凡是形容大到極點就叫太，比如太極、太一、太初、太素、太古、太上、太鴻等等，都是講大到極點，沒有比他更大了。

   大壯也是這個樣子。卦是震與乾結合，震是長子，從乾卦來看是所有孩子當中最大的，現在反而居處在乾卦上方，表示長子已經成立，能代替父親經理外在的事物。一定是在年輕力強的時候，所以叫作壯。

   從爻來說，陽氣叫作壯。大壯是四陽在內，由下而上，一往直前，氣力充沛、氣勢滿盈，所以叫作壯。陽可以用壯來形容，因為剛強，而大壯又是剛強到極點，所以才叫大壯。就好像生物正在成長壯大，體態肥大魁偉，精力盛大充滿，就可以稱為壯。

2. 人生下來二十歲叫作弱，三十歲叫作壯，也是講年齡正盛、體力方剛，做事情不勞累，創造事業不疲倦，這是因為卦裡頭四陽正在成長，有進無退。氣勢既然充沛直上，志向更是堅持突出、勇敢向前。不是臨卦，才開始要長大；又不像夬卦，將要衰老，所以叫作大壯。這是講壯到極點，比泰卦的平均更進一步，而還沒有到達夬卦的老大將衰。

   陽氣上達，從夬卦再進一步就會回歸純粹的乾卦。乾是老陽，是陽氣最尊貴又最純粹的，不能拿來與其他的卦爻比論強弱，所以雖然有「天

行健」的形容，卻不可以叫作大壯。我們因此可以明白，大壯講的「大」是指能夠承接乾卦的德性，能夠超越其他各卦，隱隱然要類同乾卦了。

因為震卦本來就有奮發迅速的作用，從坤卦出來而志向在乾卦，現在因為乾卦在內卦，這是以乾為本體而用出坤的功用。**坤是萬有的母親，震是眾生的先導。**萬物都從坤來養育，靠震來出生，震雷一動而天下同春。

3. 乾卦是純陽，是震的根本，那麼生成化育就可以無邊無量，而世界的繁庶就可以沒有止限。所以**震卦結合乾卦叫大壯，就是形容萬物的盛大繁多。**

雷與天交換位置就是天雷無妄卦，無妄講的是無物，因為乾在震的上方，震來出生而乾來完成，生在地面的會完成在天上，所以叫作無妄，也就是無物的意思。這是講純粹性情的精華，返回到最虛靈的真實，哪裡還會有物的存在呢？**「物與無妄」講本來無一物，一切皆同歸於上天而已。**

所以無妄古時候叫作毋忘，或叫作毋亡，就是講不要忘記生我的造物主，也不要亡失生命的歸處罷了。像大壯卦就與無妄卦相反，本來存在上天的，會生養在大地，蓄養精純的，就會施行在萬物身上。**由先天大道的理天真境而化生世界，從本來沒有而造成人文禮樂道德的繁榮，才叫作大壯。**

4. **聖人所顯示的天道，是講還沒發生的事情，用來作為人事預先的準備，**所以在文辭當中指出宗旨與精神。比如遯卦本來應該後退，卻有亨利的說辭；大壯本來應該前進，卻有利貞的叮嚀。

而且〈雜卦傳〉更清楚指示「大壯則止」四個字，讓我們明白從「時機」來說，大壯是大卻不能忘記小；從「地位」來說，是高卻不能看輕卑；從「行動」來說，是前進卻不能忘記停止。這一切都是順從天道的變化，來決定人事因應的方法。

因為前面隱遯的，在後面必然亨通；在這裡前進的，在那裡一定會停止。**元亨利貞四德，像圓環一樣循環不停而完成作用，**就像春夏秋冬循環成就一年的時令。遯卦就好像秋冬，而有亨利的占卜；大壯就好

像春夏，要看重利貞的德性。這是從兩卦的彖辭，我們可以看見天道的無常，人事必須預先做好準備的宗旨。

5. 人道要效法天地，一定要靠中和作準繩，而推展中和的德用，到達無邊無際，這才叫作知止。止就是正的意思，止定在中正，沒有超前也沒有退後，不會太鬆弛也不會太緊張，很悠然自足。外在看起來很黯然，而內在自性很光明，這就是自性中庸的道理。

這樣的人，可以獨自在大道上面來回往復，而沒有徬徨，才真正叫作知止、定止。

如果人文化成到這般境地，就是天道已經樹立，而人道已經建立，萬物可以共存共榮，到達文質彬彬的最美善地步。人世間的一切，凡是**「恰好沒有超過」的才可以講止**，如果還有不完善或不足，就不可以講止。

6. 大壯卦既然是最豐盛的時候，很容易進入奢侈鋪張的排場，如果不知止定，一定會因為太過而遭受傷害，就像大小過卦，就是因為失中帶來的過錯。

大壯與大過很類似，更何況再產生變化？如果懂得知止就不會有危險，既然不超過又哪來的傷害？**《大學》講「止於至善」就是在講知道停止在至善寶地而已。**

愈是前進不停，就愈會現出後退的缺點；愈是晉升不停，就愈會有向下沉落的弊病。這都是不知道止處，也不善於知止，到頭來違反所要到達的目標。

大壯卦的目標是在壯大，可是人道要先做好利貞。**利貞講的是性情中和的修養，就是反求自己心性的調和，知道生命的止處，而能夠依止自性的靈山。**

《易經》的道理有四種德性，元亨是行動，利貞是靜止。明白這一層義理，自然不會懷疑大壯卦有止定的境界了。

7. 如果乾卦的陽剛不能獨自謹慎，有背離「朝乾夕惕」的存心，坤地受到牽累，就會失去安貞的情感。因為陽剛過亢而難以繼續，陰柔太弱就會憺動而沒有節制。就好像日蝕月蝕，只是自我減損光明，而世事蒙受傷害，人物感受災難。

沒有善不能避免邪惡，沒有道不能節制淫亂，沒有德性不能挽回氣數，沒有教化不能感通神明。解鈴繫鈴只在一心。逆與順，升與沉，可以隨著天時而亨通，這完全要依靠善人眾多，善氣凝聚滿盈，才可以化凶險為吉安，轉妖孽為禎祥。這就是人天的感應，關鍵就在人心的自我真誠。

火地晉卦

卦旨

1. **太陽升出地面而萬物欣欣向榮，陽光照遍宇內而群倫和諧歡樂，這就是晉卦的現象。** 晉是離卦居處坤卦上方，就好像太陽東升，光明大照天下，溫和四通八達。後天的生成造化是離卦主導，沒有離日就沒有生物，也就沒有世界。

   〈雜卦傳〉拿「晝」來形容。光天化日下，道德事業很明顯，禮樂的教化可以推行，刑罰可以樹立，善良的言行可以表揚。這就是聖人在位而賞罰公正不偏曲，國家興盛而世界太平，上下能夠一道同風。晉卦的道理就像白天，這是正人君子把握時機發展事功的日子。

   晉是離卦結合坤卦，坤本來就有安貞的德性，而且善於順承乾卦。離卦本來就有光明的作用，而且重心在附麗一切。所以晉的上卦是光明，內卦是貞靜，「德性」可以合同承順的功德，「作用」就是附麗萬物而完成大用。

2. 〈序卦傳〉說：「**物不可以終壯，故受之以晉。**」講物已經強壯以後一定會有所作為，有所成就。就好像人的壯年，身強力盛而精神煥發，自當有所作為，來成就道德事業，這當中一定要等待，能得到晉卦的義理。生命在晉卦當中，功業可以偉大，名聲可以顯榮，凡是人生的追求都應當這樣。

   所以大壯以後接著晉卦，也是自然的理數。晉不只是前進，就好像壯不只是強壯，強壯一定要有作用，晉升一定要有完成。就好像軍隊一樣，前進一定要有事功，如果前進而失敗，或是一點獲得都沒有，就表示不應當前進。可是**晉卦是應當前進的時候。**

   晉卦前進三個條件： 第一、前面已經大壯，有勢力了。第二、所憑靠

的力量很厚實，有根本了。第三、行動很光明，有作用了。正大光明的行事，可以暢通無阻，這就是離與坤的結合，而德性的圓滿可以完成晉卦的晉升。

3. **晉卦有三大結果**：第一、晉卦一定有功業。第二、有功業就有獎賞。第三、有獎賞就有獲得。晉卦就像是太陽的上升，功勳事業很燦爛看得見。

往來卦是明夷卦，就正好相反。晉卦有功而明夷卦有罪，晉卦有獎賞而明夷卦有誅罰，晉卦有獲得而明夷卦有幽囚、逃竄、追逐，自身都保不住。

所以在晉卦是平安吉祥，是富庶快樂；在明夷卦是憂悲勞苦，是窮困煩惱。在晉卦是康侯，是接受國王賞賜的主角；在明夷卦是周文王與箕子，要被囚禁羞辱，不然就是逃亡。所占卜的結果恰好相反，這一切並沒有離開氣數的往復，與天理的循環。天道有滿盈與虧虛，人事有困窮與顯達，各有不同的因緣際遇，不同的氣數結果罷了。

君子在德性將宏大的時候，會戒慎恐懼；在事業要成就的時候，也會戒慎恐懼。君子的志向固然在進取，追求早日的成就，又憂慮遭遇挫敗，擔心受到魔障的侵擾。

4. 晉卦固然應當前進，而前進當中已經隱藏後退的機轉；晉卦固然應當上升，而上升的時候已經埋伏下降的因素。這是用晉卦的人應當知道的事，卦辭在隱微處給出警惕，要人有所準備。所以多方設下「憂心、懷疑、不定」的話，留下「戒慎恐懼」的教訓，就是為了防微杜漸而早先做好謀劃。

因此有智慧的人審察機先，明達的人洞徹變化。坤卦初六「履霜堅冰」的形容，已經清楚明白的給出知機見機的教化了。

上天的氣數靠循環，人道的德性靠中正，一定要以悠久為主軸，以不止息為優先。無論在哪裡沒有不光明，任何行事沒有不正大。坤卦六二講：「直方大，不習無不利。」就是講明行事中庸，操守中正，不會隨著時勢而升降，不會因為地位而有進退。

白話經文

【彖辭義理】

晉：康侯，用錫馬，蕃庶。晝日三接。

晉卦彖辭說：有道德有事功的康侯，得到國君賞賜爵位與禮物，獲得富有與尊榮。不只獲得良馬犒賞，也獲得豐厚的物資，這一切都可以生生不息的繁殖生育。

國君對康侯的優厚賞賜，都是在光明盛大的典禮中，交接授受，一日多次。

【解釋彖辭】

彖曰：晉，進也。明出地上，順而麗乎大明，柔進而上行。是以康侯用錫馬蕃庶，晝日三接也。

晉卦解釋彖辭說：晉卦的顯像，是太陽往上升進。當太陽從地下往上升，天下共同光明。這是坤地能順承而映照陽光，是離日能附麗天空而顯現光明的大用。離日與坤柔相結合，發揮升進上行的能量，足以成就天地化育萬物的道功。

一個天與人歸的侯王，一定會獲得天子賞賜良馬與物資，而繁殖生息沒有窮盡。天祿的獎賞，一日獎賞多次。

【大象辭義理】

象曰：明出地上，晉。君子以自昭明德。

晉卦大象辭說：太陽出現地面，帶來萬物的光明與生成，這是乾坤天地生成化育德性的展現！人生在天地間，要法則天地，效天法地要靠修德。

君子把一切德性養在自性當中，引領人物走向明德，天下就會共同歸向文明。就像太陽出現，使天下光明一樣，只有君子才能明明德於天下。

【爻辭義理】

初六 晉如，摧如。貞吉，罔孚。裕，無咎。

晉卦初六爻說：修道路上的初六爻，地位卑下，德性柔弱，容易被外

物牽累障蔽。在進退升降當中，不失正直光明的本德，就會有吉祥。如果昧己逐物，被假象迷惑，如何合同天道天理？

如果能預先修養好坤德安貞無私的厚載，順天無我的自性功德，就可以沒有過錯。

象曰：晉如，摧如。獨行正也。裕無咎，未受命也。

晉卦初六爻小象辭說：人生有直上與重挫的不同情境，考驗一個人是否能獨自行走在中正的大道上，不被邪惡虛偽迷惑。

修道人在誘惑挫折考驗裡，堅持貞德，行事中正，態度寬裕從容，不犯過錯。雖然還沒有承受天命，如此修真行正，與承受天命的人沒有不同。

六二 晉如，愁如。貞吉。受茲介福，於其王母。

晉卦六二爻說：居處內卦正位，順道前進，依然被陰柔阻擋，造成停頓不順暢。時時戒慎恐懼，堅持固守貞德，而獲得吉祥。六二有中正的道德事業，向上承受六五王母的賞賜，再分享眾民。

象曰：受茲介福，以中正也。

晉卦六二爻小象辭說：地位中正，行事中正，道德中正的領導人，上天的福施自然很大。爵位與福祿，經由王母封賞，全民上下，共同承受上天的恩典。

六三 眾允，悔亡。

晉卦六三爻說：領導層的德性光明普施，恩惠福澤廣布，眾人真誠順服。上下同安同樂，共享天祿天福。人與物的生成化育，永續而繁昌。全民共享天地的創造生成，沒有匱乏，沒有自私，沒有憂懼。哪裡會有後悔？

象曰：眾允之志，上行也。

晉卦六三爻小象辭說：萬物共同承受天生地成的恩澤，人道依靠地道來承接天道的功德，建立整體的、和協的、天與人歸的文明。這是萬民與萬物，同心同德，共同向上發展的本心本願。

九四 晉如，鼫鼠。貞厲。

晉卦九四爻說：想要展現離日光明上升的氣勢，卻事與願違，落入像老鼠潛伏陰暗的情境。因此，一方面戒慎危厲而奮勵開創功業，一方面堅

固操守，不受陰險小人的傷害。

象曰：鼫鼠，貞厲。位不當也。

晉卦九四爻小象辭說：會受到成群小人的傷害，是因為時機地位的不恰當。如果能夠遠走他鄉，就不怕老鼠的傷害。如果有貞德自保，能奮勵自立，最終還是可以到達光明的坦途。

六五 悔亡，失得勿恤。往吉，無不利。

晉卦六五爻說：離日光明亮麗，大地能聚集陽光，也能分散陽光給萬物。領導階層正大光明的政教，如同太陽朗照，所有的行事都沒有後悔。

聖人的道德事業，過化存神，禮樂文明可以上達天道，沒有人事物的得失憂患。教化與道化，合同天地造化的自然。一切中道的行事，沒有不吉祥；中和的作為，沒有不利益。

象曰：失得勿恤，往有慶也。

晉卦六五爻小象辭說：有道明君的德性如中天的太陽，大道的吉祥，物情的利益，沒有辦法計算。豐盛富足而萬民仰賴，聖神大化而普天同慶。

上九 晉其角，維用伐邑。厲吉，無咎。貞吝。

晉卦上九爻說：到達登峰造極的高度，氣勢氣象也就變小了。要有高處危險，容易墜落的防患。當氣數變化，禮樂文明變成征戰討伐，要用武力征討不順天合道的國家。

上九應當弘大乾卦奮勵的志向，展現開創事功的吉祥，就可以沒有過錯。如果只是守貞守成，就會缺少遠見宏圖的大格局。

象曰：維用伐邑，道未光也。

晉卦上九小象辭說：要維繫禮樂文明，卻不能不用軍隊征伐，這是時位、氣數的因素。想要免除德性不廣，功業不宏的過錯，就要超越氣數、人事的限制，把握先機，建功立業。

結 語

一、宗主孚佑帝君論：八宮卦序，游魂與歸魂的義理。

1. 晉卦與明夷卦都是游魂卦。**晉是乾宮游魂，明夷是坎宮遊魂**，而晉的對卦是水天需卦，就是坤宮的游魂，明夷的對卦是天水訟卦，就是離宮的游魂。這是從八宮卦的次序來說。

   游魂是講一卦的精氣，游走到對宮。精氣簡稱叫作魂，游魂就是講游走到對宮，歸魂就是講歸還本宮。凡是乾與坤，坎與離，震與巽，艮與兌，都是對位，所以叫作對宮。而乾與離，坤與坎，兌與震，巽與艮，就各得卦的精氣，所以叫作魂。

   比如乾離兩卦，離在後天代替乾的地位，是離卦得到乾的精氣，所以離是乾的游魂。換句話說，乾靠離卦成為後天的主人，離卦接受乾的精氣，所以乾是離卦的歸魂。

   其餘講到「坤坎震兌巽艮」都是這樣的體例，都是合同先後天卦位的相對，或是互相交換卦爻，所結合的陰陽數目，彼此都可以相合相得，所以互相稱作魂。

2. 比如震與兌，震在先天處在坤卦左邊，而後天是立足在先天離的位置；兌在先天處在乾卦左邊，而後天立足在先天坎的位置。所以後天的震兌，就是先天的離坎，都是互相對應。

先天八卦　　　　　　　後天八卦

震是一陽在下，兌是一陰在上，爻也是相對應，所以震與兌互相是游魂，其餘各卦也是這個道理。

乾宮以離卦為魂，游走在坤宮，所以火地晉卦叫作乾宮的游魂。這是講晉卦並不是從乾卦直接出生，也沒有關連乾卦的變化，而且又不是對宮的坤卦所變化出生，所以特別叫作游魂。就是講明晉卦是出於離卦，也就是乾卦的精氣而游走在坤卦。

後人對於「游魂與歸魂」這兩個名稱，多數不能明白了解，現在藉著

講晉卦的時候，特別補述易教的宗旨思想。讓我們**看見八宮卦序的生成變化，以及名稱的由來**，原本是有道理的。

二、知機的宗旨。

1. 晉卦本來就是講升進的作用，而爻辭多數是懷疑不定的話，因為坤道主軸清靜，協同安貞的吉祥，雖然合同離卦的光明，還是不忘記順承乾天的德性。所以行為一定嚴謹，志向一定篤誠，不失去坤卦安靜的本德，才能夠成就厚載的大功德。

   晉卦的大體都是吉利，因為得到時機前進，自然應當吉利。可是氣勢太盛容易傾倒，行動太急容易跌倒，順的極點會變成逆，容易的極點會變成艱難。這都是由於人情疏忽戒慎恐懼，忘記危險傷害。

   往往認為時機局勢可以依靠，智慧勇力可以憑藉。卻不知道時機局勢容易變遷，智慧勇力相對有限，窮困與顯達是互相依存的，災禍與幸福是互相聯手的。

   有智慧的人審察機先，明達的人洞徹變化。坤卦初六「履霜堅冰」的形容，已經清楚明白的給出知機見機的教化了。因此「晉如」就是講明君子追求前進，德性會愈崇高。「愁如」就是講明君子懷抱深憂，內心有所警惕。

   晉卦既然是坤結合離，更應當仔細品味知機的宗旨。陽與陰的消長時機不同，白天與黑夜的明暗作用不一樣。**乘著陽氣的光明，要懂得預防陰氣的暗昧；獲得大道的中正，就應當摒除作用的偏斜。**

2. 晉卦是太陽東升形成光明的現象，與剝卦相反。九月是剝卦，剝是陽氣被剝削，形成黑暗障蔽的情形，因此兩卦有不同的呼應。順著晉卦來說，就是升騰飛舞，陽氣很盛大，局勢很張揚，有愈前進愈遠大的氣概。順著剝卦來說，就是到達衰頹荒廢敗落，陽氣散失，局勢窮困，有愈走愈困乏的感覺。這一切都回應天時而合同氣數。

   想要明白天道，先要通達人事；想要知道未來，要先體察過往。所以要把晉卦與剝卦兩卦合同來審查。秋天老了冬天接續，水位下落土地就枯乾，霜露已經飄零，寒風就要來到。因此前面的興隆，瞬間變為衰敗，強壯忽然轉變為老弱。

氣數轉移，局勢就改變，時機過了，情境就變遷。這哪裡是偶然呢？學道的人要仔細思考晉剝兩卦的象辭，就可以得到義理有相同、有不相同的由來了。

3. 晉卦是上離下坤，卦用兼備兩卦的德性，所以象辭爻辭多數與坤卦離卦的卦辭相接近。坤卦大象辭講：「君子以厚德載物」，離卦大象辭講：「大人以繼明，照於四方。」而晉卦的大象辭講：「君子以自昭明德」，這些都是已經結合坤卦離卦的文辭，而決定人道的準則。

坤卦講厚德，是講博厚能夠承載；離卦講繼明，是講光明可以遠照。而晉卦兼備，所以說「自昭明德」。這是因為晉的下卦，是根據地道作為基礎，上卦是推展太陽的光輝來宏大德用。上位能夠往下照，再細微都看得清楚；下位能夠順承，就沒有物不能包容。因此大地與太陽的德性，是人要學習效法的。

人能夠光明德性，廣大生成的作用，到達位育的境界，就可以發揮純粹又正大光明的人道，成就博厚悠久的事功。就是離卦解釋象辭形容的「柔麗中正」，可以與晉卦解釋象辭「麗乎大明」相印證，都是離卦的德用中正光明。離日無所不照，接受者一定很亮麗，就象萬物亮麗在大地，雲彩亮麗在天空，都是靠亮麗來表現離日的功德，來成就離日的大用。

4. 離日就是晉卦的主人，太陽雖然高懸天空，光熱可以通達四方，這是上天的明德，也只有聖人做得到。《尚書》講：「**光被四表，格於上下**」就是講聖人的明德。明德的布施，沒有物不承受潤澤，這就是乾卦九二爻所形容的「德施普」。

乾天不能自我布施，一定要假借離日來代行，因此在後天，是離卦立足在乾卦的地位，而全世界是靠太陽來代行上天的功德。太陽的神用不能測度，既在天空又包含大地以外，凡是有形體的，有物質的，沒有不是依靠太陽來生成造化，可見太陽的功德就是天功，離卦的作用就是乾卦的作用。

乾卦得到坤卦的順承，而可以天地交泰，陰陽協同。現在晉卦也是靠坤卦來承接離卦，得到上天光明的向下布施，完成大道的妙用，正與泰卦的天地交泰相同。

5. 晉講前進，是形容德用而已。拿德用來形容人必須要學習效法，就要重視德性的光明。如果沒有光明的德性，如何叫作君子？人沒有光明的德性又如何配稱三才？所以「自昭明德」實在是人道的實踐，也是君子最看重的，這才是晉卦所說的前進。如果沒有德性，要根據什麼來說前進呢？

晉是前進而不只是前進。**前進要包含四要義**：第一、必須正大光明。第二、必須要有成就。第三、必須和諧天時。第四、必須合同道德。不是一個「進」字就可以完全說明意思，所以不講進而講「晉」。

一個看重自己的人，不敢自我看輕；一個擔負重大責任的人，不敢自我放肆。這是愛惜自身來發展道德事業，謹慎自己的行動來成就美好的名聲，這才是君子所重視的。

上六
六五
六四
九三
六二
初九

36 地火明夷卦

卦旨

1. 明夷卦是離卦結合坤卦，與晉卦相同，可是離反而在下卦，所以叫作「明夷」，就是光明進入地下的意思。好像太陽西下，光明被大地所障蔽，陽被陰間隔，想要前進不能前進，想要上升不能上升，這是「後退傷亡」的現象，與晉卦正好相反。

   〈雜卦傳〉說：「明夷是誅罰」，因為明夷的時機幽暗，大道阻塞，晦暗不明，行事多障蔽，局勢多挫折阻礙，無法正大光明。

   趁著夜晚偷偷摸摸做事，君子會感到羞恥；趁著機會混水摸魚，這是小人的志向。處身在邪惡不正的地方，立足在一群小人當中，如果冒昧追求顯榮，一定要詭隨局勢，賣身投靠，就會違背大道；如果出類拔萃超然脫俗，一定會被小人汙衊陷害，最終遭受刑罰。

   所以處在光明受傷的時代，不論是前進或是留止，都難免會被誅罰；不論是離開或是停留，都是大不易的事。

2. **夷有兩層意思：一是殺傷。二是整平。**把多出來的部分刪除是整平，設法掃除不想要的事物是殺傷，就像去除雜草一樣。邪惡與正義不並存，光明與黑暗不同路，這是君子與小人的分界線。當時機不恰當，地位不中正，沒辦法得到公平的待遇。

   這時在上位的領導昏庸紊亂，在下位的官僚奸邪橫行，這就是衰敗混亂的世界，君子也很難在這種環境生存。所以〈雜卦傳〉拿「誅」來形容，明白指示這樣的局勢不可避免。

   誅罰與獎賞相對應。晉卦因為有德有功而受獎賞，明夷因為失道失勢而被誅罰，這是從君子來說。

   從小人來說，小人的存心是不應當得到也想得到，會不擇手段取得權

柄與地位，會用諂媚討好的方式來獲得領導的寵愛。小人會把自私的心發揮得冠冕堂皇而無惡不作，邪淫亂來的事做盡，自己感覺志得意滿，最後一定會遭受上天的懲罰或殺戮。

3. 一個人不看重德性不講道理，當權勢用盡的時候，有的會在大街上被斬首示眾，有的會被關進監獄。君子有時難免會遭受莫須有的罪過錯，小人就完全被罪過錯給障蔽，所以「誅」這個字，實在是概括好人壞人來說。

就好像太陽偏西，不論高處低處都是昏暗；時間到了午夜，不論主人客人都要休息。這是「時機與地位」造成的，不只是關連一個地方或一個族姓而已。可是君子非常重視明暗的局勢，因為君子是大道的依靠，是德性光明的人，言行足以被世人效法，待人處事一定光明。

所以當時代暗昧的時候，一定要取法君子的行事，雖然免不了會被誅罰傷害，而有道可以保全性命。有時逃亡，有時被囚禁，一定是遵循著正義，獲罪也不推辭，忍受無辜的刑罰，生命徹底展現真誠，一生的志向從行為可以證明。

儘管當世的人隨波逐流，而君子一定協同聖賢的隱遯世間，而不會憂悶生不逢時。任憑其他的人紛紛擾擾，君子一定確立知止定靜的處世態度。因此在明夷的時代，君子中心不被傷害，雖然外在遭受誅罰，君子也沒有後悔哀傷。

4. 靠著晉卦來前進，前進就容易耗損，前進不停就變成受傷，因此明夷卦是從晉卦變來的。

順著文辭義理來看，明講的是離卦的太陽，明夷就是光明受損而不是太陽受傷。晉靠著陽光盛大而有功業，明夷因為光明受損而多過錯。光是明的根本，沒有光就沒有明亮，光明也就變成黑暗了。因此明夷是離卦在下位，陽光被大地障蔽形成光明受損。光明既然受損，將如何照亮一切呢？

就像人的眼睛不明亮，要如何看東西呢？把這個道理推廣到在上位的領導層，不聽不明要如何分辨正邪，明察善惡呢？於是講到明夷卦的受傷，就不只是講光明受傷，實在包含眼睛看不見真理；不只是眼睛看不見真理，實在包含人心對善惡的分辨覺察不清楚。

外在不光明與內在不分明相遇，傷害一定很大。就像盲人騎瞎馬，危險可以知道。在上位的人生命不光明，臣下又奸邪貪婪自私，人民沒有不受傷的。所以明夷卦的受傷，實在是天下的受傷，不只是一個人，一件事物而已。

5. 什麼是人生無可奈何的事？遇到了沒有眼睛的人，不可與對方爭辯眼睛所看見的世界；國家遇到了德性不光明的領導，也沒辦法要求辨察政令的推行。因為他看待邪惡的事情也會認為是正大光明，看待善良也會認為是醜惡，如果勉強在這裡爭辯是非對錯，反而會觸犯當道者的忌諱。這是為什麼君子在亂世的下場，只有被誅罰囚禁或逃亡而已。當一個國家的君子，免不了被誅罰囚禁逃亡的時候，這是君子的受傷，也是人道的受傷。君子是人民的保障，失去君子，人民就失去保障，失去保障的國家，想要不受傷可能嗎？

因此明夷的時代，就像商紂王的時候，周文王遭受幽囚的屈辱，微子逃亡國外，這些事實足以證明，表示黑暗的殺傷力逐步擴大，天下人民沒有不是皺緊眉頭，而共同哀悼光明的受損，人道的傷害。所以象辭特別引述「周文王與箕子」兩個人來說明，讀經的人就可以知道，明夷卦「誅罰與傷害」的義理了。

晉卦與明夷卦有三不同：第一、在晉卦都是吉利，明夷卦就是凶禍。第二、晉卦是前進而有功勳，明夷卦是後退而獲得罪過。第三、晉卦是榮升接受賞賜的日子，明夷卦是逃亡被誅殺的時候。雖然講的是天道，實際指的是人事。讀經的人必須先體會這一層道理。

白 話 經 文

【象辭義理】

明夷：利艱貞。

　　明夷卦象辭說：處在太陽進入地下，光明受傷，暗夜不安的明夷卦。要做到覺知凶險而意志堅忍，防止傷害而固守願戒，才可以入險而出險，才能處艱困而不困。才不會陷入困境，最終可以通達天道。

明夷卦的大用在「以艱貞為利益」。「艱」講的是忍受艱難而不前進，「貞」講的是堅守節操而知道靜止。既然拿艱貞作利益，就可以知道不利於行動。

【解釋彖辭】

象曰：明入地中，明夷。內文明而外柔順，以蒙大難，文王以之。
　　　利艱貞，晦其明也，內難而能正其志，箕子以之。

明夷卦解釋彖辭說：光明進入地中，天下進入黑暗，就是光明受傷的明夷卦。在商紂王的時代，小人亂朝綱，殺忠良，造成世道人心的黑暗與災難。

這時當臣子的周文王，抱守內在天德的光明，用誠敬柔順的態度，承受被囚禁的大災難，換得安貞的吉祥。

當元老的箕子，要守護血統與法統，不能逃離海外。因此忍受艱難，承受災難，裝瘋來隱藏光明。內心承受災難而能中正心志，護持祖先香火不滅，文化薪火不熄。

全卦的大用大利，在艱貞，在晦明。

【大象辭義理】

象曰：明入地中，明夷。君子以蒞眾，用晦而明。

明夷卦大象辭說：當世道人心進入昏亂暗昧的年代，君王要蒞接眾民，靠仁德恩惠，不靠權勢地位。如同周文王，用自我隱晦光明來掌握時代的變化，用自性明德來立定人道的中正。於是天命天德能對越上帝，禮樂文明能光照天下。

【爻辭義理】

初九 明夷於飛，垂其翼。君子於行，三日不食。有攸往，主人有言。

明夷卦初九爻說：處在明夷暗夜的時代，翅膀受傷，想飛卻不能向上飛。君子洞察光明受傷的世道人情，奮勵要成就文明天下的事業。不怕長久挨餓受凍，忍受長途跋涉的勞苦。走在荒郊野外，夜半敲門求借宿，遭遇主人懷疑、指責、嘲諷。君子還是充滿信心，抱道前行，用艱貞的行持，完成艱苦的事功。

象曰：君子於行，義不食也。

明夷卦初九爻小象辭說：志在弘道救世的君子，不怕艱苦，不避勞煩，不追求吃喝的享受，不期求亨通的禮遇。君子抱持艱貞的態度，來承受大災難；篤定中正的志願，來完成道德事功！讀明夷卦，可以看見周文王的至德無漏！

六二 明夷，夷於左股。用拯馬，壯，吉。

明夷卦六二爻說：居處中正地位的六二爻，不能大放光明，還傷了左大腿。好比一個國家，國君不英明，小人成群，股肱賢臣能不受傷嗎？由於立正守中，通權達變，得到壯馬救助的吉祥。

象曰：六二之吉，順以則也。

明夷卦六二爻小象辭說：處在光明受傷的黑暗時代，六二爻雖然左腿受傷，不違背柔順的法則，而獲得友助的吉祥。周文王與箕子，所承受的大災難，超過左腿的傷害，最終獲得開國承家與封土賞賜。這是因為能行出坤卦清靜柔順，無私無我的全德，所以成就艱貞晦明的大吉祥。

九三 明夷於南狩，得其大首，不可疾貞。

明夷卦九三爻說：國君在艱難當中聚眾打獵，大有捕獲。領導人不可貪功好利而助長黑暗擾亂。要洞察時機局勢，既要出征，又必須抱一守貞。平治天下的王道事業，要靠天命、天德的光明。

象曰：南狩之志，乃大得也。

明夷卦九三爻小象辭說：周文王有澄清天下，開啟禮樂文明的志向，於是能擒獲暴君的心，能獲得征討的天命，能建立堅強的邦國。

六四 入於左腹，獲明夷之心，於出門庭。

明夷卦六四爻說：周文王的禍患傷害深入心腹，反而看清商紂王黑暗的心意。於是能脫出囚禁，快速離開商紂的朝廷。

象曰：入於左腹，獲心意也。

明夷卦六四爻小象辭說：周王文進入商紂王黑暗心靈的最深處，把紂王黑暗的心翻轉成為光明。就在這一刻，決心出走，遠離黑暗的朝廷。

六五 箕子之明夷，利貞。

明夷卦六五爻說：箕子處身黑暗的朝廷，內心中正光明。一心只想匡正國君的缺失，當奴隸，忍受艱苦，抱守貞德，護持祖宗的香火不熄滅。

象曰：箕子之貞，明不可息也。

明夷卦六五爻小象辭說：箕子甘心當奴隸，忍受羞辱而沒有後悔。天德至誠光明，忠義節操，永不止息。

上六 不明晦。初登於天，後入於地。

明夷卦上六爻說：世道的黑暗到了極點。起先商朝祖先的禮樂光輝，還是光照天下，到了商紂王，才完全進入黑暗。

象曰：初登於天，照四國也。後入於地，失則也。

明夷卦上六爻小象辭說：商朝祖先的香火，與道統文化的薪火，起初是光照四方國家。到了商紂王，失去天道的法則，失落人道的準則。清濁、邪正、賢佞、忠奸，混雜得不清不明，天下全面黑暗。商紂王也敗國喪身亡家，被天下人恥笑。

結語

一、論明夷君子的操存。

1. 夷有三層意思：受傷、變化與消滅。天下人所依靠生存的是光明的大道，所憑藉安樂的是正大的行為。明夷卦正好相反。**明夷有四種情況：**一、黑暗的時節。二、顛沛不安的地方。三、昏暗迷昧的道路。四、蒙昧的情狀。

   明夷卦主有四大功夫：第一、抱守誠心而對外表現柔道。第二、內心安定，抱持清靜的心來面對人事物。第三、不論是前進或停止，都自在自得，憂悲苦樂不會擾亂本心。第四、情境艱苦，心也不會動搖，時局是治平還是混亂，自己不會違背道。

   明夷卦主有兩大結果：第一、順時應變而有操守，不被外物擾亂而良心愧疚。第二、能夠護持大道默默行持，不因為得失而喪失志節。

明夷的世道人心雖然暗昧，我心長保光明；時局情勢雖然艱危，我的行為永遠坦蕩安和。這就是君子用道來救世，用德來匡正時代的不足。

2. **明夷的君子有四強：**第一、貧賤不會改變操守。第二、屈辱不會改變志節。第三、困苦不會轉移心志。第四、顛沛不會敗壞行為。所以君子不只是避免災難還能掃除災難，不只是免除禍害還能在災禍的時候計畫將來。這就是「利艱貞」的效果。

別人所害怕的而我不擔心，別人所愛慕的而我不貪求。不論是伸張或委屈，都不會干擾本心；不論是進升或沉落，都不會擾亂天心。應當停止就停止，隱遯在人世間也沒有憂悶，踏在危險的地方如同踏在平地，隨處可以逢凶化吉。

處在明夷卦果真是不可作為嗎？守護自身天德的文明，遵從對方而能行出柔道，一切的行為自然有利益，而且可以永遠執守自性中道，這就是「利艱貞」的道理。就像周文王與箕子的所作所為，又哪來的過錯？所以象辭只拿利艱貞三個字來說明，而沒有講到吉凶。

3. 這是《易經》真理教育隱微的宗旨，要我們明白六件事：第一、順應時機的道理。第二、隨順變化的方法。第三、能夠捨短取長。第四、能夠隱惡而揚善。第五、不會隨著時局的陰暗而變成陰暗。第六、能根據德性的柔順而行出坤德的厚載。

君子以「內文明而外柔順」的道理，來蒙受時局與世道的大災難。時局與世道雖然苦難，而我的德性不會退轉；時局與世道雖然黑暗，而我的行為不會昏昧。**這是周文王身處明夷卦的操存。**

周文王正當商紂的時候，朝廷政治失去綱常，很憂心小人成群，因此得罪當道，被囚禁監牢，幾乎不能自保。最後能夠遭遇險難而不被傷害，踏在險地如同平地，就是因為深切明白明夷卦的教化，做到了向內保持天性天德的光明，向外顯示柔順的道理。

《詩經》說：「憂心悄悄」，又說「小心翼翼」。悄悄可以看出外在行事的柔順，翼翼可以看出內在自性的光明。**這就是周文王藉著明夷卦的教訓，而能夠處身在明夷的時代。**

4. **箕子處明夷的志向：**第一、雖然裝瘋卻不是生病。第二、雖然逃亡卻不是疏遠。第三、雖然是當奴隸卻不是屈辱。第四、雖然被服刑罰勞

役卻沒有委屈。這就是箕子處明夷的四種態度。

箕子憂慮國君的邪惡、朝綱政治的敗壞、宗族社稷的不保、家國一定會滅亡。不能勸諫君王改過，又不能逃亡到國外，才先裝瘋成為奴隸，希望在以後還有挽救國家的時機。這一種苦心遠慮，忍辱委屈的行為，又與周文王不同。

周文王與商紂王是疏遠的關係，箕子與商紂王是親族，文王是疏遠而箕子是近親。所以文王能夠體察坤卦而行出柔順的道理，箕子就不得不洞察離卦的附麗，而表現「晦明」的行為，來成就「艱貞」的志向。所以叫作「內難而能正其志。」

5. 「內難」就表示箕子與商紂王有近親的情感。「正志」就講明箕子行出艱貞的利益。

箕子艱難貞一的三種處境：第一、用中心的光明行走於外在的黑暗。第二、抱持中正來協從邪惡。第三、委婉曲折來謀求完全。想要不裝瘋成為奴隸也不可能。

所以一個卦有內外的不同，有主客的差異。時代相同而人自己要有分別，世道一樣而情境也要自己辨別。君子的行為有所抉擇，志向有所分辨，文王與箕子都是我們要取法的對象。

我們看見文王與箕子所作所為不一樣，這是因為時機與地位的不同，出處進退也就不一樣了；因為親近與疏遠的關係，所表現的情感與志節也就不一樣了。其實這兩位聖人交換地位處境，他們的作為會是相同的。

君子善於把握時機，正是要用內在的光明，來幫助世道人心的黑暗。就像拿蠟燭來照亮黑夜，雖然沒有太陽還是能看見事物。

6. 而且**君子以大道為根本**，大道本來柔順安靜，所以沒有作為，沒有思慮，而功德顯著，這就是不追求顯耀的「玄德」。《詩經》說：「不顯惟德，百辟其型之。」又說：「上天之載，無聲無臭。」這就是道的極致，德的極致。

大道在愈黑暗的地方愈光明，大德在愈柔順的地方愈健動。初九是陽剛在下位，不追求自我的顯耀而志向在通達大道，所以能夠忍耐飢餓，甘心承受屈辱，不與世俗抗爭，而終究能夠完成道德的行事，無非想

要用一個人來挽救時局的艱難，用一身來導正天下的缺失。

周文王的德性可以說到極點了，雖然被囚禁，不改變臣子的節操，雖然致力征討也不失去仁德。所以能端正明夷時局的敗亂，開創周朝八百年的基業。

對聖人來說，道義與功利是一貫的。功利可以和諧道義，守著道義自然得到利益。**文王先堅持道義，才可以享受開國的大利。**讀明夷卦的文辭，就可以看見文王的至德無漏了。

二、宗主孚佑帝君：論君道臣道，菹眾的道。

宗主論君道臣道，論天道人事，論莅眾的道

前言 大象辭論君道，解釋彖辭論臣道。

明夷卦總體解釋大象辭，講「君子以莅眾，用晦而明」這一層義理，後人講解，多數不明了《易經》立言的宗旨，不明白彖辭講「利艱貞」是全卦的大用。

解釋彖辭拿「內文明，外柔順」引用周文王來形容；講內心承受災難而能中正心志，引用箕子來比方。這都是從「**臣道**」來說。因為明夷的時代，君子多數不得志，屈辱在所難免。而大象辭又講「君子以莅眾」，這是對上位的「**君道**」來說，與解釋彖辭有不同。

主題

一、論天道與人事，君臣要畏天命，順天時。

大象辭專重人道而省略天時，不像解釋彖辭先講天道氣數，然後講人事。大象辭既然以人道為主，那麼無論天下是治平還是混亂，時代是安全還是危險，凡是在上位的領導，都應該完善人道的根本；在下位的臣子，都應當根據人道的規矩。

像周文王與箕子是在下位臣子的作為，能順應時局的艱險而保全臣節，不可以違背天道，違背氣數，來追求功名利祿的亨利通達。

如果遭遇明夷的時代，作為上位的國君，不可以把治國的責任推卸給時局的艱難，而敗壞了國君的德性。自己應當根據「敬畏天命」的教訓，遵循「上天隨時看著我」的告誡，而能夠自我警惕奮發，先做到安撫人民，教育眾人。

知道上天正在發怒，就不敢顯出君王個人的威儀；體察天時容易讓人迷失，就不敢忘記明夷光明受傷的教訓。所以又叫作「君子以莅眾，用晦而明。」

一般人沒有省察到明夷卦當中有明君，執著認為《易經》只重視臣子

的道理；又沒有覺悟明夷卦可以解脫天時氣數，就懷疑天道只適合後退隱藏。所以對大象辭與爻辭的不同，完全不能體會到聖人立教設辭的用意。對「莅眾」這一句話，更是含糊解釋，**這實在不是聖人《易經》真理教育的本意**。

二、莅眾的商湯與文武，轉明夷卦為泰卦。

莅眾的道理，在天下太平、國家安定的時候容易，在艱難危險的時局很困難。**君臨天下，在亂世有兩難**：第一、在明夷的時代，更必須要顯現君王安撫民心的道理，安定民情的做法。第二、處在迷失混亂的國家，更必須依靠敬畏天命，愛護人民的國君來引領，不必問商朝或周朝。

國君如果能夠光明德性，行出仁政王道，用來安定人民，用來調和眾人，那麼天命一定歸向，人情一定順服。這就是周文王終究以西伯侯的地位，而開創周朝八百年基業的道理。

商朝不能保有天命，因為商紂王失去了君臨天下的莅眾道理，這不是上天的罪過錯；周朝代替商朝興起，文王武王得到君臨天下的莅眾功德，這也不是上天的功勞。所以「莅眾」這一句話，關連著興盛與滅亡，也是治世與亂世的根本。

大家都明白，莅臨眾民的賢明，沒有人超過堯舜。而不明白莅眾的困難，沒有人像商湯、周文王周武王這麼艱難。因為在國君地位的人，不可以只是顯耀能力；原本沒有基礎的人，得到民眾歸心，才更能顯出德性的博厚。

商湯與文王武王是臣子，終究靠著德性的普施，而獲得天命的下降，民心的歸附，可以立足在帝王的尊位，可以安撫眾民，可以平反時局的艱困，可以把天下的混亂治理好。**把明夷卦轉變成為泰卦，難道不是善用大象辭的義理嗎？**

從太平盛世來說，莅眾的可貴在明白民心，覺察民情。而在亂世的時候，就不適合獨顯才情智慧的明察。如果一定要把局勢趨勢、利害得失、意識形態的分辨，當作是聰明，那麼奸貪的小人，反而會趁著時機因緣來謀求晉升，這就是夏桀與商紂的做法。

夏桀與商紂並不是昏庸的人，智慧勇力都超過一般人，卻足以傷害自

身、敗壞國家，就是不明白蒞眾的道理，是在「**用晦而明**」隱藏才情智慧，顯現道德光明。

三、蒞眾的道，可以用在一切處。

再進一層講說，前面解釋大象辭的義理還沒有說詳細，現在繼續說明。「蒞眾，用晦而明」這一句話，雖然是講明夷卦的君子，而推溯義理的源頭，凡是**關連蒞眾領眾的道理**，都要拿這句話作為要領，不只是講明夷的時代，危險亂世的時候。

「眾」這個字不必限定在人民，凡是很多人聚集的地方，都可以叫作眾。從國家來說是眾民，從一家來說是族人，從一鄉來說是鄰里，從一個機關來說是同事同僚，從軍隊來說是士卒，從學校來說是弟子，講的都是眾人。這當中都有蒞眾、引眾的道理。

從小地方來講，一個商店的夥伴，一個住家的僮僕俾女，一個工廠的工人，一個社區的勞動人員，果真為眾人的事在奔跑，在執行勞力工作，都一定先要有賢良的長官。**領導有方法，教導有禮節，才可以把一件事做得完善，達到效果。這就是蒞眾的道理，可以表現在一切處。**

「眾」講的是接受命令的人，「蒞」講的是發號施令的主人。不必問是長官、是老師、是主人，或是管事的人。只要能指使下人，能夠督導率領同輩，也都必須要明白蒞眾的道理，然後才可以完善職務，成就事業。**蒞眾的道理究竟指什麼？**就是明夷卦大象辭所形容的「用晦而明」四個字而已。

蒞眾不是一件容易的事，人愈多情感愈紛雜，想法愈紛亂。像國家的眾民，軍隊的士兵，固然是最難駕馭指揮，使大家心悅誠服。就是家中的子女，店裡的員工，如果沒有周密的真理教育功德，詳細謹慎的監察督導力量，沒辦法安撫人心，安定人情。使每一個人的生活進入規矩，生命合同法度，努力勤奮的勞動做事。

在上位的人要以身作則，要任勞任怨。因為人心很難整齊，智慧聰明各個不同，人事的是非曲直，隨處都有。如果分辨得太過，必然助長紛爭；如果賞罰失去公平，委屈與伸張失去公正，一定有很多的怨恨對立。因此「用晦而明」這一句話，已經完全概括領導的原則，與做人處世的要領了。

四、涖眾的兩層要領，精神在用晦又用明。

　　眾人一定要有長官，好像國家一定要有國君，軍隊一定要有主帥，家庭一定要有家長。長官臨對眾人，就像國君臨對萬民，主帥統領士卒一樣。尊貴的來率領卑下的人，必須把握**親愛與尊重**的要領：一、要盡心做好親愛，這是**恩惠的施與**。二、要盡力做到尊重，這是**威儀的展現**。

　　「恩威」缺少一個，一定沒辦法懷柔屬下，安定屬下；親愛與尊敬如果太過或不及，團隊也沒辦法達到公平公正。所以涖眾領眾的人，一定要明白眾人的實情，要能分辨眾人不同的意向。而一定要有溫暖像太陽的德性，來給出恩惠；要有像天雷的嚴肅法度，來展現威儀。這就是「用晦而明」的意思了。

　　「**用晦**」就不會苛察太過，掉入苛求責求，讓人受傷，才能永遠保持仁德慈悲。「**用明**」就不會馬虎隨便，得過且過，掉入昏庸無能，而能常保團隊精神的嚴謹中正。

　　既能夠做到「寬大」厚道，來鼓暢同輩的和氣，來推動天地的生機。又能夠陽剛正氣「勇猛」，來雄壯團隊的威儀，來彰顯日月的明照。於是眾人的情感可以完全無私顯現，眾人的志向可以一道同風。到這般地步，哪有不聽命不效忠的呢？

　　因此明夷大象辭說：「用晦而明」，實在是領導人涖眾，最重要的道功，讀經的人應當不要疏忽讀過。

　　再講到**明夷卦的作用**：不離開用坤德的柔靜，表現出外在的順服態度；用離卦的文明，來存心養性。而坤卦是重陰，陰會障蔽陽光，就像烏雲蔽日。人用明夷卦，像在暗夜行走，像進入黑暗的房間，眼睛雖然看不見，內心要通徹光明。因此大象辭講「用晦而明」，實在是人道的大原則。

　　因為**處在亂世固然適合韜光養晦**，就是在平時也應當涵養太和正氣，做到和光同塵。聰明擺在自己內心，渾厚用來應接萬物，這是人生一定要依循的道理，不必為明夷卦講話。

結 語　涖眾用晦的三法要。

　　所以《中庸》講：「君子之道，黯然而日彰。小人之道，的然而日亡。」

又講：「君子之道費而隱。」都沒有離開「用晦而明」的意思。因為顯明與隱藏就像表裡，昏暗與光明就像中間外面；萬物都有中間外面的差別，有表裡的不同，不能整齊，也不能一概而論。

從人情來說，表面彰顯的，裡頭就會隱藏；外顯聰明的，中心就會昏暗。所以**小人的做法是全力修飾裝扮，最終自欺欺人，這就是「的然日亡」**的意思。

君子是害怕名聲的張揚，而先整飭自己的行為；君子不喜歡才華的顯露，而預先約束才情的精明。所以中心清澈光明，而外在的行為好像昏昧無知。內心的心志理想充沛顯著，而表面好像隱藏謙退，這就是「黯然日彰」，費而隱的意思。費而隱就是明夷大象辭「用晦而明」的道功。

蒞眾、用晦三法要：

第一、只有做到隱晦才情而後自性光明，智謀退隱而後彰顯道德，才不會鋒芒外露。這時待人接物，一定和平簡單容易。

第二、不會拿智謀巧計來欺騙人。於是處世做事，一定溫和善良，而眾人也樂意親近接近。

第三、大家都捧出誠心來相處，那麼萬物都能完善功能作用，所有人都會拿出真情相待。

這就是蒞眾、臨眾、領眾最重要的道理。只有君子能夠做得到。怎麼自如做到「用晦而明」，**這是千古以來君臨萬民要具備的態度與方法。**

宗主說：**全人類要學習五大學問。**第一、天是人要效法的。第二、時機的重要是人要把握的。第三、氣數的變化是人要依靠的。第四、道是人要走的路。第五、德是人要依循的。我們觀察晉卦與明夷的不同，體察吉凶禍福形成的因素，就可以明白《易經》的理數了。

37 風火家人卦

卦旨

1.　《周易》下經的次序以人道為先，首先列出咸卦恆卦，講明**人道的根本，開始在夫婦人倫的最初，是從男女交往而來**。咸恆兩卦就是講男女的交往，講夫婦的配偶，用來建立家族的基礎。

　　家人卦更是講明家道的偉大，家庭的重要。讓我們看見家是人類的根源，國家的基礎，天下根本的維繫。就好像手與臂膀，臂膀與指頭，是一脈相承，分別執掌不同的工作，一項都不可以缺少。

　　家道建立然後人道完全，國家興隆，天下安治。因此家人卦的功用，不只是夫婦男女之間，不只是婚姻配偶之間所能窮盡。

　　咸卦恆卦雖然是啟動的開始，還不能詳細講明節目。因為家道的成就，不是只限定在夫婦；家族人物的眾多，不是限定在親屬。就像一個國家有國王，一個省縣有縣長，這當中的組合很繁複，要分別清楚也很龐雜。不是一男一女的交往，也不是婚姻配偶可以比擬。

　　所以咸恆兩卦都是靠一男一女結合而成，而家人卦上卦是巽，下卦是離，從先天來講都是女，難道家人只是女人嗎？這只是要我們明白，**家道的整齊一定從女人開始**而已。

2.　巽雖然是長女，而在外卦，而且九五居正位，應當看成是陽的卦位。離固然是中女，而在內卦，又以六二居正位，是真正陰爻。一陰一陽，一內一外，結合成為家人。讓我們看見家道的中正，一定先要有**尊位**；家道的整齊，一定先立定**秩序**。陽在外、陰在內，尊位已經明顯；男有分、女有別，秩序已經安定。

　　因此家人卦靠巽與離結合而成，而必須靠九五與六二先明白本分；明白陽與陰，外與內，更要能夠彰顯生命的真情。**本分安定就不爭，真**

情結合就不亂。**不爭家道就嚴謹，不亂家教就整齊**。家道嚴謹就可以做到嚴肅而不自私，家教整齊就能做到合同而相配相得。因此家人卦的寶貴，在卦象就可以看得分明。

家人卦接續明夷卦以後，**明夷是世道的黑暗，是人道的受傷**，講地與火爭光明，講母與女不親近，才造成暗昧受傷的現象。家人卦與明夷不同，陰陽既然協同，情志更加親愛；內外不紛擾，信義更加篤厚。這是因為覺察到明夷的傷害，而能夠反求性情的真實，能夠審明自己行止的中正吧？

3. 〈序卦傳〉說：「在外面受傷的，一定會回家療傷，所以明夷卦以後接著是家人卦。」從這裡也可以看見家人與明夷的不同了。明夷的爻辭講行動的艱難，講遭遇的困阻，就好像人遠走他鄉異地，舉目無親，又好像暗夜獨行，敲門求借宿，遭逢受傷損害。這一切都不是偶然。家人卦就因為已經受傷，想著要回家，又因為舉目無親，往往會想念骨肉親人。**明夷是荒涼很難自處，家人是親熱歡樂很多；明夷是受傷病痛支持不了，家人是溫情體貼互相安慰**。就好像一個人因為經年在外受盡艱苦，決心回到舊家，期望得到安慰，這就是人情的常道。

〈雜卦傳〉說：「家人，內也。」因為家人與睽卦往來，睽是外而家人是內，**內是家人相親，外就不親而疏遠**。在各卦當中，訟卦是不相親，旅卦是親人很少，都與家人卦相反。訟卦是天水違行而父子不親，這是家人卦的家變；旅卦是火與山相拒，男女不協同，這是家人卦的敵人。

4. 只有家人卦是二女同居，心志情感協同，可以融洽。風從火出來，氣味相同，沒有爭較，這與火風鼎卦又不同。鼎是火在上，風火互相煽動成為燃燒的現象，所以叫作鼎。家人卦是風能夠分散火，火在內而風在外，風也就像火，所以叫作從火出來，也就是講明原本是同體的意思。

二女是一長一幼，長女在外率領，幼女安處在內。用家人作比方，長者主持外面的事，幼者恭敬內在的家務。又拿男女作比方，男子在外奔馳各種事業，女子則安靜主持家務，因此陰陽和諧又能協同，尊卑的秩序很嚴謹，內外的行動能一致，**上下一片安和的現象，所以叫作**

家人。

卦雖然是二女同居，而內外自然有區別，剛柔作用也不同。從中爻來說，九三與六四恰好合同既濟，水火互相協同，情感志趣不違背，男女既然和諧，生育的力量就大。所以家人卦就是父子夫婦兄弟，各得本分而且親近和樂。**家門之內雍容祥和，早晚之間快快樂樂。尊卑分明而禮儀嚴謹，上下親愛而情感整齊。**這就是齊家的根本，**是聖人治理世界最先要做到的事。**

5. 家人卦的內在互卦是未濟卦，這是明白指示家人會有**家變**，我們應當預先知道。就像天水訟卦，父子不親而成為互相傷害。不和就爭鬥，不正就淫亂，爭鬥淫亂既然開啟，**家道全部淪陷。**這是未濟卦的現象，**隱藏在家人卦當中。**

家道公平才不爭訟，公正才不埋怨，不爭訟感情才親密，不埋怨人情才親近。家人靠中正與和平，才能夠達到公平。一家當中聰明素質不一致，體力強弱不相同，不公正就不能整齊，不和平就不能集中。

所以每一家有家長，每一戶有尊長，都是為了達到公正的目標，期望能夠和平相處，使不賢明的人可以賢明，幼弱的人可以強壯，全家人共同生成長育，共同圓滿人道。這就是**家人卦九五正位的現象。**

外面有良人可以主持家政，裡面有良婦可以助理家務，剛柔互相配合，男女能夠和諧。父親生養，母親保育，親情恩德加分再加分，自然子子孫孫孝悌友愛。**這就是家人卦六二正位的現象。**

6. 所以家人卦與其他卦不同，其他卦主賓的地位不一致，內外的作用不相同，而家人卦是內外合德，主賓一體。就像丈夫與妻子，父親與母親，幸福與患難都共同承擔，憂愁與快樂也一起分享，然後才完成一家人的共同體，然後才看見家道，然後全家人的待人處世都很光明。

卦只是一個而剛柔和諧，六爻不同而情感志趣協同。〈雜卦傳〉用「內」來形容，講明**全卦的作用都在家內，而不在家外。**

家道首重感情，最專注情感的沒有比女子更專情；最重視感情的沒有比年長的婦女更重視親情。向上要侍奉翁姑，中間要面對丈夫，向下要撫愛子女，沒有一項不是根據至情來表現天性。因此巽卦在外卦，當男人看待，也寄託更深的義理。

7.　因為**一家當中最適合柔順**。柔就能和平，順就能禮敬；和平又禮敬，上下可以同心，內外都服從而一致。那麼把女人看成是男人，原來是看重坤德。讓我們明白**家道的根本，一定是母教最優先；而家人中間，一定是婦道擺第一**。

　　女孩子要這麼教育，男孩子也要這麼養成，這就是建立家道家教，與其他事情不同的地方。所以象辭拿「**利女貞**」三個字，明白顯示全卦的宗旨，也就是明白指示家道的基礎。讀經的人務必要留意。

　　所以一個家一定有家長，同姓家族一定會有家族長輩，一個大家族一定會有德高望重的老人，可以來率領教導子弟，可以安撫流亡的人，使他得到家的安寧而不會妨害群眾。這麼看來「**家族制度**」實在是最真善的風俗，最美善的規模。

　　聖人審查人情，依循天性，創建家道，用來安定全人類。觀看《易經》家人卦，就可以看見聖人建立家道家教的用意太深了，宗旨太遠了。

白話經文

【象辭義理】

家人：利女貞。

　　家人卦象辭說：家人是人類開始的基礎。國的根本在家，人的根本也在家。家庭的建立完成，要從女子的貞德開始。女人是家庭生成發育的根本，是國家振興富強的源頭，是全人類生生不息的基礎。所以女貞的大利益，沒有任何力量比她偉大！

【解釋象辭】

象曰：家人，女正位乎內，男正位乎外。男女正，天地之大義也。家人有嚴君焉，父母之謂也。父父，子子，兄兄，弟弟，夫夫，婦婦，而家道正。正家而天下定矣。

　　聖人根本天性，依循人情，建立家道，來安定全人類。完善的家庭制度，是男主外，女主內；家內有妻子的輔助，家外有丈夫的勤勞。男女的角色地位中正，道德操守中正，本分責任擔負，於是人道倫理的內外秩序

調和。能夠合同天地大中至正的理則，各自都可以成就禮樂道德仁義的大利益。

　　家庭中有嚴明的國君來主持家政，就是父母親。父母整齊家人，教導子弟，和睦親族，建立家道家教。於是父子、兄弟、夫婦都可以固守本位，行出本分，合同天地陰陽的節度，家道就中正了。由家到國到天下，沒有不是敬天孝親，樂道愛人，而天下大定。

【大象辭義理】

象曰：風自火出，家人。君子以言有物，而行有恆。

　　家人卦大象辭說：容易打成一片，相親相愛的家人卦象，是風從火出來。風火互助同溫，聲氣相求相合。家人是天性的集合，亦是性情的極致圓滿。

　　君子是人倫的表率，是家人的嚴君，是全家的楷模。說話有道理，做事有恆常準則，才能信服家人，而道德禮樂仁義可以推行到國家天下。

【爻辭義理】

初九 閑有家，悔亡。

　　家人卦初九爻說：家庭要安定和諧，首要是防閑。防止聲色外物的侵擾，家道基礎就鞏固。於是父母、夫婦、兄弟，各守角色本位，各盡本分責任。父慈子孝、夫和婦順、兄友弟恭，上下安定在正道上，倫常恆久堅實，家庭禮教的結構穩當。哪裡會有後悔的事？

象曰：閑有家，志未變也。

　　家人卦初九小象辭說：人的心志情感容易變化，情感放縱，心志偏邪，必生家變。能剛強節制欲望，恆一貞正養德，做足格物的正性立命功夫。原本就沒有後悔的事！

六二 無攸遂，在中饋。貞吉。

　　家人卦六二爻說：主持家庭飲食起居的主婦，是家人的嚴君。不要隨順不正的事情，能守住中正的職責，讓家道安定和平，就可以合同安貞的吉祥。

象曰：六二之吉，順以巽也。

家人卦六二爻小象辭說：家庭主婦料理家務，讓全家生活正常快樂。這樣的吉祥，是女子能自我中正，來順從男子的中正，而完成家道的整齊。家道整齊就可以治理國家，安定天下了。

九三 家人嗃嗃，悔厲吉。婦子嘻嘻，終吝。

家人卦九三爻說：家裡的男人，經常盛氣逼人，暴力責打，到頭來一定後悔。如果把陽剛化為自我警惕奮勵，成就事功，還可以獲得吉祥。

家裡的婦人小孩，處在暴力家庭，總是怨恨不平，哀傷嘆息。這樣的家道，失中失和失天性，結果是不安康，不和樂，不能齊家。

象曰：家人嗃嗃，未失也。婦子嘻嘻，失家節也。

家人卦九三小象辭說：家裡男人的陽剛暴力，如果能化除暴力暴氣，存養太和正氣，還是不會失去剛健的本德。家裡的婦人小孩，如果時常謾罵詛咒，遷怒報復，不只敗壞家道，還會招來災禍。

六四 富家，大吉。

家人卦六四爻說：主持家計的主婦，善於調度出入，計算盈餘；善於節省用度，謹慎消費。於是家業富厚，生活寬裕。全家富裕安康，創造家運的大吉祥。

象曰：富家大吉，順在位也。

家人卦六四爻小象辭說：賢婦安守本分，主持家務；幫助丈夫，教養兒女。於是家庭財物富厚，家道家教，家風家訓，傳承永續。富家的大吉祥，只是順從倫理正道，順從天性中道而已！

九五 王假有家，勿恤。吉。

家人卦九五爻說：君王以身做則，圓滿孝道，把福德帶給全家人。君王勤勞國政，沒有忘記修身齊家，親睦九族。於是上行下效，天下人民也都重視齊家。這麼看來，天下一家，家家和樂，就好像是君王的賞賜。

君王示現性天大愛，不因私情妨害公義，不因人情妨害道義。推明德而親親，推親親而新民，於是親親之情，尊尊之義圓滿。孝道大行，給全天下帶來大吉祥。哪裡還會有憂慮？

象曰：王假有家，交相愛也。

家人卦九五爻小象辭說：周太王與周文王，顯現家道與治道一貫，齊家與治平一貫。人人都能盡心推愛，於是老老幼幼而天下一家親。這一切都是從君王與后妃，能相親相愛開始。

天性極致而自然，家道會成就天道；情感極致而清澈，天命會成就天德。明德止善，中和位育，一本自然而已！哪來的多思多慮？

上九 有孚威如，終吉。

家人卦上九爻說：君王涵容太和正氣，修養天道天德，存心真誠信實而合同大道。既中和天理，也協同人情。於是**無為大化的威儀**，人人敬畏；**正大光明的行事**，人人效法。

全國上下和平，世道人心光明，無處不吉祥。後世永遠蒙受恩澤，無時不吉祥。

象曰：威如之吉，反身之謂也。

家人卦上九爻小象辭說：當家的君王，身分地位崇高，德性行儀尊貴，臣民懷德畏威。既展現仁義禮智信，又圓滿天地君親師。這是由於君王能**反求自性明德**，整齊家道家教；又能**反顧兒孫後代**，傳承家風家訓。

結語

一、東方文化根本在家庭，精神在女貞。

1. 宗主孚佑帝君說：家人卦在明夷卦後面。〈序卦傳〉說：「在外受傷的一定會回家，所以接著要講家人。」這是根據**親親**的情感，讓我們明白**東方的文化根本**，立定在家庭，從家庭而國家而天下，從近處到遠處，從親近到疏遠，秩序不可以亂套又顛倒。

   《大學》所說的「厚薄」，一定重視親疏遠近，不離開「親親是新民的基礎」，是明明德進一步的實踐而已。明夷講的是受傷害，受傷一定因為疏遠，如果是親近，和睦相處都來不及，哪來的傷害？如果有傷害，一定是不相認識，才生出嫉妒，才互相猜疑，最終還會殺害爭鬥。這樣的重傷害，可以證明不是親近的人。

   人在安樂的時候，往往喜歡向外交朋友；遇到危險，就會想念骨肉親

人。這只是性情的中正，不是有什麼特別的作為。所以**在外受傷一定會回家，一方面是親親的感情可靠，二方面是悲傷與患難可以共同分擔，不必與外人爭仇。**

2. 就是生病的痛苦，跌倒的災禍，如果已經受傷了，也只有家人可靠，如果是陌生的路人就不可靠了。雖然惻隱心、同情心，每個人都有，**而扶持照顧的責任，只有親親的人最恰當。**

縱然在平常有些事不能和諧認同，一旦遇到急難，家人終究會互相聯手。這不只是人情的正常，也是法令的規定。

「女貞」有兩層義理：一是講婦女是治理家道的主人，門內的事情都是女人主持。一是講婦女是生育的源頭，子孫的繁衍要靠女人維繫。不只是向上侍奉舅姑，中間輔助先生，向下輔愛兒女，完全要依靠女人的支持。

那麼「利女貞」三個字，從近處小處來看，是家庭生成發育的根本；從遠處大處來說，是全國富強光大的源頭，而且是全人類繁衍栽培的基礎。

3. 女子不能做到貞德，家固然不能整齊，國家也不能興盛，人類也將不能夠發皇傳承到達無窮無盡。因此我們可以看見女貞的利益，沒有力量比它偉大了。

女貞不只是講女子守貞。貞德的最先是：「立定正位能守得住，把持節操能夠長久。」家人卦是二五得到正位，這是講守得住；內外卦能夠和諧協同，這是講能夠長久。家人以夫婦為根本，夫婦的道理就在恆久。恆卦是用來比喻夫婦的德性長久，而家人卦更推展夫婦的行為，能影響到其他親屬。

女子是一家的根本，首先要端正自身，再來端正家道。上下都能中正，家道可以整齊，整齊也就是中正，齊家就是正家的意思。

男子把中正表現在外，女子把中正表現在內。年長的把中正表現在上位，年幼的把中正表現在下位。主人的中正在前面引領，僕人的中正在後面跟隨。那麼全家沒有不中正了。

4. **一個國家人民眾多，要先中正領導人；在一家裡頭，要先中正所有女人。**這是家與國的不同。國家的法令一定要嚴正，家庭的政務一定要

和平；嚴正就能安定，和平就能親近。

女子的天性，有六大優點：一是溫柔而順從。二是婉約而謹慎。三是溫和而恭敬。四是寬厚而堅韌。五是心量廣大而心志安定。六是元神清澈而元氣定靜。這是天生比男子優秀的地方。

女子如果根據美好的天性，表現美善的態度，行為不會違背道德，說話能夠信實，容貌很親切，情感平易近人。全家人都會被教化感化同化，再也沒有囂張浮淺粗暴的人了。

這就是女貞的效果，這就是中正的力量，家人可以成就利益，人道可以發揮正常的功用了。家道已經整齊，人民的素質已經良善，國家已經治理，天下已經太平。這難道不是女貞的功勞嗎？

5. 所以「利女貞」，不只是講**女子的節操**，而女子的節操自然包括在內。從來沒有不貞節而行為能中正的，從來沒有行為失去中正而能夠和諧上下，讓上下快樂的。也從來沒有自己不中正，而能夠讓兒孫很善於持家，建立家道家教的。

所以女貞的義理是家道的根本。一個女子有操守，男子就不能侵犯；一個女子能中正，上下就不會背離。**女子有貞德節操，子孫一定可以賢明孝順而成就美名。**

貞德的表現有五個方面：一是能禮敬尊長。二是能愛護幼小。三能侍奉先生。四是能和諧同類。五是能督導童僕。而讓彼此上下之間沒有背後的話，這就是女子貞德的展現。何必一定要戰戰兢兢，表現出烈女的節操才叫作貞德嗎？

也就是說**忠臣不一定要把死亡當作節操，孝子不一定要為親人而死。**只要能完成功業的崇高，言行的美善，才德的光輝可以流傳後世，這也就是貞德，也就是中正的人格。

總結來說，能夠率領眾人而讓眾人心悅誠服的，沒有不是貞節而中正。家人卦的女貞，就是這一層義理而已。

二、宗主孚佑帝君說：家道親情，首重情感與天性。不同於君臣的道義。

1. 家人卦是二女同居，情感容易融洽，這是親親的根本。**家道的親情，**

看重情感與天性，這與君臣之道，尊重道義是有不同的。所以在家庭一定是以「和平親愛」為優先，在外面一定要看重「信義」的態度。事奉父母先養父母的心志，不要爭理；事奉國君，先守好職守，而不是隨聲附和。這是大概的分別。

所以聖人要講父子有親，君臣有義，相親就沒有厭惡，道義就沒有自私。家人雖然有嚴君，究竟與朝廷君臣是不同的。孟子講：「父子不責善，責善親情就分離，家人分離是最不吉祥的事。」因此古人要「易子而教」，就是怕傷害親親的感情。

家人卦取離卦在內卦，正是「和愛」的宗旨。離在外卦就會分離，離在內卦就會附麗。睽卦就是因為離卦處在兌卦的上方，就形成背道分馳的作用，家人卦是離卦在巽卦下方，就看得見和睦的親情。這也就是〈雜卦傳〉用「內與外」來形容家人卦與睽卦的由來。

2. 離本來不相親，處在內卦，不親的也會相親；離本來很難親近，在家內不親近的也會親近。就好像男人娶媳婦，最初是不親近的，既然結合成親就成為一家人，就是對方來歸順我了。「內」這個字有收納的意思，外人來歸順，我能夠收納，不親的也就變親了，不近的也就接近了。

古禮講：「女子從一而終，一輩子不改變與家人共進退，所以叫作妻。」夫妻既然成為配偶，感情與天性已經協同，如果還有分離，實在違背人道。所以離婚是悖逆，是人倫的變道。

因為把親近的變成疏遠，恩變成怨，情變成仇，恩怨情仇既然不一樣，愛憎捨離也就很分明，這是對人道的傷害，不只是家人的不幸。而末法亂世風俗很敗壞，不把離婚當作奇怪的事，倫理綱常的廢棄實在就從這裡開始。

我們看很卑賤的飛禽走獸都還知道守護貞德，而人反而把貞德節操看成可有可無，這哪裡配得上三才的稱號呢？

3. 所以《易經》的生命教育首重家人卦，彖辭講「利女貞」，讓我們明白女貞的利益，就是家人的根本源頭，也是全人類的基礎。女人是世界的源頭，女子不貞正，哪來的家道？哪來的人道？道只是守中抱一而已。性命分散，性情割裂，怎麼能夠叫作道？世道人心所以會亂到

極點，世界的劫難所以會大到不可收拾，都是從「不貞」引起的吧？

「**家人，利女貞**」，孔子已經講明義理，而女子到底能不能守定貞德節操，實在關連著民族的強弱，國家的治亂，與全人類的繁榮衰敗，不只是一個家庭，一個族姓的興衰成敗而已。

4. 從義理來說，「貞節與邪淫」相反，不貞節就是邪淫。**邪淫有三大罪過：**第一、邪淫是大亂的源頭，從來沒有邪淫而不混亂的。第二、邪淫是衰弱的機兆，從來沒有邪淫而不頹廢的。第三、邪淫是殺人的導因，從來沒有邪淫而不爭鬥相互殘害的。

    天道是一陰一陽，一定要中正才是生機。貞德就是中正，荒淫就是邪惡。一雌一雄，一定要得到匹配。貞是靠道義來結合，邪淫是放任情感欲望而混亂配偶。

5. **人道一男一女，一定要固守本分。**貞德是靠節操，自我固守，淫亂就會失去操守而肆無忌憚。如果敗壞操守，毀壞天性，就會傷害身家，還會禍及兒孫。因此做人對於「貞節與邪淫」應當要懂得抉擇。

    女子最可貴在貞德，這是天地不變的常經。家人靠情感來結合，情感的放任最容易邪淫，所以彖辭特別拿「貞」這個字來中正。情感的充沛旺盛以女子為最，如果放任情感，多數會觸犯邪淫，而邪淫的事情多數由婦女引起。因此彖辭拿「女貞」這一句話來糾正。

    人生不能離開男女的愛慕，這是天道的自然，萬物都相同，也是為了能夠廣大種子來延續後代。禽獸與草木都還知道互相配偶結合，何況是人？

6. 男女結合，可以生育繁衍；雌雄相配，胎卵的生化，可以無窮。這一切沒有離開天性，都是至情的發動，自然可以達到生生不息的宗旨。

    可是不能不有所限制，因為**情愛是生育的苗根，也是死亡的種子**，順著正道就是生育，追逐邪淫就是死亡。所以**聖人要制作禮儀，訂出人倫的綱紀**，無非是洞察最古老人民的缺失，警戒獸欲的傷害，所以要教化全民，約束情感來回歸天性，節制欲望來保養身心。

    因此**貞德的建立，實在是人道的根本**，人道先講利貞，利就要擺在後面。貞德不失，人道不會滅亡；貞德的修持，固然包含男女。女子不失去貞德，家道不會荒廢，因此女貞是家人的重心，也是人道最先要

看重的事。

三、宗主孚佑帝君說：嚴君兼指父母親，有最慈愛的情感。

1.　**世俗往往稱父親是嚴君，因為父親是一家的家長，有尊嚴的本分，主導兒女的教訓。實際上「嚴君」兩字是出自家人卦，所形容的兼指父母親，並不是只稱父親。用「嚴」來形容也不是講嚴厲教訓，使子女害怕，而是在講明父母是一家的主人，等同於一國的國君。**
　　嚴講的是儼然，也就是威儀尊重。說話做事，行為動靜，法度很莊嚴，看起來像國君，父親是這個樣子，母親也是這個樣子。父親主持家外的事，母親主持家內的事，一家大小事，沒有不是秉承而照顧妥當，兒女童僕都能夠聽從命令，因此不是國君也很像國君了。雖然沒有尊嚴的義理，沒有莊嚴的情懷，也不是特別重視這樣的尊位名號，可是家裡有嚴君，固然已經是不變的道理。

2.　因為家人重視情愛，更何況是父子母女骨肉至親？早晚都隨侍在旁邊，不論年長年幼都沒有離開，家裡自然會有很多和諧快樂的氣氛，常常會有歡笑的聲音。絕對沒有過多的威嚴讓人害怕，也不會隨時現出莊嚴的法相，讓人感覺情感生疏而遠離。
　　何況兒女剛出生的時候，什麼都不知道，在襁褓的時候只是依戀愛戀父母，哪裡受得了用嚴肅來責備，把威儀加在恩情上面呢？所以《易經》講「嚴君」，只是講明本分的尊重，德性的端莊而已。不是講用嚴厲來督責子女，也不是早晚不斷教訓。
　　嚴君也不是像後人的解釋，把父母親分別說是「嚴父慈母」，父親固然不必用嚴來稱呼，母親也不能獨自稱作慈，因為父母對於子女的慈愛是相同的。母親固然慈愛，父親又哪裡不慈愛呢？

3.　**古書上面講六順，包含父慈子孝；《大學》形容五德，就有「為人父，止於慈」就可以證明，慈愛原本是父母共有的行為。**因為出自天性，沒有男女的分別。
　　雖然性情很暴力極端的人，也沒有不慈愛自己所生的兒女。既然**慈是最極致的情感，愛是最圓滿的行為。**那麼講到嚴，是講「本分」而不是作用，是從「地位」說的話，不關涉一個人的思想與行為。

每個人都有子女，子女對於父母都應該孝敬，用孝順來報答慈愛，用恭敬來奉事嚴君，都不是只講一個人。嚴在母親身上也有，慈在父親身上也有，我們看家人卦解釋象辭，自然就可以明白了。

四、當家要具備的內德外功條件。

1. **齊家君子有四德**：第一、能夠先修養自己，才能端正別人。第二、反身能夠真誠不二，才能夠善待親人。第三、人生態度正大光明，能夠順從天倫。第四、使全家和樂整齊，達到天人性情的愉悅快樂。

   因此上九的德用，最可貴就在能夠「反身」，也就是做到反省自身，到達真誠不二。

   當家長一定要反身問自己四件事：第一、果真有威嚴可以讓人敬畏，有儀態可以讓人效法嗎？第二、果真能以身作則，能垂教後世子孫嗎？第三、果真有雄才大略，有策略謀略可以光大門庭嗎？第四、果真能立定家道家教垂訓後人，繼承祖先的德業嗎？這都是當家的人最應當深思的事，也就是上九「威如吉祥」的由來。

   所以「**反身**」有兩層義理：一是反求自己，自己光明性德來整齊家道。**二是反顧身後**，能夠為後代兒孫著想，留下寬厚的餘地。這一切都沒有離開上九的地位，也只是推展「家長」的道理，而能夠完成家人的道德與事功。

2. **「威如」的如這個字，講七種自然的威儀**：第一、有威儀而不嚴肅，人民敬畏而沒有埋怨。第二、普令每個人自動約束自己的行為，自己成就自己的德性。第三、不言之教、無為之化的威儀，德性的光明可以讓人效法。第四、秉持公正而不阿諛諂媚，立己嚴謹，能夠表現忠信的本質。第五、守著自己本位而不改變，對人對物篤實踏實。第六、待人做事不違背忠信的道理，內心方正而且正直。第七、溫良恭敬能包容一切，進退有法度而不失規矩。這就叫作威儀。

   四種暴力假威儀：第一、用苛察來表現精明，用暴力來表現能力。第二、用偏激浮華誇大來做人做事，行事顢頇莽撞粗魯，不照牌理出牌。第三、拒人於千里以外，而且大聲謾罵斥責。第四、所有的臣民屬下看到了就害怕發抖，背後就怨恨惱怒。

這種領導，看起來好像有威儀，實在不能讓人敬畏。這樣的態度表現在外面尚且不適合，何況是擺在家門以內呢？

五、宗主孚佑帝君論：愛包含恩情與道義，推愛天下可以成人成物，中和位育。

1.　九五爻靠「交相愛」而成就德性，原來不是專指男人這一面來說。九五與六二正好互相匹配，男愛女，妻敬夫，根本恩情與道義來成就人倫，經由性情來明白人道。推廣就是幫助天地定位，幫助萬物長育，都是從「愛」這個字來發源。

愛從心出來，而止定在禮，所以情感不氾濫，不邪淫。就是孟子所說「太王愛后妃」的意思。

周太王是周朝開國的國君，因為獯鬻的侵逼而遷移到岐山下的周原，不想讓戰爭使人民痛苦，也不想讓刀兵來傷害萬物。太王愛民愛物的心，就是愛后妃的心，這叫推愛天下。

每個人都有家，萬物都有配偶，我愛我的伴侶，別人難道沒有同樣的愛心嗎？

《詩經》說：「率西水滸，至於岐下。爰及姜女，聿來胥宇。」雖然是在歌頌周太王篤愛他的妃子，不忍心馬上離開，實在是讚嘆太王重視民命，不忍心輕棄人民，就率領全家遠去，自己追求樂土。

2.　《詩經・碩鼠》說：「逝將去汝，適彼樂土。樂土樂土，爰得我所。」這就是太王的存心，仁慈推愛到眾人，而太王齊家有道，足以感化人民成就善良風俗。

人民沒有不疼愛自己的伴侶，沒有不喜樂自己的家庭。如何遠離愁苦的境地，避免死傷的慘痛？這是太王的作為，已經合同家人卦九五爻「王假有家」的教訓。太王是真正能夠推廣「交愛」的德性，來成就「位育天地」功德的人了。

人心本來相同，善惡為什麼不同？要看情感的發動「有沒有中節」而已。情感不違背天性叫作和，中和的極致，位育天地的事功看得見，也是根據天性而已。「天性不會斷絕恩情，聖人不會荒廢倫理。」

3.　所以「君子之道，造端夫婦」正是由於人間情愛可以表現天性的真實。

家人九五爻特別揭明「愛」這個字，哪裡只是兒女私情，情話綿綿而已？《易經》是要我們推廣「性天大愛」來成人成物，達到「中和位育」的境界罷了。

所以爻辭拿「國王」來顯示宗旨，國王雖然是根據爻位的現象，實在是包含「德用」來說。像夏桀商紂還有周幽王、周厲王固然都是國王，但他們的愛是邪淫，而且傷害到全天下，就配不上九五的德用，而沒辦法整齊家道。**家道不整齊，能期望他治國平天下嗎？**

所以家內沒有賢良的配偶，不能稱作「交愛」的道理；家外沒有聖明的君王，也不能推展交愛的功德。只有九五與六二結合，內外同正而性情調和，自然就會得到。從這裡我們可以看到，周太王與周文王的極致德性，實在是靠佳偶共同來成就的。「愛」這個字哪裡可以輕易使用呢？

38 火澤睽卦

上九
六五
九四
六三
九二
初九

卦旨

1. 睽卦上離下兌，離火與兌澤向不同方向奔馳。火向上燃燒，水向下潤澤，上下互相違背，情志不相協同，所以叫作「睽」，就是講「乖違而分離」。如果不是家道走到窮困了，不會落此下場。

   〈序卦傳〉說：「**家道窮困，一定會乖違分離。因此接著拿睽卦來繼承。**」可見睽卦的現象，實在是由家變產生。天道無常，習慣久了一定產生變化；人情難測，累積久了一定成為乖離。**在上位的人率領沒有法度，在下位的人行為不合常軌，上下都失道，家道就乖離了。**

   家人是六二主持內卦，九五主持外卦，陰陽得到時機，內外可以中正，所以叫作家人。這是講能夠主持一家而建立國家根本，能夠奠定人道而開出治國平天下的先河。

2. 睽卦正好相反，三爻是人道的開始，五爻是主位的尊貴，三五兩爻既然乖違，大用也就背反，所以叫作「睽」，因為違背情感與天性，偏離天理的正大光明。

   「家道窮困，一定乖違分離」就是要我們明白，乖離還是不離開大道的法度，不要因為迷惘而看不見真實。不要被情感發動而不中節耽誤，不要失去天性的中和；這是不平的氣一時的激發，而違背了太和正氣的中正。

   家人卦從外而內，成為配偶，愈來愈親近。睽卦是由內而外，方向相反，最後是分離。這是兩卦的分別，都是因為離卦的作用，離在內卦就和諧安定，離在外卦就乖違分離。一個人的情感與天性，也就從內心光明的涵養來分別。

3. **內涵光明的人，行為一定溫良；外在態度苛察的人，德性一定悖謬。**

《易經》就拿這兩卦來分辨人的心志，來判別人的行為，期望人能性情整齊而回歸一道，最終可以回復中和。

《易經》是拿一個卦來象徵眾多的人事，拿近處來比方遠處。睽卦的作用，從家庭來說，是家道的窮途末路；從人來說，是人道的逆反；推展到國家，是國政的缺失；推行到天下，是世運的艱難。這固然是事有必至，理有固然，可是一切的傷害要靠人來回應。

家國天下的治亂安危，都是人要承受。睽卦的乖離與偏差也是人的感受，這就在啟示我們，二五失去正道，全體都會違背而偏離，而中爻的人道，首先要承受過錯與偏差的傷害。

4. 這是因為陽爻不能立定在正位，而被陰乘機干擾。離卦的火向上燃燒，兌卦的澤水向下滲透，水火分道揚鑣，想要情投意合、志同道合太難了。所以睽卦雖然是家道的窮困而產生，實際上是「時機氣運」的變化。讀經的人必須在這裡留意。

宗主孚佑帝君說：睽卦全卦的作用，都是取「乖違又詭異」的文辭，講「離奇又變幻」的怪現狀。卦多阻礙而不和諧，變化中又有變化，虛幻中更有虛幻。人生分合聚散無常，憂樂安危不定，想要不驚慌看這個世界是不可能的。

實在是由於天性很難節制情感，而事情多數違背常道常理。就像坐井窺天，看不見蒼天有多大；又像拿著燭光來想像太陽光，不知道太陽有多明亮。

5. 這就表示人會被眼前的情境擾亂，方寸也會自我干擾。**自亂方寸的四種誤區：**第一、拿小事來度量大事。第二、拿近處來衡量遠處。第三、把錯誤當作真實。第四、把背反當成面對。不知道自己所憑靠的是不正確，不明白自己習慣的依靠是一種幻象。

所以看到海上的城市就認為海面上有城鎮，看到山中的雲氣也當作是美好的建設。這種迷離恍惚的情境，離開了眼睛正常的視覺，拿這種幻覺來判斷外在的世界，就會認為天下滔滔都是擾亂不停。這樣的人要如何來安定天下呢？

睽卦與革卦是交易的卦，上下的地位交換就變成革卦。革卦講革除舊習，謀求新氣象。

因此「革命」一定是商湯與周武王才能發揮正用，聖人做到了隨順上天而萬民感應，在變化當中不失常道，紛亂當中能夠回返一致。雖然天下有一時的紛擾，而民心最終還是止定在一，這是商朝與周朝的德性，足以拿來與堯舜還有夏朝的功業相媲美。

白話經文

【彖辭義理】

睽：小事吉。

睽卦象辭說：睽卦的上離與下兌，兩卦不協同，上下不能調和互補。陰爻主持正位，只適合做小事，做大事就不吉祥。

【解釋彖辭】

彖曰：睽，火動而上，澤動而下。二女同居，其志不同行。悅而麗乎明，柔進而上行，得中而應乎剛。是以小事吉。
天地睽，而其事同也。男女睽，而其志通也。萬物睽，而其事類也。睽之時用大矣哉！

睽卦解釋彖辭說：睽卦是火向上燒，水向下流，作用背馳不協同。就像二女同居在一起，志向情感不和諧。但是有兌卦的喜悅來附麗離卦的光明，有六五居外卦正位，向下與九二呼應。剛柔失位，又是陰柔來率領陽剛，所以吉祥只是小事！而陰陽卻能互相幫助，所以做小事是吉祥。

睽卦的作用，也不是永遠背道分馳，睽隔不通。天地雖睽隔，人事還是協同；男女雖睽隔，心志還是相通；萬物雖睽隔，萬事還是類同。天地，男女，萬物，最終會在天時變化當中，復回最初的合同。完全看用睽的人，能否突破氣數，抱一而守中！

【大象辭義理】

象曰：上火下澤，睽。君子以同而異。

睽卦大象辭說：火向上燒，水向下流。形成背離分馳，人事物不一致，又不適合作用的時位、局勢。但是，君子不被萬相紛歧差異擾亂，善用智

慧分辨萬物實相，能窮盡天下的變化！

　　君子認取共同的精神，切入天人合同點，運轉出天人萬物的常經法度！天地不違背中和，人類不離開大同；有道君子志在輔成天地中和，建設人間大同！

【爻辭義理】

初九 悔亡，喪馬勿逐，自復。見惡人，無咎。

　　睽卦初九爻說：如果守不住潛龍勿用的含藏，有發揮作用的衝動，就會招來失時失位的後悔！由於懂得自我懺悔，終於沒有後悔！可是事情已經發生了，後悔沒用；良馬已走失了，追逐也沒用。不如等待時機因緣的自我回復。

　　惡人來了，不能抗拒不接見，要用真誠禮敬的態度，化解小人的惡念邪緣，才不會造成過錯與傷害！孔子當年見陽虎、南子，是「守經、行權」的變通。

象曰：見惡人，以避咎也。

　　睽卦初九爻小象辭說：對於邪惡又傲慢，善妒又極端的惡人、小人，如果不接見，會造成怨恨、譭謗、被攻擊的傷害！惡人、小人的勢力很大，我拒絕不見，仇恨會更大，禍害會更深！

　　於是要用禮貌接待，用真誠善待，化解惡人、小人不良的動機、藉口，就可以避免過錯與傷害！孔子當年見陽虎、南子，是權宜變通的圓融智慧！

九二 遇主於巷，無咎。

　　睽卦九二爻說：由於世局不正常，情況不尋常，在時位不恰當的因緣下，在巷子裡遇見主人。相遇而沒有主賓的禮分與道義，也沒有正大光明的行為，難免會有過錯！

　　如果面對突然的變化、變局，能嚴守中正本位，不違背大道，又哪來的過錯？

象曰：遇主於巷，未失道也。

　　睽卦九二爻小象辭說：在變亂的時局裡，在巷子遇見主人，能通權達變，又不違背道德的中正，也可以圓滿非常時機的相遇因緣，不失正大光

明的行事！

如范蠡遇勾踐於亡國的時局，能輔成受災難的主人，完成復國的事功！

六三 見輿曳其牛，掣其人，其人天且劓。無初有終。

睽卦六三爻說：竟然看見車子拉著牛、拖著人的怪異現象，這個人還是個殘廢人。碰上無用的物，無能的人，車子又哪能永遠拉著牛與人呢？

君子面對雜亂時代，看見顛覆常經準則的瘋狂怪象，如果能夠天君泰然，不被怪象干擾。雖然最初有一時的驚駭，最終還是能挽化世道人心，回復正道！

象曰：見輿曳，位不當也。無初有終，遇剛也。

睽卦六三小象辭說：看見車子拉著牛與人，種種秩序顛倒的怪現象，就知道是地位不恰當，陰錯陽差造成的！

六三爻有氣數因緣與職務事情的顛倒錯亂，最終還是可以回歸禮樂正道。關鍵在是否得到陽剛正能量，回復正知正見！

九四 睽孤，遇元夫，交孚，屬無咎。

睽卦九四爻說：碰上睽違背離，孤獨生活，孤單自處的因緣。偶然與前夫相遇，雙方還可以誠信交往。彼此在過往分離的因緣裡，能自我警惕，勉勵，保持性情的光明。所以再次的相遇相合，沒有過錯！

象曰：交孚，無咎，志行也。

睽卦九四爻小象辭說：遭逢人倫常道的家變，夫妻分離又結合，家人離散又相聚。是因緣成熟，態度光明，因此可以免除過錯！

身處變道的世局，不是守禮法，行出常經準則。而是隨機應變，奮勵自強，還是可以開創道德與事功！

六五 悔亡，亡厥宗。噬膚，往何咎。

睽卦六五爻說：由於失去正位而失勢，又失落明德親親的宗本，不能有什麼作為了。加上過往利害的相互摩盪，造成宗親族人背離的傷害。事勢逼迫在眼前，追究後悔過往，也是徒勞！

但是六五得中道，又能秉持柔德，可以免除後悔！而且，既然時機不對，親人都靠不住，只有離開此地往他方，隨順時機應變，也就不必後悔！

象曰：厥宗噬膚，往有慶也。

睽卦六五爻小象辭說：已經失去親親的根本，傷害來到身上，過往的喜慶都變成傷害！這時留在原地享安逸，反而是災禍。只有隨順時機變化，掌握變化，往前方追求，才有利益喜慶！

上九 睽孤，見豕負塗，載鬼一車。先張之弧，後脫之弧。匪寇婚媾，
　　　　往遇雨則吉。

睽卦上九爻說：上九的作用到了極限，德性孤僻而難和諧，所看到的怪誕也到極限。先是看到豬背負不可能背負的泥巴，又看見車子載滿一車的鬼。驚慌害怕之下，匆忙拿起弓箭就射！等回過神來，幻象消失，才放下弓箭！

當家人發生家變，親人會變成仇人。因為得到天理、法雨洗淨，疑惑、誤會盡除，又回復到一家人的親愛和樂、正常吉祥！

象曰：遇雨之吉，群疑亡也。

睽卦上九小象辭說：天空烏雲的遮障，打雷下雨以後，就清澈明淨！人心情識、執著的業障，在真水真火具足以後，人道光明，又是中和位育的大吉祥！

結語

1. 宗主說：我國自古重視家道，家齊然後才講國治。家庭還不能協同，怎麼能夠做到喜悅團結外人？俗話說**親近的人不相親愛，不敢追求遠方的事功；在小事不能反省，不敢講大事的開創。**這是不變的道理。睽卦不能發揮大用，難道不是時機因緣造成的嗎？

凡是第五爻是陰爻，柔爻主持正位，大都是不能發揮大用。小過因為中間的互卦有大過，所以成為過錯；睽卦因為中間的互卦是既濟，所以叫作睽，暗示最終是可以通達的。「過」是失中，「睽」是失和，**中和有缺失，作用就很難廣大，因此易教最寶貴的是中和。**

大象辭講人道三宗旨：第一、人道是根據天地的中道，立定感情與天性的分辨。第二、讓我們認識和諧同風與乖違背馳的道理。第三、明

白終始一貫的途徑。這是睽卦大象辭的宗旨。

「同中有異」就是人道。**睽卦以人道為先**，所以大象辭先講明「同中有異，異中有同。」**革卦以天道為主**，所以大象辭重心在「**治曆明時**」，這是講天命道統與天時氣數，也是相異當中有相同。

2. 就好像一天當中的晝夜，一年當中的寒暑，這是不同；可是周而復始，萬古一樣，不是相同是什麼？明白這一層道理，就知道大象辭講「相同與相異」是在形容天道、地道與人道了。

「同異」的義理前面講述清楚了，**解釋的人多數不明白「相同與相異」是一又是二，就懷疑大象辭。**同異本來就是事物的實情實相，君子藉著「人事與萬物」的相同與相異，來面對與調和罷了，不是有特別的作為。如果心存相同與相異的分別，就違背大象辭的宗旨了。

我們要把握兩層義理：一是明白道與天性與萬物是相同的，才能夠知道睽卦的根本不離天道與天性。二是要明白萬事萬物的相異，是作用的不同，才知道睽卦在相異當中也能成就一貫。

老子說：「同出而異名」，同講的是大道，異講的是器物，天下萬物都是如此，道沒有兩種而器物有很多形狀。雖然只有一物，也不可以只是用一種器具來形容範圍；事有表層與裡層，有中與外，雖然是同一件事，卻不能只是拿一個名目來形容。

3. 「**睽變**」有六大因由：第一、兩個陰爻互相猜疑，情志各自不同。第二、言行闊遠不實際，心念止處不清明。第三、自性光明不足，幽暗的力量就進來。第四、人的正氣不嚴謹，鬼氣才顯現。第五、天理不通達，怪異的事才產生。第六、大道不完全，虛妄與幻見就出現。因此睽卦的上九是變化的極致，不是正大光明的極致，才會發生見所未見，遇所未遇的事。

一與眾多，這是始終的關連；分別與相同，這是本末一體的形容。不是另外有什麼不同。

後世辯論的學派，創造「堅白異同的學說」，這是追逐外物而走入窮途末路，認為不同就是不同，而沒辦法再回到大同，因此愈辯論就愈迷惑。

君子不採取分別二三這一路，君子認為「大同而小異」。就好像睽卦

的離與兌都是卦，水與火都是物，而都沒有離開一陰一陽，陰陽也沒有離開太極。太極就是一，兩儀是二，從這裡分出四象，分為八卦，都是不同，但也都是大同而小異。

4. 睽卦的取象，是人的兩個眼睛驚異注視，而錯亂眼睛的聚焦而已。這是眼睛看到對象物的不同，對象物不同而眼睛相同，只是心神驚慌而心志一時迷惑。為什麼要在這裡爭辯同異呢？

所以後代「堅白異同的學說」，雖然學習睽卦，可是違背睽卦的作用，這不是君子所理解的同異。而且**同異的分辨，重要在審查事物的實相，而不是矯枉過正，眾說紛紜，來蠱惑眾人的視聽。**

「虛妄」是從看到來，「看見」是出於驚慌，這樣的驚異並不是正觀，就如佛所說的「心生而產生種種幻象」而已。而世人有一些不能分辨，反而把妄見當作真實，這是自己的心產生分別。凡是這樣的差異不可以叫作真正的差異，君子在這裡一定分別得很清楚。

5. 所以**學道有五種要領：「博學、審問、慎思、明辨、篤行。」**明辨就是當中的一項。如果明辨得不夠聰明，雖然有聽聞有看見，還是像聾子瞎子一樣，因為沒有發揮耳目的正常作用，反而成為耳聰目明的拖累。**耳聰就能聽聞正音，目明就能看見實相**，現在耳聞目見都失去中正，與聾子瞎子有什麼不同？

人對於事物，不能只是依靠聰明，讓良心本性被耳目奴役，**耳目只是器官，本心能夠通達大道。大道是不紛擾沒疑惑的，沒有妄見沒有執著的，**只是拿「真情實相」來分辨。待人處世的要領，沒有超過這個道理。

處世兩個要領：第一、本心先順從大道，然後耳目能夠充分發揮實情，在分別相異的時候還能保存相同。第二、儘管萬物萬事各有不同，而我的本心不會失去合同。那麼外在的一切都不足以迷惑我的耳目，障蔽我的聰明。

這個時候妄見全部去除，而真知明亮照耀，這就是「一以貫之」，而自然合同《易經》「窮理盡性」的真理教育。哪裡要等待追求紛紜、奇特、怪誕的事物呢？

水山蹇卦

卦旨

1. 蹇是坎結合艮，坎是危險，艮是靜止。危險在前面而停止，這是不能前進的現象，也是蹇卦命名的由來。蹇就是「艱難」。

   〈序卦傳〉說：「睽是乖離，乖離一定有苦難，所以接著是蹇卦。」這是講蹇是從睽卦變化而來。睽是四陽二陰的不協同，蹇是四陰二陽的難以調和。睽卦雖然乖離，互卦是既濟，還是有可以互助的現象。蹇的互卦是未濟，又更造成很難融洽的情形。**蹇卦的義理包含「阻塞不暢以及艱難困窘」的意思。**

   蹇卦中爻是九三六四合於既濟，獲得人道的中和，有「時機與地位」可以發揮作用。**雖然「艱難」而沒有完全「乖離」，雖然違背還是可以守住。**這是靠艮卦的勢力，有「知止」的道理在。

2. **艮山的限止有四層義理：**第一、能夠審明利害的局勢。第二、明辨順從與違背的氣運。第三、明白適合不適合的時機。第四、重心在善於趨避。所以解釋彖辭有「利西南」的話，與坤卦相呼應。

   「蹇從足」，表示重心是根據「艮止」的義理，也就是看見「困難」知道後退，知道「危險」而能停止而已。

   明白蹇卦的艱難，就思考怎麼避免；知道蹇卦的困阻，就祈求怎麼通達。所以**蹇卦是智慧的卦，**因為知道危險而能自我靜止，最高明的行動就是善於知止，知止而後有定。《大學》講止至善，最重視知止，蹇難而知道停止，最終可以免除艱難苦難了。

   宗主孚佑帝君說：蹇的全卦都講「往前就蹇難，回來就吉祥。」前往就會進入坎卦的危險，而沒有能力自拔，所以叫作蹇。**回來就可以守住艮止而獲得安貞，所以是吉祥。這是全卦最重要的宗旨。**

白話經文

【彖辭義理】

蹇：利西南，不利東北。利見大人，貞吉。

蹇卦象辭說：多阻礙多艱難的蹇卦，西南方還可以暢行，東北方就走不通。能獲得九五爻大人的接見，會有大利益。自己能做到不輕舉妄動，謹慎沉默，定靜安詳，可以得到吉祥。

【解釋彖辭】

象曰：蹇，難也，險在前也。見險而能止，智矣哉！蹇利西南，往得中也。不利東北，其道窮也。利見大人，往有功也。當位貞吉，以正邦也。蹇之時用大矣哉！

蹇卦解釋彖辭說：蹇卦是艱難的路，危險就在前面。看見危險知道停步，是有智慧的人。智慧能明辨西南的有利方位，就可以行走在中道上；沒有智慧而硬闖東北方位，就走到窮途末路。

有道有德有智，中正光明的行事，可以開基創業，得到大人的讚賞。地位正當，操守貞正，從容中道，可以成就建立邦國的大吉祥。

能立定在自性靈山的正位，把握天時道運，就可以發揮建國立功的大利益。蹇卦隨時作用的道，太偉大啦！

【大象辭義理】

象曰：山上有水，蹇。君子以反身修德。

蹇卦大象辭說：水在山上，行止艱難。在艱難的天時氣運裡，君子能反身修德。反身而誠，做到明哲保身；依止艮山，做到固守貞德。既可以成人成物，也能開創事功，中正邦國！

【爻辭義理】

初六 往蹇，來譽。

蹇卦初六爻說：初六處於下位，是陰爻，柔弱不中不正，時機地位不恰當，適合潛藏，休養生息。前進而不停止，就會步步艱難進入險境。如

果返回艮山，一定可以保身，身心名分都可以安泰，得到讚美榮譽。

象曰：往蹇來譽，宜待也。

蹇卦初六爻小象辭說：君子明白時機地位不適合的天時氣數，會等待時機地位的改變。明知前往不利，就等待時機的轉移；知道回來有榮譽，可是時機未到，就等待地位的改變。

君子修道，就是學習「行止順時合道」的準則。既反身修德，又隨時作用，不落吉凶悔吝的憂戚！

六二 王臣蹇蹇，匪躬之故。

蹇卦六二爻說：與君王不是親戚，不是朋友，而是君王直接任命的大臣。面臨國家的重重災難，不能逃避職務的責任，更要勇毅承擔苦難災難。由於中正貞固，不失大臣節操，所以罪過錯不會來到身上。

象曰：王臣蹇蹇，終無尤也。

蹇卦六二爻小象辭說：非親人非故友的大臣，雖然得不到君王信任，還是盡臣道臣節，不只拯救時代的災難，還可以感動天人，不會招來過錯怨尤。

九三 往蹇，來反。

蹇卦九三爻說：洞察時機與地位不適合前進，而適合依止艮山。君子能自我反求，居中而制外，德明而人歸，就可以免除艱難危險！逆反前進的慣性常理，才能完成止定的大用。

象曰：往蹇來反，內喜之也。

蹇卦九三爻小象辭說：面臨坎險而反求貞定和諧平安。君子反身向下親近內部，得到上下相親，喜悅愉快的默契！既相互維繫，又可以成全艮卦止善明德、通達神明的大用。

六四 往蹇，來連。

蹇卦六四爻說：前進是艱難危險，能知止回頭，返回本來，連繫九三爻。可以共同成就人道的仁義，化解時運的艱難！

象曰：往蹇來連。當位實也。

蹇卦六四爻小象辭說：六四能回頭合同九三，成就既濟，可以主持全

卦的中道。如同明君得良臣，賢妻得良人，靠德性操守的扎實，穩固名分與地位。可以免除危險，又可以發揮道用！

九五 大蹇，朋來。

蹇卦九五爻說：權勢地位愈高，考驗災難也就愈大，往往是禍不單行連著來。如果地位中正，德性光明，有道明君可以得到上下內外、協力同心相助。反而可以藉著災難來中興國家。

象曰：大蹇，朋來，以中節也。

蹇卦九五爻小象辭說：有道明君，在大災難來臨時候，臣民都協力同心來相助，完成中興的王道事業。十方的助力大，由於德位相配，政令公平，行事合同大道的節度。於是天下歸心，永保俸祿與地位！

上六 往蹇來碩，吉。利見大人。

蹇卦上六爻說：以往所有的艱難困苦，到了上六這裡，全部逆反、解除，成就道德事業的大利益、大吉祥。這是善於知止，懂得向後轉進，親近九五的大人，得位乘時而建功立業。

象曰：往蹇，來碩，志在內也。利見大人，以從貴也。

蹇卦上六爻小象辭：往前就沒路走，返回就成果豐碩。這是善用止定的智慧，返回自性靈山。一方面臣服九五的貴人，得到禮遇重用。一方面掌握時機，建功立業，進身顯貴行列！

結語

1. 睽是家人的家變，是吉變成凶；蹇卦是睽的變化，由傷害變成利益。這也是**物極就會反復，數窮就會通達**的道理。

   明白蹇卦的艱難，就思考怎麼避免；知道蹇卦的困阻，就祈求怎麼通達。所以卦象是上下得中而內外同正，類似家人。睽卦是家人的相反，背離偏差而自我耽誤；蹇卦是效法家人，而戒律警飭自我嚴謹。

   所以蹇卦是智慧。因為知道危險而能自我靜止，最高明的行動就是善於知止，知止而後有定。《大學》講止至善，最重視知止，**蹇難而知道停止，最終可以免除艱難苦難了。**

《中庸》說：「人皆曰余智，驅而納諸罟擭陷阱之中，而莫之知避也。」那麼自認為智慧的人反而不如愚笨的人，明明知道有危險卻貪功前進，一定要到掉入陷阱才來後悔，都是不知道蹇卦的道理。蹇卦是看到危險而能停止，難道不是人世間有智慧的人嗎？

2. **智者三態**：第一、智慧就在能預先知道。第二、知道而能警戒行為。第三、在行動當中能夠毅然中止。**愚者三態**：第一、看見危險而不知道。第二、知道而不能警戒。第三、警戒而不能馬上停止。這樣的行為都不能算是智慧。

智慧從內心來說。**大智慧四要素**：一、潛藏而不外露。二、懷抱而不彰顯。三、外表像愚笨。四、行動有神明。這些才是大智慧。

〈繫辭傳〉說：「顯諸仁，藏諸用。」作用就是智慧，**能隱藏才是真智慧**，不懂隱藏就是「明察」，**太明察太精明叫作聰明，只是敗壞事情而已**。哪有什麼智慧？蹇卦用智慧來形容，就是因為善於隱藏。

用蹇的三大智慧：一、藏在心中，依止在艮山。二、看到危險能夠不冒進。三、知道艱難卻能成就事功。不是大智慧的人不能到達這般地步。解釋彖辭講「智矣哉」三個字，就是很深刻讚揚能夠做到「**善藏又善止**」。

3. 明知道一定有陷阱而輕易嘗試，看到有危險而輕率踏入，想要不窮途末路是不可能的。所以行走在蹇卦當中，**最可貴的是三種中道行為**：一、知止而又善於趨避。二、知道停止而不輕率前進。三、看到危險而能回轉。這就是從容中道的行為，往哪個方向會沒有利益呢？

家人卦因為內外卦正位，可以建立人道而中正天下；蹇卦也因為內外正位，可以幫助時局的困難而中正邦家。道理是一樣的。

蹇卦是時機不好，是多困難的日子，險阻就在前面，艱難危險很迫切。**用蹇五要領**：一、要靠知止的智慧。二、要站穩正位。三、要行出中道。四、要把握天時的作用。五、要明辨方向的適合。才可以獲得貞吉的占卜，而成就中正邦國的利益。

4. 推究原故，就在於「**地位正當而能把握時機**」，所以解釋彖辭引申說「蹇之時用大矣哉」，就是怕一般人不明白蹇卦可以發揮作用而已。

《易經》最重視的是「隨時作用」。蹇卦是「時運的艱難」，人要追

求沒有危險，一定要看清楚時運。時機與地位是一致的，講時機就包含地位。

能明白「隨時作用」的道理，就是始終處在蹇卦的情境，也可以發揮「隨時的大用」，就能夠建立事功而中正邦國。

君子反身而誠有四行：一、有德性可以自我含藏美好。二、有道可以自我保全。三、處在蹇卦而不會傷害自身。四、面對艱難而不會失去德性。這就是知道反身而修養真誠的意思。

君子是人道的表率。君子的行動與靜止足以顯示給大眾，來立定人倫的綱紀，作為世人的模範，所以叫作「君子」。就是講可以作為一般人修道的模範而已。

5. 宗主孚佑帝君說：蹇的全卦都講「**往前就蹇難，回來就吉祥**。」因為坎卦的危險在前面。危險在前面，所以前進的人一定遭遇災難，而後退就可以免除，因為下卦是艮，善於靜止。知道危險能靜止，雖然是蹇難還是可以自保，所以**爻辭拿「往來」來分辨吉凶**，往就是前進，來就是後退。

前往就會進入坎卦的危險，而沒有能力自拔，所以叫作蹇。**回來就可以守住艮止而獲得安貞，所以是吉祥。這是全卦最重要的宗旨。關鍵在使用的人能「自我反求」而已。**

所以用蹇的人，可貴在反求，反身就不會冒險前進，靜止就能安守貞德。這就是「利西南」的宗旨。

6. 蹇卦上爻是蹇的極限，到了極限就變化，變化就通達，到這裡就會變成雷水解卦。水反而向下，山變化成雷，雷與水同氣相求而同類相得，可以共同解除天下的蹇難，所以叫作「解」。

就像**孟子所說「解除倒懸」的痛苦**。人民在水深火熱當中，處在顛沛流離的時候，忽然得到拯救，這樣的慶幸就像雷雨能夠解除大旱，就像枯槁的萬物復活一樣。所以「解卦」用雷雨的結合，來講明天道的仁德。**蹇卦雖然由上天的氣數決定，而解除還是要靠天恩，一往一來，施惠與威儀兼至。**

沒有蹇卦也看不見解卦的可貴，就像沒有暑旱也不知雨霖的甘甜，不遭遇枯竭的痛苦就不明白潤澤的恩惠。**天道的生生不息，正是由於善**

於往復，有秋冬的殺機才顯出春夏的繁榮，有旱災水災才能看見雲天的威儀赫赫。

7. 這哪裡是上天有意作為呢？也是萬物生存自然的感應。**氣數是循環不停的，德性是周流無際的。「氣」有消息盈虛，「道」有本末終始，而上天有什麼作為呢？只是順其自然**，順時運自然的來到。時運應當是蹇，就是蹇的來臨；時運應當是解除，就有解除的氣象。

生育的時候沒有毒害的心，殺滅的時候沒有挽留的心。對天來說，哪裡有蹇難與解除呢？**這是人物的自作自受而已。人的造孽比上天的殺機還強烈**，當蹇難來的時候一定要等待人事來解除，因為**解鈴原來是繫鈴的人**。

人如果不能覺悟天人的交感，終究要陷入蹇難罷了，哪能期望快速解除呢？所以**天道解除災難，時機到了自然顯現，不必等待祈求**。可是人事的解除，只有靠所有在位當權的人，能夠以天心為心，能夠自我懺悔所造下的災禍而已。讀經的人省察蹇卦與解卦的交會，也會有很深的感觸吧！

40 雷水解卦

卦旨

1. 解卦是震結合坎，坎是危險，震是震動。震動而有危險為何叫作解？因為坎在下卦，下卦叫作初，上卦叫作終，**最初的危險不是真正的危險，因為能夠出離**。陷入危險而能出離，那麼危險不會造成傷害；如果終止在危險，這是深陷在危險當中而不能夠拔除，才是真的危險。這也是蹇卦所以是蹇難的所在。

   解卦是坎在內卦，而震卦擅長行動，行動是前進，就會離開危險而接近坦途，這就是解卦所以能解除艱難的原因。既然叫作解除，表示危險在內部，不是全部都很平安舒適。**名稱叫作「解」，講危險最終可以得到解除**。

   解是緩和，緩和與急切相對，急切容易危險，緩和就容易安全。好比一個人上吊，緩一下就甦醒了；好比災禍的逼迫，緩和就可以免除了。這就是**解卦「緩和一切」的義理**，恰好在蹇卦的後面。

   緩和雖然不是安全和平，確有安全和平的希望；緩和雖然沒有福利，卻有福利的期待。因為愈緩和愈舒服，愈緩和愈安泰。舒服的心，行動靜止就很自然；安泰的神，一切的作為都會恰好。

2. 氣的運動就像打雷，德的流行就像下雨。天地的和氣，要靠雷雨來成就大生的功德；陰陽的交合，要靠雷雨來完成潤澤的作用。人的恩惠與威儀，也像這個樣子。「教育與刑罰」可以互相成就，「寬厚與威猛」可以互相輔助；因此天下亂到極點就會回復治理，國家危險到極點就會回復安定。

   這就像上天的雷雨的天威，有四大功德：一、有時要警戒兇惡頑劣。二、有時要安撫良善。三、有時可以免除罪罰。四、有時可以洗清囚犯的

冤屈。這都要靠雷雨的功勞，使生命能夠順遂，德性能夠發達。因此解卦的大用，一定要靠震坎的結合才看得見天地的氣象。

〈序卦傳〉說：「物不可以終止在險難當中，所以拿解卦來接續蹇卦。」可見解卦完成就是蹇卦的終止，而危險的解除就是功用的昭顯。關鍵是在**用解卦的人，能善於把握時機**而已。

解卦的名稱就像用刀解牛的現象，從刀從牛從角，就像用刀用牛角的意思。也就是解剖、開啟，使原本打結的能夠解散，拘束的能夠放鬆。可是從「角」的所有字，多數包含有「爭鬥、牴觸」的義理，就像牛羊互相牴觸。

3. 人間的危險與艱難，有時候是戰爭，有時候是械鬥，有時候是陷害，有時候是傷損，原因不一樣，對於身心的傷害相同。不只是人事所為，就是天災與物的傷害，只要對於行事有危險，對於心志有困擾的都是。這一切都是有作有為的障礙，會牴觸我們的所作所為。

卦名叫解，因為可以用解除來緩和，可以出離危險困難。不像蹇卦被困在險阻當中，一定要改變行動與靜止的行為才能夠倖免。兩卦都是「亂世」的現象。只是蹇卦在亂局當中，解卦有希望從亂局而回復治平，這是不同的所在。

蹇卦是困頓的極致，到了解卦就舒緩而解脫了；危險到極點，能解決就安全。沒有蹇卦，解卦也不值得重視；有了解卦，蹇卦也就不值得憂慮。兩卦互相調協而各自發揮功效，於是天道不會困窮而人生沒有痛苦。

解卦有四層義理：一是陰暗變為光明。二是坎陷變為平坦。三是猜忌變為親善。四是仇敵變成朋友。這樣一來又何必擔心蹇卦的災難不能解除呢？

4. 宗主孚佑帝君說：解與蹇是往來卦，**蹇的極點一定是解，這是理數的自然，是往復的秩序。**就像秋冬以後一定有春夏，而繁榮的極點一定到達蕭條。不是上天有意這樣，是氣數自然來到，現象自然顯現。

解卦接續蹇卦，是人世間一定會到的氣數，是人類所必須經歷的行為，雖然想要不經歷是不可能的。解卦就像**孟子**講的「**解除倒懸**」，**能夠解脫困苦，能夠緩和急迫，也能夠除難而解憂。**

就像船行走在惡劣的風濤當中，忽然得到港灣可以停泊；又像人擔任最艱難困苦的工作，突然得到代勞的人而可以卸下重擔。**這樣的解脫不只是解除「物與事」的限制，就是精神也可以放鬆。沒有擔憂也沒有思慮，這才是解脫的真相。**

解放四大功德：一、生機可以順暢。二、氣息可以安和。三、精力得到休養而再獲得強健。四、境遇可以寬舒而進入美好的調適。這是解卦的大用，重心是在雷雨共同發揮功效。

白話經文

【彖辭義理】

解：利西南，無所往，其來復吉。有攸往，夙吉。

解卦彖辭說：解卦利益的方向是在西南方，可貴在發揮坤卦安貞的作用。解卦現在的坎陷還沒拔除，不可以躁動前往，也不能飄然高舉。

解卦的未來吉祥，過去吉祥，現在最不吉祥。如果能夠反復其道，回到道上來，既可以得中位，又能實踐中行，最終可以前往，有作為，有事功，又有吉祥。

【解釋彖辭】

彖曰：解，險以動，動而免乎險，解。解利西南，往得眾也。其來復吉，乃得中也。有攸往夙吉，往有功也。天地解，而雷雨作。雷雨作，而百果草木皆甲坼。解之時義大矣哉！

解卦解釋彖辭說：解卦的坎陷在下卦，震動在上卦，向前行動就能遠離危險。解卦的時機，要向西南方前進，可以得到眾多的友助。如果能返回原點，立定中位，行中道，可以在吉祥當中，成就位育的功德！

這是把握時位的恰好，發揮隨時的大用。在天地交泰以後，氣數紓解而打雷下雨。百果草木都發芽，種子的外皮裂開，萬物的生機得到解放，天地間生意盎然！解卦隨時的作用，包含過去現在未來，太偉大啦！

【大象辭義理】

象曰：雷雨作，解。君子以赦過宥罪。

解卦大象辭說：雷雨大作，萬象紓解，天朗氣清。上天拿雷雨來解放一切，萬物於是順遂生成。

治國安邦的君子，效法天道，赦免過錯，寬容有罪，減輕刑罰。根據天道大生的天德，成就中和位育的功業。這是易教的根本宗旨。

【爻辭義理】

初六 無咎。

解卦初六爻說：從蹇卦上六的困窮反轉向下，成為解卦初爻。行為柔順平和，含藏潛德，不追求作為，自然沒有過錯。

象曰：剛柔之際，義無咎也。

解卦初六小象辭說：蹇卦的災難已經緩解，可是初六還是在坎陷當中，得到九四的呼應，於是本體安靜而外在光明，剛柔匹配而上下協和，沒有互相猜忌，自然沒有過錯。

九二 田獲三狐，得黃矢。貞吉。

解卦九二爻說：打獵獲得很多狐狸，功勞不小。又得到黃色的箭，表示得到坤卦的厚德。剛柔能和諧，內外能中和，貞德能堅守，職位能中正。這樣會很吉祥。

象曰：九二貞吉，得中道也。

解卦九二爻小象辭說：九二的吉祥是從中道來。地位得中，時機得中，剛柔得中，內外得中。發揮坤德的厚實與既濟的中和，把所有的坎陷變成光明。吉祥就來到！

六三 負且乘，致寇至。貞吝。

解卦六三爻說：坐在車上又揹著東西，等同於招搖財物，容易誘發別人非分貪想的心，甚至招來強盜搶奪！由於自己的貪欲放縱，違背貞德，得到的也會再失去，更會有過錯與後悔！

象曰：負且乘，亦可醜也。自我致戎，又誰咎也。

解卦六三爻小象辭說：行事作為不光明正大，羞辱自己，既不合禮義，

又讓人覺得可恥！自己招來仇敵，甚至引發戰爭，災禍是自找的。又能歸咎誰呢？

九四 解而拇，朋至斯孚。

解卦九四爻說：主事者能把一切的拘綁與苦難全部解除！遠方的朋友都來了，團隊協力同心，坦誠共事，歡樂相處。

象曰：解而拇，未當位也。

解卦九四爻小象辭說：國家的重臣，能協同上下內外，發揮解脫苦難，並成就一切的功德，只是不在國君的地位。雖然沒有國君的名分，卻能擔當艱鉅的職權，完成全體的功用。

六五 君子維有解，吉。有孚於小人。

解卦六五爻說：君子互相維繫，協力同心，正大的能量化解危機，帶來吉祥。君子不遺棄、不仇視小人，能推愛全體，小人也獲得消災解厄的吉祥。

象曰：君子有解，小人退也。

解卦六五爻小象辭說：君子聯手解除危險與災難，小人失去黑暗的憑藉，而獲得解放，也不得不後退。不再興風作浪，擾亂世道人心。

上六 公用射隼，於高墉之上。獲之，無不利。

解卦上六爻說：王公箭射高牆上的猛鳥，如同誅殺惡人來安定善良。恩威並施，仁勇兼全，赦免過錯，寬容有罪的人。讓天下回復正道，為全民謀福利！

象曰：公用射隼，以解悖也。

解卦上六小象辭說：王公展現仁慈與勇敢，借奮猛快速的威武，掃除邪惡勢力，天下回歸太和。解放的恩典，又哪裡只是釋放囚犯，赦免過錯而已！

結語

一、行走人間最寶貴的是謙德，學道行道最寶貴的是損卦。

1. 宗主孚佑帝君說：前面講彖辭，孔子恐怕一般人還是不明了，命令我再補充解釋。**彖辭分成三段**：就是「解利西南，無所往」是一段，「其來復吉」是一段，「有攸往，夙吉」是一段。

   用吉利來分別占卜的卦象，而前面講「無所往」，後面講「有攸往」，前後大不同，是一般人最不能明白解釋的地方。

   孔子特別拿「時」這個字來解釋，**時機包含「過去現在與未來」**，每一卦都有這三個時機的區分，只有解卦的例子特別顯著。**時機有先後，事情就有往來。**

   所以第一段是指現在來說，第二段指未來而說，第三段就指過去。時機既然不同，行動自然有區別，占卜也就大不一樣，所以「無所往」講的是時機，「有攸往」也是時機，不過有先後的分別而已。

   易卦講時機，是《易經》最重要的義理，乾卦已經講明體例了。而解卦因為是蹇卦的變化，從坎艮變為震坎，這當中的交替變化，自然有先後的分別。從卦來說，六子出自乾坤，震坎都是由於坤卦追求乾卦而得到。**坤是大母，一變是震，再變是坎，三變就是艮，這是從陰來完成陽。**

2. 如果溯源反本，那麼艮的回復一定是坎，坎的回復一定是震，震的回復一定還是坤。因此艮坎結合的蹇卦，回復就是坎震的解卦，這不只是卦的往來而已。

   如果從解卦再回復，那麼坎變成震，震變成坤，雷水解就會變成地雷復。所以彖辭講「其來復」，這個復字已經點出復卦，讓我們明白**「變化就是反復」**的所在。

   凡是卦當中有卦名的字，都與那個卦有相關的義理。比如泰卦已經講明利益，解卦的文辭講「來復」不只是講往復，實在是包含了變化就是「地雷復」的意思。而解卦的過往就是對位風火家人，文辭所說的「夙吉」，夙就包含夙世的意思，也就是前身。

   解卦是八宮震宮第二世，而家人卦是巽宮第二世，都從八宮次序推來。**八宮的次序，實在是講明六十四卦交替生息的道理**，從八卦生出六十四卦，都是有本有源，前身與後世都可以推演出來。

3. 解的內外卦都失正位，而家人卦都得到正位，因此解釋彖辭用「得中」

來形容，這是講可以**由變化而回復正道，就是「撥亂反正」**的義理。混亂已經回復正道，更哪來的蹇難需要大力解除呢？所以拿「解」來命名，實在是講能夠善變而能善用時機，藉著時機而能回復正道。

太偉大啦！復的消息，天地的心在「復」當中看得見。因此治亂的氣數與興亡的時機，仔細觀察地雷復卦的大象辭，就可以明白解卦象辭當中所隱藏的消息了。（不能達本還源就不是復！）

從時令來說，解卦是春雷將動，雨水要下的時候，而氣是從冬至一陽來復開始，所以**復卦是十一月的卦，解卦是在正月與二月之間**，在雨水驚蟄的時候。因為陽氣從地下上升，由復卦而臨卦而泰卦，就在天地交泰以後，而還不是雷天大壯的時令。

天地交泰可以看見氣的和諧，解卦就由於氣的和諧而有雲雨的作用，因此**交泰是春的開始，而解卦是春雨的布施。**春天雖然靠陽和來主持生育，而生育必須等待雨的潤澤；春天雖然以陽氣上升為生機，而生機必須等待雷鳴。**雷不鳴則生機不順暢，雨不降則生育不完全**，所以天地生化的功德，一定要從解卦才看得見。

4.　所以解釋象辭說：「天地解而雷雨作，雷雨作而百果草木皆甲坼。」這是證明解卦的隨時作用不在「天地交泰」之下。不過**「交泰」可以當作本體，解卦可以顯明作用；交泰講的是道，解卦彰顯的是功德。**因此解與泰互相因循而互相成就，而本源還是地雷復卦。

地雷復講一陽初動，震開始表現作用；而解卦是二陽遞升，震完全彰顯功能。所以復卦的震在坤卦下方，而解卦的震移到坎卦上方，坎在後天代替坤，正因為有坤的德用，具備坤的事功。

因此坎在下卦代替坤，而不是「雷地豫」的現象。**豫講的是「事先」，解卦講的是「已經展現」；豫講的是還沒有成形，解卦講的是已經完成作用。**兩陽上下互相依靠而四陰縱橫交錯，就像春日的溫和又有雷雨的潤澤，缺一都不能完成德用。

5.　解卦的作用與這些卦都互相關連，而時機是有分別的。時機在坎險就沒有什麼作為，所以叫作「無所往」，表示前往還是會陷落；時機在震動就有可以作為，所以叫作「有攸往」，表示前往一定有事功。

這個機兆都是在「變化」，變化就會進入吉利；沒有變化，雖然是解

卦也不能發揮作用。因為還在蹇卦的影響力之下，還在險地當中。在遭逢蹇難以後，要等待奮進的時機，這是時機最可貴的所在，而只有大智慧的人知道。

譬如內功的修養，靜中可以生動。**氣不動就不能周流，氣輕動就會神守不住氣；因此氣動以前一定會先靜止，而氣動以後一定要和諧。**和諧然後精液自然蒸發，神明自然充足。這就是水火既濟的現象，雷雨交作的功德。

6. **性命中和位育四步道功：一、氣機就存在「腎與心」的相交通。二、性道在剛與柔的協同。三、作用在氣與血的發動。四、完成在生成與造化的達通。**

這就是春天的繁榮，萬物生育的時機，把道理推展擴大，就是中和位育的事情。解釋彖辭引用**「天地解而雷雨作」**來印證，讓我們看見功行的偉大。

人後天的竅閉塞不通，就像蹇卦；而靜功修養的力量，宣發通暢可以體入細微，就是解卦。**解放就是百脈已經和諧，而全體周流，元神與形體交會感通，這就是「長生久視」的道理。**因此「解」字的義理，就像莊子說的用刀解牛，順著經絡與骨縫，一切的阻塞都可以迎刃而解了。學習《易經》的人可以仔細品味。

7. **宏教柳真人說：天道原來如車輪，輾轉而沒有停息；數理順著氣，消長有痕跡。聖人藉著河圖洛書來畫卦，名稱叫作易。**

從乾坤發端而坎離收束，從震艮來看見分合，而增減有損益。巽與兌不尋常，泰卦與否卦能止眾為一。剝復可以看見天機，咸卦與恆卦可以顯發胸臆。家人與睽卦互相違背，既濟與未濟互相因襲。

大過與中孚是人情的模式，謙卦豫卦以及蹇卦解卦，像腳又像翅膀交替。屯卦與蒙卦要如何理解，鼎卦與革卦最多困厄。不像履卦與同人，得「大有」在遠方接續，臨卦蹇卦則好像旁觀，姤卦與萃卦好像親身經歷。

能夠知行合一，在蠱卦當中也是無妄，從渙卦與節卦來明白得失一體。就在這一切現象當中，氣數的推移從來沒有止息。晉卦與明夷互相出入，需卦與訟卦更是生滅交替。師卦與比卦有恩仇，升卦與困卦是默

默升降，默契機理。

漸卦歸妹豐卦與旅卦當中，陰陽的爭奪從來沒有止息。噬嗑卦與賁卦關連一氣，大蓄卦與小蓄卦的取得有義。讓我們明白物欲本來無窮，而人情不能克制壓抑。如此輾轉互相交通，才能看得見聖德功化的神力。因此講世間的得失消長，都比不上《易經》卦象的前後相繼。

8. 宏教柳真人說：解卦以下就是損卦。山澤損是吉祥的卦，不是講損害是吉祥，而是知道「損去應該損」的才是吉祥。滿招損而謙受益，知道損的道理，而能夠行出損的德性，自然就沒有「滿招損」的憂慮。

   老子說：「為道日損，為學日益。」損就是減少，減少與增加相對。欲望減少就不會違背道義，能夠損之又損，真理獨存，減之又減天性才顯著。

   所以**行走人世間最寶貴的是謙德，而學道行道最寶貴的是損卦。「謙卦與損卦」是內聖功夫與外王學問的根本。**學道的人不要看到損而認為不吉祥，能夠觀照全卦的象辭就可以知道了。

二、宗主孚佑帝君說：解卦是天命已經下達，恩澤已經顯著。

1. **《易經》以卦象為根本，而人道以天道為老師。**解卦結合震坎，四陰二陽，陽得時而志向升騰，不再受陰的拘囚。藉著坎卦的中爻來成就震卦的初爻，二者相呼應就像磁鐵吸針，力道很猛行動快速，又像雷電出於水而發聲在天。所以有「赦過宥罪」的義理，這是為了完成升騰的志向，推展發揚的情懷。

   因此拘繫的得到釋放，囚禁的得到解脫，人人都可以奮勵自新，可以合同天道好生的德性，與噬嗑卦的「利用獄」正好相反。

   可是解卦的「赦免包容」，不是廢除法律；而噬嗑卦的「用獄」，也不是只重視刑罰。這當中關連著「政治與教育」輕重的宗旨。

   解卦是講陽得勢，志向在脫離陰的拘絆；而噬嗑卦是陽過時，容易受陰的攏絡。就像人的情志，有看重道義而看輕物欲的，有放縱欲望而拖累身心的。解卦重視的是義勇，常常會忘記事情的艱難；噬嗑卦以飲食欲望為先，往往忽略行事而違背法令。

   因此兩卦的結果，一個是逃離危險而到達自由，一個是做了惡事而關

進監獄。這不是在上位者存心這麼做。

2. 所以解卦的寬赦包容，是用恩德來幫助威嚴，用寬緩來代替急切而已；並不是捨棄刑罰，只是在義理上面取用「解除」的方法而已。解卦是要帶來舒適和平，所以說爭奪就會成為爭訟，和平就會得到解決，這就是**寬厚來緩解猛烈，用仁愛來行出道義**的宗旨。

上古的太平盛世，刑罰得中道。大家可以出離苦困，可見解卦的寬赦包容，只是期望從和平來達到中道而已，不是彎曲法令來顯示恩德，不是隨順私情來助長邪惡。一定要權衡輕重，考量人情與世故才可以赦免。

這樣可以上體天時的節令，而協同中和的德性。孔子的講義已經揭明宗旨，讀經的人不要誤會大象辭是要「廢除法令」。

易卦的體例，最可貴在得到正位與得到中和。

什麼是得正？內外卦正位都是正。就像家人與蹇卦，因為內卦同於坤卦，有六二的正位；外卦同於乾卦，有九五的正位。**像咸卦就是最明顯的例子。**

3. **什麼是得中？**以人道中爻為主。九三與六四陰陽相協同，就像家人卦與蹇卦。剛位而爻也是剛爻，柔位而爻也是柔爻，上下相和諧而內外沒有乖離，叫作中和。既濟卦是最明顯的例子。

凡一切卦能夠合同中正，作用一定很大，德性一定光明，氣數一定吉祥，否則就是相反。所以**「失正」就是失去地位，「失中」就是失去德性。**就像睽卦與解卦，不得正位又違背中和，於是不能守又不可為。可是卦用重心在變化，能夠變化就可以回復中正了。

解卦的解釋彖辭講「得中，有功」，就是解卦善於行動，行動就變化，變化就通達，所以叫作「解」。**解就是改變，變化原來的卦象，改正原來的行為。**可以從蹇卦的艱難而進入家人卦的中正，可以從睽卦的背離而到達來復的中和。

這是人道的契機，不必侷限在上天的氣數。而上天也展現這樣的時機，就像春天的溫暖而百物爭相發育，一定要得到上天的雷雨才能夠暢達生命。

4. 但是雷雨的豐沛一定要有時機，時機不對反而成為災難，時機到了而

沒有來到，更難發揮作用。所以「時機與災難」是需要與不需要，是多與少之間，來印證得中與不得中而已。

大蓄卦講時機，無妄卦講災難。兩者互相倚伏，如果隨時而展現就可以成就化育，不合時機而來到就會產生災害。因此**天道雖然是無心，而人道必須要有「準則」。**

所以解卦要看準時機，關鍵在人的回應。**人能回應天時，災難自然解除；人違背天命，災害反而增加。**因此解卦的大象辭特別拿「赦過宥罪」，讓我們明白人應當順應天時，更必須先自我解脫，然後才能體察而承接天道，來暢達生成化育的功德。

屯卦講「雲雷，屯。君子以經綸。」解卦大象辭講「雷雨作，解。君子以赦過宥罪。」從這裡可以看見時機地位與功用的維繫。

5. 當變化未明而功用未定，君子在此取象，於是重視「經綸」。**經綸講的是籌謀大事的時候，計畫的當下，將行動而還沒有行動，有作用而還沒有鋪展。**就像雲在天上，到底是雨水還是雲霞，將會聚合還是分散，**要等待上天的命令。**

這是「因時制宜」的現象，藉著時機而給出最恰當的做法，就是屯卦的作用。

解是坎在震的下方，雷已經鳴了，雲已經降為雨了，水往下流，不可能留在空中。雷聲既然發散，陽德既然舒展，雨澤就很充沛。這是**天命已經下達，功用已經明顯，時勢已經明朗，恩澤已經顯著的現象。**

就在這個時候，君子藉著解卦應當推廣好生的德性，把握順承化育的時機，發揚仁慈的愛心，成全生化的作用。因此要重視「赦過宥罪」，而期望達到乾卦大生的功德。

6. 所以赦免有過的人，原諒有罪的人，不再用刑罰，不再殺戮，來成就天地的生機，而宏大人道的根本宗旨。

因此解卦與屯卦是「始終」的事情，是「最初與完成」的行為。**屯卦主導開始，所以困難；解卦主導終成，所以和緩。**屯卦承擔最初，所以重視經綸；解卦承擔完成，所以重視赦免寬容。

解卦的時用以和為貴，和諧然後生成的功用看得見，化育的德性光明，這就是天道，人也應當效法。所以從小處來說，就是「赦免寬宥」的

事情；從大處來說，就是「天下和平」的創建。在內就要泯除爭訟的事情，在外就要消除刀兵的劫難。

刑罰是秋天的時令，打仗也是在秋天。解卦是春天的時令，這是生殺不同的所在，也是爭訟與和睦的分辨。赦免與寬宥就是賁卦「無敢折獄」的意思，都是與天水訟卦相反。讀經的人應當細心玩味體會。

山澤 **損卦**

上九
六五
六四
六三
九二
初九

卦旨

1.　〈序卦傳〉說：「解卦的紓解緩和，一定會有失去，所以接著是損卦。」
這是《周易》序卦的義理，因為氣數的推移，事物的合同感應，讓我
們看見「時有必至而事有必然。」

孔子說：**損益是人物本來就有的氣數，根本在氣數的「盈虛消息」，
而志向在追求平均。**把多的消減，不足的補足，剛強的壓抑，衰弱的
顯揚，這樣可以求得平和，而到達中和。因此泰卦與否卦的作用，有
「公平」的現象；而損益的情感，有「加減」的功德。

用加法就是益，用減法就是損，先減損然後增益，這是**天道忌諱滿盈**
的道理，所以卦用與謙卦豫卦可以互相證明。謙合同損卦，豫合同益
卦，雖然是人事，實際上是根據上天的法則。因為人情崇尚公平，人
道重視均衡，「均衡公平」的極致是天下最大的文明。

損益雖然是兩個卦，志向相同，都是追求不超過而已。**損卦是講「損
下益上」，益卦是講「損上益下」**，這是行為的不同，不是志向的差異。

2.　**道向上行就是損，向下行就是益**，上位的不足就往上加，下位的不足
就往下加。無非為了調和滿盈，補助虧欠，拿有的來補助沒有的，使
萬物共同生成，共同化育，而沒有缺憾，可以合同天道最極致的圓滿
公平。

所以**損益兩卦是人道的大原則，是治國平天下的樞機。**泰卦的誠信交
通與否卦的阻塞不通，是天的氣運，損益就是為了協同調和，發揮平
衡的作用。**沒有泰卦與否卦，不知道天道的盈虛；沒有損卦與益卦，
不了解人道的消息。**因此損益兩卦在咸卦恆卦以後，而介於既濟未濟
以前，與上經的泰卦否卦相互呼應。

〈雜卦傳〉說：「損益是盛衰的開始」，就是從剝復的現象來分辨而已。損中包含復卦，於是損減就不是損耗；益中包含剝卦，那麼外來的增益就不是本體的增益。這是在闡述表裡不一致，終始不整齊，而互相成就作用。

3. 既然從平均的泰否變成交錯的損益，更從滿盈與虧欠的損益當中，含藏消減與增長的剝復。這當中關連著「氣數與天理」的消息，實在可以讓我們深入而長久思考。

損卦有五層消息：一、損益互相推移，滿盈虛欠互相生成。二、損益盈虛，隨順天時運行。三、天地的常道，沒有空虛不會回歸滿盈。四、陰陽的能量，沒有下降就沒有升揚。五、先消減然後生息，一切的生育會有成就。

損卦有三不要：一、不要自我追求增益鋪張，要以節省為法度。二、不要自我誇耀顯達，要拿謙退來自處。三、不要奢侈浪費太過，要以節儉為主軸。

減損卻有增益，益卦要從損卦來完成；增益卻有減損，損卦是從益卦出來。這不是因果的差異，是變化的氣機。就好像一年的春夏秋冬，自然成為秩序而不得不如此。**人以天為準則，在損的時機應當減損，不可以妄想得到事情的增益**；明白益的時機應當增益，不可以僥倖圖謀事情的減損。

4. 就好像春天不能當作秋天，夏天不能當作冬天。所以**人事的得失，天道的盛衰，都應當根據損益兩卦來印證**。這不是時機有過錯，而是把握天時才是中道，損益要配合天時才合同天道。這兩卦講明「**與時偕行**」的道理，**做什麼事都要隨順天時**。

宗主孚佑帝君說：**損卦有四層義理**。一、升降的途徑能夠徹底。二、往返的道路能夠窮盡。三、分合的作用充分發揮。四、消息盈虛顯現法度。彼此各不相擾而自然能夠旁通，互相成就志向又能夠獨自掌握樞紐。

損益有四層的作用：一、可以節制調和天地的時令。二、可以主導引領人物的性情。三、可以窮盡天下道化的機制。四、可以立定天下的中極。

所以〈雜卦傳〉說：「損益是盛衰的開始。」有盛有衰一定從損益開始，盛衰交替循環而損益交流變化，就像一年的四季而無往不復。那麼變化的又何嘗變化？損益的又何嘗有損益？

白話經文

【彖辭義理】

損：有孚，元吉。無咎，可貞。利有攸往，曷之用利。二簋可用，亨。

損卦彖辭說：損卦兼備元亨利貞四德，彰顯人事對天時的回應。下位的人能順從上位的命令，上下互相誠信協同，創造地天交泰的大吉祥。

內在能合同坤德的安貞止靜，可以沒有過錯。外在的行事，無往不利。飲食儉省有節度，既可以祭享鬼神，又沒有不亨通。

【解釋彖辭】

彖曰：損，損下益上，其道上行。損而有孚，元吉。無咎，可貞。利有攸往。曷之用亨，二簋之亨，應夫時情。損益盈虛，與時偕行。

損卦解釋彖辭說：損卦是減損下位的人民，來增益上位的人。禮敬的道往上行，上位的人也能鞏固好民本。當上下能夠真誠協同，實踐禮樂中和，就可以得到大吉祥。有吉祥自然免除政治與教化的過錯偏差，而展現道德仁義的風俗民情。

全國上下，內守貞明合德，外行利益合道，做任何事，往任何地方，沒有不亨通暢達。在祭享與宴享的禮儀中，沒有物化的鋪張浪費。減損與增益能平均，滿盈與虧虛能調和，於是可以隨順天時而常保安泰！

【大象辭義理】

象曰：山下有澤，損。君子以懲忿窒欲。

損卦大象辭說：山澤雖然通氣，而情志很難協同；山下有澤水的時局，水土都會流失。君子明白天時而合同卦象，立人道而定教義，拿懲忿窒欲作為修養的開始。

首先以乾德約情適性為要領，再以坤德安貞戒慎為教訓。期許能正性立命，保合太和元氣，來齊家治國安天下。

【爻辭義理】

初九 已事遄往，無咎。酌損之。

損卦初九爻說：隨順天時局勢前進，決心要斬除過往的一切，全力追求未來。雖然減損行事而不失禮，減損情欲來充養天性，不再忿怒暴氣，也不放縱欲望。於是可以從容中道，調適性情。

象曰：已事遄往，尚合志也。

損卦初九小象辭說：果斷放下以往的恩怨情仇，懺悔一切的罪過錯而永不再犯。自我減損來合同上位的人，一心一德來完成共同的理想。

九二 利貞，征凶。弗損，益之。

損卦九二爻說：雖得中位而不正，適合靜守來協同利貞的吉祥。如果不守成而想開創，出征就會招來凶禍。所以，損中有益，損一時有長久的利益，損現在有未來的收益。有損失才會有受益，如果不想損失，又哪來的利益？

象曰：九二利貞，中以為志也。

損卦九二爻小象辭說：九二失正位，能自我減損，立志在協同守中。能把握時中來調和盈虛，固守貞德來發揮作用，損失反而得到利益。

六三 三人行，則損一人。一人行，則得其友。

損卦六三爻說：三人同行就折損一人，一人獨行就得到朋友。得友失友的關鍵，在雙方是否一致而合同。合同一致的道，來自簡單與節省的自我減損功夫！

象曰：一人行，三則疑也。

損卦六三爻小象辭說：六三失中正的地位，主賓猜忌嫌疑，很難互信協同。君子要順時應變，獨行中正，明哲保身，才可以得友助。如果人事上繁多複雜，就會有摩擦牴觸。

六四 損其疾，使遄有喜。無咎。

損卦六四爻說：人生最大的喜樂，沒有比損除災病更快樂的事了。由於陰陽動靜的不均衡，導致氣血不調和而生病。現在得到太和正氣調理，趕走疾病與過錯。身心歡暢，元神鼓暢，隨所到處，沒有不安樂！

象曰：損其疾，亦可喜也。

損卦六四爻小象辭說：損除無形的災病，損去七情六欲，不是靠藥物，是靠行功立德。固其本有，去其本無；正氣內存，外邪不侵。所以天機鼓暢，心凝神定，自在喜樂。

六五 或益之，十朋之龜。弗克違，元吉。

損卦六五爻說：六五得到時勢地位的中正，獲得眾人大數量的布施供養。六五的大吉大利，是天人的合作，是時機局勢的推動。損失的人與受益的人，都不能違背天時氣運。

象曰：六五元吉，自上祐也。

損卦六五爻小象辭說：六五有謙卦的謙虛善受，有坤卦的安貞順承，獲得大吉利、大福報。這是承接上九的布施，得到上天的庇佑覆蓋！天時因緣來到，人事不能作主，也不能違背！

上九 弗損，益之，無咎。貞吉，利有攸往。得臣無家。

損卦上九說：上九是全卦大用的展現，反損為益而免除過錯！既適合守貞守成，又適合行動求利。上位的人得到臣子的輔佐，開創道德事業，就要捨下家人親情的私愛！只有才德兼備的君子，明白「求缺不求全」的自損義理。

象曰：弗損，益之。大得志也。

損卦上九小象辭說：上九是損卦大功告成的日子，沒有減損只有利益。順著天時而定在本位，獲得的利益太大了！雖然沒有親自照顧到家庭，可是把全天下的家庭都照顧了！

結語

一、宗主孚佑帝君說：捐獻布施的重要。

1. 損益是往來卦。損卦是結合艮與兌，與咸卦同體；益卦是結合震與巽，與恆卦同體。所以「咸恆損益」四卦形成一大循環，這是四子交錯，是後天事物變動生成的總現象。

   八卦除乾坤以外，**坎離也好像乾坤，可以代處乾坤的地位，掌理生化的主宰，是陰陽的樞機**。比如先天的乾與坤，交合而成為泰卦與否卦，這個現象分明清楚；先天的坎離交合成為既濟與未濟，這個現象也很顯著。

   所以**整部《易經》從乾坤開始，到既濟未濟終結，而坎離在上經的最後，泰卦與否卦掌握上經的中段**。到了下經就是「艮兌震巽」，交互錯綜來完成作用。在「乾坤坎離」以後，可以看得見四子的交通錯雜，牴觸悖逆與顯達，各有不同的顯像。

2. 所以**下經是從咸恆開始，以損益作為中間的分界**，而「艮兌震巽」四卦分別序列在後面。就好像隊伍有統帥，步伐有往來。

   損卦有四層義理：一、升降的途徑能夠徹底。二、往返的道路能夠窮盡。三、分合的作用充分發揮。四、消息盈虛顯現法度。彼此各不相擾而自然能夠旁通，互相成就志向又能獨自掌握樞紐。

   損卦與咸卦好比是益卦與恆卦。恆卦是彰顯不變而可以長久，益卦是講明每天的變化而可以廣大；恆卦是維繫在道而能通達性命，益卦是運轉在器物而能鋪展平衡人事物。這也是不能併在一起談論的。

   形而上的是道，道本自足，不需要往外連通；形而下的是器，器必須要聯通外物。這是損益與咸恆最大的不同。

3. 天地悠久而生化隨時，事物推移而中和不變。那麼**在變化當中有不變的存在，在形器當中有元神的存在**。關鍵就在善於理解《易經》的人能夠會通而已。

   從字形來說，**損與捐相類同**。這是拿財物的累積與發散來比方，這也是損益的根源。捐出來就不是損失，損失就不是捐出來，捐獻布施的財物不是損失。如果吝嗇捐獻，最後一定遭受損失。

   所以有財物的人務必要勉力捐獻，不要造成損失。能夠捐獻，德性就一天天增加，而利益福報也增加；損失就財物一天天減少，而禍害也跟著來到。因此損與益是相反相成的道理，現在藉著損卦的義理，特

別講明捐獻布施的重要，用來勉勵所有人。

二、宗主孚佑帝君說：太平盛世由損益盈虛做起。

1.　用陽來統領陰，是《周易》的定例；以中和為首要，是儒宗最極致的教育。在下位的得道體，在上位的得天時，「時機」是後天一切的樞機。所以講本體要看重下卦，講作用要看重上卦，**因為「隨時」是《易經》真理教育的根本宗旨。**

　　「時」講的是天，「隨時」講的是人。人道的道理沒有比損益更大，沒有比咸恆更優先，因為講人生的情志是發自本能，推展功用就可以達到和平。這一層天人一貫的道理，從咸恆發端，由損益來完成。

　　所以**損卦是向上行，益卦是向下行。**在上經的謙卦已經把義理講清楚，謙卦講：「用多的幫助少的，秤量財物做到公平的布施。」這就是損益的大用，也就是「天道下濟而光明，地道卑而上行。」上下都得中道，才看得見均衡與公平。因此損益的道理可以把天下推向太平。

2.　泰卦否卦固然是三陰三陽的卦，可是沒有交錯，所以叫作天道；損益是陰陽已經交錯，交錯一定有行動，這是人道所重視的。因此人道講治國平天下，一定要從損益開始。「損而益之，益而損之」就是孔子所說的「均無貧，和無寡，安無傾」的道理。如些一來，天下還有不能治理好的嗎？

　　損益都是吉祥的卦。因為有平均的作用，有齊一的功德，雖然上下有不同，而和平是一致。《書經》說：「滿招損，謙受益。」從天道的時運可以證明損益的義理，因為太滿了一定會損失，虛欠不足的反而會受益。

　　減損滿盈而補不足，這就是天道「消息盈虛」的道理，截長補短的功德，可以達到公平。**達到公平就可以同化進入大同，這是太平盛世首先要做到的事。**

風雷益卦

卦旨

1. 〈繫辭傳〉說：「伏羲氏沒，神農氏作。斲木為耜，揉木為耒。耒耨之利，以教天下。蓋取諸益。又曰益以興利。」可見益卦的作用在利益民生，而卦爻的現象則是震巽的結合，兩者都是木，木主導生命的利益。

上古講「利用以厚生」的道理首先效法益卦，以農夫最明顯。農夫播種五穀，種植桑麻，收穫來養眾民，也是木的這一類，而農用的器具更是要靠木來支撐，因為那時候還沒有金與鐵。

震是東方的卦，主導天下的春天，草木會先生出來。巽是柔和的木，屬於草穀這一類，都是秉持天地的生機，繁殖生育沒有窮盡。聖人順時播種穀物作為人民的食用，因此益卦興利的功德，不只是適合行動而已。

損益有四層義理：一、包含消減與生息的氣數。二、有困窮與通達的分別。三、根本於變化的氣機。四、顯明升降的道理。損的道理根本在義，益的道理昭顯在利，利是義的總和。

2. 損卦靠艮的止靜，結合兌的喜悅，柔與剛相呼應，行為適合後退。益卦靠巽的順從，結合震卦的震動，陰與陽和諧，適合前進。〈繫辭傳〉說：「鼓動萬物，沒有比雷更快；運行萬物，沒有比風更快。」雷風相激盪成為天下最快速的力量，結合成為益卦，可見益卦的行動力是沒有阻礙的。

益卦的一陽在初爻，奮發生機活力超越群陰，向上接應九五與上九二陽，成就天道大生的功用，是人類成長生育的源頭，所以叫作「益」，這是講能利益天下。「損上以益下」好像砍伐樹木來作為耕種的農具，

推展發揮萬物的利用而已，那麼損也就是益。

益卦是從否卦變來，否卦的不通變為利益，可以亨利天下，形成天道下濟的現象。九五與六二內外正位，好像明君治理國家，德政普及萬民，一切沒有不生成，沒有不是快樂，沒有不生育長育。這就是益卦的義理，講一切沒有不利益。

3. 陽氣累積的時候，要有陰的力量互相協同，所以陽氣在益卦是利益，而在夬卦反而成為破裂的作用。這就是滿溢就有損害，太滿盈就會往外溢流出來。決裂也就是滿溢流出的義理，就好像江河決堤，流水溢滿大地，這就是滿盈的傷害，也就是利益的太過。

   益卦本來是利益，太過傷害就發生，所以君子「**見善則遷，有過則改**」**就是預防決裂而已**。這是《易經》真理教育的隱微義理，讀經的人應當要深深思考。

   「損上益下」是講砍伐枝葉而栽培根本，本立而道生，本固而枝榮，這就是益卦的道理能夠利益一切。損而不停一定獲得利益，益卦是因為損而成就，能減損的人終究會獲益。**天道往復，時機完全，而代謝循環不停，消息盈虛要協同天時共同運行**。就是這個道理。

4. 宗主孚佑帝君指出〈繫辭傳〉說：「損，德之修也。益，德之裕也。」又說：「損，先難而後易。益，長裕而不設。」又說：「損以遠害，益以興利。」從這裡可以明白損益的作用，而分辨損益的不同。因為損益兩卦都有損有益，不過分上下來說。

   對上面有益的就是損，對上方有損的就是益。那麼損在於局勢的逼迫，而益就在德性的昭顯。所以**遠離傷害是損卦的宗旨，興發利益是益卦的宗旨**，最簡單又最明白。

   一切的傷害是人所厭惡的，要遠離傷害一定先要有所減損；一切的利益是人所想要的，要興發利益一定先要有所增益。事情雖然從下位啟動，利益則從上位興發；所以損卦的「**損下而益上**」是不得不損，益卦的「**損上而益下**」是不可以不損。損卦從行動來說，益卦從德性來說，作用是很相近的。

5. 兩卦的受益，要看陽爻少而貴重的為主。損的上卦陽少，所以利益在上卦；益的下卦陽爻少，所以利益在下卦。

這麼來理解損益的道理，還是根據《易經》「扶陽抑陰」的主旨。因為陽德是天而主導生成，**益卦與創生的力量相得，損卦與傷害的力量相通。**

陰主導殺傷，德性適合在秋冬，所以損的人不可以長久，而減損以後一定有利益。就像秋冬以後一定有春夏，秋冬是萬物的衰敗，春夏是萬物的興盛。**損益兩卦實在是發揮天機，所以說損益是盛衰的開始。**

白 話 經 文

【象辭義理】

益：利有攸往，利涉大川。

益卦象辭說：在元亨利貞四德當中，益卦只論利德。有兩層義理：一是所做所到的地方沒有不利，最難渡越的大川險阻都可以克服，具足最大的行動力量。

二是天道與人道都忌諱滿盈，在利益當頭不可自滿。如果得利不節制，一直利上求利，忘記守成的貞德，會損掉根本。

【解釋彖辭】

彖曰：益，損上益下，民悅無疆。自上下下，其道大光。利有攸往，中正有慶。利涉大川，木道乃行。益動而巽，日進無疆。天施地生，其益無方。凡益之道，與時偕行。

益卦解釋彖辭說：益卦是上位的人減損自己，利益百姓，人民懷德誠服，喜悅無限。聖賢明王有無私的天心，愛民施惠不吝嗇，於是政教合一而禮樂光明。聖王的天德配天位，行事正大光明，人民富足而普天同慶。聖王效天法地的行動力，連大川都不能阻擋。

益卦利益一切，能順從人民。又能配合天時，不止息的前進。合同天道的布施與地道的生育，萬物的生成無限。益卦的功用是繼承乾坤的大道，隨順天時而發揮作用！損益文質，損益盈虛，都是時機與局勢促成的。

【大象辭義理】

象曰：風雷，益。君子以見善則遷，有過則改。

　　益卦大象辭說：雷震發動在下，巽風順從在上。剛得柔助，志向能達；乾得坤助，始終奮發。可以成就進益的事功。因此，君子要積極遷善改過，砥行立德。最終要止於至善，位育中和，才是持滿有道。

【爻辭義理】

初九 利用為大作，元吉。無咎。

　　益卦初九爻說：利用震卦陽剛飛騰奮起的態勢，發揮全卦大用，可以有大作為，創造大事業，所以得到大吉祥。但是，要做到順天時而為，要有朝乾的健動，夕惕的節度，還要警戒躁進，才能免除好大喜功的過錯！

象曰：元吉，無咎。下不厚事也。

　　益卦初九小象辭說：本是潛龍勿用的地位，因為得到天時，才能擴充利益，有大作為，保有大吉祥！但是，下位的力量單薄，不可貪功，不可多事，不可追求滿盈。要做到遷善改過，才能免除德位不相配的過錯！

六二 或益之，十朋之龜。弗克違，永貞吉。王用享於帝，吉。

　　益卦六二爻說：下卦六二居正位，與九五是全卦的主人。六二有坤卦的本德，又得到九五的施與，初九的培育，所以享受豐富，禮儀完備。受益是天與人歸，不能違背；雖然豐厚，也不能推辭。

　　六二能順承九五而生成，德性光明而功勞顯著，做到永貞得到吉祥。六二的地位是諸侯國君，祭享上帝，獲得吉祥。

象曰：或益之，自外來也。

　　益卦六二爻小象辭說：六二所獲得的利益，是外面來的財物，但也不是僥倖得到。利益是靠安貞的德性而獲益，也要靠永貞的修持才固守得住，才能長久享受！

六三 益之，用凶事，無咎。有孚中行，告公用圭。

　　益卦六三爻說：雖然受益，卻會遭遇凶事，這是益中有損；得到上位的賞賜而免除過錯，這是損中得益。禮教推行，上下能和諧往來，內外能誠信互助，彼此都能順中道行事。

　　臣子朝會時晉見王公，手拿禮器，行禮如儀，報告政事。因為有功勞，

而接受王公的封爵與賞賜。

象曰：益用凶事，固有之也。

益卦六三爻小象辭說：六三有受益有損失，吉凶一起顯現，這是本來就有的事。終究因整體的利益而免除凶事，因禮儀完備而免除過錯！

六四 中行，告公從。利用為依遷國。

益卦六四爻說：聖人治理天下，志向以順從天命天時為優先，以利用萬物，利益人民為根本。遵循禮儀而不失本位，大公無私而中道行事。

全力厚實民生，為人民百姓謀福利，因此一切政教的策略謀略，上位的人與老百姓沒有不依從。就是遷移國都的大事，也可以依從。

象曰：告公從，以益志也。

益卦六四爻小象辭說：守本位，公心做事，不敢自專自是。聽命順從，被上位的人器重，所報告的政策政務，君臣百姓沒有不依從實行。以自損來完成整體的利益，順中道行事，是六四的志向！

九五 有孚，惠心。勿問，元吉。有孚，惠我德。

益卦九五爻說：全卦主爻的九五，能自損來利益下民。君王的誠信施惠，全民都能得到無限福利，人民的受惠隨處看得見，不必再問人民有沒有受益！

明德推及全民，得民心就得天命，自然得到大吉祥。君王的惠施下民，得到全民的誠服懷德，就好像惠施給自己一樣。

象曰：有孚惠心，勿問之矣。惠我德，大得志也。

益卦九五爻小象辭說：全國上下，真誠交感，一體同心。如同一身的天君泰然，百體從令，整體和諧美好。不用再問其他了！

君王仁政德惠的下施無限，全民承受恩澤也感恩無限。君王把福利全歸人民，而德性回歸我身。得民心就得國得天下，萬民沒有不心悅誠服，君王的明德無處不朗照顯現！天下大同的大志向圓滿完成！

上九 莫益之，或擊之。立心勿恆，凶。

益卦上九爻說：到了物極必反，數窮必變的上九，由於情感偏差，行為極端。造成施惠的心生不出來，德政不光明，做出傷天害理的事，而上

下的恩德斷絕，使得仇恨的攻擊馬上來到！

這是上位的人沒有立定恆久不止息的天心，惠施的心窮困，恩德逆反變成仇敵，凶禍就免不了！

象曰：莫益之，偏辭也。或擊之，自外來也。

益卦上九小象辭說：上九沒有恆心，容易偏離中道，違背慈惠下施的心，不能堅持美善到最後。於是招致外來的攻擊！利益逆反變成傷害，吉祥變成凶禍了！

結語

一、宗主孚佑帝君說：內聖外王，涵容在損益的大用當中。

1. 孔子講述損益兩卦的命名，可以看見古人創作《易經》，指示生命教育的宗旨。損字有減去的意思，就是缺失、簡略、節省、不足。反過來就是益，就是滿足、很多、增加、豐盈。
   益是興盛，損就是衰落。所以〈雜卦傳〉說：「損益，是盛衰的開始。」損可以看見漸漸減少，漸漸衰敗，漸漸耗損，漸漸衰弱。凡一切物都禁不起損，初損還可以，常損一定衰敗。俗話對於物的受傷折斷叫作損，比如損失損耗就是。
   又比如人身的病苦體弱多病，形態精神的衰弱敗壞也叫作損。講虛損、勞損，都是氣血的受傷損失，精力的虧欠損耗。又比如財物的受損，都是講不足、虧欠、空乏，所以損的意義很明顯。
   知道損一定會有缺欠，一定要均勻，就減損自己來追求「均平」；知道益有滿盈有興盛，就警戒自滿來保持「安和」。因此損益的道理是聖人指示人民，安定經濟、調和生活的大原則。
2. 治理世界要這麼做，治理家庭也要這麼做，理財要這麼做，積德行善也要這麼做。擴大充實來說，內聖外王的要領，完全包含在損益兩卦的大用當中了。
   所以利益上位的叫作損，利益下民叫作益。從這個道理來推展，調理財政，治理國家，也應當取法損益的道理。人民富有就是國家富有，

人民窮困就是國家貧窮。所以說：「百姓富足，國君怎麼會有不足？百姓不足，國君怎麼可能富足？」

損卦是下民的損失比較重，上位人給出的利益比較輕微，因為上位的人少而下民很多。益卦是反過來，上位的人損失很輕，而下民的利益很廣。從這個道理來說，國君富足不如人民富足，上位的人富足不如下民富足。

商朝的紂王積聚鹿台的財產，鉅橋的米糧，最後免不了滅亡。周武王代替紂王把一切財物散發給人民，而開展周朝八百年的基業，這就是一損一益的道理。

3. 紂王只知道利益自己，不能體恤人民的損耗，就造成損卦的現象。周武王只求利益人民，不計較上位的損失，這就是益卦的現象。所以說**財產積聚，人民就離散；物資聚集，德性就衰敗。**

「道德是根本而財物是枝末，把根本看輕了而把枝末看重了，就會造成人民的相互爭奪，而上位的人對人民的布施恩澤，也就被野心欲望奪走了。」這就是《大學》治國平天下的教育。凡是有國家的人不可以不知道。

聖人這些話是根據《易經》損益兩卦的作用。能夠減損自己，最後的利益也是歸回自己；損害別人，最後的損害也會回到自身。卦雖然有兩卦，宗旨是相同。損卦是從下民來說，所以損的最後是利益；益卦是從上位的人來說，能夠「損上而益下」就不會失去利益。

人民是我的人民，下屬是我的部屬，能夠利益人民與部屬，也就是利益自己。**損的道理根本在義，益的道理昭顯在利，利是義的總和。**

4. 所以人民自我減損來利益國君，這是義，義從情感發動；國君自我減損來利益人民，這是利，利可以成就德性。所以損卦兼備四德而益卦只拿利來形容。

「利以和義」，義講的就是恰好適合，時機恰好適合，行動就有利益。上古的時候義利不分，因為不合義的事情不能叫作利。利就包含眾人與自己，有一個人不利就不是真正的利。

所以**私利就是傷害**，後來的人只知道貪利，不明白公與私，於是都把利己當作是利，因此儒門的聖人不得不講明「義利的分辨」來糾正。

如果合於義就是利，而不是傷害，如果違背義，任何利益都是傷害。所以君子不取不義的財物，不圖謀私己的利益，因為洞察《易經》損益的道理，而想要藉著益卦來成就眾人的大利而已。**乾卦的文言指出「乾開始以美利來利益天下」**。益卦的利益就是乾卦的德性，所以益卦的利益很大。

二、宗主孚佑帝君說：完成禮樂中和，才能大利天下。

1. 益卦三四爻都有「中行，告公」的話，這兩爻都是中爻，處在上下卦的中間。向上面對五爻是尊敬，向下面對二爻是尊重。而三四爻自己不可以自專自恃，**要以中行為根本，要拿「告公」作為承上的態度，**所以要盡到「禮儀恭敬」才合同損上益下的道理。

   因為「損上而益下」是聖明君主的政治，不是自私自肥的人做得來。如果臣民不能體察上位人的心意，而忘記尊敬的禮儀；不能守住自己的身分立場，而失去了忠誠。就會形成上位的人有道，而下民悖道；領導的人有仁德，而下民貪心。

   > **要如何來完成益卦的作用，合同興利的行為呢？有四個條件：中行、告公、忠誠、禮敬。**所以三四兩爻一定要以「中行」為重，以「告公」為先，而表現忠誠，完成禮敬。才能合同受益的義理，而成就全民最大的利益。

   第三爻在下卦，本來是受益的地位，於是報告王公的禮儀，**就靠「用圭」來表明身分。**《論語》中講「孔子執圭，鞠躬如也，如不容。」可見用圭的時機，儀節很鄭重，不是平常「會同」的禮儀。

2. 六四爻是上卦，是自我減損的地位，適合謙卑壓抑的時候，一方面根據中行來完善職責，一方面報告王公向國君進言。這是報告王公而國君能聽從，可以發揮利益的作用，**一切都是依循禮儀。**

   甚至於要遷移國都，還是抱持忠義的心志，鋪陳良好的計策，把大利推行在國家，而事功表現在上下。因此六四的作用，處在下位而能利益國君，對下就能利益人民，自己是完善禮儀來修持自身。

   國君得到賢良的輔助可以利益國家，發揮大利的作用，甚至遷國的大事都可以依循禮儀來做。這是把利益發揮到最大了，不只是小恩小惠

的作為，不只是小忠小信的獲得。所以遷移國都不必限定任何時機，只是拿安邦定國為主旨；順從與依循不必限定任何事，只是拿利益眾人作為規劃藍圖。

因此六四的行為一定根據**戒慎恐懼的思考，有周詳的策畫**，然後實現**事功的利益，完成最高的理想境界**。所以小象辭說「以益志也」，講完成益卦的志向，也自然利益自己的志向了。

乾卦在外面就有剛健進取的現象，所以損卦益卦都是「利有攸往」。而損卦的利益有限，**益卦的利益沒有限量**；損卦的利益是遠離禍害，**益卦的利益是振興一切利益**。〈雜卦傳〉已經說清楚了。

三、宗主孚佑帝君說：君子「見善則遷，有過則改」是預防決裂滿盈的傷害。

1. **凡是三陰三陽的卦，都是從泰卦否卦變來，損益尤其明顯**。泰變成損，否變成益，只是爻位的移動變化，而上下卦都改變了，所以叫作損益。這是乾卦的加減，一個陽爻移動上下的地位而已。

   從損益進入夬卦與姤卦，三陰三陽變成五陽一陰，就好像泰卦否卦改變成為同人與大有。乾卦與離卦結合，都是五陽一陰的卦，這是《易經》卦象變化的次序，有一定的體例。

   三陰三陽根本於平均的卦，變化成為五陽一陰很懸殊的卦，如果要解釋卦象，就知道是天地生化的氣數所造成的。已經平均的變成最公正最平均，而不平均的最終也會變成平均。因此乾卦以後接著是坎離，而咸恆損益以後，最終是既濟與未濟，這都是陰陽消息的秩序，有一定來到的氣數。

2. 夬卦與姤卦是一陰結合五陽，反對卦是復卦與剝卦，就是一陽結合五陰。這麼看來，夬卦與復卦，是陽的始終；而姤卦與剝卦，是陰的首先與末尾。都是從下往上走的趨勢。

   復卦的一陽上升而到達剝卦，這是行動的極限；姤卦的一陰上升而到達夬卦，也是氣勢的窮困。極限就變化，窮困就通達。所以**復卦是從剝卦而來，而回返到坤卦；姤卦是從夬卦而來，而靠乾卦長育**。

   從時序來說，剝是九月的卦，坤是十月，復卦是十一月，是主持秋冬

的節令，說明陽氣的消減，有消減就有生息。夬卦是三月，乾卦是四月，姤卦是五月，是主持春夏的節令，說明陰數的終點，就會有新的開始。

因此三月的夬卦是春天的末尾，將要交接夏天。兌澤雖然柔順而在純剛的外面，上下正位都是陽爻，中爻又是重剛沒有協同。氣勢很盛，行為一定強暴；意志很剛強，行動一定蠻橫。因此一柔不能夠與陽抗衡，就有停止不了而自我焚燒的局勢。

3. 因為益卦的志向在前進，震卦的一陽每天前進不停止，於是造成與陰的決裂，所以繼接益卦的是夬卦。

夬就是決裂又是快速。「夬」就表現剛暴，「快」就表現強橫，都是以卦爻的作用為根本。乾卦的兩陽轉過來幫助柔的行動，雖然陰以少為貴，但是**地位太過崇高，心志容易渙散**，就好像澤中的水潰決了，變成到處漫流。

陽氣累積的時候，要有陰的力量互相協同，所以陽氣在益卦是利益，而在夬卦反而成為破裂的作用。這就是滿溢就有損害，太滿盈就會往外溢流出來。決裂也就是滿溢流出的義理，就好像江河決堤，流水溢滿大地，這就是滿盈的傷害，也就是利益的太過。

益卦本來是利益，太過傷害就發生，所以君子「見善則遷，有過則改」就是預防決裂而已。這是《易經》真理教育的隱微義理，讀經的人應當要深深思考。

澤天夬卦 43

上六
九五
九四
九三
九二
初九

卦旨

1. 夬卦上兌而下乾，是五陽一陰的卦，**與天澤履卦同體**，而上下卦位互換。柔被剛所沖決所以叫作「夬」。

   夬這個字有四層意思：一是決。沖決、潰決、決斷，就像水的潰決奔流。**二是抉**。好像用力抉除外物，有推倒而去除的意思。**三是快速**。勢力很盛，行動迅速，不再停留。**四是暢快**。行動沒有阻礙，好像水的順流。所以夬有沖決快速這些義理，而不用「決與快」，是因為不限定在一層義理而已。

   〈雜卦傳〉說：「**夬，決也。陽剛決斷陰柔**」就是這層義理。夬卦是陽的道一天一天上升，上位是最高位，這是陽的期望，所以陰不能停留。而且由於益卦的追求是前進不停，前進是陽的志向，陽一天天成長，勢必要決除陰。因此三陰三陽變成五陽一陰。

2. 夬的中間互卦，因為五個陽爻連接形成乾卦的現象，而外卦只有一個陰爻，不足與五陽協同。**陽盛容易張揚，剛盛容易折斷**，因此夬卦的作用，根據陽高亢的情勢，有飛揚的情境，而兌澤不足以滋潤。雖然有和不是太和，卻反而助長夬的威勢，因此夬以健動勝出。

   這樣的道失中，中道失去，作用就不完全。所以行事要多戒慎。如果忽略「朝乾夕惕」的告誡，自尊自大，放縱威權而妄用武力，就好像火不止熄，一定自我焚燒。

   陽德的光輝一定以戒懼為根本，所以乾卦拿「朝乾夕惕」作為教訓。我們看乾卦的文辭，就可以知道夬卦可貴的所在了。

   所以**占卜到夬卦的人要做到兩件事**：一、要戰兢恐懼自我反省，做到戒慎恐懼，來加厚施惠。二、要推展上天的恩典，來潤澤下民。那麼

夬的作用就是乾卦的作用，而兌的道理就是履卦的道理。

3. 兌卦相同而上下卦的地位不同，果真能夠順從履卦的志向，自我謙卑而自我壓抑，做到居上而不驕慢，只是謙退，施德務必普及，自然可以合同天澤履卦，就可以做到「辨別上下的禮分，而安定民志了」。所以履卦能夠以柔克剛，能夠遵循禮儀，自我謙卑來尊重人。

夬卦正好相反，自我尊大而自我仗恃，在王廷張揚，企圖有乾卦的表現，而忽略自己太過高亢。所以夬卦沒有善終，雖有柔道而不長久，雖「利有攸往而不利即戎」，而且是「號而有厲」。可見夬卦太過陽剛，免除不了過錯。

宗主孚佑帝君說：夬卦的作用以達到乾卦為志向，五陽的上升是為了去除陰柔，所以陰陽相對決而陽的行動迅速。**聖人講明履卦來制定禮儀，講明夬卦來約束情感。**

白話經文

【象辭義理】

夬：揚於王庭，孚號。有厲，告自邑。不利即戎，利有攸往。

夬卦象辭說：君臣有陽剛的德性，懷抱明德中正的存心，早晚戰兢，隨時奮勵，自強不息。都能合同全民志向，走在光明大道上。因此臣子得到信賴任用，可以在朝廷上得志飛揚，發號施令。也可以融洽輿論，疏導民情，和諧萬民。

君臣都能隨順夬卦三月春生的時令，重視仁德布施，不會發動戰爭。因此，不論往哪哩，做什麼事，都能創造利益與和平。

【解釋象辭】

象曰：夬，決也，剛決柔也。健而悅，決而和。揚於王庭，柔乘五剛也。孚，號，有厲，其危乃光也。告自邑，所告為公也。不利即戎，所尚乃窮也。利有攸往，剛長柔乃終也。

夬卦解釋象辭說：夬卦以到達乾卦為目標，靠陽剛的作用，有決絕的氣勢，五陽會決除一陰，猛烈而快速。乾剛健而兌喜悅，雖然互相決絕，

還是能相互調和。陰柔乘坐五剛，揚升於王庭。得到君王的信賴任用，很得意的呼叫。

太剛容易折斷，太放縱容易造過。君子知道危險，能早晚警惕傲氣，砥礪德性，還是能誠信合道，行事光明。禮樂推行，民情安定，下情可以報告王公。三月的天時是陽剛春生的節令，不適合興兵作戰，打仗會走到窮途末路。能常保陽剛又能中和，到哪裡會有不利呢？

【大象辭義理】

象曰：澤上於天，夬。君子以施祿及下，居德則忌。

夬卦大象辭說：水氣行走天空，大雨下降成為澤水，滋養灌溉萬物。是天公充沛的能量，是上天的恩惠下施，是造化生育萬物的功德！人道效法天道，君王也拿德澤普施下民為優先。人民食衣住行沒有匱乏，都是國君的恩澤下施。

君王照顧萬民，如同上天滋養萬物，不可居功。如果吝惜布施德澤，又與人民爭奪財物，違背天道的大公，天災人禍就來了！

【爻辭義理】

初九 壯於前趾，往不勝。為咎。

夬卦初九爻說：自認為強壯而躁動，不惜往前攻戰，冒險犯難，沒考慮到後患！初九本來不是用武的時機，不能戰勝，卻偏要前往。過錯是該得的！

象曰：不勝而往，咎也。

夬卦初九小象辭說：初九抱定必勝的意志，想要追求意外的功勞，急躁冒險行動。卻不知時機地位不對，才華能力不足，器物不完備，根本是不能戰勝，只是造成過錯！

九二 惕號，暮夜有戎。勿恤。

夬卦九二爻說：由於初九的過錯，九二遭遇敵人半夜的偷襲，難免驚恐不安而呼號哭喊！因為領導者中正有法度，防衛得當，只是虛驚一場，不必擔憂傷害！

象曰：有戎，勿恤。得中道也。

夬卦九二爻小象辭說：雖然敵人夜晚來偷襲，不必擔憂。領導者有德有位，中正光明，眾民心悅誠服。上下同心，用正道來反擊邪惡，偷襲的敵人潰敗而返！

九三 壯於頄，有凶。君子夬夬，獨行，遇雨。若濡，有慍。無咎。

夬卦九三爻說：一個人氣勢太過壯大，表現在臉面，做事太剛愎，會有凶禍。君子孤高獨行，不與小人同流，正是可貴所在。

君子能承受上方的德澤，不相互遺棄。君子雖然曾經習染很深，能自我拔除。君子操守在平素，臨事有涵養，不輕易生氣！不怨天不尤人，又能堅持自強不息，所以沒有過錯！

象曰：君子夬夬，終無咎也。

夬卦九三爻小象辭說：君子獨立不懼，遯世無悶，特立獨行，不與小人合同。君子雖然是突然獲得意外寵愛與災禍，不會動心而改變行事。雖然對小人生氣，也不會違背志向。中心光明自強，不隨外在人事物轉移。所以，沒有過錯！

九四 臀無膚，其行趑趄。牽羊，悔亡。聞言不信。

夬卦九四爻說：臀部沒皮膚，不能站立，不能走路，失去自由！已經牽在手的羊，竟然走失，哪能不後悔！九四強勢驕慢，剛愎武斷，導致自身受傷受苦，就是手上把握的事物也會流失。雖然有後悔的心，還是不相信別人說的話！

象曰：其行趑趄，位不當也。聞言不信，聰不明也。

夬卦九四爻小象辭說：地位不恰當，進退兩難，既守不住本位，也不能行動！心不清明，不能體察別人的話，這是偏聽障蔽聰明！沒有智慧！

九五 莧陸夬夬，中行，無咎。

夬卦九五爻說：處在莧陸缺水的困境，君子怏怏失志不樂，於是反求自身而作出果斷抉擇。把恩澤推及下民，行出中正的道，而免除陽剛太盛的過錯！

象曰：中行無咎，中未光也。

夬卦九五小象辭說：雖然地位中正，有陰爻障蔽陽德的光明；雖然中

道行事而彌補過錯，還是不能成就道德事業的恢弘。德澤還不周遍，生成還不完全，沒有乾卦飛龍在天的格局氣象！

上六 無號，終。有凶。

夬卦上六爻說：氣數到了盡頭，陰爻到了終點，卦用已窮盡，陰柔沒有權柄了！上六失位而閉嘴，喊不出聲音來。面對陰柔，只靠陽剛來取勝，縱然陽取代陰，自己反而會陷入危險凶禍當中！

象曰：無號之凶，終不可長也。

夬卦上六爻小象辭說：陰到了終點，不再長久，兌的作用消失，有口而不能呼號。五陽要決除一陰，上六處在決絕的地位，陰柔不再成長。

如果明白氣數的窮困，知道盈虛消息，上六的凶禍不會成災。決絕會變成相遇，不能結合的又可以結合。天地的道永遠沒有終點，哪會有不能號令的凶禍？

結語

1. 宗主孚佑帝君說：夬卦是三月的卦，二月是大壯。夬卦從大壯變化而來，到了四月的乾卦就變成純陽。一定要到五月天風姤卦，一陰才生出來，對應五月夏至的節令，陰從此漸漸成長，經歷剝卦到了坤卦，成為純陰。

   所以**夬卦與姤卦是陰氣終始的現象，夬是終點而姤是始點**，這就是陰氣的消減與生息。**夬卦的作用以達到乾卦為志向，五陽的上升是為了去除陰柔，所以陰陽相對決而陽的行動迅速。**卦的上爻有缺口，比不上乾卦的全德，所以叫作「夬」，就是講缺口的意思。爻當中講「夬夬」就是缺欠的意思，不足的現象。

   陽德正在彰顯，認為自己還有不足，這是君子戒懼的道理，要效法乾卦九三君子的朝乾夕惕，才能免除過錯。可見陽剛不可太過，而向上升揚一定要懂得自我壓抑。只有空虛才能容物，只有謙卑才能讓人下人，因此夬卦與履卦同體。**聖人講明履卦來制定禮儀，講明夬卦來約束情感。**

2. 放縱情感，夬卦就是過錯，終究不能長久；順從禮儀，履卦就是吉祥，而行事可大可久。上下的地位交換，作用就大不同。夬卦象辭首先形容「揚於王庭」，可見升騰的力量已經到達極限，發揚到達極點，如果沒有德性來配合，就成為小人得志，必亂天下。

因為**情感容易放縱，而志氣容易滿盈，就不能免除呼號。「號」是得意的叫囂**，與失志的呼號不同。就像同人卦九五的號咷，是出於憂傷恐懼；而渙卦九五的渙汗大號，是發於歡欣快樂。呼號是相同，所以呼號的動機不一樣。

夬卦象辭的解釋，含藏的義理很精深，後人多數未能領會。比如「孚號有厲，其危乃光」，就是因為「有厲而危險才有光明」，這是行事能夠中正。**中正而光明是易卦的體用**，全卦只有九五的正位，不被上六障蔽，能夠正大光明，而合同乾卦九五的現象。

3. 因為危厲而能自我勉勵，那麼危險正足以昭明德性而光大事業，這是乾卦自強不息的道理。又比如講到「不利即戎，所尚乃窮」，這是講兵戎的事情，是陰險的事。如果重視戰爭，就是進入窮盡的地步，所以不利。

陽剛的德性以生生為根本，天地的恩德由陽德來成就。春夏萬物都繁榮，秋冬萬物都肅殺。夬卦的大用在成就乾卦的道理，是三月的卦，正當生育繁盛的時候，所以不利於興兵作戰。

「即戎」講的是殺伐的事情，在夬卦而崇尚殺伐，就好比是春夏實行秋冬的節令，難道不是自我陷入窮盡的地步嗎？**秋冬是歲令的窮盡，戰爭是政令的窮盡，都是陰氣在主導。**夬卦以陽剛為根本，而勉強它行陰柔的指令，能夠不趨向窮困而滅絕嗎？所以叫作「所尚乃窮」。

4. 作戰的事違背天和，古人最謹慎，所以**農忙的時候不允許用兵**，三月是農耕最重要的時節，怎麼可以興兵而動用群眾？因此**象辭的「不利」不只是不適合，而且表示不可以。**

夬卦解釋彖辭講「利有攸往，剛長柔乃終」這一句，後人也不明白意思。認為「剛長乃終」應該是不利，而彖辭卻明白說利有攸往。上一句講「不利即戎，所尚乃窮」與這一句相類似，終就是窮，窮困就不利於戰爭，那麼陽剛的終點，難道能利益前往嗎？卻不知道彖辭的義

理，正因為窮困終極的緣故。

因為「窮困終極」都是指上六這一爻來說，上六是陰到了窮困終極的地步，所以不能有「所尚」。尚就是志向，志在上爻就是志在窮困，志在窮困，出兵打仗哪裡會成功？好像軍隊踏入絕地，滅亡都來不及，哪能希望打勝仗呢？

5. 而講到「利有攸往」不是以上六為志向，是以陽德為根本，陽剛的道理是無往不利的，而陽爻的志向，往往拿最高層作為目標。下卦有陽爻，志向都是指向上爻為歸宿，如果上爻也是陽爻，一定利於行動。

所以損益兩卦都講「利有攸往」，因為是乾卦包含坤卦。外部是陽爻，上爻也是剛爻，所以講「利有攸往」一定是根據乾卦得勢，一定是陽爻有終極。終始能夠相成，行盡天下都可以。

而夬卦違背這個體例，上爻是陰爻，表示陽沒有終極，柔在外面，乾剛的力量就不大。

而解釋彖辭講「利有攸往」。為什麼？九五正位，能夠率領群陽來上升前進，乾卦的作用一定可以完成，而夬卦的志向可以看得見。解釋彖辭恐怕後人不了解，所以拿「剛長乃終」四個字，明白表示夬卦的上爻，因為陽剛成長也變化成為陽爻，這麼一來陽無終卻有終了。

6. 「終」是指陽剛的上進有終極，「長」就是前進，陽剛前進到上爻，上爻的柔也變成剛爻，就完全變成乾卦了。這麼看來利於行事，還是根據乾卦的道理罷了。

聖人很重視四件事情：一是兵敗在驕慢。二是政治敗在強暴。三是德性敗在剛愎自用。四是事情敗在有始無終。

大象辭講的「祿」，最可貴的是能普及到下民，既然講「施祿」又講「普及」，就表示不只講俸祿薪水。

人間有三種德性：一是父母生養。二是老師教化。三是國君給的俸祿。《詩經》講：「粒我蒸民」，人民得到食物都是國君的恩澤，雖然比不上官吏的薪水，而德政普及，人民都可以快樂生活。就像堯帝的時候，《擊壤之歌》講小孩含哺遊戲，老人鼓腹遊玩，都是帝堯的力量普施人民。

44 天風姤卦

卦旨

1. 〈序卦傳〉說：「夬是決斷，決斷一定有所遭遇，所以接著是姤卦。」這是《周易》的次序。夬卦是陰不能久留而被決除，姤卦是陽不得不後退，而成為相遇的情景。姤就是遇，柔遇到剛，而剛也因為遇到柔而自我後退。

   遇有兩層義理：一是遭遇，一是待遇，都含有偶合的意思。因為陽既然決除陰，陰不能終絕，所以還是相遇。這就是後天事物進退往復的氣機。

   按照六十四卦圓圖來說，夬卦與姤卦分列在乾卦的左右，也就是陰的終點與開始。就好像剝卦與復卦分列在坤卦的左右，是陽的開始與終點一樣。《周易》取「循環進退」的原則，終點就是始點，這是天道的運行。

   宗主孚佑帝君說：姤卦與夬卦往來，都是一陰五陽的卦，而姤卦的一陰反而生在下爻，這是陰陽消長的氣機，正像剝卦與復卦一樣。陰終結在夬卦，而開始在姤卦，夬是三月的卦，姤是五月的卦，中間夾著乾是四月的卦，讓我們明白**陰氣從乾出入，就像陽氣從坤出入一樣**。

2. 陰成長而陽自然後退，這是時機造成的，因此夬卦不得不變成乾卦。可是後天的現象，陰陽二氣不能獨自孤行，所以一長一消，互相終始。雖然四月是純粹乾卦，十月是純粹坤卦，看起來好像孤陽獨陰，可是氣並沒有中斷。**陰靠乾卦長育，所以姤卦從乾卦出；陽靠陰長育，所以十一月的復卦從坤卦成就。**

   姤是陰的根本開始，也是陰德將要興盛，陽爻雖然多，不能與陰抗爭。陽的根本既然動搖，雖然興盛卻不長久，這是陰陽二氣變化的樞紐，

也是從姤卦與復卦可以看見的消息。

《易經》的道理重視陽爻。對於**陽的消減叫作剝，對於陽的成長叫作復；而陰的消減叫作夬，陰的成長叫作姤。**這是命名有高低輕重的差別。夬是決斷，是陽剛決除陰柔；姤是相遇，是陰柔遇到陽剛。都是推崇陽剛而貶抑陰柔。

如果從陰來說，夬卦就是陰的剝蝕，而姤卦就是陰的回復，一剝一復才成就周流的德性，完成往復的作用。這難道不是天地造化的奧祕妙竅嗎？

白話經文

【彖辭義理】

姤：女壯，勿用娶女。

姤卦彖辭說：不適合娶氣盛專權的女子，她不甘心服從丈夫。家道會不整齊，會衰敗，會有禍害！

【解釋彖辭】

彖曰：姤，遇也，柔遇剛也。勿用娶女，不可與長也。天地相遇，品物咸章也。剛遇中正，天下大行也。姤之時義大矣哉！

姤卦解釋彖辭說：姤是陰陽相遇，陰柔用柔順來對待陽剛。《易經》根本陽能下陰，柔能順剛為原則。聖人憂慮陽剛不振，而婦道爭強，這時就不適合娶妻。會擾亂夫婦秩序，失落家道常經。天道不會扶助陰而壓抑陽，人道也不會助長陰；一定要天人陰陽匹配平均和諧，人道才能夠中和長久。

所以天道地道都是陰陽相遇，而萬物生成化育；剛柔調和，而人物長育完全。於是萬物天人達到繁庶的大觀！陽剛遇到陰柔，展現天地中正太和的生機，生成有根本，造化有基礎，於是天道大行天下。姤卦隨時的義理太偉大了！

【大象辭義理】

象曰：天下有風，姤。后以施命誥四方。

姤卦大象辭說：乾天與巽風相遇相結合，形成天風廣被的姤卦。德位相配的君王，德性飽滿，德澤展現。教民化俗的教令頒行天下，禮樂道德的教化如風行草偃，調理暢達民心民情，萬物也繁庶豐沛，生息不盡。

【爻辭義理】

初六 繫於金柅，貞吉。有攸往，見凶。羸豕，孚蹢躅。

姤卦初六爻說：初六兼有行止與吉凶的情境，兼有維繫與牽挽的動靜力量。從前動個不停，到了姤卦初六：一要懂得知止。二要懂得用柔道。於是能根本坤德，涵養貞正清靜；德在貞一，行貴止善，就會有吉祥。

如果能動不能靜，只是往前不能停止，陰柔反而喜愛炫耀，驕傲自滿，就有凶禍！要學弱小不壯的小豬，進進又退退。不要急著前進，不要自求表現！

象曰：繫於金柅，柔道牽也。

姤卦初六爻小象辭說：初六是一陰牽挽五陽，陽每天上升，陰就每天前進。既是互相牽引前進，又是柔道的互相維繫止定，這是天道的法度。

能止才能行，辦中有修，動中有靜，功夫純粹自然，這是人道的準則。柔道隱喻小人在位會牽累君子，君子一定要深自警惕戒懼，守貞守正，合同坤德。

九二 包有魚，無咎。不利賓。

姤卦九二爻說：九二居內卦中位，地位與時機恰當，能聚眾得眾，得到人民歸附、尊重、佩服。雖然太過陽剛，難免走失本位，卻可以免除過錯！九二有福報，只是主人的利益，到不了賓客身上。

象曰：包有魚，義不及賓也。

姤卦九二爻小象辭說：九二的魚是有歸屬的，外人不能爭奪。只有主人得到利益，不能分享賓客！這不是主人吝嗇，是時機地位造成。主人就是想勉強聚集賓客，而同進同退，也是很困難！

九三 臀無膚，其行趑趄。厲，無大咎。

姤卦九三爻說：陽剛失本，又超過中道，外在沒有協同的助緣。不只

是臀部受傷，行動不自由而已！處在進進退退，患得患失，危險又憂慮的情境。懂得警戒危險，而戒慎、奮勉、勤勞，自強不息，才可以免除大過錯！而小過錯還是難以免除！

象曰：其行趑趄，行未牽也。

姤卦九三爻小象辭說：九三與九四重剛失中，行為不能互相牽引協同，渡越難關。反而互相抗拒，分道奔馳，沒有柔道的互相維繫，牽引幫助，各行其道好像仇人。於是陷入進退失據的過錯與危險當中！

九四 包無魚，起凶。

姤卦九四爻說：民為邦本，本固邦寧。人民的聚散像魚，如果政治苛暴，德澤枯竭；稅收刑罰繁重，人民會離心離德。天災人禍的凶害，就從失民心開始。

象曰：無魚之凶，遠民也。

姤卦九四爻小象辭說：失民失國的凶禍，是上位的人遠離人民，人民也會遠離上位的人。就像夏桀商紂，雖然有人民好像沒有人民，雖然有國家好像沒有國家。

九五 以杞包瓜，含章。有隕自天。

姤卦九五爻說：用柔順的杞柳編成器具，來包藏瓜果，如同乾道變化自己來合同坤道，包藏文采又發揮協調的功用，表現出至善又美好的中正含藏。

九五是天位，志向在與陰相遇。如果行為暴躁，心志飛揚，隨時會有從天墜落的憂慮。如果是隨順天時變化而柔道下濟，向下降落反而可以滋養萬物，親近萬民！

象曰：九五含章，中正也。有隕自天，志不捨命也。

姤卦九五爻小象辭說：九五是全卦中正的地位，能保合太和而充沛天德，能根本天則，完成天道下濟的光明！九五的志向在不捨天命，能隨順時節的變化，往上往下變化成坤，調和平均陰陽而親近萬物，成就生成作用的廣大！

九五的中正兼備四德，中是元亨的本體，正是利貞的根本，天人體用

合一，在不捨天命中完成！

上九 姤其角，吝，無咎。

姤卦上九爻說：氣數到了上九，地位窮困，陰陽情感迫逼，不相協同，生機作用吝阻不通不順暢。雖然是互相角逐，一開始，陽就甘心退讓，不與陰抗爭，不互相牴觸角鬥。因此可以免除過錯！

象曰：姤其角，上窮吝也。

姤卦上九爻小象辭說：上九的地位與時機窮困了，陽氣走到終點，生機作用阻塞不順。數窮必變，進入隱遯的天時！

結語

1. 宗主孚佑帝君說：姤卦解釋彖辭講「不可與長」又講「天地相遇，品物咸章。」這當中「**家道與天道的奧義**」後人都忽略了。姤卦以一陰生長在五陽之下，是乾道最初的變化，陽的消減就是陰的成長，女的壯大就是男的衰弱。

   聖人憂慮陽剛不振而婦道爭強，就講「勿用娶女」。這是說女的強壯很不容易克制，所以解釋彖辭說「不可與長」，「與」就是幫助，也有「偏祖」的意思。女正成長而幫助她，將會助桀為虐。

   占卜得到姤卦，一定是陽道衰微，不能夠齊家，將會造成「牝雞司晨」婦女專權的傷害。因此「勿娶」這一句話，只是對占卜得到姤卦的人來說，也是針對個性懦弱的丈夫來說，並不是姤卦有什麼不足。

2. 姤卦是天道，夏至一陰生，正如冬至一陽生，都是「生化」的天機，是發育的源頭。**沒有復卦，陽氣不能回復，而天氣將永遠是冬天；沒有姤卦，則陰氣不能回復，而天氣將永遠是夏天。**

   姤卦與復卦實在是「生成」的根本，是造化與生育的基礎；天地因此成就生生的功德，萬物因此達到繁庶的宏觀。所以姤卦對於天道不只沒有傷害而且有功，不只是沒有不足而且有豐裕的作用。

   當孤陽遇到陰正是生機也是造化的氣機，所以叫作「天地相遇，萬物咸章。」章講的是明，就是光明，是發揚光大的意思。夏天因為姤卦

然後有秋天，五穀因為姤卦然後有收穫，萬物因為姤卦然後發育結實，這一切難道不是姤卦的功用嗎？

3. 天地如果沒有姤卦，炎熱的夏天會把金鐵都融化，酷熱會造成旱災。萬物如何生存？秋收怎麼可能？所以**姤卦的一陰，實在是天地生生之道的表現，也是萬物繁殖的依靠**。

如果秋天稻穀不成熟，種子將會滅絕，哪裡會有春生而夏長的期望呢？因此姤卦的作用表現在隨時的義理，就好像夏季時候陽氣高亢，只有姤卦足以折中使它公平，這是天道與家道的不同。

家道重視夫為妻綱，所以占卜到姤卦就不要娶妻，而不是責求女子不出嫁，更不是講女子有任何的不足。彖辭只講勿娶，沒有其他的貶辭。讀經的人可以從這裡明白聖人原來的宗旨。

4. 姤卦大象辭講「后以施命誥四方」，孔子說這是「教民化俗」的事情，而不是關連其他的政令。君子的德性像風一樣，而民間的習尚叫作風俗，這是講有所倡導，眾人就會跟從。就像大風吹過來草就會倒下去，沒有不是隨化披靡的。

姤卦大用也是以教化為先，教令的推行就像風的變化。古時候國君兼國師，從政治來說是國君，從教化來說是國師，這個后字指的是「君與師」，所以君師所施行的命誥，實在關連教化的命令而要人民順從。

《尚書》有六種體裁，叫作「典謨訓誥誓命」。順著種類來分別，大象辭這裡講命誥，就是《尚書》所講的這些種類。**誥是告訴，知道的人告訴不知道的人。命是命令，有能力的人命令沒有能力的人。**

5. 誥是屬於認知的事情，命是屬於行動的事情。都是從上往下示導的教化，可以化民成俗的行動，如同天風的廣被，不是限定在一時一地。

「施」就是夬卦講「施祿」的施，指向下的行動。因為影響深遠，可以普及群眾，所以叫作施。「普施和授與」是有分別的。**「授與」的範圍比較狹小**，比較近於眼前。比如授與爵位，授與金錢，只是對一個人來說，而不是頒布給大眾。

姤卦是德性已經飽滿，德澤已經展現，好像天時到了五月，往往下大雨成為甘霖，而夜間甘露也很多，都是德澤充沛的見證。人道效法，就拿教化來布施萬民，人民承受教化的利益，甚至要超過雨露的恩澤。

因此大象辭拿「國君與國師」來一起形容。

6. 姤卦只是一陰剛剛成長，就稱為壯，而且五陽不能抗衡，從這裡可以看見，君子謹慎開始，防微杜漸的意思。

姤卦與夬卦往來。〈雜卦傳〉說：「夬，剛決柔也。君子道長，小人道消也。」又說：「姤，柔遇剛也。」

而姤卦是夬卦的倒反，姤卦講「女壯」就含有小人得勢的意思。所以看到夬卦是君子道長，看到姤卦是君子道憂。因此陰陽消長，實在關連世道的興隆與敗壞，不僅是天時而已。

卦用重視人道，而世運的安危也靠人道來分判。姤卦雖然不是否卦，時機到了一定成為否卦，因此坤卦初爻講「履霜」的消息，能識透天時氣運與人事的發展情勢，這是「君子見機」最可貴的地方。

7. 姤卦以柔遇剛，只有九二與柔接近。陽剛好像國君，陰柔象徵人民，所以九二「有魚」是得到人民，九四「無魚」是遠離人民。**上卦象徵在上位的人，下卦象徵在下的臣民，**九四屬於上卦所以叫「遠民」，不必限定在國君。

君位是九五爻，下面是輔相的大臣，有匡正幫助政治的權柄，九四承擔這個職務，所以有遠民的形容，這是講布達政治不善，不能得民心。〈繫辭傳〉說：「一君二民是太平的世界，二君一民是亂世。」凡是陽卦，像震卦、坎卦、艮卦，都是二陰一陽。凡是陰卦，像巽卦、離卦、兌卦，都是二陽一陰，「多」是卑賤，「少」是尊貴。而陽卦是君少而民多，叫作得體。

8. 有人懷疑這樣的說辭。認為不論哪個國家絕對沒有一君二民的，更沒有一民而二君的。一民而二君，比方是一妻而二夫，就不能免除爭亂了，何況是一民而五君，天下恐怕沒有這個道理。

不知道《易傳》講一君而二民，或一民而二君，**一二兩個字不是指「人數」的多少，而是指「所得」的多少。**比如講稅收往往是十取一最公平，若取二以上就會勞累人民，如果超過一半，人民就活不下去了。

所以講到一二，是看所取的內容作決定。比如君得到一，而人民得到二，就是太平盛世；反過來君得到二，人民得到一，就是敗亂的政治。亂政一定是稅收很重，上位的人只知道自私，不能體察人民的困苦，

人民哪能不怨恨上位的人而離心離德呢？

9. **因此九四的遠民，是暗示上位的人稅收太重了**，好比是君得到五而人民只剩下一。人民將怎麼活下去？因此九四有「無魚的諷刺」。池裡面沒有水了，哪裡還有魚養得活？遠離人民的政治，就成為九四的凶禍了。

比如利益人民很多的一定是善政，而利益國君很多的一定是暴政，這是從「上下的情志」來說。人民的心志，上位的人壓抑它；人民的厭惡，上位的人強迫去做。這都是國君多而人民少的舉例，所以**講一二就好比多少，也就是損益的意思。**

講一君二民，就是減損國君來利益人民；講一民二君，就是減損人民來利益國君。這一層義理在損益兩卦已經說清楚。

夬卦姤卦承接損卦益卦的後面，往往會有「暴君虐民」的政治，而上位的勢力正盛，人民沒辦法自保，所以爻辭拿魚來比方。小象辭怕人不明白，特別揭示「遠民」兩個字，可見《易經》的真理教育很重視民生。

10. 從姤卦到夬卦，凡是五陽一陰的卦共有六個卦，就是姤卦、同人、履卦、小蓄卦、大有卦與夬卦。柔爻從下快速前進，到了夬卦進入極點。《周易》的秩序，夬與姤，大有與同人，小蓄與履卦，都是往來卦，要合同來參看。

凡是柔在內的卦，都關連「人道」。能夠完成人類「聚眾同居」的常態，可以拿「同人卦」作為標準。凡是柔在外的卦，都關連到「物情」，看得見物類正常生育的軌道，就拿「大有卦」作為表率。

所以**同人卦是講人群的大同，姤卦講初遇，履卦講定序，大有卦講物類的豐有，小蓄卦講養蓄的道理，夬卦表示作用的完成**。這一些都是陽來俯就陰的卦，陽是隨從而陰是主人，與五陰一陽的卦恰好相反。萬物的生成都要拿這幾個卦作為典範。

11. 人也是物，而且是萬物的靈首，所以人能主宰物，能分辨物的功用，明辨物的利害，主宰物的得失。「姤卦與夬卦」一個是開始，一個是終點，地位固然不同，而作用也是互相幫助而完成天理。

姤卦的九五是全卦的主爻，特別揭明這個宗旨。有「含章、中正」的

文辭，有「隕落自天」的作用，都是因為乾卦的志向能夠與坤卦協同，關鍵在自我卑下來尊重坤卦，自我往下來俯就坤卦。

「隕」是從上往下來交接初六，九五是天位，隕講的是下降，下降一定到達地面，天才能與地交接。然後坤地可以代替乾卦完成天德，來成就生化的功能。因此姤卦的相遇，講全卦都以相遇結合為志向，雖然地位有遠近，相遇有困難有容易，而志向始終不變。

剛能發揮柔的作用，德性會更大，功用會更明顯。因為乾卦的志向，不離開得到坤卦的協助，想要顯明大生的德性，除了與陰協同沒有別的途徑。所以「中正」兩個字兼備四德，「中」是元亨的本體，「正」是利貞的根本，這是易教最寶貴的所在。

澤地萃卦

上六
九五
九四
六三
六二
初六

卦旨

1. 萃是聚集。人聚集的地方就像流水與湖泊的水一樣，整齊不散亂，有秩序而不會隨便亂流，有堤防來加以約束，這就是水有堤防的功效。**聖人藉著「堤防」的義理，來制定出人民行為的規範與引領，這就是「禮儀」。**

   禮儀最重要的是祭祀，祭祀最先是祖廟，表示不忘根本，所以容易萃聚。講「王假有廟」就是拿禮儀來啟發人民生命的真誠而能合同中正的大道，讓我們明白「聚眾」是有道的。

   聚集人民用禮儀來教導，最好的教化是引導到祖廟，用「孝親慈愛」的義理引導人民合同中正的大道，天下不必治理而自然太平了。這是萃卦得到亨通的占卜，而兼有利貞德性的所在。

   人民聚集就可以保護國家，人民到位，上位的人就安定，這是萃卦接續姤卦，省察姤卦「有魚與無魚」的道理，特別首先揭明「祖廟祭祀」的禮儀，用來達到「凝聚眾民」的道理。這一層《易經》真理教育的精微，一般人或許不了解，特別揭明，指示後來讀《易經》的人。

2. 宗主孚佑帝君說：萃卦是人物薈萃的現象，而《易經》的教育只是舉出**關連人類聚集最大的兩件事情「祭祀與戰爭」。祭祀是為了尊崇根本而重視開始，來培厚人民的德性；戰爭是為了保護良善的人，來安定民生。**這兩項是政治最先要做好的事務，其他的事情比較次要。

   萃卦的祭祀也只是做到祖廟的祭祖，沒有做到郊祭的祭天。戰爭的事也只是講刷新武器做好戒備，而沒有講到戰爭。這表示所重視的是內部，所看重的是自我反求，還是根本坤卦的道理。

   坤卦以「利貞」作根本，貞是講守得住，利是講行得開，不追求外在

的事功，而全力追求內部的安定。「安貞的吉祥」是坤德最顯明的全德，「順承的義理」是坤道最博厚的基礎。

萃是坤在下卦，所以全卦的大用不違背坤順。順是順天命，又順時用，隨時作用也就是順天命。所以祭祀祖廟是君王的憑靠，與豫卦相同；刷新武器而外患消失，與大蓄卦相類。都是根據「思患而預防，有備而無患」的義理。

3. 君子不崇尚武力卻不廢止兵事，是為了保民守土而已，不是想要開拓疆土而侵略鄰邦。所以只講警戒意外，不是拿戰必勝，攻必克作為志向，因此萃卦的聚眾有「和平」的義理。

因為兌悅而坤順，最首先的是柔道，柔可以統御剛，就沒有戰爭，沒有窮兵黷武的事。**宗旨在自我保護而不是傷害別人，作用在長久安定卻不忘記危險。這就是「君子有終身之憂，而無一朝之患」的意思。**

萃卦是從豫卦往前進，而取大蓄卦作為呼應，所以與兩卦爻辭相通。一切的事要講求豫備則立定，一切的物要講求蓄養則足用。何況有國家天下的人，能夠不預先專心做好這件事嗎？**萃卦是結合豫卦與大蓄兩卦的利益，來追求合同坤卦安貞的德性，能夠收到厚載的功德。這就是萃卦的志向。**

白話經文

【象辭義理】

萃：亨。王假有廟，利見大人。亨，利貞。用大牲吉，利有攸往。

萃卦象辭說：萃卦聚眾的嘉年華會，是靠祭祀禮儀。聖王率領臣民到祖廟祭祀，一方面崇德報功，一方面教導孝順慈愛，讓全民不忘根本與源頭！臣民也共同朝見聖王的德性與威儀！

祭祀禮儀的禮教，通達全天下，利益可以成就萬物，貞德可以成就自己。禮儀禮物豐盛完備，神人感通，為天下帶來大吉祥。萃卦包含天時地利與王道政治，就是蠻夷邦國也都行得通，何況是禮樂文化的中國！

【解釋象辭】

象曰：萃，聚也。順以悦，剛中而應，故聚也。王假有廟，致孝享也。
　　　利見大人，亨，聚以正也。用大牲吉，利有攸往，順天命也。
　　　觀其所聚，而天地萬物之情可見矣！

　　萃卦解釋彖辭說：萃是人與物的密集，上下內外順暢而喜悅的相聚。
陽剛在中正的地位，上下相感應，情志相合同，所以互相吸引而聚集。聖
王靠祖廟聚集臣民，用祭祖來完成孝道的祭享。

　　諸侯與公卿率眾民朝見聖王，用孝慈的正道來聚眾，禮樂道德的利益
推行全天下，還可以亨通千秋萬世！崇德報功的祭典隆重，祭品豐厚，感
恩報本的祭禮利益，再也沒有比它更大的了！

　　王道世界，人人顯現坤道的厚德厚載，既順承天道又承順天命，天人
物我亨通又無往不利！天地萬物的實情，靠長久的聚集而生成長育，富有
安定、和平、悅樂的氣象，在萃聚的天時完全朗現！

【大象辭義理】

象曰：澤上於地，萃。君子以除戎器，戒不虞。

　　萃卦大象辭說：澤水聚在地面，可以發揮灌溉運輸，利益一切的作用。
君子聚集眾人，就像澤聚的利益，首先要祭祀明禮，其次要整治刷新武器，
防衛國家，防備意外的危害。用來安定民心，讓人民安樂生活而無憂無慮！

【爻辭義理】

初六 有孚，不終，乃亂乃萃。若號，一握為笑。勿恤，往無咎。

　　萃卦初六爻說：初六的聚合交往，有心而不長久，是情不正，心不正，
志不正的雜亂群聚。最初陌生驚懼哭叫，不久熟習而握手歡笑。有相信又
有懷疑，哭叫歡笑都是行不由衷，都是虛假。

　　這樣的結合不長久，不必顧慮，也不能認真！這般時機因緣，群聚情
境，不必顧慮過錯，往前去反而可以沒有過錯！

象曰：乃亂乃萃，其志亂也。

　　萃卦初六爻小象辭說：處下位又不是正位，不能順承九五的天命。這
樣的眾人聚集很雜亂，又違背中正的道。開始是亂，最終還是亂，問題出
在心志雜亂！

六二 引吉，無咎。孚，乃利用禴。

萃卦六二爻說：凡是卦得正位，上下能相應，都能有孚而吉祥。靠情感引導，六二與九五交通感應和諧，於是和安吉祥。地位中正，於是沒有過錯。

陰陽剛柔諧和，於是廣大生成的功德，保全和安的福報。這是利用禴祭，完成報本崇德，達到永和久安的太平。

象曰：引吉，無咎，中未變也。

萃卦六二爻小象辭說：六二立本中正地位，守貞不變，敬順不二，牽引向上與九五相應，又不失貞固的德操。既報答祖先養育的恩情，又推崇先王禮教樂教的功德。所以吉祥而沒有過錯。

六三 萃如，嗟如，無攸利。往無咎，小吝。

萃卦六三爻說：眾人萃聚而心志不定，眾人嗟嘆而多憂多慮。雖然群聚而地位不中正，群情憂樂翻騰，甚至涕淚縱橫。隨著多變的物化情境搖擺，失去貞正不二的操守，進退不果斷，不利於行事！

如果前往接近陽剛，合同正道，雖然沒利益，還可免除過錯！六三陰柔的習性多拘泥，想法欠光明，常常錯失向上正應的時機。得到九四提攜，雖然有小小吝阻不適，最後還是沒有過錯！

象曰：往無咎，上巽也。

萃卦六三爻小象辭說：六三的群聚，處在內外卦交際的多凶地位，沒利益也不吉祥。只有繼續向上往前，反而可以免除過錯！能夠接近九五中正的群組聚落，得到九五的俯就親近，吝阻不通就會變成順暢！

九四 大吉，無咎。

萃卦九四爻說：大臣在君王左右，人民仰望，君王器重，眾望所歸，雖不是領導的正位，卻有大吉祥。大臣肩負重任，處境艱難，最容易有過錯。只有做到陽剛中正，慎獨誠明，不欺君侮民，才能沒有過錯！

象曰：大吉，無咎。位不當也。

萃卦九四爻小象辭說：輔成君王的大臣，位高權重，有大吉祥也容易有大過錯！因為地位不中正，不是萃聚的主人。如果逾越臣位，竊占神器，

禍國殃民，大吉祥會變成大凶禍！這是迷昧在權勢名位，放縱野心欲望，造成的大過錯！

九五 萃有位，無咎。匪孚，元永貞，悔亡。

萃卦九五爻說：九五有中正的地位，光明的德性，是全卦萃聚的主人，可以免除過錯。可是九五也有不足：有群陰的小人包圍，有左右親信強橫傲慢的干擾，上下內外還沒有達到誠信同心的歸附，君王容易有主軸重心失衡的危險！

如果君王能做到，向外暢達乾卦的天元，向內協同坤卦的永貞，行事表現大中至正，禮樂王道展現大明始生與終成，自然就沒有後悔了！

象曰：萃有位，志未光也。

萃卦九五爻小象辭說：九五雖然有位有德可以聚眾，可是志向還不夠光明正大，中正中和。德性與行事還沒有到達至善，還不是乾卦飛龍在天的大格局。於是利害、邪正、貞悔的情境，同時顯現。因為能夠自我反省，懺悔承擔過失，於是成人成物的功德，還是可以完成。

上六 齎咨，涕洟。無咎。

萃卦上六爻說：一個人獨處在窮極的地位，已經遠離人群，再也沒有能力萃聚眾人走在正道上。悲傷悔恨的情緒失控，不由得涕淚縱橫，扼腕嘆息了！落到這般地步，是自己造成，再怎麼追究過錯都沒有用！

象曰：齎咨涕洟，未安上也。

萃卦上六爻小象辭說：由於失位失德，群眾遠離，陷入孤獨而不能自我保全。內心悔恨不安，身心不能安頓調適。於是涕淚滂沱，後悔莫及！

結語

1. 乾卦講「乾元，始而亨者也。」利益很大叫作「亨」，亨的作用首先表現在禮。乾卦文言說：「嘉會足以合禮」，亨就是靠著禮儀來成就嘉會，所以能夠建立國家而安定人民的心志，能夠推行禮教而安定天下。萃卦的亨通就表現在「王假有廟」，假就是到，也是憑藉，家人卦講「王假有家」也是這個道理。

《詩經》說：「祖考來假，假哉皇考。」都是指神明的降臨，可以作為人民的法則與依靠。**先王的神明透過禮儀而來臨**，這種祭享的禮儀與來臨，就成為了我們的禮儀與依靠，於是成為祭祀，可以與眾人共同饗宴。

古時候聖王最初執政，一定先率領諸侯、卿大夫、士人，到祖廟祭告，表示不忘根本與開始，用孝慈來教導人民。《禮經》說：「禮行於廟，而孝慈服焉。」因此萃卦拿「王假有廟」讓我們明白：凝聚眾人要靠禮儀，而引導到祖廟，就是「孝順與慈愛」的教化。

這樣的禮儀通行全天下，所以叫作亨。亨兼有祭享與烹煮的義理，因為祭祀一定要宴饗，宴饗一定要烹煮食物。因此亨的作用首先顯明在嘉會，完成在祖廟祭祀。

2. 廟祭按照時節來祭祀，分成四季，各有不同的作用。萃卦的聚集眾人，是藉著時機來聚眾，就像天下諸侯在一定的時機來朝見天子，於是天子率領諸侯到祖廟祭拜。來決定「長幼」的秩序，來區分「尊卑」的感情，主軸重心尤其在「不忘根本」。這樣的宗旨在《禮經》講得很詳細，就是〈祭法〉與〈祭義〉各篇。

「物類」是因為生活適合而聚集，「人類」是因為情感投合而聚集，叫作「方以類聚」。「祖廟」是君王率領眾人聚集的地方，用來祭祀祖先，達到孝道的祭享。祭廟不只是孝道的祭享，而是上位的人藉著「蒞臨群眾」使大家都能學習禮儀，而完成太平的治道。

君王用禮儀來引領眾人，拿「祭祀祖先，做到培厚根本而回返開始。」這是明君成就王道，治理天下的基礎。用正道凝聚眾人，也就是孝慈的道理。

先王的布政首重「孝慈」，而兼重民生物資的生育，重視「木本水源」來推崇祖先的德性。凡是「宗廟的禮制，四季祭祀的禮儀」都不離開這個宗旨。

3. 所以**效法坤德就是要效法「能順承天道」的行為，效法地德的厚載也就是要效法能夠「順從天命」**。只有坤能順從乾，只有人道能效法地道，能順從天命，因此「利有攸往」沒有其他途徑，就是「人能順從天命」而已。

「天行健。君子以自強不息。」這是乾卦的大象辭，現在萃卦也靠著坤卦的順承而順從天命，做到利有攸往，這就是坤卦利貞的德性，也是人道的根本。因為萃卦具備三德，利貞是坤德，亨表示已經順天，所以萃聚的義理，已經通達天地又旁通萬物。

「聚眾」的根本在道義，道義的集結在感情。並不是不合禮義的苟合，也不是不合道義的勉強結合，所以我們觀察聖王的聚眾，就可以看見天地萬物的實情了。

4. 古時候聖人教導人民，培厚根本、長養善德，一定先祭祀，孝悌的行為與仁義的風氣都是從祭祀出來。**祭祀四大功德力：「有德必報，有恩必酬，有善必勸，有功必賞。」**在祭祀當中首先彰顯這些道理，四時能祭神祭天就可以接受福報。

中是元亨的本體，正是利貞的根本，中正就合同大道，就完備治道。讀經的人應當從上下內外，體用陰陽，中正中和這個地方，推演卦中的義理。

天地的「道」長久而不變，天地的「德」，凝聚而更生成；往復不停才看見永恆，生息不停才看見聚集。「平均」就看得見恆久的情懷，誠信「交合」就看得見凝聚的力量；從來沒有不平均而能夠恆久不改變的，也從來沒有不誠信交合而能生聚不失散的。

生育而聚集，萬物才富有；公平而均衡，萬物才安定。安定又富有才和平，安定又和平才有大利益。富有又和諧才有大器度大格局，這是天地的大德，都在恆卦萃卦看見，而萃卦尤其重要。

地風升卦

卦旨

1. 〈序卦傳〉說：「凝聚而往上的叫作升，所以萃卦以後接著是升卦。」那麼升卦實在是從萃卦變來，因為物既然有聚集一定有分散。來到而成為聚集，最後上升而成為分散，這是「氣數」自然來到，也是「天理」的自然，不是故意這麼做。

   而且**萬物「凝聚」就可以蓄養「勢力」，蓄養足夠就容易發動，發動就會飛揚向上**。聚集在下方的就會上升到高位，聚集在中心的就會分散到外方。「升」的字型也象徵四散的義理，而志向原本追求上升，最後反而分散向外，這也是「因果相應」的道理。

   就好像氣動而風生，最後還是回歸寂靜一樣。明白這個道理，就可以明白萃卦與升卦往來的義理。

2. 萃卦的聚集一定在安定的處所，地是最安全的地方，所以能夠聚眾，就像水往下流，遠的近的都會來到。升是以升舉為作用，風從下方升起而飛騰向上，就好像氣的飛散，不知會到哪裡，表示一切都遠離了。升卦與萃卦相反，形成一聚一散的現象。上升而分散的，凡是雲煙與火電都可以象徵，而風最容易看見，所以卦象取巽風從下往上升，讓我們明白是「物的四散」。

   升卦的義理是飛揚上進，包含「發揮散去」的意思。物的上升一定還會墜落地面，否則只是飄散在空中；風的上升一定能夠影響草木，否則只是流散四方。升就是分散，與萃聚相對。

3. 〈雜卦傳〉說：「萃聚而升不來」就是講萃是聚集，而升是分散；萃是來到，而升是前往。來往相反，不來就是前往。**「往來」是《易經》的道理，天地萬物不能離開「來往」的準則**。有往一定有來，有來一

定有往，所以春夏互相繼續，而秋冬互相承接，寒暑交替代換，繁榮與枯萎接續來到。

萃既然來了，升就是前往。來的完成聚集，前往的自然分開，「不來」的義理也就是「分散」。氣動而成風，風行多變化，變化就看不見以前的景象，這就是從上升而分散，從分散而消失。

升卦是九二主持內卦的中位，剛中的德性合同乾卦的九二，有「見龍在田，德施普及」的作用，與外卦六五相應，又合同坤卦六五「黃裳元吉，文明中正」的作用。

4. 這是「剛中而應」能合同乾坤交泰的道理，而完成升卦。升進可以得到協同，誠信交感可以互相幫助，所往都可以亨通而道自然廣大。這就是得到「元亨」占卜的由來。

從相遇而聚集，由聚集而上升，都是物的急速變化，人情世道也是這樣子。因此升卦的作用不可窮盡，往高處追求，這是物的實情；希望上進，這是人的志向。

可是愈高愈容易往下，前進的或許容易後退，這是行動到極點一定產生變化，氣數到了極點也一定會回到正常。君子知道這個道理，所以恆常守護中庸。中就沒有太過，庸就有常經準則，這就是天道真理，可是人迷失了。那麼只有順著氣數的進退，隨著變化榮枯而已，哪裡有生命慧命的升進呢？

5. 宗主孚佑帝君說：萃卦與升卦是「證道成真」的卦。巽風來吹動而木可以揚升，那麼土散為塵沙而景象將同時幻滅。因此升卦的義理包含「空色不二」的真諦，與佛法有相互印證的所在。

天的太空只有純剛的能量能夠常常前往，人的飛升一定要練就金剛體，才不害怕罡風的吹襲。現在陰柔的上升將要依靠什麼呢？所以叫作「時」。時是講一時的意思，隨時上升也要隨時下降，還是不能片刻停住，還是要隨順變化而往來。

所以升卦的作用是行動而不停止，周流而不止息，終始相互循環，因此解釋象辭以「行動」為志向。就好像天地在空中而不下墜，因為靠轉動而永遠不止息的緣故。

這是健動可以成就定靜的氣機，而變化可以保持長久的奧妙；愈動就

愈靜，愈變就愈久。推到最後再也沒有動靜的分別，再也沒有久暫的區分。而且柔與剛沒有不同，升與降沒有不同，色與空是一相，而真與妄是同宗。這就是佛說大乘的義理。

白話經文

【象辭義理】

升：元亨，用見大人。勿恤，南征吉。

升卦象辭說：升卦的國君，向下提拔九二的大人，同時率領眾民一起上升，完成政道與治道。五爻是陰柔，隨順時機上升，內巽而外順，陽剛帶著萬物同升，成就地天交泰的大亨通！

升卦的大人，德位相配，臨現在眾人面前，君民相得。但還不是乾卦九五的飛龍，又遭遇陰暗的障蔽。有憂慮警惕，奮勵勤勉的心，於是可以免除操憂！升卦前進的方位，向南就吉祥！

【解釋象辭】

象曰：柔以時升，巽而順，剛中而應，是以大亨。用見大人，勿恤。
　　　有慶也。南征吉，志行也。

升卦解釋象辭說：外卦是坤，陰柔原本下降，在內卦，現在反而上升到外卦，就是反常。卻因為隨順天時，順著陽剛上升，反而顯出大用。上坤是順承乾卦，下卦是巽風飛陽，內巽而外順。

九二與六五，上下相交，剛柔相應，天地合德，政教的作用亨通而廣大長久！君臣德性中正光明，恩惠遍施，遠近同沐德澤，君民上下合歡同慶，一切憂慮都化解了！

南行是升卦的吉祥方位，才德願力兼備的人，能把握時勢建德立功，德惠普及，都可以得到南面的尊貴爵位。給整體帶來吉祥歡慶，完成順時而動的願行！

【大象辭義理】

象曰：地中生木，升。君子以順德，積小以高大。

升卦大象辭說：大象辭為人道講話，為君子講話。樹木靠大地承載，有自生的意志又結合天生的情感，既完成了生命又完成功用，無時無刻不上升。

生命樹也是這樣，先培育仁義禮智信的根本，再發揚天地君親師的功用。君子效法樹木，順天時的自然來長養天德；日積月累，鞏固卑下細小的根本，讓生命樹更高廣壯大。可以覆庇一方，可以成人成物。

【爻辭義理】

初六 允升，大吉。

升卦初六爻說：初六柔爻，不會自己上升，允許自己順從九二的陽剛上升。雙方情感誠信，德性交融，陰陽剛柔和諧，生成的功效顯著。占卜得到大吉祥。

象曰：允升，大吉，上合志也。

升卦初六爻小象辭說：升卦的開始就是吉祥。能隨著九二的陽剛升進，與上卦的六四六五相應合。成就四大功德：升道很長遠，行為很從容，進境可展舒，成就必廣大。於是有大吉祥。

九二 孚，乃利用禴。無咎。

升卦九二爻說：九二居內卦中位，德性剛中，上與六五匹配而和諧。能當祭祀的主人，率領群眾一起上升。用禮教培厚全民根本，保全天性，回復本初。隨順春夏的天時，祭祀以儉約節省為原則，就不會招來過錯。

象曰：九二之孚，有喜也。

升卦九二爻小象辭說：升卦九二是禮儀祭祀的起點，以誠接神，率領眾人一同上升，歸依六五，可以成就修身、齊家、治國的大喜事。如同夫妻到祖廟祭拜祖先，祈求後代兒孫昌盛，誠明感通神明，心想而事成，喜事馬上來到。

九三 升虛邑。

升卦九三爻說：升進有兩層義理：一是從近處到遠處，從狹小到廣大，從內在世界望向外在世界，走向眾人聚居的村落。二是反省內觀人生的知見情識，早晚憂勤惕厲，警惕惰氣，鼓暢天機。返回空虛清靜本始的天性

天道，於是身心言行順暢。

象曰：升虛邑，無所疑也。

升卦九三爻小象辭說：人際的猜忌不信解除，互相信從相處。人事的阻撓妨礙撤除，一路暢通。人心的多心猜想消失，推誠相待。生命升進到廣大的原野，止定在眾民樂土的村落。於是天人物我調協中和，生活作息順暢祥和！

六四 王用享於岐山，吉。無咎。

升卦九四爻說：聖王率領臣民祭享太廟，禮敬祖先與上帝，啟發天性孝行，感天恩，報本始。在敬天孝親裡，體現生命坤順的厚德，實現生命乾健的大生，共創大吉祥。自然沒有過錯，更沒有天災人禍！

象曰：王用享於岐山，順事也。

升卦六四爻小象辭說：聖王用禮樂大道，啟發天命，喚醒天性，開顯敦本復始，崇德報恩的天道情懷。

於是從生活到生命的大事，隨順親親仁民愛物的行為，順暢運轉開來！禮樂大道是順，從根本來行事，順天順道順性順情，也是最順暢的事！

六五 貞吉，升階。

升卦六五爻說：六五合同坤德安貞的吉祥，雖然升到最高階，不會超越天道，能承順天健而完成行地無疆的功德。有禮樂文明的利益，又有物資的豐盛，升卦的大用便在地天交泰中完成。顯現黃裳元吉，文明在中的輝煌！

象曰：貞吉升階，大得志也。

升卦六五爻小象辭說：坤德柔順安貞，登升天階，順承天道的健行，成就天地合德，大生廣生的功用。大人展現大地黃裳人文的大吉祥，有禮樂道德的大化，天下中和的大氣象。大人的大同理想，順遂完成。

上六 冥升，利於不息之貞。

升卦上六爻說：坤德進到極點，反而進入黑暗，不利行動作為，只有守成而已！這時的利益，是從貞一清靜，返回不息的生命本始。從事功說，人物不生息，不繁殖，一直減損也就不富有。

從道功說，坤德的極致，返回天道天元的純亦不已，至誠無息！生息靠不息成就，最終回歸不息！不息的貞德開發生息的乾元，天道上下周流，終始不停，人物也是永不止息！

象曰：冥升在上，消不富也。

升卦上六爻小象辭說：從事功說，升卦升進的利益作用已經窮盡，生機斷絕，萬物共同消滅！哪裡還有富裕可說？

從道功說，冥升的道就是無我的道功，虛無的宗旨就是不富的義理。修道人看財物如蔽屣，成佛的人看萬象為虛空。升卦顯示歸元飛升，證道成真的境界！

推演 六四爻王享岐山，報本返始。

1. 宗主孚佑帝君說：升卦六四爻講「王用享於岐山」與隨卦上六講「王用享於西山」的義理一樣。都是「報本返始」的宗旨。人生有根本有開始，就好像樹木有根。「報本返始」的理數，在祭享祖先與祭享上帝的儀典，讓我們明白還是根據坤卦厚載的道理。

   大地有「厚生」的功德，一定要追溯探尋生命最初的「天性」，而能培厚根本的天性。升卦到了六四爻就是坤，向下交通兩陽，互卦成為兌卦，所以六四就是顯示「祭享的作用」，而開顯「敦本復始，崇德報恩」的情懷。

   人是萬物的靈首，一定要敦厚「感恩報本」的義理。追溯本始就會尊敬祖宗，祭祀一定真誠，一定完善敬享的儀典。

   祭享要做到四件事：第一、隨順四時祭祀。第二、豐盛完整的大禮。第三、五穀的獻供。第四、陳設禮樂。這一切都是順著天性與情感，啟發親愛的情誼，做到誠心敬意，因此祭祀的事做來很順暢。坤的德性是順從，人道效法地道也用順從來做事。

2. 講到尊敬祖宗，孝養雙親與祭祀祖先，就只是發出天性而順從人情，沒有假借作為，不需要修飾的話，更不用繁文縟節。只要禮儀精神完備而不必追求豐美的祭品，只要誠心敬意具足而不必誇張排場。「禮敬」的作用只是要表現真誠，「儀節」只是要表現情意。

比如事奉父母要晨昏定省，雖然情重卻沒有負擔，尊禮而沒有什麼顧忌，恭敬而沒有特別修飾。這就是孝順的極致，真正的孝道就是這樣而已。

六四爻講「順事」，順要做好四件事情：一是把順從用在父母生前。二是把順從用在祭祀祖廟。三是把順從表現為對列祖列宗祭祀的真誠。四是把順從的道理用來教化子孫。

於是家道沒有不順，就是推行全天下也沒有不順。**六四「用享」的義理就是根本順從來行事，所以叫作「順事」。**

3. 岐山就是周朝祖先太王遷居的地方，是發祥地，是開創基業的源頭。**周文王周公作《易經》的宗旨，是在「用人道教化後代」，一定先從子孫教起，所以才叫作「王享岐山」。**

這是講升卦六四爻的時候，應當舉行「祭祀儀典」。升卦與萃卦相對，都是率領眾人祭祀祖先，啟發人民用出孝道，勸發人民禮敬祖先，而能親愛親人。就可以完成萃卦與升卦的大用，就可以昭顯「人道立教」的隱微義理了。

萃卦與升卦是秉持坤厚的德性，而困卦與井卦表現坎險的情形，一個是厚載，一個是危險，作用於是相反。

厚載是根本仁德，危險是根本智巧；仁德利益萬物，智巧傷害生命。這是天道有盈虛，四時節令有生殺，互相往復的道理。

4. 陽得勢就是生機，陰得時就是殺道。春夏就是萬類繁茂生育，秋冬就是萬物凋殘枯萎，這就是驗證。所以**「消與息」就像寒與暑，「升與困」就像成功與失敗。**升卦到上六，氣數已經到盡頭，作用也窮困，所以爻辭講「不息」，小象辭講「消」。

消就是不息，不息就是殺。生息的道理是以陽為根本，消殺的道理則是以陰為根本。因此升卦上六講「冥升」，與豫卦上六講「冥豫」的義理是相同的。豫卦講冥，可見豫的作用斷絕；升卦講冥，可見升的道窮困。豫斷絕而成為隨卦，升窮盡而成為困卦，變化之間有相同的地方。

雖然陰陽是從不平均到平均，功用反而是從生息變成消滅，從暢通變成窒息。**這是由於天道忌諱太過，太過就會失去中和。**陽太過到了極

點就會變成沉淪，陰太過到了極點就會變成散漫，這是「往復」的典型例子。

所以升卦後面是困卦，困是升的相反，升揚的反而要困陷下沉，升騰的反而要困阻，這是陽上升已到極限，反而困阻在內部。仔細思考陰陽交替軌跡，自然能夠知道。

結語 證道成真。

1. 宗主孚佑帝君說：萃卦與升卦是「證道成真」的卦。升是上進，講地中的木一定向上生長，這是升的天性使然。又像地面的風一定向外飛揚，可以吹散塵沙，這是物的本質使然。所以升卦有「分散飛揚」的作用，不只是向上升而已。

   巽是柔木，當它被風吹倒而隨風倒下，這就是講草上的風善於變化，草也跟著起伏。坤是土，風從土出來，形成塵埃飄散上空。風雖然在地中，終究很難長久停止，因此升卦可以形容是風塵擾攘紛亂的現象。地雖然不動而風來干擾，土雖然不飛而木來撼動。這是從靜而動，從下而上，從聚合而分散的現象。

   有萃卦的聚集在前面，一定有升卦的發散在後面；眾多是靠聚集，萬物是講分散。升到達極點，力量就更小；高到達極點，勢力更薄弱。因為上卦是純陰，可以看見作用的不容易。

2. 物結合然後分開，人聚集然後離散。這當中有個道理，就是陽氣生成的德性不顯著，陰殺的命令就會很昭顯。因此升卦以後一定是困卦，困卦是由升卦變化而來，發揚以後一定會遭遇困窮，這是理數的正常，是往來的體例。

   升卦在道功來講是有成就。就好比佛家講的「阿那含」，《金剛經》講「不來」，《易經》的〈雜卦傳〉也講「升不來」，都有上升到高空而不來塵寰的意思。

   這是表示「修靜」的功夫已經有成就，一定是先能會萃聚集精氣，而化育變成真元，最後能飛升。所以萃卦的彖辭沒有「元」，升卦就首先講「元亨」，萃卦九五講「元永貞」，都是明白顯示「元」是道的

結晶，必先聚集約束加上烹煉，才能成就天元。

亨就是烹煉元氣，而「永貞」就是正定，永遠在定中就是如如不動。

修道的人從萃卦與升卦這兩卦，可以得到「證道成真」的訣竅，不只是為人事講話。

47 澤水困卦

卦旨

1. 困卦是坎與兌結合，兌在坎的上方。坎水在澤的下方表示「澤漏水」，澤失去水就成為湖澤的困窮，所以叫作困。困就是窮，**困一定是因為外物，而且一定是險陷或是短缺造成的。**

   卦是三陰三陽，陽都是被陰包圍。《易經》以陽來形容君子的道，陽被困就是君子的窮盡，被成群的小人所圍困而不能發揮作用，所以叫作「困」。

   天下窮困有三因素：一定因為物資的不足，功用的不充分，生計的不完全。於是梗在心中，互相辱罵指責，就像夫妻反目一樣。因此常人的困境沒辦法自我解除，只有君子能夠解除。

   「解困」一定要看時機。**解困有四個條件：「一定要伸張陽的能量。要發動生機。要鼓暢生趣。時節一定要在春天。」**春雷一震雨澤才充沛，萬物才生息，冬天潛伏的生物都出現。因此雷水解卦一定要拿震來交換兌，才可以解除困頓。

2. 這樣的時機只有一年的春天。所以**困卦是上天的氣數，解困也是上天的氣數，**而君子是盡人事來等待天命，順著天時來共同進入大道。因此困的亨通只有君子能夠做到，困卦的亨通，一定要靠貞德然後展現。貞正就善守，有守就善用困卦的義理。**全卦一定要效法「戒慎恐懼」的教訓，**存著警惕的心，才不會被困頓情境困住。只有君子能夠亨通，因為君子有剛中的德性，又不失去貞守，所以能亨通。君子不外求，對於物沒有忤逆，所以能守貞。這是用困的要領，必須要知道。

   貞一是從「人道」來講，剛中是從「天道」來講。貞一從剛中出來，不剛就失去貞守，不中就失去正道。「守正不二」就是處困的道理，

得到亨通的理由，這是理數所不能改變的。

3. 宗主孚佑帝君說：我們在需卦的時候得到酒食的滿足，在困卦的時候感受酒食的缺乏，都是拿坎卦作為取用的根本。坎在乾的上方就是需卦，坎在兌的下方就是困卦。**「坎是生命的源頭」**，坎在上卦就發揮功用，所以成為需卦；坎在下卦就失去滋養的源頭，所以成為困卦。

   困卦是困窮的時機，無論什麼人都不能免除困厄。**「困卦的亨通順暢，就是講天下共同處在困境。」**困頓貫穿一切，沒有人不感到困頓，那麼處困卦哪裡能獨自亨通呢？

   只有君子「致命遂志」。中正性命，堅定志願。**先自困，然後不會深深覺得困境的痛苦；自己深入困境，然後才可以希望困境的解除。**

   君子不因為困頓而自我窮困，明白困境是在身外，內心就不會受到干擾；明白困境是一時，內心的操守就不會動搖。這是知困而安處在困境，終究不會被困陷。學道的人要在這裡深深思考「自困而不受困」的義理。

4. 澤水困卦正吻合時代現今的現象。困卦是兌結合坎卦，**內心危險而外現喜悅。好像小人的口蜜腹劍，內心與行為違背，說話與思想違背。**認為自己有智慧，卻利用別人的愚笨；待人處世用欺詐的方法，而希望別人被隱瞞不清楚。這叫作困，就好像**封閉自己而在小範圍內自鳴得意。**

   可是困陷別人的最終是自困，而被困陷的人最終會出離困境。這麼看來，巧智也是愚笨，聰明也是障蔽，所以卦名叫作困，就是講沒有不被困住的。

   彖辭講「困亨貞」，講明真理教育與人道首先要做到的事。人道以貞德為根本，才能合同天道的亨通。

白 話 經 文

【彖辭義理】

困：亨，貞。大人吉，無咎。有言不信。

困卦彖辭說：坎卦險陷在內，兌卦悅澤在外，外柔而中剛，陽剛被陰柔障蔽的困卦，如同湖澤不能蓄水，是時機造成的困窮。萬物同困，如冬天的閉藏，而陽氣潛養生機，培根固本，會成就春榮夏茂。雖然是困境，卻能成就亨通。

困境當中有亨通的道路，一定根本貞德，不貞不能安處困境，不貞就不能亨通。有位有德的大人，遵循天時，長養隱晦潛德，固守真元而神氣不傷，保合太和而協同乾健坤順。與天地合德，處困也不失吉祥。

不在位的君子，固守貞德，自然就沒有過錯！如果是一般人，處困境就怨天尤人而嫉妒貪求，面善心險而口蜜腹劍。很會說話，卻不能得到別人的信從。

【解釋彖辭】

象曰：困，剛揜也。險以悅。困而不失其所亨，其唯君子乎？貞，大人吉，以剛中也。有言不信，尚口乃窮也。

困卦解釋彖辭說：困境是陽剛被陰柔掩蓋造成的。內在失剛失中失貞而險陷，外面表現言行隨興的歡悅，是自困自障的因由。君子守道，不被外物轉移；君子固本，不被作用限制。所以處困境而不失性命天道的亨通。

在位的大人，貞明誠信抱一，陽剛中正，富貴不淫志，貧賤不移節，威武不屈身。在困境的時運裡，天德光明，給自己與眾人帶來吉祥。處在天考人驗的困境局勢，多說沒有用，只有自我貞定固本培德，剛大中正，宏願直養就是了！

【大象辭義理】

象曰：澤無水，困。君子以致命遂志。

困卦大象辭說：湖澤中沒有水，功能作用困窮。困境的形成兩因素：由於時機因緣，由於人事過錯。身處困境要效法君子，安守本分，根本大道，昭明天德。一心追天命而不憂患得失，性命中正足以解除困境。堅定志願，不被外物誘惑，中和的德性足以穩住心志。

由於能剛中守貞，雖處困境也是亨通。致命的君子，置生死於度外，不因災害而動搖本心，可以保全天命。遂志的君子，始終不變初心，不被時局撼動而改變節操，不會傷害志向。

【爻辭義理】

初六 臀困於株木，入於幽谷。三歲不覿。

困卦初六爻說：困卦的開始，是身體的行動受困。好像進入幽暗的山谷，不見天日，又逃不出去，很長的時間都看不見光明。本來不是困境，卻被困住了，是沒有得到九二陽剛中正的照臨提攜。

象曰：入於幽谷，幽不明也。

困卦初六爻小象辭說：初六的困境，只是部分，只是幽暗而已！由於被外物困限，內在又沒有光明的主宰可依靠，就會長時間生活在暗夜裡，看不見大道的光明。

九二 困於酒食，朱紱方來，利用亨祀。征凶，無咎。

困卦九二爻說：陽剛被陰柔掩蓋障蔽，有酒食也不能安心享受，更不允許吃飽喝足，這是時機造成的困境。

九二得到君王的賞賜，加官進爵，用祭享的禮儀，真誠禮敬的報答祖先與神明的庇佑。抱守貞德而不輕率前進，剛大中正不被外物所困，也就沒有過錯！

象曰：困於酒食，中有慶也。

困卦九二爻小象辭說：酒食的困頓已經不值得憂慮，九二處中位，有剛中的德性，利用祭享的禮儀，表達祭天孝親的真誠，得到神明與祖先的護庇，也得到一切福祿。身處於困境之中，貞德光明又亨通，是君子可以慶賀的事。

六三 困於石，據於蒺藜。入於其宮，不見其妻。凶。

困卦六三爻說：困在石頭當中出不來，盤據在荊棘叢中不能進退。進入家中看不見妻子，雖有家而不能齊家。人生的腳步偏差，就進退失據；人事的情緣失中，家道就不正。這是一般人很難免除的困境，很難擺脫吉凶禍福的氣數。

君子不被時運地位困擾本命，不因得失苦樂而改變志氣，恆守貞德而不自困自苦。不怕石頭堅硬，不怕荊棘傷害，更不擔心家道不齊！天君泰然，常保自在自得！

象曰：據於蒺藜，乘剛也。入於其宮，不見其妻，不祥也。

困卦六三爻小象辭說：把荊棘當做根據地，是剛猛衝動，不是自強健動。琴瑟不能和鳴，家道不正而家變，是人道最不吉祥的事！

一般人的行動與靜止，都背離天道元亨與人道利貞，造成眾叛親離，孤獨自困自苦的絕境！

君子處困境，不為不吉祥而操憂，不因凶禍而趨避。君子戒慎在平日而有終身之憂，豁達於臨事而沒有一朝之患！

九四 來徐徐，困於金車。吝，有終。

困卦九四爻說：陽剛化為陰柔，能自我謙卑，行動緩慢，情感安舒，從容的往下親近人民。九四失去本來凌空飛騰的意志，失落憑靠的根本，雖然有尊貴的金車，也沒有作用了。

行事不順暢，進退不如意的困境現前。君子要靠自我卑下的謙德，行得出柔順安貞的地道，才可以獲得永貞的吉祥。君子不追求自我圓滿，而讓一切都有美好的結果。

象曰：來徐徐，志在下也。雖不當位，有與也。

困卦九四爻小象辭說：位高尊貴的人，以貴下賤，從容舒緩愉悅的親近下民。雖然處在時位不恰當的困局，由於君子能自我貞定，沒有輕躁妄進的災害。

君子做到內剛健而外柔順，既順應天時而保護身心，又得到上下情感的協同，作用的互成。最終能亨通圓滿一切！

九五 劓刖。困於赤友，乃徐有說，利用祭祀。

困卦九五爻說：君王掌握賞罰的權柄，想幫助窮苦的人民解困，想要去除不良的風俗。時機因緣還沒成熟，不得不緩慢的謀求解脫。君王有剛中的德性，堅貞的操守，正直的行事。拿敬天孝親來教化天下人返本報恩，拿祭祀神明來完善禮儀，培源祈福。因此可以脫困。

象曰：劓刖，志未得也。乃徐有說，以中直也。利用祭祀，受福也。

困卦九五爻小象辭說：國君為建功而承擔過錯，為了興利而反受傷害。於是被不吉祥的事物困住，被刑罰給屈辱。這些雖然是處困境不容易免除

的事，終究靠中位與正直的德性，完善祭祀禮儀，做好敬天孝親，得到神明與祖先賜福。解困而回歸天道。

上六 困於葛藟，於臲卼曰，動悔。有悔，征吉。

困卦上六爻說：被藤蔓的人事糾纏牽連，進退不自由。困頓危險的勢力雖然已經減弱，還是有惶恐不安逼迫的憂慮。上六居高位，被時機逼迫，被外物困限，行動就有後悔，心也跟著後悔。

能隨時隨事懺前愆，悔後過，不斷行善積德，改過自新而天命常新，行事就沒有後悔！而吉祥常照臨！

象曰：困於葛藟，未當也。動悔，有悔。吉，行也。

困卦上六爻小象辭說：上六是柔爻，位高沒有作用，被人事葛藤糾纏不停。對過往所有後悔的事知道要懺悔，懺過永不再犯！

運轉坤元清靜堅韌無我的貞德，合同乾元自強不息的天道。哪來坎陷後悔？每日行善積德真富貴，天天心平氣和大吉祥！

推演

一、宗主孚佑帝君論：處困境的態度、方法與存養。

1. 困卦大象辭講「君子以致命遂志」，這一層義理太隱微。因為文王作《易經》文辭的時候，正當被囚禁羑里，商紂王暴虐無道，臣民人人自危。文王又被諂媚的臣子陷害，被關在監獄，前途吉凶莫卜，所以拿《易經》來展現志向。

   比如明夷卦裡頭，引用箕子作為偶像。又藉著地火明夷的卦象，講光明進入地中，天下共同黑暗而前途茫茫，無所適從，特別揭出蒙受災難的義理，指示「順受其正」的道理。這是講明處在明夷的世代當中。困卦也是這樣，被困限的時候，身不得自由；大道窮困，行事不得自主。**所以拿「致命遂志」的義理，要我們明白「剛中守貞」的道理，因為處在困厄的時機，修道宗旨是一樣的。**

   困的現象是陽剛被陰柔障蔽，光明被黑暗障蔽，就像明夷卦，也就是「澤中無水」的現象。時機正當容易「陷落」的時候，如果沒有道來

自我把持，就不知道困卦會困到什麼時候。

2. 所以彖辭首先揭明「亨貞」兩個字，明白指示處困的方法，「**一定要靠貞德才能亨通**」，才能免除過錯。更拿「致命遂志」這一句話，講明處困境一定要「**以剛中自持**」，做到守己不失才能脫離災害。

所以「**致命的人**」，要明白本來承受上天的，還是要聽從上天的指示，而無所吝惜。處危難是這樣的存心，處安詳也是這樣的態度；不因為禍害而氣餒，不因為危險而逃避。因此「**致命**」就是置生死於度外，不因為外來的災害而動搖本心。

「**遂志的人**」，志向從內心發出來，天心沒有兩種志向，初發心是這樣，最終也是這樣。不因為物欲而動搖本心，不因為利害而改變操守。因此「**遂志**」就是始終不變，不會被時機局勢撼動而改變節操。

所以明夷卦講「順時而避難」的道理，困卦講「守正足以抵禦災害」的道理，明夷是講權變方法，困卦是講常經準則。都沒有離開大道的法則與時機的恰好，也就是「無可無不可」的境界。

3. 趨吉避凶是人的常情，持正執一是修道的大法則，兩者不可缺一。因為**不知道權變是沒有智慧，不知道正經是沒有正義。君子是智慧圓通而道義方正**，處在明夷卦的時候就根據坤順的德性，希望有離卦的光明，所以能順從接受。處在困卦的時候就根據悅澤的情懷，知道險陷的傷害就守貞來等待天命。

用順的人有恰好的方法，守貞的人有道，都不是勉強做出來，都是依著卦象來行事。所以困的道理告訴我們不會被困境困住，不以為困境是困境才能解困。

因為困境是在外面，而我靠「剛中」來解除；困境是時機，而我靠「貞德」操守來回應。因此**致命的人足以保命，遂志的人不會傷害志向**，這是禍中求福，危中求安的道理。

4. 所以能夠在困境當中追求亨通，在亨通當中而不會自困，於是守貞可以成就。如果處在困境而不亨通，就要「抱守剛中」來抵禦困境，就可以做到處困而不失所亨。也就是雖然受困還是能夠亨通，因為靠定志向，只不過亨通在困的時機受到限制，不能長久。

這就是君子「獨立不懼，遯世無悶」的修持。為什麼可以做到？因為

九二與九五剛中而不改變，足以抵抗包圍的群陰，而不被坎險所陷落。

二、宗主孚佑帝君論：君子處困境的四種態度

1. 困卦六三爻的義理孔子已經詳細說明。〈繫辭傳〉說：「非所據而據，故不免於困。」因為蒺藜的刺很多，不是可以根據依靠的東西而竟然依靠它，就好像幽谷是不可進入的地方而竟然進入，都是因為困窮而失去抉擇行動的能力，這是一般人的常情。

   如果是君子，就不會因為外境而自困，也不會因為時機窮困就跟著窮困。不進入幽谷，就沒有不明亮的憂慮；不依靠蒺藜，就沒有被傷害的憂慮。

   君子處困的四種態度：第一、心中沒有偏頗的成見，對於事物就沒有利害的主觀成見。第二、行動與靜止沒有拖泥帶水，走在修辦路上就沒有危險與安全的分別。第三、君子處在坦途不會失去戒慎恐懼，於是面臨危險的地步也沒有惶恐害怕。第四、在寬大的眾人場合不忘記檢點自己，於是面對陷阱也自然是安詳和樂。

   不因為外境而改變情感，不因為行動而改變志氣。為什麼？因為能素位而行，能把持中和。

2. 別人來看像是危險的高山，君子走來像平地，踏險地像走平地，行險境如居家安。別人害怕像危險海岸，君子立足如居家泰安。所以叫作「履險若夷，行危若安」。不因為外物動搖內心，那麼外物對我就沒傷害，**關鍵是在時時存著臨深履薄的戰兢心念，不要忘記戒慎恐懼的情懷。**

   那麼雖然處在困境還是有心境的亨通，處在窮極的時機因緣還是有天心的明達通達。所以進入幽谷也是光明，依靠蒺藜也是安詳，這是道功成就的人所說：「入火不焚，入水不溺」的意思。

   自我中氣充足，任何兇惡都不能干擾；自家性天鞏固，任何危險都不能傷害。自身沒有輕重的執著，外物又有什麼憂患？生死能夠拉平沒有任何依戀，安危禍福都是很平常的事。這就是「致命遂志」的道理，只有處在困境而不自困，處在絕地而不窮絕的人，才做得到。

   六三的困境固然超過各爻，君子看來也是平常，哪有什麼事物不可以

依靠？哪有什麼地方不可以進入？又哪來的困頓與凶險呢？

3. 因此《易經》的吉凶是為一般人說話。**一般人不能自我安身立命，只有聽命造化；不能自我暢通心志，就只能相信自己的想法，隨順時機運氣**。這就是一般人的憂樂心情，會隨著外物而生出，安危的念頭要看困境來決定。

所以被外物與欲望奴役，被一切的變幻現象困陷，良心不能作主，實在沒辦法免除困境。一般人的德性不足，不能邀來福報；道功不足，不能避免災禍。那麼處在困境會更窮困，處在窮絕的地步會更窮絕。

心不能離開外物的變遷移轉，行動逃不開時運氣數的變化，就只有憂悲苦惱沉淪墮落而已。更哪來亨通的力量可以解除困境呢？所以失去貞德就失去亨通，能守住貞德就能行動。

六三的不吉祥是由於偏心追求吉祥而已。如果沒有吉祥與災殃的分別心，自然就沒有攀緣追求的情感，那麼不祥與吉祥就沒有不同，而困境與亨通又哪來差別呢？這當中的義理很精當很隱微，學習《易經》的人必須深深領悟。

周文王製作《易經》，固然是靠超然的見地自我解除困境，就特別寫作文辭來指示我們，造成困境的因由，與身處困境而能亨通的所在。周文王悲憫的心，在文辭當中就看得見。

三、宗主孚佑帝君論：君子致命遂志，利用祭祀，神明佑護

1. 困卦各爻都是拿「困窮」作為當前的境遇，君子就從困窮而到亨通，就是因為心裡沒有困窮與亨通的分別，自然就沒有困窮與亨通的境界。這就是**佛家所說「色不異空，苦樂不二」的意思。沒有苦樂的情感分別，自然沒有困頓與亨通的分別境界**。於是困頓就是亨通，亨通就是困頓，雖然物我互相糾紛，而情志已經沒有二見分別了。

這時候愈困愈亨通，愈苦愈快樂。苦樂與生死，君子看作是一件事。得失不存在心中，利害不干擾自己，哪有什麼困境哪有什麼不困？哪有什麼亨通又哪裡不是亨通？所以君子只有「**自致其命，遂其志**」。自我正性立命，完成志願，不問外境是困阻還是亨通，才能在困境當中獲得亨通的道，而亨通與困頓，一體同化了。

因此困卦的「困境與亨通」兩字相連，只不過君子才能合同困境與亨通，而齊一痛苦與快樂，小人就做不到。這是由於一般人困境現前就被困住，亨通現前就得意忘形，人生的境界是不能勉強裝作達觀的。就像莊子講齊物，佛家講空觀，儒家兼備出世法與世間法，有形上與形下，有聖與凡的分別。

2. 從人情來說，困頓與亨通，都是拿生活的必須作為開始。生活豐裕叫做亨通，窮困就是困頓，所以困頓與亨通一定從酒食開始。**整部《易經》用「頤卦」講養生，用「噬嗑」卦講飲食，而最關連生存需要的，在平常就是「需卦」，在窮困潦倒就是「困卦」。**困卦與需卦恰好相反。「需卦」是人人都可以滿足需要，「困卦」是人人都失去所想要的。所以需卦解釋彖辭就講明「義不困窮」，而需卦與困卦又都是**以飲食為重心。**需卦是得到食物的日子，困卦是得不到食物的時節。所以需卦大象辭說「君子以飲食宴樂」，而九五的爻辭說「需於酒食。貞吉。」困卦的九二講「困於酒食」，這些都是拿酒食來說話。

我們在需卦的時候得到酒食的滿足，在困卦的時候感受酒食的缺乏，都是拿坎卦作為取用的根本。坎在乾的上方就是需卦，坎在兌的下方就是困卦。**「坎是生命的源頭」，**坎在上卦就發揮功用，所以成為需卦；**坎在下卦就失去滋養的源頭，所以成為困卦。**

3. 而坎卦中間的陽爻，是功用的依靠，是滋養源頭的所在。所以需卦以九五爻講「需於酒食」，困卦以九二爻講「困於酒食」，九二與九五都是坎卦的中爻，也是坎卦的主位。實際只是一個爻，在外卦就是九五，在內卦就是九二而已。

需卦是坎上而乾下，是雲上於天，就像雲雨的潤澤萬物，所以能應付人物的需要。困卦是坎在下而兌在上，形成澤中無水，就像江河枯竭不足以灌溉，而人物失去生育能力，造成人與物的困頓。需卦是「時機」的恰好，困卦也是時機的困乏，而都是從「飲食」開始。

升斗小民所需要的是飲食，所困乏的也是飲食，所以需卦九五與困卦九二，都拿酒食來形容。這是《易經》指示我們的「人道常經，生養人民最重要的是生計。」不能全面責備：「君子要看輕外物而先守護道德，不追求飲食卻只是樂道。」所以困窮的日子只有君子能亨通，

而需要的供給充沛的時候，所有人都可以得到欲望的滿足。

因此需卦是不困窮，也就是國家治理而天下太平的盛世。物資豐足的時候人人都安生樂業，哪有困窮的感受呢？

4. 所以**困卦講的是人民的困窮，只有君子因為困窮而亨通**。當人民不能得到生活的所需，也沒有物可以養民的時候，再怎麼會說話也沒有辦法解除困境，所以叫作「有言不信，尚口乃窮」。

口中沒有食物，雖然甜言蜜語也不足以治療飢餓；生活不得養育，雖然有再好的辯論也不足以紓解痛苦。因此在這個時候，坎卦的潤澤萬物沒有功勞，而兌卦的說話又有什麼作用？君子只有守貞來自我修養，致命遂志來聽從天命，等待時機而已。

困卦的文辭多數與坎卦相同，因為下卦是坎。比如坎卦初六講「入於坎窞」，與困卦初六「入於幽谷」意思一樣。坎卦上六講「繫用徽纆，置於叢棘」與困卦各爻講「困於木，困於石，據於蒺藜，困於葛藟」同樣意思。都是身體被困阻，行動靜止不自由。

坎是陷落，就像陷阱，與困卦幽囚的現象相同。因為坎的一陽陷落在兩陰當中，而困卦也是三陽被三陰掩蓋障蔽，始末都是陰。

5. 於是**陽的下卦失去根本，外卦失去出路**，失去解困的力量，前後都受阻，進退都艱難，所以又像大過卦的首末都是柔弱。可是大過卦中間四陽連結，還有不可抗拒的勢力，而困卦的陽散開錯落，都被陰困住而逃不出。

幸運的是二五是正位是陽爻，得到剛中的德性，還有自我守護的資本，所以君子靠剛中的德性可以把困境反為亨通。也就是說困境在時機而不在於人，困境在於物而不在於心，雖然處困境，還可以自我成就德性而明達道功。

聖人往往藉著困境來作為「進德修業樂道」的基礎，因為不困就不能自我淬礪德性，不困就不能圖謀振拔的勇氣與智慧。愈困愈要勉勵奮發，愈窮愈要堅定，因此「道德與事業」反而因為困境而日新又新，因為窮途末路而更加強大。就像顏回住在陋巷不以為憂愁還很快樂，原思吃糟糠的食物，不認為痛苦反而感覺很安樂。這就是困境的亨通，與常人是大不同的。

6. 困不可以太久，困道也是會窮盡。就像上天以冰雪困阻生物，不久就是春天，可見窮盡一定變化，變化必然通達。**困到極點一定亨通，這是常人感受到的情境。**君子就沒有困頓與亨通的分別，看困頓與看亨通一樣，所以不知道困頓的痛苦。可是人情就會認為困頓是痛苦，所以希望能快速解脫。

困卦到了九五已經有解脫的希望，就是爻辭說的「乃徐有說」，講徐徐緩慢就有解脫的希望。說也就是言說，有言就是俗話講的「有信」，比如「消息」的意思。因為有好消息就有解困的信息，信息就像郵差傳遞書信，就像春天三月間花開季節所吹的風。一定是有期限的，期限到了就來，所以不能快速。

因此「徐」有兩個字，講明到了期限才會有信息。陽氣的生息就是陰氣的消減，「消息盈虛」是循環終始不停的，所以困卦的消減就是解困的時候。因為陽剛被障蔽才成為困，如果陽氣能生息就脫離障蔽而解困了。

7. 上六一陰消減而成為陽爻，初六也回復為陽爻，就會變成天澤履卦，陽剛可以伸展，志向意志可以安定，因此陽氣的生息就是困境的解除。如果兌卦變成震卦，就是陽得勢而變成雷水解卦，因為震卦的陽是從坎卦當中出來，水中的一陽上升到天空，於是成為雷雨的現象。萬物都得到解放，連冬天隱藏潛伏的蟲都出來了。所以解卦的時機作用，就是困境的解消。

困卦因為坎在兌的下方，**兌不能升揚而飄散在天空，所以叫作困。**如果是震卦，一陽從下卦開始奮起往上，而二陰退避，反而可以形成陽氣飛騰的志向，這就是**雷水解卦**。在中間的互卦是水火既濟，更能幫助生化的作用。

8. 困卦的九五得到全卦正位，從五爻返回到初爻也就成為震卦，所以有解脫的機會，這是小象辭所講的「中直」。「中」講的是正位，「直」講的是直上，居正位而直上空中，恩澤可以布滿天下，就像雷雨的潤澤萬物，這是陽德的生成，沒有到不了的地方。可是一定要「安穩緩慢」然後才會有，因為不是卦的本象，一定要等待變化而已。

變化是神明的功德，不是人力所能做到。所以成就變化就到達解脫，

一定是「**利用祭祀**」接受神明的福佑。時機的周流，道功的終始，這一些都是神明作主宰。

天靠神明而靈驗，氣靠神明而運行，數靠神明而通達。所以窮盡就發生變化，變化就會通達，這都是「神明的功德。」沒有了神明，窮盡也不會變化，變化也不會通達，更不知道結果如何了，又哪能期望「時中」呢？

9. 所以「講中講極講神」，就好像懸物在空中，就不會偏向任何方向，而可以「永古迴環，無往不復」。這就是神明的功用。

「莫之為而為，天也；莫之致而致，命也。」不是人的力量而作成的，這是天意；不用人力去謀求就來到的，這是命數。雖然看不見有任何跡象而終古就是一個樣子，雖然看不見有任何形體而天下沒有不順從。所以「**一切歸向神明叫作道**」。困卦不會永遠是困頓，窮盡也不會永遠是窮盡，都是大道的作為，是神明所主宰。

所以時機到了而困頓，時機到了而解除，雖然想要快速也沒有這個力量，雖然想要免除也沒有方法。因此「中道而正直」的效果，還是必須靠安穩緩慢的解除，來作為信守與約定。

結語 君子固窮，志氣如神。

1. 宗主孚佑帝君指出孔子在《論語‧衛靈公》第二章說：「君子固窮，小人窮斯濫矣。」是根據困卦象辭「困亨貞」來說，「君子固窮，清明在躬，志氣如神」。

困卦是兌結合坎，澤在水上，形成有澤無水的現象，所以大象辭說：「澤無水，困。」因為水與澤互相睽離。如果拿升卦，木生在地中的例子，就是水在澤中，應該不能叫作無水，而大象辭講無水，因為水性潤下。就從卦的上下來說，兌在上而坎在下，是水在澤的下方，澤因為靠土才能成就蓄水的作用。如果水在下方，澤就不能蓄水，水愈往下流，澤就愈乾枯，於是成為沒有水的湖澤。就好像天乾旱，而池塘的水，沼澤的水都乾枯一樣，原來蓄存的水都不再存留。雖然有湖澤而失去湖澤的作用，所以叫作困。

湖澤的作用在水，是灌溉溫潤的功能，對物有運轉交通的方便。湖澤當中有水草魚鱉繁殖的利益，對外還有流通平均蒸化的功能，都是靠水作根本。現在水與澤背離，將如何完成作用呢？因此困卦的名稱，就是湖澤得不到水來完成功用罷了。

2. 湖澤對於人，好比恩澤，好像雨露的浸濕滲透，溝渠的灌溉，都可以發揮生成的效果，完成作用的道理。就好像國家施行政令一樣，明德能夠普及大眾的展現。

所以在德政的時代，膏澤向下溫潤人民；暴政的國君，膏澤到不了人民的身上。都是「把恩施看作是雨澤」，所以澤中沒有水，就好比膏澤不能流布到下民，而民眾不能生存，這是國家的困窮，也是人民的痛苦。

時機困窮是天的氣數，國家困窮是人的作為，困卦兼備天時與人事來說。 下卦的坎不因為水而成就湖澤的功用，反而因為險陷而減低湖澤的功能。這就是上位的人，不能與下民合同志向，而內與外不能合同情感，於是上下互相猜疑，內外互相猜忌。

困境會困住人，這是因為時機成就，如果要挽救偏失而彌補漏洞，一定要翻轉困卦，而改變行事態度。把困卦反過來成為井卦，井卦是水得到了儲蓄，而使用可以長久。雖然沒有湖澤那麼大，卻有巽卦的順從，坎反過來在上位，可以宏大潤澤萬物的功能，而發揮生成的德性。**因此井卦可以承繼困卦，足以轉動困卦的時機。**

3. 從卦來說，困卦與節卦同體，坎在上而兌在下，這就是翻轉困卦成為節卦，**節卦也可以救濟困頓的窮苦。** 比如人困窮，如果能節約，能自我勞苦，能自我節儉，就不會被困苦所傷害。所以節卦與困卦的作用，相反而又相成，**善用困卦的人一定向節卦取法。**

節卦六三爻講「不節若，則嗟若。」講節儉就有剩餘，處困境而能節儉就不會永遠困窮。水的正常作用既然顯明，水的危險陷落失去時機，於是困卦的危險就變成不困了。澤上的水滿盈，功用一定豐沛，哪裡還有困境呢？只不過是變化坎卦上下的地位而已，就好像損卦與益卦的例子。

困卦彖辭講「亨貞，大人吉，無咎。」而解釋彖辭講「困而不失其所亨，

其為君子乎？」這一層義理孔子已經講清楚。大人與君子，從德性來說是相同，從地位來說就有分別。

4. 「亨通而能貞正」不是君子做不到，尤其在困境的時機，不是君子更是做不到。因為亨通是得志的時候，容易生出驕慢的心，如果能不驕慢而自我戒慎，不失本分操守。哪裡是常人所能做到？這是講「顯達的時候不容易守貞」的道理。

   如果面臨窮困苦厄的時候，被貧賤逼迫，容易生出厭惡不平的心。如果心能夠不起厭惡而做到潔淨自身，做好自己，不失去本分操守。哪裡是常人所能做到？這是講「窮困時候，守貞的不容易」。

   現在「困亨貞」三個字相連，是兼備窮困與顯達的時機，而包含上升與沉落的狀況。

   如果從道來說，就是困窮。如果從時機來說，就應當亨通而顯達。這是講在亂世而得志的人，在危險的國家而居處高位的人，雖然處困境而亨通。可是亨通是亨通，卻要能夠不失去貞德。

   因為在時機是亨通，而在道是困窮，於是亨通也是困窮，所以亨通不能長久。卻必須把心志擺在貞德，這就是困而不失其亨的人，也就是處困境而不失貞德的君子。

5. 「亨與貞是本末」，貞德是根本而亨通是枝末，能守住貞德才能鞏固根本，貞就是鞏固。乾卦文言說「貞固足以幹事」，這是講貞是四德的根本，好像樹木的根，房子的基礎。

   所以在困卦裡的亨通不足貴，處在困卦的亨通而能守貞才可貴，處困卦而能艱貞尤其可貴。顯達時候的亨通不奇特，處困卦的亨通才是奇特，處困卦的時局能亨通而又守貞就更奇特。

   原來困卦本來是不可能亨通的，而且不容易貞守的。不可能亨通，時機可以給出亨通；不是貞德操守，人可以改變。這只有君子能做得到。困卦能夠守貞，就是孔子所說的「固窮」。孔子因為子路問「君子亦有窮乎？」特別告訴他「君子固窮」，就是明白顯示「困卦守貞」的義理。困就是窮，貞就是固，**「固窮」就是講守貞來安處困境的意思**。後人解釋這一句話，多數沒有得到孔子的旨意，不知原來是根據困卦象辭「困亨貞」來說的。

6. 「困」這個字一方面指的是卦，也指境遇。「亨貞」是分別指時機的恰好與所行的道。時機恰好是外在的環境，所行的道是內在的修養。順著時機的恰好就有亨通有否塞，順著人道就會以守貞為根本。因此處困境無論是在什麼時機，都要寶貴貞德，也就是困窮君子的存心與行事。

只有能做到固守貞德，才能免除困窮而不失去亨通。如果失去貞德的固守，那麼困境是傷害亨通也是傷害。所以困境可以亨通卻又不可以亨通，必須要靠貞德而亨通，才是善用困卦。因此君子固窮而不被窮困所拖累，而且可以成就德性。

如果是小人，不知道貞固的義理，徒然怨恨窮困的到來，於是免不了被時事所轉移，被境遇所逼迫，而放縱自己的行為，趨向下流而不可以挽救，所以叫作「小人窮斯濫矣」。

濫字與固字恰好相反。「固」就有操守而不改變，「濫」就隨波逐流而沒有止處。就好像水的氾濫向下流而忘了回返。

7. 為什麼拿水的氾濫作比方？因為坎卦的水在下方，脫離湖澤的堤防而下流不停。所以孔子的話完全根據困卦的作用，不是偶然回答弟子的問題，為了維護自己窮困的境遇。

窮困有什麼憂患呢？困卦是困窮的時機，各爻都有困境，表示在困窮的日子，無論什麼人都不能免除困厄。在位的人固然困窮，在鄉野的尤其困窮，追求財富的固然困窮，尋找食物的也困窮，自己固然困窮，就是家人親戚朋友也沒有不是困窮。行動固然困窮，就是守成隱居的人也沒有不困窮。

因此「困卦的亨通順暢，就是講天下共同處在困境」。困頓通達一切，沒有人不感到困頓，那麼處困卦哪裡能獨自亨通呢？

所以君子只有「致命遂志」。中正性命，堅定志願，用所困來等待困境的變化。先自困，然後不會深深覺得困境的痛苦；自己深入困境，然後才可以希望困境的解除。

8. 所以初六是講「臀部的困」就是明白表示，身體已經困住了，而面向外在世界，那麼雖然在困限當中還有出困的日子。像「株木」的困，「幽谷」的困，都是先自困，然後追求漸漸解脫困境。初爻沒有地位，

原來是更困頓的地方，所以被綁在株木又進入幽谷，這是明白表示，實實在在處在困境的地步。

可是卦自然會向外向上，所以從初爻前進，處在困卦境地的，終究有希望解脫而向上向外。所以初爻的困是困卦的開始，講到困卦是講一切沒有不受困，初爻的志向固然在出困，前進還是沒有離開困。

在下位固然受困，升到上位也是被困；在崗位上固然受困，前進往前也是受困。困境雖然不同，但被困的情形是一樣的，因此卦就用困來命名。

不過進到九二有剛中的德性，就好像內卦的主人，有接受君王封爵與俸祿的現象，所以有「朱紱方來」的說話。這是講既然是困境，也不會因為地位而免除，可見處困的一切局勢，不論在位或是在野，都有同樣感受，只不過所困的情境有分別，而處困的情形有不一樣。

9. **處困境而無心，沒有困阻，只有君子做得來。** 君子能固守貞德而追求亨通，所以先自困而不希望免除，不會想要倖免於困境，而更增加困頓。**君子不因為困頓而自我窮困，明白困境是在身外，內心就不會受到干擾；明白困境是一時，內心的操守就不會動搖。** 這是知困而安處在困境，終究不會被困陷。學道的人要在這裡深深思考「自困而不受困」的義理。

澤水困卦正吻合時代現今的現象。澤無水就是困，而內在是坎險，哪能免除困境？幸運的是有剛中的德性，雖然被障蔽還能守得住，守得住本分就不會失去貞德，貞德堅固就可以亨通一時。

講「困亨貞」，彖辭已經講明真理教育與人道首先要做到的事。**人道以貞德為根本，才能合同天道的亨通。** 而困卦內在的互卦是風火家人，二女同居，互相猜疑互相嫉妒，最後變成睽卦的背離。睽卦的相反是革卦，所以困卦以後接著是井卦，井然有序可以稍微安定局勢。

10. 如果局勢只是像坐井觀天，得不到真相，井卦也好像坎陷，就是陷阱，陷阱的災禍不容易出離。然後到了革卦就可以改變，到了鼎卦更可以更新。革卦與鼎卦之間，革是去故舊，鼎是取新局。《易經》的理數是這樣，天的氣數也是這樣。

火與澤是睽卦，澤與火是革卦，澤與水是困卦，澤與風是大過卦，澤

與地是萃卦。「地水火風」是四大元素，緊密交替。現在從地與水發起，終結在火與風，火與風結合是鼎卦，這就是時機的來臨。

而澤卦與這幾個卦始終不離，也就是兌卦。所以兌澤的作用是牽引的媒介，現在澤中無水，這是湖澤的作用已經窮困，兌卦的道不能回復。兌的下方就要用火，那更有什麼作用呢？所以必須要革新。

水風井卦

上六
九五
六四
九三
九二
初六

卦旨

宗主孚佑帝君說：

1. **井卦的作用來自四個條件：**一是根據上天自然的力量。二是順從大地的力量。三是結合眾人的力量。四是充分發揮萬物的利益。四者具備所以井道可以讓人民得到養育而不窮盡，物資很寬裕而不會花費太多。井道一定要結合「天地與人物」的四種力量，來完成作用而永久利益，便利行事而擴大功德。這是井道根本人道，長久而恢弘，光輝而遠大。**井是民生的依靠，是萬物利益的憑藉，是國家的基礎，所以《易經》把井列在六十四卦。**

   井不離開田野，不遠離民眾，是民生的源頭，是國家的基礎。聖人用井道來養民富民教民，井道是民生實際的根本。國家以人民為根本，人民以食物為根本。人民得到食物，生命的根本就立定；國家有人民，國家的根本就固定。因此井卦的養育是天下的根本。

2. 人民都依靠井來生存，來繁衍生息。古時候的「井田」尤其是民生的源頭，立國的根本，維繫在全民日用飲食的一口井。

   井以養民為宗旨，人民既然得到養育，生活就不窮困。人民依附土地也依賴井，所以人民不可以改變，井也不可以改變。井的功效完成在人的力量，這是講人足以幫助天地的不足，幫助生化的德性，從井道就可以證明。

   井的完成，人民可以安定生活；井的建立，物資可以振興實業。所以君子無時無刻不重視井，重要的是要推行井的利益，作為人民的利益，要完善井的作用來和諧民情。這就是上古「井田制度」興起的緣由。

3. 君子居處在領導的地位，以安民為首務。讓人民能安定生活，快樂工

作，衣食沒有匱乏，養家活口有資本，於是養生送死沒有遺憾，憂傷喜慶可以相互往來。有事就發揮勞動力，結合眾人的力量；沒事就互相溝通和好，共同享受安逸的生活。

於是農事不會荒廢而人民每天很融洽，情意更篤實，風俗更淳厚，互相勸善規過，共同分擔煩惱與憂愁，互相安慰苦痛。推行到極致，就是老吾老以及人之老，幼吾幼以及人之幼。人不獨親其親，不獨子其子，鰥寡孤獨廢疾皆有養。這就是上古太平世的盛大治理，實在是取法井道。

履卦的上九講「禮治已經完成」，井卦的上六講「民生已經完成」；履卦講教化，井卦講富民，都是治平的根本。既然有眾多的人民，一定要先讓人民富有，這是井卦長養最重視的事；既然到達富裕，一定要先教化，這是禮教最尊貴的事。（子適衛，冉有僕。子曰：「庶矣哉！」冉有曰：「既庶矣，又何加焉？」曰：「富之。」曰：「既富矣，又何加焉？」曰：「教之。」《論語・子路》第十三篇第九章講庶富教，是根據井卦而來。）

4. 履卦用「禮教」來安定人民的心志，井卦用「飲食」來安定人民的生活。這樣的「德性」普及到全民，這樣的「功業」可以傳流後世，「地位」愈崇高而德性愈廣大，「時機」愈長久而恩澤愈宏大。所以天下就沒有不吉祥了。

井的地位在下民，民眾是屬於下位，下位的民眾是國家的根本，上位的人要靠人民來保護，來成就尊榮，來安定而富足。所以富裕國家要先富裕人民，富足上位的人要先富足下位的民眾，這就是治理世界的道理。

周文王憤怒商紂王，只知道聚斂鹿台的財產，只知道儲備鉅橋的米糧。而一點都不能體恤人民的痛苦，取用民財不合道理，聚斂太過不能體諒民情。所以就假借「汲井而贏瓶的凶禍」，暗中來寄託「諷刺」的意思。

白話經文

【象辭義理】

井：改邑不改井，無喪無得，往來井井。汲至，亦未繘井。羸其瓶，凶。

井卦象辭說：井不離開田野，不遠離民眾，是民生的源頭，是國家的基礎。政治最重要的是供應人民食物，豐裕人民生活，讓人民安定和樂，生息繁衍眾多。

所以國家可以改變，而人民不可以改變；城鄉可以改變，而井不可以改變。立國的根本，維繫在全民日用飲食的一口井。

人民像井，順從上帝的法則。守本位，安本分，質樸厚重，沒貪心沒欲求，心裡沒有治亂安危的得失心。

生活往來像一口井，自在自得，齊一方正，有秩序條理，不紊亂。最怕的是取水的人倉皇失措，本末顛倒，忽略利用厚生的關懷。有井而沒有繩子，有瓶而沒有水，人為的過錯會造成凶險與傷害。

【解釋象辭】

象曰：巽乎水而上水，井。井養而不窮也。改邑不改井，乃以剛中也。
汲至亦未繘井，未有功也。羸其瓶，是以凶也。

井卦解釋象辭說：取水的人，木桶要深入水中又出離水面，才可發揮井道的功用。井是用來養民，井水永遠不會窮盡。井道宗旨是陽剛中正，齊一方正，不能改變。就像是民貴君輕，而社稷又其次的理則一樣，不能改變。

人民像一口井，領導人是取水的人，拿瓶子的人。如果人事不完善，工具不精良，有繩不能取水，有瓶不能裝水，會徒勞無功，更會造成廢井，收井的凶禍！

井卦是周文王諷刺商紂王，不能體恤民情，造成空瓶不能養民的亡國禍害！

【大象辭義理】

象曰：木上有水，井。君子以勞民勸相。

井卦大象辭說：井中的水，靠木桶而生發功用，完成養民的功效，滋潤萬物的利益。井道結合天地人物四種力量，來完成作用而利益永久，便

利行事而擴大功德。

把井的功用發揮到人民身上，是君子的責任。君子養民教民，盡心竭智，培育禮樂根本，疏通性命源頭。讓人民生活安定，快樂工作。於是人民勤勞刻苦的農耕，付出三個時節的勞力，然後得到秋收的慰勞。

人民圍著井，群聚共處，守望相助，疾病相扶持。於是民情親切和睦，風俗淳厚，互相勸善規過，共擔煩憂。推行到極致，老老幼幼，鰥寡孤獨廢疾都有養護。就是上古的太平世。

【爻辭義理】

初六 井泥不食，舊井無禽。

井卦初六爻說：舊井是沒有水的枯井，就是汲水到井底，也只是泥土，不能吃，沒有用。用枯井來當陷阱，也捕捉不到鳥獸。

從人事來說，處在卑下的地位，汙濁昏暗。沉澱在最底部，德性不光明，發揮不了作用。

象曰：井泥不食，下也。舊井無禽，時捨也。

井卦初六爻小象辭說：人生的過程，會經歷像泥土潛藏在井底，有地位而德性還不光明，必須先潛藏，涵養才德，不是急著表現作用。所以，當前的時機，應當捨棄欲求獲得的心。更要知止不前，捨離可欲，不知足，妄動，躁進，就免於掉入陷阱的災禍。

九二 井谷射鮒，甕敝漏。

井卦九二爻說：在山谷中的井，用弓箭射小魚。所用的工具不恰當，所獲得的也就不充分。九二剛愎自用，德不配位；自私自利，行為背離常經準則。就好像用老舊破漏的甕裝東西，保存不久。辜負井卦養民利物的功能。

象曰：井谷射鮒，無與也。

井卦九二爻小象辭說：一個人剛愎自用，就不能協同上下；不與人溝通協調，也就得不到友助。就如同到山谷的井射小魚，徒勞無功。

剛強獨行不合道，也就不能成就事功。能夠做到戒慎恐懼，才不會掉入因小失大，得不償失的徒勞。

九三 井渫不食，為我心惻，可用汲。王明，求受其福。

井卦九三爻說：井破漏，井水滲湧騰溢外流，汙濁的東西混入，不能喝了。我心生不忍而悲傷，還好井還在，還可以汲水。

井破漏，好比國家的政事荒廢，後續的人私心偏見，不能繼承前人的功業，看輕養民利物的規模，有心人會悽惻難安。我只有替代人民向上天祈求君王明德，福澤能夠惠施下民。

象曰：井渫不食，行惻也。求王明，受福也。

井卦九三爻小象辭說：國家的這一口井，破漏汙染，我中心悲痛吃不下。就是行路的人看到，也會有同樣的哀愁，感慨世道人心的面目全非。我只能向上天祈求，君王有光明的天德，恩慈能普及下民與萬物。

六四 井甃，無咎。

井卦六四爻說：建井的人用磚瓦打造堅固的井壁。井既然保全，養民利物的功用可以長久。哪裡只是沒有過錯而已！

把建井修井的道理推廣到人事物，主事者對事情有貞固的謀劃，就能免除渙散浮濫的傷害。政教措施恰當，居中位而領導外在世界，可以作為人民恆久的依靠。

象曰：井甃無咎，修井也。

井卦六四爻小象辭說：修井可以彌補一切不足與過錯！井沒有修一定看見破敗，身沒修一定受到傷害。身沒修，要如何齊家治國平天下？井沒修好，要如何養民利物？所以，一口井需要修整，一個人的道德人格也需要修養。

九五 井冽，寒泉食。

井卦九五爻說：陽氣順從陰冷變化，成為潔白清香甘美的寒泉，最適合吃喝。井卦到了九五才有得吃，君王立穩陽剛中正的地位，謙卑自養而沒有屈辱正氣，親親仁民愛物而恩慈福澤不斷。聖人先讓人民吃飽喝足，自己也才吃得甘美。

象曰：寒泉之食，中正也。

井卦九五爻小象辭說：君王的地位中正，真人居中來領導下民，道德

行中把福祿普施於人民，於是治道完成而天下長治久安。垂衣拱手，自然無為的治理天下。天人上下共享天福天祿天壽，達到乾卦，以美利利天下的境界！

上六 井收，勿暮。有孚元吉。

井卦上六爻說：井所在的地方就是市集、市場，到了傍晚，要收市休市，市場要關閉，所有的人都回家。當井養的利益，市場的交易順暢，功德福祿累積長久而滿盈，就要及時收藏、保存豐盛的物資。

一方面防止小偷強盜，一方面珍惜民生與物力。利人利物而沒有廢人棄物，自然長治久安。這是貞元合同，天地定位，共同創造天人物我的大利益，大吉祥！

象曰：元吉在上，大成也。

井卦上六爻小象辭說：井卦到了上六爻，貞元合同，天地定位，盡人合天，天與民歸，才是大吉祥，大成就。上位的人建井來養民，用禮樂來教民化民，人民勞動有績效了，也能供養上位的人，上下共同享受天福的供養。

井道終成在全民上下的貞德，於是地道能承接天道，人道能合同天德，貞能啟元而守貞還元，安貞歸元。天下樂利安和，哪有窮困匱乏？

推演

宗主孚佑帝君詳述井卦宗旨，井田制度的精神，以及〈繫辭傳〉指示道德生命九卦的義理。內容豐富完善，篇幅很長。因此分五大主題條理編述，方便閱讀。

一、論「困，德之辨也。井，德之地也。」的義理。

1. 困卦與井卦是往來卦，就是顛倒一卦而成為兩卦。在《周易》的序卦裡，困卦與井卦關連很大，就像損卦與益卦的往來，互相完成作用一樣。〈序卦傳〉說：「升而不已必困，故升後受之以困。困於上者必反下，故困後受之以井。」因此，困卦是從升卦變來，井卦是從困卦變來。

困卦窮盡到極點就變為井卦，這時候坎卦由下往上，兌卦變為巽卦。〈繫辭傳〉說：「困，德之辨也。井，德之地也。」又說：「困窮而通，井居其所而遷。」又說：「困以避怨。井以辨義。」從這裡看來，可見井與困是相反，而互相幫助發揮作用。

困卦本來是窮困不能有作為，而內剛外柔，不能排除困難來抒發志向，所以叫作「德之辨」，就是講困卦可以試驗人的貞操，明辨行為的邪正，也就是疾風知勁草，亂國識忠臣的意思。

沒有外患不足以分辨一個人的操守，不因為災難多，不足以磨煉品行與行為，因此**憂患是成德的根本，險阻是驗收一個人能力的時機**。而困卦就是因為窮困而通達，能夠不被困境所困而且可以亨通，所以叫作「避怨」。

2. 因為處在安樂，享受尊貴榮華太多，怨恨與誹謗一定成群來到。只有自我安處艱苦，承受卑下與屈辱，不只是沒有怨恨誹謗，還會有很多安慰與勉勵。

像井卦是因為困頓到極點而想要自謀出路，知道艱難而一心安處在狹小的環境，所以叫作「德之地」。講做人歸宿的地方，安身立命的處所。因為不願向外攀緣，雖然坐在井裡反而自在寬舒；因為知道是多危險困阻的時機，雖然進入井裡頭反而更安寧妥貼。因此井能夠解困，而且是困境的變化一定要到達的地方，所以叫作**「井以辨義」**。講分辨時機是否恰好，能夠遵循中道，不會外求於物而能存養天心。

雖然處在卑下低窪的地方，卻不會為了潮濕狹窄而憂慮；雖然委屈在狹小的地方隱居，卻還能順守正位。所以叫作**「井居其所而遷」**，這是講居處在任何地方都不會被環境限制。能夠自我安頓，就能奮發精神；能夠從卑下開始，就可期望高遠。就像《尚書》講「安安而能遷」的意思。

3. **只有能安止在所安定的地方，才能遷進到至善寶地**，因此井卦是通達，而不同於困卦的窮盡。困卦的通達只有君子能做到，井卦的通達是所有人都可以做到。困卦因為「窮極的變化」而通達，井卦因為「安安之遷」而通達，這是所憑靠的不同而行事也就有分別。仔細思考困卦與井卦的解釋彖辭自然能知道。

二、論繩子短，瓶子小，是人的過錯。違背方正的天德，徒勞無功。

　　井卦象辭講汲井而沒有準備好繩子，因為贏其瓶而成為凶事。這是講人民沒有得到養育，萬物沒有得到生息的現象，不是只有汲水不得的緣故。井卦是以「存水潤物來幫助生活」為作用，井卦有水而不能充分發揮作用，就好像有器具而不能收到工作的功效，都是人的過錯，不是井的過錯。

　　井卦與困卦相反，一個窮困一個通達。困在上位，而通達在下位。所以井的地位在下民，民眾是屬於下位，下位的民眾是國家的根本，上位的人要靠人民來保護，來成就尊榮，來安定而富足。所以富裕國家要先富裕人民，富足上位的人要先富足下位的民眾，這是治理世界的道理。

1. 困卦因為得不到上位的力量反而往下走，兩陽從外往內，先鞏固根本來長養民眾，先培育萬物的利益，**追求最小最簡單的養育，就要先從井卦做起。**井的作用很大而做法卻很容易，井的利益很宏大而得到不困難。

   井卦的作用來自四個條件：一是根據上天自然的力量。二是順從大地的力量。三是結合眾人的力量。四是充分發揮萬物的利益。四者具備所以井道可以讓人民得到養育而不窮盡，物資很寬裕而不會花費太多。困境因為井卦而解除，上位的人因為下民的富裕而安定，所以井的道理最平常而功效最偉大，井的現象最簡陋而作用最寬宏。關鍵就在如何在適當的時機發揮作用，**發動原來的力量，完備所有的用具，就可以充分得到功效與行事。**

   所以象辭只是講「沒有繩子，贏其瓶」占卜就是凶，從這裡可以看見所失去的雖然很小，所關連的一定很大。如果道理不是這樣，就不足以拿「繩子與瓶子」成為人生的凶事。

2. 繩子與瓶子是小東西，價值不多，不管是有還是沒有，不論是強或弱，與人的吉凶有什麼關連？而竟然要講凶！是因為得失不在物而在民生。不是為了汲水而是為了養民，不是為了水是滿盈或不足，而是為了民生物利是窮困匱乏，還是豐富通達。

   生活的根本，養育的源頭，是人民所依靠而存活的，也是物資所依靠而成就利益的，就不可以因為細小而疏忽。井卦是坎在巽的上方，是

水已經出離地面，作用已經明顯，卻還不善處理，這是自己違背井的道理。**看到利益就忘記禍害，貪圖前面就不顧後面，所以才會凶。**因此**井道是天時，而作用在人事**，人能合同天德就可以得到。

井這個字四正四方，如果延長橫線與直線，永遠會成為方正均勻的分界線，所以井道就像這樣方正。從下往上，從近處往遠處，推到無窮無盡都不會離開中正的界限。

3. 而井的構造只是挖土深入，取用地中的泉水，幫助汲飲灌溉的利益，而取水的方法一定要假借木桶的力量來進入水中把水往上提。因此井卦拿巽進入坎來象徵義理。

巽是木是風是進入，而坎是水是深陷，用巽卦的木進入深陷的水，取深陷的水然後往上提，井卦的義理就完備了。而卦爻卻是根據二五兩剛爻，**陽剛居中得位來領導群眾。**九三與六四合同既濟，用來比喻效果，所以井道足以**幫助困窮**，可以養民而利物，原來是民生的源頭。

而象辭講「**要汲水卻沒有準備好繩子，這是徒勞無功。贏其瓶，是凶事，是違背井的作用。**」為什麼？因為井的作用本來有功效，卻因為人的不謹慎於是無功；井的道本來不是凶事，卻因為器具不好，才占卜是凶事。

4. 這就好比是有善策卻不能善施，有良方卻不能善用。那麼**守成的人會辜負創業的苦心，在位的人會看不清楚下民的情志。**所以只說「汲至」而沒有講更多。

這就是講去取水，卻沒有讓繩子到達井裡的泉水。可見只知道要汲水，卻沒有準備「汲水的工具」；只知道井裡有水，卻沒有講求「出水的方法」。所以沒有功效，這是人的過失，不是井的過失。

而「贏其瓶」的人只想要得水，而忘了水的分量；只想到把持空瓶可以酌量的取水，卻忘記所拿的器具不適合。因此占卜是凶。這也是器具與人的過錯，不是井的過失。

井道永遠不改變，不論何時何地都有功效，都不可能遭遇凶事。只是人的存心不善，器具不適合而沒有功效，才造成凶事。因為《易經》明白指示**井道的利害，關鍵在用井的人**；就是比方**人民情志的安危，關鍵在治理人民的人。**

5. 人民沒有天生就作亂的，如果得到良好的治理，天下就沒有不太平。只有**不問人民的真情與需要，不省察萬物的屬性，剛愎自用又閉門造車**，要如何讓民心佩服而成就萬物的利益呢？解釋彖辭舉例講「無功以及凶事」，正是因為卦是剛中在位，容易掉入剛愎自用的過錯而已。譬如水枯竭就是廢井，不可以因為現在是廢井而忘記它原有的功用。所以剛中的德性是指人而不是井，但是**井果真違背汲飲灌溉的道理，就是井的過錯，是井的無知**。二五在中位固然重視人道，拿井來比喻人，不是講井就是人，觀察大象辭就自然知道。

三、勞民勸相，是君子治國的要領。

井卦大象辭講「勞民勸相」，這是君子治國的要領。民生在勤勞，勤勞就沒有匱乏。井卦與困卦是往來，井可以解困，困頓解除就沒有匱乏了。所以一定先勞動人民，勞民就是讓人民勤勞而且慰勞人民。

勞動人民，是使人民有生活的事業，有成就，有依靠有生存。而慰勞人民，是使人民能夠快樂生活做事，能夠專心一致而成就更大，生活更安定。於是人民就沒有二心，父子與祖孫世世代代都很快樂從事自己的事業，農耕與工藝各得其所。

1. **勞民四大功效**：一、社會上沒有遊民。二、國家沒有荒廢的土地。三、大地上沒有廢棄的材料。四、人民沒有飢寒窮窘的痛苦。這一切都是「勞民」的效果。

   「勸相」就是孟子所說的「出入相友，守望相助，疾病相扶持。」於是百姓親愛和睦，就是〈禮運篇〉所說：「民不獨親其親，不獨子其子，孤獨鰥寡廢疾者皆有所養。貨惡其棄於地，不必藏於己；力惡其不出於身，不必為己。是謂大同。」於是人民都會互相保護而沒有離心離德，不論親疏遠近，沒有不是相親相愛，而且恰如其分。婚喪慶弔沒有不是互相關懷，而都能表現真情。

   所以在家就能安家，離開家就能快樂與群眾相處，有無可以相通，憂樂可以共享。財富不是只有一個人富有，物資也不會被一家獨占，於是貧富不互相爭較。利益不會只為自己，禍害不會推給別人，於是一切的恩怨都會泯除。這就是**「均無貧，和無寡，安無傾」**的境界。

2. 在上位的人勸導而下民仿效，上下一道同風沒有不是井井有序，那麼井道完成也是治理國家天下的極致。井可以養民，民可以養君，所以一定先重視民生而培厚根本。民生依靠井，國家富強在人民，所以有井就有人民，有人民就有國家。

　　勞動人民而沒有怨恨，取用人民而不會結仇，於是上下安和而遠近安定，人民與物資都很充足，而國家的倉庫飽滿。因此**教育養育的道理沒有不是根據井卦**，有國土的人一定要先讓人民「眾多」，人民已經眾多了就要先「養民」，人民已經有養育了就要先「教化」。因此教化是根據養育，養育是根據人民眾多。這一切都是根據井卦而來。

　　所以**井卦兼有「庶富」而能夠推行「教養」**。上卦從水，明白生活的源頭；下卦從風，明白教育的感化；中間互卦是家人，明白親族的和樂。中爻是既濟，這是人民與物資豐富而康寧。陽剛得到中位而陰柔來協調，下位的人有根本，而上位的人有幫助。

　　所以**君子「勞民勸相」可以完成三件事**：一是完成井道。二是建立人道。三是彰顯治道。三者都具備就不困窮了。

四、論時捨的可貴在知止。

1. 井卦初爻的文辭講「井泥不食，舊井無禽。」這是講井卦的初爻，作用不顯明，地位在下而時機未到。所以小象辭明白指示義理「井泥不食，下也。舊井無禽，時捨也。」

　　因為井不是拿泥土來讓人民吃，現在地位低下到達井底，沒有水而只有泥土，如何可以作為人民的食用？這是失去井的作用，由於處在下位，而下位是「勿用」，無論剛柔都是相同。所以乾卦初九也是「潛龍勿用」，就是講處在下位，不足以作用的意思。

　　就像草木最初有根芽，還是不能顯明功用，功用不顯明，就沒辦法分辨雌雄，分辨剛柔。一切都不可以分辨，所以不能拿陽與陰來爭執相同或不相同。

2. **萬物初生，無論動物植物或人類，都不分陰陽與男女，不是本體不分而是作用不明而已**。卦爻的分別在於「作用」，處在「勿用」的時候自然沒有剛柔的差異，必須等待作用已經明顯，是剛是柔的道用已經

不同，才可以分辨得失，分別利害。

所以**卦爻的作用一定要到二爻才開始明顯**。而井卦的初六向上呼應六四，是重陰的現象，尤其容易與陽混同。坤卦上六講「陰疑於陽必戰」就是講重陰反而以為自己是陽，也是處在極地就會變化，變化就會反過來。

反回來時，陰陽不再像前面分明，這就是窮盡的意思，而初爻的開始也是這樣。因為還沒有分別陰陽以前，會形成互相懷疑的現象。因此我們要明白，**處在極位因為變化而回反，處在初爻因為幼稚而相同。**

3. **「反」就產生變化，「同」就生出和諧。「和諧」是生命的源頭，「變化」是造化的氣機。**就像嬰孩的初生沒有男女的分別，等到老了生機斷絕，也沒有男女的分別，這就是變化。所以年老不生子，而婦人沒有月經，也像沒有成年的男女，都失去陰陽的作用，不再有剛柔的不同。

初爻講「無禽」是講不用就得不到，無用就沒有功勞，禽也是從作用來。井不成作用就沒有水可以喝，陷阱不成作用就沒有物可以得。所以叫作「時捨也」。這是講**應當停止就停止，應當割捨就割捨**，從時機來分辨。

捨字與屯卦六三爻「即鹿無虞，唯入於林中。君子機，不如捨」的義理一樣。講捨棄鹿而不追不射，也不希望得到。因為地點不適合追捕獵獲，所以見機而止，不如停止的意思。這是初爻在下位，井空沒有水，井裡只有泥土，就沒有可得，也不能得到什麼。

4. 而且舊井是廢井，有陷入的危險，這不是有所為而故意設下的危險，要見危知止就不會涉入危險，所以可貴在知止。捨就是止，因為初爻結合九二反連上六，互卦就是艮卦，艮就是止。原來的巽卦是入，巽入就有「陷入」的憂慮，艮止就有「知避」的智慧，關鍵在人何去何從的抉擇，所以叫作「時捨」。

時機應當停止就停止，就能免於傷害；時機應當停止而勉強前進，一定會遭遇災禍。時機應當捨而割捨，雖然沒有利益也沒有傷害；時機應當割捨，而一定要追求有取得有收穫，一定會掉入貪欲貪得的過錯，而成為陷阱當中的禽獸。

這是在講要謹慎所用的時機，在勿用的時候而追求作用，與進入井中以泥土為食物，有什麼不同？與投入陷阱想要獲取禽獸有什麼不一樣？這都是違背乾卦初爻與二爻的義理，而不知道地位不恰當，時機還沒來到。

五、論井田制度的改革，違反順天而應人的天則，不是聖人的做法。

1. 德性不夠光大，施惠還不普及，就冒冒失失以得失為懷，如何能免除過錯與偏差？所以小象辭就從乾卦初爻二爻的文辭，來解釋井卦的初爻，這是有很深的義理寄託。

   井卦九二爻拿「井谷射鮒與甕敝漏」兩句話，明白解釋九二的作用是不當位，那麼井卦各爻道理也大致相同。就像彖辭所講「汲至亦未繘井，羸其瓶，凶。」就是講不能充分發揮井的作用，失去養民的道理，違背利物的功德，這是時機世道所做的事，也是人事的過錯。

   譬如「井田的制度」實行了數千年，三代聖王的治理沒有聽說有改革的，而到了秦孝公廢棄井田。這不是井田不優良，是時機世道使井田的制度一定產生變化，井道也是這樣。

   井是以「**養民利物**」為主，而後世反過來變成「**勞民殃物**」。這哪裡是井的不良？也只是時機世道人心的敗壞而已。所以井道久了以後一定革新，因此井卦往下接著是革卦。

2. 如果革卦只是先去除利益，就會徒然只是看到傷害。這是後世重視變化，而不能依循前王的成規；只是崇尚新奇，而不甘心傳承舊有的慣例。所以在改革的時候，沒有不混亂的，用意固然是為了「撥亂反正」，實行開來就變成以混亂來幫助情勢更混亂，這是歷來改革所免除不了的現象。

   誰能做到像湯武革命，順天而應人呢？商湯與武王是聖人，在人心世道還沒有安定以前，還免不了有干戈的災禍，因此**古時候的聖人不敢輕言改革**。只是時機世運已經來到，不得不改革，不得不混亂，混亂就想要改革，愈改革就愈混亂。因此井道是不可改變的，而改變的破壞與傷害，也終究是不可避免的事。

   所以改革有違背偏差的行事，有凶險危害的憂慮，雖然是井也沒辦法

逃避。井道的敗壞，是敗壞在時機與世道；井用的背離，是背離在人為人事。人不自我背離，器物哪裡會有不完備？時機不先敗壞，人哪有不良善？

3. 所以彖辭講「未繘」是時機，也是人事。講「射鮒」是人事也是時機。講「瓶羸」是在講物也在講人，講「甕漏」是人也是物。一切都是互相依循而來到，難道是井所能料想到的嗎？

   井道還沒改變，井的作用沒有變化，只是人事已經面目全非，時機與世道已經大不同，如何能怪究井呢？又為什麼懷疑井卦的文辭呢？文辭所指示的就是顯示「時機世道的變化」而已。沒有變化就沒有這一些文辭，這就是「吉凶悔吝生於動」，不動哪裡有吉凶悔吝可說？

   因此九二雖然是正位，行事還是乖離違背，器物還是破敝敗壞。這是地位不能與時機相爭，爻的上下還是相互抗拒，也就是「無與」的意思。上下的情志不同，而利害互相牴觸；君民的好惡不同，而公私互相糾纏。於是有養育的條件卻得不到養育，有利益的功效卻發揮不了利益。

   這一切等同於沒有作用的初爻，也就是井道不可長久的道理。要不然「往來井井」，哪有射鮒的行為？哪有破漏的甕？而又表現在九二中正的地位呢？

4. 不合時機的作為，那麼違反時機就是災禍，所以大蓄卦是「時」，無妄卦是「災」。時機到了，那麼災害也是時機造成，因此井卦的長養不如頤卦的「長養」，因為頤卦能夠養正，井卦是剛中而太過，就失去正道，失正就偏差，偏差就有災害。

   所以順時而前往的是家人卦的中正，逆時而來到的是睽卦的乖離。只要看中間的互卦，就可以看見當中同異的道理了。

   井卦九三爻因為是內卦的最末，重剛而接近外卦的六四爻，剛柔相得，向上接近九五，與上六呼應而上下相和。雖然剛在柔當中，就好像困卦當中，陽被陰障蔽，但是陽剛多數在下位而有升卦的飛揚，因此九二與九三雖然不吉祥，不互相幫助，卻可以有作用，也有時機。

   九三又合同既濟，可以溝通內外，可以率領下民來向上位的人祈求，而最終可以承受福報，因此井道的偉大，是被人民與物資所依靠生息

的。井在下而志向往上，好像益卦講「損上益下」就吉祥，如果用損卦講「損下益上」就凶禍。所以**全卦以「利物養民」為宗旨**。

5. 物的利益就是國家的利益，人民得到養育就是上位的人得到養育，倉庫的財物都是從民物出來，君上的食物都是人民與物資提供。因此沒有人民就沒有國君，沒有井就沒有人民。所以九三講：「井渫不食，為我心惻」「為我」就是講為人民，也是為上位的人。人民沒得吃，上位的人哪能自己溫飽？

有泉水而放任它流洩汙穢，就好像有食物而聽任它廢棄，有財產而任意浪費，就違背材料的作用，也違背器物的作用。就好像瓶小弱而甕破漏，沒辦法達到汲水的功效，有井又有什麼可貴？有人民又有什麼貴重？

所以「財物」不先用來養民，人民就不能發揮作用；「飲食」不先讓人民吃飽，人民就沒辦法生活。這樣有人民如同沒有人民，那麼有國家也就不成為國家，有君王又哪裡是君王呢？

6. 因此《易經》的爻辭感慨商紂王的昏庸，只是會用暴力壓榨人民，而不能省察人民的生活；只是耗散物資，而不能培養物資的力量。就好像井水的洩漏汙穢，如何完成井的作用？所以說「求王明，始受福。」君王沒有明德，有什麼福報可以祈求？因此人民忠君愛上的忠誠，只是祈求君王的明德，能夠安撫人民，長育萬物而已。

一個「求」字，是何等的悲痛惋惜！人不能滿足心願就會呼喊上天，就像大舜不能得到父母的歡心，就對著上天號泣，是為了哀憫自己的父母親，希望父母能夠醒悟。所以講「求王明」就是祈求君王能夠耳聰目明而不昏昧而已。

九三處在下位，不敢直接干涉君王，就不得不發出祈求。知道危險，又傷痛君王暴虐棄民，不覺心裡悲痛而難以自我克制。才會哀求，希望君王能夠反省悔改，如果不是忠孝到極點的人沒辦法做到。

「忠孝」是對君王與親人來說，「悲憫」是對人民與萬物來說。就不只是在內心傷痛，而一定要祈求，一定會對著上天號泣。「視民如傷」的周文王，在這個「求」字就可以看見他的存心了。

結語

　　宗主孚佑帝君說：井養重施報往來，看重德性的布施。（宗主孚佑帝君詳述，福報與食物都是上天的賞賜，靠天德來承接。）

一、市井的由來，與小民的養生。

1. 整部《易經》講到食養，以噬嗑卦與頤卦兩卦為根本。人生的長養沒有先於食物了，食養的義理一定從口腹開始，這就是「觀頤，自求口食」的意思。噬嗑卦是一般人的飲食，頤卦是君子的飲食；噬嗑就是「小民」的養生，頤卦是「君子」的養生。

　　井卦也用養來形容，爻當中一再舉述「食」這個字，比如「井泥不食，井漱不食，井洌寒泉食。」都是以食物為重。飲食就是養生，**井卦就是「小民」的養生，所以拿「農民」作比方**。農業是生活首要的事，上古的時候沒有工商行業，只有耕農是人民的事業。

　　農民因為有所需要而不能自己生產，於是就「拿有的交換沒有的」，而**日正當中作為市場的機制就興起了，這也就是商業的開始**。原來沒有以「經商」作為事業的，只不過集中一個地方用物來交換物，就是物物交換的意思。

2. **這一種交換物的市場就從噬嗑卦開始**。「日中為市」是由於人民飲食養生的必須，由於市場所在的地方也就是井所在的地方，所以又叫作「市井」。

　　就是講人民的居處以井最為適中，而汲水飲食又是每戶人家一定要到的地方，就把水井的所在當作市場，取物既方便，選擇各種物品也很適合。所以古時候的市場就在井的旁邊，井的旁邊擺出很多的物，就是民家用自己有的來交換沒有的，**這種以物易物的現象完全取自於噬嗑卦**。

　　〈繫辭傳〉已經說明，**市場所在的地方就是井所在的地方**。只是沒有指明，不知道井就是市場，市場與井原來是一個地方，因為井也是以「食養」為作用。

　　井卦所講的食養不只是指水來說，講到「食，不食」不是只講一人一

家，而是包含民生日用的必需品來講，所以井養的義理通達全天下。而井作為市場，因為噬嗑卦與井卦原本是互相錯對，就是本體與作用的意思。

3. 水風是井，火雷是噬嗑，這是先後天的卦位相對應或相交錯，而八宮卦序也是正對。坎與離，震與巽，**本體就是作用，作用就是本體，本體在此而作用在彼**，原本是相互交通。

比如乾與坤，陽與陰，在後天是不能獨自生存的。於是本體是井卦，作用就是噬嗑卦；本體是噬嗑卦，作用就是井卦。都是相互交換，人就效法這個道理，來成為市井的機制。

市場就是井，所以井卦上六爻講「勿暮」，就是講收市不要太晚，也就是「日中為市」的義理。因為日中正當吃飯的時候，如果有需要，就帶著多餘的前往市井來交換不足的。所以到了太陽偏西就要休市，不要等待太陽西落的傍晚。而到井裡汲水，也不是黑暗當中所能做到的事。

井卦與火雷噬嗑，都是人民飲食的源頭，是民生的根本。而井卦各爻所講的食物，九五講寒泉，九三講受福，都是指人民有得吃來說。《詩經》說：「民之質矣，日用飲食，見天保章。」成為古今讚頌別人福壽的話。

4. **上天的保佑就是人民的福祿，就是日用飲食沒有匱乏。**所以井卦九五的福報，就是人民有得吃，而九五的食物就是上天的保佑，「福報與食物」原來是一件事。上天的保佑也是君王的賞賜，九三祈求君王而受福，九五得到上天的保佑而有食物，道理也是一樣。

而上天沒有形象，不足以指明保佑在哪裡，就是《尚書》所說的「天聽自我民聽，天視自我民視。」上天的心就是人民的心，上天的保佑就是人民所遵奉實行的事，於是九五的君王有食物也就是人民的食物，人民已經有得吃，拿來供養君王，君王也就有得吃。

所以用「寒泉」來比方食物，表示味道甘美而乾淨，也表示人民心悅誠服，提供勞力又奉獻財物來供養上位的人。因為得來不容易，所以拿「甘泉」作比方，取用沒有窮盡而享受就更加甘美。這一切是來自井的下位，也就好比人民的物資是來自人民身上一樣。

二、獲得上天的福報，上下可以互相供養。

1. 人民樂意事奉上位的人，甘心供養食物，不以為是苛刻，也不會招來怨怒，這就好比井泉香美甘甜又寒冷清澈，喝了以後會滲透到心肝脾臟，沒有不舒適也沒有不暢達，只有九五爻能夠得到。**因為九五有中正的地位，有中和的德性，能夠享受上天的保佑，人民的供養。**

    所以九三的福報是君王的下施，九五的食物是人民的供養，一個施惠一個供養，表示上下能夠和諧。誰當皇帝與我有什麼關係呢？國家的用度又何必操憂呢？

    所以九五有得吃是上天的福報。上天既施福報給人民，又施福報給君王，人民既得到福報也拿來供養國君，君民都得到食物也都享受福報，所以「福報與食物」本來不可以分離。

2. **福報雖然很多種，以「飲食」為首要。**食物一定從福報來，沒有福報就沒有食物，沒有食物就不能生存。生活不保全，生命就保不住，哪有福報可以說？所以有食物就是有福報，就是上天的保佑。仔細讀《詩經》天保章，自然知道這當中的義理，而《易經》泰卦九三爻也明白講說「於食有福」。

    上天拿福報賞賜人，人用行善報答上天，行善才可以得福報，首先從飲食上可以看得到。所以講「於食有福」，這與井卦九三爻講「受福」，九五講「得食」的義理正好相應。

    這是拿上天施與的恩典來成就人民的福報，用人民的報答作為供養上位者的食物，**來完成「天人上下」互相報施的行為，這就是井卦講的「往來井井」的意思。**

    「往來就是往復」，就是泰卦九三講的「無往不復」。往來相互成就既濟，上下互相幫助，居民共同生活，原來道理是一貫的。

    前往是這樣，回來也是這樣，施惠的這麼做，報答的也這麼做。這是「井井的秩序」，就是俗話說「天網恢恢，疏而不漏」的意思。

3. 想要得到飲食的福報，一定要先自己布施，想要福祿的來臨，自己一定要先去行善。《禮經》說：「太上貴德，其次務施報，禮尚往來。」從禮尚往來更可以證明，**井養的道理首先就是重視施報，也就是重視**

往來。

我們看初六的小象辭講「舊井無禽，時捨」這一句，恰好與乾卦九二爻「德施普」也是同樣的解釋，更可以看見**井卦首先是看重「德性的布施」**。施就是捨，時捨就是時時布施，能夠隨時布施，自然隨時得到福報。所以孔子講「時」這個字，包含「食報與食福」的義理。

布施在前面，飲食的福報就在後面。布施從初六開始，而飲食的福報卻只有在九五才看得見，可見飲食的福報不容易。不時常布施，哪裡能期望飲食福報的到來？

因此**古人明德的布施不稍停止，德性累積而道功就可以凝定，布施很勤快而福報就可以到來。**在上位的人可以忽略這一層道理嗎？

澤火革卦

上六
九五
九四
九三
六二
初九

卦旨

1. **革就是「改變」**，改變方向，改變思想觀念。**「睽是違背而革是改變」**。
   違背的不會互相協同，而自己走自己的路；改變的各自堅持己見，而
   互相爭較誰能勝出。因此睽卦是「乖離違背」而革卦是「決斷去除」。
   乖離的不會共同謀劃，最終是一事無成；大力革除的一定會戰勝，最
   終一定將潰決一切。因此睽卦是沒有功勞，而革卦的事業可以廣大。
   革就是「決除舊有」。中心堅韌不拔，氣勢直逼上位的人，而上位的
   人柔弱不足以抵禦，所以最終一定改革。發揮強大的作用就可以興發
   新格局，發揮逆取的功能就可以發展大事業。因此革卦一定要順著時
   機，時機到了就有功業表現。
   改革有三個因素：一是順著時機的極限。二是憑藉大地的利益。三是
   依從人情的需要。有這三個因素就不得不改革。

2. 因此革卦是由井卦變化而來，井道不能長久，就像住在洞穴不得不改
   變住在屋子，就像掉入陷阱不得不出離回到地面，這是井道不得不改
   革的所在。
   革卦與鼎卦往來，相反而相成。**有兩層義理**：一方面是改變前人制定
   的規矩辦法，不保存舊有的。一方面是擇取對眾人共同的利便，全力
   追求新理念日新又新。
   所以〈雜卦傳〉說：「革去故，鼎取新。」這個道理互相依靠，沒有
   舊有的事物，就沒有辦法擇取新理念；沒有革新的創發，也就沒有故
   舊的樣本。所以兩卦是始終一體，兩個卦就是一個卦。
   天地要靠改革而成就德性，何況是人呢？「窮則變」這是理數的定律，
   所以取法改革，是事物發展恆常的情形。如果是無故改革就是混亂，

所以〈雜卦傳〉拿「去故」作為教訓。

3.　沒有「故有的陋習」也就不用改革，沒有老舊敗壞又何須求新？有故舊才需要改革，只有改革才能求新，這是「順著時機」的作為，根據「後天往復」的道理。

恆卦與革卦互相依靠。**恆卦是長久而不會敗壞，革卦是敗壞而追求革新，兩卦互相推移就可以合同悠久，這就是「變化就會通達」的道理。**所以聖人明白革卦的作用，就拿「治曆而明時」來作為教化。**循環不息叫作恆，隨時變化叫作革，剛柔互相交替，新舊交互代謝。太偉大啦！革卦！不可以要改變而不去隨時應變。**

革命要具備「內外道德」四要素：「內在剛健而文明。外在柔順而悅樂。德性具備乾德坤德。本身的道能通達天地。」就沒有不正當也就沒有後悔了。

4.　一般人都知道「天時的革命」成就了春夏秋冬四季的秩序，那麼效法天道的人就可以講革命了；知道湯武的「人事革命」是順天應人，那麼效法湯武的就可以講革命了。從這裡來說，革卦的時用太偉大了！

宗主孚佑帝君說：革命是革卦最重要的事而不是革卦的全部。革卦包含「天時與人事，地利與物情」，沒有不存在改革的消息。

就是人事的改革也不是只有革命這一條路，只不過革命關連世道又維繫民心，是改變當中最大最困難的事。《易經》特別拿湯武的征伐誅討來作例子，並不是講改革就是革命。而人事只要有革命，一定要像湯武的征伐誅討，做到順天應人。

因為**不順天不應人，就不是天時的改革；沒有禮樂道德文明的悅樂，沒有天道大亨，沒有人道大正的格局，就不是易卦的革命。**

白 話 經 文

【象辭義理】

革：巳日乃孚，元亨利貞。悔亡。

　　革卦象辭說：革道的變化，要靠巳日天火來蒸發兌澤的水，才能顯出

生成變化的功效。所以人事革命要根本熱情，發揮至性，要具備乾健坤順的道，要合同仁禮義信的德。

有仁可以長養成就人，有禮可以率領眾人，有義可以和諧行事，有信可以守護本分。有元亨利貞四德，才能體現出親親賢賢的宗旨精神。

天心無妄的改革，至誠而陽剛，一切革新都光明正當。天下後世都承受革命的利益，才可以免除後悔！

【解釋彖辭】

彖曰：革，水火相息。二女同居，其志不相得，曰革。巳日乃孚，革而信也。文明以說，大亨以正。革而當，其悔乃亡。天地革而四時成，（湯武革命，順乎天而應乎人。）革之時義大矣哉！

革卦解釋彖辭說：革卦的作用是隨順天道天時，水火合同而共同變化成就，完成天地人物相生相養的化育功用。

從人事來比方：姊娌二女同居共處，不同心，不協和，情感意志不相得，不合拍。卻又是一家人相處，不得不改變，叫做修道的革命。最後能夠相得於道，完成家人相處的和樂，建立家道的基礎。

推廣來說，修道革命就是撥亂反正，要時機因緣成熟的這一天來到，雙方才會誠明互信而變化，變化而通達。引申到道德政治，禮樂教化，要做到內有禮樂道德仁義的文明，外有物富均安的悅樂。

天道亨通大行天下，人道大壯大正，頂天立地。這樣的革命正當，哪有後悔？天地革命而四時循環有序，萬物變化成就。（湯武革命，順天應人，而民生解困，世紀維繫，天命永昌！）革卦能隨順天時，做好改革變化，天與人歸，功德太偉大啦！

【大象辭義理】

象曰：澤中有火，革。君子以治曆明時。

革卦大象辭說：道在天地，而天地陰陽交感合同，於是地中的火把湖澤的水，變化為氣體，幫助萬物生長。這就是天地的革命，而萬物化成。有道**君子效天法地來治理世界有兩法要：**一要先治理天道的曆法。二要明白天時氣數的變化。完成一心三極、天人一貫的通天大學問。

古聖治理天文曆法有三準則：一是明白宇宙是一個大時鐘，有元會運世的運行終始。二是明白日月星辰運轉的軌度，看清上天垂現的萬象理則。三是明白天道天運天時有窮變通達的變化，循環往復的準則。於是根據天理來制定行事的法度。這就是人事的革命，順天應人而使天與人歸的氣象革新！

【爻辭義理】

初九 鞏用黃牛之革。

革卦初九爻說：黃牛的皮取得容易，也很堅韌，可是還沒有修道革命的變化，還配不上君子大人的道德文采，事業的弘大！革卦的作用廣大，開始只取黃牛皮革。是讓我們明白：大處要從細小發端，顯明要從隱微起步。不要忽略細微是成就一切的根本。

象曰：鞏用黃牛，不可以有為也。

革卦初九爻小象辭說：革卦重心在變化改革，初九在下位，是沒有地位，沒有作用的時機。黃牛皮也不是大用的材料，初九還不是大有作為的日子。

但是君子要看重自我革命，要從平庸革變出奇特的品性，要從細微革變出偉大的事功。把握當前，也是地久天長。因此君子貴在知機，更要明白天時。

六二 巳日乃革之，征吉。無咎。

革卦六二爻說：六二主持全卦的作用，在巳日火勝水的革變日子，臣民從下位發動，革除君王的權柄。商湯周武王，有道順天，有德服眾，天給與而人歸服，於是一次出征就安定天下。

以臣民革君王的命，本來有過錯。因為地位中正，時機恰好，德性光明而道正大。雖然革命征戰而不失中和，才能免除過錯。

象曰：巳日革之，行有嘉也。

革卦六二爻小象辭說：湯武革命，在合同天時的巳日出兵。討伐暴政，拯救人民，感應天道而順從人心，於是一次征戰而安定天下。順天應人的革命行事，贏得上天的嘉許，全民的慶賀！

九三 征凶，貞厲。革言三就，有孚。

革卦九三爻說：九三爻的出征，失去中正的道，會有凶禍。要自我奮勉砥礪，動靜行止要戒懼警惕，守護正道，才能免除凶險。

革命是最艱難危險的事，改革的言論，要再三宣導，才能取得上下一致的認同。如果是眾人議論紛紛，或只是親信相助作亂，就是革命的時機地位不對，主事者德性不足，還不適合出征。

象曰：革言三就，又何之矣。

革卦九三爻小象辭說：有一種革命是走不通的。就像叛逆的臣民，行私欲，卻假藉湯武名義，號召革命。以暴易暴，會有身敗名裂，九族不保的凶禍！

革命是順天應人，天與人歸，時機成熟了，自然改革成就。如果還要再三辯論，如何取信於天下？

九四 悔亡，有孚。改命，吉。

革卦九四爻說：改革天命是最重大的事，革命大事不中正，不誠信，一定會有後悔！湯武革命是合同正大光明的天道，與人文禮樂的文明，才能免除後悔。

眾民的心就是天命，改革上一代的天命是人民來改變。因此商湯、周武王靠純德與民心，來革除夏桀、商紂的天命，為天下帶來吉祥！

象曰：改命之吉，信志也。

革卦九四爻小象辭說：革命的吉祥有兩條件。一是領導人的心志，誠信、精純、光明，能合同全民的心志。二是能伸展自己的志向，並能延伸全民的願望。於是上天給與，民心歸附，鬼神合同。只有湯武做得到！

九五 大人虎變，未占有孚。

革卦九五爻說：革命已大功告成。德位相配的大人，接受上天光明威儀的天命，君臨天下，取代舊有的政權。展現如老虎般的威勢與彪炳文采，文德靠武功來成就。萬國合同而天下順服，不用等待政治命令，人民都真誠信從。

象曰：大人虎變，其文炳也。

革卦九五小象辭說：大人虎威，一戰安天下，從武功的極致開出文德的光明，革命的終點是天下太平。天下人民安居樂業，千秋後世同聲歌頌，大人的道德與事功，流芳萬古！

上六 君子豹變，小人革面。征凶，居貞吉。

革卦上六爻說：革命成功以後，武功轉為文教，推行禮樂大道。各階層的君子，以身示現如花豹般的文德文采，帶領市井小民洗心革面。

從外在行為習慣的改變，到內在心性的變化升華，把小人也變成君子。這時不適合出征，人人固守安貞的本德，修養身心才是吉祥！

象曰：君子豹變，蔚其文也。小人革面，順以從君也。

革卦上六爻小象辭說：道德君子在禮樂大道中，正性立命，文質彬彬，展現像花豹般可觀的人文光彩。全民都順從君子革新氣質，溫柔性情，成就樂利安和，真誠信實的人文社會。

結語 天時革命與人事革命。

1. **如何知道改革是否正當？**一要洞察天時。二要考證往古的歷史。天時的改革，就像四時的代謝；往古歷史的革命，就像湯武代替夏朝與商朝的興起。

   一年既然到了盡頭，不能不變化不能不改革，有改革變化，終點又回復到始點，窮困的又回復到通達，然後完成四時的秩序，萬物也隨著變化。春盡夏來，秋終而冬至，冬天與春天順序交換，涼寒與暑熱交替變化，這是「**天地的革命**」。**不革新，時序就會紊亂，而天道就窮盡了。**

   考察往古來今，太平世治理到極點就會漸漸敗亂，亂世亂到極點也會漸漸回到治理；興盛與滅亡，強盛與衰弱，一代一代循環。

   堯舜的揖讓世界是太平治道的圓滿，後來接續的就是家天下，小康的世界就與大同不一樣。君王的德性不整齊，政令不一致，昏庸暴虐的就失去天命，仁義寬和的就可以代替上天引領人民。

2. 因此湯武的革命因為夏桀商紂無道，商湯討伐夏桀，商朝來代替夏朝；

周武王討伐商紂王，周朝來代替殷朝。這是過往歷史的「**人事革命**」。
**不革命，世道就會敗壞，人道就會危險，政治沒有綱紀，民生會完全
窮困。**要靠什麼來維繫世紀世道，來承接天命呢？

商湯周武王是聖人，聖人講革命，是改變夏朝與商朝的敗壞政體，而
拯救人民出離水火。所以湯武的革命是「順於天，應於人」，不是喜
好變化改革的人。湯武革除舊有的政局，來建立新的風貌，正好與天
時的代謝相同，與不得不變化的氣運合同。

一般人都知道「天時的革命」成就了春夏秋冬四季的秩序，那麼效法
天道的人就可以講革命了；知道湯武的「人事革命」是順天應人，那
麼效法湯武的就可以講革命了。從這裡來說，革卦的時用太偉大了！

3. **革卦是水火互相生息而不是相害，從事革命的人也要遵守這樣的宗
旨。**惋惜舊有的不善而想要端正，憐憫人民的無辜而想要拯救。並不
是仇視上位的人而只為自己打算，所以能夠做到「順天而應人」。如
果仇視上位的人而想要私心奪取地位，哪裡能夠順天而應人？所以革
卦具備四德，而最可貴是在隨時又能時中。

講到「文明以悅」可見不是仇視舊有的主人，講到「大亨以正」可見
不是私心要奪取天下。根據卦德來說明卦的作用，完全就在這兩句話，
因為這兩句話可以合同天下，可以取信後世，才稱得上四德的完全。

夏桀與商紂無道，讓人民陷入水火，這是上害下，所以湯武要革命，
讓人民出離水火，來成就互相生息。一個正一個邪，就看行事的目標。
因此解釋象辭詳細說明，恐怕後世假藉革命的名號，又把人民推入水
深火熱當中了。

4. 宗主孚佑帝君說：革卦大象辭講「治曆明時」，這是革卦人道的要領。
不明白天時沒辦法應變，不研究上天的曆法，沒辦法知道天時。研究
上天的曆法就是要考察天地所垂示的現象，考察日月星辰所運行的軌
度，而看見終點是哪裡？始點是哪裡？什麼是常經？什麼是變化？

把天時氣數常變的道理推行到人事，就可以明白從古到今，治亂興衰
的原由，可以明白征戰討伐與公心禪讓的氣機，明白每一個朝代的得
失。於是能掌握何去何從的理念。

這一切都是天時的義理，也就明白革卦的作用。卦爻講乾是根本，是

開始，坤代替乾卦而終成一切，這是卦爻最寶貴的地方。

後代的改朝換代，靠詐謀武力，篡位奪權，仗恃威權而欺侮孤兒寡母的幼主，還假藉湯武的名義，實在配不上革命的義理。因為**不順天不應人，就不是天時的改革；沒有禮樂道德文明的悅樂，沒有天道大亨，沒有人道大正的格局，就不是易卦的革命。**

5. 就像曹魏篡奪漢家天下，還建築接受禪讓的高台，後來的司馬氏模仿曹家，也建築受禪台來取代曹魏的地位。難道不是曹家祖先遺留下來的後悔嗎？

司馬氏已經得到天下，到了晉懷帝、晉愍帝，成為北方五胡的俘虜，司馬家子孫的後悔又要怎麼說？往後到了隋唐六朝，五代十國之間，這樣的例子更多。革命既然頻繁，後悔的事也就更強烈，甚至到了明朝，明思宗對公主這麼說：「願生生世世，勿生帝王家。」

從這裡可以看見，最初革命的不正當，如何能免除後來的後悔呢？行事不中正，作用不恰當，只是招來後悔而已。哪能期望效法湯武的征伐誅討呢？**解釋象辭特別拿湯武來解釋革命的義理，而標出儒家中道思想的重心就在「順天應人」。**

可見聖人「防微杜漸」的用心，寄託太深遠了。世界上提倡革命的人卻不去思考正當與否，哪能免除後悔？因此革命的義理實在關連天時，順從天時的革命，才能合同革卦的道理。

火風鼎卦

卦旨

1. 鼎是器物的名稱，而卦的義理重心在「功用」，就像井卦取「養民的功用」為義理，**鼎卦的功用也是「養生」的需要**。井的作用是「用水」養民，鼎的作用是「用火」養民，都要依靠「風木」來運轉來變化。聖人只是把這個道理推廣光大。

   〈雜卦傳〉說：「革去故，鼎取新。」鼎靠木火的生化而煮熟東西，就像上天的化育而萬物同新。不是鼎能夠新物，而是變化物原有的樣子，改變成為新生的現象。

   就像春天變化枯朽的物，讓它更生繁榮成為新氣象。從作用的完成來說，就有「從新」的義理。不過革卦的重心在變化而「去除舊有的」，**鼎卦的重心在變化而「生出新的」事物**，這是本末始終的事情。

   鼎是鼎盛，是興隆，是重大，是崇高。古人用鼎烹煮食物，後世把鼎看作「神器」，也是尊貴崇高的意義。

2. 鼎字是象形，鼎鼐主持調和羹湯的責任。用在人事，就是**良相賢臣輔佐國君處理朝政，推行政教的責任**，所以形容宰相是調和鼎鼐。調和鼎鼐這句話，雖然是根據《尚書》「和羹」的話，實在是取在君王神器的旁邊，掌理師傅太保的職務，宣揚中和的道理，幫助位育的功德。這也是根本乾卦：「乾道變化，各正性命，保合太和，乃利貞。」的義理。可見**鼎鼐的作用足以配得上天地生成的功德，聖賢參贊化育的事功**。哪裡只是烹煮熟食養民而已呢？同樣一個「養」字，有養口腹，有養身心，有養家庭，有養國家以及天下後世，就在善於「推廣作用」而已。

   聖王養自己一定先養民，養民一定先養賢。對上來說，就是烹煮來祭

享上帝祖先；對下來說，就是烹煮來分享侯國臣子與百姓。都要靠鼎，這麼看來鼎的功用不可限量。

3. 夏禹「鑄造九鼎」用來昭示天下，天下於是歸附夏朝，因而世世代代相傳。湯武革命就是「遷鼎建國」，開啟國家的事業而天下歸服。都是看鼎的所在，作為社稷的保護神，也是宗廟裡最尊貴的象徵。得到鼎就可以君臨四海，失去鼎就會被放逐或誅殺。因為鼎能夠養民，民心的歸附就是上天所給與，所以革卦講湯武革命能「順天應人」。鼎的關連哪裡只是一件小事呢？

人民所看到的上天也看到，人民所聽到的上天也聽到。人民是順從或是逆反，一定是以國家的賢哲作為依歸，所以要養民必須先養賢。

商湯周武王得到賢人而且得到人民，夏桀商紂失去人民也失去賢人，所以失去賢人鼎就保不住了。安國重器失落，社稷跟著敗壞，不論賢明或愚昧都會離開，宗廟就沒有人祭享。

4. 因此國鼎的晃動或安定，維繫著國家的興替存亡，哪裡只是一個器物的得失而已呢？**所以《周易》用鼎卦來接續革卦，意義實在深遠。**

鼎最初是民生的器具，最後成為宗廟的尊貴寶器。鼎是神器，**神器有三層功能：**「作用」在廟堂上昭顯，「威儀」表現在行事，「莊嚴」表現在靜止。不可以看作是尋常的物，因為關連享祀與養賢的大事。

鼎有三大功德：一、鼎能做到敬天而尊賢。二、能敦厚仁德而重視正義。三、能夠教孝而完善禮儀。

鼎有兩大福報：既可以承受上帝的保祐，又可以得到聖賢的輔助。這就是《尚書》所說「明四目，達四聰」的意思。在上位的人不忘記祭享天地，養育萬民，鼎卦的功業實在太盛大了。

5. 宗主孚佑帝君說：講到「鼎取新」是物與氣數的更新，革是去故，而鼎用新，完成繼續變化的現象。「窮則變，變則新」這是天道，就好像一年從冬天到春天，時序交替代謝，歲月就更新，於是故舊的有接續而窮困的就不窮了。

「鼎與井」都是養生的物，是民生的根本。**鼎是民生的主器，就像井不可以一天沒有。〈序卦傳〉講鼎以後是震，也就是傳家的主器一定要靠長子。**

鼎卦的最初只不過是「烹飪」的作用，後來就是「祭祀」的供養，再推展成為「社稷國家的重器」。於是主器的長子，就變成為「出帝」的震卦，同一個長男，在以前不過是一個家族的長房，現在已經成為天下的主人。

自從夏禹鑄造九鼎排列在廟堂，於是擁有天下者把鼎看作神器，宗廟所在的地方，社稷的依靠，都是用鼎來顯明氣象。所以國家有變化，鼎就保不住。新的君王興起而建立國都就叫「定鼎」，革命遷都就叫「遷鼎」。可見鼎的重要，就不只是一個家庭的主器而已。

白 話 經 文

【彖辭義理】

鼎：元吉亨。

鼎卦彖辭說：鼎的作用，向上可以祭祀上帝神明，向下可以照顧全民，中間可以養育賢能，具有元吉亨三德。有離卦的黃離元吉，光明下照，人文化成天下。有泰卦地天交泰的吉亨，承天命，得天福，長治久安。

有乾坤交錯而乾卦大生的元亨，天君泰然，中正光明。所以鼎養的功勞，不輸天地生成的大德。元亨的義理，通達一切，能率領全天下，完成嘉會的禮儀。

【解釋彖辭】

彖曰：鼎，象也。以木巽火，烹飪也。聖人烹以享上帝，而大烹以養聖賢。巽而耳目聰明，柔進而上行，得中而應乎剛，是以元亨。

鼎卦解釋彖辭說：鼎是用木頭來烹煮食物的形象。古時候的聖人在天子的尊位，代替全民來完成祭享上帝的禮儀。同時用隆重的禮儀，來禮遇供養聖賢。

聖王自然無為，道德清靜，耳聰目明。向下體察民生需要，向上祭享天地神明，行事中正光明，體用兼備。能夠一體同觀照，究竟歸無極。所以有天道元亨，大生大成的功德。

【大象辭義理】

象曰：木上有火，鼎。君子以正位凝命。

鼎卦大象辭說：鼎烹是火在上，而木在下，火不會失控延燒，像野火燎原。可貴在巽卦的進退出入，有節制，能平衡。君子觀鼎，得到正位凝命的消息。

向內靠九二來昭明道德天性，向外靠六五來砥礪中正行為。推行到國家天下，上下都不失正位而能鼎養天德，因此可以上承天命，下保民命，天與人歸而天道凝定，天命立定！

古時聖王，以道成身，以德成人，所以地位永保而天命常新。修己以明性，於是天命凝定不二；昭德以養民，於是尊位中正不失。因此子孫可以長保國家天下，這只是聖王自正自凝而已！所以，正位凝命是道功最重要的口訣。

鼎是身中的太極，正位是中，凝命是和，中和的極致，復歸自性太極而成道！一般凡人會由老而死，是真人不知立鼎，天心不知居正位，真水真火不能既濟。所以不知也不能煉精固氣凝神而成道！

【爻辭義理】

初六 鼎顛趾，利出否。得妾以其子，無咎。

鼎卦初六爻說：鼎的腳顛簸搖動不穩定，不影響烹煮的功能。初六處在卑下無用的地位，向上應接乾卦，得到九二的寵愛提攜與貴重，得妾又得子來傳承香火，就從卑賤裡走出來了。

從人事來說，由卑微興起而成就功業，人際能真誠交通，發揮極重要的功用，就能彌補沒有作用的過錯！不會如否卦的否塞難通，而有利出的志向。

象曰：鼎顛趾，未悖也。利出否，以從貴也。

鼎卦初六爻小象辭說：鼎腳長短搖動，還是有把食物煮熟的功能。用鼎的人要善於接近陽剛，順從禮樂大道，就可以出離否塞不通。如同卑微的人，得到貴人的提攜引領，就可以變化求新，發揮鼎新人生的作用。

九二 鼎有實。我仇有疾，不我能即。吉。

鼎卦九二爻說：鼎中有食物，烹飪合中道，就有熟食了。上位的人德性不光明，嫉妒我卻不能傷害我，因為不能接近我。主器的人，陽剛中正而自處卑下，行事光明而有節度，戒慎恐懼的守本真心，就不怕仇人的脅迫傷害。有德施普及的吉祥。

象曰：鼎有實，慎所之也。我仇有疾，終無尤也。

鼎卦九二爻小象辭說：主器的九二爻，持滿有道。對越上帝的祭享，真誠禮敬的宴享，謹慎每天的每一步，每一件事，沒有傾倒失禮的過錯！

雖然位高權重的領導人，仇視嫉妒我，對我也不會造成脅迫與侵害。我立中守中就沒有憂愁了！行事中正光明就體用一貫了！

九三 鼎耳革，其行塞。雉膏不食。方雨虧悔，終吉。

鼎卦九三爻說：九三九四是中爻，像鼎的兩個耳朵。九三處在變革的時機地位，行事失中，容易阻塞不通，前進困難。如同鼎中食物不熟，像油膏，不能吃也不可以吃！

背離鼎養、鼎亨、鼎新的人生宗旨，形成不能吃、不祭享、行不通！這是由於變革與阻塞造成，也由於人事應對沒智慧，形成虧損，空虛，後悔都來不及！

當天道再變化，下一場雨，阻塞變通暢，不能吃變可以吃。如同人能懺悔改過，回歸柔順坤德，最終還是吉祥！

象曰：鼎耳革，失其義也。

鼎卦九三爻小象辭說：初爻就像鼎足，九二像鼎的底部，九三九四是中爻，像鼎的兩個耳朵。九三是重疊的陽剛，火太盛失控，把鼎的耳朵毀壞了。違背烹煮的功用，失去鼎養的義理。

乾剛太過，處在變革的時位，容易失中失義。可是原本是陽剛，有自強不息的道，再怎麼變化也不會失常。只要能悔改，回到太極的最初，最終還是吉祥！

九四 鼎折足，覆公餗。其形渥，凶。

鼎卦九四爻說：鼎的腳折斷，鼎中的食物傾倒翻覆。祭享上帝，宴享嘉賓的佳餚美食羹湯流得滿桌滿地。這是輔弼大臣悖禮犯分的大過錯！

敗壞王公莊嚴隆重的典禮。參加典禮的人，被湯火灼傷，形勢凶險失

控，場面狼狽不堪！凶禍就在一念閃失的瞬間發生！是大臣不善於持滿的過錯。

象曰：覆公餗，信如何也。

鼎卦九四爻小象辭說：神聖的祭祀禮儀，鼎養聖賢的嘉會，因為大臣不善於持滿，疏忽而翻覆了，敗壞了！承擔重責大任卻不足以成事，辜負君王的信任託付，叫君王能相信誰呢？

身擔國家職務的重臣，沒有貞德，沒有信用，沒有操守。行事掉以輕心，悖禮犯分，明知故犯，這樣的罪過錯，哪裡可以逃避呢？

六五 鼎黃耳，金鉉。利貞。

鼎卦六五爻說：六五是尊貴的主位，有黃金的鼎耳，有黃金的鉉棍。居中而統領天下，如堯舜清靜無為，垂衣拱手，帶給百姓安和平康。六五具足人道利貞的德性，禮樂大道廣布，成就坤卦大終而安撫四方，自然合同天道元亨的吉祥。

象曰：鼎黃耳，中以為實也。

鼎卦六五爻小象辭說：六五有黃耳金鉉，光明在中而文采在外，深廣的傳播道統文化，把禮樂大道推行全天下。以中為道體，以實成德用，具備乾卦剛中的道，坤卦厚載的德，展現剛健篤實光輝的氣象。

如同周文王的盛德大業。不識不知，順帝之則，達到玄德的極致圓滿。

上九 鼎玉鉉。大吉，無不利。

鼎卦上九爻說：六五與上九就像鼎的蓋子。黃金與美玉般的尊貴絢麗，莊嚴精英。乾坤開闔而完成造化生成功德，太極終始循環而永不止息。

因此鼎卦上九到了窮盡變化的地位，反而是禮樂文明流傳。到了終點而不是終點，到了窮盡而不是窮盡。人文禮樂永存天地中，如日月萬古明照，星宿炳耀太空。天下共享大吉祥，大利益！

象曰：玉鉉在上，剛柔節也。

鼎卦上九爻小象辭說：上九的鼎，尊貴華美，更可貴得是水火既濟，剛柔得中。人文在變化中革新，在革新裡合同中和而立定天命。於是聖王的禮樂大道大行天下，大道所到的地方，天地人物都大吉大利！

結語 宗主孚佑帝君說：正位凝命，是道功修行的口訣。

1. **安爐立鼎，煉精化氣。中和太和，回歸太一。正位凝命，返回太虛。**

   鼎卦大象辭講「正位凝命」，孔子已經解釋義理了，**這四個字實在是道功修行的重要口訣。**從來修道人從這裡悟出「煉精化氣」的妙諦，追求長生的人，都是以此作為「焚修」最重要的功夫。這就是「爐鼎提煉，龍虎升降。坎離交媾，鉛汞飛伏。」的道術。

   道功不離既濟與鼎兩卦，而既濟是道用，鼎是本體。因為鼎能正位凝命，集眾而歸一，由虛妄而回歸貞德。一定要自我立鼎來安心，煉精化氣來凝命，清心來中正本性，明性來成就道功。這就是結合精氣神三者為一，而返回太虛的功夫。

   精氣神原來從一出來。還原的方法一定要依靠鼎卦的「正位凝命」，也就是乾卦講的「各正性命，保合太和。」正位就是中，凝命就是和，中和的極致回歸到一，就是太極。

2. **鼎新奪造化，焚煉光自華。精神不凝定，渙散隨氣化。**

   所以鼎在身中是太極的現象。結合水火的作用，來修煉來提取，去掉渣滓，存養光華。**這就是「取新」的意思。**

   用新來取代故，就會常新不敗壞；用生來交換死，就會長生而不老。所以鼎卦有奪造化的功效，可以是安身立命的載具。水火既濟是最初顯現的作用，木火相烹才能看見道功成就。所以鼎取用「巽離」而不用坎。

   巽就是入，氣息深深吸入五臟當中，而提出元精，送入鼎中來鍛煉本體。道功前進，光華自然生發；氣息呼出，一切渣滓都會排除。這就是巽卦進入離卦，成為「焚煉」的現象。

   生命來自上天而立定在我，我不能凝定生命，就隨著氣化而自然散失。所以**巽卦在坎的上方反而是渙卦，就是散失。**

3. **煉取從肝腎，真火出命門。道功化老死，正位凝天命。**

   沒有得到火的焚煉，舊的不去，新的不生，一天一天陳舊腐化，生命最後全部都是渣滓，更哪有精華與光華？

   所以一般人從老到死，是因為不能自我凝命。**不能凝定天命，因為不**

知道正位；人的主位是心，在卦是離。鼎以離在主位，所以有正位的作用。因此修道人立鼎，一定要從心入手。

心火與少陽的火互相幫助，才成為烹煉的載具。少陽就是木，原來藏在肝臟當中，而從腎臟出來。丹田的熱力就是命門的真火，提煉取精，那麼命門自然堅固，而精光永存，這就是凝命的功夫。以後會另有專題講述，這裡只不過解釋大概而已。

忠義鼎訓中訓

正命一脈延　　道統明正傳
鑄鼎示重器　　威信天下挽
經訓道風樹　　實務行證全
修持正誠信　　鼎足立有三
忠義願力表　　度量溫直寬
剛毅鎮中道　　震攝嚴身端
天地君親師　　聖德載坤乾

【濟公活佛慈訓（忠義鼎）】

2017 年 5 月　日本　天一宮

天下貴，貴在於天職貴；修辦貴，貴在於始終如一。

徒兒們！能逢此一大事因緣，當以積極之心態，面對你最好的機緣，隨時隨地做好準備，即刻出發。

最歡喜的日子，應該說是你自己；發心發願的那一刻，才是最值得歡慶的。因為成功的基礎是信念，如果「信念」不能永恆，那怎會成功呢？修辦道，有的人很積極，有的人卻很被動。為什麼呢？因為是自己的方向、自己的信念更改了，以致於自己失策了。

「修辦修辦」、「休辦休辦」，前者是修辦的「修」，後者是休息的「休」。如果沒有強大的信念，你的路愈來愈暗，怎麼有光明呢？如何去救人呢？所以，徒兒！修辦的人生，需有著積極效聖仿賢的目標、成功的信念。

徒兒們！每一個人與佛的因緣不盡相同，有長有短，根基有深有淺。

如果你這世能明白修道的殊勝，你即可種下與佛同在的種子；這顆種子能成長、發芽、成樹蔭，讓後人乘涼；結果實，可以生生不息，這生生不息，才是種子發揮的強大力量。

徒兒們！修道不怕慢，只怕站；你走一小步，也是在你人生中的一大步。

修辦不休息，無論爾們年紀有多大，無論爾們中程是否成功，但是此初發心絕不改變，此志向決定堅恆，必可成聖成賢。

希望徒兒們站好你自己的腳跟，也就是將你的本分好好做好；天職是非常殊勝的，你們要以一顆感恩的心來幸福了愿，來快樂了愿，來歡喜布施，時時刻刻都給人正能量，才能「善保初衷」。

徒兒要努力學習，學習是有方法的。學習什麼呢？學習聖人留下的經驗。經驗在哪裡呢？在《四書》經典裡。你能真正從聖賢的精髓去下功夫，你才會真正提升，而不是學習粗淺的道理。

如果你想與聖人同在，那就當好好學習聖人所留下來的經典。不怕難，不怕深，從一句、一段、一章，好好下功夫，從一本學習過一次、再一次。

每一部經典都用十分心來學習，一年後，一次、兩次、三次、四次、五次後、你一定可以講說給後學聽。

你們的先天智慧都開了，所以自己可以好好學習，而且不失前賢的德行，因為聖賢，都在經典當中教會你了。

徒兒們！學道學經典，學仙佛所留下來的訓文；一次看，兩次學，三次能學講，代天宣化，也就是如此。不管你有多忙多累，修辦道絕對不可以離開聖賢經典，離開仙佛訓文。

你講道理給別人聽，用仙佛的話，用聖人的話，那絕不會錯；而不是用你自己的心得，那就會顯得智慧不夠深、不夠廣。

要能讓眾生如飲水般，一瓢一瓢的飲而不缺，那就是先天的智慧，那就是仙佛的慈悲。

「贏在起跑點上」，你的修辦人生一定成功；「犧牲奉獻」，你的修辦人生一定精采。

「固本修道，穩定質量」，日後定是白陽之一大良將。

徒兒們！聽道理就像是洗滌塵埃，把心洗乾淨，你就開心了。那麼什麼是「塵埃」？就是自己的俗事、俗心，「俗心」就是自私的心。要如何清洗？就是將自私的心，用道理清洗乾淨。

要每天真心的感謝天地，你擁有的一切是上天給與你的，有的人說：「我是自己工作，賺錢換來的」，但是你可要知道，因為上天照顧你，所以幫助你，這一點，很多眾生都不知道；因為不知道，所以不懂得感恩，自認為這是自己的福報。

徒兒們！人生在世上，如果懂得處處感恩，你就會天天開心；如果你不懂得時時感恩，那麼這樣就會處處計較因此，人生應懂得快樂、悲傷是出自

自己的念頭。好比說，做兒子的懂得感恩父母，那你就事事都滿足；做父母的，你懂得知足，那兒子一定也很開心。

因此，道在自己身上，你要做或不做，皆因自己的念頭。徒兒們！修道快樂嗎？你真誠去做，做的當中，你才有感受；有感受，你才會教別人，因為你的心打開了，你的智慧也一定跟著打開了。

徒兒們！人生擁有很多錢，才算命好嗎？不是的。

徒兒！「要修道，你的人生才會改變；要用正確的態度，你的人生處處有貴人；要用歡喜的心，無為的助人，你的人生太陽才能照耀別人。」

健康不是你今天，吃了這顆仙果就健康，那是需要你平常天天下功夫，照顧好自己有用的肉體，才能借假修真。

如果你生活無道，那怎麼能得到健康呢？

徒兒們！為師希望徒兒，能每天真正修行，不聽不該聽的聲音，不去不該去的地方，不看不合道的事物。

因此，聖人講的「四勿」要明白，要能好好從真理上來學習，真正從人生來立定志向、好好修道。

大家把手牽起來！把手牽起來，象徵「團結」。

只有團結，這個團隊才有希望；只有向心力，這條修辦路才能渡上更多人才。人人同心，處處合作，一心一意順著上天的旨意，跟著為師的腳步，一定成功！一定大放光彩！

鼎足：鼎有三足，一足為經訓，一足為實務，一足為修持。三足立，稱為鼎，三足傾，為之釜。故修道者，以鼎之德，立身修道。此三足定，天下可定，道程可穩，道務永續。

如同一個「鼎」一樣，要有三隻腳，一個足是「經典訓文」，一個足是「十組運作」，一個足是「信念修持」，少任何一隻腳，皆不能成為「鼎」。

此篇訓文為「忠義鼎」，是白陽大開普渡的盛世，上天降來的聖訓，鼎內刻上「忠義精神」訓文。

這一篇訓文是白陽鎮寶，也是崇德鎮寶，本應該所有道務中心，負責群點傳師一起來接訓文，接「忠義鼎」。

此象徵「長長久久，忠義精神，威信天下，願力憾動三界。」此訓文，每個道場都當保存，中心鑄鼎，為此一大事因緣，報答聖恩，承續正命正傳的天命。

忠義鼎

天不喪斯文，故有聖人出世，接續道統真傳；
以綱紀教化人心，啟發良知良能。
今有白陽修士，繼之明命，濟化三天；
大道之行，天下為公，所合之道，一貫薪傳；
會以洙泗，廣化眾生，闡道九洲。
而今大道普化世間，有發一崇德承天景命，
故鑄鼎以立，彰其道統；
立鼎而信，天下傳之，
白陽重器，為之守護；
鼎之威信，廣納賢英；
開啟未來萬世之功。
故於光慧鑄鼎，以昭明聖德；
表之天地人，彰其聖德於萬世也。

訓 文 分 享

【濟公活佛慈訓：靈隱斯里蘭卡廣源壇三天法會】
西元二○一五年歲次乙未十一月初九日

昔鼎失民，放逐則亡。乃其道以德。
養鼎以足，扎根底，去蔓枝。煉性。
養鼎以腹，充實學涵，厚德載物。
養鼎以耳，握機而作，失機而悔。
故君子正其位，以凝其命。
德則立足，實腹，順耳。道興德弘矣！

聖 歌 分 享

【鹿童慈訓：靈隱柬埔寨宏生壇一天複習班】
西元二〇一五年歲次乙未十月十一日
調寄：茉莉花　　　　　　　　　語寄：辦末秋

趁此有幸之年心性修，藉此行功了愿辦末秋。

引渡眾生明師求，人缺天補仙佛佑。

智仁勇白陽驊驑，輝煌聖業謀，三不朽萬世留。

震卦

卦旨

1. 震卦能亨通天道萬物，亨通人文禮樂。震是春天，萬物有榮茂暢達，雍容華貴，莊嚴美麗的亨通。人道有嘉會宴享，從容中度，和樂有節，性情調和，德合天道的亨通。

   從義理來說，震是雷，震是動，是振作，是震驚。是從雨還有雲的省略。陽氣奔瀉到太空，運行在雲層當中，叫作「雷」，也就是震動。震動是雷的作用，聽見雷聲一定會震驚，雷鳴一定會震動。不只是氣的振動，一切的物都會隨著震動，因此能夠震動而興發萬物，讓一切都可以向上升起。

   《周易》的次序，震與艮相接續。〈雜卦傳〉說：「震是起，艮是止。」所以「卦的開始在震，終結在艮。」「震的開始」不是乾卦的大始，是後天的開始，就是時機與方位的首出。「艮的終成」也不是坤的大終，是後天的終結，就是時機與方位的終成。**震是開始而艮是終成，這是天道的氣數。**

2. 艮卦有「包含終始」的形容。因為是艮與坤的二八地位交換，艮本來可以代替坤完成永終，而在後天恰好居處在震卦先天的地位，而且與震連接，自然可以協同震卦的開始。因此「艮卦包含終始的道理」，是結合先後天來說的。

   宗主孚佑帝君說：震是四隅卦的首領，是乾坤六子的長子，所以叫作長男。 在時節是春天，是一年的最初；在方位是東方，是四方的開始；在五行是木，是群生的領頭；在後天是震，可以率領群倫。就像人間的帝王。

   〈說卦傳〉說：「帝出乎震」。帝指的是太乙真神，是主持天地生化

的神明，佛家講的「帝釋」，是後天天界的領袖。「出」講從這裡出來而開始運行。按照九宮的方位，走遍各宮以後回歸到中央，而開始出來一定在震宮，就是東方。

3. **震動是有所作為。震有四為：**天帝從震宮開始行動，走遍了九宮。萬物由於震動，在四季都很繁茂。人由於震動起身，就能振作道德事業。氣數從震動開始，才能成就消息。從「天帝、萬物、眾人、氣數」看見震的作為。

震在六十四卦是後天的領頭。如同太陽出來，正當陽氣興起，主導一年的春天，率領萬物而共同生成，因此**在鼎新以後，必須靠震卦來接續生成的道。**講「革故鼎新」是已經變化了，鼎是挺立，震是起動，這又是進一層的變化。

鼎是重器，重器一定有主人，主器的人沒有比長子更適合，這是《周易》的次序，用震來接續鼎。講鼎有所歸屬，一定要歸向世界上最尊貴的人，就是天下的主人或家庭的家長，都是主器的人。

〈序卦傳〉說：「主器莫如長子。」就是講震卦能繼承鼎卦，而完成養民的道理，完成新民的功業。

白 話 經 文

【象辭義理】

震：亨。震來虩虩，笑言啞啞。震驚百里，不喪匕鬯。

震卦象辭說：震是春天，萬物有榮茂暢達，雍容華貴，莊嚴美麗的亨通。人道有嘉會宴享，從容中度，和樂有節，性情調和，德合天道的亨通。

當雷電行空，快速威猛飄忽，令人感應生出畏懼的心。當春雷驚蟄，震驚百里，動植物都被驚醒，隨即又歡欣雷動，迎接雷雨的滋潤。

這時主祭人手持祭器，耳聞驚雷而心神靜定，手中祭器不失落。智仁勇德具足，可以擔當社稷重任。

【解釋象辭】

象曰：震，亨。震來虩虩，笑言啞啞。震驚百里，驚遠而懼邇也。

不喪匕鬯，出可以守宗廟社稷，以為祭主也。

　　震卦解釋彖辭說：震卦能亨通天道萬物，亨通人文禮樂。聽聞震雷，由恐懼而生恭敬心，天心戒慎長保安和，厚德樂天可以感召福報。春雷啟動生機活力，人與萬物如花開歡樂，天地洋溢喜氣。先恐懼，後歡笑，是天地仁義備至，恩威並施的法則。

　　雷電天威震懾百里，遠方的人驚懼，近處的人恐懼，人人畏威懷德，不敢得罪鬼神。主祭的人在天地雷動的時候，中心不動搖，不掉落手中的祭器。

　　驚而不昏，懼而不惑，動而不亂，震而不偏，而且愈莊重自持有法度。可以負重任，行遠路，涉艱難，可以當家做主人，或當社稷主人。

【大象辭義理】

象曰：洊雷，震。君子以恐懼修省。

　　震卦大象辭說：雷聲電光如波浪，重疊連爆轟響，聲勢驚人。君子明白天時氣數的變化，智慧周遍萬物而不遺漏，行為合同天地而沒有太過。於是能見機而作，敬畏天威神怒，一念戒慎自我反省，自然德性光明而性道凝定。氣度從容的應對一切。

【爻辭義理】

初九 震來虩虩，後笑言啞啞。吉。

　　震卦初九爻說：震卦的全體大用表現在初爻。聽聞雷鳴驚懼不寧以後，感受到雨澤的豐沛，春陽的暖和，又覺得滿心歡喜而微笑。雷雨並作是天德的恩威並施，仁義備至，天行有常而萬物吉祥。

象曰：震來虩虩，恐致福也。笑言啞啞，後有則也。

　　震卦初九爻小象辭說：在天地氣數的震動變化當中，能夠敬天命，畏天威，戒慎恐懼修道的人，就能夠招來福氣。這是君子朝乾夕惕，自強不息的修道功夫。如果只是剛愎、妄動、驕狂，心氣太盛，這樣沒有不招災禍的！

　　感恩天地生成化育的功德，就會滿心歡笑，以處後不爭先作為行事的準則。知止處後，用戒慎恐懼化解剛強的心，用退後禮讓化解凌厲的氣。

這種修為，不是知機明哲的君子做不來！

六二 震來厲，億喪貝。躋於九陵，勿逐。七日得。

震卦六二爻說：在人生進取的路上，會有遇到蹇困危險的時候，要抱持磨礪警惕的存心，生出踔厲奮發的勇毅。這時會有損失是預料中的事。

君子最穩當的兩步做法：第一步，用中道理性調和自己，高明自己的修為。第二步，得失心看淡放開，發揮以屈為伸，以柔克剛的智慧。不用追逐，失去的自然會再回來。

象曰：震來厲，乘剛也。

震卦六二爻小象辭說：自己的地位立場，存心態度，如果容易失控不定靜，容易剛愎自是，冒險衝撞，那麼災害、危險與損失是不可避免的！

君子能覺察處境艱難，抱持坤德安貞順承的心志，做到以柔克剛，使上下都達到中和。翻轉困難與危險，等待時機，開創事功的光明廣遠！

六三 震蘇蘇，震行無眚。

震卦六三爻說：震卦的前進作用，到了六三爻，氣勢已衰弱，懶散依戀，沒有堅定振拔的意志，不能有作為。六三是柔爻，雖然失中偏差，不會像剛爻盛氣太過招災，所以行動沒有過錯。

象曰：震蘇蘇，位不當也。

震卦六三爻小象辭說：六三沒有失德，但是失位，環境因緣不對而欲振無力。守成難，進取也難，徘徊徬徨，不知如何是好？

君子的解脫之道是：見難知止，見險知惕。如此才不會有陷落又墜泥的災難！

九四 震墜泥。

震卦九四爻說：氣數升騰到極點就會往下墜落。九四震起而遭遇坎陷，由高往下掉入泥濘裡，進取不得。

君子知機，明白氣數的變化：知道不可強進，當退要退；知道不能趕個不停，當停要先停。違反這兩個原則，振拔高飛，會變成半空折翅。君子知止，才能免除墜泥的憂患，最終才能成就振拔的功效！

象曰：震墜泥，未光也。

震卦九四爻小象辭說：在人事中把握不準「消息盈虛，行止進退」的道理，就免除不了墜泥陷落，半空折翅的災禍。於是前途黯淡，不見光明。

人的氣質稟性，有震雷的急躁，也有泥巴的黏附；急躁不是剛健，黏懦不能自強。這兩種極端性格，不是自綁手腳就是撞翻一切，掉入自己挖的陷阱而出不來。

六五 震往來厲，億無喪，有事。

震卦六五爻說：人事的行為，進退往來都有危險。震是一直往前，行動急躁，危險就來到。有震往的前因，就有來厲的後果，躁動在前，危害在後。行動有危險，在意料當中。

六五位正德明行中，就沒有意外的危險，也不會有損失。遵中道而行，還可以大有作為。

象曰：震往來厲，危行也。其事在中，大無喪也。

震卦六五爻小象辭說：六五的得失危險，要從存心態度來論。行事不偏激，不自私，從容中道。達到中和，德性中正，就不會觸犯意外的危險而造成損失。

聖智的作為是執中不超出本位，雖勇往直前而心存驚遠懼邇的誠敬，雖振動奮發而行事綿密從容。能乘時建功，守位明德；能順天以達道，體柔而無過。

所以健順適合中道，進退依循情理，顯現至真至善至美的大人氣象！

上六 震索索，視矍矍，征凶。震不於其躬，於其鄰，無咎。婚媾有言。

震卦上六爻說：震卦到了上六，氣勢窮盡了，震驚百里的聲威光彩不見不聞了。在人事上是蕭條寂寞，離亂閒散，繁華消歇，生氣零落。

這時真妄不辨，沒有正見，幻象現前。勉強圖謀進取，凶禍就來到。得到鄰居震驚恐懼的凶禍借鑑，而自己能戒慎警惕，就能免除過錯。婚姻要與異性結合，要交互協調。鄰居是非的話，比雷震還可怕！

象曰：震索索，未得中也。雖凶無咎，畏鄰戒也。

震卦上六爻小象辭說：上六氣勢衰竭，作用窮盡，不能中道行事。失中而忘戒慎的修持，容易招凶禍。看到鄰居承受震動變化的凶事，我謹守本分，預先戒備，就不會受到禍害。

君子的修省是：畏天命又畏人言，敬天命又畏天威。期許自己做到言寡尤，行寡悔，盡人道而合同天道！

結 語 恐懼修省不違背天道，才能大化中和。

1. 震卦得到乾卦的開始，具有四德的亨通。震的功用在繁華茂盛萬物，生長萬物而保育成就萬物。就像時令的春天，萬物都出生，萬物都茂盛，而且榮華暢達，莊嚴美麗，沒有不是雍容華貴。

    震就是動，動就容易暴躁，如果能順時而動就可以發而中節，叫作和。**和就能亨通，這是根本乾元「始而亨」的道理。**

    「君子的智慧周遍萬物而不遺漏，行為合同天地而沒有太過。」就不必等待卦象的顯現，卻明白理事的必然來到；不必依靠機緣的成熟，卻預先做好修省的準備。所以君子的氣度非常寬裕與從容，足以應對一切。

    震卦是天道，而人道的重心在戒懼反省。不是畏懼上天已經宣達的威嚴，而是懷抱還沒有來到的刑罰；不會貪戀已經很明顯的恩澤，而會培育還沒有光明的德性。所以講**「洊雷，震」先要做到恐懼修省**，人道既然完善了，就不會違背天道，順著戒懼往前走，就可以成就位育的功德，可以大化一切，這就是中和的德性。

2. 這也就是乾卦所講「乾道變化，各正性命，保和太和，乃利貞。」的意思。**利貞的行事就是從「恐懼修省」開始，性命的中正，太和的保養，也是從恐懼修省來成就。**卻一定要從「變化」來考核驗收。

    雷震是上天的變化，《易經》的震卦是「鼎革」的變化，變化就可以驗收成果了。一般人只知道經常卻沒有去覺察變化，所以不知道恐懼修省，認為天地的自然現象與人有何相干？只是快樂享受春天的和樂，而忘記秋冬的殘酷；只是慶幸自己生活在和風暖日的每一天，而忽略了寒冬萬物都會伏藏的枯寂。

    這就是不懂得震卦，也不明白變化的氣數，更不了解性命的中正，於是沒辦法「保合太和來成就利貞的德性」。這樣的人不能夠以人道來順從天道，沒辦法修德來暢達大道。所以大象辭特別揭明「恐懼修省」

來作為告誡。「恐懼足以招來福報」，就是講驕狂足以招來禍害。

3. 聖賢君子沒有不是謹慎說話，小心做事。大象辭講「恐懼修省」就是要我們明白**震動的時候，就是最應當戒慎的時候**。如果涉入急躁妄動而仗恃自己的剛強，偶爾存有驕矜的念頭，還挾持凌人的盛氣，這一些只會招來禍患而已。哪能期望成就震卦的大用呢？

所以德性愈光明，天心就愈卑下；力量愈振作，情懷就愈謙卑。志向在真誠平等，才能免除過錯。乾卦的行健能夠自強不息，一定先有「朝乾夕惕，若厲」的修持。

震卦的剛氣是從柔爻出來，這樣的氣很凌厲只會一直往前，這樣的志向剛強而不會彎曲，所以**君子拿恐懼的修省來領導剛強，用退後的反省來克制凌厲的氣**。這是人道最隱微處，不是大智慧的人，不是知機的人，沒辦法做到。

4. 一般說來，有天威可以畏懼，人就不敢做壞事；有善行可以效法，人就不忍心放縱自私。

震卦是隨時而動，而地位是「先自處卑下」，想要前行而義理要「先善於處後」。所以有修省的德性才能成就作用，因此要先虩虩恐懼然後才能啞啞歡笑，要先戒慎恐懼最後才能獲得福報。

君子原來就沒有求福的念頭，沒有自我圖利的行為，而事功的成就就會招來福報而有利益，因為能夠做到大象辭所說的「恐懼修省」。這就是「反身而誠，克己復禮」的道理，在平常固然要堅守，在震動變化的時候尤其重要。

5. **聖人才能做到五件事：**一、做到剛位而行出柔順。二、做到震卦興起而艮卦止靜。三、兼備時時存有戒慎恐懼的心念而懷抱振作的天心。四、永遠執守中道而不違背中正。五、能夠守護自己的本分而不超出本位。這是「聖智」才能做到的事。

君子的修省是：畏天命又畏人言，敬天命又畏天威。期許自己做到言寡尤，行寡悔，盡人道而合同天道！

拿人事來比方就是「禮儀」，在嘉會宴饗能從容中度，和樂有節制。人道亨通四要素：可以完全生命，長育天性，發動情感，光明品德，來合同天道。具備生命、天性、情感、品德的四有，這就是亨通的道理，

而震卦得到了。

震卦可以完成四大功用：一是順遂生活。二是活潑天性。三是調和情感。四是成就道德。這就是亨通的由來。

艮卦

上九
六五
六四
九三
六二
初六

卦旨

1. **大道以達本還原為目的，以逆行為作用，所以最可貴在艮止。**止然後
   有定，定然後能靜，定靜然後返回到始點而回復天性，所以艮止是一
   切法門的妙諦。而一定要適合時機，遵行天道，因為不只是止定不動。
   講到停止當中的啟動，靜定當中的發動，這是純粹的天性。保全天性
   的人，在不動當中有動，在不行當中有行，在無為當中有作為，在沒
   有思慮當中有思慮，這就是艮卦的極限準則，也是道功的極致圓滿。
   天地尚且不能違背，何況是人呢？

   因此震卦接著一定是艮卦，這是《周易》的「次序」，是後天人道所
   遵循的「準則」。

   艮以土為主，後天代替坤卦，土是五行的母親，所以**艮卦包含始終，
   兼備往返，概括初成，天道與人事都不能離開艮卦。**

2. **艮卦有兩層義理：**第一、艮就是限止的意思，限止就是範圍，有節度
   而不偏激，所以是中和不二。第二、艮就是退，就是反本復始的道理。
   到了極限就變化，達到極致就回返，要行動卻先靜止，行動以後回歸
   到靜定。所以是道功的根本。

   人道順從地道而合同天道，**天道是七日來復，所以艮卦的數目是七，
   也就是人道，卻能結合天地人三極，完成始終的道理。**這就是人具備
   天地的德性，兼有剛柔的道理，具足位育生成的功德，而包含博厚高
   明悠久的力量。

   乾卦講大始，坤卦講永終，**而艮卦兼備，才有成終成始的形容。**艮卦
   義理在止定，利益在行動；處高位而能夠自我卑下，精神滿盈而不會
   滿溢。

道功到達極限，而志向的行持在中庸；止定在一而能至誠無息，守貞而能得中。於是體用兼善，是人道的本宗；人的行動與退藏不能違背艮山的道理，而大利與大義是良知所認同。

3. 宗主孚佑帝君說：孟子講生而知之是良知，生而能之是良能。講良知就是至善，至善就沒有不善，就是「性善說」的根本。性善講的是天性固有的善，《大學》講止於至善，就是從性善的義理，指出歸本還源的道而已。有如出於性善又止於至善，始終都是善，就沒有任何不善的存在，而關鍵在一個「止」字。

   止是本體，行是作用，不知止就不能行。想要行出至善必須先止於至善，止就是定，就是歸宿。所以止定能夠兼備行事來說，而講到止於至善，就包含有行到至善境界的意思。所以〈說卦傳〉說：「成終成始，沒有比艮卦更完善的。」

   於是我們明白，止是大道的始終功夫。無論任何教門不先止不能得道，一念永遠懷抱而萬緣同歸淨空，這就是止的功夫。

4. 止而不動就靈明常存，就能夠縱觀萬有的變化，而從幻象歸反真實；就能提煉氣機，從玄明達到奧妙。這就是有欲而無欲的時候，老子講「常有欲以觀其竅」就是止，「常無欲以觀其妙」就是觀。

   不止就不能觀。因為耳目的聰明還沒有去除，知識的靈敏還會擾亂，於是所觀照的不是真我來觀物，而是外物主導我的一種觀察。會形成本心追逐外物而妄念更多，靈性依循情欲而無明更多。因此觀一定要先止。隨止隨觀，隨觀隨止。

   所以艮的道理，重心在自我反求，反身而知道止定，往哪裡會有不適合呢？所以陽剛要表現陰柔，聰明要顯出晦暗，昭明卻不顯露，安止又能適時變遷。叫作「知止而不殆」，老子已經深深揭明宗旨了。

   八仙慈訓：「艮山可依棲，滅相由心取。五蘊色空去，常住貫中一。修身心誠敬，一體同觀兮。人我兩具無，究竟歸無極。」人能依止自性靈山，就具有四德：「知止而止，知退而退，達到至善，回歸中和。」因此艮是人道的卦，與乾天坤地並稱三才。

白話經文

【彖辭義理】

艮：艮其背，不獲其身。行其庭，不見其人。無咎。

艮卦彖辭說：艮背行庭的道功是靜定的極致。耳目不用，聰明不施，神識不動，到達無所有，無所得，無知無得的境界。所以只看見這個人的背部而看不見真面目，在大庭廣眾裡，也看不見這個人。

一個人的定功靜功成就，可以隱藏精神；能做到去除智慧，存養元神而知道過化。一止而天下同止，利害泯除，得失刪除，險安拉平，禍福清淨，哪有什麼過錯？

艮止是大道的根本，是天德的綱領。天能止所以神明，人能止所以善良，世間萬事萬物都不違背艮止的作用。這就是《大學》首先講止於至善的道理。

【解釋彖辭】

彖曰：艮，止也。時止則止，時行則行，動靜不失其時，其道光明。艮其背，止其所也。上下敵應，不相與也。是以不獲其身，行其庭不見其人。無咎也。

艮卦解釋彖辭說：艮卦第一義在善止，一切德用，都從止來成就。依止自性靈山，循順天道回歸先天本性。已經返本復始，回歸太極而返回無極，重心就不在後天的仁禮義信四德了。

人生的一切不離行止動靜：時止就止，時行就行，時動就動，時靜就靜。不離艮山的道而體用一如，於是自性天道光明遍照！

艮背是依止靈山，就是止定在無我無人無物的至善本位。志向在先天的虛無空靈，沒有後天人事的依戀障蔽；真人獨立完全，不需要上下人物的匹配感應、互相協助。

所以神遊太虛而神志永一，善超萬物而靈歸無極。既然是無為清靜，自然一貫。沒有動，又哪來吉凶過錯！

【大象辭義理】

象曰：兼山，艮。君子以思不出其位。

艮卦大象辭說：重疊而連接不斷的艮山，靜止而不動，可以做為萬物的靠山。君子效法山的止定其所，不會放縱心志往外，心性止定在性命道德的至善本位裡。如果人人各守本位本分，各安天性天命，都可以成德達道，天下就沒有混亂了！

【爻辭義理】

初六 艮其趾，無咎。利永貞。

艮卦初六爻說：人生從腳下一步開始，腳跟先穩立，就沒有傾跌的禍患。這是能抱持坤卦安貞的道，厚載的德，而不失靜定操守，所以才沒有過錯。

初六不是艮的主爻，不是正位，卻能得到艮的正用。效法地道，明白知止，能止一而立定在正道上，恆久不變，長久不失，達到永貞的利益。

象曰：艮其趾，未失正也。

艮卦初六爻小象辭說：艮卦重視下位的中正，先立定腳跟，得到永貞的德性，能合同中和的作用。有根本，有操守，才能中正！一定是做到止一用極，堅固基本，正而不邪，恆久不變。所以，不必在正位，而能不失中正！

六二 艮其腓，不拯其隨。其心不快。

艮卦六二爻說：自我限止在小腿肚，有靜沒有動，不能完成人生的作用。就好像心神心志心氣不能率領全身，來完善行為動作。又好像元神無主，本心不中正而盲從附和詭隨，不能振作自己，提攜眾人。

沒有得到心神真正的止處，反而是失中的耗損。心腎不交，水火不暢，失中失正失動靜失操守，本心怎麼會快活？

象曰：不拯其隨，未退聽也。

艮卦六二爻小象辭說：沒有止定在至善的地方，德不配位，不能保全操守，拯救中正的道。心氣不能下交腎氣，如何耳聰目明？如何做到隨順隨和而不詭隨？人心不能順從正命，如何立德弘道，移風易俗？

九三 艮其限，列其夤。厲薰心。

艮卦九三爻說：九三有一止一起，一退一進的兩層情境。九三是人道基礎，君子思想言行會止限在本分崗位，不會踰越界限。也就是止定在腎臟命門，固精養氣凝神而保全性命。

可是生機活力不能只是停止不動，陽剛健動的運行會循順五臟排列的秩序，運轉不停。但是腎陽火氣太過，會有向上形成自焚本心的危險。養生保命要懂水火既濟的道，要明白性命中和的理，才是可貴！

象曰：艮其限，危薰心也。

艮卦九三爻小象辭說：九三是人道中爻，如果行為不中正，始勤終怠而自我止限，不能完成生成造化的大作為，是對人生的危害。如果人事五倫上下的秩序不能和諧，互相嫉妒怨恨，不能創造利益，反而互相傷害。

就像心腎不能上下調濟，身心失正失和，就會造成健康的危險與傷害。

六四 艮其身，無咎。

艮卦六四爻說：艮的大用在善止，君子會先反求自身。返本復始而回歸大道源頭，克己復禮而中正性命。所以能免除過錯！

象曰：艮其身，止諸躬也。

艮卦六四爻小象辭說：一身的主導是自性靈山，君子止定在自身的天性天命天道，就是止躬止一而萬事畢。完成人道本源的四大效果：至誠不息，常樂我淨，恆久不變，永執其中。一輩子哪來的過錯？

六五 艮其輔，言有序。悔亡。

艮卦六五爻說：六五是全卦的中正的地位，善於順承乾卦，成就頂天立地的文明。艮止的作用，靠臉頰說話的功能來表現。

如同國君得到賢明宰相的輔佐，政教的說話有章法，道德的禮儀有典範。可以拓展事功，廣大德性，上下相應相得，所以沒有後悔的事情。

象曰：艮其輔，以正中也。

艮卦六五爻小象辭說：有大臣的賢明輔佐，可以端正國君。國君止一中正而政治中正，人民沒有不端正。如同伊尹輔佐太甲，周公輔佐成王，艮輔的道義太偉大了！

上九 敦艮，吉。

艮卦上九爻說：上九是全卦的盡頭，是主用的爻，乾變成坤，給得出坤卦厚載的德性。既有乾卦天道的大生創始，又有坤卦地道的廣生終成。人道根本立定，道德，事功，文章三不朽完成。大吉祥現前！

象曰：敦艮之吉，以厚終也。

艮卦上九爻小象辭說：上九從窮極的地位，翻轉成為吉祥，因為艮卦兼備天道的大始與地道的大終。完成人道普世人本的真誠光明，也完成易卦中正光明的體用。

結 語 震起艮止，止是大道的始終功夫。

1. **物極就反，道窮就變，震動以後一定是艮止。**〈序卦傳〉說：「物不可以終動，要停止，所以接著是艮卦。」震是「振作」，**行動容易急躁；**艮是「休息」，**志向容易懶怠。**要合同大道一定要去掉弊病，要完成作用一定要警戒太過。

   《大學》講知止，佛教講止觀，止是天下的大根本，一切行動都從止出來。太偉大啦，止！「不止」將要如何行動？道功以靜坐為根本，**先追求止定罷了。**所以不只人道重視艮止，仙佛也從艮山成就。學道的人學習艮卦，應當先明白「依止艮山」的義理。

   艮山靜止而崇高，高大而巍峨，有挺拔出雲的氣勢，有厚重鎮壓的態勢，巍峨獨立，卓越不移。從高往下俯臨下土，而超越一切的物。

   艮山有四特徵：「很高大而不危險，很險峻而無險阻，特立獨行，超越群類。」所以用來形容人道，講人的德性要像山一樣。具有四德：「知止而止，知退而退，達到至善，回歸中和。」因此艮是人道的卦，與乾天坤地並稱三才。

2. 宗主孚佑帝君說：艮卦與震卦是一卦顛倒而成為兩個卦。〈雜卦傳〉說：「震起也，艮止也。」就是一個開始一個終結的意思，講從震起開始到艮山的終止。又兼有「動與定，初與成，本與末，下與上」的分別。

   俗話講：「日出而作，日落而息。」工作與休息也是震與艮的現象。走路的人從甲地出發，到乙地休息停止，出發與休息也是震與艮的現象。這裡都是講首尾去來的地位，初終往返的時機，概括人事與天道

來說。

有開始就有終結，有往就有復，理數就是這樣，德用也是這樣。所以震動在前而艮止在後，震起於下位而艮休止在上位，震往而艮來，震升則艮降。所以**艮卦講的是終成，能夠完成終點也就能夠成就始點。**

山的脊樑骨叫作艮，人的背脊也是艮，陽氣行走到背面，向上通達頂顛，靠背脊來主導，這就是艮背的道理。所以人的站立一定要靠背脊，俯仰動作休息都要靠脊椎的力量；人的思維一定要靠大腦，精神與氣血，一定要靠腦的運用。

3. 腦的根本也是與脊椎相交通，而向下通達到腎臟，向中注入心臟。這是督脈掌理的走向，神氣是一貫的。因為善止所以也能善行，因為有終所以也能有開始。

所以內功一定要先止。止於一，眾念不起而中心永遠安恬；止於中，百體悠然而精氣圓暢。止於至善，於是德性來到而道功凝定，天性篤定而生命堅固。

因此我們明白，**止是大道的始終功夫。無論任何教門不先止不能得道，**也就是不能定靜，不能把持容易放縱的心。幻象紛顯而轉瞬千變，氣如何靜？精如何凝？神如何聚呢？所以艮卦是道功的根本。

夏朝根本艮卦來建立治國的大道。夏朝重視人時，商朝重視地利，周朝重視天道，三代的《易經》，首領不一樣。也就是夏朝以艮山為首領，商朝以坤地為首領，周朝以乾天為首領。而一歲的時令也像這樣運行，夏朝建寅，商朝建丑，周朝建子，觀察三代的曆數就可以知道政治的功績。

天道解緩而鬆弛，人道利物而濟人。艮的作用哪裡只是靜止而已？

風山漸卦

卦旨

1. 咸卦恆卦漸卦歸妹卦，四個卦講家道。**《易經》的家道教育從咸卦開始，靠漸卦來完成。**漸卦講「女歸」就是講女子出嫁，不可以苟且隨便，六禮（古代確立婚姻過程中的六種禮儀：納采、問名、納吉、納徵、請期、親迎）具備以後，兩個不同的姓氏能夠和諧，夫婦的「名分」開始顯明，家庭中家道的根本可以建立。所以漸卦取女歸為現象，而重心在「巽以止」。

   巽就一切都順從，止就守得住本分，「順從與守貞」的義理，能各自中正自己的崗位。用艮山來止定，重心在止於一，止於一就是正，正身然後可以正人，正家然後可以正國。天下都可以順從正道，就可以獲得中位；不違背道德就可以合同中行，而不會偏向情感。

   中爻講人道，而人道實際以夫妻為首；正位講家道，而家道實際從嫁娶開始。因此家人卦講內外正位，是家道的大用，家人卦也是巽在外卦，「內文明而外柔順」是家道的根本。

2. 夫妻之間不可以有衝突，順於外說話就沒有怨尤，止於內思想就沒有邪偏。所以女子重視從一而終，家裡的話不往外傳，行為不失去節操，表示有所限止。

   限就是艮，**艮就是止定在倫理**，於是夫婦都能夠相敬相愛，可以相親相睦，永遠沒有冷漠疏離的話。所以〈雜卦傳〉說：「漸，女歸待男行。」這是講明一定有先後，一定有尊卑，這是敬愛的根本，也是親近和睦的基礎。

   婚姻嫁娶有一定的時節，有媒人的介紹約定，六禮都具備，不同的兩姓才可以和諧。**夫妻沒有苟合的憂慮，男女得到唱隨的歡樂，這個道**

理是從漸卦來的。

用漸進的道理來做事，每個時機都會很審慎；用漸進的道理來成就禮儀，就沒有草率的弊病。人倫首先在夫婦，人道根本在生育，於是必須鄭重禮儀才有安詳的行事。如果有不合禮儀不可成為夫婦，有不合道德不能成為家屬。

3. 所以夫婦一定要根本利貞，而娶婦一定要追求情性的調和。利貞的德性，是德性滿分；情性的調和，是中和的滿分。

夫妻是從「情感」出發而止定在「禮儀」，不要越分也不要踰矩。所以男女之間一定是漸漸認識，夫婦之道一定是透過漸進而成就。

從來沒有講一句話就互相愛悅的，也從來沒有見一次面就成為夫妻的。追求愈急切就會愈遠離，思慕愈深刻就會愈冷淡。為什麼？因為百年的和好不是一朝一夕的緣故。

我們看古時候，在桑樹當中、在濮水上面的約會，只是偶然的互相親近；在秦樓楚館，只是片刻的歡樂交往。容易結合也就容易分離，一下子是恩一下子是怨，這一種是淫亂的行為，是輕薄的感情。哪裡可以匹配夫婦的家道，家室的倫理呢？

所以**人民的風俗，一定要先謹慎男女感情的防線；國家的綱紀，則一定要先建立夫婦的禮儀。**一點都不可以苟且隨便，所以用「漸卦」來形容。

4. 從漸卦再往外推展。人道有根本，事事都會有所遵循；家道不偏差，人人都可以順從天性。於是齊家的效果足以平定天下，而婚禮的嚴正，才可以說是最盛大的典禮。《易經》在家人卦、漸卦，特別拿「正位」來顯示宗旨。

「正」就是貞德，「貞」就是女德，坤可以順承乾，男可以率領女，這就是漸卦的義理。艮卦是四陰二陽，變成漸卦就陰陽平均，只這一點隱微的義理，就可以看見精神所在。

宗主孚佑帝君說：漸卦的作用就像呼吸，息息相關而生命逐漸成長，卻看不見變化，不知道變化就在呼吸之間。一呼一吸而新陳代謝，所以今天的我已經不是昨天的我，這一刻的生命已經不是未來的生命。**我們要明白生死循環沒有片刻休歇，從幼稚而少年，從中壯而衰老，**

都在漸進當中變化。

因此**漸進的道理是天道氣數的自然**，萬物都不能超越，也是變化永恆的常態，絲毫都不可以違背。所以有物就有變化，有變化就有漸進的道理，從來沒有一成不變的，也沒有變化而不是從漸進當中出來的。

白話經文

【象辭義理】

漸：女歸吉，利貞。

漸卦象辭說：女子出嫁，嫁到夫家主持家政，是女子生命的完成，是最吉祥的事。

依循聖人禮教：謹慎情感交往的開始，克制情感欲望來調適天性，遵循乾坤的道理來穩定人道根本，來光明人道，要靠利貞德性的發揮。因此男女之間的愛悅，可以成為生生不息的利益；夫妻之間的和睦，都是從一不二的貞德。

【解釋象辭】

象曰：漸，漸進也，女歸吉也。進得位，往有功也。進以正，可以正邦也。正其位，剛得中也。止而巽，動不窮也。

漸卦解釋象辭說：漸卦有進取的志向，緩和漸進而不急切，根本中庸，於是行事有功效，作用很大。女子出嫁的吉祥，人道的和諧長久，從抱一得中而來。

抱一就正，正就中，中就和，和就大，大就久。於是艮止而不二，巽動而不窮。不二能守位，位正天下就尊重；不窮能廣德，德廣天下就順從。這是從九三前進，得到九五正中的地位，於是可以君臨天下，中正萬邦。

由修身齊家達到治國平天下，是國君把自己的本位止定在一，天下就定於一。九五陽剛中正，德性光明，萬民就共同仰望。

內止定而外能順從，於是道德光明，事業中正，可以成就天下的文明，創造博厚高明悠久的人文禮樂。漸卦的大用，哪裡只是女子出嫁，成就一家的吉祥？

【大象辭義理】

象曰：山上有木，漸。君子以居，賢德，善俗。

漸卦大象辭說：大象辭講人道，拿艮山能長育樹木作比方。君子能居處自性艮山，安養道德與良善，做到明明德的親親賢賢，就能達到齊家治國平天下的美善風俗。

君子平居閒居，能安住心地，守護本分，保養法身，素位而不動心，就可以漸進而成就道德人格。用禮樂用道德用仁義來美化社區國家，進而善化天下。

【爻辭義理】

初六 鴻漸於干。小子厲，有言，無咎。

漸卦初六爻說：漸卦好像鴻鳥成隊飛行，棲止在水邊高地，貪圖水邊的嬉戲。在人事比方，小孩幼稚無知，在水邊嬉戲，會有危險傷害。如果能聽從父母師長的話，接受勸告，自我警戒，就可以免除過錯。

象曰：小子之厲，義無咎也。

漸卦初六小象辭說：一個人的知識見地不夠，志向不正大光明，沒有大人的格局氣象。行事違反艮止的時機，心想學鴻鳥高飛，遭遇危險是應得的，沒什麼好追究。

如果先得到賢明父兄的教訓，良師益友的規勸，能覺察危險而自我砥礪節制。知過能改，也可以免除過錯！

六二 鴻漸於磐，飲食衎衎。吉。

漸卦六二爻說：六二的漸進，是鴻鳥飛到大磐石上面，安全又穩定。推用在人事，就是始於中，得正位的日常道，家常事。全人類沒有不是以飲食為天祿，以家庭和樂為福利，快樂生活，發展事業。

這是民生的大原則，聖治的大根本。帝堯的擊壤歌：「日出而作，日沒而息。鑿井而飲，耕田而食。帝力何有於我哉？」上古人民無思無慮的正道作息，就是六二的大吉祥！

象曰：飲食衎衎，不素飽也。

漸卦六二爻小象辭說：有吃有喝是天祿天福，快樂生活是盡人合天。

人人勤勞刻苦節儉，沒有匱乏得失的憂患！因此，生活能調適性情，動定能融洽天道，人人素位行本分。

責任負起能頂天，真人當家能立地。每天行出坤德的安貞厚載，做好乾德的健行自強。沒有人只吃飯不做事，白吃白喝！

九三 鴻漸於陸。夫征不復，婦孕不育，凶。利禦寇。

漸卦九三爻說：鴻鳥飛離水邊，聚集在陸地，失去生命的源頭，停留在枯槁沒有生機的地方。推用在人事上，就好像丈夫出征在外，客死他鄉。婦人懷孕而流產，不能完成生育，是大凶禍。

由於九三失中正的位，喜冒險犯難，造成上下隔絕，內外背馳。因此夫婦分離，丈夫不能回家，妻子不能生育。如果能夠返止艮山，警戒躁進，固守本心，凶禍會轉變成利益。就是有敵寇侵犯，只要能同心協力，團結全體力量，還是可以打退敵人！

象曰：夫征不復，離群醜也。婦孕不育，失其道也。利用禦寇，順相保也。

漸卦九三爻小象辭說：丈夫出征不能回家，是失去同類族群的相助。妻子不能生育，是違背陰陽交合的道。因為九三處在險陷的時局，躁進獨行而遇險，沒有相助的人。

如果能隨順天時氣數，依循奮勵自強的告誡，彼此能戒慎恐懼互相幫助，發揮團體力量，抵禦敵寇，還是可以互相保全！

六四 鴻漸於木，或得其桷。無咎。

漸卦六四爻說：鴻鳥從陸地飛向山林高處，在枝椏做巢，只是暫時得到安定。推用在人事上，是得到上下提攜，把握漸進的道而登上高明。得到前進與止定的利益，所以可以免除過錯！

象曰：或得其桷，順以巽也。

漸卦六四爻小象辭說：鴻鳥得到山林突出的枝椏做巢，是陰柔能用出陽剛。用在人事，就是能順從天時，選擇天道，達到高明柔克，沉潛剛克的境界。

《尚書》講：「高明柔克，沉潛剛克。」（高明的人，能用陰柔來變化陽剛，陰柔卻能發揮陽剛的作用，可見坤德的極致圓滿。沉潛的人，能

用陽剛來幫助陰柔，陽剛卻能發揮陰柔的力量，可見乾德的極致圓滿。於是，上與下能得到最好的合同，剛與柔能達到最好的協和。沒有太過剛強暴力與軟弱怠惰的弊病。）就是講順且巽的道理，能夠處在剛與柔當中，而得到最好的協調合同。

九五 鴻漸於陵，婦三歲不孕，終莫之勝。吉。

漸卦九五爻說：鴻鳥由陸地樹林，飛向高地的丘陵。生存不保全，不安定，不能長久棲息的地方。反而愈高愈危險，違背艮止利貞的道。好像婦人把自己當成丈夫，心志向外求，不再能照顧生孩子的事，違背母德而不能懷孕。

但是婦人終究不能勝過丈夫，三年後知難而退回婦人本位，又可以完善婦道而生育子女。所以最後還是吉祥！

象曰：終莫之勝，吉。得所願也。

漸卦九五小象辭說：九五的婦人把自己比作陽剛，貪進求勝，違反婦人生育的本願，成功也不足取。九五陽剛太過，容易躁進貪取。

如果能返回向下來合同艮止，根本坤順的情志，不再貪心求勝，而能自我卑下，自我柔順，以退為進，自然能滿足心願而得吉祥。

上九 鴻漸於陸，其羽可用為儀。吉。

漸卦上九爻說：鴻鳥從丘陵高處往低處飛向陸地，恬然自得而寬安從容，顯現羽毛的光彩美麗。

好像君子的從容閒適，天君泰然，元神充沛而威儀顯現。誠敬的儀容舉止讓萬民順服，文德的美好是全民的依靠。給天下帶來吉祥！

象曰：其羽可用為儀，吉。不可亂也。

漸卦上九小象辭說：君子禮樂道德的生命文德，就像鴻鳥羽毛的光彩亮麗。最適合鴻鳥棲息的地方，不是往高山飛，是返回最初的水邊。

同理，有德有位的君子，最適合恬淡謙退，接近下民。德用自然廣大，親親尊尊的禮儀節度，自然顯現光華，貞德自然帶來利益吉祥，成就中和位育的功德。

天地間的人文禮樂秩序是不可擾亂的，人人的性情中和是不可擾亂的！如同婦女出嫁，從一而終，不失貞德，建立家道一樣。初成終始都不

離道，不亂道，才是天地長久的吉祥。

結語

1. 《詩經》說：「型於寡妻，至於兄弟，以御於家邦。」《大學》說：「身修而後家齊，家齊而後國治，國治而後天下平。」都是根本《易經》「家人卦」的道理，從根本來往外推行，也是推展「咸卦與漸卦」的義理，讓我們明白君子、大人、聖人最重視的是道。

   講「君子之道，造端乎夫婦」就是要立定人生的根本，推展教化長育的功用。**人本教育四進程**：一、一定要先擺在正道。二、在一當中達到整齊。三、順著正一的道理來推行全天下。四、循順家道的中正給後代留下典範。所以都沒有離開漸卦的道理。

   漸就是前進就是行動，有前進就有後退，要行動必先知止。**女子的出嫁是前進也是後退，是行動也是靜止**，這是取艮的本體與巽的作用，取陽剛的天性與柔順的情感，以貞為內在，以利為外在。**人生的進行可以順從正道，人生的退止可以歸還太一，一切進退都不失道。**

2. 所以漸卦的內外是正位，有中行可以協同，剛柔得中而上下相應，有守有為而可大可久。結合咸卦與恆卦的道理，兼備巽卦與艮卦的行事。因此在《易經》的生命教育，漸卦與歸妹卦往來，讓我們看見人道終始的道理，是承接震卦與艮卦的前進與靜止，最後到達中和。

   女子出嫁是人生的大事，大事既然融洽，其他的事情就可以知道。所以推展到一切沒有不是利益，應用到一切的事情都會有功德；用在人事上頭就可以正國安天下，返回到自身就可以齊家修身。漸卦的作用太偉大啦！

   君子日常六行：一、每天勤勞而不懈怠，沒有任何貪求。二、時時坦蕩光明，卻能有所作為。三、心安閒而身不懈怠。四、志向精進而德性沒有偏差。五、能美善自身又能美善萬物。六、能養生又能愉悅自己的心志。所以不會光吃不做，而是一點都不會懈怠。

   生活安適，體力愈來愈強健，行動從容悠閒寬裕，而志向愈來愈堅定。怎麼會被外物奴役，又哪來的貪心欲望呢？既然物欲不侵犯，性情就

可以中正，這個「乾卦利貞的德性」，是漸卦特有的涵養，不必再追溯遠大的事情，只是從日用尋常的飲食行為中就看得見，這就是「和樂」的由來。

3. 宗主孚佑帝君說：全卦的大義都維繫在一個「**漸**」字，而大用都根據一個「**正**」字，合起來就是漸進可以得到正中，所以有功業又有成就，可以修己也可以正邦，可以得到中和，可以推己來長育萬物。因此漸卦的前進雖然不快，前進的力量可以推行很遠，行動雖然緩慢，行事可以很安全。

就好像女子出嫁有一定的禮儀，能光明性情，兩姓的和好，百年的歡樂，哪裡會有極限呢？前進是順著漸的道理，而行事能夠根據正道，柔表現在外而剛得中，止定在自己而能順從他人，貞德內守而利於行事，於是往有功而動不窮。這是漸進的義理，可以調和艮止而到達平衡了。

女歸的吉祥可以達到天下的文明，利貞的德性可以匹配乾坤的生成，剛柔中正的行事可以完成博厚而高明，最後邅到悠久而無限。仔細讀這篇文章，對於漸卦的大用就沒有不明白了。

4. **習俗好像風，所以叫風俗。君子的德風全民沒有不同化，因此移風易俗一定靠君子**，如果是小人，早晚一定會作惡事。所以「不講易俗而講善俗」，好像「大學講止，一定先講至善。」如果止定而不善反而是禍害。

同樣的道理，化民成俗而不善，也會反過來造成動亂，這都是違背漸卦的道理。因為漸卦是上下都是正位而剛得中，**政治與教化的施行沒有不正，一切習俗的完成沒有不中，中正的行為是善的根本**。所以前往就有功業，行動就有成就。

君子以成德為行事，正是在漸卦當中展現，因為十年樹木百年樹人。就像漸卦講的木生在山，**寄託樹立教化的宗旨義理**，推展到樹人就有善俗的功效。

雷澤歸妹卦

卦旨

1. 《周易》的次序，講歸妹從漸卦變來。漸卦能夠前進，**前進一定要有所歸宿，所以接著是歸妹卦**。也就是女子前進的終點。

   歸妹卦取長兄遣送妹妹出嫁為比方，而不是限定在嫁妹。由長兄來主導，不是嫁娶的常道，沒有親迎，也沒有完備的六禮。這是匆忙遣送出嫁，由長兄來主導，**一定是因為變亂而權變的做法。因此歸妹不是吉祥**，與漸卦不一樣。

   歸妹講人道。人道從男女的婚姻開始，以生育子女為終點，歸妹的行事就是人道的終始，不可以廢止。卻因為不合正道，不能合同中和的行事，所以有開始卻不能有終成，不能終而復始，也不能回復天道。

   從《易經》卦象來說，周流六位又終而復始，這是乾道的正氣，是上天運行的法則。**歸妹是坤卦的終點，不能承接乾卦，所以回不到原始點**，而叫作女子的終點。

2. 生育繁殖是人物共同的志向，祖先血脈的延續是男女和合的功德，不可以違背。所以歸妹卦迫於天地大義的行為，不得不從權來應變。

   人道重生育，女子是生育的母親，也是天地的大準則。所以歸妹是人道的終始，與艮卦相同。**艮卦主持先天的終始，歸妹以兌卦為主，主導人道的終始**。

   〈雜卦傳〉說：「未濟男之窮也，歸妹女之終也。」這一層義理後人都不了解，這是從後天生育的例子來說。因為後天的生育一定根據陰陽的交合，如果分離而不交通，阻隔而不和諧，那麼生育不能完成，違背生生的道理，違背化育的情志，就類同否卦。天地否塞又如何生育呢？陰陽背馳要如何生育呢？

3. 為什麼歸妹是女子的終點？未濟是男子的窮盡？男女的分別用什麼來分判？因為歸妹是柔順為主，兌卦是少女，女子歸順丈夫，女子的道已經終結。

而出嫁以後卻又是另一個開始，所以女子的終點不是終點，是終而復始，因為生育的德性正好從終結以後展現。可是歸妹不是娶媳婦，只是從女子來講是終點，因為先天純陰的坤卦，到這裡是終點。

坤卦的德性沒有交通乾卦，天地就否塞而不通。就好像女子不出嫁，沒有得到男子，那麼女子的職責不完善，女子的德性不昭明。「歸妹」因為震卦與兌卦相違背而各行其是，形成女子的終點。

4. 「未濟」是講坎卦的男子，陽在內而與陰不合同，水在下而與火背向而行，所以是陽的窮盡，也是乾卦的窮盡。

乾卦沒有得到坤卦，也沒辦法生化，純陽的氣會終結，生化的功能會滅絕。可是終點就是始點，這是天道的運行，窮則變變則通，所以**未濟的終點還是返回乾卦，這又是一大循環了。**

宗主孚佑帝君說：未濟是火在水的上方，陰陽分離，是男子的窮盡，也是生化的盡頭。後天的人道是坎離來主導，與先天「用艮立人道」有分別。因此《周易》的終點在未濟，八宮卦的終點在歸妹。由於卦序的不同，讓我們看見先後天「大道變異不同」的所在。

白 話 經 文

【象辭義理】

歸妹：征凶，無攸利。

歸妹卦象辭說：人生會遭逢「經常與變通」的抉擇情境，也會落入「動定進退」都是過錯的窮盡局勢。比如處在兄長嫁妹的變道變數裡，沒有父母的正命，沒有完備的婚禮，不合人情，不遵天道，再怎麼通權達變也是凶禍。

既然違背常經，違背中和，失去正道。卻勉強行事，輕率前進，不只沒有利益，凶禍更是罪有應得！聖人講常道與變道，守經與行權，是根本

源頭天經地義的準則，不是一般人能把握得住，能行得出，能做得來！

【解釋彖辭】

彖曰：歸妹，天地之大義也。天地不交，而萬物不興。歸妹人之終
　　　始也。悅以動，所歸妹也。征凶，位不當也。無攸利，柔乘
　　　剛也。

歸妹卦解釋彖辭說：歸妹是窮變的氣機，生命的意義在創造宇宙繼起的生命，這是歸妹卦天地大義的展現。如果乾坤天地不交通，沒有生成的能量，萬物就不能興起而滅亡。

歸妹的行事是人道的終始，以婚姻為始點，以生育為終點，配合天道，終點就是始點，沒有窮盡而往復循環。歸妹是權變的行動，是長兄嫁妹，行為不光明正大而違背常情，時位都不適合，坤道窮盡不能有作為，容易有凶禍！

歸妹是柔爻立足在陽剛的位，失中又失正，失安貞的德又違背順承的志，柔越位而剛從權，一切的利益都沒有了！只能等待時機的變化！

【大象辭義理】

象曰：澤上有雷，歸妹。君子以永終知敝。

歸妹卦大象辭說：如同澤水是雲雷的源頭，也是歸宿。君子代行乾卦的命令，一定要體察坤道的順承與終成，有操守有作為，做到慎終如始。

君子盡人道配合天道的運行，到了終點又是始點，於是道無窮而德永遠。君子明白永保終成的法要，就能至誠無息，回復原始點。

君子知道萬物會凋蔽敗壞，就能二六時中，維持天命常新。只有君子能做到知機如神，積中不敗。不新而常新，無為而常成！

【爻辭義理】

初九 歸妹以娣，跛能履。征吉。

歸妹卦初九爻說：長兄嫁妹，兩個妹妹同時出嫁，這是權變的做法。跛腳的人能行走，這是禮教的功能。婚嫁是人道的基礎，還是要靠禮教的常經來建立夫婦的家道。

禮教有四大功能：彌補天地的不足，調和人物的性情，挽化社會的敗

壞，建設世界的和平。當禮教功效發揮，一切沒有不吉祥！

象曰：歸妹以娣，以恆也。跛能履吉。相承也。

歸妹卦初九小象辭說：婚姻用妹妹陪嫁，是順著潮流習俗的權變，最終還是要回歸性情的中正，夫婦的家道才可以恆久。

就像跛腳的人能走路，就能立穩人道。當常經與權變能互相承接，相互扶圓補缺，就可以守護人道純正長久的義理。

演繹 ▶

1. 歸妹雖然面臨時機的變化，**有「權變」的做法，但不是堅持權變到終點。**爻辭固然講明是權變，小象辭恐怕後人誤解，特別再引申，拿「恆久」的義理來說明。就是講權變是一時的情境，恆久才是性情的中正。也就是〈序卦傳〉所說：「夫婦之道不可以不久。」所以六十四卦的卦序拿恆卦擺在咸卦後面。從卦來說，包含有經常與權變互相承接的意思，這是「經權相呼應」的宗旨。

   比如咸卦是兌與艮結合，而恆卦就變成震與巽，這當中的「兌與巽」「艮與震」都是往來卦，也就是有反有正。所以開始在這裡，終點一定是那裡，雷風的恆卦就是繼承澤山的咸卦，而歸妹是上震下兌，各得到咸卦與恆卦的一半。

2. **從兌卦來說適合「權變」，從震雷來說適合「守恆」，這一層義理是天道不變的準則。**爻辭講「歸妹以娣」是變化，是當時潮流的習尚，是習俗的作為。而小象辭特別拿「以恆」，講出相反的道理，讓我們了解經常。

   講到「以恆」是順著人的恆情，順著長久的習俗，不可以馬上改變，所以要從權。**從禮上來講，是從權；從道義上來講，是常道。**而且權變講的是最初，恆常講的是最終。

   最初講隨時，這是隨卦的義理；最終講恆常，這是恆卦的義理。有短暫一定有長久，有前往一定有回來，所以在歸妹的後面有返歸。何況女子是要順從別人，順從一定要以親妹妹陪嫁，這叫順從親人，也是當時的人之常情，世俗很習慣看得見，不能說是一種錯誤。如果時機轉移而情勢改變，習俗也會隨著不同。

3. 小象辭拿「恆」這個字，講明人道終究要以「正常」為重心。雖然開始是權變，一定要「從一而終」，這是女子的德性，是人道的根本，是家道的基礎。不可以把追逐變化當作時尚潮流，變化最終還是要回到恆常，才不會違背道。

比如天時春夏秋冬，只看見變化，而每年都是這樣運轉，終點就會回到起點，這就是恆常。恆常然後可以變化，變化的最後還是回歸恆常。初爻與二爻的小象辭，都是注重恆常的道理，正好能夠與爻辭相互證明，讓我們明白**「常與變」沒有不是道**。跛腳的能走路，也是變化卻有正常，從變化來講是跛腳，從正常來講是行走。所以占卜是吉祥，表示不會隨著變化而失常。

4. 因為兌澤能夠承接陽剛，震雷也能相順從，上下不違背，能相互承繼。就好像「物」雖然敗壞了，氣還是相續；腳雖然病殘了，精神還是沒有離開。因此講跛腳能行走，就是講行為能合同人道。

原本人道要從中爻來看，六三與九四，雖然失去正位卻合同人情，所以剛柔相互承繼，才能占卜到吉祥。初爻原來是「勿用」的時機，因為善承上卦，於是反過來達到奇蹟的效果，可見禮教的作用太大了。

禮教可以讓不整齊的整齊，不中正的中正，讓雜亂無序的回到整齊，讓錯綜紛雜的回到一致，去除老舊破敗，停止一切傷害。於是偏差的能夠完全，危險的能夠安全，生病的能夠痊癒，廢棄的能夠興起。天地尚且可以同步發揮功效，何況是天下的人事物呢？

5. 震卦從乾卦出來，足以代表乾卦的德性，而兌卦能承接，當然就可以使跛腳的能走路，使視力不好的能看得見，這樣的效果與天澤履卦，能承接乾卦的效用相接近。履卦得到天道的完整，歸妹的初爻二爻各得一半，這就是震卦與乾卦的不同。

坤卦是順承乾卦而能代替乾卦終成一切，兌卦是坤卦的一部分，而且樂意接近陽剛，所以有「相承」的作用，也就像坤卦。小象辭的「以恆」就是講得到坤卦的作用，而不失去貞德。能夠「相承」就不失去利益，利貞的德性是坤卦的根本，是人道的基礎，而首先表現在夫妻的道。**因此男女的交往必須純正，男女的結合必須長久。**歸妹的行為雖然不是純正而長久，可是人道不能不先有「純正長久」的義理，這就是小

象辭的隱微宗旨了。

九二 眇能視，利幽人之貞。

歸妹卦九二爻說：少了一隻眼睛還是能看見，如同跛腳的能行走，絲毫不虧欠人道。這是真理教育讓人戰勝形軀的缺陷，體認天性的完美。

深藏獨處的隱士、幽人，堅固抱守本來清靜具足的自性，不追求外物，也不被外物干擾。所以一切的利益，順著安貞的德性來到。

演繹 ▶

1.　九二是內卦中爻，本來是柔爻的正位而陽剛來立足。爻辭也像初九，分別得到履卦六三的爻辭，講**「眇能視」**。講到「眇而視」的意思，雖然不足以說眼睛很明亮，卻能彌補天生的缺陷，與「跛能履」的意思相同。

　　九二與六五內外能相應，剛柔互相交換就能變化常態。從二爻到四爻的互卦是離卦，離卦是眼睛。而下卦的兌卦是有缺口，九二是兌卦的中爻，本來是坎卦的內在正位，所以有「眇目」的現象，因為得到離卦的光明，所以有「能視」的現象。

　　這與火澤睽相接近，離在上兌在下就是睽卦，九二介於離卦的初爻與兌卦的中爻，結合成為睽卦的變象，就會有類似的現象。睽卦是講眼睛視力的異常，與正常的視力不同，就好像人驚視的時候眼睛不正，眇者的視力也是不正。

2.　因為處在離卦的偏位，就好像眼睛的眇，雖然能看卻不能正視，那麼這一種偏視的作用會與睽卦相同。睽卦講「睽孤，遇主於巷。見豕負塗，載鬼一車。匪寇婚媾。」雖然是睽卦的爻辭，歸妹卦也有相同的情境。

　　歸妹卦是變通而行權，冤家而成為配偶，起先懷疑是匪寇，然後成為婚姻的親家。起先是驚心注視，不久才想起來是舊識，本來是虛無現在變成實有，是離異而可以歸本還元。

　　這種分合的情境，來去的痕跡都很相同，也都是兌澤主持內卦而已。兌澤主內是柔道的尊貴，柔領導剛，是陰柔的道的重要，所以叫作「利幽人之貞」。

3. 履卦九二爻講「幽人貞吉」與這裡正好相同。幽就是不明不顯，深藏獨處的人叫幽人，好比是隱士、守貞的女子，和堅持節操的人。不失操守就不會向外追求，不需求外物，內心就沒有不足，所以能得到利益，因為有貞德。

貞德可以成就利益，幽暗可以成為光明，這就是君子的行事，有靜順的德性，能秉持坤卦的正位而得到安貞。安貞就是恆一不變而永久不移，只有坤卦才有。九二雖然是陽剛加在柔爻，地位還是坤卦的中正，還是不肯變化。

因為兌卦是少女，不違背坤母的道，也像初九的用恆心，能行出恆久的真情而守護常道，承順變化而遵行時機的恰好。雖然少一隻眼睛還是能看見，而幽人的貞德可以成就利益了。

象曰：利幽人之貞，未變常也。

歸妹卦九二爻小象辭說：隱士、貞女、有氣節的君子，生命的貞德可以成就利益，就是能守護恆一不變的常道常經，能恆久的行出利他無我的真情。

君子守得住自己的正位本位，立得穩本分本願，於是道德生命沒有終點與敗壞。在天道變化中失常的人不是君子，做不到天命常新！

演繹 ▶

1. 九二是內卦的正位，「內貞而外悔」，在內能守正是常道。現在陽剛立足在柔位，好像失去常經，卻還能保守貞德成就利益，這是講**幽人的行為沒有改變常道**。

履卦九二爻講的「幽人貞吉」與這裡的義理相同，都是根據兌澤的陰柔而上承離卦的文明。柔而用剛，不違背操守，就不會改變常道。

女子的德性以貞守為根本，歸妹是女子的終點，**正當窮變的時機，最容易失常**。卻因為兌卦少女的行持，在內卦的正位，雖然面臨變化而不失常，這是正位的可貴。

少了一隻眼睛還能看，也是人的常情，與跛腳不忘記走路，是同樣的意思。

2. 九二爻的「常」字與初九爻的「恆」字，都是指爻位的性情，講**不違**

背性情的中正，就不會失去所守的地位，就能發揮合同利貞的作用。因此全卦不講四德，而九二講「利幽人之貞」，可見爻的作用與全卦的作用有分別。爻主持時機而卦主持全部、整體。

歸妹的道原來沒有利貞可以感應。卻因為九二能承接坤卦的德性，有兌卦的志向，合同離卦的情志，不違背乾卦的天性。那麼在內是內卦的主導，在九二可以守著本位，這就是天地的常經，永遠不變的準則。所以大象辭講「永終知敝」，講明能守護恆常不變的道，於是終而不終，敝而不敝。只有君子能做到，只有幽人能得利。

3. **幽人就是潛藏隱居的君子**。不追求文明顯達，不追求名利，不追求本分以外的事，不違背中心，所以能成就利益。這就是誠於中，自然通達於外；守護本位，自然昭明德性。因此利益一定從貞德來，這就是「貞固足以幹事」。

坤卦的大用在安貞，人效法坤卦而以貞信為根本，以利益為作用，因此幽人的吉祥合同履卦，有所樹立，有所行動，有耳聰有目明有承擔職責，有坦蕩光明的操守。

於是人道可以補天道的窮困，性情可以通達大道的作用，所以爻辭一定要拿「幽人」來形容，這是講不是幽人到不了這個境界。為什麼？兌卦結合震卦，內在喜悅而外在震動的緣故。

處於內卦正位的人，如果忘記幽暗與光明的分辨，忽略了貞德與利益的時機，雖然得到地位乘著時機，也沒辦法發揮作用。所以大象辭的重心在「永終知敝」，而小象辭引申講「靠著恆心而不改變常道」，義理是一樣的。

六三 歸妹以須，反歸以娣。

歸妹卦六三爻說：在嫁娶當中才能成就人道，而姊姊陪嫁，同時迎娶對方親家的女兒作媳婦，都不是婚禮的中正。互相交換女兒，是習俗的權變，不是正常的婚姻。

演繹 ▶

1. **六三是兌卦的主爻，是人爻的開始**。以柔爻立足陽剛的位置，向上與上六相應，重柔而不協同，卻得到外卦九四的呼應，一陰一陽雖然失

位卻能合同。因此爻辭形容說「嫁娶有成就」，與初九爻大同小異。初九是剛爻是奇數，六三是柔爻是偶數，雖然全卦以歸妹為名稱，而婚姻的事情不限定在歸妹，所以**初九講「歸妹以娣」就是講不是婚姻的中正**，六三也是這樣。六三失去正位，所以歸妹必定「以其須」。

2. **須有三層義理：第一、「須」講的是女子的姊姊**，稱女子的姊姊為須也寫作嬃。這是講歸妹以姊姊陪嫁，或是以姊姊代替，或是姊妹同嫁，或是妹妹在先而姊姊在後，還是不離開「從嫁」的義理。這與初九爻的「歸妹以娣」相同，不過初九爻是妹妹，六三這裡是姊姊，長幼不同而已。

   六三是兌卦主爻，逼近長男的震卦，所以是姊姊而不是妹妹，因為接近震卦的長男，一定是比妹妹年長的女子，而且六三下方是九二，上方是九四，是離卦的中爻。離就是中女，那麼講到須，就是次於長女長兄的人，也就是兌卦少女的姊姊。

3. **第二、「須」也是婢女小妾的稱呼**，不限定在親姊妹。俗話稱呼婢女叫大姐或叫某姐，就是這個意思。因為富貴的人家疼愛自己的女兒，恐怕保母乳母不能配合女兒的性情，所以選擇貧賤人家的女子，比自己女兒年長的做婢女，希望得到保護保衛，而且可以使喚她做事，所以用姐來稱呼，表示是比較年長而已。不一定是專指婢女小妾，而約定俗成就這麼形容。於是把婢女小妾也叫作須。

4. **第三、須也就是有所需要。**等待別人的呼喚而回應主人的需要，就是須的意思。因為六三的嫁女兒應該有年長的隨從，或是要滿足她生活的需要，所以叫作「歸妹以須」。

   而六三是居內卦的中爻，是陰柔下降的地位，得到九四陽剛的協同，成就和諧圓滿的作用，於是嫁女兒的又有娶媳婦的希望，這就是爻辭「反歸」的意思。「反歸」就是講以姊姊或妹妹嫁人，而返回來迎接對方家的女兒作為媳婦，所以叫作「反歸以娣」，也講明對象是少女，還是根據兌卦的現象。

   六三接近震卦所以用「須」來形容，卦是兌卦而爻是柔爻，所以叫作「娣」，與初九爻相同，這是講隨同俗尚的婚姻而已。歸妹全卦都是拿「從權應變」為宗旨，像這樣互相交換女兒，也是權變的行為，不

是正常的婚姻，所以不講吉祥不吉祥。

象曰：歸妹以須，未當也。

歸妹卦六三爻小象辭說：去的時候嫁女兒，返回來的時候娶媳婦。嫁女與娶婦同時進行，這不是正常的婚禮習俗，不能把權變當作常經。聖人建立禮教，是要我們明白：天道有常經，人道有法度。

演繹 ▶

1. 六三爻位失中，剛柔失正，所以是「未當」，就是不恰當的意思。所以有婢女的陪嫁，有對方女兒的反歸，是讓我們明白，這樣的行事不是合同正常的法度。

   如果是既濟卦，九三與六四就是得當，所占卜的一定吉利，一切的行事一定合同正常。小象辭雖然沒講「反歸」，意思已經概括在「未當」兩個字。

   因為六三是兌卦的主爻，正應當以「女歸」的出嫁為根本，現在反而藉著嫁女的時機而娶媳婦，這是違背志向，把歸妹的作用逆反了。所以爻辭竟然說「反歸」而不講娶婦，就是讓我們明白，**全卦不可以有「娶女」的作用，於是小象辭不講「反歸」**。

2. 既然講「反」，就可以知道不是「順應正常」的行事，好比是「背反」的意思。送妹妹出嫁，現在以姊姊陪嫁，已經違背了正常的情形；更以對方的女兒來歸，難道不是更違反了正常的志向嗎？

   「反」這個字包含返回的意思。因為嫁女兒又返回來娶媳婦，而且是同時進行。去的時候送女兒，返回來的時候娶媳婦，去與返都是婚姻，只有六三有這樣的作用。

九四 歸妹愆期，遲歸有時。

歸妹卦九四爻說：女子失時而失位，延誤出嫁的日期。但是出嫁是女子的心願，歸期再怎麼延遲，終究會等到出嫁的時機。婚期延遲是時勢造成，在等待與調適裡，還是能完成權變的行事，完成歸妹的作用。

演繹 ▶

1. 九四是外卦的開始，是震卦的主爻，陽剛正在得到時機，陰柔失去勢力，與全卦陽剛俯從隨順柔道的志向不同，所以爻辭拿「歸妹愆期」

作比方，就是女子錯失了出嫁的日期。

全卦是以「女歸」為大用，現在出嫁而失去期限，就是不能嫁，也就不能發揮作用。陽剛是男子，而不肯順從女子的志向，雖然以九四六三可以結合，卻不是正位。地位與時機是一致的，失位就是失時，柔位而陽剛來立足，這是女子的失時，所以出嫁的日期會延誤。

人世間從來沒有男子出嫁的，雖然贅婿是男順從女，卻不是婚姻的正道，因此九四有「失時」的占卜。因為是陽剛而居處柔位，而且是主爻。就好像六三柔爻居處剛位，陽剛不能獨斷獨行個人的志向，雖然娶婦來歸，反而要把妹妹送出去，這也是時機地位造成的。

九四既然是女子歸向丈夫而延誤期限，這是阻止柔道外行的心願，柔爻被陽剛阻止，一定會有難行的憂慮。女子是一定要嫁人的，絕不會因為時機失誤，就忘記要出嫁的心願，只有等待時機來追求結合，所以歸期再怎麼延遲，終究會等到出嫁的時機。

2. 因為上有六五，柔爻得正位，雖然被九四阻擋，還是可以等到出嫁的時機。「遲」就是緩慢，就是晚一點，就是等待，與六三爻的「須」字相應。六三的「須」是講「男子」的等待，九四的「遲」是講「女子」的等待，這是兩爻互相失去時位的傷害。

而九四得到六五的中正，女方雖然延遲卻可以等待；六三有九二的中位，男方雖然委屈卻可以等待，終究可以完成歸妹的作用，這是全卦的通義。明白這兩爻的作用，就可以知道全卦的情志，就可以明白「反歸」也是人之常情，而婚期延誤原來是時勢造成。

六五在上卦，雖然期限延誤，終究有出嫁的時候；九二在內卦，那麼反歸也不會妨礙娶媳婦。一升一降結合成為進退的時機，有時延後，有時領先，互相達成結婚娶婦的志向。因此歸妹的命名，就從不恰當的交通協同，而完成權變的行事了。

象曰：愆期之志，有待而行也。

歸妹卦九四爻小象辭說：時位不當，局勢逼迫，延誤婚期。但是女子出嫁的志向不變，勢在必行，只有等待時機順暢再行動。

演繹 ▶

1. 九四爻是震卦的初爻，是陽剛得時，陰柔不能勉強他順從。根據全卦的作用，終究以歸妹為志向，雖然有一時的延誤，志向不改，只有等待時機來進行而已。「等待時機」是由於柔爻失勢，而「遲歸」一定是因為陽剛的後退謙讓。爻辭講「遲歸有時」，可見時機有快慢，而歸妹的志向不變。

   震卦原來是以順從兌卦的志向，作為全卦的作用，**而九四是主爻，得到自主的時機，不用委屈。**如同將在外，君命有所不受的意思。國君與父親是同一個位階，「不受命」陰柔就不能勉強陽剛。內有六三的陰柔，外有六五的中正，那麼陽剛雖然一時抗命，終究不能長久堅持志向，因此延期也不過是暫時停止行動而已。

2. 等到了六五爻，陰柔立足正位，能統領外在一切，那麼九四的陽剛不能抗命，還是必須順承兌柔的意思，完成歸妹的志向。歸妹這一卦時機與地位都不恰當，可是局勢逼迫而力量短缺，卻又不得不做。就像當年齊景公把女兒嫁給吳國的例子一樣，齊景公說：「既不能命令別人，又不想接受別人命令。」

   九二在內卦卻不能命令別人順從，九四居中爻卻不甘心接受別人命令，難道不是自絕生路嗎？「絕」這個字與「終」字相應，女子的終點就是女子的窮盡，「絕」原來是主人的窮絕。

   因為歸妹是陰柔，主持第五爻的正位，所以齊景公的話就是引用歸妹的義理，想要不嫁女兒是不可能的。因此小象辭特別揭出行字，說明勢在必行，只是因為九四爻的時機稍微阻擋了一下，不得不一緩再緩而已。

六五 帝乙歸妹，其君之袂，不如其娣之袂良。月幾望，吉。

歸妹卦六五爻說：皇帝嫁妹妹，缺少完備禮儀，豐厚的嫁妝，形成國君的所有不如妹妹的優良。這是上位人的缺欠不足，不合正道行事。到了望日十五月圓的時候，文德的光明會合同坤卦六五黃裳的吉祥。

演繹 ▶

1. 六五是外卦中爻，是全卦的正位，是陰柔立足在陽剛的地位，向下與九二相應，而陰陽互相交換，形成內外失正，因此六五雖然是主爻，

卻不是中正。不是中正的主爻，名實就不能一致，所以叫作「帝乙」。這是從十個干支來說，甲是剛，乙是柔，乙就是其次，就是第二，表示不是老大而已。但是文王作《易經》是根據商朝的《易經》，那個時機是商朝，所有商代的君王都是用甲乙來排次序，比如盤庚，武丁，受辛就是。這裡講「帝乙」不必指定是什麼人，凡是在老大後面就是乙，好比後代稱呼某甲某乙來代替姓名。

因為五是正位所以叫作「帝」，因為六是柔爻所以叫作「乙」，又因為是全卦的大用所以還是叫「歸妹」。

「帝乙歸妹」是講一國的主人來遣嫁妹妹，應當要遵從禮儀，準備豐富的嫁粧。可是爻辭反而講「其君之袂，不如其娣之袂良。」可見行事不合時機，禮儀的準備倉促，實在是不得已。

2. 講到**袂也包含有領袖的意思**，袂就是衣袖，衣服最重要的就是領子與袖子。現在震卦是長兄，兌卦是妹妹，是嫁妹妹而不是嫁女兒，所以不講領而講袂，就是因為兄妹手足有「連袂」的情誼。

    講**「其君之袂」不是限定在衣服**。凡是所穿的，或所準備的，或所持有的，都包含在裡頭。現在國君的所有竟然不如妹妹的優良，從這裡可以看見服飾的不良，行為的失常，總是離不開「權變」的作為，表示上位的人還是有缺欠不足。

    在一個卦爻當中好幾次拿「娣」來舉例，就可以看見歸妹的連屬相從，都是為了婚姻，而且是以少女為主的意思。五爻本來是震卦的一爻，是坤卦在外卦的中爻，陰柔可以統領陽剛，內可以率領外，因此爻辭講「袂與娣」也就好像講「帝乙」一樣，都是從排行次第來說，講明不合同中正的道。

3. **坤道是無成有終**。作為一定等待乾道，只有在正位，可以權宜主持一段時機，所以有「不足」的文辭。「不良」講的就是劣等，也就是次級，俗話講最優良的是上等，稍微不好的是次等。所以講「不如其良」與講帝乙的稱號相呼應。

    講到「月幾望」，月亮以十五最光明圓滿，幾望是講快到十五，就是十三十四日，光明還有虧欠，光亮還沒有完全圓滿，也就是望日的其次、不足、不及的意思。但是得到主位而正當時機的恰好，那麼雖然

不足還是可以占卜得到吉祥。

拿月亮作比方，是因為歸妹的時機，**古時候婚禮都是黃昏的時候，所以叫作昏。**黃昏一定要趁著月光的明亮，明亮一定是十五的月亮。而國君好比太陽，后妃好比月亮，女子的珍貴也好比月亮，月亮是太陰是柔道，在地位是兌卦。

象曰：帝乙歸妹，不如其娣之袂良也。其位在中，以貴行也。

歸妹卦六五爻小象辭說：皇帝的儀容不如妹妹良好，這是推重坤德柔順居中的文采。女子涵容文德，儀容華美，舉止有法度，語默有威儀。能守貞行中，成就女子最終的圓滿。

演繹▶

1.　爻辭的義理沒有離開以柔居中，合同「坤卦六五黃裳」的現象。在坤卦稱為裳，在這裡稱為袂，稍微有不同。因為歸妹的上卦是震卦，與坤卦不一樣，而六五得中位就與坤卦沒有不同了。

坤卦六五小象辭講「黃裳元吉，文在中也。」歸妹六五講「其位在中，以貴行也。」義理很相近，都是以中德為重。**坤卦以安貞作為德性，所以講「文在中」**；震卦以動起為作用，所以講「以貴行」。一靜一動，稍微不同而已。

「帝乙的袂」這是形容德性不完全，就不足以昭顯文采，所以說反而不如妹妹的衣袂良好。這是講震卦的陽剛，如果沒有得到正位，反而不如陰柔的美好。

2.　因此坤卦六三爻講「含章可貞」，這是女德的優美，是臣德的光輝，以順從人為優先，以效忠為根本。

如同「娣袂」借妹妹的衣袖，形容**含藏文德，儀態華美，儀容舉止有法度，威儀看得見。**因為以柔取勝的，不取陽剛；表現女子的美德，不用在男子身上。

因此帝乙的儀容不如妹妹良好，義理是一定的。卻因為地位正中，有尊貴的地位，就可以合同月亮圓明時候的歸期，而協同坤卦六五黃裳的元吉。歸妹原來是以女子出嫁為志向，凡是不違背這個志向，行事一定吉祥，最可貴的是在陽剛能順從陰柔。

上六 女承筐無實，士刲羊無血。無攸利。

歸妹卦上六爻說：歸妹的勢力與作為的力量已經窮盡，女子生育的機能已經斷絕，縱然得到配偶也沒辦法完成生育。只是拿著空竹筐而得不到果實，由女子的終點走到大終的極限了！

士人宰殺沒有血的死羊，也是違背志向而徒勞無功！陰陽不能協同，一切敗壞沒利益，終究是一事無成。士人與女子共同走向終窮，只能期盼時機的變化而已！

演繹 ▶

1. 上六是全卦的終點，正當窮變的地位，與各爻的作用不同。因為在上爻與六三相應，內外重疊柔爻而不得協調，因此爻辭講「無利」就是講「無成」。根本坤卦的德性，**不追求自己的成就，而代行天道，讓萬物有美好的結果。**

   現在上六處在終極的地位，成為空虛的現象，歸妹到了這裡已經不能實行志向，所以各爻都講歸妹，只有上六沒有。因為歸妹的行事，極限在六五，過了六五以上，一切都不相關，也就是沒有人可以出嫁。**陰柔的德性不再能代替乾卦生成的功德，幽靜的作為不再能達成實際收穫的成果。**因為在上爻陰太盛，得不到陽的和諧，與坤卦上六相似。

2. **坤卦上六講陰把自己當成是陽，而形成「龍戰於野」的現象。**歸妹卦是因為震動的勢力已經耗盡，作用的力量將要窮盡，於是陰陽得不到和諧，各自敗壞所作的事，因此終究是一事無成。

   爻辭講「女承筐無實」，因為沒有收穫成果，如同詩經講：「摽有梅。傾筐墍之。」只是拿空的竹筐而沒有收穫，所以雖然懷抱選擇良人的志向，卻沒有可以配偶的人。

   加上女子的年紀已經超過可以出嫁的時機，生育的機能已經斷絕，縱然得到配偶也將沒辦法完成生育。因此有「拿著竹筐而得不到果實」的現象。

   「承」是講高舉來等待物，「筐」是講可以裝東西而中間虛空的容器。到了最後身體勞動而沒有功勞，心情急切而沒有收穫，這是女子的終點，變成大終的極限了。

3. 再看讀書的士人，雖然不是處在沒有結果的時機，卻有損失的憂患，

就好像「刲羊無血」。這是看不見羊活著，看不見活羊而竟然宰殺死羊，難道不是違背志向，枉用心力嗎？

講到「無血」，血是形容成功的見證，無血就是無功，與坤卦上六爻講「其血玄黃」不同。坤卦代替乾卦而有終成，所以看得見血。

宰殺羊事情很容易，宰殺沒有血的死羊，情境很難堪。這是形容士人也是無所作為，將會與女子共同走向終窮，只能期望時機的變化而已。所以叫作「無攸利」，講士人與女子都一事無成，一切都是沒有利益。因為士人與女子不配偶，就得不到助力，不結合就不能完成生育，不生育就收不到結果，沒有完成作用就顯不出事功，所以叫作「窮盡」。這是柔的極點，也是剛的盡頭，得不到互相幫助的方法，自然沒有互相和諧的希望；得不到互相協助的力量，自然不能各自顯現利益。

4. 因為後天的生化，一定要陰陽的和諧然後才有事功。現在女子既然一事無成，士人也徒勞無功，又有什麼利益呢？爻辭只不過拿來作為比方，讓我們看見歸妹已經無家可歸，而大用也不再顯明。**女道的窮盡，拖累了男道的窮盡；一事無成的災難，波及到徒勞無功的傷害。**這是上六的爻辭恰好與象辭「無攸利」相應。

象辭是從權變來說，無利講的是時機。上六是從常與變來說，無利講的是地位。地位與時機是一致的，卻有後與先，上與下的分別。

從爻象來說，上六與六五兩陰相連，返回到初九就成為艮卦，山澤變成損卦，所以有損傷。於是竹筐沒有果實，羊沒有血，都是損傷的現象，而分別屬於士人與女子，還是根據震卦兌卦一男一女來說。

最初原來不相和諧，最終也就不能相得，這與前面各爻講歸妹嫁妹，講反歸娶婦正好相反。前面是得到配偶，現在是失去和諧，所以上六終究一無所獲，而竹筐也是空的。

象曰：上六無實，承虛筐也。

歸妹卦上六爻小象辭說：男婚女嫁的人道根本，走到陰陽分離，男女互相失落本位的終窮地步，哪來生育的果實？窮途末路的情境，一切同歸於盡，所有的行事都是徒勞！

演繹 ▶ 歸妹是以兌卦為主，所以小象辭只講「女子承筐無實」而不談「士

人刲羊無血」。但是女子拿著空的竹筐，也就可以想見士人也必是一無所獲。因為士人與女子如果互相配偶，就可以都有成就；如果互相失去和諧，就都沒有利益。

生育是人生首要，是人生最重大的事，所以「**男婚女嫁」是人道的根本**。現在歸妹固然違背婚嫁的正道，而上六更是違背婚嫁的情境。那麼陰陽兩方分離，男女互相失落，更哪來的生育呢？

所以走到終點，走到窮途末路，推展到一切，**沒有不是同歸終極又窮盡**。所以爻辭拿「無攸利」來概括，就是講所有的行事都不適當罷了。

推演

宗主孚佑帝君說：

1. 歸妹與漸卦是往來卦，就是顛倒一卦成為兩個卦。漸卦是上巽而下艮結合而成，歸妹是上震下兌，因為震與艮，巽與兌，都是顛倒的現象。從陽爻在上來說，就是艮；陽爻在下來說，就是震。從陰爻在上來說，就是兌；陰爻在下來說，就是巽。

   艮與震是一陽兩陰，以陽為主；巽與兌是一陰兩陽，以陰為主。因此是互成對反的卦。在先天八卦，艮與兌，震與巽是對反。

   在後天八卦，兌與震相對，而巽與艮成為夾著震卦而分別占據一角，因為在後天乾坤居處邊角的位，而**震兌與離坎成為四正的位**。艮起於東北方，巽到了東南方，而震居處正東方，左右夾輔，這是後天的方位與先天有不同。

2. **《周易》以後天為主**，所以在先天是對反的卦，在後天或是相比肩或是相連接，要看爻位的剛柔作標準。巽是兩陽在上，與兌是兩陽在下，成為顛倒的象，不是對反。兌卦是兩陽一陰與震卦的兩陰一陽，是上下相對，也是後天對位的根本。

   兌卦既然與震卦相對，那麼艮卦就不能在對位而居處。所以艮卦在震卦的右邊，而與坤卦相對，完成「二八易位」的作用。

   因此漸卦與歸妹卦，不是以巽結合兌，震結合艮，恰好交換地位。震

與兌相合歸妹才完成，巽與艮結合漸進才看得見。從艮與震變化以後，艮來主導巽，震來順從兌。因此**漸卦以艮止為重**，而巽卦來順從；**歸妹以兌卦的悅樂為主**，而震卦來隨從。

3. 所以漸卦是前進，講順止的道理，也可以前進；**歸妹是歸宿**，講悅澤的德性，有所歸屬。歸卻講妹，足以看見是兌卦得到歸宿，就是少女得到出嫁的對象。震在外卦，好比**長兄遣送弱妹，所以叫作「歸妹」**。因為與漸卦往來，漸卦是「女歸吉」，歸妹也從漸卦而來，回歸丈夫的家，這是由女子變為婦人，由長兄遣嫁幼妹，因此兌卦是重心，而完成柔道的終點。

   《易經·繫辭傳》說：「乾道成男，坤道成女。」不只是講開始生育，實在是通達「終成」的時機。所以八宮卦的大終在雷澤歸妹，因為女子的道已經終結，就像艮卦是男子的道到了盡頭。可是《周易》取交合的作用，所以不拿歸妹作終點，而終點在未濟卦。

4. 未濟是火在水的上方，陰陽分離，**是男子的窮盡，也是生化的盡頭**。後天的人道是坎離來主導，與先天「用艮立人道」有分別。因此《周易》的終點在未濟，與八宮卦的終點在歸妹。由於卦序的不同，讓我們看見**先後天「大道變異不同」**的所在。

   歸妹是震上而兌下，與澤雷隨卦是同體卦。震兩陽在上，兌兩陽在下，陰陽相匹配而剛柔平均，性情相得而志意合同，所以**隨卦是相隨**，因為震在內卦。而歸妹是兌在內卦，陽反而隨從陰，男來順從女，女人主事。剛在外卦而柔在內卦，**乾來成就坤的志向**。

   女子出嫁成為婦人，以男人的家為家，開始不能自主，終究一定要隨從人。因此歸妹是柔勝陽，卻不能發揮大用。中間互卦是既濟，水在火上，應當得到協和，而男子可以完成女子的志向。

5. 卻因為內外失去正位，陽主內而陰主外，大體像泰卦，而行事卻反而是否卦的阻隔，因為六三與九四如同**未濟卦，也就是《周易》講的男道的窮盡，也是乾道的終點**。所以剛柔雖然平均，卻不能誠信交通，就像否卦一樣。

   人道重生育，女子是生育的母親，也是天地的大準則。所以歸妹是人道的終始，與艮卦相同，艮卦主持先天的終始。歸妹以兌卦為主，所

以也主導人道的終始。震動於外，兌卦和悅在內，水澤往下流，樹木往上升，這是行走的道路方向相反。

陽剛的志向向上，陰柔的志向向下，這是升降的路不同，因此不利於行動，就像未濟卦。漸卦雖然中間的互卦是未濟，而中爻合同既濟，內外正位能合同乾坤，所以適合前進，卻因為艮卦主持下卦，前進一定是漸進。

6. 歸妹正好相反，震來順從兌，是有所歸宿而不適合行動，所以叫歸妹，指出義理的重心在「反歸」。

   歸與出相對，漸卦的漸進是向外，歸妹是向內，這是不同的地方。隨卦是陽在下卦，所以得到「隨和」的情志；歸妹是震在上卦，只是看見想要行動卻動不了而已。因此象辭講「征凶，無攸利。」這是時機與地位的不恰當。

   每個人都有家庭，一定要根據內外正位，這是家人卦的根本宗旨。歸妹內外卦都失去正位，違背齊家的道理。因為女不能在男的前面，**婦人不能主導丈夫，這是天地的經義**。

   而最初是男在女的下方，重視家族宗廟的繼承，血脈的相傳，能夠光大子孫後代，所以咸卦是艮在兌下，是男女交感和悅的現象。

7. 現在歸妹的兌卦反而在下位，而外卦是長男的震，當然是不能處在下位了。震是長子，代替父親出嫁小妹，能合同卦用，所以內外的關係是兄妹而不是夫婦。陰柔不能順承陽剛，陽剛卻有順從並完成陰柔的志向，讓我們明白**天地重視的是生育**，這也是女子得到了家的歸宿。**嫁妹的禮儀不是婚禮的正道，父母的命令才是正道**。歸妹是「權宜」的行為，一定是面臨「變動」的時候，於是失去正位而違背中和，這是「征凶」沒有利益的由來。

   八宮卦序的大終，是漸卦接著是歸妹卦，是行為的終始。從女子來說是歸向丈夫，從人來說是歸回到家，從回歸來講相同，回到家的目的不同。女子的回歸是回到夫家的住所，人的回歸會遭遇凶禍，因為不利於行動。

8. 雖然想要不歸家也不可能，所以**歸妹是坤道的窮盡**。坤道講厚載而安貞，窮盡將要如何作為呢？因此窮盡就變化，時機到了歸妹能夠不變

化嗎？

所以歸妹是男子嫁女子，從女子來說是得到夫家的住所，從男子來說是失利，何況主持婚事的人，不是乾卦的父親而是震卦的長兄。這是「權變」的做法，來回應時機與情勢，是歸妹的作用所重視。如果執著「經常」而失去時機，那麼違背道也就更多了。

漸進已經是不適合急行，歸妹尤其不利於前往，兩者都是根本女子的行為，不是光大的正道，所以有這樣的占卜。而歸妹又與漸進的義理不同，因此漸卦是吉祥，歸妹是凶禍；漸卦合同利貞，歸妹是無所利。兩卦互相參考自然知道不同的所在。

結語　永終知敝，終而不終。不新常新，無為常成。

宗主孚佑帝君說：

1. 講義到了歸妹，正好合同暑熱的時機，這是陰的不足，陰的終窮，也是物的敗壞。所以大象辭講「君子以永終知敝」。這一層義理正如《老子》第十五章所說：「夫維不盈，是以能敝，不新成。」這是講知敝就能守舊，守舊就能保有恆久的天真。因此不求新而常新，不刻意求成而永成常成，都是體行坤卦的德用。

   歸妹是坤道的終點，就是坤德的完成，坤卦文言講「坤無成而代有終」。無成就是不求自成，就是不追求自己的完成。「代終」是不求自終，也就是不受其終。**這是終而復始，敝而常新的奧祕**，但是一定要從「虛靜」才能達到。虛就不滿盈，靜就不急躁，**大道的妙竅在虛靜，就是老子道德經的宗旨精神。**

2. 坤卦六爻都是虛，大用在靜。兌卦也是行順坤卦的教育，兌卦的上爻是虛，陰從上爻開始。**虛空上爻就是虛靈本根**，所以兌是缺口，也就是虛欠而不滿盈的意思。好像物不使它滿出，一定要有缺口，一定要有虛欠。

   兌卦根本柔靜的行為，抱守少女的節操，因此以靜為先，而主持內卦，來約束外卦的震。**震是躁動的卦**，兌卦能主持全體的功用，那麼躁動的也就順從而定靜了。

因此「道功」一定要以歸妹為準則，義理在《救世新教》的經典裡看得見。總結大綱來說，只是「致虛靜守一」，也就是永終知敝的道。

3. 永終就不變，知敝就不二，這就是守一。**道守一而有餘，人順眾而不足**。為什麼？就是持本與逐末的不同罷了。根本只有一而枝末萬端，如果逐末而回不來，要如何「反本復始」呢？所以成道的人只是反本復始，本始不失而永在道中。

而且一定要靠陰的行事與柔順的德性，才能回返，才能回復，這就是「致虛靜守一」的要訣。《易經》只有兌卦有這個能力，而歸妹卦就是講震能順從兌，**剛能順從柔，所以叫作歸妹，也就是能反能復、返回根本的意思**。

妹是人生的開始。人生一定有母親，母親一定從少女來，因此少女美好的姿態，就是人類元氣造化的本始。如果沒有少女，哪來的大母，又哪來的人類？

4. 只有少女才善於生育，如果是中女已經嫌不足，到了長女，生育的機能已經窮盡，雖然能代理母親，**做的是母教與家事，不是能生育子女的天時了**。

所以「妹」這個字，有很深的意涵存在，而歸妹卦取用兌卦，妙用就在生生不息。如果已經是夫婦，主持家政，期望恆久，要光明家道，就有恆卦存在。恆卦是震與巽結合，可以**看見長女代理母親的職務，完成家道的效驗**。

如果推溯生命的本始，人類的開始一定從兌卦來看。**兌卦是少女主持生育的事，一定從出嫁開始**。所以**歸妹是女子的終點，卻是人類生命的開始**。這裡蘊藏奧祕，就是「虛靜到極點，含藏守一的道。」**女子從一而終，就是守一，也就是開始**。終點與始點沒有不一樣，這才真的是能守一，這是從人生來說。

5. 歸妹是講人道，講一。推廣到天地萬物萬事，能生成的都不能離開這個一。陰是陽的母親，雌性主持雄性的出生。也就是沒有大地，那麼天道的功能看不見；沒有雌性的母親，那麼雄性的力量不能發揮作用。凡是有生命有結合，也就是一切的事業，沒有不是靠定陰柔作為本始，用在人的身上尤其明顯。

心與腎是性命的主人，都是少陰。而心一定要依靠腎，陽一定要根據陰，氣一定從血生出來，元神一定靠元精來成就。這一切都是柔道來主導，都是女子在前面。

所以身體的命門，一定在少陰的腎，不屬於太陰與厥陰。因為少陰是生生的根本，是性命的源頭。仔細思考這一層道理，自然知道歸妹對應修道的要領，關係太重大了。

雷火豐卦

卦旨

1.　〈序卦傳〉說：「得其所歸者必大，故受之以豐。豐者，大也。」歸
　　妹全卦的志向在回歸，雖然上爻空虛而歸心不改變。有回歸一定有集
　　結，有集結一定有夥伴，夥伴集合到一定時機，人數一定眾多，所以
　　接續歸妹的是豐卦。豐是廣大是富有是眾多，就像大有與同人的現象。
　　豐卦的義理是「廣大」，《易經》講到大都是指「陽爻得時得勢叫作
　　大」。所以「臨卦是大」是最明顯的例子。豐卦所以豐盛，是君王得
　　到上天的恩典而賞賜給人民，是藉著時機的亨通把豐盛物資分享人民。
　　物資豐盛會多憂慮。**豐盛的社會有八種憂慮：**一、財物豐盛的會憂慮
　　聚散。二、食物豐盛的會憂慮耗費。三、厚藏很多的會憂慮小偷強盜。
　　四、懷藏珍寶的會憂慮別人掠奪。
　　把豐盛的道理推展到人事的地位。五、地位高的就憂慮危險。六、事
　　業大的就憂慮敗壞。
　　再推廣到事物上面。七、太順利的就會憂慮背反。八、經常不變的會
　　憂慮變動。
2.　所以凡是有豐盛的都有憂慮。為什麼講「勿憂」？因為得到君王的假
　　借而來。**得到君王的地位就是得到天命，得到天命就是得到時機。**時
　　機是上天的寶貝，是君王的珍珠，更是一切功業最重要的條件。
　　太陽是中天最光明，人是中行最正大，因此豐卦講的「勿憂」是根本
　　中道。豐卦拿「日正當中」來比方，太陽的光雖然到極點，卻很容易
　　偏西，光明雖然盛大卻很容易消失。因此**君子最忌諱的是滿盈。**
　　豐卦的大用實在是秉持坤地的道，萬物都不會違背地道，豐盛豐足就
　　可以知道。〈繫辭傳〉說：「日新之謂盛德，富有之謂大業，盛德大

業至矣哉。」豐卦的廣大更合同這一層義理。

豐卦的大用原來在遠大，如果只是用心在細小眼前的事，就違背了豐卦的義理。豐卦的根本志向，就是要達到盛大的功業。豐卦的志向遠大，所以容易有貪心妄想的災害。

3. 宗主孚佑帝君說：卦名叫作豐，講財物太多而使用不當，人太強而行為超過中道，雖然獨自很豐足又如何能免除過錯呢？這是爻辭責備一個人未能做到「朝乾夕惕」。

進取的根本在固守，雄飛的心要先伏藏；勢力要充足必須要先固守基礎，事業要推廣擴大一定先培厚根本。

用光明代替暗昧，就可以達到富強，所以豐卦是廣大豐厚。豐厚的展現，一是勢力豐盛，二是功用富厚。與火雷噬嗑是同體卦。

噬嗑是得到食物，有合作的力量；豐卦的作用是夥伴很多，有成就事功的資源。

離明在內卦就容易受到障蔽，震動在外卦就很難持續功業。所以豐卦是乘著時機而亨通，不像同人與大有卦，是長久又遠大的豐足。

白話經文

【象辭義理】

豐：亨。王假之，勿憂。宜日中。

豐卦象辭說：物資滿盈亨通的豐卦，是禮儀完備豐盛的天人嘉會。君王假借上帝的天命，利用上帝的恩典，把充沛的物資賞賜萬民，把正大光明的禮儀顯現給萬民。

廣大豐厚的生活物資，與人文禮樂精神，都根本天地人物的中道來運轉，沒有太過與不及，沒有匱乏與浪費的憂慮。上下共同承擔天命天時，人人不失本位本分，天地人物的光輝，就像太陽日正當中的顯耀。禮樂大道，光明正大的流行。

【解釋象辭】

象曰：豐，大也。明以動，故豐。王假之，尚大也。勿憂，宜日中，

宜照天下也。日中則昃,月盈則食,天地盈虛,與時消息,而況於人乎?況於鬼神乎?

豐卦解釋彖辭說:人道中爻的陽氣盛大,生活的豐足看得見。內在有太陽光明溫熱的長育,外在有雷雨震動的潤澤,所以生成化育廣大恢弘。

君王有大願力,把上帝的恩典福祿,假借給人民。假借光明運行的天道,利用豐富大有的天時,讓全民都得到光明的依靠而沒有匱乏憂慮。日正當中的太陽光照天下!

但是日正當中的天時不長久,很快就太陽西沉了。如同十五圓明的月亮,很快就會月蝕。這是天道地道有滿盈有虧虛,有生息有消滅,是不可改變的氣數。何況是人事,哪裡有永遠的豐足?何況是鬼神,哪裡有長久的靈明?

我們要明白盈虛消息的天道與人事,明白無常變化的因果法則。天地人鬼神,都要隨和時勢來轉移。

【大象辭義理】

象曰:雷電皆至,豐。君子以折獄致刑。

豐卦大象辭說:天地當中最極致靈明的感應有二種:一要從無形的鬼神來驗收。二要從雷電同時顯現來見證。上天顯現威嚴在雷電,人間展現威嚴在公正的刑罰。

聖人治世,效法豐卦,拿折獄致刑來昭顯天威。一方面審理爭訟,一方面刑罰罪人,使人民知道畏懼而不犯法。執行政治賞罰並行的功能,達到養民、富民、安民的國治天下平。

【爻辭義理】

初九 遇其配主,雖旬無咎。往有尚。

豐卦初九爻說:陽剛的初九向上,遇合坤卦正位的六二,得到名實相符的主人。要聽命六二的命令派遣,互相協和尊重。

但是六二不是六五得時得位的君王,加上初爻的道心還幼弱,堅持力不久,只能保持十天沒有過錯,保護期限過了會有災禍。

因為初九不穩定,再怎麼追求高尚,最終還是有過錯!如果能謹慎敬

畏，而不貪求躁進，可以免除災禍！

象曰：雖旬無咎，過旬災也。

豐卦初九爻小象辭說：雖然遇到容易匹配的主人，但是六二不是六五得時有位的君王，還不是真正的主人。保護期限只是十天，過了十天會有過錯災禍。

六二 豐其蔀，日中見斗，往得疑疾。有孚發若，吉。

豐卦六二爻說：豐卦的文明大用昭顯在六二爻，像太陽的光明全面的照臨人民，五穀豐收，連貧窮的人都能得到圓滿的照顧，就像取得茅草般容易。

可是，當太陽昏暗就看見星斗。當人心陰暗，就見利忘義，藉著量斗謀利，做出不光明的行為！這是由於心中疑懼，對天道神鬼沒誠信，才生出疑慮與疾病。

如果能得中用中，志向廣大恢弘，一切的疑慮疾病都可以消除，得到吉祥！

象曰：有孚發若，信以發志也。

豐卦六二爻小象辭說：豐卦是以下卦離日主導全體，六二得中，能發揮坤德順承而代終的大志向。雖然偶有陰暗障蔽，只是暫時，雷雨後太陽又出來了。對天道鬼神的誠信，馬上回復清明，哪有什麼疑慮疾病？

九三 豐其沛，日中見沬。折其右肱，無咎。

豐卦九三爻說：陽爻立定在中爻，陽氣日正當中，陽光與雨水充沛，萬物也隨著豐盛。如同人民的生成養育，也是仰望上位者的恩澤普潤充沛。

但是九三太剛太盛，容易貪心妄想，失中失明而折斷右手。這是守不住朝乾夕惕的教訓，剛愎自用又偏激逞能的禍害。是自作自受，沒有什麼可以追究的！

象曰：豐其沛，不可大事也。折其右肱，終不可用也。

豐卦九三爻小象辭說：九三的豐足，只是一般人瑣碎的功勞，平庸的作用，與國家大事「祭祀與軍事」無關。主事者妄動妄行，折斷右手還是小事，再不悔改過錯，就要喪失生命了！

失去天德的明亮，而想圖謀大功業；天道有障蔽，而想發揮大作用。這樣的災禍，哪能形容呢？

九四 豐其蔀，日中見斗。遇其夷主，吉。

豐卦九四爻說：豐富的只是茅草，再多也不能發揮大用。在大白天看見星斗，白天變成晚上，全天下共同昏暗。這樣的災害還是可以避免，因為只是一時或眼前。

如果能堅持遠大理想，堅持前行，還是能遇合平等相待的夷主，同心翻轉氣數，還是可以得到吉祥。

象曰：豐其蔀，位不當也。日中見斗，幽不明也。遇其夷主，吉行也。

豐卦九四爻小象辭說：豐富只停留在茅草，豐富的收穫只是細小的茅草，不能推廣其他好材料的大用。這是地位的不恰當，德性的作用太細小了，所以沒有功勞。

太陽失去光明，萬物遭災，如同瞎眼看不見，想要行動也不可能。大白天竟然是幽暗昏昧，違背天道太遙遠了。如果能自我謹慎，順從震動來行事，也會有遇合的吉祥。

九四是震卦主人，果敢行動，可以離開九三的災禍。向前行進，可以遇合六五的主人，有遇合就有吉祥。

六五 來章，有慶譽。吉。

豐卦六五爻說：六五以坤德行出乾健，能自反而向下，有坤卦安貞的德，厚載的力，順承的道，從王的功，廣生的心，代終的願。又有乾卦的自強健動，大生的道，大明的德。

上位的人恩威並至，仁義同施，如同星月反射太陽的明亮。給人間帶來豐厚富足的文明，得到普天同慶的美譽，生成化育的吉祥就可以知道了！

象曰：六五之吉，有慶也。

豐卦六五爻小象辭說：六五是柔爻，全卦的正位，柔道勝出。能自我回復本來，能向下接近臣民，給得出禮樂道德仁義的光明。因此有物化、文化、道化的豐厚美好，得到全天下的歡慶與美譽。

上六 豐其屋，蔀其家。窺其戶，闃其無人。三歲不覿，凶。

豐卦上六爻說：豐卦到了上六爻，數盡道窮，作用已經窮盡，五穀欠收，吉祥變凶禍！雖然有豐富的茅草，蓋了很多房子，不但不能安居自在，反而要逃亡在外。

氣數進入亂離流亡的時局，門戶任由別人窺探，屋子變空屋，有家的人已逃亡。凶禍三年，父子不相見，兄弟妻女離散，骨肉不能相聚，村莊裡家家戶戶荒涼！

豐卦的終點，變成不堪忍受，萬般淒涼的悲苦！愈追求安居樂業，反而愈促成奔走流亡。這是誰的錯？追求豐足的人，能預先明白氣數嗎？

象曰：豐其屋，天際翔也。窺其戶，闃其無人，自藏也。

豐卦上六爻小象辭說：人居處在天地間，住在上天覆蓋的天屋裡面。當氣數窮盡，高飛變成下降，豐收變成欠收。萬物不能長育，人不能生存，有家不能安居，有屋子不能休息。只能連手奔走逃亡，再也不能前進而有作為。

進入全面黑暗的時局，如何表明身分呢？只能自我躲藏。豐卦最終還是有憂慮，日正當中不是久長！面對豐卦的豐盛廣大，如何繼接長保，而不掉入大過的因果定數呢？

結語

1. 〈雜卦傳〉說：「豐，多故也。」「**多故**」的故有兩層義理：故交與故事。
    「故」的第一層義理指「**故交舊友**」。相識很久的朋友，性情相投和，行為做事有默契，容易相處。與旅卦的上下不和相反，所以〈雜卦傳〉說：「旅，寡親。」親是親戚朋友少，恰好與豐卦對應。
    旅是得不到親朋的結合而寡親，豐卦是能相投合而多故交舊友，這是兩卦的最大分別。**庇佑來自上天，行動作為在人。**很多的故交朋友相互幫助，平生相識而真誠相交，一點都沒有生疏的感覺。
    故的第二層義理是故事。凡是過往的事情叫作故事，也叫作舊事，不是新遭遇的事情就叫作故事，這是概括一切的事物來說。朋友多、助力就多，認識多、利益就多，「**助力多與益處多**」，都是成功的基礎，**是立業的根本。**

豐卦完全得到而且具足，所以叫作「豐」，就是很廣大很旺盛很富有。〈繫辭傳〉說：「日新之謂盛德，富有之謂大業，盛德大業至矣哉。」豐卦的廣大更合同這一層義理。

2. **朋友多與親人少，都是人事的因，所造成的果。**沒有其他因素，一個是敬畏心的發動，一個是太過驕奢，前後的行為相反，於是形成冰炭的不相容。成功與失敗就像影像與回音這麼快速，豐卦雖然廣大盛強，也難免有這樣的缺失弊病。

   因為**不自大才能成就廣大，已經廣大卻傷害廣大。**這是天道的盈虛與人事的消長，是理數的自然，只有**君子不會隨著「氣數」轉移。**所以興盛敗亡，是自己感召，隆盛衰敗有一定的時機。豐卦是因為得到時機而豐盛，失去時機而貧窮，是時機造成罷了。

   離明在內卦就容易受到障蔽，震動在外卦就很難持續功業，所以豐卦是乘著時機而亨通，不像同人與大有卦，是長久又遠大的豐足。

   豐這個字，就像年歲的豐收而且大有。**大有是天作主，豐卦的責任在人，**這是天人的分別。所以大有卦可以長久而豐卦很難常久，因為局勢很容易變化，而陽剛輕視陰柔，自己不順從陰柔而已。

   如果明白這個宗旨，豈不是可以長久豐盛？奈何那一些處在豐卦的人不自知罷了。

3. 宗主孚佑帝君說：興盛的一定會衰敗，強大的終究變弱小，所以豐卦後面是旅卦。〈雜卦傳〉說：「豐，多故也。旅，寡親也。」今本的《易經》誤寫作「親寡，旅也。」**多故是講不忘故交舊友，寡親是講失去親近的人。**多故交舊友，助力就多，所以成就廣大；寡親就缺少助力，所以格局小。

   孟子講：「得道者多助，失道者寡助。」多助到達極致圓滿，全天下都順從；寡助到達最後，眾叛親離。這正是豐卦與旅卦兩卦的分別。

   把這個道理推廣到人事，豐卦就像周文王，三分天下有其二；旅卦就像商紂王，三個有仁德的人，箕子比干微子都離開了，所以叫作獨夫。關鍵在能夠結合與不能結合而已。

   能夠結合就像火雷合德，不能結合就像山火背明。所以豐卦講故交朋友多，也可以理解成為「事情多成功多」，事功的成就一定要得到大

多數人的力量。

4. 「寡親」也可以講很難親近，因為時機與地位或是性情孤僻，不容許別人親近。寄居在外地的叫作旅客，這是講沒有親人，沒有可以親近的人。

旅卦與豐卦，就好像孤單一人與眾人，好像私與公，情志既然不同，行動也就不一樣。**豐卦是大有可為，旅卦是不可前進，所以豐卦是亨**通而志向在外，旅卦是小亨，而吉祥在守貞。一個守成一個行動，一個前進一個後退，自然互相成為因果。

豐卦是講物資的豐盈，與大有卦稍有不同。**大有是講「已經擁有」的****現象**，講每個人都很富有。**豐卦是講「豐盛」的現象**，講物資很豐盈，但是物資的豐盈不一定每個人都富有，因為很難平均而一致。

講到「平均而沒有貧窮」，只有大有卦靠火天相結合才能平均，不平均就會有爭端。因此豐卦是以雷火相配合，卻有猜忌的情懷，所以豐卦相近於噬嗑卦。

5. 人急切追求食物就是噬嗑，既然追求急切，可見原來是空乏而不是飽滿充足，因此這是人民貧窮的現象。物資豐盛是上天給與的而人不能平均分配，所以多爭訟而興起監獄，就好像訟卦一樣。

大小蓄也是講物資蓄積的義理，好像有錢人多方累積財物，但也不必人人都這麼做。既然不能達到平均，物資就有聚有散，多的人自然會多，少的人自然是少，能夠蓄積的人就是富人。富人只是一部分，貧窮的是其他多數，就不得不產生妒嫉。

泰卦講的是太平，物資不必積蓄而人也沒有貧窮，所以叫作「不富以**其鄰」**。講鄰居都不富有，我何必獨自富有？**而不富並不是貧窮，只****是不必在物資上富有而已。**

既然不獨富在一個家庭，就表示分配在大眾。所以整個社會沒有太富有的，也沒有貧窮的，這是**平均的極致，是公平的極致。因為地天交****泰而陰陽平均，天人互相連接而止定在太和，這是人道的極致而能合****同天道。**小蓄卦還到不了這個境界。

上九
六五
九四
九三
六二
初六

56 火山旅卦

卦旨

1. 旅卦與豐卦是往來卦。〈序卦傳〉說：「豐，大也。窮大者必失其居，故受之以旅。」可見旅卦是從豐卦變來。豐卦的窮盡就失去居所，從前是富翁，現在變成貧民；從前物資很豐盛，現在變成寒苦。既失去安居的地方，又變成流浪的人，所以接續豐卦的是旅卦。

   豐卦的數盡道窮，五穀欠收，吉祥變凶禍！不但不能安居自在，反而要逃亡在外。氣數進入亂離流亡的時局，愈追求安居樂業，反而愈促成奔走流亡。**追求豐足的人，能預先明白氣數嗎？**

   豐卦後面是旅卦，就是逃遁在外，逃亡到他方，變成旅居的客人，成為住茅草屋的貧民戶。這就是「亂離」的時機，可以看見「流亡」的景象。

   所以豐卦接著是旅卦，表示還沒有解除「大過」的傷害，而志向已經很小，行動也已經很艱難，不再像豐卦最初的氣象了。

2. 〈雜卦傳〉說：「豐，多故也。旅寡親也。」豐卦是財富很多，朋友親戚很多，勢力很雄厚。旅卦是流離失所，親朋遠離，形單影隻。孤獨而沒有依靠維繫，只有漂泊的憂慮，逃亡的恐懼。

   旅卦與賁卦是同體卦。「賁卦」是陰柔來文飾陽剛，能夠互相幫助，因此**賁卦是「文明」的現象，而旅卦有「焚如」的災禍**，這是得失的不同。

   賁卦講「明庶政，無敢折獄。」賁卦是止定在文明，每個人都善於禮文修飾，所以不會觸犯法律。旅卦講「明慎用刑，而不留獄。」旅卦可以守得住正位，能夠自我貞固而不會犯罪，也不用刑罰監獄。

   旅卦君子有四德：一、君子以人道順天道。二、以行動回應天時。三、

以義理來決定行事。四、以大道來成就德性。

3. 所以旅卦就與豐卦不同，**豐卦重視刑罰監獄，這是要謀求公平；旅卦講「明慎用刑，而不留獄。」這是講要謹慎行事**。豐卦志向在外，所以對外物顯明「平等施與」的心；旅卦志向在內，所以對自己要先有「清明謹慎」的警惕。

旅卦是旅行的客人，沒有守著故土的心志，沒有貪得的行為，於是**到處為家，沒有任何維繫與依戀**。因此離卦在外卦，有自知之明；而艮卦止於內，能做到知止。

艮山崇高而離火加在上方，一方面有明照的功效，一方面有焚燒燎原的災害。所以旅卦不可以大用。講小亨不是大亨，就不能通達一切；講「貞吉」不是貞利，就只有守貞才能恰好。

「賁卦與旅卦」都是細小的現象，不足以講大用。學習《易經》的人應當先知道。

白話經文

【彖辭義理】

旅：小亨。旅，貞吉。

旅卦彖辭說：旅卦內在依止艮山，外在有離卦的光明，光明而知道止定，就有亨通的德性。卻因為山與火的作用互相違背，行動與靜止的理則不同，所以只有小亨，不能大用。

旅卦的大用只適合居無定所的旅行。雖然旅居無定所，也不能失去操守，更要守住本分。安分守己，固持本有，才能成就貞德，靠著貞德才能得到吉祥！不貞哪有吉祥？

言忠信，行篤敬，客居他鄉也能安定，旅居他鄉也沒傷害！孔子說：假我數年以學易，可以無大過，就是根據旅卦的道。孔子周遊列國（卜到賁卦，傳道立教，弘揚禮樂人文，勤勞奔走。）不敢自求安寧，這是旅卦的天命。

【解釋彖辭】

象曰：旅，小亨。柔得中乎外，而順乎剛。止而麗乎明，是以小亨。
　　旅貞吉也。旅之時義大矣哉！

　　旅卦解釋彖辭說：六二柔爻得內卦中位，六五柔爻得外卦中位，陰柔順從陽剛。可是三四的剛爻與上九的剛爻，不會俯身來交通柔爻，失去交泰與既濟的功用，所以只能小亨，不能大亨。

　　艮卦善知止在內卦，而附麗離卦的光明。外卦不能高明而柔克，上位者不能謙卑而自牧，所以旅卦只能小亨，不能大用。旅人能順從天時，照應變化，能固守本分操守，就能靠貞德而感召吉祥。

　　旅卦對接豐卦時機的轉移，氣數的窮盡，一個人會客居他鄉，也是時代的遭逢，這是旅卦隨時的偉大義理。豐旅是因果循環，占卜到旅卦的人，不要只想追求豐盛，自然會合同小亨、貞吉了！

【大象辭義理】

象曰：山上有火，旅。君子以明慎用刑，而不留獄。

　　旅卦大象辭說：山上的火，暫明而不久，暫留而不大。旅卦的作用只到細小淺近處。君子有四德：以人順天，以行應時，以義制事，以道成德。所以對自己先有清明謹慎的警惕。

　　在刑罰犯人，囚禁罪人上面，清明謹慎！不把人留在監獄，監牢可以清靜。清明來決斷爭訟，謹慎來求得公平。因此，人民都得到實情，事情都立刻決斷。這是君子善於體察小亨、貞吉的道。

【爻辭義理】

初六 旅瑣瑣，斯其所取災。

　　旅卦初六爻說：下卦艮止，本來不適合旅行，因時勢逼迫，不得不旅行。從豐卦的豐盛廣大，走向瑣碎細小殘破，如同窮困的逃難人。

　　這時行事不充裕，身體有病痛，心志不順暢。事事被窮困逼迫，在在被人欺侮。隨所到處，就招來災害！

象曰：旅瑣瑣，志窮災也。

　　旅卦初六爻小象辭說：初六是艮山柔爻，本來應該下降，卻反而追求升進；本來適合止定，卻反而要旅行。陰柔地位的窮困就是時機的窮困，

時機的窮困就是行動的窮困，旅行的窮困就是心志的窮困。

時機地位不對而旅行，就是自取災害！這是被時勢所逼迫，被氣數所限制了。

六二 旅即次，懷其資。得童僕，貞。

旅卦六二爻說：六二得內卦正位，有位有德，有柔靜的作用。艮山契合坤靜，能符應大道，是有守有為的基礎。

在旅行的中途，有財物的資助，又有童僕可以使喚，減輕旅途的辛苦。六二有貞德，可以當家作主人，能自我中正，也能中正別人。

象曰：得童僕貞，終無尤也。

旅卦六二爻小象辭說：上位的人能立穩正位，守穩正道，下位的童僕就隨著端正，守護貞德。上下都中正行事，哪會有過錯怨尤？旅行的人，艱困多，財物的資助不容易，有童僕的使喚更難。

如果六二的位不正，德不正，沒操守。不但不能免除過錯怨尤，災禍也馬上就到！

九三 旅焚其次，喪其童僕，貞厲。

旅卦九三爻說：九三太過陽剛盛氣，自專自是，用不出柔道，造成客居旅店而火燒房子，又喪失童僕，失去一切依靠。雖然守貞卻不能免除危險，做到貞正誠信道義，危害還是來到。

處在向內守貞抱一，外在有考驗傷害的時局，更要做到戒慎恐懼，警惕惰氣，鼓暢天機，最後可以返回六二的本位貞德。否則失位失德失道，旅途的災害，超過這些！

象曰：旅焚其次，亦以傷矣。以旅與下，其義喪也。

旅卦九三小象辭說：流離失所而暫時有落腳處，卻又遭遇火燒房子，實在太傷心難過了！九三是旅行到了中途，既不能前進，又不甘心後退，進退失據，憂患徬徨。

只能隨著時機環境人事而上下沉浮，最終失去本位立場，失去童僕依靠，如此而已！進退失據的人，最當注意的是：守貞、奮勵的修持！

九四 旅於處，得其資斧，我心不快。

旅卦九四爻說：旅行到中途，暫時安住在一個地方，得到財物與食物的資助。旅行的人，身安閒而心情起伏，心神奔馳，異鄉不是長安久住的家。雖然吃用不缺，我心還是不快樂！

象曰：旅於處，未得位也。得其資斧，心未快也。

旅卦九四爻小象辭說：旅行異鄉，有錢有吃有住，也已經失去當家主人的本分正位。不得已接受財物、食物的幫助，人情上不自在，道義上不調協，心裡還是不快樂！

這是付出與接收失正道，上下尊卑違背中和。所以不能自在自得，自安自樂！

六五 射雉，一矢亡。終以譽命。

旅卦六五爻說：六五是人間的君王，有安貞的道，中正的德，才立得穩。六五是柔爻，不能發揮剛毅的作用，被驕慢的大臣逼迫，不得不拿弓箭來射，射到箭沒有了，也沒射中，只是徒勞無功。

所以說，只能抱持柔道貞信來待人接物，立穩中正的位來領眾，順從陽剛，迎接上天的庇佑。最終可以得到美名與天爵。

六五貴在自我責求而善於悔改，解除武備而追求和信，依止靈山而成就文明。就能得譽命到最後！

象曰：終以譽命，上逮也。

旅卦六五爻小象辭說：六五是接受譽命的人。六五得柔道不在射雉的功勞，在順承代終的美譽。

六五向上順從天命，天人互相幫助，中外融洽和諧，轉化弓矢的戰爭為揖讓的禮節。最終可以獲得上天下達的天命天爵。

上九 鳥焚其巢，旅人先笑後號咷。喪牛於易，凶。

旅卦上九爻說：火燒鳥巢，旅人失去安住的家，先大笑然後大哭。鳥築巢在山巔，地點高，危險也高；如同地位尊貴，憂患也迫切。

危險與憂患的時局，本來就是旅人的處境。上九的災難，不只是無家可歸，還會被懷疑是偷牛！

象曰：以離在上，其義焚也。喪牛於易，終莫之聞也。

旅卦上九爻小象辭說：旅卦到了盡頭，流離失所，更遭遇凶禍。被火燒光光，一切都失去，只剩下孤單一身，還蒙受莫須有的偷盜罪名。

「日中則昃，月盈則食。」人生三怕：太豐盛，太滿盈，太顯露。結局是自我焚滅！只有伏藏退處，才不招凶禍！

結語

宗主孚佑帝君說：

1. 旅卦的作用在與離卦相應，與艮卦相交涉，而同體的賁卦，更是賓主進退的現象。在外是旅人而心志常常會思考內在，在內是賁卦而感情常常外求，這是因為艮卦與離卦，原本旨趣就不同。

  離卦是以光明外顯為根本，艮卦是以清靜內止為優先。所以艮在外卦一定有退守的心，艮在內卦一定有堅固的志向。而**離在外卦會有飛揚的舉動**，離在內卦會有發散的熱情。賁與旅兩個卦，因為離卦在上下地位的不同，情志也就不一樣。

  賁卦就像光明在屋子內，而明亮透出屋外；**旅卦就像火在曠野**，而熱氣散發在空中。所以**賁卦是人文的現象**，旅卦是流亡的情境，聚散不同路，盛衰的局勢也不同。旅卦已經失去住所而漂流在外，只有盼望別人的協助，這樣的情境可以同情，但處境很危險。

2. 旅卦與遯卦大蓄卦也有關連處，在後天是離代替乾，都是合同艮卦。乾與艮正好像離與艮的結合，所以賁卦與遯卦相同，而**旅卦則接近大蓄卦**。

  大蓄因為有財富可以周遊在外方，心神很快樂安逸，情志很安閒舒緩。所以大蓄卦有良馬的奔逐，而旅卦是牛喪於易；大蓄卦有輿衛的威儀，而旅卦是失去僮僕，最終嗃嗃。

  換句話說，**大蓄卦是富貴人的出遊，旅卦是離亂時候的逃難**。行動相同而情志不同，作客相同而憂樂安危不同。

  離在上卦就沒辦法停止，所以最終要分離漂泊，這是旅人的悲哀。不能免除焚燒嗃嗃的痛苦，更何況貧窮迫促反而招人疑忌。講「喪牛於易」，而有不知情卻要受到無妄之災。

3. 這就好比是眼睛明亮的反而不明亮，耳朵聰明的反而不聰明，好像偏西的太陽容易接近黃昏，聰明的盡頭轉變成為看不見聽不到。

因此旅卦上九的情境，雖然是離卦在上位，卻反而失去了明照的力量。光明進入地下叫作明夷，**火已經上山只有燒毀自己**，這實在是太超過了。人生不可以太過，太過與不及都是病，**而太過的傷害比不及還更可怕**。

「日中則昃，月盈則食。」日中就偏西，月滿就虧欠。到了上九沒辦法再成就光明，也沒辦法達到生化的功效了。

火用在物的上面是德性的光明，放縱在自身就是災禍的開啟。火不熄滅一定自我焚燒，這是離日的窮盡，一定是到達「自焚」才會停止。所以小象辭講「其義焚也」，就是講自焚是應當有的事。

巽卦

上九
九五
六四
九三
九二
初六

卦旨

1. 〈序卦傳〉說：「旅而無所容，故受之以巽。巽者，入也。」豐卦氣數窮盡成為旅卦，親朋遠離，流離失所，變成流浪的旅人。旅卦後面是巽卦，巽卦就「伏藏退處」不再出外了。

   巽卦有三層義理：**伏入，遜讓，選擇。第一是伏入**。巽卦的四陽兩陰，就像鳥的兩個翅膀，交舉在天空之中，翱翔在雲天之下。而發揚在上方，一定會順從而往下，所以叫作入，叫作伏。因為是**剛隨順柔，陽順從陰，上升而又下降，到遠處而又回到近處**。

   第二是遜讓。遜讓就是講「陽禮讓陰」。處高位能夠自己往下，高亢的能夠自我謙卑，就像人能委屈能低頭，不會再倔強。**能夠柔順相從，不追求高遠，就是巽的精神**。

   第三是選擇。選擇就會有推舉拔擢，所以推廣巽的作用就是選舉。有所取捨叫作選，選拔其中的一個而壓抑其他，晉升良善的而擯退不良的，就好像選舉一樣。

2. 這一切一定要從巽卦開始，不巽就不能成為選拔舉用，就無從分別好壞，哪裡有去留的抉擇呢？如果沒有推讓，哪裡會有拔擢？這是互相進退的道理。

   所以巽卦「主持進退」，恰當的就升進，不恰當的就擯退，所選拔的完全是善良，所以**巽卦的風行可以比擬人間的教化**。教化就是獎勵良善摒除邪惡，表揚賢良而驅逐暴力，用善良來示現天下，天下沒有不順從，就好像風加在草上面一樣。

   所以**巽卦是美德，天得到巽可以和諧，人得到巽可以和平**。沒有偏私而可以生成，可以上達天道而有小亨。能夠委婉詳盡發揮利益，能夠

安定緩和獲得功業。

白話經文

【彖辭義理】

巽：小亨。利有攸往，利見大人。

巽卦彖辭說：巽卦主持進退，是風的現象，又有選拔舉用的道。舉荐善良而摒退暴惡，所以巽卦的風行可以比擬人間的教化。教化就是用善良示現天下，像風行草偃一樣。

巽卦是美德，天道可以和協，人道可以和平，沒有偏私而共生共成，共進於道而有小亨。能委婉詳盡發揮利益，能安定和緩建立功業。利有所往，像坤卦一樣的行地無疆；利見大人，像乾卦一樣的德施普及。

【解釋彖辭】

彖曰：重巽以申命，剛巽乎中正而志行。柔皆順乎剛，是以小亨。
利有攸往，利見大人。

巽卦解釋彖辭說：**天降聖人作國君作國師，教命與政令重複叮嚀，直到人民順從信服。教命與政令不二不改**，人民適從而天下大順。九五的陽剛，正己而正民，得到九二巽順的配合，推行大中至正的**禮樂大道**。

由於九二德施普及的教化，完成九五剛健文明的功業，發揮天下一家親的志行效果。陰柔順從陽剛升進，**人民順從教命循禮**，亨通雖小，卻可以成就很大。

禮樂大道風行天下，風吹到哪裡，沒有不適合；人民可以親近國君，愈顯出明君的高明與德性。近悅遠來，政教普化而天下一道同風！

【大象辭義理】

象曰：隨風，巽。君子以申命行事。

巽卦大象辭說：風上升而又下降，到達遠處又會回到近處，風行天下，前後相隨很順暢。**教化與政治，效法風的運行，會快速又廣遠的推行至全天下**。

君子再三申揚教命與政令，上下沒有不聽話；教政行事有成果，遠近沒有不效法。於是**德明而道凝**，萬物長育而天下定位。

天地的格局氣象，彰顯禮樂的崇高偉大；人性的伏藏順承，顯揚政教的精深弘遠。風化深入人心而潤澤萬物，是君子的行願！

【爻辭義理】

初六 進退，利武人之貞。

巽卦初六爻說：巽卦的重心在教命，教化的重心在中正，最怕進退失度而造成敗亂的行事。武人有安定邦國的志向，如果上下內外互相懷疑抗拒，不能守住武人的正德節度，安定會變成暴亂。

所以武人要發揮安定的利益，必須要以順正為重。不可以放縱，不可以失去貞正的操守，才能治理邦國。

象曰：進退，志疑也。利武人之貞，志治也。

巽卦初六爻小象辭說：初六柔爻被二五爻陽剛逼迫，陰陽互相懷疑不信，形成進退不定的現象。武人原本不清楚教育與政治的中正準則，如果失去智信仁勇嚴的武德操守，會造成武人衝撞政教的混亂。

而武人的志向也是在追求治理安定，做到貞正自守，柔來順剛，以剛用柔，就可以免除暴亂的禍害，完成捍衛治理的功效！

九二 巽在床下，用史巫紛若。吉，無咎。

巽卦九二爻說：九二是內卦正位，時機逼迫要謙退到床下，很難自我安處。因為臥榻旁邊，不容他人酣睡，形成彼此猜疑，心思紛亂，六神無主。只有到處卜問神明，祈求巫師，請問史官，外求反而落入過錯！

九二得中位，陽剛不違正道，就是有妄想也不會出離本位，所以占卜是吉祥而能免除過錯！

九二爻有三大困難：一是一味謙下忍讓，不容易自處自立自在。二是光明正大，陽剛浩然，不容易做到。三是聽了再多史官巫師的話，而自己不中不正，六神無主，還是免不了進退失據的過錯！

象曰：紛若之吉，得中也。

巽卦九二爻小象辭說：世事變化無常，時時要抉擇進退，抉擇考驗一

個人果斷不果斷。如果面對外面紛亂的世界，不能回返正道，不能歸回誠一，在群言龐雜裡，只有失神失主而已！

如果能得中、守中、用中，折衷在聖道而抱一用一，天君泰然而天人相契，往哪裡會沒有利益吉祥呢？

九三 頻巽，吝。

巽卦九三爻說：巽卦以順從聽命為根本，以進退為作用。九三陽剛而不中正，剛愎自用，內卦人爻走到終點而作用窮盡。

道極必變，物極必反。就是上位人的心志窮困，對下民百姓的政令行事不慷慨，不厚道。再頻繁的教命政令有什麼用？吝嗇小氣自私的人，終究是窮困，民志也逆反了！

象曰：頻巽之吝，志窮也。

巽卦九三爻小象辭說：巽卦以順聽為本，以進退為用，天聽自我民聽。教命與政令的風行，要從民志入手，民志能順從，政教的事功才可以完成。

九三自專自是，不再能省察下民的心志，違背民志如何有成就？所以窮困不通。頻繁的教命政令已經吝嗇氣阻，行不通，民志完全逆反。由於上位人的心志自私困窮！

陽剛的可貴在柔順，上位的可貴在下行，尊貴的可貴在照顧卑賤。食豐財多而能厚道慷慨，就不會落入窮困！

六四 悔亡，田獲三品。

巽卦六四爻說：六四能安貞行中道，原本會有的悔憾消除了。上下同心同德，臣民合力，教化政令推行快速。五穀豐登，神人安定，國家和諧，政教事功的收穫，比打獵獲得的獵物還多。

象曰：田獲三品，有功也。

巽卦六四爻小象辭說：六四能率領臣民接近正道，上下都能得到本心本德。因此協力同心，共同完成道德事功。既能抵禦外患，消除災害，又能保土安民。禮樂道德仁義表現在政教的事功，就是最大的收穫。

九五 貞吉悔亡，無不利。無初有終，先庚三日，後庚三日，吉。

巽卦九五爻說：九五陽剛居正位，謙遜處下，上位能親近下民，由外

返內，合同貞德吉祥，一切悔憾消失。剛健而不失貞守，發揮乾坤合德的作用，就能無往不利。

巽卦是乾變坤，能運轉坤德順承乾卦的志向，可以代替乾卦終成一切。天道的本數是七日循環往復，人的行事進退能合同天時，不違背天道，做得到安貞、順承、大終，展現大體大用的一貫。天道地道人道沒有不吉祥。

象曰：九五之吉，位正中也。

巽卦九五爻小象辭說：九五得乾卦正位，德性包含坤貞，乾坤合同，能行出中正不二的天德，表現王道無偏的行事。

做到節制自己來順從人，如同萬物俯伏，讓人樂意親近，不會自是我慢，剛愎自用。能給全體帶來利益吉祥。

上九 巽在床下，喪其資斧。貞凶。

巽卦上九爻說：上九是終窮的地位，沒退路也沒有前路，氣數窮盡就逆轉變化，正變不正，貞變不貞，吉祥變凶禍！地位從床上被迫退處床下，床下的地位哪能安居？喪失財物與食物，沒有財物食物，哪能久留？

時機與地位都進入絕地，卻想要貞固而自守，只是更增加災禍！巽卦本是順正，要馬上順變；本來是前進，要馬上後退。只有順天時，自反守中抱一，或可免除災禍！絕地天通，只有天路可以走了！

象曰：巽在床下，上窮也。喪其資斧，正乎凶也。

巽卦上九爻小象辭說：上九遭遇天時變化，巽卦的作用完全逆反。上九失去中正的地位，一點作用都沒有了，失落誠正不二的天德，也失去一切，一點都守不住了。

這時貞正的道，變質變調了，把不正當作正，只是迎向凶禍而已！把不貞當作貞，只是走向絕地而已！天時窮盡，沒辦法靠貞德來免除凶禍，再怎麼謙下伏入，不與人爭較，也得不到別人包容。

絕地天通。如果識透天運天時，天道天路，不是強守地位，而是順時進退，就會利市三倍！

結語 巽卦主持教化與政令，不能剛健自強，就會進退失據。

1. 巽卦主持進退，所以有進退失據的占卜。藉著巽卦的伏藏深入來追求表現，完全要靠定剛健自強，而最怕的是優柔寡斷。

   朋友多與親人少，都是人事的因，所造成的果。不自大才能成就廣大，已經廣大卻傷害廣大。這是天道的盈虛與人事的消長，是理數的自然，只有君子不會隨著「氣數」轉移。所以《易經》拿天道來示現人事，讓我們去除獨尊剛強，謹慎乾惕的告誡。

   教育與政令從上位來發布，好學力行從下位來完成；教育政令發布給人民，好學力行返回到自身。**巽卦主持教化與政令**，兌卦看重好學與力行，因此兌卦大象辭的「朋友講習」與巽卦大象辭的「申命行事」，正好相呼應。

   如果上下能互通德性，那麼天下都可以止於至善；如果**朋友能交換知識智慧，那麼所有人都可以天性光明。因此明德與止善，應當在兌卦的大用裡達到。**

2. 天地是陰陽的總樞紐，所以乾坤是父母。水火是陰陽的大用，所以坎離是樞機。因此**伏羲先天八卦，「乾坤坎離」四卦在四方的正位。「震巽艮兌」是陰陽的變化，是「消息盈虛」終始的事態。所以「震巽艮兌」四卦在四個邊隅，用來輔翼天地的生成化育，而變通陰陽的氣數。**

   這就是八卦，是天地萬物的總體顯像。伏羲作卦，用卦象來顯明氣數的生成變化。而生成一定有開始，變化一定有終結。有陰陽二氣，就有萬物；有大化的數，就有萬類。

   天地至大，萬物至眾，而總會約化在八卦裡頭。八卦的卦象很簡單，而所推展的功用很繁複；所舉述的理則很容易，而所變化的事物很雜多。這是由於作用的無窮無盡。

   先天方位是兌與巽在乾卦的兩邊，巽卦從乾出來，而返回到坤卦；兌從坤卦出來，而返回到乾卦。

3. 所以從**「巽與兌的往來」就可以看見變化，從「震與兌的相對」就可以看見經常。**一正而一變，一柔而一剛，從最初到終點，從開始到最後，就好像網的細目在大綱裡頭顯出，博大而高明，悠久而無疆。

   因為**巽兌這兩卦實在結合乾坤的德性，**開啟離卦與坎卦的寶藏，能夠包納萬物而推進到軌道當中，能夠實踐百行而到達良善完美。

這是坎離來主導要領，既濟未濟來收拾終場，只有「巽艮與震兌」來分別掌管始末，而隸屬中央。所以六十四卦從乾坤開始，以巽卦兌卦作終點，兌卦以後再也沒有純卦了，四隅卦的氣走到盡頭了。在氣數一定變化，在德性是有真常。仔細讀爻象，自然就明白義理了。

兌卦 58

上六
九五
九四
六三
九二
初九

卦旨

1. 〈序卦傳〉說：「巽者，入也。入而後悅之，故受之以兌。」巽卦「巽伏」的功效，兌卦已經繼承又表現。萬物是互相成為因果：長久冬眠的就想要啟動，長久伏藏的就想要表現，因此兌卦繼承巽卦，這是《周易》的卦序。

兌卦在先天象徵水澤，水的聚集，小的是池塘湖泊，大的是海洋，都是澤水。順著道理推廣，就是潤澤就是光澤，就像水的流動很順暢，**所以兌是悅澤**。老子講「上善若水」，水能潤澤萬物而不會停滯不順暢，兌卦的德性就像這樣。

兌卦具備亨利貞三德。利可以潤澤萬物，貞可以固守根本，亨可以推廣到一切。亨通從利貞啟發，正己而正人，推展到修身齊家治國平天下，都是兌卦大用的根本。這就是**君子的行事，立穩行正守中**。

2. **兌卦君子有三種存心**：一、很樂意成就一切物。二、喜歡做利益眾生的事。三、能不失去自己的貞守，善於守護節操。

兌卦君子有六種態度：一、兌卦表現在外是明德的光明。二、兌卦出現在萬物身上，是成物的智慧。三、自身存有貴重的道。四、行事能合同天地恰好的理則。五、所做所為不違背天時。六、所到的地方都能立穩本位。

陰柔向外，所有人沒有不是心悅誠服；陰柔在上方，所有人沒有不是樂意服從。**用柔和來領導陽剛，陽剛就能守中而不會冒犯上位的人**，就能順從下位而事奉上位，內心能安定而可以事奉外在的人事。這就是兌卦的大用。

3. 「兌主持口舌」，表示說話。在上位的人能用恩澤施惠人民，教化能

讓眾人喜悅。一方面發揮人民的力量而能說好話來安慰，一方面勞動人民而恩惠很充沛沒有匱乏。能夠安撫人民給人民休養生息。**人民的喜悅從說話流露，表現在唱歌跳舞，**這就是兌卦口舌的開啟，聲音的出現，就好像水從湖澤裡流出一樣順暢。

兌卦的道有兩層功用：一、是根本坤卦的法則，而志向在乾卦的正大。二、最重視柔和，順從美善，而能體踐陽剛的堅定。

兌卦的道，根本坤卦而志向在乾卦的大生大明；給得出柔順嘉會美善，做得到陽剛的堅定不動搖。

白 話 經 文

【象辭義理】

兌：亨，利貞。

兌卦象辭說：兌卦具備亨利貞三德。利可以潤澤到萬物，貞可以固守根本，亨可以推廣到一切。亨通從利貞啟發，正己而正人，推展到修身齊家治國平天下，都是兌卦大用的根本。

本立道生，因此能順天應人，真誠篤實，完成君子的行道。兌卦的行事到達中庸的誠明，人民有安樂的生活，就可以拿禮樂道德仁義來教導，用孝悌來敦厚人倫，這是人道最順暢亨通的事。

兌卦的道，是根本坤卦的法則，而志向在乾卦的大生大明；重視柔順嘉會美善，而能體踐陽剛的堅定。

【解釋彖辭】

彖曰：兌，說也。剛中而柔外，說以利貞，是以順乎天，而應乎人。
　　　說以先民，民忘其勞。說以犯難，民忘其死。說之大，民勸矣哉！

兌卦解釋彖辭說：兌是說話，是喜悅。兌卦作用合同大道，九二九五是剛爻，陽剛在中；三爻上爻是柔爻，陰柔在外。合同天道「體剛用柔」的大用。

說話讓人喜悅，感通感動很深。口德表現利貞，利可以推及萬物，貞

可以守節守身，這是兌卦本德，根據坤卦，最適合人道。開始在地道，最終回歸天道，中間合同人道，所以是順天而應人。

上位的人搶先挑重擔責任，用柔悅來率領群眾，口到心到情意也到，所以人民把勞苦都忘記了。上位的人把困難危險說清楚，抱持艱貞德性頂劫救難；於是人民也全力以赴，共進退共患難，把死亡都忘記了。連死亡都不怕，還有什麼危難可以害怕呢？

上位的人真誠仁愛的宣化講說引領帶領，喜樂的情義到達極致，人民都互相勸勉順服，同心同德完成家國天下事！

【大象辭義理】

象曰：麗澤，兌。君子以朋友講習。

兌卦大象辭說：兩個湖澤結合，成為兌卦，作用更大，功效更廣。推用在人事，人生重交接，重朋友，首要就在講習。講習是學問力行的事，是修養的方法。講才明道明理，習才熟練行事；不講說就不通，不練習就不熟。

講道而通理叫做講，學問磨練而明達叫作習。所以人道首重講習！兌卦不是老師與弟子的教學，是朋友的講習。師卦是以教育為主，蒙卦以學習為主，兌卦是同志的切磋，同門的論辯，同道的琢磨，同類的討究。來完善問學的道，明白知行的方法。

朋友講習有四大好處：行日進，業日精，思日湛，識日博。於是有**四大成果：**德日大，道日明，性日純，識日正。所以說，好學力行是人生必須看重的事，與教育政治同步，互相推移運轉，可以達到明德止善！

【爻辭義理】

初九 和兌，吉。

兌卦初九爻說：兌卦是以柔道成就陽剛，從坤卦返回乾卦，志向在承接乾卦，完成陰陽交和的作用，叫做和兌。

用在人事，就是發揮兌卦的本德：真誠信實喜悅的說話，於是天地人物全面和諧順暢、平等親切，展現兌卦簡易道用的開始，給人間帶來吉祥！

象曰：和兌之吉，行未疑也。

兌卦初九爻小象辭說：初九內心真誠，外現信任，能和諧人物，行事不會引起別人的猜忌懷疑。一切懷疑都是由於不正不和，如同坤卦上六的陰疑於陽。

使得飛龍在天變成龍戰於野，使得陰陽合德、地天平成，落入天窮地絕，同歸於盡！由正和而中孚，是道用的最初到終成！

九二 孚兌，吉。悔亡。

兌卦九二爻說：禮樂道行天下，由和兌到孚兌，世間人情感容易交通，心志容易合同，得中而立中位，不違背中道的行事。兌卦生化的功用顯著，吉祥更豐厚了。

以生命對生命，以真誠開真誠，哪有後悔？生命互信的極致，可以終始不疑不變心；生命中正誠明，可以表裡不二沒委屈。人道順暢美善，一切悔憾都消失了。

象曰：孚兌之吉，信志也。

兌卦九二爻小象辭說：兌是交易，交換，交通。給出的是誠信，交換回來的也是誠信。完全信任天地人物而真心付出，也交換得到大生廣生的功效利益吉祥！如果天人物我，有一方沒有真誠信任感通，就不能交孚而合一了。

六三 來兌，凶。

兌卦六三爻說：兌卦作用是表現，是付出，是前進，能順從陽剛。如果是後退，是下降，會違背順承的本德，違背交易生成的道。失去兌卦大用，就是凶禍！

象曰：來兌之凶，位不當也。

兌卦六三爻小象辭說：六三在人道中爻，不向外發展，不前進不行道。反而是伏藏深潛，違背兌卦與天地人物交換的大義，會有凶禍。這是本分本位不中正不和諧造成的。

九四 商兌，未寧。介疾有喜。

兌卦九四爻說：人道中爻的九四爻，是剛爻立足於柔爻，不是正位，卻沒有六三的凶禍。九四行事能多方商量，取眾人的公心決斷，而不自專

自是。

力行正義，虛己容人，謙卑接物。勤勞奔波，一點不敢怠惰荒廢，沒有片刻的寧靜安處。上下合同，內外一心，有病也不用擔心受傷害！反而是陽剛勝出，真情悅樂無盡。

象曰：九四之喜，有慶也。

兌卦九四爻小象辭說：兌卦能秉持坤卦順承的志向，前進追求乾卦剛健的行事。九四的行事能合同大道，順從上天，來調和上下內外，共同行出中正的道。

於是陰陽合德而地天平成，亨通推及一切。明德止善的道德事業，換來全天下的大慶！

九五 孚於剝，有厲。

兌卦九五爻說：有正位，有天德，有中和的行事，面對剝蝕的時機，能運轉正大光明的力量，調和消長盈虛，解除災害而緩和傷害！每次遭逢剝蝕危害的考驗，都能自我奮勵砥礪，堅定心志操守，克服艱難，完成上天的託付。

象曰：孚於剝，位正當也。

兌卦九五爻小象辭說：九五地位中正，處在剝卦的時機因緣，都是靠天德來彌縫時機的困窮。藉著中正的地位，犧牲無我的願力，來扭轉時勢的變化。讓一切回歸誠信光明的中和大道。

上六 引兌。

兌卦上六爻說：兌卦的作用是互相牽引向前。上六的卦用窮盡，而志向還沒有停止；處在極限的地位，行動力有限而心志還是無窮。會形成互相牽制干擾的力量，不能順暢成就欲望。

兌卦有順從喜悅的情感，用陰柔來交合外在世界，形成利益所在，災害也隨著來！這樣互相牽制干擾的引兌，不是兌卦本來的志向。怎麼成就交接的德性，完成快樂潤澤的功德呢？

象曰：上六引兌，未光也。

兌卦上六爻小象辭說：兌卦以互相牽引為作用，一要德性，二要力量。

道德與能力均衡，才不會耽誤事情。上六柔爻，德性比不上能力，妄念超過誠信，對實踐不利，這是德性的不足。

行不出本來的志向，回不到純粹的乾卦。主爻的作用被陰爻阻擋，招來懷疑、嫉妒，形成道德與事功的不光明。必須做到內外正位，自守貞德，才能成德達道，展現禮樂道德的大同輝光！

結語

1. 《周易》有八個純卦，「離坎震兌」叫作「四正卦」，「乾坤巽艮」是「四隅卦」。周文王六十四卦的卦序，是「巽兌往來」，與前面的「震艮往來」是相交錯。這是根本顛倒的同體卦，而不取先天對位。
    巽卦是出於乾而入於坤，兌卦是出於坤而回到乾。兌卦以成為乾卦為志向，所以三德相連。巽開始而兌是終點，都是陰的行動；震開始而艮是終點，都是陽的道路。在後天，兌卦比巽卦重要，而居在四正位。巽卦是柔爻為先，所以叫作伏；兌卦是剛爻為先，所以叫作見。伏就是進入，見就是出現。
    巽卦的入從外而內，從上而下，講巽卦的陽是順從陰而變化。兌卦的出是從內往外，從下往上，講兌卦的陰是順從陽而變化。因為卦的根本在初爻，枝末在上爻。

2. 巽卦是陰得時，兌卦是陽得勢，所以「兌與巽」是陰爻消長的氣機，巽消減而兌成長。「震與艮」是陽爻消長的樞紐，震的初爻是陽開始興起，艮的上爻是陽的終點。
    巽震在先天相對，是一陰一陽初化的現象，天地的變化都是從震巽這兩卦開始。「兌與艮」是終成的時機，天地的終成都是艮與兌來主導。《易經》重視陽，所以艮卦是成終又成始。
    艮是陽的終點，兌是陰的終點，終點相同而陰陽不同。這裡是終點那裡是始點，這裡成長那裡消減，舉一就包含二。兌卦是陰將到終點，就是陽的繼續成長。
    乾坤是《易經》的門戶。巽卦從這裡進入，兌卦從這裡出來；進入的就一天一天接近黑暗，出來的就一天一天期望光明。

3. 宗主孚佑帝君指出〈雜卦傳〉說：「兌是見。」見就是顯現，就是顯示在外。讓真情流露，沒有停留窒礙，而在給與接受之間，很和平喜悅，很公平舒暢，就像水很平靜流動，又像人很歡樂在敘舊，這是柔順的極致圓滿。但是陰柔卻不妨害陽剛，宣洩在上方卻存留在心中，表達在外面卻蓄積在內心。

兩陽在一陰的下方，可以幫助宣發，幫助推進的力量。**能持守發放自如的勢力，就可以做到四件事：「樂而不淫。出而能返。相交往而不會輕視玩弄。相見面而彼此相包容。」**

南極仙翁慈悲：慈悲喜捨

講道理是對眾生一種啟發，不是填鴨式的給予學問。法無高低應機而契，能夠契入而行的叫作真機，如果我們學了，用不出來，只是在心性裡堆積了一些常識。

修道講慈悲、講美德，我們要去體會慈悲這兩個字，什麼叫「慈」？什麼叫「悲」？什麼叫「寬」？什麼叫「恕」？當我們對別人發出慈悲心的感受又是如何？當別人有錯，我們寬恕他的時候又如何？

我們能夠用心去體會，才能夠感覺道味，如果我們只把感恩、慈悲、寬恕掛在嘴巴上，很會說可是卻不會做，對方感受不到，就沒有辦法產生共鳴。（南極仙翁慈悲）

濟公活佛慈訓：愿深廣博

調寄：千手世界

傾聽著眾生苦訴說，悲與怨辛酸歲月過，流浪輪迴何時斷因果？不昧紅塵空蹉跎。珍惜在眼前能把握，得失榮辱過且淡泊，隨遇而安菩提性安座，逢人講道駕金舟。

同修鼓舞共切磋，智圓行方解迷惑，和光同塵化娑婆，放下身段溫煦柔。一幕一幕接續不朽，白陽儒鐘木鐸叩。

「諸佛愿似海深廣博，助普渡讓聖業豐碩。眾人團結將考驗突破，諸佛愿心是幕後推手。」（「」重複）

風水渙卦

卦旨

1. 〈序卦傳〉說：「兌，說也，說而後散之，故受之以渙。」這是講物有聚一定有散，有合一定有離。**聚集就像萃卦，解散就像渙卦，合作就像噬嗑卦，分離就像睽卦。**情境不同行動就不一樣。

   兌卦與巽卦往來，渙卦與節卦往復，從四陽兩陰變成三陰三陽，是《周易》六十四卦的次序準則。風行水上，水固然隨著風而波動起伏，這是被風激盪，不是水的本性。一下合一下離，不肯長久合同，只是看見一時的聚合。**最終還是不協同而分離，所以叫作渙，也就是離散的意思。**

   巽固然可以象徵木而在水的上方，就像舟船有「運轉」的便利，沒有「汲飲」的功效；有「行動」的需要，而不是積蓄「儲備」的現象。所以不用水來作為命名的根本，而用「風水的離散」來說明義理的緣由，因此彖辭以「利涉大川」來立論。

2. 渡涉湖海有利益就可以通向遠方，可以交通到外面。交通的依靠，民生日用的憑藉，就如同江河海洋、舟船的往來，給民生帶來利益，也就有「交換」的義理。

   渙卦有離散、交換的功能。有四種好處：一是水運方便。二是生意人買賣便利。三是交往很適合。四是旅行有依靠。這是拿互相交往為作用，以往還為禮節，也是根據兌卦悅澤的情懷，看得見水能潤澤一切的德性。

   水有源頭，木有根本，**追溯根本而探尋源頭，是《易經》生命教育最大的宗旨。**人類的本源是祖先是天地，所以**渙卦重視祖廟的祭祀**，要我們不要忘記生命的本源，做好**崇德報功**的人道本懷。

渙卦有離散、交換與循根溯源的三層義理。渙卦有四種德行：一、有風與水來幫助運行。二、讓危險可以平安。三、可以出離坎陷。四、可以交通兩地。就可以渡過河海而成就利益，這就是渙卦的德性。

人生三可惜，用「三不要」來形容：一、不要把有用的物，用在沒有作用的用途上。二、不要把可貴的性情，浪擲在物質消費上面。三、不要把可以有大作用的生命，吝惜固守在微小的作為上。

人人都能篤定在尊敬賢人而愛敬親人，天下再遙遠都是一家親；人人都能敦厚孝悌友愛的天性，族群的和樂就會相得益彰。這樣就不會忘記先王制禮作樂的初衷，而能夠廣大上帝高明的天道了。

白 話 經 文

【象辭義理】

渙：亨。王假有廟，利涉大川。利貞。

渙卦的象辭說：渙卦的作用合同乾坤，能交通一切。君臨天下的君王，首先建立宗廟，祭祀祖先同時祭享上帝。

渙卦的禮樂大道像船，連大川都可以渡越，創造亨通而且大利。君王的性情中正，有操守又有作為，可以成己成人成物。

【解釋彖辭】

彖曰：渙，亨。剛來而不窮，柔得位乎外，而上同。王假有廟，王乃在中也。利涉大川，乘木有功也。

渙卦解釋彖辭說：渙卦的行動再遠都到得了，可以亨通天下。得到天道陽剛作為根本就不窮困，生息就不可限量；外卦地道陰柔居正位，向上得到陰柔的調適，成就可以長久廣大。

君王親自率領眾人到宗廟主持祭典，在祭祀以後又宴饗臣民，無時無刻不在臣民當中，被眾人所瞻仰。君王的天德，有功於國家人民，有利於天下後世。全民都不會忘記祖先的恩德與上天的恩典。

【大象辭義理】

象曰：風行水上，渙。先王以享於帝，立廟。

渙卦大象辭說：舟船借助風的力量航行遠方，天地自然的利益為人所利用。想到前人的艱苦創造，懷念前人的功德同時想到天地的生成，於是先王建立宗廟來祭享上帝，同時拿祖先來配享上帝。

這種祭祀禮儀的尊嚴，崇德報恩的心，表現人道的光大，再也沒有任何力量可以超過了。這一切要從渙卦開始做起。

【爻辭義理】

初六 用拯馬壯，吉。

渙卦初六爻說：用得出大力量，能夠把陷入泥淖的馬，舉高救出來。象徵能夠運轉天地的正道，就可以帶來吉祥。

象曰：初六之吉，順也。

渙卦初六小象辭說：初六能用出天地的力量，向上登升到光明，而出離深淵，這是時機恰好而局勢順暢。能根本坤卦的善於順承，因此能夠帶來吉祥。

九二 渙奔其机，悔亡。

渙卦九二爻說：得到時位，展現奔馳力，奔離所依靠的人事物。勢在必行，而不後悔自己的所作所為。

象曰：渙奔其机，得願也。

渙卦九二爻小象辭說：發願而順風奔行，不再回顧所依靠的人事物。一方面出離坎險，二方面從陰暗登上高明，得償自己的志願。

六三 渙其躬，無悔。

渙卦六三爻說：自身謹慎決定（甚至率領一群人），成就渙奔的志向。意志堅決，行動堅定，始終沒有怨尤，沒有後悔。

象曰：渙其躬，志在外也。

渙卦六三小象辭說：親自率領一群人，上下志同道合，從坎陷的危險奔向光明的坦途。

六四 渙其群，元吉。渙其丘，匪夷所思。

渙卦六四爻說：六四爻遠離族群，而占卜是大吉。為什麼？能宣揚中

行的道理，率領臣民或屬下走在禮樂的大道上。

六四爻登高到山丘，反而驚疑不定。為什麼？人事紛雜、世事多變化，所交接的族群不是同類，離奇而突兀。所思所想出於意料，不可測度。

象曰：渙其群，元吉。光大也。

渙卦六四爻小象辭說：遠離族群而能得到大吉祥。因為心雖然有所思維，行事是光明正大，不會拿私心來干擾公務，不會以情感來妨害天性。這是柔順的美德，所以得到元吉而獲得福報。

九五 渙汗其大號，渙王居。無咎。

渙卦九五爻說：君臨天下的明王，披荊斬棘，蓽路藍縷，淌血灑汗。禮教恩澤普施四海，德威足以號令天下。

君王安居在中正的地位，天下歸心而萬方來朝，沒有絲毫過錯。就像黃帝與夏禹的道德事業。

象曰：王居無咎，正位也。

渙卦九五小象辭說：君王乘著時機，發揮渙卦的利益，君王的德性可以明照全天下而沒有過錯。因為能用大道端正自己的地位。

二帝三王都是正位居，居正位，位居正。發揮天命道統，禮樂大道的大格局，大氣象！

上九 渙其血，去，逖，出。無咎。

渙卦上九爻說：在窮變的時機，冒險犯難前進，追求志向理想，就要受傷流血。如果能順勢而遠離，能順從變化而知道進退，就可以免除過錯。

象曰：渙其血，遠害也。

渙卦上九爻小象辭說：渙散分離太過，會有流血的傷害。如果能明白天時，在最高位能夠自我返回而後退，不再追求前進，就可以遠離傷害。

結 語 宗主孚佑帝君說：小蓄卦與渙卦，關連治療血病。

1. 渙卦上九的爻辭講「**渙其血去逖出**」六個字可以合為一句讀，也可以分作四句讀。把「**渙其血**」作為一句，「**去逖出**」三個字作為三句。

可以分兩層來解釋：一、因為流血然後逸出，成為連貫的義理。二、因為血的渙散，而去、而逸、而出，各有它的義理。這與小蓄卦六四爻，講「有孚、血去、惕出」相類似而稍微不同。

坎卦是從乾卦出來，在後天代理坤卦；坎能用得出乾的能量，能遵循「九三爻乾惕」的教訓，所以叫作「惕出」，因為太剛容易折斷，應當要自我警惕。

坎能用得出坤的能量，能給得出坤卦順承的道理，坎卦與坤卦的能量可以合同，能做到「以順從為正道」，所以叫作「逸出」。逸也就是迪，就是講能順從上位的人來完成行動，而加速局勢的推展。

2. **渙卦志向在行動，追求快速脫離危險的陷阱。而在上爻得到風行的勢力提振，有向上飛騰的心，所以不再猶豫不定。**至於講到「血去」的流血，小蓄與渙卦相同，都是因為巽卦的契入，陰柔可以變化陽剛所造成。

「血出」的流血好比是陰，而運行是陽，陽在陰當中，所以流血而氣可以洩漏。**氣是陽而運行血，血是陰而含藏氣**，這是人身體裡面剛柔交互的現象，血氣調和的情形。血可以交換氣，於是流血而氣就可運行了。

上九陽氣鬱積在最高處，就像人患了「頭部血的鬱積」而行成中風，所以中風西醫叫作「腦溢血」，治療的方法就是把血放出，氣自然順暢，中風也就解除。

3. 小蓄六四在中爻，就好比人的心胸之間，橫膈膜的上方。血有鬱積，就會形成驚風、痰多而閉氣昏倒，如果放血使氣順暢，中風與痰多就可以化解。所以小蓄在六四爻講「惕出」，就是講放血，於是驚惕的心可以化解，氣自然順暢出得來，風邪就自然離開。

渙卦的上爻五爻的上卦兩陽，陽氣上升而自己阻礙不能宣洩，血就鬱積，這時就必須順勢來引導，打通筋絡穴位讓它順暢，藉著風的行走使氣順暢，這叫作「**逸出**」。**逸就是順暢快速**。情勢正危急，治療一定要快速，不允許寬鬆緩慢，而應當順勢引導來放血。

兩卦講到血，固然不只是因為巽卦。巽是風加在血的上方，治療中風要先治血，血能運行，中風自然消滅。這是醫治的方法，但不是渙卦

爻用的根本。

4. 爻的作用，凡是講到血，一定是經由坎卦與離卦，坎是血卦，離是講心，心是血的主人。所以需卦六四爻講「需於血，出自穴」。屯卦上六講「泣血漣如」，都是講坎卦。

而小蓄卦與渙卦，一個是中爻的九三六四九五互卦是離卦，一個是上九初六九二互卦也是離卦，都是與坎卦的體用相通。而且渙卦的下卦是坎，更是符合見血的現象。

離卦要發揮坎卦的作用，讓元神可以運行血，而風可以領導血氣。因此小蓄卦與渙卦都有「血去」的話，講血能渙散然後去除鬱積，去除然後順暢，氣很快速就可以出得來。

5. 與小蓄卦講血的淤積阻塞而必須排出，排出然後回到警惕，而戒慎恐懼讓它能通，義理大致相同。

人得到血病首先在鬱積，中醫叫作「血淤」，就是血凝滯不通。內經叫作「菀」，也就是鬱積凝結而氣鬱不通。鬱積在頭上就是腦溢血，鬱積在中間就是橫膈膜不通的心肌梗塞，都適合先放血來疏通鬱積，來宣洩凝結不通。

那麼氣可以順暢，風可以運行，痰也可以化開。**小蓄卦與渙卦，這兩個卦都關連治療血病，**後來的人多數不明白，特別在這裡引申講述。

60 水澤**節**卦

上六
九五
六四
六三
九二
初九

卦旨

1. 〈序卦傳〉說：「渙者，離也。物不可以終離，故受之以節。」渙卦是渙散，而沒有歸止；節卦是停止，停在一個恰當的地方。物不可長久渙散而分離，一定要有所限制停止，所以節卦來接續渙卦，就是為了「停止離散，節制渙散。」

   節是節度，有節制有法度。水流有節度，可以潤澤萬物而免除淹沒的傷害。行事有節度，可以合同隨時的作用，能夠有利益萬物的情境。

   節卦的命名，取用人有持守，不失去節操，就像女子能守貞不失貞節。能抱持中柔，秉持坤卦的作用，這就是**妻道與臣道**。

   節卦四大本分：一、全力發揮忠誠的心來事奉主人。二、勤勉職守來蓄積道德。三、順從陽剛來就近正道。四、行出柔順來和悅萬物。那麼可以出離危險與陷落，可以有潤澤灌溉的功德。因此坎在外卦，足以昭明「利物」的恩典，警戒渙流亂流的傷害。

2. 亨通是從守貞來達到。**節卦的節制，精神在中和**，要發而中節才沒有傷害，才可以守護貞德。如果守節守得很痛苦，甚至活不下去，就不可以勉強守節。**苦節是毒害，不是先王中和的禮教！**

   能安守節操就是坤卦安貞的道，順承的實情，也就是節卦到達亨通的功德。守節而不太過，愈守愈安定，愈貞愈亨通，這是節卦的大用。

   要從苦節走向「安節」與「甘節」，「**安**」是心志永定而沒有他求，「**甘**」是趣味濃厚而自得其樂。從安富的情境，走向尊榮的美好，這就是「由戒律而節制而調和」，到達樂道的極致。那麼節制就是光大，所以是「不傷財，不害民。」

   節卦四大功能：一、建立教化。二、光明德性。三、成就政治。四、

通達大道。**人道的節度是根據節卦的義理而來**，於是天地可以定位，萬物可以長育，天下可以太平！

白話經文

【象辭義理】

節：亨。苦節不可貞。

　　節卦象辭說：節卦是停止，中途停止再出發，使行事有節度，能節制渙散的過錯，適合守成，不適合出征。陽剛得到開始，陰柔持守到終點，合同乾坤的作用，可以達到生成的恰好，所以節卦的道能亨通一切。

　　節卦的節制，精神在中和，要發而中節才沒有傷害，才可以守護貞德。如果守節守得很痛苦，甚至活不下去，就不可以勉強守節。苦節是毒害，不是先王中和的禮教！

【解釋象辭】

象曰：節，亨，剛柔分，而剛得中。苦節不可貞，其道窮也。悅以行險，當位以節，中正以通。天地節而四時成，節以制度，不傷財，不害民。

　　節卦解釋象辭說：節卦三陰三陽平均，陽得本始而陰得終成，陰陽交錯成就亨通的作用。剛柔分配平均，九二九五剛爻，得到內外中正的地位。

　　節卦是人道的根本，如果失去先王禮教的中正中和，走離本位本分，在道義上就不適合堅貞守節，會走入大道的窮途末路，只是增加痛苦而已！

　　兌卦是悅樂，坎卦是危險，陽剛在正位能節制陰柔，雖遭遇危險也不會陷落。陰柔能順從陽剛，剛柔當位，互相協同，完成節度，使一切達到中和，完成人道的中正通達。於是能感應天時，使天地四時的變化有秩序，而萬物生育繁茂。

　　聖人藉著天經地義的理則來建立禮樂的制度，立定政令的法度，使上下各守本分本位。沒有浪費而財用得當，沒有虐政而民力有餘！於是百事推行而事功建立，政教成就而德性光明。

【大象辭義理】

象曰：澤上有水，節。君子以制數度，議德行。

節卦大象辭說：節卦是水從湖澤裡流出，成就潤物、運輸、灌溉的功能。這一種流動與停止，有法度，有節度，不會成為災害，而利益無限。天地山水從根本運轉出大力量，行動有節制而光大在萬物，能合同天時地利的功德。

聖人就是根本天道地道的中和法則，來建立人道的經常準則，用來制定財經與民力的用度數量，以及審議道德的行為，決議禮節的行事。完成四大功德：建立教化，光明德性，成就政治，通達大道。於是天地可以定位，萬物可以長育，天下可以太平！

【爻辭義理】

初九 不出戶庭，無咎。

節卦初九爻說：人生的出處進退，要懂得節制停止的義理。初爻有位無時，是勿用的時機，不走出室外，要內斂含藏潛龍，回復乾卦的純陽正氣，就不會落入剛躁妄動的過錯。

固守節操而敬己存誠，操持本心而神不外放。於是陽剛能用出陰柔，抱守坤德安貞的道。能推擴明白「善貴止，德貴明，善藏善止」的道理。行事哪會有什麼過錯？

象曰：不出戶庭，知通塞也。

節卦初九爻小象辭說：修道君子明白，是人就要做好分內事，而不外求。要止於本分必須先明白天時，才知道亨通與阻塞的氣數，能夠順天時來進退。

能洞察外在的險阻，就可以固守本位而不走出戶庭。於是外患不侵，內德長明，不受傷害。可以把禮樂大道的制度與精神，推行到全天下。

九二 不出門庭，凶。

節卦九二爻說：九二立定本位，可以行中道，可以光明德性，乘著時機發揮作用。卻停止在廳堂，欲行又止，欲進又退，徬徨失措，會落入凶禍。由於不明天時道運，行止不能合同大道，只知固守不前而遭遇凶禍。這不是節卦的過錯！

象曰：不出門庭，失時極也。

節卦九二爻小象辭說：九二正當乾卦見龍在田，德施普及的時候，卻出門又關門，前進又停止，把自己隱藏在廳堂。時機地位地點都不對，這是失時失位，失中失道。

有中而不善用，有位而不自昭明德，有時而不發揮作用，所以會召感凶禍！加上人情四種偏差自私：太過柔順，討好別人。畏懼無勇。獨善自保。行事狹窄小氣。就會失去建功立德的大好機運！

六三 不節若，則嗟若。無咎。

節卦六三爻說：六三是人爻的開始，有中和的德，有養正的道，有安貞的吉祥，可以作為人道的根本，因此必須重視節操！如果不知節制，會做出後悔的事，而憂患嘆息沒完沒了。一旦做了後悔而不能挽回的事，後悔也沒有用。怎麼追究傷害過錯的責任歸屬呢？

象曰：不節之嗟，又誰咎也。

節卦六三爻小象辭說：由於自己守不住貞德，不明白含藏止善明德的道，全力用在外物的追求。就像財物不節制，就不能免除窮困的嘆息；精氣神不節制，不能免除痛苦的嘆息。內在精神乾枯，失落中庸調和的道，自己招來憂患。一再扼腕嘆息，又有什麼用呢？

六四 安節，亨。

節卦六四爻說：處在人爻，有三要領。一、能安守本分，堅持節操。二、不願意追求本分以外的事。三、心志長定久靜，與外物交接沒有妄念。就可以無時不安定，無行不節制，合同坤卦六四爻「括囊，無咎無譽」的境界。

能順天合道，無私無我的包納萬物又成就萬物，沒有過錯也沒有美名。因此道通一切，作用永不窮盡。如果心神外放，被物奴役，心身不亨通，就不能自足自強，自在自得；反而自困自苦，自孽自受！

象曰：安節之亨，承上道也。

節卦六四爻小象辭說：人生態度，適合安貞自守，靜定自持，就能向上順承剛健中正。操守愈堅定，行事愈奮勵，就能得到乾卦的亨通而自足自強。

亨通是從「安貞、順承、節制」而來，由於善承九五中正的道，剛為體，柔為用。於是心志長定久安，行事順暢悅樂！

九五 甘節，吉。往有尚。

節卦九五爻說：人道能調和陰陽剛柔，用出中和的力量，來平衡坎陷的困局，就可以從長定久靜的安和，走向樂在其中的甘美、吉祥。有不厭不倦，自足自得的聖神功化。所作所為都可以成就，願望都可以實現，由六四的安富，進到九五的尊榮。

象曰：甘節之吉，居位中也。

節卦九五爻小象辭：九五得正位有操守，行中道有功用。地位正當而時機恰好，所以由六四爻的安定富有，進到九五的尊貴顯榮。這時節制就是光大，不傷財，不害民。財用有節度而不匱乏，民力寬裕充沛，於是教化興盛，政令推行，天下太平。

上六 苦節，貞凶。悔亡。

節卦上六爻說：上六處在窮變的時位，失去時機地位的中正，責求一個人苦守貞節，傷害會很大。因此苦節不能堅守，守貞反而是凶。

聖人教化根本人情，不會拘泥執著從一而終的道理，而違背人情與天理。人情很難守貞，卻容易後悔。既然是通達人情而不苦守貞德，又哪裡需要後悔？

象曰：苦節，貞凶。其道窮也。

節卦上六爻小象辭說：天時氣數窮盡的時候，要順時應變，通權達變。這時苦守原則，拘執禮法，反而招來凶禍。

君子重視慎始，先做到財經與民力的節制而不耗損，議定道德倫理的行事而不放縱。政經文教都不違背中庸，沒有太過與不及，就不會落入天窮地絕，沒路走！

結語 節卦可以成就盛德大業，而光照全天下。

1. 凡是**乾坤交錯，陰陽平均的卦**，都有不偏離不偏激的義理存在，太過與不及就會失去宗旨。節卦的作用，在剛柔能夠互相協同，而恰好完

成節度。**節度一切，使一切沒有太過與不及，節制一切使一切達到中和**。因此類似**中孚卦，是人道的根本**，在這裡可以看見。

節就是交接，是兩者中間的交接處。節也是交際，就是交接的地方，也是互通的樞紐。就像竹木有節，雖然有節卻不會困窮，隨時可以通氣，隨時可以交通精神，這是節的中正所以能亨通。愈有節度生機愈繁盛，生育愈茂盛，**可以蓄積勢力而約束實力，可以感應天時而成就德性**。

2. 就像天地的秩序，有四時的變化交錯，有十二個月的名稱，才有二十四節候的分別。從這個道理來衡量其他，就像竹木的節目，雖然停止還是可以相互感通，所以叫作「**天地有節度而四時成就**」，春夏秋冬四時不會亂了秩序，正是因為有節度而已。

聖人藉著這個道理，用節卦來完成「制度」，效法天地的時令，效法竹木的節幹，一節一個度各不相紊亂，一節一通達各不相妨礙。所以一切的「**政令**」，都有節制來訂立制度，使人事各有限止，也能各守本分。

上面的人不會傷害下面的人，國君不會讓人民痛苦，**一切的用度不會違背材料的性質，勞役的工作不會窮盡人民的力量**。那麼一切的政事可以推行，而事功可以建立，政治成就而德性光明。

3. 所以**有節度的人不傷財不害民**。因為沒有浪費，財物的運用可以恰當；沒有暴虐的政令，人民的力量就會很充分。因此剛中的道理，完全靠柔順來節制。**用柔來節制就不會太過，用剛來節制就不會不及**。

剛柔互相節制一切都可以達到中和，就可以幫助天地定位，可以長育萬物，都還不用擔心不足，又哪裡會傷損財物又傷害人民呢？

因此**節卦的大用，是成為太平盛世的根本**。有無互相幫助，遠近互相交通，上下互相和諧，內外互相得到，都可以得到公平和平，就像有節有度一樣。

4. 這就是謙卦講的多的幫助少的，一切的物資可以平均施與；這樣的道理不會違背天地四時的節令，不會違背草木有一節一節的實情。

那麼萬事都可以合同權衡，百種的政務可以完全遵循法度。所以**節卦是有所持守，有地位就要有操守，這是節卦的大義，也是人道的重要**

法則。

一切政治事業最需要節度的是「財經與民力」。財務有節度，國用就不會匱乏；民力有節度，人民就不會痛苦。「**富有叫作大業，日新叫作盛德。**」盛德大業的極致圓滿就是節卦的成就。

關連國計民生的遠大目標，叫做道德的行事。這完全在國務的經營，上位者的籌畫，而**君王一個人的道德力量，德行的極致至一定可以光照全天下**。

61 風澤中孚卦

卦旨

1. 〈序卦傳〉說：「節而信之，故受之以中孚。」節卦的制止，有時候制止太過，會產生「抑制」的傷害。有時候法度規矩太多而有糾紛，要靠道來伸展，靠德來取信，才不會節制太過。**太過壓抑的節制，是節卦的缺失，只有「發而中節」才是節卦的美善。**

   發而中節就是中和，就是中孚。這時**止定也能行動，節制也能通達，有限量卻合於法度，能收納一切卻又能成就利益**，於是一切都能合同中行。

   從容中道而內有真誠，於是外顯誠信而心中止於至善，這才真是明德的表現，因此能合同《大學》的道，《中庸》的功，而又能夠一貫。所以**中孚是大道的極致，是德性的極致**，天地尚且不會違背，何況是人呢？

2. **中孚以中和為根本，一定先把根本安排妥當，把重要的禮樂教化重心先建立**，這樣人道可以上體天道而建立人極，可以順應天時來建立制度，這是不可忽視的事情。中孚是巽卦在外，寄託「**用教化來引導人民，用教化來代替刑罰**」的宗旨。

   中孚卦是要追求最高的中道，要達到最高的和諧，要完成最高的信實。讓上下都能真誠合同，來感應上天。

   於是中孚卦能展現八大功效：一、可以讓天道廣大。二、可以讓功業恢弘。三、可以使萬物無窮。四、可以使氣數無終。五、物窮會復返，數終又開始。六、周流往還而風行澤止。七、以太極為運轉而掌握最高的天理。八、推展到無限而能建立永恆的綱紀。

3. 這是內在忠誠而信實發外，內在柔順而向遠處推展仁愛，行事有中道

的衡量而不會太過，政教的推行再遠都可以普及。

有約束而不會偏差，能彰顯一切願望理想。這是最精妙的大道，上天不能與它爭功；這是微細看不見的天德，大地奪不走它的功用。這是人道的極致圓滿，也是萬物實情的中道理則。所以卦名叫作「中孚」，**天地人三極的作用已經很顯明了。**

天爻地爻的陽剛可以真誠交通人爻的中柔，叫作中孚。因此中孚卦的上下本德已經具足，能發揮至真至善至美的體用。中孚是中庸中和大化的道，把中用在一切處，沒有不是合同大道，沒有不是成就天德，讓萬物得到養正，一點都沒有遺落失落。

4. 連豚魚都可以成就富庶繁盛，還有什麼物不能成就？人生更是安富尊榮吉祥了！一切的利益可以到達遠方，而至誠中和可以永存心中。**這是天地定位，萬物長育的太和世界！**

中孚卦是全易合同道體的卦，是道家與儒家開示教化，講明修行的要領。正位得中，行為就不會偏差；內外相應，德性就不會孤立。因此**中孚的名稱就是從「不偏不孤」來。陰陽靠孚然後生化，上下靠中然後安和；生化是萬物的源頭，安和是眾生的根本。**

先有源頭才看見生生不息，先得到根本才能達到安安能遷。因此中孚是天地的基礎，是人物的母親，天地人物沒有不是根據一陰一陽的道，一開一闔的氣機而已。

中孚卦有五要素。包含：一、氣數的終始。二、萬物的生成。三、時機的隱藏與發動。四、大道的伸縮。五、能掌握天機，得到大本。所以**中孚就是中和。**

5. 中孚卦三四以柔爻立足在中爻，二五以剛爻立定在正位，這是人道立足在大地的博厚，承戴上天的高明，人在中央，萬物相與而無妄。〈雜卦傳〉講：「大蓄是時，無妄是災。」災就是時機不對，時機對就不是災。無妄卦是偏差而失去完全，太過而違背中道，於是比不上**中孚的道，可以合同至善，可以根本至德。**

中孚的功德，足以幫助整個時代，而中孚的作用足以嘉惠人民。對時代的幫助是天地化育的源頭，嘉惠人民是聖賢治國平天下的根本。都是根據風行來「立教」，根據澤沛來「布政」的義理。**中孚卦是上下**

合德，共同成就中和，於是天地可以定位，萬物可以長育。哪裡需要擔心人生不中，擔憂物力不足呢？

白話經文

【彖辭義理】

中孚：豚魚，吉。利涉大川，利貞。

中孚卦彖辭說：天爻地爻的陽剛可以真誠交通人爻的中柔，叫作中孚。因此中孚卦的上下本德已經具足，能發揮至真至善至美的體用。**中孚是中庸中和大化的道**，把中用在一切處，沒有不是合同大道，沒有不是成就天德，讓萬物得到養正，一點都沒有遺落失落。

大道看不到聽不到，卻能隨處朗現；大道摸不著、夠不上，卻無所不在。所以**政教的推行，再遠都可以普及**。連豚魚都可以成就富庶繁盛，還有什麼物不能成就？人生更是安富尊榮吉祥了！

一切的利益可以到達遠方，而**至誠中和可以永存心中**。就是天地定位，萬物長育的太和世界！

【解釋彖辭】

彖曰：中孚，柔在內而剛得中。說而巽，孚，乃化邦也。豚魚吉，信及豚魚也。利涉大川，乘木舟虛也。中孚以利貞，乃應乎天也。

中孚卦解釋彖辭說：中孚是陰柔在人爻，陽剛在二五中正的地位，二陰接連天地，於是天道可以恆久，地道可以隨時。人道效法地道而呼應天道，**地天合德**而成就利貞。

陰陽真誠合同，上位能柔順親近下位，下位能悅樂尊敬上位，上下和諧快樂，家道就興盛，齊家就可以治國安天下。這是**禮樂大道推行，男女性情正位**，成就天德大化的中和功德力，於是**家國天下同化在禮樂大道裡**。

中孚的誠信德性推及到豚魚身上，連豚魚也相信，天地人物再也沒有不合同的了！聖人制作器物來養民富民，有船可以渡越大川大海，船的中心空虛，更能發揮載眾行遠的利涉功效！

中孚靠人爻的利貞，用柔順、真誠來合同天地的覆載生成，弘大天地生成，利益萬物的功效。這是**順天合道，應天利物**的大圓滿了！

【大象辭義理】

象曰：澤上有風，中孚。君子以議獄緩死。

中孚卦大象辭說：中孚重視人文風化，以中和為根本，先建立禮樂大道的教化。於是人道可以上體天道而立定人極，可以順應天時來建立制度，可以探明性命的源頭，可以調適性情的明達，人倫就有安定和諧的秩序。

君子用禮樂教人，行善改過，除暴安良，美善風俗，保全人民居家生活的安定，讓全民快樂做事。

因此，政治不廢止刑罰，爭訟一定有監獄。也不會濫用刑罰，急著用重典判死刑，能維護生命與民情的公正平等。

勸善懲惡，讓人民懷德畏威，達到長治久安。這是上古明王治理天下，用禮樂道德來引導人民，用仁義教化來代替刑罰的宗旨。

【爻辭義理】

初九 虞吉。有他，不燕。

中孚卦初九爻說：中孚志在成就中和太和，情志上會憂勤惕勵，作多方的考量，就會謹慎行動，得到吉祥。

也因為度量猜想太多，心志容易紛亂而不能執中抱一，總是有其他的追求圖謀，使情志不安定。

初九遠離中道中位，多心多情多欲多慮，不能真誠合同禮樂大道，形成人民不信從，自己也不能安閒和樂，自在自得！

象曰：初九虞吉，志未變也。

中孚卦初九爻小象辭說：初九的吉祥，因為志向不改變，雖然有多方的猜想，卻沒有二心。這是陽剛本德不變，才有的吉祥。

如果生出二心，不能安處本位，志向改變了，吉祥也就沒有了。要明白，吉祥是從不變而來，不是從多方考量而來。能守中抱一到達中和，才有吉祥。

九二 鳴鶴在陰，其子和之。我有好爵，吾與爾靡之。

中孚卦九二爻說：母鳥鳴叫，小鳥唱和，共同快樂的生活，這是人文禮樂真誠的感化，推及到豚魚與禽鳥身上。由此可見人類社會的和諧氣象，一定是君王明德而臣民善良。

上位的人用名位爵祿來獎賞有功勞的人，下位的人藉著受賞來感恩懷德。上下都維繫在公心功德，忠誠公報上面，政教成就而朝野安定。連豚魚禽鳥都可以誠信感通，怎麼會有混亂戰爭的人禍天災呢？

象曰：其子和之，中心願也。

中孚卦九二爻小象辭說：母鶴鳴叫而小鳥和聲，是天性至誠至信的唱和感通，是天心的本願，不是外在的驅迫。

唱和的道理推展到人事，就是上位有命令，臣下沒有不信從，不必假借地位與權勢，是出於自然而完成在自性，共同完成道德事功。

六三 得敵。或鼓或罷，或泣或歌。

中孚卦六三爻說：六三與上九相應，陽在上而陰在下，相應而不相協同。四與二交錯，三與五交錯相應，於是上下內外，爻位的體用，形成匹配又敵對的情境。

有時是勇進的鼓暢，有時是引退的止步；有時是艱難時局的哭泣，有時是安樂的唱歌。這一切是情感的不定，交接情境變化的投射反應。

如果接近九五的陽剛中正，就打鼓唱歌；如果接近三四的陰柔，就是退止哭泣。從時機與地位，看出一個人的性情與志願。

象曰：或鼓或罷，位不當也。

中孚卦六三爻小象辭說：在人生歷程中，心情隨著外境變化起伏不定，順境就呼風喚雨的打鼓唱歌，逆境就灰心喪志的徬徨哭泣。這是地位的不恰當，心志的不篤定。

縱然處在上下很難和諧，人事很難調理的時局，能夠明白反省：不管世局如何變化，心境怎麼沉浮，路還是要走，道還是要修。就是身定、心靜、靈安、慧開而得道的人。

六四 月幾望，馬匹亡。無咎。

中孚卦六四爻說：六四正當月幾望，月亮要滿盈而還沒有滿盈，光明還是少一線，形成功虧一簣。如同馬匹的逃亡，是自絕於同類，這是一心

妄想追求上進的過錯！

六四不能安貞自守，反而圖謀雄健快速，行動會有過錯後悔。處在虧欠缺失的時機地位，不適合開創行動。如果能守成守道，就沒有過錯！

象曰：馬匹亡，絕類上也。

中孚卦六四爻小象辭說：六三六四是柔爻相連，不是正位，形成既濟又未濟，中和又不中和的衝突。時機地位不恰當，想圖謀大功，反而失敗在要成功的時候。

這是柔爻妄想追求前進，向外而忘記向內依附，與群眾背道而馳，如同馬逃離群體，自絕於同類，不能完成千里的行動。斷絕同類，遠離群體，違反中孚卦誠信交通，艱貞守道的宗旨。

因此，失本失位失中失守，連充分準備好的一切都會失去，有馬也不能乘坐。半空折翅而功敗垂成！

九五 有孚攣如，無咎。

中孚爻九五爻說：根本乾卦九五爻大中至正的德性，率領全民，情志貫通，互相牽繫不離。陽剛提挈陰柔，容易被陰柔障蔽，如同君王容易受小人的欺矇傷害，原來是有過錯的。

因為地位中正，德性光明，綱紀嚴謹，明辨是非，最終能免除過錯。

象曰：有孚攣如，位正當也。

中孚卦九五爻小象辭說：九五地位中正，德性中和，大公無私，光明照耀。群陰仰望，眾志歸附。上下同心同德像同胞兄弟，沒有二心，沒有背叛。

九五有飛龍在天的氣象，誰敢不順服？誰能不臣服？君明德而臣賢良，民安而國泰，天下一家親！

上九 翰音登於天，貞凶。

中孚卦上九爻說：上九正當變化的時局，一切反常。在地面休息的禽鳥，竟然飛登上天鳴叫，這是怪異，不是常道中道。失本位的守貞不是正道，守貞也是凶禍。

如同君王據守高位而傲慢，乘著危險而驕橫，凶禍是看得見的。處在時機地位窮盡的極限地步，不能再妄想登天，應當要順應天時，返回天命

本位。

象曰：翰音登於天，何可長也。

中孚卦上九爻小象辭說：上九失中和失誠信，生息在地面卻妄想登天，違背天地的道，忘記時機地位的恰好，落入怪異反常，反常就不能長久。

沒有可以固守的時機地位，更不可能長久。不知道生命的止處，違背天時氣數的作為，只會遺留無窮的禍害！

結 語 宗主孚佑帝君說：中孚就是孚於中，信於中，和於中，誠於中。能掌握天機大本。

1. 中孚卦是十二辟卦的開始，時節正當農曆的冬至。今天講中孚卦恰好正當冬至以前，時機與氣數結合，天與人合同，從這裡可以看見講《易經》不是其他壇可以比得上。古人講「見天心」從這裡更可以相信。
中孚是大過的相反，在《周易》是與小過為往來卦，大過與頤卦往來，而頤卦與小過也是相反。就是上下卦位交換，山雷是頤而雷山是小過，澤風是大過而風澤是中孚。這四個卦的道相交錯，行動互相背反，而在六十四卦當中都是「獨有」的卦，或叫作純卦，或叫作質卦，也可以叫作孤卦。因為卦象屬於獨有，不與其他卦相同。
《易經》「獨有」的卦有八個卦：「乾坤坎離，還有頤卦大過中孚與小過」這四卦。除了這八個卦以外，都是一卦顛倒成兩卦。比如屯卦蒙卦與咸卦恆卦這一類，總共五十六卦，實際只有二十八卦。屯卦顛倒就是蒙卦，咸卦顛倒就是恆卦，原本沒有差異。

2. 只有乾坤等八個卦顛倒也沒有差別，所以叫作獨有，就是講不與其他卦共同擁有卦體。《周易》上經三十卦，獨有卦是「乾坤坎離頤卦大過」六個卦，結合其他同體卦而顛倒成為兩個卦的，雖然是二十四卦，實際只有十二卦，那麼上經實在只有十八卦。
下經也是這樣。同體而成為兩卦的有三十二卦，實際上只有十六卦，加上中孚小過兩個獨有卦，也符合十八的數目。
上下經合起來是三十六卦，這是周天的數目，是天地人物的綱紀，恰好窮盡整部《易經》的變化，而包含萬有的實情。所以上下經的卦數

原來是平均，沒有多少的差別。

獨有卦上經多而下經少。**上經講明天地自然的現象，下經講明人物生化的情形，就好比是先後天。**先天從「獨」出來，後天靠「偶」成就。獨是不合同也不生成，偶是可以生成可以變化，因此奇與偶的分辨，是變化的氣機。

3. 下經三十二卦都是偶合的卦，而中孚與小過是獨有卦，這是講後天孤陽不生，孤陰不化的體例。只有中孚與小過卦雖然是獨而不是孤，因為是由兩卦結合而成，與頤卦大過卦相類似，這四個卦還是後天的現象，是生化的源頭，與乾坤坎離四卦是有分別的。

   乾坤是先天的元精，坎離是後天的父母，因此生於獨而成於孤，不可以有偶合的現象。而「頤卦大過中孚小過卦」是生於偶合而成為獨孤，這是在已經生成，已經變化以後，**還保存有元精元質的現象，但不是純粹先天了。**

   下經以「中孚卦小過卦」在三十卦以後殿後，就是明白顯示**天地的起點是從一到眾多，天地的終點也是從眾多而回歸一，這就是大還原大返本的現象。**與「頤卦大過卦」在中間的「奇分偶合」的現象相應，而不會擺在整部《易經》的最後，卻留著「既濟卦未濟卦」來作為大終。

4. 就是講明天地的道周流不停，終則有始，返而復出，藏伏而又興起，所以拿**「既濟卦未濟卦」來顯示「往復無盡」的現象，**而不拿中孚卦小過卦作為「終點」。

   就像一年的時令終止在臘月，而中孚卦是冬至。「周正建子」，意思就是周朝曆法，正月立定在子月來說，中孚是一年的開始。從「夏正建寅」，也就是夏朝曆法正月立定在寅月來說，中孚卦是冬季的中間。因此**中孚卦有五要素：**一、包含氣數的終始。二、萬物的生成。三、時機的隱藏與發動。四、大道的伸縮。五、能掌握天機，得到大本。所以中孚就是中和。

   孚是信，有信一定有和，有和一定有信，**五德是信在中央，也居處在最末，**因此中孚是一歲氣運的開始，是一陽來復的時機。陽在外而陰在內，陰可以長育陽；柔在中而剛在表，剛可以保衛柔。所以叫作中孚，也就是**孚於中，信於中，和於中，誠於中**的意思。

62 雷山小過卦

卦旨

1. 〈序卦傳〉說：「有其信者必實行，所以中孚以後接續的是小過卦。」小過卦的義理，重心在行動，就好比是走過的意思。把這個道理推展到人事：委屈自己來尊重別人，如果謙恭太過也是過錯。推展到一切行動：過錯都是離開本位，失去本分，就是小過卦這一類。

   〈雜卦傳〉說：「小過，過也。大過，顛也」。過錯講的是失中，顛倒講的是反覆。「過失」是錯誤的行為，情形有可以原諒；「顛覆」是違背叛逆的舉動，罪過不能寬緩原諒。這是過錯的大概分別。

   「大過卦」的象辭講「大者，過也。」講明過錯重大，而責任在有地位的人，過錯屬於當權的人。二五都是剛爻，不能率領眾人行走正道。因此「過錯在陽剛」，不能推卸給陰柔。

2. 「小過卦」是兩個剛爻在四柔層層的束縛當中，下面沒有輔助，外面沒有接應，內外失去正位正道，時勢逼迫。這是「陰柔的過錯」，而不是陽剛的罪過。

   陽大而陰小，**大過要責備陽剛，小過要責求陰柔**；大過的責任在剛太過，小過的缺失在柔太過。柔順的過錯就好像剛愎的情識，陰昧的行動，足以成為障蔽阻塞的傷害，所以小過也不可以取法。

   雖然行善的過錯勝過邪惡的過錯，而不合中道的過錯，罪過是一樣的。雖然順從退後的局勢不同於叛逆，但是不合正道的謀求終究很難效法。《周易》拿小過與中孚作為往來卦，讓我們明白相反的作用。**違背中孚就成為小過，違反頤卦就成為大過**，而小過又與頤卦卦位交換，大過又與中孚卦同體。因此「**中孚小過頤卦大過**」這四卦相互交錯，一得一失，一利一害，互相勘查自然就明白道理。

3. 小過的義理，重心在「**順應時機而通達變化，用過錯來成就行事。**」
   小過是善行的過，所以象辭講「可小事，不可大事」就是講善的過失
   還小，如果想要擴大，反而成為大過，那麼善就是惡了。這一層義理
   關連太重要了。後世的人不要認為小過卦的占卜是「大吉，亨利貞」
   就認為可以放肆行為的過失。
   小事的過錯還可以免除，大事的過錯就不堪忍受了。所以亨通是根據
   利益而來，利益是根據貞德而來，「貞固可以幹事」一定要嚴守中正。
   過錯能夠反過來就是正道，就可以通達亨利；知過能夠悔改，就可以
   成就德行。這就是「**觀過知仁，有過貴改。**」也就是聖人無過而賢者
   不二過。
   有過錯而不害怕悔改，還可以返回中孚，就可以自我返回中道，中和
   的功德就是性情的中正。因此易卦重視利貞，就是一定要根本性情。
   凡是道功的極致至圓滿一定要靠中行。亨通的根本是利貞，利貞的根
   本是性情，而作用就是從性情中和來展現，所以叫作「過以利貞，與
   時行也。」
4. **小過的四個條件：**一、在人來說是「情感」。二、在天來說是「時機」。
   三、在物來說是「勢力」。四，在數來說是「變化」。過失是順著這
   四個條件來產生的。
   君子或許也不能免除，而且用過失的力量反過來成就德性，這是象辭
   講「亨利貞」的緣由，讓我們明白小過的道不可廢止。
   **情感的驅使，時機的作為，局勢的逼迫，變化的展現，就是有智慧的
   人也不能謀劃，有勇氣的人也不能掠奪。**何況是眾人呢？
   所以**君子的過失就像日蝕月蝕，節度如此，不能避開**，要等待它的回
   復最初，也就與原來的光明沒有不同。大象辭所舉例也是體諒過失而
   推演初心，應許情感而期望能回復天性。

白 話 經 文

【象辭義理】

小過：亨，利貞，可小事，不可大事。飛鳥遺之音，不宜上宜下。大吉。

小過卦象辭說：內能存養剛健德性，外能照顧靜順的情感，具備亨利貞三德。小過重心在尋常日用，有禮儀來安止性情，能亨通一切。有事功來利益外物，普及作用。有貞德來反求自己，節制操守。

小過是陰柔勝出，缺失在放縱情感而不知止定，不知外物的傷害。漸失中和而違反正義，因此可以做小事，不可以做大事。

鳥飛鳴來去是在追求友伴，鳥已經飛走了，聲音還可以聽聞。追尋聲音就可以抓得到鳥，這是鳴聲的災禍。如同下位的人愛慕高飛，追求權位，也會給自己帶來過錯。

如果能轉化向上為向下，轉化追求為止定，警惕欲望而回歸中孚。行事以知止作基礎，以柔順為態度，安守本分而謙卑自牧，就會有大吉祥。

【解釋彖辭】

彖曰：小過，小者過而亨也。過以利貞，與時行也。柔得中，是以小事吉也。剛失位而不中，是以不可大事也。有飛鳥之象焉，飛鳥遺之音，不宜上宜下，大吉，上逆而下順也。

小過卦解釋彖辭說：小過是陰柔的責任過失。違反柔順承剛的本性，違背安貞的德性，想追求超越陽剛，而造成過失。但也因為太過而成就一時的亨通。

小過的亨通是違背中道的亨通，要返回利貞的根本，返回性情的中和，才能展現貞德代天的自強不息。才能順天時合天道，成就生成萬物的功業。

小過的二五都是柔爻在中正的位，不可以大用，做小事就吉祥。陽剛失去二五的正位而不中，失正就無主，失中就難用，所以做大事就不吉祥。

上下四陰夾著兩陽，像飛鳥展翅，天空有飛鳥的聲音而鳥已飛過，好比事情已經過去而事跡還在，在事後知道是過失而快速悔改。小過可貴在自我反求，向下順從性命中正，改過回到中行；不向上逆反時位，貪求高官厚祿。依止自性靈山，就是大吉祥！

【大象辭義理】

象曰：山上有雷，小過。君子以行過乎恭，喪過乎哀，用過乎儉。

小過卦大象辭說：大象辭講明人道。山靜止於內，雷震動於外，靜的力量不能克制動的力量，動靜不能中和，形成小過。中和很難做到，當「情

感、時機、局勢、變化」這四種因素超過中道，就是智者勇者也很難調到中和。

　　與其沒有過失而造惡，寧可有過失而接近善，因此君子寧取太過，不取不及。寧可行為恭敬太過而不要放肆，寧可喪禮哀傷太過而不苟且隨便，寧可節儉太過而不浪費。

　　這一切有天理的節制調和，人民的心志可以安定，「養身養心養氣養性」可以中正。就可以免除人道的過失，行出中正光明的氣度格局！

【爻辭義理】

初六 **飛鳥以凶。**

　　小過卦初六爻說：初六地位卑下，德性昏暗，不可圖謀高舉，要抱持坤卦初六履霜知機的告誡。如果違背向下守位的道理，而企圖高升，逾越本位，違背時機，妄想妄作，會落入凶禍！

象曰：飛鳥以凶，不可如何也。

　　小過卦初六爻小象辭說：人生有不可避免的事情——想要飛翔。生命有不能解決的問題——氣數的災禍。不可如何的事有兩層：「是人就不得不飛，是人就不得不遭遇凶禍。」

　　有智慧的人也避不開，有勇氣的人也奪不走。這是人生的卡關，也是人不能洞察，不能預料的過失與凶禍！只有戒慎止定，知機見機，才能免除凶禍！

六二 **過其祖，遇其妣。不及其君，遇其臣。無咎。**

　　小過卦六二爻說：五倫有親親的情分，有君臣的禮義。要過訪祖父卻遇到祖母，這是情分。要拜會國君，卻中途遇見臣子，這是禮義。

　　親情與道義的分際不清明，就是過失。太重親親之情，失落尊尊之義，過失在自己。知過能改正，就沒有過失了。

象曰：不及其君，臣不可過也。

　　小過卦六二爻小象辭說：君臣是大道，有大禮大義。國君可以過訪臣子，臣子不可以過訪國君。為人臣止於敬，臣子不可以欺凌國君，不可失去臣節本分。

九三 弗過，防之。從或戕之，凶。

小過卦九三爻說：道的成就可貴在中行。九三志在上進，陽剛不要太過，要謹慎防備太剛容易折斷的過錯！如果不做好防備，不柔順又放縱剛躁暴力的擴大，不節制又放縱欲望，就是凶禍！

象曰：從或戕之，凶如何也。

小過卦九三爻小象辭說：不能涵養艮山的靜止，不能制止躁動剛暴的亂流。如同大河決堤一樣，傷害會大到不可收拾！九三爻的重心在提防，防患未然！

九四 無咎，弗過遇之。往厲必戒，勿用永貞。

小過卦九四爻說：九四是震卦主爻，抱持剛健情感卻失去中正的德性，有乾卦的自強卻忘記九四躍淵的隱晦，行動就會有過失。如果不違背艮止與貞守，就可以免除過錯。

（不過訪而能相遇，是對方一定會來。我們要保持恭敬的禮儀，誠信的接待，給出豐厚的禮物，主客就可以融洽交往。）

九四重心在返回，自我往下走，不可前往，前往就會有危險。要自我整飭不疏漏，要深藏守拙不要自我表現，永遠貞正內守，是最嚴密的戒備。

象曰：弗過遇之，位不當也。往厲必戒，終不可長也。

小過卦九四爻小象辭說：不要前去拜訪，而等待對方來相遇。因為九四地位不是二、五的正位，要向內止定才能免除過錯。如果躁進就會踏入危險，一定要嚴密戒備，所以不可助長躁動的志向。

六五 密雲不雨，自我西郊。公弋取彼在穴。

小過卦六五爻說：柔爻立足剛位，失去乾卦的正位，才會有過錯。就像上天密雲不雨，哪會有水澤的豐沛？人從郊外來，就是邪行不正。

王公趁著鳥獸沒戒備，在地洞裡獵取，這是暗昧貪得，不光明不仁義的行為。當上位的人失德，人民哪能安生樂業？

象曰：密雲不雨，已上也。

小過卦六五爻小象辭說：上位的人只是積累財富，卻不施捨下民，就像天有雲而不下雨，太高而不能潤澤群生萬物。犯了背反地位與時機的過

錯，又違反仁智可以成人成物的功用。

上六 弗遇過之，飛鳥離之。凶，是謂災眚。

小過卦上六爻說：上六是過錯的極點，過錯在自己的鬆懈，不肯追求前進，只期望別人來相遇。事實上不可相遇而要過訪，自己一定要前往。

當人冒犯上天，牴觸神明，氣數的凶禍馬上來臨。如同飛鳥沒有與人物結怨，卻遭受捕捉宰殺的凶禍一樣。人不勇於改過，如何避開氣數的凶禍呢？

象曰：弗遇過之，已亢也。

小過卦上六爻小象辭說：上六極高無位，難以久留，不能長久等待對方來相遇，只有盡自己的力量去過訪。違背中道不得中行，與其不及寧可太過，寧可自強不息。

但還是不能避免一定來到禍害的情境，還是掉入亢龍有悔。上六失位失時，作用窮盡了，凶禍免不了。與其太過而有利益，不如沒有過失而發揮事功。這是中和的可貴。

結語

宗主孚佑帝君說：

1. 「頤卦、大過、中孚、小過」這四卦是互相連繫，**極盡天地變化的實情，顯現人物行藏的作用。**

   大小過都用「過」來形容，**大過過錯在陽剛。小過過錯在陰柔。**大過卦是超過中道的太過，小過卦是不及中道的過錯。從人事來說，**大過是過錯在惡，小過是過錯在善，**都是失去中道。

   惡太過傷害大，善太過傷害小。凡是善惡都要拿「至中」作為標準，而事物要拿「至平」作為準則。中和公平就好比把物剖開分成兩半，分量很均勻；就像分財產分成兩分，而數目相等。沒有多，沒有少，沒有偏差，沒有傾斜，才能免除過錯。

   過於善的傷害，雖然比過於惡還輕，累積久了也是會敗壞德性，這樣的弊病也會形成對人的傷害。所以不中和不公平，不足以成為德性；

不公心不正義，不能免除傷害。**君子持守至中，行為至正**，作用保持公正，調和保持公平，就沒有太過與不及。

2. 就好像一個人行善，不貪名不求利，這是善行，卻不知道節度，不明白氣節操守，不能守住本位就是過錯了。小過卦的過錯多數關連這一層面，失去中孚才成為過錯。

   就像尾生抱橋而死，守信固然守信，卻太過了；又像墨子捨己來利益眾人，博愛固然博愛，卻太過了。這不是守信與博愛的過錯，是太過守信與太過博愛的傷害而已。

   明白這一層道理，就明白小過的過錯由於陰柔。陰柔的過錯是失去陽剛，就不知道節度，就沒辦法抉擇操守，而且會偏向自己的信守固執，就會被自以為是障蔽。最初好像沒有什麼對錯可以議論，最終就會是非對錯不清不楚了。

3. 所以大小過都是過錯，都是由於「失去中正」而來。**大過卦是失去「頤卦的養正」，小過卦是「違背中孚的用中」**，然後過錯的現象很顯明，過錯的行事很顯著。學習《易經》的人，要先將這四個卦往來的宗旨，熟思而謹慎分辨才可以。

   一切的行動也是這樣，適合恭謙那麼恭謙不是過錯，適合傲慢那麼傲慢不是過錯。因為是**發而中節，能夠尊敬本位，能夠守著本分**。如果超過節度，失去本位，違背本分，就是過錯了。

   所以過錯就是「不中正」的說法。**不中就不平，不公就不正**，這是過**錯形成的原因**，是行動違背靜止的義理。事情的太過與不及是同樣的過失，而不及一定關連陰柔，不及是退避的心勝出，太過是進取的心太多，失去中道是一樣的。

4. **中是天下的大本，太過與不及會擾亂根本**。所以《周易》拿小過卦擺在中孚卦的後面，實在是啟示人「用中」的可貴。我們觀察大象辭所舉述的「君子之道」，就可以看見超過也有可取。

   因此《論語》講「觀過知仁」，雖然有過錯，不會傷害仁德，那麼過錯又哪裡會太過呢？可是過錯終究是過錯，有過錯而不改正，把過錯當作中道，一定傷害行事，敗壞德性。這麼看來，**聖人講善一定是至善，而且一定要知道止處，能夠止於至善就沒有過錯了**。

講到「觀過」這句話，這是佛家「止觀相應」的妙訣。隨時而止，隨時而觀，觀止不二，這就是靜功的始終功夫。因為內觀而知道過錯，防止過錯而可以內觀，這就是《易經》生命教育的修習途徑，是艮震一體。

上六
九五
六四
九三
六二
初九

卦旨

1. 既濟卦是水在火上,生成才看得見;未濟卦是離在坎的前面,分合才
   會明顯。沒有既濟不能明白天地的功效,沒有未濟不能顯現乾坤的大
   道,這個**生與滅是二合一的事**,往與還是一貫的理。
   〈序卦傳〉說:「有過物者必濟。所以小過之後是既濟。」因為物力
   的超過,行事有功效,事情一定成功,這是物力的充盈,事功才可以
   完成。因此《周易》是根本人道而彰顯氣數。
   小過是過於善而失去中行,失中就有偏差,偏差就容易接近習慣的方
   向。既濟是從小過來,失去中行的既濟,雖然是相濟相成卻難以長久,
   所以最終到達未濟。
   **萬物有盛必有衰,而人的行事有亨通必有阻塞;藉著太過而相濟相成
   當然就不能恆久,藉著太過而成事當然就不可能擴大。**因此既濟雖然
   用「濟」來命名,而功利不可以久大,**可大可久是道德事業。**〈繫辭傳〉
   說:「日新之謂盛德,富有之謂大業,盛德大業至矣哉。」關鍵就在
   能久能大。

2. 既濟沒有久大的期望,作用也配不上,所以象辭只是講「亨小」。讓
   我們明白《易經》的教訓,不要認為既濟是最好,而且認為是要擺在
   整部《易經》的終點。要明白縱然有德業也很難久大,而且未濟馬上
   隨著既濟來到。
   既濟是六爻定位,剛柔誠信交合,卦序已經排定,所以說「既濟,定
   也。」定在本位,能夠通達履卦的志向,那麼既濟自然有隨時的義理。
   既濟好像船的渡水,從這裡到那裡;又像做一件事,從開始到完成。
   而未濟就不是這樣,所以卦名叫作濟,而加上「**既與未**」來區別。

既濟就是已經渡河，已經完成；未濟是等待過河，期待完成。利益既然可以計算，災禍就可去除；禍害既然可以消弭，福報就會更大。因此利與貞並重，就可以達到亨通。

貞是自己的思維，利是物的力量，水火是生化的源頭。善於取用天時，運轉物力，生化就會有功效，人就會有德性。君子藉著水火的禍患能夠事先預防，既然做到防患於未然，自然能成就無量的事功了。

白話經文

【象辭義理】

既濟：亨，小，利貞。初吉終亂。

既濟卦象辭說：從究竟義來說，既濟是道成德至，無名默契，無待無求。人人道德學問事業已經成就，品位圓滿，天地人物定位了。所以既濟的安定是很難再更動了，既濟的成就是絕無僅有的。

從一般義來說，當今天下紛擾，人事茫昏，果真都定位了，又何必天人共辦來更張？所以天地的運勢還不許可，時運還沒有成熟。如果不知順時應變，如何做到執中用常？

既濟的本位立定，有相濟相成的現象，有亨利貞三德而沒有道通先天的元德。所以事業亨通而不宏大，利貞的德性也不完全，叫作初吉終亂。吉祥已經過去了，混亂正要到來。

因此既濟的作用，適合最初，一定要謹慎終成。歡喜最初的成功，一定要憂慮以後的衰亂！

【解釋象辭】

象曰：既濟，亨，小者亨也。利貞，剛柔正，而位當也。初吉，柔得中也。終止則亂，其道窮也。

既濟卦解釋象辭說：既濟只是小事的亨通，有守成的安定，給不出順應權變的大用大功。六二與九五，剛柔都是正位，內外中正而地位恰當，可以有為有守，利貞可以作為人道的基礎。

柔爻得到六二的中位，內應初九陽剛的本始，外協六四的終成，能帶

來吉祥。全卦終止在上六的陰爻，陽剛不能完成志向，陰柔又把自己比作陽剛，而有龍戰的混亂殺傷，形成道用的窮盡。

【大象辭義理】

象曰：水在火上，既濟。君子以思患而預防之。

既濟卦大象辭說：水在火上，完成上下交濟的功效，天人物我可以運作完成。如同心腎交濟調和，天君泰然，百體從令。既濟以功用為重心，在人道上也是以籌謀策劃為先。

事物有利就有害，有福就有禍，要達成功用，必先去害取利，避禍取福。一定要熟思審慮，如何免除禍害而收取福利？因此君子要思慮禍害而有預防的方法，這也是作事謀始的宗旨。

因為水火有福多利大的功效，也有滅頂燎原的禍害！防患未然有四層考量：完善的制度，精良的器具，明白限量，權衡輕重。這是人道善於輔助天窮而成就物利，成就生化功德，成就無量事功！

【爻辭義理】

初九 曳其輪，濡其尾。無咎。

既濟卦初九爻說：坐著車子到了水邊要渡河，卻拖著車輪而浸濕車尾。既然決心渡河，車子浸水又有什麼過錯呢？初九是勿用的時機，卻急著求用，就容易有過錯。志在渡河辦事，有什麼過錯呢？

象曰：曳其輪，義無咎也。

既濟卦初九爻小象辭說：初九處於下位，卑下而接近水邊泥濘的地勢，車輪轉不動就拖著走，用人力來彌補時機的作用，來避開地理環境的妨害。在義理上應該沒有過錯！

六二 婦喪其茀，勿逐。七日得。

既濟卦六二爻說：朝廷的貴婦，下車要坐船渡河，失去遮護的頭巾裝飾，不必尋找，七日自然會得回來。六二是坤卦正位，行安貞的道，上應九五的陽剛，卻有互卦坎陷的危險，失物的憂慮。因為不失中道，失物可以得回。

象曰：七日得，以中道也。

既濟卦六二爻小象辭說：六二是不失中道而合同天心，七日得回失物，這是無得無失，契入最中和的極致。能清能靜皆養道，致中致和可參天，中道精神深契天道。

　　人能行自性中道，眾人佩服天心仁德，撿到的人一定會歸還，這是中道的效驗！

九三 高宗伐鬼方，三年克之。小人勿用。

　　既濟卦九三爻說：殷高宗討伐鬼方，用道德的光明力量打擊黑暗，三年才平定。聽信親近小人的話才出兵攻打，不是靠文德來安撫遠處的敵人。有窮兵黷武，好大喜功的嫌疑！所以領導者不可輕信小人，誤用小人！

象曰：三年克之，憊也。

　　既濟卦九三爻小象辭說：勞師動眾，勞民傷財，三年才戰勝敵人，讓全國疲於奔命。先王耀德不耀兵，不會貪功而發動戰爭，疲憊耗損國力，雖戰勝也不足取。領導者在用人時要思患預防，不要輕信親近的小人，而做了後悔的事！

六四 濡其衣袽，終日戒。

　　既濟卦六四爻說：要幫助別人渡河，衣服一定會浸濕。既然志向在渡河，還擔心衣服浸濕嗎？渡河是形容艱難危險的情境、因緣、挫折、考驗。既然已經下定決心要開創事功，就一定要懷抱戒慎恐懼的心念。

　　人生需要終日戒慎小心嗎？為什麼？因為在平時會有過涉滅頂的凶禍，在戰時會有屍橫遍野的凶禍。所以最正確的持戒生活是朝乾夕惕，不敢懈怠！警惕惰氣，鼓暢天機！

象曰：終日戒，有所疑也。

　　既濟卦六四爻小象辭說：已經進入水裡，衣服濕透了，就明白形勢逼迫，道途艱難。面對一日千變萬變，千鈞一髮的世局、時機、分位，能不害怕嗎？我們是畏懼而不前呢？還是疲憊而回頭呢？還是一命交天，堅持到底？

九五 東鄰殺牛，不如西鄰之禴祭。實受其福。

　　既濟卦九五爻說：先王君臨天下，重視禮儀祭祀。在禘論嘗烝四季的

祭典裡，夏天的禴祀，是萬物繁殖生育，農耕忙碌的季節，祭祀的意義在祈求豐收，不是為了享福。

　　東鄰的殺牛，是貪物欲享受，比不上西鄰祈求豐年來得神聖。誰是福報的真實受用者，就很清楚了！

象曰：東鄰殺牛，不如西鄰之時也。實受其福，吉大來也。

　　既濟卦九五爻小象辭說：東鄰殺牛，雖然禮儀祭品完備，不如西鄰禴祭的順天合道應時，可以實受天福，享受大來的吉慶！

上六 濡其首，厲。

　　既濟卦上六爻說：既濟的作用窮盡，上六把自己比作陽剛，行為失中，做不來順承的道，全身連頭都墜入深淵了。實在太危險，敗亂得太厲害了！如果能戒懼而後退，才可免除凶禍！

象曰：濡其首厲，何可久也？

　　既濟卦上六爻小象辭說：上六窮極變化，既濟變成未濟。全身都浸泡在凶禍的漩渦裡，想要交濟如何可能？在窮盡變化的時機地位裡，想久留更不可能！

結 語　坎離是陰陽的綱紀，天地生化的樞紐。

1.　**既濟與未濟是整部《易經》的殿後**，處在六十四卦的終點。天道周而復始，易卦從開始到終點，形成循環不盡的現象，像一個圓周的形狀。從乾坤開端而既濟未濟是終成，終點而不是終點，於是終而復始，這是易卦的現象，成為一個大循環。

　　就像一年從春到冬，歲序到了盡頭還是回復春天，成為來年的開始，這就是「始與終」的關連，也是天時的作為。**天時變換，終點就是始點**，所以既濟與未濟，顯示易卦雖然到了終點，顯示《易經》的道理沒有窮盡。**乾坤永在而坎離長存。**

2.　「坎水與離火」是陰陽的綱紀，就像「乾坤」是生化的風箱與鑰匙，就像冶煉金屬的爐灶，能夠振揚天地生化的機關樞紐。有開闔有交替，說是無窮盡卻又有窮盡，沒有終點卻隨時可以是終點，這就是天地的

妙用。聖人就拿乾坤坎離這四個卦來高懸準則，作人物最重要的依循，《易經》就藉這四個卦來昭明源頭。

結合一定會分離，通暢一定有阻塞，**能夠統一的是道**。利與害，吉與凶，**能夠整齊一致的是道功**。功效作用屬於物力，大道本體通達天心，有無相關連而無可以生有，萬有與一相應而萬有終究歸一。因此既濟與未濟是相反而相成，一本而萬殊，也可以一貫，這是從兩卦的卦象就足以知道的事。

天道是萬物的奧藏

1. **天道是萬物最深的奧藏**，善人視為珍寶。生命是大道的奧藏，修行證道回天。先天大道包含「人道、地道、天道」，**人道是修身齊家，地道是博愛布施，天道是治國平天下。**修道人能修好天地人三極大道，才是性命雙修，福慧雙修。

   明道的人有「察稽知極」的智慧。「察稽」是從紛歧複雜的現象裡，能稽察是非曲直。「知極」是直探宇宙人生的最深處，能明白很多的圓通道理。

   一國的元首如果能用出「察稽知極」的道理，那麼天下就歸服了。為政的人如果能用出「察稽知極」的道理，那麼人民不會迷惑而會服從。這是三皇五帝、二帝三王的政治，所以才有《易經》的道統傳述。

2. **在上位的人「虛極」，在下位的人「靜篤」，大道就中正了。**虛就無我，靜就無物；無我就無私，無物就無欲。無我無物就可以進入大道。信天就是誠，真誠就無欲，**在上位的人如果能真誠無欲立在中道，就可以為生民立命，**立命就是為民設教。

   為生民立命最重大的事就是「建立道統」。所以，三皇五帝建立道統，先王議禮制度考文，孔孟傳述道統文化。白陽三期安定宇宙最偉大的版本，就從道統文化來。

   有上帝的天命金線，才有祖師的道統傳承；有祖師的道統傳承，才有禮樂的建立；有禮樂的建立，才有經典的教化；有經典的教化，才有道德的修養；有道德的修養，才有倫理的生活；有倫理的生活，才有家道家教；有家道家教，才有世界的大同。

3. 古時候傳授修道心法的都是帝王，而修道人也是帝王，貫通天地人叫作王，所以有大德的人才有大位。「守天地之極，與天地俱見」。「天地之極」就是宇宙最高的真理，「與天地俱見」就是與天地共參，聖王有天地氣象。

   現今道降庶民，只要虛心深造，肯修肯辦，自能上達天道真理的祕奧。「天道無私，惟德是輔。」人人可得，人人可修，人人可成。

孔子開始闡述儒家學說的時候，有很多人不贊同。耶穌開始傳述上帝的話，也有很多人反對、拒絕、不接受。白陽普渡初期，仙佛講天命接引、三曹普渡，也是有人會抗拒不接受。隨著時代不斷轉變，慢慢就會有愈來愈多人接受，因為人類靈性的來源相同。

4. 雖然血統種族不一樣，風俗文化不一樣，但是每個人內心深處一定會慢慢接受天道普渡的真理。所以要常常回佛堂，才能慢慢挖掘道心，藉由行功了愿，才能讓道心愈來愈顯現。必須投入很多時間，**修道成果靠時間來換取。**

白陽末後，最迫切的是建立以天道真理為依歸的教育，建立天人一貫的修辦理念，並實踐儒家普世人本的中道思想。老仙翁指示：「拓世垂統」。白水老人叮囑：「立教垂統」。開拓世界道場，建立真理教育，讓先天大道傳承永續，是我們這一代人的文化使命。

「天命之謂性，率性之謂道，修道之謂教。」孔子在「中庸」已經將修道的「天、性、道、教」四要領提出來。

5. **道是靈界最尊貴的，人是物界最靈長的。**人雖然是稟承沖和之氣、天地之性而生，卻居於物界，不免有物的困擾，受物的影響。物包括衣、食、住、行、育、樂等，這些生活都影響生理，自會生出許多欲念。身是人的一個樊籠，把人的生命圍困在這軀殼當中。

修天道的人不可「迷真」被現實境所困，也不可「逐妄」被塵境所惑，要晏處超然坦蕩、自得自在，才能達於真境，真境是不變的境，就是天道。**人從天上來，所以可返回上天。**要回天必須修天道，天道是天與人的橋樑。

人想修至「與道合一」，必須修入「化境」。**世人何以不能過化存神？原因是被「私欲」障礙。私是「我」，欲是「物」**，能打破私我、打破物欲，差不多就可以過化大化了。如何能打破我、打破物？**「虛」就無我，「靜」就無物**，只有虛才能靜，只有靜才能虛，虛靜是一件事，是修天道的重要功夫。

6. 欲望從哪裡來？從視聽言動來。視聽言動怎麼來？因為氣動。氣為何動？因為心浮。當年廣成子告訴黃帝修真第一法要：抱神。怎麼抱神？「專氣致柔」自然神氣相抱。「唯氣集虛，虛者心齋也。」「虛極靜篤」

自然無私我、無物欲。心氣不浮躁，欲望不會生，三毒就消滅，是真清靜。

既濟卦的道功是修養到心腎相交，水火既濟，就能安爐立鼎，正位凝命。就能進入常清常靜的養道，致中致和參天的中孚太和，也就是艮卦「艮背行庭」的道功完成。

〈說卦傳〉指示：「帝出乎震，成言乎艮。」震出而艮成，依止自性靈山，既成始又成終。呂祖說：「《易經》是密經」，道統心法的密意在艮山。其實密在己身，早已具足又存在，何嘗有密？只是人心不清靜不清閒罷了！

7. 老仙翁說：「能清能靜皆養道，致中致和可參天。」聖人教人都是從生活入手，生活就是道，離開生活，便無真道。**中國人最重視三種態度**。一、中庸之道：視聽言動，合乎中庸。二、中和之行：太和元氣，七彩祥雲。三、中正之位：仁義正道，萬物皆應。

師尊說：「由入世法而修出世法，以儒家為本，實踐孔孟仁義道德，綱常倫理。由正心修身為入手，人人正心修身，自然家齊、國治、天下平。將來萬教歸一，歸於這個道，一道同風，世界才能大同。此等重責大任，白陽修士自應責無旁貸。」

師尊說：「不尊師命，辦道無益。不培內德，行功無益。不明自性，修禪無益。」師尊三大弘願：「一在先天，救渡眾生達本還源。二在後天，移風易俗，促進世界大同。三是繼往開來，復興中華固有文化。」白陽末後，在母子會、師徒會當中，要完成普渡收圓的彌勒大同世界，所依據的是儒家文化。**只有儒家的禮樂大道，可以承載上帝老母的天命，可以運轉六十四代祖師的道統**，完成白陽末後收圓，也完成彌勒淨土人間！讓堯天舜日、無極理天，同步臨現！

火水未濟卦

卦旨

1. 既濟就是已經渡河，已經完成；未濟是等待過河，期待完成。因此既濟是終成，未濟反而是開始，既濟在後面，未濟反而在前面。現在《易經》是既濟在前面，未濟在最後，這當中的妙理，實在已經闡明天地的無盡，生化的無窮，終而不終，最末而不是最末。未濟的志向在濟渡，果真可以濟渡，就與既濟卦相同。

   〈序卦傳〉說：「物不可窮也，故受之以未濟終焉。」〈雜卦傳〉講：「既濟，定也。」定就容易窮盡，而萬物不可終窮，所以用「未濟」來接續，擺在《易經》的終點。雖然是終點而不窮盡，大道周而復始，這就是天道。

2. 〈雜卦傳〉講未濟是「男之窮」，與歸妹是「女之終」相匹應，乾道的氣窮盡在未濟卦，坤道的德終止在歸妹卦。陽氣以未濟而終止卻還是返回到乾卦，所以未濟是窮盡卻不終於窮盡，也如同歸妹一樣。

   未濟卦有人道四功德。能夠：一、審查天時。二、辨別地利。三、明白物性。四、抉擇方位的恰好。

   雖然是未濟而不忘既濟。君子有四種做法：一、或是反過來求得。二、或是順著時機來達到。三、或是轉移交換來遷就。四、或是減少多的來幫助少的，來調和。這就是君子所重視的事。

   未濟的時機，行動就凶禍，守成就吉祥。果真能退後而聽從天命，來等待天時，也可以接續天運，接續天運就不會終結在窮困了。

白話經文

【彖辭義理】

未濟：亨，小狐汔濟，濡其尾。征凶，無攸利。

未濟卦彖辭說：未濟是陽氣終止而返回乾卦，陽氣盡而生化滅絕，要等待陰氣的延續才能回復。（氣數有終點，而天道是終而有始，終始循環。）所以未濟是窮盡卻不是終止窮盡。還是有內在的亨通，而不廣大。

小狐狸想要渡河，浸濕了尾巴，行動不靈光，再前進會有凶禍，沒路走了！小狐比喻男子不莊重，不能安頓身心，像狐狸一樣諂媚女子，想要遂行自己的私欲圖謀。失去天心本位，守不住本分的人，不能有作為。不只是征凶，而且一點利益都沒有！

【解釋彖辭】

彖曰：未濟，亨，柔得中也。小狐汔濟，未出中也。濡其尾，征凶，無攸利。不續終也。雖不當位，剛柔應也。

未濟卦解釋彖辭說：氣數有終而道無窮。陽氣終窮不亨通的未濟，卻有小亨通，是二五爻得中正的地位，合同泰卦，交濟的功效可以期望。

小狐狸想要渡河，而尾巴濕透，不能出離險陷當中，再有智慧也渡不了河。不只征凶更沒利益，只能順氣數走到終點，不能期望接續。未濟六爻都不當位，陰陽不在陰陽的本位，違背乾坤的正位。

可是二五的正位，交通感應，還是能協同交泰情境，有應有合，可以期待變化成為既濟。因此，當陰柔能順從陽剛，坤能承接乾，生生的道就能合同天地的道而沒有窮盡！

【大象辭義理】

象曰：火在水上，未濟。君子以慎，辨物居方。

未濟卦大象辭說：火在水上，火向上燒而水向下流，上下背馳不能交濟，叫作未濟。君子就拿人道來彌補時機與萬物的困窮，來幫助環境方位與變化的不足。也就是拿「辨物、居方」的人道，來彌縫「窮盡與變化」的天道。

辨物是格物、正物、盡物，幫助萬物正位。居方是知止、立教、化俗，移風易俗。君子的可貴在謹慎，謹慎明物性、正物性、盡物性，人人不溺

物也不傷物。

謹慎居處立定在至善寶地，淨化一方為淨土。可以安定萬民，淳化風俗，推行禮樂大道，重現堯天舜日！

【爻辭義理】

初六 濡其尾，吝。

未濟卦初六爻說：狐狸渡河浸濕尾巴，就渡不了河，已經陷溺在水裡，鐵定難以出離。就像冒險進入險地，被危險包圍而難以突圍。由於在事先不知預防，行事又不恰當，損失與禍害會難以預料！這是自己才德不足，招來的吝阻不通。

象曰：濡其尾，亦不智，甚也。

未濟卦初六爻小象辭說：未濟是氣數窮盡，作用也窮盡。離譜得連自身都忘了，也忘了自己在做什麼，簡直一點智慧都沒有，連陷阱都避不開！

聖人教人「顯仁藏智」的深意，要我們明白，像狐狸一樣多智、巧智，是最不可靠！

九二 曳其輪，貞吉。

未濟卦九二爻說：已經渡過河，登上陸地，改坐車了。陽剛立足在柔位，有安貞的德性，有元吉的行事，根本中庸而實行中道，一切沒有不吉祥。

象曰：九二貞吉，中以行正也。

未濟卦九二爻小象辭說：九二得中位，抱守貞德與六五相應交泰。能協同時機地位的中正，有守有為，不違背中正的道。用坤德的文明在中，行出乾德的德施普及，自然能創造吉祥！

六三 未濟，征凶。不利涉大川。

未濟卦六三爻說：人道的三四爻是六三與九四，這是否塞不通，渡不了河又沒有友助。能往哪裡去呢？又怎麼能拓展弘圖？時機地位不恰當又冒險渡越，會有滅頂的凶禍！

象曰：未濟，征凶，位不當也。

未濟卦六三爻小象辭說：六三是柔爻立足剛位，就會多危險多凶禍。由於地位的不恰當，不中正，上下又不交通，不合同，什麼小事都成就不

了，又怎麼能夠出征而克服大危險大考驗？本分本位能立定守中，就能立地，責任擔得起就能頂天。哪有滅頂的凶禍？

九四 貞吉，悔亡。震用伐鬼方，三年有賞於大國。

未濟卦九四爻說：九四是剛立足柔位，有離明致遠的功效，可以出離坎陷，守正不失而得到吉祥，行事有功而後悔消失。

九四是儲君監國攝行政事，代替天子征伐鬼方三年，成就治平的偉大功業，得到天命的獎賞與封國。

象曰：貞吉悔亡，志行也。

未濟卦九四爻小象辭說：九四的志向在建國封侯。實踐中正的貞德，用正大光明的力量，突破艱難疲憊，堅持三年終於完成功業。得到大國的封地，一切後悔消失，吉祥來到！

六五 貞吉，無悔。君子之光，有孚，吉。

未濟卦六五爻說：六五居全卦正位，處在尊嚴的時機，善於謙卑而向下交濟九二，天德中正，不會做後悔的事。六五柔爻，有坤卦順承的德性，有離卦文明的行事，內在篤實光輝，外在文明中正。

只有才德兼備的君子，才做得來剛柔相應，乾坤合德。能行健自強又能柔順載物，可以創造大吉祥。

象曰：君子之光，其暉吉也。

未濟卦六五爻小象辭說：六五的君子能自卑而尊人，德性像日月的光輝，普及萬物而天下同慶，萬民仰瞻。這是退後，守成，順從天命，等待天時而接續天運，才有的吉祥。

上九 有孚於飲酒，濡其首，無咎。有孚失是。

未濟卦上九爻說：地位到了極點，時運窮盡，無可作為，文明退轉到只有沉湎在酒醉夢想而已。喝酒喝到浸透腦袋，是天道的窮困，也是人道的敗壞。能歸咎誰呢？

上九是氣數的終窮，只看見沉醉在喝酒當中，天命天性，道德仁義完全淹沒。天地又要混沌，人物要共同進入草昧了！這是《易經》的終點，大道的窮盡！

未濟終結在有孚，就是終結卻沒有終結，滅絕卻不滅絕。只要有孚和合就能翻轉氣數，合同乾坤天道，合同坎離人道，可貴在有孚的交濟合同。

　　有交孚就有失去，失去未濟卻返回到既濟，失去窮盡卻返回通達，失去終點卻返回到原始點。失去什麼就得到什麼，「失是」轉變成為「得是」！「有孚失是」的宗旨太深遠了！

　　大道奧藏，乾坤不壞，既濟未濟是一體不分。大道永遠是生生不息，終始循環！

象曰：飲酒濡首，亦不知節也。

　　未濟卦上九爻小象辭說：人不知道節度，就不能合同天時的終窮。人道不能盡人事而順天道，就會沉湎荒淫而沒有節度，只有隨著氣數而同歸於盡了。

　　大道的可貴在知止，中孚的可貴也在知止，未濟會落入終窮，就是不知止。人不能止定在自性靈山，於是在二氣五行當中，不能突破二氣五形的限制，而回返大道的無窮。聖人在這裡有無限的感慨惋惜！

結語 宗主孚佑帝君說：「有孚失是」作為全易殿後的宗旨。

1. 未濟卦最後一句話，「有孚失是」這四個字，**實在是屬於全易終結的話**，不是專屬於未濟的上爻，也不是屬於未濟這一卦。這四個字與乾卦的用九，「見群龍無首，天德不可為首。」坤卦的用六，「利永貞，以大終。」的兩句爻辭很相類同。

   未濟是六十四卦的終點，終結於上九。而「有孚失是」，是從上九的**終點推到全易的終點，這就是終點的極致。**而講「有孚」是講終而不終，滅絕而不滅絕，雖然未濟卻有交孚。

   背反是氣數，交孚是道。道不變，氣數變化移到這裡反而是交孚，這就是變化而回返正常，變化而不失常，就與天地同樣長久。**乾坤不毀壞，那麼《易經》的門戶可以永遠長存；易道不改變，那麼萬物的利濟可以有指望。**因此未濟的終結在「有孚」。

2. 「失是」是講失去正道，失去本始。「是」講的是從這裡開始。「是」這個字，上方是日，下方是正，「日正天中」就像一天的正午，太陽

在正午，陽光沒有不普被，天德沒有不通達。

《易經》以「順應變化」為作用。變與正相反，失正就是失常，失常不會長久，所以未濟不可以長久，而既濟就得到中正了。易卦以二五為中，九五為正，未濟原來失正，上九又沒有地位，這就是「失是」。上九的德性是未濟的占卜，而推廣到全易，恰好成為變化的體例。變化的體例從行動來看，**未濟一動就變成既濟，因此上九一變就降為九五，陽剛又合同中正了。**

上爻變為五爻，偏差變為中正，那麼終結就變為不是終結，滅絕變成不是滅絕。這是一爻的進退，關連到全易的正常與變化。「是」講開始。「失始」就是失去乾卦的作用，「乾知大始」。

3. 未濟是男子的**窮盡**，就是乾卦的終結。**失去乾卦的開始而期望坤卦的終成，那麼未濟可以轉為既濟，**既濟就可以俯陽就陰，反剛為柔。

水火互相交換地位，那麼失去乾卦的反而得到。「**陽」是天下最勤奮的能量，「健」是天下最強勁的力量。**未濟卦外陽而內陰，放棄了剛健而接受順從，這是「失是」的由來。

整部《易經》就因為失去，反而成為得到，就像大過卦返回到中孚，小過卦返回到頤卦。陰反過來主持內部，那麼陽是客就在外部，這個「**失是」就轉變成「得是」了，失去什麼就得到什麼。**

「是」這個字就兼有日月的光明，結合陰陽就是正，這就是整部《易經》以乾坤為首，下經開始在咸卦恆卦的義理。

4. 咸講善感，月的明亮一定感應日；恆講不變，日的運行永守貞常。所以日是恆星，月亮在夜晚才明亮，兩者匹配，而「這個是」（這個易、這個日月）可以看見。

萬物從「是」來出生，作用從「是」來完成。有《易經》就有匹配，有生命就有合同，因此「**生與成」不能離開匹配合同的道理，不能違背日月的運行。**

離是日而坎是月，既濟是坎在上方，這是「正字的下方有日」。未濟是離在上方，這是「日的下方有正」。所以「**是」這個字屬於未濟的現象，而講到「失是」，就是返回到既濟了。**

「失始才有終」這是坤道。坤先於乾就是地天泰，這個「有孚失是」

就是即將交泰了。未濟而交換成為泰,難道不是天地生生不已,息息相通的道嗎?所以拿「有孚失是」這四個字作為全易的殿後,宗旨實在太深遠了。

五教一家　訓文
（五教聖人的神聖，在榮耀上帝）

【濟公活佛慈訓】

　　2006.12.1　新加坡化星壇
　　調寄：你知道我在等你嗎　　語寄：你知道我在等你嗎

五臟性主人可活，五常心主德不薄。
五瓣出於一花朵，五教出於一申窩。

神之格思，不可度思，矧可射思。
五倫治世，五經垂世，莫有邪思。
＊＊＊
師用聖靈與火熙，為徒兒來施洗。
背起十字自見上帝，血肉不能見上帝。
可埋葬醜陋體，但須復活至善的靈體。
感聖人啟迷性洗滌，以教道暗示悟性移。
讓吾懺悔用德立己立人親一，法上帝救贖頑愚迷。
救同胞顯正義，表彰慈申深厚大愛永遠不停息。
讓人互愛互珍惜，甘為義受迫逼。
不貪享受為道捨身取義。　　　（其一基督教）
＊＊＊
師在那岩石壁上，兩海交會地方。
把滴水降鹹魚不喪，安拉升起了太陽。
照徹那洞穴場，師指正道徒與申同堂。
體萬類皆一樣性王，盡人物性暮朝皆亮。
復清真醒即歸返守信去虛妄，明透回回之地本鄉。
定性復天心處堅強，表彰慈申破邪顯正聖潔的靈光。
心裡多一分體諒，就少一分爭傷。

莫要劃分手足皆同申娘。 　　　（其二回教）
＊＊＊
師在拈花微笑處，直指那人心湖。
見性之徒可成佛祖，正法眼藏示真如。
觀自在菩薩殊，已能挽劫運改了冤苦。
自佛道皈降伏念奴，承天恩白陽速頓悟。
最末三期天地人將準備收束，一朵蓮花光施玄祖。
仁勇面對三曹責務，表彰慈申覺智圓通眾生來滅度。
慈悲喜捨行六度，切莫執於經書。
以指見月藉船自把河渡。 　　　（其三佛教）
＊＊＊
師望徒有欲觀竅，無欲時觀其妙。
真道不曉枉今聞道，手裡赤子嬰孩抱。
返樸實歸真苗，本著道體德用智不小。
若要得一永遠逍遙，天助自助安貧樂道。
身居人曹莫困塵牢庸人自擾，那四相三心皆盡掃。
這五蘊六欲自然消，表彰慈申清靜無為感應至誠找。
上善若水無煩惱，功成不居不驕。
不落術流怪力亂神圈套。 　　　（其四道教）
＊＊＊
師望徒守乎中庸，至誠事奉蒼穹。
天人相通不言之中，一以貫之自明通。
明師一指見性容，性命天真晶圓浩氣沖。
道化徒立身齊家豐，法聖賢助辦收邪宗。
護全真儒運轉吹世界太平風，促成行仁應機救眾。
就算受苦不願放鬆，表彰慈申仁民愛物忠恕常包容。
等待所有的徒童，攜手禮運大同。
讓申的愛常駐你我心中。 　　　（其五儒教）

【五教聖人慈訓：五教一家】

五教本來是一家，因應眾生而變化，宗旨一致乃和平，互相包容你我他。人類應以赤子般之真誠相對待，不分國籍，不分膚色，不分種族，更要彼此尊重互相關懷。

不可只求自己私利，對物質過分依賴，對自然資源恣意浪費，對生態環境破壞殆盡，更找盡藉口發動戰爭。這真是可悲。

奉勸主事之人，心存慈懷，早日停止，人類才能重拾美好的生活。

真儒應運，五倫治世，天與人歸

〈皇中訓子十誡〉裡，老子說：「谷神不死藏玄牝，可道可名即非真。道德五千未言盡，速拜弓長早歸根。」大成至聖文宣王孔子說：「窮理盡性至善玄，人欲淨盡天理全。窮神知化知其止，定靜安慮見本原。」**老師說：「道是源，教是緣。」**從五教復回先天大道，是三期末後的天時大因緣。

老中命原佛子來東土治理東土。三皇五帝夏商周三代聖王，用禮樂大道，完成上帝的旨意。整部《易經》就是先王治平天下的禮樂實錄，雷地豫卦大象辭，說明治平天下，靠的是禮樂大道。

豫卦大象辭說：「雷出地，奮豫。先王以作樂崇德，殷薦之上帝，以配祖考。」先王用豫卦治理天下、安定全民。當禮樂完備，天人共同沐浴在美好的情境；當教化推行，君民上下共同成就道德慧命。天地陰陽氤氳渾圓，天人物我和樂融融。

制禮作樂要有四個條件：一、一定要有天德。二、一定要有天位。三、一定要有輝煌的功業。四、一定要有恢弘光耀的制度。有這四個條件才可以完成禮樂的制作，有了禮樂才可以講教化的推行，而教化的推行不可以勉強逼迫。禮樂的作用在和悅。

禮樂教化要有四個條件：一、一定要有眾多的人民。二、一定要生活富足不匱乏。三、要能利用物產來豐富民生。四、要能吃得飽穿得暖，有精神生活的平安舒適。有這四個條件才可以推行禮樂的教化。倉廩實，衣食足，才能政令興，教化行，天下平。

宗主孚佑帝君說：謙卦是為人道講話，豫卦是為治道講話；謙卦的主導是德性而重心在人事，豫卦的主導在法律而重心在政治。古時候的聖人建立邦國、設定制度沒有不是根據豫卦，這樣的政治可以傳承久遠，這樣的法度可以範圍天下，都是用出豫卦的義理。有心從事政治的人一定要先注意豫卦的消息。

　　白陽末後，在母子會、師徒會當中，要完成普渡收圓的彌勒大同世界，所依據的是儒家文化。只有儒家的禮樂大道，可以承載上帝老中的天命，可以運轉六十四代祖師的道統，完成白陽末後收圓，也完成彌勒淨土人間！讓堯天舜日、無極理天，同步臨現！

　　禮樂的制度是什麼？精神是什麼？該當如何把握制度與精神的一貫？在禮崩樂壞三千年後，又要怎麼重建？這是三曹普渡最重要的進程，也是最重大的工程！

　　師母說：「一心三極」。人道是修身齊家，地道是博愛布施，天道是治國平天下。捨離禮樂大道的三極一貫系統，其他的道務都只是拼圖而已！

　　白陽天，真儒運，天道情。儒家應運不是誰說了算，是老母說了算。儒家思想有五大核心精神：「明白天道，明白天德，明白天命，明白氣數，明白天性。」

　　要實踐完成世界大同，必須遵行儒家思想五大內容：第一上帝的天命。第二祖師的道統。第三禮樂的精神。第四揆一心法。第五綱常倫理。

　　老師說：「白陽大戲登場，帶給三曹希望。有一種力量，是道在身上作用散發出光芒，是上天給與心靈歸處回復天真模樣。有一種力量，使我們義無反顧，將真理來發揚。有一種力量，讓我們的佛心綻放，處處是天

堂。」今時先天大道普展，原人速修速辦，老母親自送來九品蓮台。

老師說：「老安少懷普世理念，人本做起古道承襲。」普世人本的理念實踐，必須對接堯舜。堯、舜用禮樂孝道治理天下而「天與人歸」。為什麼聖王能得到上天給與治理萬民的天命，又能得到萬民的歸心？「天德」兩字而已！堯舜之道，孝悌而已！

老師說：「三曹普渡，是天地間最後又最厚的一本經典。」老師說：「**望徒夔龍禮樂作，彌勒家業齊荷擔。導德齊禮遵天意，禮門義路宏圖寬。**」彌勒淨土人間，沒有禮樂大道，怎麼運轉？白陽普渡收圓，沒有儒門禮儀，怎麼實現？老師說：「孔孟聖道萬國遍，儒教復興大同年。」

張果老大仙說：「儒家應運，最殊勝在哪？讓每個白陽修士在聖在凡都可以修道，在生活中行道。聖凡都可以修，可以成，是儒家最殊勝的地方。」心行合一，兼善天下，世界就大同了。

註 孔子演說的《易經證釋》已編述出版紙本書。書名：《天下大同》。十二冊。

附錄一、伏羲先天六十四卦
（方圓四分四層圖）

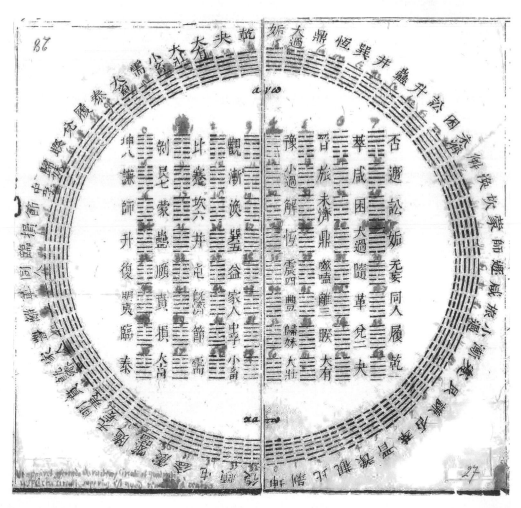

（取自維基共享資源）

附錄二、六十四卦象圖

序號	卦名	畫法	代表	現象	含義
第一卦	乾上乾下	乾為天	吉	顛峰之象	無形的主宰
第二卦	坤上坤下	坤為地	吉	保守之象	造化的根源
第三卦	坎上震下	雲雷屯	凶	艱難之象	創發之艱難
第四卦	艮上坎下	山水蒙	中凶	啟蒙之象	啟蒙的教育
第五卦	坎上乾下	水天需	中凶	等待之象	飲食宴樂以待時
第六卦	乾上坎下	天水訟	凶	相爭之象	作事謀始以防訟
第七卦	坤上坎下	地水師	凶	征戰之象	領導統馭之學
第八卦	坎上坤下	水地比	吉	親和之象	相輔相親之道
第九卦	巽上乾下	風天小蓄	中吉	養精蓄銳之象	蓄小而未見大用
第十卦	乾上兌下	天澤履	中吉	化險為夷之象	克己復禮之道
第十一卦	坤上乾下	地天泰	吉	安泰之象	通泰安福的現象
第十二卦	乾上坤下	天地否	中凶	閉塞不通之象	閉塞不通之現象
第十三卦	乾上離下	天火同人	吉	同心協力之象	通天下之志
第十四卦	離上乾下	火天大有	吉	盛運之象	文明富足之象
第十五卦	坤上艮下	地山謙	吉	謙虛之象	內縕其德以自牧

序號	卦名	畫法	代表	現象	含義
第十六卦	震上坤下	雷地豫	吉	喜悅之象	豫樂的人生
第十七卦	兌上震下	澤雷隨	吉	隨和之象	隨緣不變，不變隨緣
第十八卦	艮上巽下	山風蠱	凶	蠱惑廢弛之象	腐敗固振與之道
第十九卦	坤上兌下	地澤臨	吉	更生發揚之象	至誠臨民教民
第二十卦	巽上坤下	風地觀	吉	靜觀之象	省察周邊以正風氣
第二十一卦	離上震下	火雷噬嗑	凶	含剛之象	治獄之道
第二十二卦	艮上離下	山火賁	吉	粉飾之象	文飾與文明
第二十三卦	艮上坤下	山地剝	凶	脫序之象	外華內虛之勢
第二十四卦	坤上震下	地雷復	吉	復蘇回春之象	復見天地之心
第二十五卦	乾上震下	天雷無妄	吉凶參半	無妄之象	至誠合天德
第二十六卦	艮上乾下	山天大蓄	吉	勤勉致富之象	蓄德養賢之道
第二十七卦	艮上震下	山雷頤	中和	養身之象	慎言語、節飲食
第二十八卦	兌上巽下	澤風大過	凶	過度之象	獨立不懼、避世無悶
第二十九卦	坎上坎下	坎為水	凶	艱難之象	處險習教之道
第三十卦	離上離下	離為火	吉	明智之象	明德照四方
第三十一卦	兌上艮下	澤山咸	吉	交感共鳴之象	交感而生化不息
第三十二卦	震上巽下	雷風恆	吉	恆久安定之象	立不易方之恆德

序號	卦名	畫法	代表	現象	含義
第三十三卦	乾上艮下	天山遯	凶	隱遁之象	退避自保以待時
第三十四卦	震上乾下	雷天大壯	中凶	崛起壯大之象	正大壯盛之態勢
第三十五卦	離上坤下	火地晉	吉	晉升之象	光明磊落，奮發以進
第三十六卦	坤上離下	地火明夷	凶	晦暗之象	黑暗憂患之世
第三十七卦	巽上離下	風火家人	吉	倫理齊家之象	齊家之道
第三十八卦	離上兌下	火澤睽	凶	相乖不和之象	乖違隔離之象
第三十九卦	坎上艮下	水山蹇	凶	躊躇艱難之象	克難匡時之道
第四十卦	震上坎下	雷水解	吉	解困之象	舒解和暢之象
第四十一卦	艮上兌下	山澤損	中吉	謹言慎行之象	損下益上之象
第四十二卦	巽上震下	風雷益	吉	順益之象	損上益下之象
第四十三卦	兌上乾下	澤天夬	凶	決斷之象	決去其所當決
第四十四卦	乾上巽下	天風姤	凶	邂逅之象	防微于陰始明
第四十五卦	兌上坤下	澤地萃	吉	聚集之象	聚集歸附之象
第四十六卦	坤上巽下	地風升	吉	上升之象	積小以致高大
第四十七卦	兌上坎下	澤水困	凶	困頓之象	處困而致命遂志
第四十八卦	坎上巽下	水風井	中凶	付出之象	民生相養之道
第四十九卦	兌上離下	澤火革	中吉	革新之象	改婪革新之道

序號	卦名	畫法	代表	現象	含義
第五十卦	離上巽下	火風鼎	吉	協力之象	凝重安定以新命
第五十一卦	震上震下	震為雷	中凶	震驚激動之象	震起以除逸惰
第五十二卦	艮上艮下	艮為山	中凶	停滯阻止之象	知止與贍養之道
第五十三卦	巽上艮下	風山漸	中吉	進展之象	遠行自近，登高自卑
第五十四卦	震上兌下	雷澤歸妹	凶	注意進退之象	婚姻與人生
第五十五卦	震上離下	雷火豐	中吉	盈虛之象	日中是昃，月盈則蝕
第五十六卦	離上艮下	火山旅	中凶	流浪不安之象	居不安而道不廢
第五十七卦	巽上巽下	巽為風	吉	順從隱忍之象	柔弱之道
第五十八卦	兌上兌下	兌為澤	吉	喜悅之象	悅順之道
第五十九卦	巽上坎下	風水渙	吉	渙散之象	舒散消解之道
第六十卦	坎上兌下	水澤節	吉凶參半	節制之象	調和節制之道
第六十一卦	巽上兌下	風澤中孚	吉	誠意互信之象	誠信感物之道
第六十二卦	震上艮下	雷山小過	凶	過度之象	過與不及調適之道
第六十三卦	坎上離下	水火既濟	吉凶參半	維持安定之象	思守成而豫防之
第六十四卦	離上坎下	火水未濟	中吉	希望之象	貞上啟元，生生不息

王金平院長 周馥貞
三峽雨花齋 **免費**素食餐館

緣起：我到大陸義烏講解周易及推廣素食，經由師兄的介紹，而認識了雨花長老的大弟子大行法師。被雨花長老的精神感動，經由大行法師口中得知台灣沒有雨花齋。我回到台灣即將原本的五多蔬食餐廳改造成台灣第一家雨花齋。我們三峽雨花齋，沒有設立功德箱，也沒有對外募款，也沒有接受贊助。非常非常地感恩立法院王金平院長的鼎力贊助，成為大股東。三峽雨花齋五年來每天中午免費供應五菜一湯。我們曾創下了一餐700多人來用餐的紀錄。

　　三峽雨花齋免費素食餐廳，最高紀錄一餐曾經煮給10,000人享用免費的午餐(中國佛教會理事長和有富集團洪村騫總裁合辦的萬人反毒健行)。我們的口號是「每周一餐素環保加速度，每日一餐素環保更快速」，體內淨化，體外環保，我們並提供行動雨花齋。預約電話：0982-906-794

免費
吃素假日農夫一日遊 三生有幸家園-養生、放生、護生

1 我們提倡吃素就是餐桌上的放生。
每周六、周日全家到靈氣、空氣、地氣絕佳的農場來吃素、種菜、烤蕃薯、玉米,自己種的菜接地氣是身心靈最好的療癒及修煉。

2 種菜比賽:第一名提供一萬元獎金鼓勵。
〖方法〗每人可免費登記一坪農地,學習種菜不灑農藥友善大地。

3 每周六、周日提供免費素食
中餐11:00-14:00 地點:三峽白雞67之7號(三峽行修宮附近)
晚餐17:00-19:00 地點:三峽區介壽路三段201號三峽雨花齋原地址

三峽雨花齋免費素食餐廳 02-86767945
新北市三峽區介壽路三段201號 (面對萬坪草原)

Wechat ID
chou491209

LINE ID
chou4912

◎ 聖力達生技
SANLEADER BIO

珍惜每個健康的承諾

超臨界CO2萃取精華
小小滴丸立大功。

高濃縮
專業超臨界CO2萃取技術，濃縮自然精華

高效
保護營養免於消化酵素破壞，高效吸收

高純度
常溫萃取不破壞營養，保留珍貴成分

速效
舌下吸收的效率可達80%以上，快速有效

高準確度
食用滴丸就能準確擷取有益健康的營養精華

攜帶方便，隨時食用
包裝輕巧，不佔空間

【緣起】

我先生在39歲壯年時遭遇了生命中的嚴重危機。由於公司生意興隆，常忙到廢寢忘食，在日夜趕貨下身體最後垮了，蹲下去就站不起來了。到醫院檢查後，發現喉嚨長出了一個不明的腫瘤並且連帶腎衰竭，生命岌岌可危。他將遺書寫好、堅持不接受洗腎治療。他，選擇將生命重來。

就在不久後，一位出家師父送了一本崑崙仙宗拳劍秘錄給他。在無師自通下，不斷精進。三個月後，一股真氣從湧泉穴啟動周流全身，所有的病竟然都不藥而癒。從那一刻起，他開始每天打坐禪修，20多年來不間斷，看起來比實際年齡更年輕了許多，甚至在65歲還增高了兩公分！

他的修行帶來了不可思議的能力，竟然可以在短短10秒內，從一個人的眼睛看出全身的狀況，並幫助許多人。也因此成立(聖力達生物科技)。並且，從西德引進了超臨界的萃取技術，能夠讓營養精華從舌下吸收，不被胃酸及消化酵素破壞，直到細胞完全吸收，藥食同源的理念，可直接利益更多的人。

現在我先生吸一口氣可唸心經一又二分之一部才換氣，呼長吸長，命就長壽，氣血暢通，百病消除。我們更將這套呼吸的功法免費分享給大家，希望有緣人、有心人都能擁有健康的身心。

小藍莓
明亮潤澤
〇180粒裝

紅薑黃
代謝推進
〇180粒裝

木鱉果
茄紅素No.1
〇180粒裝

枸杞
β胡蘿蔔素
〇180粒裝

牛樟芝
臺灣國寶
〇180粒裝

竹薑
溫煦防護
〇180粒裝

黃耆
增強體力
〇180粒裝

四物
傳統漢方
〇180粒裝

人蔘
滋補養身
〇180粒裝

紅花
幫助睡眠
〇180粒裝

良好的健康與因此獲得的愉快情緒，是幸福的最好資金。
——斯賓塞《教育論》

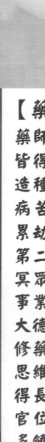
日光菩薩日放千光遍照天下普破冥暗

【藥師法門】

藥師佛發十二大願，令諸有情所求皆得。眾生因為多生累劫的輪迴，造種種惡因以致今世的種種苦厄、病苦、窮苦…的求不得苦，皆因累劫冤親大德的障礙。藥師佛所發第二大願….焰網莊嚴過於日月幽冥眾生悉蒙開曉，隨意所趣、作諸事業。也就是我們多生累劫的冤親大德得以超度往生三善道。

修藥師法門：一、必須讀誦藥師經，思維其義為人演說開示才能求長壽得長壽，求富饒得富饒，求官位得官位，求男女得男女…居士大家多饒財富、倉庫盈溢，也就是有財還有庫，財庫具足。二、必須點光明燈破無明開智慧，有智慧就能除世間的一切憂悲苦惱

指引人生大道的明燈！
真理指引の知識服務

真是真永

☑ 跨時代
☑ 跨領域
☑ 融匯古今
☑ 中西互證

★ 超越《四庫全書》的「真永是真」人生大道叢書 ★

	中華文化瑰寶 清《四庫全書》	當代華文至寶 真永是真人生大道	絕世歷史珍寶 明《永樂大典》
總字數	8 億 勝	8 千萬字	3.7 億
冊數	36,304 冊 勝	353 鉅冊	11,095 冊
延伸學習	無	視頻＆演講課程 勝	無
電子書	有	有 勝	無
NFT＆NFR	無	有 勝	無
實用性	有些已過時	符合現代應用 勝	已失散
叢書完整與可及性	收藏在故宮	完整且隨時可購閱 勝	大部分失散
可讀性	艱澀的文言文	現代白話文，易讀易懂 勝	深奧古文
國際版權	無	有 勝	無
歷史價值	1782 年成書	2023 年出版 勝 最晚成書，以現代的視角、觀點撰寫，最符合趨勢應用，後出轉精！	1407 年完成 勝 成書時間最早，珍貴的古董典籍。

「真永是真」人生大道叢書，是史上最偉大的知識服務智慧型工程！堪比《四庫全書》、《永樂大典》，收錄古今通用、中西互證的道理，具實用性跨界整合的智慧，絕對值得典藏！

早 預購《真永是真全系列叢書》 共計353本

國家圖書館出版品預行編目資料

易行天下／蘇樹宗編述.-- 初版. -- 新北市：集夢坊出版，采舍國際有限公司發行，2024.7
面；　公分
ISBN　978-986-271-995-4（平裝）
1.易經　2.注釋

121.12　　　　　　　　　　　　　　113006143

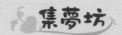

易行天下

出版者●集夢坊

編述者●蘇樹宗

編審●周馥貞

印行者●全球華文聯合出版平台

總顧問●王寶玲

出版總監●歐綾纖

副總編輯●陳雅貞

責任編輯●Sharon

美術設計●陳君鳳

台灣出版中心●新北市中和區中山路2段366巷10號10樓

電話●(02)2248-7896　　　傳真●(02)2248-7758

ISBN●978-986-271-995-4　出版日期●2024年7月初版

郵撥帳號●50017206采舍國際有限公司（郵撥購買，請另付一成郵資）

全球華文國際市場總代理●采舍國際 www.silkbook.com

地址●新北市中和區中山路2段366巷10號3樓

電話●(02)8245-8786　　　傳真●(02)8245-8718

全系列書系永久陳列展示中心

新絲路書店●新北市中和區中山路2段366巷10號10樓　　　電話●(02)8245-9896

新絲路網路書店●www.silkbook.com　華文網網路書店●www.book4u.com.tw

跨視界・雲閱讀 新絲路電子書城 全文免費下載 silkbook○com